美国注册管理会计师（CMA）认证考试应试指南

财务规划、绩效与分析

（第2版）

优财管理会计研究院　组编

中国财经出版传媒集团
经济科学出版社
Economic Science Press

图书在版编目（CIP）数据

财务规划、绩效与分析/优财管理会计研究院组编
. --2 版. --北京：经济科学出版社，2022.7
美国注册管理会计师（CMA）认证考试应试指南
ISBN 978-7-5218-3701-8

Ⅰ.①财… Ⅱ.①优… Ⅲ.①企业管理-财务管理-资格考试-自学参考资料 Ⅳ.①F275

中国版本图书馆 CIP 数据核字（2022）第 093861 号

责任编辑：周国强
责任校对：隗立娜
责任印制：张佳裕

财务规划、绩效与分析（第 2 版）
优财管理会计研究院 组编
经济科学出版社出版、发行 新华书店经销
社址：北京市海淀区阜成路甲 28 号 邮编：100142
总编部电话：010-88191217 发行部电话：010-88191522
网址：www.esp.com.cn
电子邮箱：esp@esp.com.cn
天猫网店：经济科学出版社旗舰店
网址：http://jjkxcbs.tmall.com
固安华明印业有限公司印装
787×1092 16 开 33.75 印张 740000 字
2022 年 7 月第 2 版 2022 年 7 月第 1 次印刷
ISBN 978-7-5218-3701-8 定价：130.00 元
（图书出现印装问题，本社负责调换。电话：010-88191510）

序

随着我国改革开放和经济强国建设继续向前推进，我国管理会计正向着数据化、行业化、宏观化、国际化、业财融合、技财融合、中西融合等方向发展，一个管理会计应用和创新的新浪潮正扑面而来，这将对管理会计人才的需求产生积极影响。我们认为，中国管理会计人才培养比较有效的途径就是职业化，也就是让那些希望转型的财会人员、让那些乐意将管理会计作为自己职业生涯的人士、让那些在非财会部门工作而又想将自己的业务与企业价值创造联系起来的人士，通过认证过程系统地掌握管理会计的知识和技能体系及其应用原理，通过认证组织嗣后提供的增值服务不断地更新理论和实务，保持终身学习的人生态势。

“优财”推出“美国注册管理会计师（CMA）认证考试应试指南”，将为那些正在备战 CMA 认证考试的考生提供一部宝典，其中包含着通过考试的经验和方法以及必须理解的关键知识点。

这里有三点想法，与大家分享。

1. 怎么理解管理会计？

在企业管理实务上，管理会计是创造企业价值的信息系统。作为信息系统，它为企业高层、各级经理以及普通员工的决策提供信息，在现代技术条件下，提供信息与飞速进步的信息技术（IT）紧密相连，没有信息技术，管理会计信息系统的运行是不可想象的。至于企业价值，有多种理解，但最重要的是财务价值，也就是赚钱或利润。有人以为“企业不应该只追求利润”，这是对的，但这并不意味着企业可以不追求利润。企业利润是股东利益所在，在兼顾其他利益相关者（如顾客、员工、供应商、社区、政府等）利益的条件下，必须全力以赴地追求。原因很简单，在社会整体上，利润表示社会财富增长，是民富国强的保障，更何况我国最大的股东是国家，过去几十年我们正是利用国家作为股东的优势，创造了令世人瞩目的经济辉煌。由此我们可以推论：除非企业不想赚钱了，否则，只要想赚钱，就需要管理会计。

2. 怎样规划管理会计职业生涯？

在正常情况下，通过 CMA 认证并正式从事管理会计工作，然后依次晋级到主管会计、财务经理、总会计师（CFO）。实际上，从总会计师“华丽转身”到总经理（CEO），甚至到董事长并非少见。需要提醒的是，管理会计师不是行政职务，而是专业岗位，他（她）必须把认证过程中所掌握的知识和技能运用起来，为企业创造更多的价值。美国管理会计协会（IMA）曾认为，管理会计师作为一种职业，是高层管理决策的伙伴、是计划和绩效管理系统的设计师、是报告与控制的专家。在企业中，管理会计师的职业责任重大。说到这里，有人可能质疑：财务共享服务中心、大数据、人工智能、云计算、区块链、物联网等技术的应用正在“残酷”地淘汰财会人员，包括管理会计人员，管理会计还有机会吗？这确实是一个不争的事实！但我们并不认为信息技术的发展会将财会人员、管理会计师逼到“穷途末路”的地步，我们反而觉得有两点特别令人感到兴奋：一是信息技术淘汰的都是中低端人才，高端人才仍然是供不应求。我们曾经观察到，傻瓜相机把普通摄影师淘汰了，但婚纱摄影师却大行其道，而且研发傻瓜相机的工程师一下子紧俏起来，管理会计亦然。二是管理会计信息技术的发展提供强大的数据获得、计算、存储和分析的手段，如果我们掌握了管理会计知识和技能，我们更容易将业务与财务、将技术研发与财务、将物联网与财务结合起来，更容易为企业创造价值。我们注意到，搞供产销、人财物管理的在学习管理会计；“商业数据分析”（business analytics）的学习内容是信息技术、市场营销和会计三个模块；制造业分为智能制造、人文制造和经济制造，而经济制造的知识和技能之一是管理会计。这一方面让人看到管理会计在开疆扩地，另一方面也让人看到非财经人士在“挤占”管理会计地盘，职业竞争在所难免，但结果一定是具有管理会计知识和技能的专业队伍在壮大，当然他们不一定都在财务部门工作。由此推测，管理会计知识和技能将依然是管理者知识结构中重要组成部分，依然是算法（algorithm）编制所依据的内容之一。

3. 怎么看待 CMA 认证？

我国管理会计师认证工作正在如火如荼地展开，已经取得了巨大成就，可圈可点。由于认证与培训、考试、加入会员、教材等经济利益连在一起，所以，我国认证机构之间的竞争相当激烈。当前我国管理会计师认证所采取的是公益事业民营化的形式，之所以采取这种形式，就是因为认证组织都是专业机构，从长远看，专业机构只有依靠提供高质量、行之有效的专业知识和技能，保证通过认证的管理会计师能够为企业价值创造更多的价值，才能保证自己可持续发展。撇开利益羁绊，我们可以清楚地看到，我国当前管理会计师认证是一个中外认证组织“共存共容”的良好局面，符合我国政府最近几年所大力倡导的多边主义和贸易全球化的诉求。有两种说法值得肯定：一是引进管理会计师国际认证组织是必要的，因为它树立了标杆；二是把学到的管理会计知识本土化，结合自身企业实践去践行，学以致用。据相关报道，我国需要 300 万注册管理会计师，即使最激进的估计，现在具备注册管理会计师知识和技能的人才不会超过 20 万！可见，潜力之巨大，竞争性合作应该是最佳选择，既利于认证组织，又利于管理会计人才培养。

经常有人来问我，IMA 旗下的 CMA 认证怎么样？我的答案是：第一，美国 CMA 认证是国家外专局正式引进的，时任国家外专局培训中心主任白继迅先生认为，CMA 认证体系是适应市场经济需要、具备国际视野，并相对成熟的现代企业管理的知识和技能体系；后来得到国务院国资委的认可，并在中央企业推广；更为重要的是，借助2013年以来财政部大力推动企业和行政事业单位管理会计体系建设的东风，加之IMA入乡随俗，汉化考试，使CMA认证在我国迅速扩张。第二，管理会计源于美国，美国迄今引导着管理会计发展潮流，而IMA于1919年在美国纽约州布法罗市成立，CMA认证到2022年也有了50年的历史，在考试内容、教材编写、培训、会员管理、知识库积累以及如何保持管理会计知识和技能体系与时俱进等方面，都有比较成熟的经验，影响到管理会计研究、教育和实务。第三，IMA在我国认证已有10多年的历史，为我国管理会计人才培养做出显著的贡献。据悉，中国的CMA持证者中大部分已经成为企业和行政事业单位的骨干力量，拿到高薪、居于高位、获得突出成就的也大有人在。

优财专注管理会计培训十余年，其业务分两类：一是CMA考前培训；二是大、中、小型企业财务与非财务管理会计实战课程的培训。十三年前，优财在正式开业时，本人应邀出席，并见证了优财的成长和对我国管理会计人才培养所做出的贡献。据悉，经优财培训的学员超过5万人，经优财CMA考前培训并通过CMA认证的有30 000多人。相信优财将会一如既往，通过推出“美国注册管理会计师（CMA）认证考试应试指南”，来帮助有志从事管理会计职业的人士顺利通过CMA认证，让他们有机会、有能力利用管理会计的知识和技能，为自己的职业生涯开辟道路，也为所在单位和社会做出应有的贡献。

于增彪
清华大学教授
IMA荣誉教授
财政部管理会计咨询专家

助力新一代财务管理者华丽转身
——编者序

新时代，越来越多的企业开始重视管理会计，越来越多的财务人员开始“充电”管理会计知识与技能，这是因为，管理会计确实能够为企业创造价值，管理会计也确实能为个人职业发展助力！中国管理会计的发展机遇期已经到来！

企业推动财务转型就是要推动从传统的会计核算型转向创造价值型，这是适应经济全球化、市场环境复杂化、企业创新管理和提质增效的要求。而管理会计正是这一方向。在实现提质增效过程中，管理会计不是简单记账和统计，而是有能力参与计划、绩效、决策、修正等管理工作，并能够以专业化的财务表述和控制工具提供专业见解，在战略层面上提供专业化辅助管理的高管职业。据了解，在美国略微具有一定规模的企业都设有管理会计师的岗位，90%的会计人员从事管理会计工作，75%的工作时间用于决策支持。

近年来，我国财政部高度重视管理会计建设工作。2014 年 10 月财政部《关于推进管理会计体系建设的指导意见》正式出台，开启会计改革与发展的新篇章。2016 年 6 月财政部正式发布了《管理会计基本指引》，标志着管理会计建设从顶层设计正式走向落地实施。2016 年 10 月财政部又发布了《会计改革与发展“十三五”规划纲要》，将管理会计列为“行业急需紧缺人才”，明确提出“到 2020 年要培养 3 万名精于理财、善于管理和决策的管理会计人才”的任务目标。至此，管理会计体系建设正式上升到国家战略层面。2017 年 9 月，财政部发布了《管理会计应用指引第 100 号——战略管理》等 22 项管理会计应用指引，使我国在“管理会计大国”的顶层设计和实践落地建设上又迈出了坚实的一大步。2018 年 8 月和 12 月，财政部持续密集发布《管理会计应用指引第 202 号——零基预算》等 12 项管理会计应用指引。2018 年 12 月选聘组建第 3 届管理会计专家智库。管理会计体系建设持续快速推进。

新时代下，企业也对财务管理人员提出了新的要求，要求各级加快管理会计人才体系建设，培养一批熟悉国际市场、成本管理、资本运作、预算管理、风险管控、战略规划、信息技术，能够深入参与和支持重大决策的管理会计人才，释放管理会计在提高企业内部管理水平、增强价值创造能力方面的巨大潜力。这也是中国财务人员职业发展的方向和良好的职业发展机会。

2009 年 11 月，中国国家外专局与美国管理会计师协会（IMA）签约，正式将美国注册管理会计师（CMA）认证引入中国。IMA 成立于 1919 年，是当今全球管理会计学界权威的机构之一，其推出的美国注册管理会计师（CMA）认证是全球财会领域的权威标准，具有很强的实用性。该认证的成功引进，对我国紧缺的高级管理会计人才的培养，对各类型企业战略决策能力及国际竞争力的提升、对中国高效透明的资本市场的建设，都有着极大的推动作用和重要意义！短短 10 年时间，中国会员人数已从 1 200 人增加到了 90 000 人。全球新一代财务管理者的行业认证 CMA 已经成为国内外大型企业抢夺的“香饽饽”，并成为中国新一代财务管理者充电选择的最佳途径。CMA 在全球 100 多个国家认可，各行各业前 100 强企业都把 CMA 作为评估高端财务人员的衡量标准，根据 IMA 近期调研数据，持 CMA 证书的财务从业者平均薪酬明显高于其他同行。

在 2017 年 CMA 报考人数再次刷新历史纪录之后，2018～2022 年的报考人数呈持续井喷状态。为了帮助更多的 CMA 考生更顺利地通过考试，并能系统深入地掌握 CMA 知识、工具与技能，IMA 大中华区战略合作伙伴——优财－CMA 管理会计培训专家再次率领行业创新，重磅推出 CMA 教辅书“美国注册管理会计师（CMA）认证考试应试指南”。

优财－CMA 管理会计培训专家专注于 CMA 培训十余年，据统计，国内 CMA 持证者一半以上毕业于优财。十年磨一剑，此书联合了国内几十位行业“大咖”、管理会计专家和 CMA 知名讲师，结合优财多年积累的教研经验和成功案例，也充分参考了 IMA 的《管理会计能力素质框架》，集多方资源精心研发而成，对 CMA 考生有很高的价值。

“美国注册管理会计师（CMA）认证考试应试指南”分为“P1”和“P2”两册，包罗了新版 CMA 考试大纲全部考点，所列题目均出自历年 CMA 考试真题的精华，并在此基础上结合最新考点考纲进行了精准预测和模拟；配合优财新上线的“CMA 案例式教学”课程，备考效果极佳。

本书得到了清华大学经管学院于增彪教授，IMA 副总裁、中国区首席代表李刚先生等专家的大力支持与帮助，在此一并表示感谢。

预祝全体 CMA 考生考试顺利、学业有成、事业有成！

赞　誉*

CMA 考试能让考生领略数字管理的风采，体验战略管理的乐趣。本书汇集了业内知名专家的精心总结，书中大量使用表格对比，帮助考生记忆。同时，还囊括丰富的实务案例。本书可以说是 CMA 考生的必备书籍。

——**巴帅**　CMA，“CMA 全球高分金奖”

自从 2014 年中国的管理会计“元年”开始，我就渴望能够拥有这个当今世界非常权威的管理会计证书——CMA，对于已经中年且承担繁忙工作的我确实力不从心。

然而遇到优财 CMA，一切都改变了。不论是老师的视频授课、案例分享，还是翻转课堂，都将管理会计的理论与实践有机结合，真正做到了开阔视野、学以致用，极大提升了我的集团财务管理能力。特别是百题精讲、考前串讲、每日一练和掌中宝助我轻松通过 CMA 考试。选择优财 CMA——“值”。

——**黄辉**　CMA，东风实业有限公司财务会计部部长

成功没有捷径可走，但这本不可多得的好书一定可以让您少走弯路，也一定会在您通往 CMA 的征程上助您一臂之力！

——**李峰**　CMA，“CMA 全球高分金奖”，中铁四局集团上海工程有限公司副总会计师

随着社会经济的不断发展，财务工作的重心已由会计核算转向为管理会计。“会计人员越老越吃香”已成为历史，要想在职场立于不败之地，会计人员只能顺应社会潮流，不断学习，为自己加油充电。在 2016 年财政部印发的《会计改革与发展“十三五”规划纲要》中，多次提到管理会计体系与人才的建设。管理会计在我国普及程度还不高，管理会计人员属于稀缺性人才。如何成为一名优秀的管理会计人员？成为 CMA 就是一个不错的选择。

“优财”作为国内只专注于 CMA 的培训平台，拥有国内先进的网络教学模式和优秀的老师队伍，我相信，“优财”将会为广大学员提供更加优质的培训和服务。考 CMA，我选择“优财”！

——**彭凯**　CMA，青海电力集体产业管理公司副总会计师兼财务资产部主任

为适应企业和自身发展的需要，每位财务人员都应该重视管理会计的学习。学习 CMA，不但会为您打开一扇窗，而且会带您进入一个更高、更广阔的境界。优财集国内顶尖的培训专家，编写的这套 CMA 认证考试辅导书，填补了国内备考 CMA 辅导书的空白。这套书详尽且重点、难点突出，对于备考 CMA 具有很强的方向性指导，必将成为广大考生的优质工具宝典。

——**全宇红**　CMA，国投中鲁果汁股份有限公司财务总监

管理会计在公司运营中具有特别重要的意义，从战略制定到逐层实施，每个环节都需要管理会计的专业支持！希望这本书提供的经典例题及案例，不仅可以助您通过 CMA 考

* 排名不分先后。

试一臂之力，并且可以为您的日常财务实践提供更多借鉴和指导意义！

——**山君** CMA，Johnson & Johnson 东南亚区域高级财务经理

在经济景气时，企业追求的是通过各方面的经营改善，获取超过行业平均水平的超额利润。而在经济不景气的情况下，企业要在生存的前提下，找到运营管理方面存在的问题，并加以改进。因此，管理会计越发受到企业主的重视。

在此大背景下，CMA 的受众从广度和深度上都有了进一步的拓展。但学习 CMA，除了理论，更需理解和实践。

因此，“美国注册管理会计师（CMA）认证考试应试指南”的出版，将为众多考生更加深入地理解 CMA 理论的管理精髓起到助力的作用！

——**吴宁** CMA，锤子科技原财务总监

随着中国企业的国际化，财务人员也要顺应时代发展的要求，由传统的记账、管账提升到企业理财和管理的高度。而 CMA 非常好地契合了这一发展要求，给传统的财务提供了系统的理财培训和理论训练，为财务同仁必修课。我有幸于几年前结识优财，得益于其专业的服务、专业的师资团队和持续不断的创新，为我现在的工作提供了很多的知识保障和便利，希望优财越来越好、越走越远。

——**魏丽萍** CMA，中美天津史克制药有限公司财务总监

在全球化格局和财务共享服务建立的情况下，财务会计的基础财务职能面临着国际会计准则趋同、会计人员的职业道德水准显著提高、会计记账的电算化和外包化三个问题，财务要想实现价值、创造价值，就需要建立起管理会计的思维，用管理会计的手段，应对企业外部和内部的环境变化。在这些方面，CMA 给了全体财务人一个快速高效提升自己管理会计思维和能力的机遇，优财作为国内只专注于 CMA 培训的佼佼者，相信“美国注册管理会计师（CMA）认证考试应试指南”的出版对于财务人深入把握管理会计精要必将大有助益！

——**杨强** CMA，“2016 CMA 年度杰出个人奖”，好未来教育集团原新闻发言人兼董事会秘书、战略投资高级总监

“美国注册管理会计师（CMA）认证考试应试指南”是由 IMA 官方授权的美国注册管理会计师认证考试培训专家优财核心讲师团队组编，该系列书紧扣 CMA 认证考试体系大纲知识考点、重难点精讲突出，形成了一套从知识点复习、练习、强化、模拟、总结及提高的完整体系，书中对重要的考点结合经典例题通过文字、图表、对比来阐述，并配以经典考试真题及同步辅导和强化训练及解题思路，从而夯实基础，快速进入临考状态，是一套非常不错的 CMA 认证考试辅导书，值得推荐。

——**周金炳** CMA，美国纽交所上市公司原集团财务总监

学习 CMA 不仅可以开阔财务人员的眼界，还可以为职业生涯通往更高层次发展奠定基础，是一个企业财务管理者必备的执业储备。

CMA 教材是一部财务领域的百科全书，在这里我们不仅可以查到我们未知的全新知识点，也可以找到被定义为常识的理论与实践的结合。它将生命周期理论与企业成长相结合，更加细致与真实地剖析了一个企业成败的原因。CMA 辅导教材更是结合了中国实际将理论发挥得淋漓尽致，这是一部有中国特色和中国实践的卓越读本。

——**朱书红** CMA，“2016 CMA 年度杰出个人奖”，中国黄金集团公司总会计师

目　录

美国注册管理会计师（CMA）认证体系

CMA 考试介绍

一、关于 CMA 认证

美国注册管理会计师（Certified Management Accountant，CMA），是美国注册管理会计师协会（Institute of Management Accountants，IMA）1972 年创立的专业认证制度，是目前全球针对管理会计及财务管理领域的权威认证。与美国注册会计师（AICPA）、特许金融分析师（CFA）并称全球财经领域三大黄金证书，在全球范围内被企业财务高管所认可。CMA 认证旨在客观地衡量个人在管理会计领域的知识和能力。能帮助持证者职业发展，保持高水准的职业道德要求。站在财务战略咨询师的角度进行企业分析决策，推动企业业绩发展，并在企业战略决策过程中担任重要的角色。

二、CMA 报考条件

符合下列条件之一：

（1）持有教育部认可的学院或大学的三年制大专（包括自考、函授、脱产和业余等群体）。

（2）持有教育部认可的学士学位证书。

（3）持有教育部认可的硕士研究生毕业证书、硕士学位证书、博士研究生毕业证书、博士学位证书。

（4）持有中国注册会计师协会认证的注册会计师证书（CPA）或财政部会计财务评价中心认证的中级或高级会计师证书（中、高级会计职称证书）；ACCA 的全部合格 CMA 考生及持证者符合 CMA 学士学位的教育要求。

三、CMA 考试类型及时间

CMA 考试共有两门，提供英文和中文两种考试语言，满分为 500 分，通过分数为 360 分。每门考试时长为 4 个小时，包括 100 道选择题和 2 道情景题。选择题分值比重75%，情景题分值比重25%。

CMA考试（中文考试为纸笔考试；英文考试为机考/远程考试，可任选方式）每年开设三个考试窗口，每年举行三次。

中文：每年3个考试日期分别为4月、7月、11月的某一个周六。

英文：每年3个考试窗口，1/2月、5/6月、9/10月的工作日。

四、CMA考试科目及费用

1. CMA课程体系及各章节考试占比：

单位：%

第一部分：财务规划、绩效与分析		第二部分：战略财务管理	
章节目录	占比	章节目录	占比
外部财务报告决策	15	财务报表分析	20
规划、预算和预测	20	公司财务	20
绩效管理	20	决策分析	25
成本管理	15	风险管理	10
内部控制	15	投资决策	10
科技与分析	15	职业道德	15

2. CMA考试费用：

单位：美元

分类	学生会员	教师会员	专业会员
IMA会员首次注册手续费	0	15	15
IMA会员费	45	135	260
CMA考试认证费（考试准入费）	210	210	280
CMA单科考试费	345	345	460

备注：从2018年8月10日起，购买IMA所有产品均需支付6%增值税。

五、CMA考试流程

（1）注册成为IMA会员；
（2）支付考试准入费（entrance fee）；
（3）注册CMA考试，获得考试授权信；
（4）预约考试时间和地点；
（5）参加考试。

想要了解更多，可登录网站：www. youcaiwx. cn。

CMA 认证的核心价值

一、CMA 具备企业发展的核心价值

如何为企业提供决策支持，整合和有效利用企业资源，组建以财务为核心的企业管理架构，已成为现代企业的重要需求，而 CMA 的价值就在于此。CMA 课程内容所包含的知识范围能反映管理会计人员和财务管理人员在现今商业环境所需要的能力。CMA 认证能够用来帮助企业提高竞争力，它的核心价值在于：

1. 完善的管理会计知识体系有助于企业优化运营模式。

企业的运营模式作为企业运行思路与方向，直接关系到企业的发展。CMA 课程及考试内容几乎涵盖所有 MBA 课程，因此被比喻为“Mini-MBA”。这些课程包含管理会计、财务规划、预算及财务预测、财务业绩考评、财务决策、战略管理等涉及企业运营重要方面的内容。

2. 完善的管理会计知识体系有助于提升企业的领导力、决策力。

CMA 面向的人群并不仅局限于一般会计人士，也涉及 CFO、CEO 等从事战略规划的高层管理人士。

在 CMA 课程中，财务决策作为重要的内容体系可供学员学习及应用，其中涵盖财务报告分析、决策分析与风险管理、投资决策等系统知识，为广大财经人士决策提供帮助。

3. 关注企业内功的打造，提高企业内控和抵御风险的能力。

CMA 知识内容紧紧围绕如何更快、更优地实现企业价值而设置。CMA 对帮助企业提高控制、风险评估和管理能力有相当大的作用。

4. 有助于企业搭建最优的组织构架。

CMA 课程对组织管理环节也有详细的阐述，其中涉及领导力、工作与团队、组织沟通、组织管理等多方面。综合其他内容，CMA 可以让企业在快速发展的进程中及时调整企业的管理模式，及时找到适应该时期发展的组织架构，为企业可持续发展奠定坚实基础。

5. 为企业培养更多复合型人才，统一企业内、外部的“管理语言”，提高管理效率。

CMA 专注为企业培养适合企业发展的高技能人才。在广泛的市场调研及专家委员会建议的基础上，CMA 考试内容定期优化，其课程设置紧贴当今 CFO 主要关注的内容，以便能够满足企业发展的需求。

二、CMA 是从业者职业发展的有力平台

1. 全球认可。

CMA 持证者遍布全球 100 多个国家和地区，CMA 认证也得到众多跨国企业财务高管的广泛认可，是财务及管理专业人士的“国际通行证”。

2. 预见未来。

区块链技术、人工智能等科技进步转变了商业运营模式，财务从业人员应自我提升以适应智能商业战略新模式。作为支持决策、计划、数据分析和批判性思考的专家，CMA 提供人工智能时代发展所需知识技能。

3. 职位晋升。

CFO 需要成为战略思考者、决策制定者、风险管理者和商业道德的监督者。这些技能也正是为团队选择专业人员时极为重视的。获得 CMA 认证证明你有晋级到财务领域战略角色所需的专业知识和技能。

4. 高薪回报。

IMA2021 年全球薪酬情况调查显示，持有 CMA 认证的会计和财务专业人士的年总收入中位数比未持有 CMA 认证的同行高出 58%；CMA 持证者表示 CMA 认证不仅使他们更有信心高水准地完成本职工作，还提升了跨领域业务能力。

5. 拓展人脉。

成为 CMA 持证者意味着成为 IMA 近 14 万全球成员之一。CMA 精英俱乐部遍布国内各地，是专业人士交流观点与经验、拓展职业发展版图的活跃社区与平台，可让 CMA 持证者紧跟行业发展新趋势，打造高质量的职业网络。

第一章

外部财务报告决策

财务报告是企业战略规划、运营决策、内部控制和风险管理的基础，也是企业整体运营的定量反映。管理会计师通过理解对外财务报告的构成、要素和假设，就能深入地认识对外财务报告对企业运营、资本市场和利益相关方的意义和用途；管理会计师通过学习对外财务报告中各个科目的确认、计量、计价和披露，就更能以“业财融合”的视角来理解对外财务报表如何展示企业运营的效率、效益、机遇和挑战。此外，随着国际化和全球化的不断深入，对国际财务报告准则和美国公认会计原则差异的深入学习与领会，更是管理会计师建立国际财务框架视野、洞悉企业全球发展财务挑战、协助国际性企业来进行相应的财务管理和经营决策的重要组成部分。

本章考情分析

本章主要内容：编制财务报表；资产负债表、利润表、所有者权益变动表、现金流量表；综合报告资产与负债的计价；经营性租赁和融资租赁；权益性交易的影响；收入确认；收益计量；美国公认会计原则与国际财务报告准则的主要差异。

本章考试占比 15%。

本章近年来的主要考点：①财务报告的用途和意义；②现金流量表的认识与计算；③综合报告的内容、资本分类、价值创造的过程；④应收账款坏账的财务处理；⑤交易性金融资产、可供出售金融资产和持有至到期投资金融资产的财务处理；⑥权益法投资的财务处理；⑦存货制度、存货计价和存货减值；⑧固定资产折旧和减值；⑨无形资产减值和摊销；⑩流动负债和长期负债的财务确认；⑪质保费和维修费的财务处理；⑫库藏股的财务处理；⑬现金股利和股票股利的财务处理；⑭收入和费用的基本确认原则；⑮毛利法和成本回收法的应用；⑯在建工程的财务处理；⑰融资租赁和经营租赁的财务处理；⑱递延所得税的财务处理；⑲中止项目；⑳美国公认会计原则和国际财务报告准则的区别。

本章重点框架图

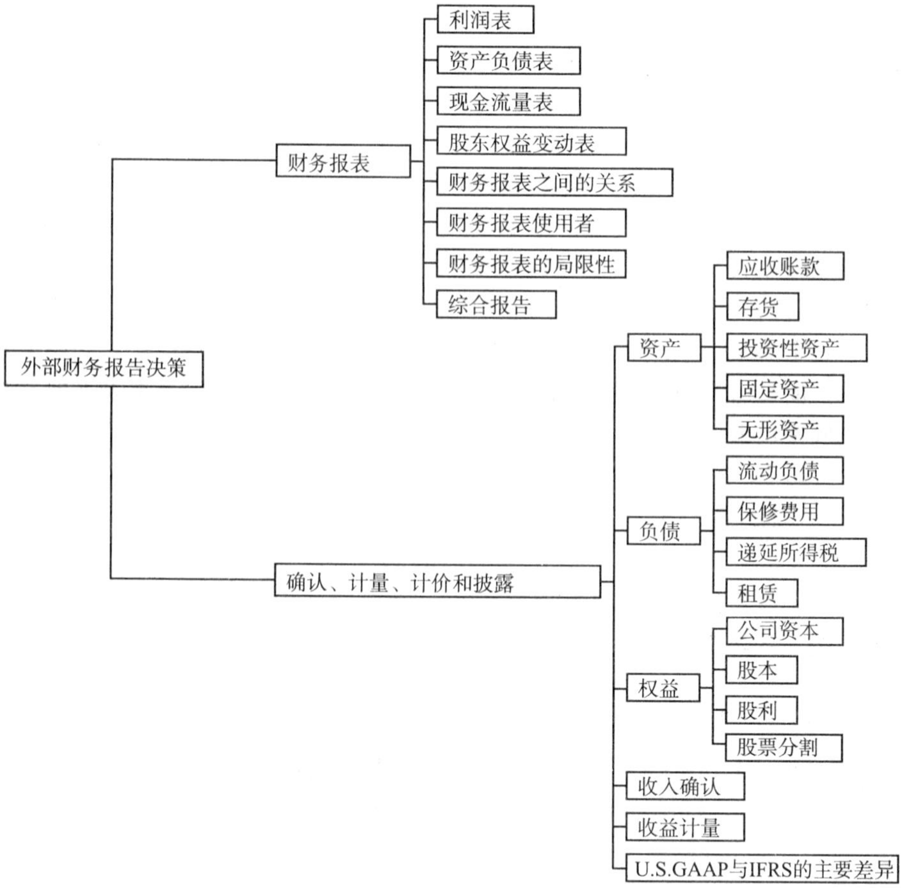
外部财务报告决策
财务报表
利润表
资产负债表
现金流量表
股东权益变动表
财务报表之间的关系
财务报表使用者
财务报表的局限性
综合报告
确认、计量、计价和披露
资产
应收账款
存货
投资性资产
固定资产
无形资产
负债
流动负债
保修费用
递延所得税
租赁
权益
公司资本
股本
股利
股票分割
收入确认
收益计量
U.S.GAAP与IFRS的主要差异

本章重难点精讲

第一节　财务报表

本节中阐述的四张财务报表，即利润表、股东权益变动表、资产负债表和现金流量表，均是企业应披露的内容，用以呈现企业的综合财务情况。

四张报表具有很强的相关性。资产负债表和利润表是通过股东权益变动表中留存收益的变化建立联系的，资产负债表中现金及其他的财务状况变化会被体现在现金流量表中，资产负债表中股本变化则被体现在股东权益变动表中。

本节的最后将阐述财务报表的内外部使用者的需求以及财务报表如何满足这些不同使用者的需求。

一、利润表

利润表通常也被称为损益表，反映某一特定时期（一个季度或者一个会计年度）公司的经营活动成果的报表。

（一）利润表的用途

（1）衡量公司的盈利能力、偿债能力和投资价值。

（2）衡量公司过去的业绩。收入和费用说明了公司的业绩如何，并可以与竞争者的业绩进行比较。

（3）提供预测未来业绩的基础。过去的业绩信息有助于判断主要的趋势，这种趋势如果持续下去，就可以提供未来业绩的信息。

（4）与其他财务报表结合，来评估现金流量的金额、时间和不确定性。

【例题 1－1】利润表能帮助企业达到以下哪种目的？

A. 了解企业的资本结构

B. 了解企业过去和现在的盈利状况

C. 了解企业的股权变动情况

D. 了解企业现金流动的变动情况

【答案】B

【解析】选项 B 正确。选项 A 是资产负债表的作用，选项 C 是股东权益变动表的作用，选项 D 是现金流量表的作用。

（二）综合收益和其他综合收益

在利润表中列报的财务报表要素包括收入、费用、利得和损失。

财务会计准则委员会（FASB）制定的会计准则汇编（ASC）第220号《综合收益》（之前为SFAS第130号）要求企业将特定未实现的利得和损失作为其他综合收益，与净利润分开列示。综合收益等于净利润加上（或减去）其他综合收益。

1. 综合收益。

综合收益，是一个时期内由来自非所有者的交易或其他事项或事件导致的商业企业所有者权益（净资产）变动。因此，综合收益包括：

（1）期间内所有影响经营的收入、费用、利得和损失，包括计入净收益的已实现损益。

（2）净利润之外的未实现损益（作为其他综合收益）。

2. 其他综合收益。

其他综合收益，是财务准则规定的特定未实现的利得和损失。主要包括：

（1）可供出售金融资产的未实现利得或者损失。

（2）特定衍生金融工具所造成的投资未实现利得或损失。

（3）员工养老金负债调整产生的损失。

（4）特定外币交易调整。

（三）利润表的格式

1. 单步式利润表。

单步式利润表不区分收入和费用的类别，也不计算分类后的小计，将费用和损失总额一次性从收入和利得中扣除，得到净利润。单步式利润表简单，可以避免分类问题，但是提供的信息较少。所以，实务中更广泛地使用多步式利润表来反映企业的财务经营成果。

2. 多步式利润表。

多步式利润表将信息分为经营活动和非经营活动两类。每种类别下面还可以做更详细的划分，每个次级分类列出小计数。多步式利润表能够提供更多的信息，方便与过去的经营成果或其他竞争对手进行对比，是广泛采用的利润表格式。

美国公认会计原则（GAAP）下一份典型的利润表的构成如表1-1所示。

表1-1　　美国公认会计原则下的利润表

销售净额
-产品销售成本
销售毛利
-销售费用

续表

－管理费用
营业利润
＋其他收入或利得
－其他费用或损失
税前利润
－所得税
持续经营获得的净利润
＋/－中止经营项目
净利润

（四）其他利润表列报项目

有时候，企业会遇到正常经营之外的交易事项，这些交易事项需要在持续经营的营业利润下方单独列报。

中止经营：企业有时会处置一些业务分部，中止这些分部的经营活动，这样的处置行为及其产生的处置现金流明显有别于企业持续的经营活动。因此，需要在利润表持续经营营业利润下方单独列报，作为独立项目。中止经营的列报应使用税后净额。

中止经营项目列报的内容包含两个部分：

（1）中止项目的经营利得和损失。本年度内已出售或持有待售的业务部门经营过程中的营业利润或亏损，需要列报税后净额。

（2）中止项目的处置利得或损失。在出售或者减值中止项目的资产时，产生的任何利得或者损失，需要列报税后净额。

中止项目的处置利得或损失＝处置所得－处置成本－被处置资产的账面净值

处置所得：处置资产的公允价值。

处置成本：处置资产时产生的费用，包括：支付给经纪人的佣金和其他销售费用、公允价值的评估费、法律咨询费、资产过户费、转让费。

被处置资产的账面净值：为使资产达到其预定可使用状态的所有成本，包括为资产融资的利息费用。

【例题1－2】2011年12月2日，某公司董事会决定中止运营冷冻食品部门并且将该部门在公开的市场上尽快地销售。这个部门的报告显示，2011年12月的亏损为20 000美元，2012年1月的亏损为30 000美元，2012年2月26日这个部门以盈利90 000美元的价格出售。假设冷冻食品部门认为是一个业务单元，且不考虑所得税的影响，那么该公司在2012年利润表中应该列报多少的中止经营损益？

A. 0美元　　B. 40 000美元　　C. 60 000美元　　D. 90 000美元

【答案】C

【解析】选项C正确。在2012年中，该公司的冷冻食品部的出售部门盈利为 90 000 美元，经营亏损为 30 000 美元，意味着税前的盈利为 90 000 - 30 000 = 60 000（美元），因为不考虑所得税问题，故此该盈利 60 000 美元将被作为中止经营收益来进行列报。

（五）利润表的局限性

（1）企业的有些收入、费用、利得和损失无法可靠地计量，所以无法将其报告在利润表上。

（2）收益的计量取决于所选择的会计方法。

（3）由于财务报告中存在着明显的主观性和预估的不确定性，管理层可以通过调整收入、利得、费用和损失来粉饰他们的判断，以此来提高企业的财务业绩。

二、股东权益变动表

根据财务会计准则委员会（FASB）的要求，企业在发布资产负债表时，需要披露每位股东权益账户发生的变化。

（一）主要构成内容和分类

股东权益变动表要求对股东权益账户的变动进行列报。它所包括的内容有：

（1）股本：股票的面值。

（2）资本公积：投资者购买股票时，支付的超过股票面值的溢价部分。

（3）留存收益：来自企业经营利润的累积，包括了企业的一般留存收益和用于特定目的的留存收益。

（4）累计其他综合收益：企业整个生命周期内，其他综合收益的累计金额。

（5）库存股：回购的普通股票的金额。

（二）股东权益变动表用途

企业列报股东权益的变动，其目的是帮助外部报表使用者分析评价企业财务结构的变化可能对企业财务弹性造成的影响。

（三）股东权益变动表报表格式

股东权益变动表通常按照如下顺序列示相关信息：

（1）期初余额；

（2）本期增加额；

（3）本期减少额；

（4）期末余额。

美国公认会计原则下一份典型的股东权益变动表的构成如表 1 - 2 所示。

表 1－2　美国公认会计原则下的股东权益变动表　单位：美元

某制造公司
股东权益变动表
截至 202×年 12 月 31 日

	普通股面值 1 美元	资本公积	留存收益	合计
202×年 1 月 1 日，期初余额	24 680	345 520	90 251	460 451
净利润			151 330	151 330
发放现金股利			（33 330）	（33 330）
发行普通股股票	1 000	14 800		15 800
202×年 12 月 31 日，期末余额	25 680	360 320	208 251	594 251

三、资产负债表

资产负债表又被称为财务状况表，是在特定日期报告企业的资产、负债和所有者权益的报表，它反映了某个特定时点上资产以及对资产的求偿权。

（一）资产负债表的用途

（1）资产负债表提供了企业资产、负债和所有者权益的信息，为决策者计算回报率和评估企业的资本结构提供了必要的基础。

（2）外部报表使用者可以根据资产负债表估算出公司价值。

（3）分析师通过资产负债表来评估企业的流动性、偿债能力和财务弹性。

（二）主要构成内容和分类

资产负债表划分为三个部分：资产、负债和股东权益。这样分类可以把类似的项目组合在一起，以便分析起来更加容易（见表 1－3）。资产按照流动性列示，流动性最强的资产排在最前面，流动性最差的排在最后。负债按照到期日的长短列示，到期日短的负债排在前面，到期日长的负债排在后面。所有者权益按照要求权的强弱程度排序，要求权最强的权益排在前面，要求权较弱的权益排在后面。

表 1－3　资产负债表的主要构成

分类	项目
资产	流动资产［现金、应收账款（A/R）、存货等］ 长期投资 不动产、厂房及设备（PP&E） 无形资产（专利权、商誉等） 其他资产

续表

分类	项目
负债	流动负债［应付账款（A/P）、应付利息、一年内到期的非流动负债等］ 长期负债（应付债券、抵押贷款等） 其他负债
股东权益	股本 资本公积 累计其他综合收益 留存收益 库存股（权益的备抵项）

（三）资产负债表格式

资产负债表的格式有账户式和报告式两种。

（1）账户式：将资产列示在左边，负债和所有者权益列示在右边。

（2）报告式：将资产列示在上面，负债和所有者权益列示在下面。

两种格式都符合会计恒等式：

资产 = 负债 + 所有者权益

或者，

所有者权益 = 资产 − 负债

无论哪种格式的资产负债表都是将资产、负债和股东权益细分为图表中的类别（流动资产等）进行列示。

美国公认会计原则下一份典型的资产负债表的构成如表 1－4 所示。

表 1－4　美国公认会计原则下的资产负债表　单位：美元

某制造公司 资产负债表 201×年12月31日	
资产	
流动资产	
现金和短期投资	24 628
应收账款，扣除坏账准备 30 000 美元后的净额	552 249
其他应收款	18 941
应收票据——关联方	80 532
存货	252 567
预付保险费	7 500
流动资产合计	936 417
固定资产	
不动产与设备	209 330

续表

减去：累计折旧	(75 332)
固定资产净值	133 998
资产总额	1 070 415
负债和股东权益	
流动负债	175 321
应付账款	2 500
应计费用	
长期债务的流动部分	36 000
短期借款	145 000
流动负债合计	358 821
长期负债	117 343
流动负债和长期负债总额	476 164
股东权益	
普通股（面值）	25 680
资本公积	360 320
留存收益	208 251
股东权益合计	594 251
负债和股东权益合计	1 070 415

（四）资产负债表的局限性

（1）资产负债表上大部分账户都是以历史成本，而不是用市场价值或清算价值来报告的。

（2）资产负债表不得不舍弃那些有财务价值但企业无法客观记录的项目。

（3）企业需要使用判断和预估来确定很多在资产负债表上所报告的项目。

【例题 1－3】资产负债表提供了以下信息，除了：

A. 计算收益率

B. 评估资本结构

C. 评估流动性和财务弹性

D. 确定盈利能力和评估过去的业绩

【答案】D

【解析】选项 A 不正确。收益率的计算是建立在资产负债表的资产或者净资产基础上的，故资产负债表可以帮助计算收益率。

选项 B 不正确。资产负债表体现了资产、负债和所有者权益的金额，故资产负债表可以帮助评估资本结构。

选项 C 不正确。资产负债表体现了流动资产和流动负债的金额，能够帮助阅读者了解企业的财务流动性，此外，通过资产负债表可以看出企业的财务弹性，因为资产负债表告知了企业的负债和资产的数额，并可以通过资产负债率来判断企业的财务弹性。

选项 D 正确。资产负债表就是财务状况表。一个决策者计算收益率、评估资本结构或者评估财务弹性都和资产负债表息息相关。但是盈利能力和业绩表现主要体现在利润表上，资产负债表是无法提供的。

【例题 1－4】 某公司年内会计科目余额的变化列示如下：

	增加额
资产	356 000 美元
负债	108 000
股本	240 000
资本公积	24 000

假设除了支付 52 000 美元股利外，未分配利润中没有其他支出，该年度净利润是：

A. 16 000 美元　B. 36 000 美元　C. 52 000 美元　D. 68 000 美元

【答案】 B

【解析】 选项 B 正确。资产的增加减负债的增加等于所有者权益增加，所有者权益增加＝356 000－108 000＝248 000（美元）。所有者权益增加＝股本增加＋资本公积增加＋未分配利润增加，所以，未分配利润增加＝248 000－240 000－24 000＝－16 000（美元），未分配利润增加＝净利润－支付的股利，所以，净利润＝－16 000＋52 000＝36 000（美元）。

四、现金流量表

企业现金流量表是以现金为基础提供有关公司经营、投资和筹资活动的信息，提供企业一定期间内有关现金收入和现金支出的信息。财务会计准则委员会（FASB）的会计准则汇编（ASC）第 230 号《现金流量表》［前财务会计标准说明书（SFAS）第 95 号］指出，现金流量表“必须报告在其会计期间公司的现金流入、现金流出和经营活动、筹资活动以及投资活动产生的现金流变化的净额，并依据期初现金余额调整出期末现金余额”。

（一）现金流量表的用途

（1）通过检查经营活动现金流量净额，或者经营活动产生的现金流量净额和现金增减等项目间的关系，能够更好地预测未来现金流量。

（2）缺乏足够现金，企业将无法运营、偿债、发放股利。利益相关方通过现金流量表，可以发现和说明企业的现金流动情况。

（3）净收益不是现金流，而现金流是企业运营的根基。找到企业净收益与其经营活动产生的现金流量净额之间的差异，可以确认净收益的可信度。

(4) 通过企业投资和筹资活动现金流，能够更好地发现企业资产和债务在当期内增加或减少的原因。

(二) 主要内容和分类

现金流量表的主要内容和分类如表 1－5 所示。

表 1－5　　现金流量表

分类	现金流入	现金流出
经营活动现金流	• 销售商品和提供服务的现金流入 • 贷款收益（利息）以及权益证券收益（股息）	• 获得服务而支付给员工的现金流出 • 向政府缴纳的税款 • 支付给债权人的利息 • 购买存货而支付给供应商的现金流出 • 支付的其他费用
投资活动现金流	• 出售财产、厂房和设备 • 出售其他实体的债务和权益性证券 • 收回对其他实体贷出的本金	• 购买财产、厂房和设备 • 购买其他实体的债务和权益性证券 • 对其他实体发放贷款
融资活动现金流	• 出售权益性证券 • 发行债务（债券和票据）	• 向股东发放现金股利 • 赎回长期债务或回购股本

(三) 现金流量表的编制

1. 经营性现金流。

(1) 利润表和经营性现金流的区别。经营性现金流是指与日常业务相关活动所产生的现金流量。具体包括销售、收回应收账款、收到现金股利等。利润表和经营性现金流的区别如表 1－6 所示。

表 1－6　　利润表和经营性现金流的区别

财务报表之利润表	经营性现金流
权责发生制	现金发生制
会计收入	现金收入
会计费用	现金费用

经营性现金流的归集方式为直接法和间接法。

(2) 直接法归集经营性现金流。这种方法直接报告了经营活动产生的现金收入和现金支出。两者之间的差额就是经营活动产生的现金流量净额。

直接法下经营活动现金流如下所示：

现金流入：

　　收到顾客的现金（＋）

　　应收票据的利息收入（＋）

投资于股票的股息收入（+）

现金支出：

向供应商的支付（-）

向员工的支付（-）

利息支付（-）

税费支付（-）

营业费用的支付（-）

经营活动的净现金流 = 总的现金流入 - 总的现金支出

（3）间接法归集经营性现金流。间接法是以净收益为起点，并将其调整为经营活动产生的现金流量净额。间接法针对那些影响报告净收益却不影响现金的项目，对净收益进行调整。

间接法下经营活动现金流如下所示：

经营活动

净收益

将净收益调整为经营活动净现金流：

+非付现费用（折旧/预提/摊销费用）

+投资或者筹资活动的损失（往往是出售长期资产的损失）

-投资或者筹资活动的利得（出售长期资产的利得）

-除了现金以外的流动资产的增加

+除了现金以外的流动资产的减少

+流动负债的增加

-流动负债的减少

+应付债券的折价摊销

-应付债券的溢价摊销

+递延所得税资产的减少

-递延所得税资产的增加

+递延所得税负债的增加

-递延所得税负债的减少

=经营活动形成的现金流量

2. 投资性现金流。

投资性现金流来自长期资产账户的变动。包括销售或购置地产、厂房及设备（PP&E），出售或购买另外一家公司的债券投资和权益性证券。列示于流动资产项下的短期持有的债券和股票投资，发生的现金变动属于经营性现金流，不属于投资性现金流。

3. 筹资性现金流。

筹资性现金流来自长期负债或所有者权益账户的变动。包括公司发行权益性证券或债券收到的现金、回购股票和赎回公司流通在外的债券支付的现金、向股东支付的现金股利。

（四）现金流量表的附注

对于所有非付现投资和筹资活动，要在现金流量表的附注中进行披露。例如，为购买资产定向发行股票、将债权转化为股权等。

如果公司采用了直接法编制现金流量表，还需要单独披露用间接法编制的经营性现金流量表。

【例题1－5】克里斯蒂娜公司今年部分的财务信息如下：

单位：美元

净收益	2 000 000
应收账款增加	300 000
存货减少	100 000
应付账款增加	200 000
折旧费用	400 000
出售可供出售证券的利得	700 000
普通股发行所产生的应收现金	800 000
股息支付	80 000
用现金购置土地	1 500 000
出售可供出售证券的现金所得	2 800 000

假如使用间接法，当年克里斯蒂娜公司来自经营活动的现金流为：

A. 1 700 000 美元　　B. 2 000 000 美元

C. 2 400 000 美元　　D. 3 100 000 美元

【答案】A

【解析】选项A正确。按照间接法，克里斯蒂娜公司来自经营活动的现金流应为：

单位：美元

		注释
净收益	2 000 000	间接法从净收益开始
利得	（700 000）	利得需要从净收益中减去
折旧	400 000	非付现的折旧需要从净收益中加上
应收账款	（300 000）	非现金的流动资产增加部分需要减去
存货	100 000	非现金的流动资产减少部分需要加上
应付账款	200 000	流动负债增加部分需要加上
经营性现金流	1 700 000	

选项B不正确。该选项错误在于未考虑应收账款的增加。

选项C不正确。该选项错误在于未把出售可供出售证券的利得剔除。

选项 D 不正确。该选项错误在于计算中考虑了其他应排除的因素。

【例题 1－6】 某会计师正在使用间接法编制现金流量表。在资产负债表上，她发现去年的设备值为 295 700 美元，今年的设备值为 304 000 美元，今年的折旧费为 22 400 美元。本年度公司出售设备所得款项为 40 000 美元，产生的收益为 21 600 美元。在现金流量表中，今年购买设备的现金流出是多少？

A. 4 300 美元　　B. 49 100 美元

C. 52 300 美元　　D. 70 700 美元

【答案】 B

【解析】 选项 B 正确。本年公司出售设备账面价值＝出售设备所得款－收益＝40 000－21 600＝18 400（美元）

期初设备账面价值＋本期购入价值－本期出售价值－折旧＝期末账面价值

295 700＋X－18 400－22 400＝304 000（美元）

X＝49 100（美元）

五、财务报表的局限性

财务报表虽然对决策者有重要的作用，但是不可否认，它的局限性也很明显，其中包括以下几点。

（1）绝大多数科目以历史成本进行记录。非金融性质的资产账户均按历史成本列报。虽然历史成本比较可靠，但是无法反映企业资产现有价值。

（2）不同的会计核算方法的选择。如果企业选择不同会计核算方法，净利润会有所不同。不同公司间进行比较就变得困难。

（3）忽略了非财务项目的价值。资产负债表无法衡量企业的整体价值，例如，人力资源价值、客户基础、无形资产等均无法通过财务衡量。

（4）会计估计和判断的运用。会计估计的差异，例如，折旧方法的选择、坏账计提等政策不同，造成对两家或者多家公司的利润表进行对比非常困难。

（5）资产负债表的表外信息。有些表外交易事项导致交易相关的负债和资产不在资产负债表中披露。《萨班斯－奥克斯利法案》（SOX）要求上市公司向证券交易委员会（SEC）提交的文件中披露这些表外信息。

（6）非付现交易。现金流量表不考虑非现金交易，而且影响资产和负债的非现金交易仅仅在附注和补充材料中进行披露。

【例题 1－7】 下列事项是资产负债表所提供信息的局限，除了：

A. 报告企业收益质量

B. 对于资产的回收、出售和年限都需要使用判断和预计

C. 剔除了一些具有财务价值的信息，比如员工的价值

D. 缺少大多数资产和负债的当前价值

【答案】 A

【解析】选项 A 正确。资产负债表是无法预测企业收益质量的，这部分的信息要从利润表中获得。

选项 B 不正确。对资产的回收、出售和年限都需要使用判断和预计是典型的财务报表局限性的表现。

选项 C 不正确。财务报告中不包括员工价值等信息，这是财务报表局限性的反映。

选项 D 不正确。财务报告中大多数资产和负债都是按照历史成本计价，这体现了财务报表的局限性。

六、财务报表使用者

财务报表可以帮助内部使用者和外部使用者进行决策，达到良好的资源配置。财务报表的使用者和用途如表 1－7 所示。

表 1－7 财务报表的使用者和用途

财务报表使用者	财务报表的用途
内部使用者：总裁、经理人、管理会计和其他员工	• 制订短期和长期营业计划和控制 • 确定内部资源的分配 • 分析和预测企业的盈利信息 • 进行企业的生存、发展和前途的相关决策
外部使用者：投资者、债权人、工会、分析师、财务咨询师等	• 进行投资决策的制定、确认投资收回可能性和计算投资回报率 • 衡量公司的偿债能力，确定企业的信用评级 • 分析资本市场运营情况 • 以财务报表为数据基础进行劳资方面的谈判 • 提供投资和财务方面的建议

【例题 1－8】在向股东递交的年报中包括各类财务报表。这些财务报表对下列哪类人最没有用处？

A. 股东　　B. 准备向企业放贷的银行家

C. 竞争对手　　D. 负责日常运营活动的管理者

【答案】D

【解析】选项 A 不正确。股东是财务报表的外部阅读者，财务报表对于他们评估投资回报结果是非常有用的。

选项 B 不正确。准备向企业放贷的银行家是财务报表的外部阅读者，财务报表对于他们决定是否贷款是非常有用的。

选项 C 不正确。竞争对手是财务报表的外部阅读者，财务报表对于他们进行竞争对手分析是非常有用的。

选项 D 正确。该题目所问的是对哪类人最没有用处。因为题目中的财务报表为向股东提交的年报，即财务报告面对的是外部使用者，故选项 D 负责日常运营活动的管理者是内部使用者，这些外部财务报告整体信息并没有太多用处。如果他们需要进行应用，需要将这些财务报表中的信息进行进一步的细化和分析，才能对运营产生指导作用。

七、财务报表之间的关系

四张报表之间具有很强的相关性：

（1）通过股东权益变动表中留存收益的变化，将资产负债表和利润表的净利润联系起来。

（2）资产负债表中现金及其相关的财务状况变化，会被体现在现金流量表中。

（3）资产负债表中股本及其结构的变化，被体现在股东权益变动表中。

八、综合报告

综合报告的概念始于1999年提出的想法，它在多年发展的基础上由国际综合报告理事会（IIRC）于2013年正式版权化并予以发布。综合报告不是美国上市公司年度报告的强制性要求，它只是代表公司的自愿性行为，国际综合报告理事会希望综合报告在全球范围内被上市公司和私营企业采用。

（一）综合报告的概念

（1）综合报告（IR）。一个建立在综合思考基础上的过程，这使得组织在一段时间内获得关于价值创造的定期综合报告，也有利于组织内部关于价值创造方面的相关沟通。

（2）综合思考。是组织对其经营和职能部门与该组织所能使用的或施加影响的资本之间关系的积极思考。综合思考导致综合性决策和行为，而这将兼顾短期、中期和长期的价值创造。

（3）综合呈报（又译“综合性报告”“综合叙述”）。一个简要的说明，它涉及外部环境背景下组织的战略、治理、绩效和展望如何影响其短期、中期和长期的价值创造。

综合思考是综合呈报的基础，同时也是组织持续创造价值的不可或缺的一部分。而报告本身是组织信息的汇聚以及与外部报告使用者的沟通途径。

（二）综合报告的目的

综合报告是向财务报告的外部使用者和组织的出资人提供信息，以达到以下目的：

（1）提高出资人获取信息的质量，实现更具效率和效果的资本配置。

（2）形成一种更连贯、更有效的公司报告方法，反映对组织持续价值创造能力产生重大影响的所有因素。

（3）加强对广义资本（财务、制造、智力、人力、社会与关系以及自然）的管理的问责，提高对资本间相互依赖关系的理解。

（4）围绕价值创造，从短期、中期和长期的角度综合思考、决策和行动。

（三）资本分类和价值创造过程

所有组织的成功都依赖各种形式的资本。综合报告中的资本是一个广义的概念。除财务资本以外，还包括制造资本、智力资本、人力资本、社会与关系资本和自然资本。

1. 资本分类的内容（见表1－8）。

表1－8　资本的分类

资本	描述	举例
财务资本	企业生产或提供服务时可用的资金	• 债务和股权收到的资金 • 经营所得 • 补助或投资收到的资金
制造资本	可供组织在生产或提供服务时使用的有形物体	• 建筑物 • 设备 • 基础设施（道路、港口、桥梁、废料和废水处理厂等）
智力资本	组织拥有的基于知识的无形资产	• 知识产权（专利、版权、软件、权限和许可等） • 组织资本（隐性知识、系统、程序和协议）
人力资本	员工的胜任能力、才能和经验，以及创新的动力	• 员工认同并支持企业的治理和道德价值观 • 员工能够理解、发展和执行组织的战略 • 员工忠诚并且有改善的动力 • 员工具有领导、管理和协作的能力
社会与关系资本	组织在机构、社区和利益相关者内部之间的关系，为增进个人和集体的福利而共享信息的能力	• 共同的规范、价值观和行为 • 建立在信任和意愿基础上的关键的利益相关者关系 • 企业的品牌和声誉
自然资本	支持企业过去、现在和未来繁荣的，可再生和不可再生的环境资源和过程	• 土地、水、空气、森林 • 生物多样性、生态系统健康

2. 价值创造过程。

六种资本共同参与价值创造的过程。在公司整个商业模式中，把六种资本通过商业活动转化为公司期望的产出结果。价值创造的过程，伴随着各种资本的增加、减少和相互转化。例如：当组织通过员工培训提高人力资本的时候，培训成本导致组织的财务资本减少。

公司的使命和愿景驱动着商业模式。组织的管理层有责任建立一个监督机制，支持组织的价值创造能力。见图1－1。

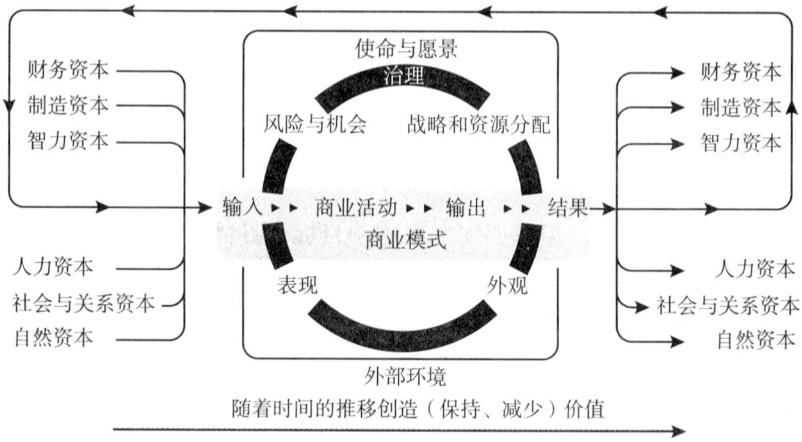

图1－1　价值创造过程

（四）综合报告的内容元素

综合报告的内容基本上包含能够影响组织价值创造能力的全部元素，主要有以下8项。

1. 机构概述和外部环境。

综合报告应该说明组织从事什么业务，组织经营的外部环境是怎样的。具体内容包括：

（1）文化、道德和价值观；所有权和经营结构；主要业务和市场。

（2）竞争状况和市场定位；在价值链中所处的地位。

（3）组织经营的一些关键定量信息，如员工人数、收入、分支机构数目等。尤其着重于与以前期间发生的重大变化。

（4）影响外部环境的重要因素包括：对组织短期、中期和长期的价值创造能力产生影响的有关法律法规、商业、社会、政治、环境等背景因素。

2. 治理。

组织的治理结构如何支持组织在短期、中期和长期创造价值。具体内容包括：

（1）组织的领导结构；管理层的技能；监管要求是否会影响治理结构的设计。

（2）制定战略；实施监督的具体流程；对风险的态度；解决诚信和道德问题的机制。

（3）管理层在监控战略方向和风险管理方面的特殊行动。

（4）组织的文化、道德和价值观如何体现于组织对资本的使用和影响，包括与利益相关者之间的关系。

（5）组织的治理实务是否优于法律的要求。

（6）管理层为推进和实现创新所承担的责任。

（7）薪酬和激励如何与组织的短期、中期和长期的价值创造挂钩，如何与对资本的使用和影响挂钩。

3. 风险和机遇。

影响组织在短期、中期和长期内创造价值能力的具体风险和机遇是什么。组织如何应对这些风险和机遇。综合报告列示出影响相关资本的持续可获得性、质量和可承受性的主要风险和机遇。

4. 战略和资源配置。

组织的目标是什么。组织如何实现这一目标。具体包括：

（1）组织的短期、中期和长期战略目标。

（2）为实现战略目标而制订的计划。

（3）为执行战略而实施的资源配置计划。

（4）如何衡量短期、中期和长期的成果。

5. 商业模式。

商业模式是组织为了实现其战略目标，在短期、中期和长期创造价值，通过经营活动将投入转化为产出和成果的体系。商业模式包括四个内容：投入、经营活动、产出、成果。拥有多个商业模式的组织，需要单独考虑每个重要的商业模式，并解释各商业模式之间的关联程度。

6. 绩效。

组织的战略目标实现程度，以及组织在对资本的影响方面取得了哪些成果。综合报告中应该包含关于绩效的定性和定量信息，例如：

（1）目标、风险和机遇的定量指标，它们的重要性和潜在意义，以及编制时使用的方法和假设。

（2）组织对资本的影响（正面影响和负面影响），对价值链上游和下游资本的重要影响。

（3）与关键利益相关者的关系，以及组织如何应对利益相关者的需求和利益。

（4）过去绩效、当前绩效和未来展望之间的联系。

（5）财务绩效和其他资本绩效之间的关联。

7. 前景展望。

组织在执行战略时可能遇到哪些挑战和不确定性，以及组织为应对未来的挑战和不确定性采取了哪些措施。具体内容有：

（1）组织对于其在短期、中期和长期可能要面对的外部环境的预期。

（2）该外部环境如何影响组织。

（3）组织为应对未来的挑战和不确定性采取了哪些措施。

8. 编制和列报基础。

组织如何确定哪些事项应该包含在综合报告中，如何量化或评估这些事项。综合报告应该说明：

（1）组织确定重要性的流程概要。

（2）报告范围及其确定方法。

（3）量化或评估重大事项的主要框架和方法。

（五）综合报告编制的指导原则

综合报告可以是一个独立的报告，也可以作为其他报告中的一个单独的组成部分。国际综合报告委员会（IIRC）没有提出综合报告的固定格式，而是采用一种以原则为导向的方法。《综合报告框架》没有规定具体的关键绩效指标、计量方法或披露的具体事项，但包括一些要求。一份符合框架标准的综合报告，就需要达到如下要求：

1. 重要性。

综合报告需要披露重要事项，并且解释这些事项如何影响组织的战略、经营模式和资本。包括：相互影响和相互依赖的关系；公司的看法和行动；定性和定量信息的披露。

2. 一致性和可比性。

对资本的披露，使用量化指标来提高可比性、相关性和一致性。报告中呈现三年或更长期间的数据对比。另外，对定性信息的披露，可以帮助对定量信息的理解。

3. 时间跨度。

综合报告的时间跨度由组织根据所处行业和部门的特点来确定。通常情况下，综合报告的时间跨度比其他报告长。

4. 汇总与分拆。

组织可以根据具体情况，决定在哪个级别进行信息的汇总和列报。信息分拆（或汇总）的合适的水平，要在信息表达的效果和信息分拆的成本之间进行权衡。

（六）综合报告的益处和挑战

1. 综合报告的益处。

（1）可以使投资人获得更高质量的信息。

（2）可以促成一种更紧凑、更有效的报告组织价值创造能力的方法。

（3）可以加强对组织使用的六种资本的管理和问责。

2. 综合报告的挑战。

（1）综合报告没有统一的标准。

（2）多元经营组织的综合报告很复杂，会令中小企业增加额外的成本。

（3）一些定性或前瞻性的信息，包括目标和预测信息，会为组织带来诉讼风险。

【例题 1－9】 对于采用综合报告（IR）的组织来说，以下哪项不是挑战？

A. 确定重点

B. 利益相关者不愿意接受新的报告形式

C. 高级管理层的支持

D. 非财务信息的数据质量

【答案】B

【解析】选项 B 正确。综合报告通常对利益相关者有利。它应该通过提供一个整体的观点来改善利益相关者的关系，将非财务和财务信息与其创造价值的潜力联系起来。因此，利益相关者的接受并不是一个挑战。综合报告挑战如下：

（1）综合报告编制面临的首要挑战是综合报告本身并没有统一的标准。

（2）多元化经营组织的综合报告很复杂，会使中小企业增加额外的成本。

（3）综合报告编制如何以平衡的视角对组织和外部利益相关者都认为重要的事项进行披露（A 项不正确）。

（4）一些定性或前瞻性的信息（包括目标和预测信息），会为组织带来诉讼风险。

（5）高级管理层的支持（C 项不正确）。

（6）非财务信息的数据质量（D 项不正确）。

【例题 1－10】在全球范围内采用综合报告（IR）可能性最大的原因是：

A. 监管者不参与标准制定

B. 会计师事务所遵从其他各方制定指标

C. 机构投资者向公司施压，要求它们报告非财务信息

D. 立法者废除了报告只要求基于金融资本的法律

【答案】C

【解析】选项 A 不正确。在全球范围内采用综合报告取决于监管力量和自愿采用的结合。

选项 B 不正确。会计师事务所可以协助制定衡量和保证非财务信息的指标。

选项 C 正确。机构投资者可以利用他们的影响力，迫使公司报告非财务信息和价值创造。它们可能是采用综合报告的强大推动力。

选项 D 不正确。立法可能要求公司报告一系列广泛的资本，而不限于金融资本。

【例题 1－11】综合报告包括下列哪一项？

A. 社会资本和关系资本，而不是负外部性

B. 只有金融、制造业和智力资本

C. 为他人创造的物质价值和外部性

D. 为公司创造价值，而不是为外部环境创造价值

【答案】C

【解析】选项 A 不正确。为公司和他人创造价值，无论何时创造价值，外部性都可能发生，外部性是对非公司自身资本的影响。然而，无论重大外部性是积极的还是消极的，都应包括在综合报告中。

选项 B 不正确。价值创造的来源不仅包括金融资本、制造业资本和智力资

本，还包括人力资本、社会资本和关系资本以及自然资本。

选项C正确。创造价值的形式（为公司和他人）是密切相关的。例如，产品的销售为公司带来收入，并为客户带来某种形式的价值，这取决于所销售产品的性质。销售不仅影响财务资本，而且影响社会资本和关系资本。外部性，不管是积极的还是消极的，也应该得到解决。它们是对非公司资本的影响。因此，如果所创造的价值具有实质性，则应将其纳入综合报告，而不论该价值是为公司自身还是为他人创造的。

选项D不正确。例如，通过收入和人力资本的增加为公司自身创造价值。但是，价值创造过程的结果也应该包括在内，因为它们与外部环境直接相关，例如，当生物多样性（自然资本）因公司项目而改善时。

【例题1－12】综合报告最好定义为：

A. 关于战略、治理、绩效和前景如何随着时间推移带来价值创造的简明交流

B. 定义和衡量公司非财务方面的过程

C. 将年度报告与公司的可持续发展或企业可持续发展报告相结合

D. 一种建立在综合思维基础上的过程，由一个组织定期提交一份关于价值创造和保存的综合报告

【答案】D

【解析】选项A不正确。综合报告通过智能地结合财务和非财务信息，简明地传达了战略、治理、绩效和前景如何在其外部环境中随着时间的推移创造价值。

选项B不正确。综合报告应结合财务和非财务信息。

选项C不正确。综合报告不仅仅是将财务报告与可持续性或企业可持续性报告结合起来。它提供了一个整体的观点，金融和非金融信息之间的联系和价值创造过程。

选项D正确。按照国际综合报告理事会（IIRC）的定义，综合报告是“一个建立在综合思维基础上的过程，其结果是一个组织就短期、中期和长期的价值创造和保存提出定期综合报告”。

第二节 确认、计量、计价和披露

一、资产计价

资产在资产负债表中按流动性强弱顺序进行估值和列报，即资产转换为现金的能力及（或）管理者的意愿。如果公司预计该资产在年度或运营周期内（以较长者为准）将全部转换为现金或使用完成，则此类资产列报为流动资

产。流动资产通常包括现金、短期投资、应收账款、存货、低值易耗品和预付费用。将持有超过一年（或一个运营周期）的资产归类为长期资产，包括投资性资产、不动产、大型机器、设备和无形资产。

（一）应收账款

公司的资产负债表上可能有几种不同类型的应收账款。应收款项是企业的资产，表示企业将会收到来自其他企业承诺的款项。应收款项可以分为商业应收账款（通常称为应收账款，A/R）和非商业应收账款（应收利息、保险索赔或诉讼成功的补偿款等）。商业应收账款是在卖家向购买方提供赊销时产生的，应收账款被认为是在现金之后具备较高流动性的资产。

1. 应收账款分类。

应收账款可以分类为当期应收账款和非当期应收账款。当期应收账款应在一年内或当期经营周期内收回，以较长者为准。非当期应收账款回收期则更长一些，一般长于一年或一年以上的营运周期。

2. 应收账款形式。

（1）商业应收账款。来自企业日常经营，产品和服务的赊销。包括应收账款（A/R）和应收票据。应收账款，通常有着 30～60 天的账期，一般归为流动资产；应收票据，依据其到期日，可能是流动资产，也可能是长期资产。

（2）非商业应收账款。除日常经营活动以外的其他各种类型的应收账款。包括应收利息、保险索赔、诉讼补偿款等。非商业应收账款，通常在资产负债表中单独项目列报。

3. 应收账款的计量。

商业应收账款按其可变现净值（NRV）在资产负债表上记录和列报。扣除坏账和预期销售退回。

（1）商业折扣。也称为数量折扣或批量折扣，允许企业为其目录中给定的商品设立一个价格，以不同的折扣价格将商品出售给各种批发商和零售客户。有商业折扣的销售仅以协商价格记录。

（2）现金折扣。现金折扣用于鼓励客户尽快付款。如果购买方在指定的截止日期前付款，则购买方可以自动获得此类折扣。具有现金折扣的应收账款，可以按总额法或净额法记录。总额法按照总额或未扣除现金折扣金额记录每笔应收账款和销售额。如果在折扣期内收到付款，销售折扣（收入账户的抵减账户）将被确认。销售总额扣除销售折扣之后的销售净额在利润表中列示。净额法假设客户会全部享受现金折扣，因此每笔销售扣除现金折扣后按其净额登记应收账款和销售收入。这种方法更加符合配比原则，因为它按照客户预期享受的折扣计提了该笔费用，并且将这些费用从当期销售额中扣除，因而使得记录的销售额更加接近企业实现的净值。

（3）销售退回和折让。销售退回和折让是收入的一个抵减账户，用于记录因客户不满意他们收到的商品而减少的销售收入的净值。如果卖方提供了折让并且买方同意保留货物，则销售收入和应收账款都必须减少对应的折让金额。但是，如果客户发生实际退货，则销售方需要确认货物的回收或报废，产品销售成本也会因此而降低。一些公司有着比较高的“退货率”，以至于他们通常根据预期退回记录净销售额，通过设立一个“销售退回准备”账户作为应收账户的抵减科目而存在。

4. 应收账款的记录。

应收账款应按其到期价值入账。应收账款必须按其可变现净值（NRV）在资产负债表上进行记录和列报。应收账款的可变现净值是指公司预计收到的现金净额，不包括估计的不可收回金额（坏账）和预期销售退回（如果有退货政策）。换句话说，应收账款是在资产负债表中以扣除坏账（即应收账款减去备抵金额）后的净额列报的。

两种常用的登记坏账的方法为直接冲销法和计提坏账准备法（备抵法）。

（1）直接冲销法：仅在应收账款无法收回时确认为坏账费用。

优点：简单、可靠。美国税法要求计算当期收益应采取直接冲销法。

缺点：坏账费用和收入不匹配、不准确，同时高估了应收账款在年底的可回收金额，因此，不被财务准则接受。

（2）计提坏账准备法（备抵法）：企业对销售收入或全部未收回的应收账款按照预期无法收回的金额计算的一个估计数，在损益表中记录为坏账费用，该费用属于当期营业费用的一部分，而在资产负债表中将此估计数记录为坏账准备，该坏账准备科目数额以调减应收账款金额。通过这种方法计算得到的应收账款可变现净值，该值就是预期收回款项。

优点：符合配比原则，客观反映了当期坏账费用与应收账款或收入的内在联系和比例。客观反映应收账款资产的公允价值。

在“备抵法”中，可使用资产负债表法和利润表法来预估和确认坏账准备。

①资产负债表法。主要关注应收账款与坏账准备之间的关系。以应收账款余额为基础估算坏账准备期末目标余额。当前坏账准备余额与目标余额之间的差额，就是本期应计的坏账费用。

应收账款余额百分比法：以应收账款余额为基础，按照一定比例估算坏账准备金额。

账龄分析法：未清偿期限越长的应收账款，回收的可能性越小；按照不同账龄分别确定坏账的计提比例。

②利润表法。主要关注销售收入与坏账准备之间的关系。以销售额或赊销额为基础估算本期应计的坏账费用。期末坏账准备余额是坏账准备当前金额和计提的坏账费用的累计值。

销售百分比法：以销售额为基础估算坏账费用。

赊销净额百分比法：以销赊销额为基础估算坏账费用。

【提示】 备抵法下发生无法收回的坏账，同时冲销应收账款和坏账准备。应收账款的净值没有变化。

5. 应收账款保理。

应收账款保理，是企业出售应收账款以收回现金的一种融资方式。保理商（如银行或者财务公司）购入应收款项，承担起向企业付款和向客户收账的职责。保理商直接从客户那里收到支付的款项，收取一定比例的佣金。

（1）有追索权的让售。公司并未将应收账款风险完全转移给保理商，公司需要向保理商支付发生的无法收回的坏账。

例如，一家公司出售500 000美元的有追索权的应收账款，并估计追索债务（估计出售应收账款的坏账）的公允价值为6 000美元。保理商收取3%的佣金，并认为会有5%的坏账可能。使用有追索权保理的损失计算如表1－9所示。

表1－9　　计算净款项额　　单位：美元

项目	金额
保理商财务服务费（3%×500 000美元）	15 000
追索债务	6 000
应收账款保理损失	21 000

与此交易相关的会计分录是：

借：现金　　460 000美元

　　保理商坏账预留（5%×500 000美元）　　25 000美元

　　应收账款保理损失　　21 000美元

　　贷：应收账款　　500 000美元

　　　　追索债务　　6 000美元

在资产负债表上，25 000美元的“保理商坏账预留”是一项流动资产，如果应收账款中没有坏账则应退还给公司，6 000美元的追索债务表示公司估计在已售出的应收款中可能出现的坏账公允价值。在利润表中，如果公司将保理应收账款作为其正常业务的一部分，则将21 000美元的“应收账款销售损失”报告为营业费用。如果不作为一项常见的业务活动，则将其列为“其他费用和损失”。

（2）无追索权的让售。应收账款的全部风险转移给保理商，由保理商承担坏账的风险。

如果前一个例子中的500 000美元的应收账款以无追索权的形式出售给其保理商，公司将不接受任何追索债务，相关的会计分录是：

借：现金　　460 000美元

　　保理商坏账预留（5%×500 000）　　25 000美元

　　应收账款保理损失　　15 000美元

　　贷：应收账款　　500 000美元

在这种情况下，如果应收账款中没有坏账，则资产负债表将25 000美元的“保理商坏账预留”作为流动资产并返还给公司。因为“无追索权”确保了卖方对于卖出的应收账款没有进一步的责任，不存在因为坏账导致流动负债出现的情况。利润表包括的 15 000 美元的“应收账款保理损失”将根据这类交易的频率列报在营业费用或“其他费用和损失”下。

（二）存货

存货包括在企业日常经营过程中持有待售的资产，处在生产流程或销售过程中的产品，或用于生产待售商品的原材料。非日常经营活动销售的资产项目不属于存货。存货可以按其用途分类。零售商通常只有一个类型的存货，即已采购的用于出售的零售商品。制造型企业通常有三类存货：原材料、在产品和产成品。

1. 存货估价。

存货估价就是确定哪些项目和成本应该包含在存货中以及应使用何种成本以流转假设的过程。有两种存货核算的系统方法：永续盘存制和定期盘存制。也有四种成本流转假设供企业选择：个别计价法、平均成本法、先进先出法（FIFO）和后进先出法（LIFO）。

产品的总成本被分配在已售产品和待售产品中。可供出售或使用的产品成本为期初库存价值加上整个期间所获得或生产的产品成本。产品销售成本是可供销售或使用的产品成本减去期末库存产品即期末库存的成本。

（1）包括在存货中的产品。

尽管产品买方只在收到货物后才在账户中登记购入存货，法律上的所有权在名义上已经转移给了购买方。下面介绍几种不适用于上述说法的特殊情况：

委托代售产品。委托代售是一种销售代理模式，可以减轻零售商（受托人）因产品滞销面临的风险，因为销售人（委托人）保留货物所有权直至销售完成。

在途产品是已经发货但尚未到达目的地的产品，在途产品的所有权何时转移由运输条款决定。如果商品是以离岸价——装运地［FOB（free on board）shipping point］的方式装运的，则商品装运时，其所有权就转移至了采购方。如果商品是以离岸价——目的地［FOB（free on board）destination］的方式装运的，则商品只有在被采购方收到时，其所有权才从出售方转移至采购方（FOB 一般指船上交货价，亦称“离岸价”）。所有权转移之前，产品归属于卖方，所有权转移之后，产品必须在买方账簿上登记。

附带回购协议的销售严格来讲更是一种交换抵押行为，公司出售其库存并同意以特定价格和特定时间回购。因此，当回购协议设定的回购价可以补偿买方的全部成本加上存货成本时，回购协议中的存货和负债应该在卖方的资产负债表上列报。

（2）包括在存货中的成本。

制造费用。对于自己生产并出售产品的企业来讲，库存成本应该包括生产中发生的所有直接成本和间接成本。

产品成本。产品成本包括货物的进货运费、人工成本和直接或间接的采购、生产及加工成本。

现金折扣。如前所述，现金折扣是因为提前付款所获得的折扣。总额法指按照总价款登记购入存货，折扣金额只有在发生时才从价款中直接扣除。净额法是指采购时就只登记扣除折扣后的净额，未享受折扣的损失计入费用账户中。

期间费用。未列入"库存成本"中的项目（如销售和管理费用）称为期间费用，这些成本通常与生产无关。与预备存货有关的利息成本也被视为期间费用。根据公认会计原则，只有自建的固定资产或独立的项目（如船舶或供租售的不动产）的利息费用可以资本化，常规用于购置库存的融资成本不予资本化。

【例题1-13】 HERC公司2014年12月31日实物盘点的存货为1 500 000美元，但是有如下必要的调整事项：

- 2014年12月30日从卖方起运点装船成本90 000美元的商品，贸易方式为FOB起运点交货，2015年1月5日收到并记录。
- 在集货区有一批未包含在存货中的商品，这批商品直到2015年1月4日才装船，但是在2014年12月30日已经开发票发送给买方，货物为120 000美元，贸易方式为FOB起运点交货。

HERC公司2014年12月31日报表中存货金额是多少？

A. 1 500 000美元　　B. 1 590 000美元

C. 1 710 000美元　　D. 1 620 000美元

【答案】 C

【解析】 第一笔货物是FOB起运点交货，12月30日卖方已经交货，故此该批货应当放入HERC公司存货。第二笔货物是FOB起运点交货，但是2015年1月4日HERC公司才装船，风险没有转移，故此该批货也应当放入HERC公司存货。

公司2014年12月31日报表中存货总额是1 500 000+90 000+120 000=1 710 000（美元）。

2. 存货记录方式。

存货的记录有两种基本方法：永续盘存制和定期盘存制。永续盘存制依靠计算机和条形码扫描仪在购买和销售时不断更新库存记录。定期盘存制相对更传统些，在有电脑系统之前常被使用。由于越来越多的公司采用库存跟踪数据库和相关技术，定期盘存制正在变得过时。

由于产品销售成本每年仅确定一次，因此信息不及时。为了解决这个问题，公司可以使用一个改进后的永续盘存制，在备忘录账户中保存详细的数量记录（但不包括价格）。定期盘存制的另一个缺点是它不但不能测量由于盗窃或损坏造成的损失，还错误地将这些损失包含在了产品销售成本中。

永续盘存制和定期盘存制的比较如表 1－10 所示。

表 1－10　　永续盘存制和定期盘存制的比较

存货记录方式	定义	公式应用
永续盘存制	企业存货系统随时记录存货账户的变动情况，每笔销售和采购交易事项都会在发生时进行登记，系统能够确定期末存货余额	期末存货余额＝期初存货余额＋购入存货（净额）－产品销售成本
定期盘存制	由于企业存货系统无法随时记录存货账户的变动情况，销售的交易事项无法在发生时进行及时登记，故此通过对期末库存存货的实物盘点，确定期末存货，进而确定当期产品销售成本的方法	产品销售成本＝期初存货余额＋购入存货（净额）－期末存货余额

【例题 1－14】 预算师为来年编制了产品销售成本预算如下：期初存货成本 500 000 美元；直接材料 8 000 000 美元；直接人工 3 200 000 美元；间接制造费用 4 000 000 美元；期末销货 750 000 美元，问产品销售成本预算是多少？

A. 14 950 000 美元　　B. 15 200 000 美元

C. 15 700 000 美元　　D. 16 450 000 美元

【答案】 A

【解析】 年度生产成本＝8 000 000＋3 200 000＋4 000 000＝15 200 000（美元）；产品销售成本＝期初库存＋生产成本－期末库存＝500 000＋15 200 000－750 000＝14 950 000（美元）。

3. 存货的减值。

库存的存货虽然按照历史成本记录，但是存货出现过时、产品损毁和价格水平变动时，会导致存货价值下降，故此存货应当发生减值。

（1）成本与可变现净值（NRV）孰低原则。存货的计算按成本和可变现净值中较低者为准。可变现净值：存货项目的销售价格减去进一步加工成本和资产处置费用的金额。

成本与可变现净值孰低原则，适用于先进先出法（FIFO）和平均成本法。

（2）成本与市价孰低原则（LCM）。存货的计算按成本和市场价值中较低者为准。市价是重新购入或重新生产该产品所花费的成本（重置成本），是采购市场（购买方）的价值，不是销售市场（出售方）的价值。成本与市价孰低原则，适用于后进先出法（LIFO）和零售盘存法估价的存货。

成本和市价孰低原则的最高限额和最低限额：

最高限额：作为市价的重置成本不得大于存货的可变现净值。

最低限额：作为市价的重置成本不得低于存货的可变现净值减去正常利润后得到的金额。

作为市价的重置成本，只能在高限和低限之间，如果超出范围，则取高限或者低限作为市价。

4. 成本流转假设。

成本流转假设是财务记录库存成本的方法，并不体现实际生产中存货的流转。四种常用的成本流转假设是个别计价法、平均成本法、先进先出法（FIFO）和后进先出法（LIFO）。

（1）个别计价法。产品销售成本按照单独个体产品采购时的成本进行记录，适合独一无二的产品。例如，珠宝、高档汽车等数量少、价格昂贵的产品。特别适用于采用实时数据库存储信息的永续盘存制。该方法使成本和收入能够直接配比，是财务准则推荐使用的方式。

（2）平均成本法（移动平均法）。将全部类似存货项目的成本加总求和，计算期间平均成本，每次购入存货的变化需重新计算存货的平均成本。在永续盘存制和定期盘存制下，平均成本法计算产品销售成本的方式如表 1－11 所示。

表 1－11　　不同盘存制度下，平均成本法计算产品销售成本方式的比较

盘存制度	销货和存货成本的计算
永续盘存制	单位平均成本用每次购入新的存货后可供出售的产品销售成本除以可供出售的产品数量得到
定期盘存制	用本期可供出售的产品销售成本总额除以产品可供销售总数，计算得到单位产品的加权平均成本。期末存货价值按照期末存货数量乘以平均成本得到。产品销售成本用可供出售产品的销售成本总额扣除期末存货价值，或用平均成本乘以销货数量计算得到

平均成本法下，永续盘存制和定期盘存制的计算结果不一致。

（3）先进先出法（FIFO）。先购入的存货比后购入的存货先被领用，其采购成本价格作为产品销售成本计入利润表，最新购入的存货成本包含在期末存货中。永续盘存制和定期盘存制下，先进先出法计算产品销售成本的方式如表 1－12 所示。

表 1－12　　不同盘存制度下，先进先出法计算产品销售成本方式的比较

盘存制度	销货和存货成本的计算
永续盘存制	• 发生销售的同时记录产品销售成本，按照销售发生时的存货清单来确定发货的价值 • 先购入的存货比后购入的存货先被领用。其采购成本价格作为产品销售成本计入利润表。当最早一批购入的存货领用完毕，剩余存货中最早购入的存货，接下来被领用
定期盘存制	• 每月期间只记录存货购入，不记录销售出库 • 期末存货按照购入时间的先后，早期的存货进入产品销售成本。剩余后期的存货留在存货里

先进先出法下，永续盘存制和定期盘存制的计算结果一致。

（4）后进先出法（LIFO）。后购入的存货比先购入的存货先被领用，或先出售。产品销售成本为最后购入存货的成本，最早购入的存货成本包含在期末存货中。永续盘存制和定期盘存制下，后进先出法计算产品销售成本的方式如表1－13所示。

表1－13　不同盘存制度下，后进先出法计算产品销售成本方式的比较

盘存制度	销货和存货成本的计算
永续盘存制	• 发生销售的同时记录产品销售成本，按照销售发生时的存货清单来确定发货的价值 • 后购入的存货比先购入的存货先被领用。其采购成本价格作为产品销售成本计入利润表。当最晚一批购入的存货领用完毕，剩余存货中次晚购入的存货，接下来被领用
定期盘存制	• 每月期间只记录存货购入，不记录销售出库 • 期末存货按照购入时间的先后，从后向前依次进入产品销售成本。剩余早期的存货留在存货里

后进先出法下，永续盘存制和定期盘存制的计算结果不一致。

先进先出法和后进先出法的比较如表1－14所示。

表1－14　先进先出法和后进先出法的比较

项目	先进先出法	后进先出法
定义	先购入的存货比后购入的存货先被领用，或先出售	后购入的存货比先购入的存货先被领用，或先出售
产品销售成本	产品销售成本为最早购入存货的成本，最新购入的存货成本包含在期末存货中	产品销售成本为最后购入存货的成本，最早购入的存货成本包含在期末存货中
采购成本不断上升时	先进先出法计算的产品销售成本最低，因为进入产品销售成本的都是最早的存货成本	后进先出法计算的产品销售成本最高，因为进入产品销售成本的都是最晚的存货成本
采购成本不断下降时	先进先出法计算的产品销售成本最高，因为进入产品销售成本的都是最早的存货成本	后进先出法计算的产品销售成本最低，因为进入产品销售成本的都是最晚的存货成本

【例题1－15】在价格上升的期间中，当采用先进先出法计量存货，那么在永续盘存制下期末存货成本将？

A. 与定期盘存制一样

B. 比定期盘存制高

C. 比定期盘存制低

D. 有可能高也有可能低，具体取决于期末存货数量是增加还是减少

【答案】A

【解析】选择A正确。在价格上升的期间中，当在采用先进先出法计量存货，那么在永续盘存制下期末存货成本将与定期盘存制一样。

选项 BCD 不正确。在永续盘存制下期末存货成本与定期盘存制是一样的。

【例题 1－16】某公司采用永续盘存制，2013 年 1 月期间存货相关数据如下：

		数量	单位成本（美元）	总金额（美元）	库存数量
期初数	2013－01－01	1 000	1	1 000	1 000
采购	2013－01－07	600	3	1 800	
销售	2013－01－20	900			700
采购	2013－01－25	400	5	2 000	1 100

如果该公司采用后进先出法，那么 2013 年 1 月 31 日该公司的存货金额是多少？

A. 2 640 美元　B. 2 700 美元　C. 3 300 美元　D. 3 900 美元

【答案】B

【解析】选项 B 正确。计算过程如下：

		数量	单位成本（美元）	金额（美元）
期初数	2013－01－01	1 000	1	1 000
采购	2013－01－07	600	3	1 800
销售	2013－01－20	(600)	3	(1 800)
销售	2013－01－20	(300)	1	(300)
采购	2013－01－25	400	5	2 000
小计	2013－01－25	1 100		2 700

（5）零售价盘存法。利用零售价格来估算期末存货成本和本期产品销售成本的方法。零售价盘存法适用于大型零售企业（如沃尔玛），这些企业无法以符合成本效益原则的方法跟踪到每一件销售存货的成本。

运用零售价盘存法需要掌握的信息：①以成本和零售价格计价的期初存货；②以成本和零售价格计价的当期存货采购；③零售价格因标价提高或降低而发生的变化；④零售的净销售额。

零售价盘存法的基本步骤如下：①以成本和零售价格计算可供销售的存货；②计算成本与零售价格比率：可供销售存货成本 ÷ 可供销售存货的零售价；③计算期末存货的零售价：可供销售存货的零售价 － 销售收入；④计算期末存货成本：期末存货（零售价）× 成本与零售价格比率；⑤计算本期产品销售成本：可供销售存货成本 － 期末存货成本。

零售价盘存法提供了在定期盘存制下的期末存货和本期产品销售成本的数据，在一般公认会计原则和税法中均得到广泛认可。

5. 存货计价错误的影响。

在存货的财务记录过程中，由于疏忽或者漏记的原因，往往会出现两类错误，导致财务报告的记录准确性出现问题。这两种错误是：①期末存货错报；②本期购入和库存错报。

（1）期末存货错报内容如表 1 – 15 所示。

表 1 – 15　期末存货错报内容

项目	期末存货低估	期末存货高估
产品销售成本	产品销售成本被高估	产品销售成本被低估
利润	利润被低估	利润被高估
留存收益	留存收益被低估	留存收益被高估
下一个期间	会改正，计算结果正好相反	会改正，计算结果正好相反

（2）本期购入和库存错报：购入的产品没有计入存货采购，也未计入期末存货时，如表 1 – 16 所示。

表 1 – 16　本期购入和库存错报

资产负债表	存货被低估 应付账款被低估
损益表	产品销售成本无错误，不影响 利润无错误，不影响

6. 不同存货计价方法的优缺点如表 1 – 17 所示。

表 1 – 17　常用的存货计价方法的优缺点

存货计价方法	优点	缺点
个别计价法	• 准确的库存成本和产品销售成本	• 跟踪个别项目的成本，所以它不适合大量的库存项目和同类产品
平均成本法	定期盘存制： • 简单易用 • 客观的 • 只在期间末期计算一次平均成本	永续盘存制： • 要求在每次购买后计算新的平均成本
先进先出法	• 永续盘存制和定期盘存制会报告相同的结果 • 全球通用，不需要由于国家不同使用不同的存货计价方法 • 先进先出法在采购成本不断提高的情况下会报告较高的净利润，这符合希望报告较高净利润的公司的利益 • 先进先出法报告的存货资产价值最接近于存货的重置成本，这对企业存货资产的计价更客观准确，贴近实际的货物流动情况	• 在通货膨胀时期增加了税负，现金流量减少 • 未能将利润表中的当期成本与当期收入匹配 • 可能扭曲净利润，当存货价格不断上升时，先进先出法会夸大存货产生的利润

续表

存货计价方法	优点	缺点
后进先出法	• 在通胀时期降低税负，增加现金流量（在美国范围内） • 更好地衡量了当期利润，将当期成本与当期收入相匹配 • 当存货价格不断上升时，后进先出法可以降低利润，并获得所得税递延收益后进先出法可以预防价格下跌，因为随着价格下跌，它不需要按照市场价格调低成本	• 永续盘存制和定期盘存制会报告不相同的结果 • 美国公认会计原则（GAAP）要求报告 LIFO 准备，后进先出法不被国际会计准则理事会（IASB）允许 • 后进先出法在采购成本不断提高的情况下会报告较低的净利润，这对于希望报告较高净利润的公司来说不理想 • 后进先出法扭曲资产负债表，因为它在一般情况下低估存货价值，低估资产

【例题 1－17】 某公司 2016 年 1 月 1 日期初存货少报了 26 000 美元，而期末存货多报了 52 000 美元，上述结果将导致 2016 年存货的产品销售成本：

A. 少报 26 000 美元　　B. 多报 26 000 美元

C. 少报 78 000 美元　　D. 多报 78 000 美元

【答案】 C

【解析】 选项 C 正确。本题可以假设期初金额为 26 000 美元，则错误金额为 0，并以此假设进行进一步推导，并假设当期采购金额为 100 000 美元，则分析和计算流程为（单位：美元）：

	错误金额	－	正确金额	=	差异
期初金额	0		26 000		(26 000)
采购金额	100 000		100 000		0
减：期末金额	52 000		0		52 000
产品销售成本	48 000		126 000		(78 000)

（三）投资性资产

投资性资产包括对其他公司的债务或权益性证券投资等。

1. 债务性证券。

债务性证券是从一个公司向另一个公司提供贷款的一种形式。包括联邦政府和地方政府证券、商业票据、公司债券、证券化债务债券和可转换债券。它们被用来保值资本和产生收益。债务性证券的分类见表 1－18。

表 1－18　债务性证券的分类

分类	持有至到期投资	可供出售金融资产	交易性金融资产
标准	管理层有意图和有能力持有至到期	管理层打算在未来出售	管理层打算在近期出售

续表

分类	持有至到期投资	可供出售金融资产	交易性金融资产
估价	摊销成本：购入成本加上任何未摊销溢价或减去任何未摊销折扣	公允价值	公允价值
记录未实现的持有收益或损失	无	其他综合收益－权益科目	收入
记录利息收入	收入	收入	收入

（1）持有至到期投资。报告主体必须既有积极的意愿也有能力持有该证券到截止期（即证券的到期日，当日本金投资将归还给投资公司/投资人）。

- 对于以溢价购买的债券：

账面价值×实际利率＝利息收入

面值×票面利率＝应收利息

应收利息－利息收入＝溢价摊销

原账面价值－溢价摊销＝新账面价值

- 对于以折价购买的债券：

账面价值×实际利率＝利息收入

面值×票面利率＝应收利息

利息收入－应收利息＝折价摊销

原账面价值＋折扣摊销＝新账面价值

（2）可供出售金融资产。包括所有打算在未来某一时间出售的证券，这些证券没有明确的持有时间，也不涉及积极利用市场价格暂时差异进行交易。“可供出售金融资产”类的资产组合按照公允价值计量，在资产负债表日由于价格波动导致的未实现的利得或损失计入其他综合收益，并在股东权益中单独列示。

（3）交易性金融资产。是那些准备在短期内（一般在购买后 90 天或 3 个月内）出售的并通过短期价格差异产生收入的金融资产。在购买时，每笔证券均以其购买价格进行记录，其中包含佣金、费用和税金。由于公司的意图是从这些证券的交易中获利，所以交易性金融资产可以以投资组合的形式以公允价值列报。在资产负债表日，将证券投资组合按照市场价格（公允价值）列报，所产生的投资组合的未实现（持有）利得或损失记录在收益中。已确认但未收到的股利或利息收入被视为应收款项。

2. 权益性证券投资。

权益性证券代表对另一个公司的所有权。它们包括普通股、优先股（不包括可赎回优先股）、股票认购权证和股票期权，不包括可转换债券。当投资者收购被投资公司的股票时，这些权益性证券如何进行会计处理取决于收购的享有投票权的股票比例（见表 1－19）。

表 1-19 股权证券投资的会计处理和报告方法

项目	股权持有率		
	<20%	20% ~50%	>50%
影响或利益	被动的	重大的	控制的
会计方法	成本法	权益法	权益法或成本法
估价	如果公允价值容易确定：使用公允价值如果公允价值不容易确定：使用成本减去任何减值	净权益，除非选择了公允价值	无
记录未实现的持有收益或损失	收入	收入	无
资产负债表的呈现	流动或非流动投资的区分取决于管理层的出售倾向	通常是非流动投资	合并财务报表
记录股息收入	收入	投资账户	投资账户

（1）权益性证券持股水平低于20%。权益性证券持股水平低于20%，通常被认为是“无重大影响”的股权投资。根据管理层的出售倾向，可划分为流动或非流动股权投资。在投资初始取得时，按照取得成本（包括初始费用）计量；并在每个资产负债表日按照公允价值重新估价，其未实现的利得和损失全部计入“净收益”。投资方收到的现金股利计入“净收益”，出售股票产生的利得或损益计入净收益。根据会计准则更新（ASU）第2016-01号《金融工具——概述（子主题825-10）：金融资产和金融负债的确认和计量》，“无重大影响”的股权投资，按照公允价值是否容易确定，分为公允价值易于确定和不易于确定两种情况计量。如果公允价值容易确定，使用公允价值计量；如果公允价值不容易确定，使用成本减去任何减值计量。

> **【提示】**采用成本法的前提假设是：投资者不能控制或不会对被投资单位的决策产生重大影响。如果投资者能够对被投资单位产生重大影响的话，即使其股权比例低于20%，也应该采用权益法。

（2）股权介于20% ~50%。权益性证券持股水平介于20% ~50%，意味着投资方对被投资单位的经营和财务政策实施了重大影响，财务核算采取权益法。

在权益法下，投资按照初始取得成本加上初始费用登记入账。在后续计量中，投资的账面价值随着被投资单位的盈利或亏损，按照投资者持股百分比增加或减少。在收到被投资单位发放（或宣告）的现金股利时，投资方记录收益，同时调减投资性资产的账面价值。持有被投资方的账面价值与投资成本（或公允价值）之间的差异，通常归因于可辨识的资产、负债或商誉。有形资产和无形资产分摊的部分必须在未来每年计提折旧和摊销，以降低投资账户金额；商誉不参与摊销，进行减值测试。

（3）股权大于50%。当公司能够控制被投资单位的经营时，通常表明持有被投资单位股权50%以上。每家公司仍然持续经营，并登记各自的账簿。从投资方角度，该投资视为长期股权投资，使用权益法或成本法在财务报表上列报。在会计期末，母公司将各个子公司的财务报表合并。为避免重复列报，长期股权投资账户被抵消，由子公司的资产和负债替代。合并报表将各个公司看作一个会计主体。

【提示】债务性证券和权益性投资的资产减值。

在投资过程中，企业有时会发生一些非暂时性的减值损失。当发生非暂时性减值时，需要对所有的投资进行减值测试。当减值测试认定是非暂时性减值时，需调减投资的账面价值。减值损失是已实现的损失，因此，计入净利润中。

【例题1－18】1月1日，一家公司获得了E公司的20%的普通股权益作为长期投资。当E公司净资产的公允价值和账面价值为3 500 000美元时，该公司为此投资支付了700 000美元。该公司可以对E公司的运营和财务政策产生重大影响。在截至12月31日的年度中，E公司报告的净收入为400 000美元，并宣布和支付了现金股利160 000美元。那么该公司应在本年度报告多少投资收益？

A. 32 000美元　B. 48 000美元　C. 80 000美元　D. 112 000美元

【答案】C

【解析】选项A不正确。该公司的分红为32 000美元。

选项B不正确。该公司的基于权益的收益份额减去其应得的股息份额为48 000美元。

选项C是正确的。由于投资者可以对被投资单位的经营和财务政策施加重大影响，因此应使用权益法核算投资。为该投资支付的700 000美元等于3 500 000美元公允价值的20%。此外，净资产的账面价值和公允价值相同。因此，该投资不涉及可能需要调整公司在被投资方净收入中所占份额的商誉减值或其他收购差异。在这种情况下，来自投资的收入是报告的净收入400 000美元的20%（即80 000美元）。现金股利不影响要报告的收入额。

选项D不正确。该公司基于权益收益的份额加上股息份额为112 000美元。

（四）固定资产

1. 固定资产折旧。

（1）折旧的目的，是为了体现财务的匹配性原则。将固定资产成本按照有效使用寿命分摊到资产的各个受益期间。

（2）折旧额的计算必须确定以下因素：

①折旧基础：资产原值减去残值后的价值。

②有效使用寿命：资产的有效使用寿命可能短于资产的实际物理寿命。

③折旧方法。

(3) 折旧方法。

①工作量法。工作量法是指按照资产的耗用量或投入量计提折旧，如耗用的小时数或产出量，即用资产生产的产品数量。

$$折旧额 = \frac{折旧基础 \times 产品产出量或耗用的小时数}{产品总数量或有效使用寿命内的工作小时数}$$

工作量法适用于机器设备和车辆的折旧计算，但它不适用于厂房建筑等。它将资产的成本与资产产生的收入相互配比，并且，资产的实用性随着资产的耗用量不断下降。因此，财务报告准则认为预期工作量法是最佳的折旧计提方法。

【例题 1－19】下面哪个描述是对产量单位折旧法最佳的描述？

A. 意味着一项资产随着使用其服务潜力下降

B. 意味着一项资产随着时间其服务潜力下降

C. 意味着一项资产趋于快速过时

D. 意味着一项资产为维持其使用而增加修理费

【答案】 A

【解析】选项 A 正确。产量单位折旧法意味着一项资产随着使用其服务潜力下降。因为新购置机器在服务早期生产效率较高，故此折旧金额会按照产量为基础偏多。而随着服务期限的延长，折旧金额会因为生产效率降低导致产量降低而减少。

选项 B 不正确。产量单位折旧法意味着资产随着使用服务潜力下降，而并不是随着时间服务潜力下降。

选项 C 不正确。产量单位折旧法不意味资产趋于快速过时，这是加速折旧法的假设。

选项 D 不正确。产量单位折旧法不意味资产为维持其使用而增加修理费，这是加速折旧法的假设。

②直线折旧法。直线折旧法是基于时间基础，按照使用期限将成本平均分摊到各个期间的折旧方法。

$$折旧额 = \frac{折旧基础}{预计使用寿命}$$

直线折旧法的缺陷在于，它建立了一个不符合现实的假设，即资产的使用效率每年一样，并且每年的维修成本一样。同时，随着折旧额不断调减账面价值，如果运用资产每年形成的收入保持稳定的话，则资产的回报率会不断上升。

③加速折旧法。加速折旧法是指在资产服务期限前期多计提折旧，折旧额在以后各期逐渐减少。

这种方法背后的原因在于，在资产使用的早期，其价值的大部分会丧失掉，并且在资产寿命期内，维修成本一般会逐渐增加。维修成本随着折旧费用的减少而上升。因此，资产相关的费用总额（折旧成本+维修成本）在整个寿命期内平滑。

常用的加速折旧法的方式主要有年数总和法和余额递减法。

年数总和法：年数总和法需要以年数总和为基础，确定折旧率。折旧率的计算为：

$$折旧率=\frac{剩余有效使用年限}{全部使用寿命的年数总和}$$

$$折旧额=折旧率\times折旧基础$$

余额递减法：是采用一个直线折旧比率计提折旧的一种方法。例如，使用寿命为10年的资产的折旧率为每年10%（1/10），余额递减法通常按照150%或200%的直线折旧率计提折旧。按照200%的直线折旧率计提折旧又称为“双倍余额递减法”。

在折旧过程中，余额递减法是基于资产的账面价值，而不考虑残值。而随着资产的账面价值不断下降，采用固定折旧百分比计提折旧计算得到的折旧额一年比一年低。

【例题1-20】某公司2012年1月1日采购了一台价值80 000美元，预计使用寿命为4年的设备，设备残值为采购金额10%，采用双倍余额递减法对其进行计提折旧，2014年这台设备折旧金额是多少？

A. 9 000美元　B. 10 000美元　C. 18 000美元　D. 20 000美元

【答案】B

【解析】选项B正确。本题的计算过程为：

2012年折旧金额为80 000×1/4×2=40 000美元

2013年折旧金额为（80 000-40 000）×1/4×2=20 000美元

2014年折旧金额为（40 000-20 000）×1/4×2=10 000美元

2. 折旧方法的选择。

企业可以根据不同的资产类型来选择对应的折旧方法。比如厂房与建筑物在可使用寿命期间内提供的效益是稳定持续的，适合于直线折旧法，而早期损耗更多的设备则更适合于使用余额递减法折旧。直线折旧法和加速折旧法对折旧费用、营业利润、所得税和固定资产账面价值的影响对比，如表1-20所示。

表1-20　直线折旧法和加速折旧法对折旧费用、营业利润、所得税和固定资产账面价值的影响对比

	直线折旧法	加速折旧法
折旧费用		
寿命期早期	正常	偏高
寿命期晚期	正常	偏低

续表

	直线折旧法	加速折旧法
营业利润		
寿命期早期	正常	偏低
寿命期晚期	正常	偏高
所得税		
寿命期早期	正常	偏低
寿命期晚期	正常	偏高
固定资产账面价值		
寿命期早期	正常	偏低
寿命期晚期	正常	偏高

出于避税的目的，公司通常会采用美国税务局（IRS）修订的加速成本回收制（MACRS）对应的折旧率计提折旧。编制财务报表采用的折旧方法与编制纳税申报表采用的折旧方法之间的差异常常会导致递延所得税。

早期纳税申报表的所得税少于财务报表的所得税，产生递延所得税负债。晚期纳税申报表的所得税多于财务报表的所得税，冲销早期形成的递延所得税负债。

3. 固定资产减值。

（1）判断发生资产减值情况。如果一项固定资产在持续使用和处置它时获得的净现金流，在未贴现时的总额小于资产的账面价值，则判定该固定资产发生资产减值。

（2）列报资产减值。如果固定资产发生资产减值，应将资产的账面价值，调减为公允价值。减记的部分确认为资产减值损失。

【提示】公允价值可以是：

- 被接受的市场交易价格；
- 如不存在交易价值，则用预期未来现金流量的净现值。

（五）无形资产

1. 无形资产。

（1）无形资产的特征。无形资产具备两个特征：①不具有实物形态；②不是金融工具。

【提示】资产负债表中仅确认购入的无形资产的价值。

（2）无形资产的类型。

①营销类无形资产。用来帮助商业推广或协助企业营销的资产，包括商标、商业字号、公司名称、互联网域名和非竞争协议等。它们包括有辨识度的文字标识或符号，可以用来识别产品、服务或公司。大多数营销类无形资产都

有无限期的使用寿命，因此它们的成本无法摊销。

②客户类无形资产。包括客户名单、产品订单或待发货品以及其他客户合同和客户关系。大多数客户类无形资产可以在可用年限内摊销。

③艺术类无形资产。包括书籍、电影、戏剧、诗歌、音乐、照片和音像内容的版权。个人获得艺术类无形资产的保护期至创作者死后70年，逾期不再延续。此类资产的购买以及维护成本需要在预计收益期内进行摊销，预计收益期可能短于法律保护期。

④合同类无形资产。是由合同协议授予企业的权利，如建筑许可、广播权、特许经营权或许可协议以及服务合同。然而，根据特许经营协议支付的年费应在发生时确认为费用。

⑤技术类无形资产。包括技术专利、商业秘密和其他创新技术等。资本化后的技术类无形资产需要选择其法定寿命或使用寿命中较短的时间进行摊销。

⑥商誉。指企业在收购时所支付的价格与被收购方可辨认资产的公允价值之间的差额。稍后会针对商誉进行详细讲解。

（3）无形资产的摊销。如果无形资产的使用寿命无法被准确预估则无须进行摊销，但是需要每年进行减值测试。可以预估其使用寿命的无形资产需要在其预计的受益期限内进行摊销。以下要素可以用来预估无形资产的使用寿命：

①无形资产的预计用途；

②是否有法律、法规或合同条款明确了无形资产的使用期限；

③续约权以及其他有关延长使用期限的条款；

④是否存在无须重大投入依旧可以续约/延长使用期限的条款存在；

⑤是否存在技术更新、性能过时、竞争或客户需求等其他经济要素的影响；

⑥与无形资产相关的其他资产的预期使用期限；

⑦为获得资产预期的未来收益企业需要投入的维护成本（维护成本高意味着有限的使用期限）。

（4）无形资产减值。

①有限期无形资产的减值测试。应摊销的无形资产进行减值测试的方式与固定资产的减值测试方式一致。当无形资产账面价值无法收回时，即无形资产的账面价值超过其公允价值，应确认无形资产减值损失。无形资产减值一旦确认并冲销后，无形资产价值再度上升时不可转回。

②无限期无形资产的减值测试。无法进行摊销的无形资产应该每年都进行减值测试，即比较无形资产的公允价值与其账面价值是否存在差异。如果账面价值大于公允价值，则将差额部分确认为减值损失，减值损失一经确认不可转回。

2. 商誉。

（1）商誉是企业收购时所支付的价格与被收购方可辨认资产的公允价值

之间的差额（可辨认资产的公允价值 = 被收购方可确认的账面净资产 + 可辨认资产的溢价）。

（2）只有购入的商誉才能资本化，内部自创商誉不确认资产。

（3）商誉不进行摊销，但是每年至少需要进行减值测试。当发生减值测试时，需要将商誉的账面价值调减。商誉的减值损失不能超过商誉的账面价值，并且商誉减值后不得转回。

【例题 1－21】 约翰公司拥有一项无形资产，无形资产估计使用寿命为 10 年，而布科公司拥有一项无限期的商誉，两家公司应该按照下列中哪项方式进行摊销？

	约翰公司	布科公司
A.	摊销	摊销
B.	摊销	不摊销
C.	不摊销	摊销
D.	不摊销	不摊销

【答案】 B

【解析】 选项 A 不正确。布科公司的商誉不应该被摊销。

选项 B 正确。约翰公司的无形资产是一项有限寿命的无形资产，有限寿命的无形资产应该在其产生利润期间内进行摊销；布科公司的商誉不应该被摊销，但是应该每个周期（至少年末）进行减值测试。

选项 C 不正确。约翰公司的无形资产是一项有限寿命的无形资产，应当进行摊销。

选项 D 不正确。约翰公司的无形资产是一项有限寿命的无形资产，应当进行摊销。布科公司的商誉不应该被摊销。

二、负债计价

（一）短期债务

短期债务的类型如表 1－21 所示。

表 1－21　短期债务的类型

类型	定义
应付账款	因赊购商品所欠供应商的货款。如果按照付款方式提前付款的话可以享受付款折扣
应付票据	更加正式、按特定金额在特定日期支付货款的书面协议
长期负债的流动部分	长期负债但是需要在一年内偿还的那部分金额，如抵押贷款

续表

类型	定义
将重新融资的即将到期债务	如果公司准备将即将到期的债务进行重新融资，并且证明有能力进行再融资，即通过修改清偿条款，达成再融资协议的话，根据 SFAS 第 6 号公告规定，这部分债务应该在长期负债项目中列示
应付股利	当董事会宣告发放现金或财产股利时，公司需要将它确认为一项流动负债，并同时减少留存收益
可退回的收款和定金	收到客户或员工支付的可退回定金和收款应该确认为一项流动负债
预收款	例如，公司提前收到的货款或劳务款，在没有提供产品和服务前，被确认为流动负债
经营活动形成的应交税费	经营活动形成的应交税费，包括应交营业税和应交所得税
与员工相关的负债	例如，员工工资代扣、休假薪酬、退休福利和应付奖金

（二）保修费用、保险费用和优惠券

根据会计配比性原则，与某类产品相关的保修费用、保险费用和提供的优惠券相关的成本在产品销售期间计入费用，同时确认负债。过往经验可以作为预估的依据，预计修理费用和更换保修期内产品的成本。当在保修期内的产品发生实际的维修成本、支付现金折扣或交付保费时，减少预计负债。保修费用、优惠券和保险费用属于或有损失。

为了评估保修是否为客户提供了服务，除了保证产品符合商定的规范外，还应考虑以下三个因素：

（1）法律是否要求保修：法律要求提供保修的，不属于履行义务。

（2）保修期长短：保修期越长，越有可能是履行义务。

（3）要履行义务的属性：如果实体需要履行特定任务来提供保证，它就不是履行义务。一个例子是有缺陷产品的退货运输服务。

【提示】

在保证担保中。如果不太可能发生负债，或不能合理估计负债，则需要收付实现制核算。如果保修费用不多或保修期很短，也可使用此方法。在这种方法中，在销售期间无须确认估计的保修责任，只有保修权利被行使时才予以确认保修费用。同时，收付实现制是所得税申报时要求采用的方法。

当保修责任很可能发生，并且公司能够合理估计发生的保修费用时，公司需要采用权责发生制为核算基础。

服务类保修要基于前面提到的三个因素。定义标准是客户何时有权可以选择购买，这种类型的担保是作为一个单独的履行义务进行核算的。

延长保修期限产生的收入做递延处理，通常按照直线法在整个保修期内确认。如果某公司按照100美元的价格提供产品额外的2年保修延长服务，并且公司在第1年度销售了100份这样的保修延长服务，服务型保单销售的账务处理如下：

借：现金或应收账款　　　　10 000美元

　　贷：未实现保修收入　　　　10 000美元

在第2年度和第3年度期末，按照直线摊销法确认保修收入（10 000美元/2 = 5 000美元）：

借：未实现保修收入　　　　5 000美元

　　贷：保修收入　　　　5 000美元

企业也可以选择另外一种方法，当保修费用在两年延长期内发生的时候确认保修收入。

【例题1－22】凡迪斯公司销售一个含有3年保修的电器设备，在保修范围内的服务请求将由一家与凡迪斯公司签订合同的独立修理单位完成，根据之前经验，每台销售设备将发生保修范围之内的成本为30美元，凡迪斯公司将在什么时候确认这些担保成本？

A. 在担保期限内平均分摊　　B. 当服务请求发生的时候

C. 当支付给修理单位费用的时候　　D. 当机器销售的时候

【答案】D

【解析】选项A不正确。担保成本不能在担保期限内平均分摊。

选项B不正确。按照权责发生制，担保成本不应在服务请求发生的时候确认。

选项C不正确。按照权责发生制，担保成本不应在支付给修理单位钱的时候确认。

选项D正确。当销售发生时，恰当的和可估计的担保成本就应该被确认为预计负债，并记录到负债中。

（三）递延所得税

由于美国国税局（IRS）税法不同于公认会计原则（GAAP）的会计处理，因此会导致“税前会计利润”和“应纳税所得额”之间存在差异。税前会计利润（或报表上的税前利润）是一个经济实体根据GAAP得到的可供财务报告使用的利润。应纳税所得额是IRS税法要求下的基本所得额（扣除允许抵扣项目），用于计算应交的所得税。

1. 暂时性差异。

暂时性差异是指当期因为IRS和GAAP要求不同而产生的税前会计利润与应纳税所得额之间的差额，会在后续期间被抵销，最终使得总纳税额相同。当有差异出现在税务会计和企业财务报表的不同期间里，就需要在各个期间分摊税款差额。企业在列报其“所得税费用”是基于GAAP要求下生成的“税前会计利润”，但是记录其“应交所得税”时则是基于 IRS 的要求生成的“应纳税所得额”。这两者之间的差异会形成“递延所得税资产”或“递延所得税负债”。

暂时性差异的例子包括：

（1）分期付款销售法：分期付款的销售模式在 IRS 下是认可的，但通常在 GAAP 下并不允许。

（2）长期建造合同：IRS 以现金收付作为收入确认的标准，但新的收入确认原则中采用产出法或投入法。

（3）折旧：IRS 与 GAAP 的折旧方法不同。

（4）商誉：IRS 通常会在 15 年的时限内进行分摊，而 GAAP 则不进行分摊，而是需要每年进行减值测试。

（5）预估成本：IRS 按照现金支付的原则记录，GAAP 则是按照权责发生制记录（如保修费用）。

（6）预收收入：IRS 在收入发生时记录到“应纳税的收入”中，GAAP 下会先确认为负债，待实际履行责任后再确认收入。

（7）投资资产的估价：IRS 接受成本法，GAAP 下允许使用权益法。

（8）净资本损失：IRS 接受这部分损失可以结转以抵销未来的资本利得，但按 GAAP 需要在本期内确认。

（9）递延补偿金（报酬）：IRS 在支付前不予扣除，GAAP 则要求在员工的任职期内计提。

（10）或有负债：IRS 在其被确认前不允许扣除，GAAP 在可能发生且价值可预估时确认。

（11）超额慈善捐款：IRS 允许分摊到未来几年，GAAP 要求在当期确认为费用。

（12）收入确认：IRS 允许使用修正的收付实现制确认收入，GAAP 坚持使用权责发生制。

暂时性差异会导致递延所得税资产或者递延所得税负债，它们的区分方法如表 1－22 所示。

表 1－22　　递延所得税资产和递延所得税负债的区分方法

项目	递延所得税资产	递延所得税负债
资产负债表	资产的账面价值 < 计税基础 负债的账面价值 > 计税基础	资产的账面价值 > 计税基础 负债的账面价值 < 计税基础
利润表	税表中收入先确认，费用后确认 会计利润 < 应税利润	税表中收入后确认，费用先确认 会计利润 > 应税利润
交税时间	前期多交税，以后期间少交税	前期少交税，以后期间多交税

所得税费用＝应付所得税－递延所得税资产净变化值

递延所得税资产净变化值 = 递延所得税资产期末余额 - 递延所得税资产期初余额

如果递延所得税资产净变化值增加，则递延的所得税利益就是正的；负的递延所得税利益则显示递延所得税资产净变化值的减少。

所得税费用 = 应付所得税 + 递延所得税负债净变化值

递延所得税负债净变化值 = 递延所得税负债期末余额 - 递延所得税负债期初余额

如果递延所得税负债净变化值增加，则递延的所得税费用就是正的；负的递延所得税费用则显示递延所得税负债净变化值的减少。

根据美国公认会计原则，在同一税务管辖地区，递延所得税负债和递延所得税资产可以相互抵销；而且，所有递延所得税资产和递延所得税负债均应该报告为非流动资产或负债。

2. 永久性差异。

由于 GAAP 和 IRS 税法之间不同导致的差异，有一些在以后期间不可转回，因为这些事项只影响其中一种税法。

永久性差异的例子有：

（1）实际税率的变化。由于税率改变，一部分暂时性差异可能会形成永久性差异（例如，税率从 40% 下降到 35%，5% 的税率变化会成为永久性差异，因为当暂时性差异被转回时，这部分差额已不需要再交税）。

（2）收到股利的税务抵扣。根据持股比例的不同，公司收到的部分股利可以在 IRS 用于税务抵扣，但 GAAP 必须全额计入"应纳税所得"。

（3）政府债券利息收入。一些符合 IRS 条件的政府债券可以全额免税，但财务报表上依旧要确认为税前利润。

（4）百分比折耗法。在使用百分比折耗法时，超过成本的损耗可以按百分比作为纳税抵扣额，但不能在财务报告上予以抵扣。

（5）政府税收豁免。政府有时会立法豁免了一些应税收入，并允许 GAAP 许可项目之外的一些特别抵扣项，或对一些特定行业增加税收以限制行业发展。这时候，公司的实际税率和法定税率（财务报表中使用的税率）之间存在差异。这个差异也将是永久性的。

【例题 1 - 23】 H 公司有一项应纳税金时间性差异，此差异将在前期少交税，未来的年度增加应缴所得税金额。基于上述时间性差异的递延所得税，在 H 公司资产负债表中应该被划分为？

A. 递延所得税资产　　B. 当期应交税金

C. 本期税项资产　　D. 递延所得税负债

【答案】 D

【解析】 递延所得税负债，前期少交税，以后期间多交税。H 公司将在未来的年度增加应缴所得税金额，属于递延所得税负债。所以 D 选项正确。

【例题 1 - 24】 20×4 年 12 月 31 日，波恩公司有如下递延所得税项目：

与非流动资产相关的递延所得税负债 15 000 美元

与非流动负债相关的递延所得税资产 3 000 美元

与流动负债相关的递延所得税资产 8 000 美元

下列哪项被列报在波恩公司 20×4 年 12 月 31 日的资产负债表中?

A. 非流动资产 3 000 美元和非流动负债 15 000 美元

B. 非流动负债 12 000 美元和流动资产 8 000 美元

C. 非流动资产 11 000 美元和非流动负债 15 000 美元

D. 非流动负债 4 000 美元

【答案】 D

【解析】 选项 A 不正确。在同一税务管辖地区，递延所得税负债和递延所得税资产可以相互抵销。

选项 B 不正确。递延所得税项目全部列报为非流动资产或负债。

选项 C 不正确。在同一税务管辖地区，递延所得税负债和递延所得税资产可以相互抵销。

选项 D 正确。递延所得税负债和递延所得税资产可以相互抵销；且全部列报为非流动资产或负债。

（四）租赁

1. 定义和分类。

租赁是出租人（拥有资产的一方）与承租人（租用资产的一方）之间的一种合同。出租人将租赁资产使用权让渡给承租人，以获取租金。一般来说租金通常定期支付。出租人保留租赁资产的名义所有权。因此，从协议形式上看，租赁与销售存在着不同特点。然而从会计角度分析，如果租赁实质上已经将与资产相关的风险和收益转移给了承租人，那么此类租赁合同的实质就是销售。

租赁是一种合同，它转移了一段时间内某项可辨别资产（如财产、厂房或设备）使用的控制权来换取承诺的权益。承诺权益通常是承租人向出租人支付的定期租金。承租人的关键决定是合同是否属于或包含租赁，因为不管是融资租赁还是经营租赁，承租人现在都需要确认租赁资产和租赁负债。

承租人可以签订三种类型的租赁合同：

（1）短期租赁。租赁期不超过 12 个月的租赁为短期租赁。短期租赁不需要确认租赁资产和租赁负债。

（2）经营租赁。又称为业务租赁，是融资租赁的对称，泛指融资租赁以外的其他一切租赁形式。

（3）融资租赁。承租人因租赁而有效取得标的资产控制权的租赁属于融资租赁。

【提示】 经营性租赁和融资性租赁的区别在于，承租人是否能对租赁资产实施有效的控制。具体的判断标准有五条，满足任何一条，就应该确认为融资租赁：

- 所有权转移。租赁期满时租赁资产的所有权转移给承租人。
- 优惠购买权。租赁合同中包含优惠购买的选择权，并且约定的购买价款远低于租赁期满时租赁资产的公允价值。
- 占尚可使用年限的75%。租赁期占租赁资产尚可使用年限的75%或以上。
- 公允价值的90%。最低租赁付款额的现值（PV）几乎相当于租赁开始时租赁资产的公允价值（FV），即占到公允价值的90%或以上。
- 租赁资产具有专用属性。租赁期满后不会有其他用途。

除了以上五个标准之外，如果租赁合同不可撤销，该租赁将被自动视为融资性租赁。

【例题1－25】 在承租人的角度，满足下列哪个标准可以将一个租赁认定为融资租赁？

A. 租赁合约中包含有优先购买权

B. 租赁期满后，租赁物的所有权不发生转移

C. 租赁期大于或等于租赁标的经济使用寿命的65%

D. 支付最小租金的现值大于或等于租赁标的公允价值的70%

【答案】 A

【解析】 选择A正确。如果租赁合约中包含有优先购买权将被认定为融资租赁。

选择B不正确。如果期满后，租赁物的所有权发生转移将被认定为融资租赁。

选择C不正确。租赁期大于或等于租赁标的经济使用寿命的75%将被认定为融资租赁。

选择D不正确。支付最小租金的现值大于或等于租赁标的公允价值的90%将被认定为融资租赁。

2. 租赁业务的账务处理。

（1）短期租赁的账务处理。短期租赁下，租赁费用按照时间计算，将租金分摊到使用租赁资产收益的每个期间，分摊方法一般是直线法。除了租金费用支付外，不需要做其他账务处理。租入的资产不需要在资产负债表中列示。在利润表中，承租人报告租金费用，出租人报告租金收入。

（2）经营性租赁和融资性租赁的账务处理（见表1－23）。

表 1-23　经营性租赁和融资性租赁的账务处理

	经营租赁	融资租赁
租赁期开始	借：使用权资产 　贷：租赁负债	
租赁期间	借：租赁费用——利息费用 　　　　　——使用权摊销 　贷：现金 借：租赁负债 　贷：累计摊销——使用权资产	借：租赁负债 　利息费用 　贷：现金 借：摊销费用——使用权资产 　贷：累计摊销——使用权资产
租赁期满	借：累计摊销——使用权资产 　贷：使用权资产	借：累计摊销——使用权资产 　贷：使用权资产

①租赁期开始，经营性租赁和融资性租赁都需要确认使用权资产和租赁负债。资产和负债的金额是所有租金的总现值（PV）。计算现值时应优先使用出租人的内含利率。如果出租人的内含利率无法获得，应使用承租人的增量借款利率。

② 租金费用的账务处理。

经营性租赁。租金费用包含两部分：一个是支付的租金现金与当期冲减的租赁负债之间的差额（其中，冲减的租赁负债 = 本年初计算的租金现值 - 下一年计算的租金现值）；另一部分是租入资产按照直线法摊销的金额。

融资性租赁。租金费用包括按照直线法对租赁资产的摊销，以及融资的利息费用。融资租赁的利息费用采用实际利率法计算。这导致利息费用在租赁前期较高，然后逐年降低。

经营性租赁和融资性租赁最终计算的总租金费用是相等的，都等于实际支付的现金总额。

租赁的财务报表列报如下。

资产负债表上：

非流动资产：

　　使用权资产

长期负债：

　　资本化租赁负债

利润表上：

营业费用：

　　租赁费用

总之，财务会计准则委员会新的租赁准则要求任何超过 12 个月的租赁，无论是经营租赁还是融资租赁都必须资本化。决定租赁是经营租赁还是融资租赁是基于 FASB 的五个标准，公司不能再将超过 12 个月的租赁归类为表外融资。

【例题 1－26】 在 2014 年 12 月 31 日公司签订了一个 6 年期的融资租赁，每年 12 月 31 日等额支付租金，2014 年 12 月 31 日支付第一期租金是由下列哪部分构成？

	利息费用	租赁负债
A.	包含	包含
B.	包含	不包含
C.	不包含	包含
D.	不包含	不包含

【答案】 C

【解析】 选项 A 不正确。租金中不应包括利息费用。

选项 B 不正确。租金中不应包括利息费用，但是应包括租赁负债。

选项 C 正确。在 2014 年 12 月 31 日负债已经发生，而且第一笔付款也在 2014 年 12 月 31 日产生的，这段时间之内没有利息产生，所以支付第一期租金应该减少租赁负债。

选项 D 不正确。租金中不应包括利息费用，但是应包括租赁负债。

三、权益类交易

（一）公司资本

公司的权益称为“公司资本”“股东权益”或“所有者权益”。公司资本由股本、资本公积和留存收益构成。实收资本是用股本加上资本公积，它是指投资者投入的权益资本。留存收益是指赚取的资本，企业经营盈利的结果。留存收益可以用于（在使用时存在限制）向股东分配股利，即形成对股东投资的一种回报。

实收资本又称缴入资本，它随着公司股本的发行一同记录。同时，也受到下列交易事项的影响：

（1）按照高于或低于成本的价格销售库存股。

（2）为平滑亏损而调整资本结构（如准重组）。

（3）可转换债券或优先股转换为普通股。

留存收益指的是公司赚取的所有利润中没有作为股息分配给股东的部分。因此，净利润是留存收益的主要来源。其他可能影响留存收益的交易包括前期调整（会计差错更正和会计政策变更）、所有类型的股息、一些库存股交易和准重组。

（二）股本

股本主要有两种类型：普通股和优先股。每种类型的股票通常都有赋予它的票面价值。而法定资本就是指公司资本中股本的面值，面值就是发行股票时的“票面金额”，与市场公允价值无关。然而，在公司破产清算时，如果投资者购入股票价格低于其面值（很罕见的情况），会对公司债权人形成或有负债。为了避免这一问题发生，面值通常会比较低。公司还可以发行没有面值的股票。在发行没有面值的股票时，通常会对股票设定一个与面值相类似但不会形成或有负债的约定价值。

1. 普通股。

普通股是享有普通权利、承担普通义务的股份，是公司股份的最基本形式。股本分为普通股和优先股，如果一家公司只有一种类型的股票，那么就只能是普通股。

当公司获得所在地的许可或审批时，公司可以发行股票。公司既可以自己直接销售公司股票，也可以通过承销商销售公司股票。

当出售有面值的普通股票时，面值额贷记普通股账户，任何超过普通股面值的金额贷记资本公积。这种区分很重要，因为面值是保障性的法定资本，在破产情况下保护债权人，而资本公积金可以用于公司的发展投资。

2. 优先股。

优先股股票与普通股票相对应，是指股东享有某些优先权利的股票。优先权具体体现在：

（1）股利优先分配。优先股股东有优先于普通股股东获得股利的权利。优先股股票的股利支付率按照面值的百分比设定。其中：

①累计优先股，是指如果某年未宣告发放股利，这些股利可以按照拖欠股利进行累计，并且应该在宣告发放普通股股利之前支付。

②参与优先股，是指当公司盈余在按照规定分配给优先股和普通股后仍有盈余可供分配的时候，能够与普通股一起参与分配额外股利的优先股。

（2）清算优先求偿。公司破产清算时，清算得到的资产首先偿还给债权人，接着偿还给优先股股东，最后偿还给普通股股东。

与普通股相比，优先股具有其他几个特点：

（1）优先股股票通常不具有投票权。

（2）优先股的股利支付率通常是固定的，按照面值的百分比设定。

（3）一些特殊的优先股。①可转换优先股，是指股票持有人可以在特定条件下按照约定条款把优先股股票转换成普通股股票或公司债券。②可赎回优先股，是指股票发行公司可以按照事先约定的价格和时间收回的优先股股票，这更像是一种债务。

3. 库存股。

库存股指已经发行、但后来被发行公司回购的股票。库存股作为股东权益的扣除项列报，即它不是一项资产。公司持有的库存股没有任何的投票或获得股利的权利。回购的股票可以采取两种方式核算，分别是成本法和面值法。

（1）成本法。在成本法下，库存股账户借方核算回购股票的成本。

例如，在成本法下，股票每股面值 5 元，发行价格 8 元，现以每股 9 美元价格回购 10 000 股库存股的账务处理如下所示：

借：库存股 90 000 美元

　　贷：现金 90 000 美元

成本法下库存股的注销：

借：普通股（每股面值 5 美元） 50 000 美元

　　普通股的资本公积（8 - 5）×10 000 30 000 美元

　　留存收益 10 000 美元

　　贷：库存股（10 000 股，每股价值 9 美元） 90 000 美元

（2）面值法。库存股按照面值记录。例如在面值法下，以每股 9 美元价格回购面值为 5 美元的 10 000 股库存股的账务处理如下所示：

借：库存股 50 000 美元

　　普通股的资本公积 30 000 美元

　　留存收益 10 000 美元

　　贷：现金 90 000 美元

面值法下的库存股的注销：

借：普通股（每股面值 5 美元） 50 000 美元

　　贷：库存股（10 000 股，每股价值 5 美元） 50 000 美元

【例题 1 - 27】某公司在其 12 月 31 日试算平衡表中有如下会计科目：

库存股票	48 000 美元
未分配利润	141 000
商标	32 000
优先股	175 000
普通股	50 000
递延所得税	85 000
资本公积	196 000
累计折旧	16 000

该公司 12 月 31 日资产负债表中报告的所有者权益是多少？

A. 373 000 美元　　B. 514 000 美元

C. 562 000 美元　　D. 610 000 美元

【答案】B

【解析】选项 A 不正确。留存收益应包括在权益中。

选项 B 正确。所有者权益科目包括未分配利润、优先股、普通股和资本公积。此外，库存股是资产负债表权益部分的抵减科目。所有者权益的总额是 514 000 美元（141 000 + 175 000 + 50 000 + 196 000 - 48 000）。

选项 C 不正确。562 000 美元没有抵减库存股的结果。

选项 D 不正确。库存股应从权益中减掉，而不是加上。

（三）股利

股利是将公司经营所得的财富分配给股东的一种方法。有四种主要的股利

分红形式。

（1）现金股利，这也是最常见的形式，公司按照持股的数量比例向股东分配每股一定数量的现金。

（2）财产股利，公司向其股东分发非现金资产作为股利分红。

（3）清算股利，通常以发送给股东现金的形式完成，但清算股利代表资本的返还（即股东投资）。

现金、财产和清算股利都通过减少留存收益和可能的实收资本（在清算股利的情况下）来降低股东权益总额。

（4）股票股利，这是唯一不会降低股东权益总额的股利形式。

股票股利是指对公司现有股东按照股权比例向其分配增发股票。股票股利不会影响公司总额或权益总额，只是将留存收益重新划分为缴入资本。

股票股利特别适用于那些希望向股东发放股利但又想把现金留存的企业。因为企业可以通过将留存收益转为缴入资本，公司可以将留存下来的现金进行再投资，进而将资金留在企业。股东可以在公开市场上销售这些额外的股票，获得收益。股票股利的发放分为小额股票股利和大额股票股利。

①小额股票股利：新发行的股票数量低于在外流通股票数量的 20% ~ 25%，按照股票的市值减计留存收益，同时增加股票面值和资本公积。

②大额股票股利：新发行的股票数量大于在外流通股票数量的 20% ~ 25%，按照股票的面值减计留存收益，同时增加股票面值。美国公认会计原则要求以面值来记录大额股票股利，因为发行股数过多，用市值来定价并不可靠。

> **【提示】**在 CMA 考试中，在外流通股票数量的 20% ~25%，这里的 20% ~25% 取值，题目会明确给出小额或大额的股票股利。之所以是 20% ~ 25% 的区间取值，是因为不同行业的要求标准会有所差异。

（四）股票分割

股票分割可降低每股股票的市场价格而不改变其所有权，通过对应为每个已发行的旧股份增发特定数量的新股，并按相同比例减少每股面值。例如，每股市价为 400 美元的 100 000 股股票，按照 1 股兑 4 股的形式进行股票分割，其结果就会变成市价为 100 美元的 400 000 股股票。因此，它不会导致股东权益的变动，即在增加股数的同时不会降低面值总额（或增加发行在外股票的总面值）。采用股票分割的原因在于让更多的投资者能够买得起公司股票，因而增加了股权的多样化，提高了股票的流通性。股票分割不需要做账，只需要在备忘录中注释股票面值的变动以及新发行的股票数量。

反向分割是股票分割的反向操作，其目的在于减少在外流通的股数，按比例提高了每股价格。例如，每股市价为 1 美元的 200 000 股股票按照 20 股兑 1 股的形式进行反向分割，其结果就会变成市价约为 20 美元的 10 000 股股票。

【例题 1－28】12 月 15 日，某公司派发了 11 月 15 日宣布的现金股利 120 000 美元，并同时宣布了市值为 100 000 美元，5% 的股票股利。如果该公司使用美国公认会计原则，这两笔交易将减少公司的总股东权益：

A. 0 美元　　B. 100 000 美元

C. 120 000 美元　　D. 220 000 美元

【答案】A

【解析】选项 A 正确。宣布现金股利时减少股东权益中的留存收益，增加应付股利。派发现金股利时对股东权益没有影响，减少应付股利，同时减少现金。

发放股票股利不影响总股东权益，而是将一部分留存收益转入股本中。

【例题 1－29】以下哪一种交易会影响留存收益，但不会影响实收资本？

A. 小额股票股利公告　　B. 降低可供出售投资的公允价值

C. 长期资产的减值　　D. 使用成本法购买库存股票

【答案】C

【解析】选项 A 不正确。小额股票股利公告时不做任何会计处理，发放股票股利时，减少留存收益，增加实收资本。

选项 B 不正确。可供出售投资公允价值降低计入其他综合收益，不会影响留存收益。

选项 C 正确。长期资产减值计入资产减值损失，属于损益，会影响到留存收益，但是不会影响到实收资本。

选项 D 不正确。成本法购买库存股，按照实际支付金额借记库存股，同时贷记现金，未影响留存收益。

四、收入确认

2014 年 5 月 28 日，美国财务会计准则委员会（FASB）发布了《会计准则更新（ASU）第 2014－09 号：客户合同收入》，这个收入确认准则取代了旧准则。国际会计准则理事会（IASB）发布了《国际财务报告准则第 15 号——客户合同收入》（IFRS 15）。在收入确认方面，FASB 和 IASB 的标准现在基本一致。

（一）收入确认的五步骤

（1）明确与客户的合同。

（2）明确合同中的履约义务。

（3）确定成交价格。

（4）将交易价格与合同中需履约的义务相对应。

在分摊交易价格时，如果可以获得企业在类似情况向类似客户单独销售商品或服务的价格，则使用可获得的售价确定分摊交易价格；如果无法获得单独销售价格，可以使用以下方法：

①调整后的市场评估方法：评估实体销售商品或服务的市场，并估计该市场中的客户愿意支付的价格。这可能包括从企业的竞争对手设定的价格开始，并根据实体的成本和贡献边际进行调整。

②预期成本加贡献边际的方法：预测履行义务的预期成本，然后加上适当的贡献边际。

③剩余法：从总成交价格中减去可观察到的单独销售价格之和来估计一个或多个商品或服务的单独销售价格。只有在满足下列条件之一时，企业才能使用此方法：第一，该企业以各种各样的价格向不同的客户销售相同的商品或服务；第二，该企业尚未为该商品或服务定价，该商品或服务以前也未单独出售。

（5）企业完成履约义务时确认收入。当企业完成应履行义务即转移承诺的商品或服务给客户后，企业应确认收入。当顾客获得对商品或服务的控制权时，商品或服务就被转移了。

对每一项义务履约要进行评估，以确定企业是否在一段时间内通过移交对货物或服务的控制权履行了相关的义务。如果义务在一段时间内未得到履行，则在时间点上应及时履行该义务。当企业在一段时间内转移对资产的控制时，义务履行和收入将随时确认。如果满足以下三个条件之一，表明控制权已发生转移：

①客户收到企业提供的产品或服务，在消费时获得了相应的益处。

②当客户拥有产品或消费服务时，企业履行义务创造和增加了这个资产的价值（如在产品）。

③企业的义务履行并未创造一项可被该企业用于其他替代用途的资产，该企业拥有可强制执行的权利以获取到期完成履行责任应得到的收益。

如果上述三项标准之一未得到满足，则应在某一时间点来履行义务。企业必须考虑控制权转移的条件，以便能够确定客户获得承诺的资产控制权及该企业履约义务的时间点。这些条件包括但不限于以下五个方面的内容：①该企业获得该资产的付款的现时权利。②客户对资产拥有合法所有权。③企业转让了对资产的实物占有权。④客户拥有资产的重大风险和收益。⑤客户已经接收了资产。

（二）长期在建工程的收入确认

长期在建工程的收入确认，符合一段时间内履约义务的收入确认，可以用以下方法确定适当的履约进度。

1. 产出法。

表 1－24 提供了选择产出法进行配置的信息、可以使用的具体产出法、如何评估该方法以及使用产出法的缺陷。

表 1－24　　选择产出法进行配置的信息

标准	确认收入的基础是直接衡量相对于合同中承诺的剩余商品或服务的到期转移给客户的商品或服务的价值

续表

产出法	• 到期已完成履约的调查 • 对所取得成果的评价 • 已达到的阶段性成果 • 生产产品或提供服务所用的时间
产出法的估价	考虑所选择的产出是否真实地描述了完全的义务履行
实际应用中的权益方法	如果企业有权从客户那里获得与企业到期履行责任并提供给客户价值相对应的权益，则企业可以根据获得的票据的金额确认收入
缺点	• 计量进度的产出可能不是直接可见的 • 产出法应用所需的信息可能导致过多费用

2. 投入法。

表 1-25 提供了选择投入法进行配置的信息、可以使用的具体投入法、如何评估该方法以及使用投入法的缺陷。

表 1-25　选择投入法进行配置的信息

项目	内容
标准	确认收入的基础是履行履约义务企业需要的努力或投入
投入法	• 消耗的资源 • 花费的人工工时 • 发生的成本 • 使用的时间 • 需要的机器工时
投入法的估价	如果企业的努力或投入在整个责任履行期间平均分配，则可按直线法确认收入
缺点	在投入和产品或服务的控制权转交给客户之间可能没有直接的关联

（三）合同资产与合同负债

1. 合同资产。

合同资产指的是企业已向客户转让商品而具有收取对价的权利，且该权利取决于时间之外的其他因素。合同资产与应收账款不同，并不是一项无条件的收款权利，除了时间因素以外，还取决于其他履约条件。合同资产不但需要承担信用风险，还需要承担其他风险，如履约风险等。

2. 合同负债。

合同负债指的是企业已收或应收客户对价而应向客户转让商品或服务的义务。合同负债强调合同关系，这一点与预收账款有本质的区别。在合同成立前已收到的对价不能称为合同负债，但仍可作为预收账款。合同一旦正式成立，将预收账款转入合同负债。

【例题 1-30】某公司在计算一个 5 年建设合同第 3 年应确认的收入。它使用投入法来衡量完成的进度。计算收入时所用的比率为：

A. 在第 3 年发生的费用总额

B. 第 3 年发生的成本占预计成本总额

C. 到目前为止发生的费用总额

D. 到目前为止已发生的费用总额占估计费用总额

【答案】 D

【解析】 一年内成本与总成本的比率不能估计进度。公司使用成本对成本的会计方法，以成本为基础来衡量完成进度是根据到目前为止的成本与估计总成本的比率来确认毛利或收入。

【例题 1－31】 某建设公司一直采用投入法确认收入，2019 年 1 月 10 日开始建设一项金额 3 000 000 美元的施工合同，最初估计完工成本为 2 250 000 美元，下列是施工合同相关数据：

单位：美元

毛利（2019 年 12 月 31 日）	300 000
已发生施工成本（2019 年 1 月 10 日～2020 年 12 月 31 日）	1 800 000
估计还将发生施工成本（2021 年 12 月 31 日）	600 000

该公司 2020 年 12 月 31 日损益表中列示的合同毛利是多少？

A. 450 000 美元　　B. 300 000 美元

C. 262 000 美元　　D. 150 000 美元

【答案】 D

【解析】 选项 D 正确。计算如下：

合同金额	3 000 000 美元
已发生成本	1 800 000 美元
估计还将发生成本	600 000 美元
总成本	2 400 000 美元
完成比例	75%
估计合同总毛利	600 000 美元
累计应确认合同毛利	450 000 美元
已经确认的合同毛利	（300 000）美元
当期应该确认的毛利	150 000 美元

五、收益计量

（一）利得和损失

（1）利得，是指在正常业务过程之外的交易中的收入超过成本的收益。

例如，出售固定资产或投资的收益、提前偿还债务的收益。

（2）损失，是指在正常业务过程之外的交易的收入，不高于其产生的成本。例如，火灾损失、出售固定资产或投资的损失、提前偿还债务的损失。

利得和损失单独列报在利润表的营业利润下方。

（二）固定资产的处置

在处置日将全部相关账户的账面价值转出，扣除折旧后的账面价值与资产处置价值之间的差额应该确认为一项利得或者损失，这项利得和损失应当在持续经营利润中列报，但与中止经营相关的处置除外。

1. 销售。

当固定资产被出售时，从最后一次折旧入账之日起至出售日期这段时间的折旧也必须进行记录。这样的目的是使资产的账面价值更新到处置日，以便衡量出售资产的利得或损失。

2. 非自愿处置。

洪水、火灾、地震、盗窃和不道德行为都会导致资产非自愿地“被处置”。此类情况发生后，即使该资产被其他资产立即替换，也必须确认处置利得或损失（即非自愿处置）。

3. 废弃。

被遗弃或报废的项目不会产生任何现金回收。因此，该资产的“处置损失”即为该资产在被“废弃”时的账面价值。如果废品产生任何的回收价值，则确认废品回收价值与其账面价值之间的差额作为处置利得或损失。已经提足折旧却仍在使用的资产应当在财务报表附注中披露。

（三）费用确认

会计的匹配性原则要求费用的确认应该与其创造的收入匹配在同一期间（比如，产品销售成本与销售收入的匹配，建筑工程成本应该对应建筑工程收入），或者费用的合适对应期间（如广告费、研发费用、利息和公共服务费）。

（四）综合收益

财务会计准则委员会（FASB）将“综合收益”定义为“一个时期内由来自非所有者的交易或其他事项或事件导致的商业企业所有者权益（净资产）变动。它包括一定时期内所有者权益的所有变动，但与所有者投入和分配股利无关”。这些变动来自交易事项、企业的生产性活动、价格变动和外部事项。因此，综合收益包括会计期间内所有经营收入、费用、利得和损失，包含计入净收益的已实现损益以及需要作为其他综合收益的净收益之外的未实现损益。

【提示】其他综合收益主要有：

- 投资“可供出售金融资产”中的未实现损益。
- 特定衍生金融工具的未实现损益。
- 员工养老金负债调整所产生的损失。
- 特定外币折算交易调整。

综合收益包含所有会影响股东权益的事项，但不包括与股东之间的交易往来。每股金额不在综合收益中列报。

净利润结算转入留存收益，而其他综合收益结算转入累计其他综合收益，因此，两者均独立登记，并作为股东权益的一个组成部分。为避免前期已在其他综合收益中列报的利得和损失在后续中实现且计入净利润的项目被重复计算，应进行必要的重分类调整。一旦其从累计其他综合收益中实现，这种调整可以消除利得和损失的影响。

综合收益既可以在组合的财务报表中单独列示，也可以在两张单独的财务报表中按顺序列示。

（五）中止经营

一项“中止经营”是指企业的一个业务分部或多项业务分部：①通过销售或其他方式处置，或分类为“持有待售”；②该处置代表一个战略转变，该战略已经或将要对实体经营和财务业绩产生重大影响。

由于已经（或将要）中止的业务部门的预测价值很小，因此其对公司利润表的影响将作为非正常的项目单独列报在持续经营业务利润的下方。当一个业务部门被中止时，有两个部分内容需要列报：

（1）本年度内已出售或持有待售的该业务部门的任何营业利润或亏损需要以税后的净额列报在“中止经营业务”中。

（2）在出售或者减值该业务部门的资产时，产生的任何利得或者损失需要以税后的净额列报在“中止经营业务”中。

同时，将中止经营的业务从资产负债表上的持有使用类资产科目转入“持有待售资产”科目。

中止经营项目的税后净额，在利润表中列报在持续经营的营业利润下方，作为独立项目。

表 1－26 列示了中止经营项目在利润表中的列报。

表 1－26　　中止经营项目在利润表中的列报

利润表——中止经营项目	
持续经营过程中得到的净利润 中止经营项目	

续表

利润表——中止经营项目	
中止经营的分部税后净利得或损失 分部中止经营后处置的税后净利得或损失 净利润	

六、国际财务报告准则和美国公认会计原则的主要差异

国际会计报告准则委员会（IASB）于2001年作为国际会计准则委员会基金会（IASC）的一个部分而成立，它的一个主要目标就是一国的会计准则与国际会计准则趋同。为实现这一目标，IASB和美国财务会计准则委员会（FASB）紧密合作，以协调国际财务报告准则与美国公认会计原则（GAAP）。国际财务报告准则和美国公认会计原则的异同如表1-27所示。

表1-27　国际财务报告准则和美国公认会计原则的异同

主题	国际财务报告准则（IFRS）	美国公认会计原则（GAAP）
费用确认：股权激励和员工福利	加速确认薪酬成本	可以采用直线法确认薪酬成本，也可采用加速确认薪酬成本
无形资产：开发成本与价值重估	开发成本可以资本化；如果资产交易存在活跃市场，则允许进行重新估价	开发成本一般在发生时计入费用；禁止对无形资产重新估价
存货：成本结转方法	禁止采用后进先出法	允许采用后进先出法
存货：价值计量方法	存货按照成本与可变现净值孰低计价	先进先出法（FIFO）和平均成本法按照成本与可变现净值孰低计价；后进先出法（LIFO）和零售盘存法按照成本与市价孰低计价
存货：账面价值减值	若导致存货减值的因素不复存在，则以前确认的存货减值损失可以转回	存货的任何减值将形成新的成本基础，不可转回
租赁	承租人将资产价值超过5 000美元的租赁都确认为融资性租赁	承租人将租赁划分为：短期租赁（<12个月）、经营性租赁、融资性租赁
长期资产：价值重估、折旧以及利息资本化	长期资产使用历史成本或者重估价（公允价值）记录	长期资产仅可以使用历史成本法，禁止进行重新估价
资产减值：减值损失的确定、计算	当出现资产的账面价值大于资产预期未来现金流量的贴现现值，且大于公允价值与出售费用之差，确认减值	当资产的账面价值大于资产的预期未来现金流量（未贴现）时，确认减值

续表

主题	国际财务报告准则（IFRS）	美国公认会计原则（GAAP）
资产减值：转回	允许按照不超过其账面价值的金额对减值损失进行转回	禁止转回任何的减值损失
合并报表：控制	是否实现“控制”是合并报表的基础。即使投票权小于50%也能实现控制。当投资者具有以下所有三个特征时，存在控制权：对被投资方具有权力（power）；从被投资方获得各种回报的权利；影响被投资方回报金额的能力	投资方拥有（直接或间接）被投资方的多数投票权（>50%）则存在控制权

【例题1-32】福特公司在美国和加拿大有两个公司，都在进行有关产品的研发活动。假设两个公司当年发生的研发费用一致，而两个公司除研发费用以外的收入、成本和费用保持一致，那么哪个公司的税前利润高？

A. 美国公司，因为美国公认会计原则允许研究费用资本化

B. 美国公司，因为美国公认会计原则允许开发费用资本化

C. 加拿大公司，因为国际会计准则允许研究费用资本化

D. 加拿大公司，因为国际会计准则允许开发费用资本化

【答案】D

【解析】选项A不正确。美国公认会计原则不允许研究费用资本化。

选项B不正确。美国公认会计原则不允许开发费用资本化。

选项C不正确。国际会计准则不允许研究费用资本化。

选项D正确。按照国际会计准则，研发支出中开发部分是可以资本化的，故此在利润表中，加拿大公司将不会将开发部分当成费用，这将提高加拿大公司的利润。所以，如果美国和加拿大这两个公司除研发费用以外的收入、成本和费用保持一致，则加拿大公司的利润将更高些。

【例题1-33】美国公认会计原则（GAAP）与国际财务报告准则（IFRS）之间的一个重要区别是：

A. 国际财务报告准则（IFRS）允许撤销存货减计；而美国公认会计原则（GAAP）禁止撤销存货减计

B. 根据美国公认会计原则（GAAP），分销成本包括在销售成本中；而根据国际财务报告准则（IFRS），分销成本排除在销售成本之外

C. 根据国际财务报告准则（IFRS），存货通常按照成本与市价孰低法估值；而根据美国公认会计原则（GAAP），存货通常按照成本与可变现净值孰低法估值

D. 根据美国公认会计原则（GAAP），市场营销成本包括在销售成本中；而根据国际财务报告准则（IFRS），市场营销成本排除在销售成本之外

【答案】A

【解析】选项A正确。GAAP下存货减值损失不得转回，IFRS下减值损失

可以转回。

选项 B 不正确。GAAP 和 IFRS 下，分销成本都包括在销售成本中。

选项 C 不正确。GAAP 下，先进先出法和平均成本法采用成本与可变现净值孰低法估值，后进先出法和零售盘存法采用成本和市价孰低法。IFRS 下全部采用成本与可变现净值孰低法估值。

选项 D 不正确。GAAP 和 IFRS 下，营销成本都不包括在销售成本中。

简答题出题方向分析

【出题方向1】对资产负债表、利润表、股东权益变动表、现金流量表和综合报告的认识。

解题思路：需要熟练掌握财务报表的组成和综合报告的内容。对于财务报表各部分，如资产负债表、利润表和股东权益变动表的重要性需要有深入的认识，理解财务报表的局限性。针对综合报告，要理解其组成要素。理解综合报告的好处和挑战。

【出题方向2】现金流量表的计算和分析。

解题思路：熟练掌握经营性现金流、投资性现金流和融资性现金流直接法和间接法的归集方式和计算。特别是经营性的现金流间接法，获得经营性现金流的计算，应当非常熟练地进行应用。间接法下，经营性现金流为：

净收益
+折旧/折耗/摊销费用
+投资或者筹资活动的损失（往往是出售长期资产的损失）
-投资或者筹资活动的利得（出售长期资产的利得）
-除了现金以外的流动资产的增加
+除了现金以外的流动资产的减少
+流动负债的增加
-流动负债的减少
=经营活动的净现金流

【出题方向3】综合报告的目的、内容，资本的分类和价值创造过程。

解题思路：综合报告的内容是关于组织如何持续创造价值和对价值创造进行的沟通。向财务报表的外部使用者和组织的出资人提供更有用的信息。

综合报告的内容包含八个方面：①机构概述和外部环境；②治理；③风险和机遇；④战略和资源配置；⑤商业模式；⑥绩效；⑦前景展望；⑧编制和列报基础。

综合报告将广义的资本分成六大类：财务资本、制造资本、智力资本、人力资本、社会与关系资本和自然资本。

六种资本共同参与价值创造的过程。在公司整个商业模式中，把六种资本通过商业活动转化为公司期望的产出结果。价值创造的过程，伴随着各种资本增加、减少和相互转化。

【出题方向4】应收账款坏账费用的记录和确认，直接冲销法的问题和计提坏账准备法的优点。两种应收账款处置方式的对比。

解题思路：掌握直接冲销法和计提坏账准备法的思路和计算过程。直接冲销法下，仅在应收账款无法收回时企业才确认坏账费用。而计提坏账准备法下，需要对销售收入或全部未收回的应收账款按照预期无法收回的金额计算一个估计数，将坏账准备调减应收账款金额，计算得到可变现净值。该值就是预期收回款项。直接冲销法不被国际财务报告准则接受的原因是：

（1）不符合配比原则，不能客观反映当期坏账费用为应收账款或者收入相应比例这一事实。

（2）人为提高了应收账款资产的数额，不能客观反映应收账款资产的公允价值。

计提坏账准备法的优点是：

（1）良好地符合配比原则，客观反映了当期坏账费用为应收账款余额或者收入相应比例这一事实。

（2）客观反映了应收账款资产的数额，客观体现了应收账款资产的公允价值。

两种应收账款处置方式：

（1）有追索权的让售：公司并未将应收账款风险完全转移给保理商、公司需要向保理商支付发生的无法收回的坏账。

（2）无追索权的让售：应收账款的全部风险转移给保理商，由保理商承担坏账的风险。

【出题方向 5】存货制度的比较和存货减值的处理。

解题思路：掌握先进先出、加权平均和后进先出的存货流转流程，并认识到期末存货的记录在先进先出法下，无论是永续盘存制还是定期盘存制，结果都没有区别。而应用加权平均法和后进先出法，期末存货价值在永续盘存或者定期盘存下是不同的。

理解在存货价格变动的前提下，先进先出法和后进先出法计算出来的利润和存货的高低变化。理解先进先出法和后进先出法各自的优缺点。

按照美国公认会计原则，成本和市价孰低原则来进行存货减值的方法。首先应当确定：

（1）最高限额：作为市价的重置成本不得高于存货的可变现净值。

（2）最低限额：作为市价的重置成本不得低于存货可变现净值减去正常利润加成或边际利润得到的金额。

作为市价的重置成本，只能在高限和低限之间，如果超出范围，则取高限或者低限作为市价。存货成本和市价进行比较，如果市价低，则进行减值。

根据新修订的美国公认会计原则，成本与市价孰低原则，适用于后进先出法（LIFO）和零售盘存法估价的存货；成本与可变现净值孰低原则，适用于先进先出法（FIFO）和平均成本法。

国际财务报告准则全部使用成本与可变现净值孰低原则。

【出题方向 6】金融资产的记录和对财务报表的影响。

解题思路：掌握金融资产分为持有至到期投资、交易性金融资产和可供出售金融资产三大类。交易性金融资产和可供出售金融资产应按照公允价值进行记录。交易性金融资产当期发生的未实现利得和损失计入损益表，影响当年的利润；可供出售的金融资产当期发生的未实现利得和损失计入其他综合收益，不影响当年的利润。持有至到期投资，按照历史成本记录，按期摊销溢价或折价，期末不按照公允价值进行重新估价。

【出题方向 7】无形资产、商誉和研发费用的财务处理。

解题思路：掌握无形资产应在预计受益期内摊销，并且每年进行减值测试。掌握商誉就是并购交易中，支付的对价成本超过享有被并购资产承担负债份额的公允价值金额。只有购入的商誉才能资本化。内部自创商誉不确认资产。商誉不进行摊销，但是每年至少需要进行减值测试。针对研究和开发，美国公认会计原则要求支出在发生时计入费用中。而国际财务报告准则允许研究费用化而开发费用资本化。

【出题方向 8】经营租赁和融资租赁的定义；经营租赁和融资租赁对投资回报率的影响。

解题思路：掌握融资租赁的五个标准：

（1）所有权转移。租赁期满时租赁资产的所有权转移给承租人。

（2）优惠购买权。租赁合同中包含优惠购买的选择权，并且约定的购买价款远低于租赁期满时租赁资产的公允价值。

（3）占尚可使用年限的 75%。租赁期在租赁资产尚可使用年限的 75% 或以上。

（4）公允价值的 90%。最低租赁付款额的现值（PV）计划相当于租赁开始时租赁资产的公允价值（FV），即占到公允价值的 90% 或以上。

（5）租赁资产具有专用属性。租赁期满后不会有其他用途。

掌握在经营租赁和融资租赁下，均会使投资回报率下降。经营租赁、融资租赁都需要确认使用权资产，会提高资产额；而且租赁费用和利息费用和资产折旧费会使利润下降，故此两者导致投资回报率下降。

【出题方向 9】固定资产折旧方法，以及对递延所得税的影响。

解题思路：掌握几种折旧方法的计算。比较直线折旧和加速折旧在折旧期内的变化过程。如果会计使用直线折旧，税务使用加速折旧。在折旧期早期，会计少提折旧，税务多提折旧，会计计算的税前利润高于税法计算的税前利润。会计的所得税高于税法的所得税，形成递延所得税负债。后期相反，会计多提折旧，税务少提折旧，会计计算的税前利润低于税法计算的税前利润。会计的所得税低于税法的所得税，递延所得税负债被摊销。

【出题方向 10】国际财务报告准则和美国公认会计原则的差异。

解题思路：熟练国际财务报告准则和美国公认会计原则的几个核心差异。

历年经典试题回顾

一、单选题

【经典试题 1】 会计估计对以下哪张表的影响最小？

A. 资产负债表　　B. 利润表

C. 股东权益变动表　　D. 现金流量表

【答案】 D

【解析】 选项 D 正确。会计估计通常影响的是折旧、摊销、预提等项目，这些项目不会引起现金流的变动。

【经典试题 2】 提供一段时间内企业经营综合状况的财务报表是？

A. 损益表　　B. 资产负债表

C. 所有者权益表　　D. 留存收益表

【答案】 A

【解析】 选项 A 正确。损益表帮助财务报表阅读者了解一段时间内企业经营的综合状况，并帮助财务报表阅读者进行相应的财务分析和决策。

选项 B 不正确。资产负债表无法反映一段时间内企业经营的综合状况。资产负债表反映了财年年底时点的企业财务状况。

选项 C 不正确。所有者权益表无法反映一段时间内企业经营的综合状况。

选项 D 不正确。留存收益表无法反映一段时间内企业经营的综合状况。

【经典试题 3】 在准备 2014 年 12 月 31 日编制现金流量表的时候，某企业收集到如下信息：

单位：美元

设备处置利得	（6 000）
收到设备处置款	10 000
购买 A. S 公司债券（面额 200 000 美元）	（180 000）
债券摊销费用	2 000
宣布股利	（45 000）
支付股利	（38 000）
销售库藏股（账面价值 65 000 美元）	75 000

那么在年底公司现金流量表中，用于投资活动现金净流出的金额是多少？

A. 170 000 美元　　B. 176 000 美元

C. 188 000 美元　　D. 194 000 美元

【答案】 A

【解析】 选项 A 正确。投资活动包含购买和销售长期资产和投资，170 000 美元（180 000 - 10 000），其中 180 000 美元是购买债券，10 000 美元是收到设备处置款。其他的项目均不是投资活动。

【经典试题 4】 基于行业平均水平，戴维斯公司估计它的坏账应该是赊销额的 3%。期初坏账准备账户余额是 140 000 美元，在这期间，总赊销额 10 000 000 美元，其中 100 000 美元是一定收不回来的，收到了之前注销的 20 000 美元坏账，问本期计提金额是：

A. 300 000 美元　　B. 260 000 美元

C. 240 000 美元　　D. 160 000 美元

【答案】 A

【解析】 本期计提坏账费用 = 赊销额 × 预计百分比 = 10 000 000 × 3% = 300 000（美元）。

备抵法有两种方法：销售百分比法（损益表法）和应收账款百分比法（资产负债表法）。销售百分比法（损益表法）：赊销额 × % 求出的是当期坏账计提数，也就是本期发生的坏账费用（期间值）。应收账款百分比法（资产负债表法）：应收账款 × % 或者用账龄法计算得出的坏账准备的期末值（期末余额），然后减去期初值，才得到当期计提的坏账准备。

【经典试题 5】 加尔公司向罗斯银行办理无追索权的应收账款保理业务且收到了现金，下列哪项是对此业务的最佳描述？

A. 通过应收账款抵押的方式向罗斯银行贷款

B. 通过应收账款证券化的方式向罗斯银行贷款

C. 加尔公司将应收账款销售给罗斯银行，但是不能收回的风险保留在加尔公司

D. 加尔公司将应收账款销售给罗斯银行，但是不能收回的风险转移给罗斯银行

【答案】 D

【解析】 选项 A 不正确。无追索权的应收账款保理业务不是应收账款抵押。

选项 B 不正确。无追索权的应收账款保理业务不是应收账款证券化。

选项 C 不正确。无追索权的应收账款保理业务意味着加尔公司将应收账款销售给罗斯银行后，不能收回的风险转移给罗斯银行。

选项 D 正确。无追索权的应收账款保理业务是一个销售交易，不能收回的风险转移给买方。故此加尔公司将应收账款销售给罗斯银行后，不能收回的风险转移给罗斯银行。

【经典试题 6】某公司采用永续盘存制，2013 年 1 月期间存货相关数据如下：

	时间	数量	单位成本（美元）	总金额（美元）	库存数量
期初数	2013 - 01 - 01	1 000	1	1 000	1 000
采购	2013 - 01 - 07	600	3	1 800	
销售	2013 - 01 - 20	900			700
采购	2013 - 01 - 25	400	5	2 000	1 100

如果该公司采用移动平均法，那么 2013 年 1 月 31 日该公司的存货金额是多少？

A. 2 640 美元　　B. 3 225 美元　　C. 3 300 美元　　D. 3 900 美元

【答案】B

【解析】选项 B 正确。在移动平均法下，每次采购需要重新计算平均成本，每次发货均需要按照最新的加权平均成本计算。

	时间	数量	单位成本（美元）	金额（美元）
期初数	2013 - 01 - 01	1 000	1	1 000
采购	2013 - 01 - 07	600	3	1 800
小计	2013 - 01 - 07	1 600	1. 75	2 800
销售	2013 - 01 - 20	(900)	1. 75	(1 575)
小计	2013 - 01 - 20	700	1. 75	1 225
采购	2013 - 01 - 25	400	5	2 000
小计	2013 - 01 - 25	1 100	2. 93	3 225

因此，2013 年 1 月 31 日移动平均法下的存货金额为 3 225 美元。

【经典试题 7】在通货膨胀的周期中，使用下列哪种存货计价法将使得永续盘存制和定期盘存制期末存货金额一致？

	先进先出	后进先出
A.	是	否
B.	是	是
C.	否	是
D.	否	否

【答案】A

【解析】选项 A 正确。先进先出法下永续盘存制和定期盘存制期末存货价值一样，而在后进先出法和加权平均法下永续盘存制和定期盘存制计算的期末存货价值不一样。

选项 B 不正确。后进先出法和加权平均法下永续盘存制和定期盘存制计算的期末存货价值不一样。

选项C不正确。先进先出法下永续盘存制和定期盘存制期末的存货价值一样，而在后进先出法和加权平均法下永续盘存制和定期盘存制计算的期末存货价值不一样。

选项D不正确。先进先出法下永续盘存制和定期盘存制期末的存货价值一样。

【经典试题8】一家电脑配件公司，于4月30日，以20 000美元卖了公司用于送货的货车，利得为2 000美元，4月28日接到了一个FOB起运点交货的10 000美元的送货订单，送货期为10天，问4月公司的营业利润是？

A. 0　B. 2 000美元　C. 10 000美元　D. 12 000美元

【答案】C

【解析】送货卡车的利得是在其他利得和损失中列报，不属于营业利润。

送货订单为起运点交货，故此该电脑配件公司4月底已经起运，风险已经转移，收入就能够确认，属于营业利润。

【经典试题9】A公司于第一年1月1日取得B公司30%的表决权，并采用权益法核算其投资。第二年1月1日，A公司以150 000美元的价格出售了B公司60%的投资。第二年1月1日出售前的账面价值为210 000美元。出售后保留投资的公允价值为100 000美元。根据《国际财务报告准则》编制的第二年损益表中确认了处置投资的损益（如有）？

A. 0　B. 处置收益40 000美元

C. 处置收益24 000美元　D. 处置损失60 000美元

【答案】B

【解析】选项A不正确。在处置日，该项投资的账面价值不同于保留投资的公允价值与处置该项投资的收益之和。因此，必须确认某些处置收益或损失。

选项B正确。根据国际财务报告准则，当重大影响丧失时，任何保留投资均按公允价值计量。处置投资的利得或损失计算如下：

保留投资公允价值100 000美元

+处置投资收益150 000美元

－丧失重大影响之日的投资账面价值（210 000美元）

=处置投资收益40 000美元

选项C不正确。根据美国公认会计原则，处置收益为240 000美元。

选项D不正确。如果B公司的全部投资（而不是60%）以150 000美元的价格出售，处置一项投资的损失将是60 000美元。

【经典试题10】2013年1月2日威尔公司以400 000美元的价格购买了瑞伊公司发行在外40%普通股，因此威尔成为瑞伊的最大单一股东，且瑞伊公司董事会的主要成员来自威尔公司，瑞伊公司2013年的净利润为125 000美元，并支付了 37 500 美元的股息，在 2013 年 12 月 31 日，威尔公司的报表中对瑞伊公司的长期投资金额多少？

A. 450 000 美元　　B. 435 000 美元

C. 400 000 美元　　D. 385 000 美元

【答案】 B

【解析】 选项 B 正确。威尔公司持有瑞伊公司 40% 的股份，但威尔公司能对瑞伊公司产生重大影响，因为威尔公司是瑞伊公司最大的单一股东，且瑞伊公司董事会的主要成员来自威尔公司，所以采用权益法。

单位：美元

期初投资金额	400 000
瑞伊公司权益增加（40% ×125 000 美元）	50 000
瑞伊公司股息分配金额（40% ×37 500 美元）	-15 000
期末投资金额	435 000

【经典试题 11】 一位经理在计算设备的折旧，他用的方法和假设是：设备使用的前期会发生更多的折旧费用，后期会发生更多维修费用，为保证损益表中总体成本相对均匀稳定。每年折旧基础 = 设备原值 - 残值，设备使用寿命明确，哪种折旧方法最合适？

A. 直线法　　B. 工作量法

C. 年数总和法　　D. 双倍余额递减法

【答案】 C

【解析】 选项 A 不正确。直线法所有期间的折旧费用不变，不符合题目的要求。

选项 B 不正确。工作量法每期的折旧金额由当期的工作量决定，不能保证前高后低。

选项 C 正确。前期多提折旧，后期少提折旧，是加速折旧法的特征。加速折旧法包含两种：年数总和法和余额递减法。其中年数总和法的折旧基础是：设备原值 - 残值；余额递减法的折旧基础是资产的账面净值。因此年数总和法符合题目的要求。

选项 D 不正确。双倍余额递减法的折旧基础是资产的账面净值，不符合题目的要求。

【经典试题 12】 4 月 1 日，一家公司开始提供一种标准的 1 年保证型保修的新产品出售。到 4 月 1 日，库存的 5 000 台产品中有 3 000 台在 6 月 30 日之前已售出。根据其在类似产品上的经验，该公司估计每售出的产品平均保修成本为 8 美元。从 4 月 1 日到 6 月 30 日发生的实际保修费用为 7 000 美元。在 6 月 30 日，公司应报告多少金额作为预计的保修责任？

A. 9 000 美元　B. 16 000 美元　C. 17 000 美元　D. 33 000 美元

【答案】C

【解析】选项 A 不正确。假设售出 2 000 个单位，则 9 000 美元的金额。

选项 B 不正确。16 000 美元的保修费用将在剩余的 2 000 单位售出时确认。

选项 C 正确。保证式保修会产生损失偶然性。由于产品是新产品，因此年初的预计保修负债余额为 0。如果以估计的每单位保修成本 8 美元售出 3 000 单位，则记入负债账户的总贷方为 24 000 美元（3 000 ×8）。鉴于实际的保修费用是 7 000 美元记入该账户的借方，期末余额必须为 17 000 美元（24 000 －7 000）。

选项 D 不正确。33 000 美元的金额假设已售出 5 000 个单位。

【经典试题 13】某公司通过直接融资租赁的方式租赁了一台计算机给其客户，设备在租赁期结束之后没有残值且在合同中没有廉价购买权，设备公允价值为 323 400 美元，某公司租赁期为 5 年的合同利率为 8%，5 年期利息 8% 的年金系数为 4. 312，某公司在整个租赁期内赚取的利息金额是多少？

A. 51 600 美元　B. 75 000 美元　C. 129 360 美元　D. 139 450 美元

【答案】A

【解析】选项 A 正确。每期租金 ＝323 400 ÷4. 312 ＝75 000（美元），总的现金流 ＝75 000 ×5 ＝375 000（美元），利息收入 ＝375 000 －323 400 ＝51 600（美元）。

【经典试题 14】下列哪一项暂时性差异会导致递延所得税资产？

A. 财务报表采用直线折旧法，所得税采用修正后的加速成本回收制度（MACRS）

B. 分期付款销售利润在财务报表中以权责发生制为基础，所得税以收付实现制为基础

C. 为财务报表之目的，以权责发生制为基础，以收付实现制为计税基础，对预收租金入账

D. 在财务报表中采用权益法核算的投资收益，在所得税方面采用成本法核算的投资收益

【答案】C

【解析】选项 A 不正确。在纳税申报表上使用加速折旧会产生递延所得税负债。

选项 B 不正确。在财务报表中确认分期付款收入，而不在纳税申报表中确认，则产生应纳税暂时性差异。

选项 C 正确。递延所得税资产记录可抵扣暂时性差异和结转的递延所得税后果。就财务报表而言，以权责发生制为基础和以收付实现制为税务目的的预付租金收入将产生递延所得税资产。财务报表将不报告收入和相关税务费用，因为租金付款适用于未来期间。然而，当收到现金时，纳税申报表将把租金视为收入，并在收到当年缴纳税款。因为税款是在为财务报表目的而记录收入之

前支付的，它代表一种资产，在最终记录收入时将被确认为费用。

选项 D 不正确。在财务报表上确认投资收益比在纳税申报表上确认投资收益早，会产生递延所得税负债。

【经典试题 15】 某公司拥有一处账面价值 3 000 000 美元的不动产，当附近的体育场举办受欢迎的球赛时，该不动产变作停车场。预计此不动产未来现金流达到 3 100 000 美元。本年度末，由于担心该球队粉丝群不断减少，该不动产的公允价值降到 2 900 000 美元，比较 GAAP 和 IFRS 下的减值。

A. 都减值 100 000 美元

B. IFRS 减值 100 000 美元，GAAP 下不变

C. IFRS 减值 200 000 美元，GAAP 下减值 100 000 美元

D. 都不减值

【答案】 B

【解析】 在 GAAP 准则下，第一步是进行减值测试，将预计未来现金流的未折现金额与账面价值进行比较，土地的预计未来现金流的未折现金额 =3 100 000 美元，资产的账面价值 =3 000 000 美元。账面价值小，说明未发生减值，所以不计提减值损失。

在 IFRS 下，固定资产减值金额 = 账面价值 − 可回收金额。

可回收金额是（售价 − 处置价格）与使用价值之间较高的一个，使用价值就是未来现金流的现值。

在 IFRS 下，固定资产减值金额 = 账面值 − 可回收金额 = 3 000 000 − 2 900 000 = 100 000（美元）。

二、简答题

某企业今年部分财务信息如下：

单位：美元

净收益	2 000 000
应收账款增加	300 000
存货减少	100 000
应付账款增加	200 000
折旧费用	400 000
出售可供出售证券的利得	700 000
普通股发行所产生的现金	800 000
股息支付	80 000
用现金购置土地	1 500 000
出售可供出售证券的现金所得	2 800 000

问题：

1. 请计算经营活动、投资活动、筹资活动的现金流量。
2. 解释损益表、资产负债表和现金流量表对投资人、债权人的作用。

【答案】

1. 请计算该企业经营活动、投资活动、筹资活动的现金流量。

经营性现金流：

单位：美元

收益	2 000 000
利得	(700 000)
折旧	400 000
应收账款	(300 000)
存货	100 000
应付账款	200 000
经营性现金流	1 700 000

投资性现金流：

单位：美元

现金购置土地	(1 500 000)
出售可供出售证券的现金所得	2 800 000
投资性现金流	1 300 000

筹资性现金流：

单位：美元

普通股发行所产生的现金	800 000
股息支付	(80 000)
筹资性现金流	720 000

2. 解释损益表、资产负债表和现金流量表对投资人、债权人的作用。

损益表的作用：

(1) 衡量公司的盈利能力、偿债能力和投资价值。

(2) 衡量公司过去的业绩。收入和费用说明了公司业绩如何，并可以与竞争者的业绩进行比较。

(3) 提供预测未来业绩的基础。过去的业绩信息有助于判断主要的趋势，这种趋势如果持续下去，就可以提供未来业绩的信息。

（4）与其他财务报表结合，来评估现金流量的金额、时间和不确定性。

资产负债表的作用：

（1）通过提供资产、负债和所有者权益的信息，资产负债表为计算回报率和评估企业的资本结构提供了必要的基础。

（2）外部报表使用者可以根据资产负债表估算出公司价值。

（3）分析师通过资产负债表来评估企业的流动性、偿债能力和财务弹性。

现金流量表的作用：

（1）通过检查经营活动现金流量净额，或者经营活动产生的现金流量净额和现金增减等项目间的关系，能够更好地预测未来现金流量。

（2）缺乏足够现金，企业将无法运营、偿债、发放股利。利益相关方对这张报表特别感兴趣，因为只有它能说明企业的现金流动。

（3）净收益虽然重要，但它不是现金。找到企业净收益与其经营活动产生的现金流量净额之间差异，可以确认净收益的可信度。

（4）通过企业投资和筹资活动现金流，能够更好地发现企业资产和债务在当期内增加或减少的原因。

同步测试题

一、单选题

1. 哪项资产的未实现利得或损失计入其他综合收益？

A. 持有至到期投资　　B. 可供出售金融资产

C. 交易性金融资产　　D. 长期债券投资

2. 某零售企业的财务数据如下：销售收入 100 000 美元；毛利 20 000 美元；存货价值期末比期初减少 3 000 美元；应付账款期末比期初减少 10 000 美元。请问付给供应商的现金数是：

A. 77 000 美元　B. 87 000 美元　C. 72 000 美元　D. 67 000 美元

3. 在间接法编制现金流量表时，销售使用中的固定资产处置利得在现金流量表中应该怎样列报？

A. 作为从收入中获得现金流入的抵减项的投资活动

B. 作为投资活动现金流出

C. 作为从净利润的抵减项的经营活动

D. 作为增加净利润的经营活动

4. 凯勒公司在 12 月 1 日签了一个 3 年汽车租赁合同。该汽车标价 17 000 美元，预计使用年限 8 年。每月支付租金 500 美元，支付 36 个月。根据凯勒的借款率得出租金的现值是 15 054 美元，根据出租人的隐含利率算出是 15 496 美元，承租人知道该利率。根据以上信息，凯勒应该将该租赁划分为：

A. 融资租赁　B. 经营租赁　C. 售后回租　D. 销售型租赁

5. 因为财务报告和税务报告存在折旧差异，导致截至 2014 年 12 月 31 日，努尔公司唯一需要对其进行折旧的资产报告为：税务折旧金额比账面价值的折旧金额大 250 000 美元，此项资产公司于 2014 年获得，差异可以在未来年份中进行冲回，公司 2014 年所得税率和之后年份所得税税率为 40%，公司没有其他的时间性差异，在 2014 年 12 月 31 日努尔公司应该为此差异列报多少递延所得税？

A. 75 000 美元作为一项资产　　B. 100 000 美元作为一项资产

C. 75 000 美元作为一项负债　　D. 100 000 美元作为一项负债

6. 会计为了编制本年度的现金流量表，收集了以下信息。净收入 456 900 美元，包括扣除折旧费 45 600 美元。该公司今年发放了 300 000 美元的股息，并以 275 000 美元的价格购买了一栋新大楼。本期和上期的资产负债表包括下列余额：

单位：美元

项目	上期	本期
应收账款净额	56 860	45 300
应付账款	12 900	10 745
存货	186 700	194 320

使用间接法，经营活动提供的现金数额是多少？

A. 202 500 美元　B. 405 205 美元　C. 504 285 美元　D. 521 405 美元

7. 在第一年 10 月 1 日 A 公司以每加仑 3 美元的价格向 B 公司出售了 100 000 加仑的产品 X。50 000 加仑于第一年 12 月 21 日交付给 B 公司，其余数量于第二年 1 月 8 日交付给 B 公司。付款条件是 50% 应在第一年 10 月 1 日支付，25% 应在第一次交货时支付，25% 在第二次交货时支付。A 公司应在第一年 12 月 31 日作为与这项交易有关的收入记录多少？

A. 75 000 美元　B. 150 000 美元　C. 225 000 美元　D. 300 000 美元

8. 某公司巡视客户处所并提供昆虫控制服务，收费标准为 50 美元/月，如果客户在 2 次日常巡视之间遇到问题，瑞德公司将通过免费电话提供服务，如果客户可以通过年费的方式进行支付，年费的标准是 540 美元/年，那么针对客户预付的年费，瑞德应该怎么确认相关收入：

A. 在收到现金的时候确认

B. 在财年年终的时候确认

C. 在合同年限结束且所有服务已经提供的时候确认

D. 随着服务提供在合同年限内均匀确认

9. 某公司正在根据美国公认会计原则（GAAP）编制其财务报表。下面列出了该公司的部分财务数据。

净利润 = 950 000 美元

折旧 = 40 000 美元

所有者投资 = 60 000 美元

可供出售证券未实现的收益 = 90 000 美元

外币换算亏损 = 20 000 美元

财务报表上的综合收益是多少？

A. 970 000 美元　　B. 1 020 000 美元
C. 1 060 000 美元　　D. 1 120 000 美元

10. 阳光公司投资于交易债务证券的成本为 650 000 美元。第二年 6 月 30 日，阳光公司决定无限期持有该投资，并于该日将其重新分类为可供出售的债务证券。该投资在第一年的 12 月 31 日的公允价值为 575 000 美元，在第二年 6 月 30 日的公允价值为 530 000 美元，在第二年的 12 月 31 日的公允价值为 490 000 美元。证券公允价值的下降不是由于信用损失引起的。阳光公司应在其第二年其他全面收益中将多少金额作为可出售证券的未实现净亏损报告？

A. 40 000 美元　B. 45 000 美元　C. 85 000 美元　D. 160 000 美元

11. 马尔公司在没有进行任何调整之前的销售和应收账款科目期末金额如下：

单位：美元

信用销售	10 000 000
应收账款	3 000 000
坏账准备	50 000

马尔公司按照年末应收账款余额的 3% 计提坏账准备，那么马尔公司年末将计提多少坏账准备？

A. 0 美元　　B. 40 000 美元
C. 90 000 美元　　D. 140 000 美元

12. 公司在其财务报告对外发布之后，发现一个期末存货被夸大的重大错误，那么这个错误对发出的年报会产生什么样的影响？

	流动资产	毛利
A.	低估	高估
B.	高估	高估
C.	低估	低估
D.	高估	低估

13. 某公司在第二年有 175 000 美元销售收入。在第一年结束时，该公司确认了 40 000 美元的递延收入，所有递延收入都是在第二年收回的。该公司第二年的销售收入将是：

A. 40 000 美元　　B. 135 000 美元
C. 175 000 美元　　D. 215 000 美元

14. 某公司签下一份 280 000 000 美元的工程合同，为期三年，合同总成本 200 000 000 美元，第一年成本为 100 000 000 美元，第二年成本为 50 000 000 美元，第三年成本为 50 000 000 美元，开票记录显示，第一年年初开票金额为 50 000 000 美元，之后每年年底开票金额为 50 000 000 美元，第一年年底公司盈利多少？

A. 60 000 000 美元　　B. 30 000 000 美元

C. 40 000 000 美元　　D. 不盈利

15. 某公司购买了价值 600 000 美元的车，使用年限 4 年，残值 40 000 美元，公司计采用双倍余额递减法计提折旧，第三年的折旧额与直线法折旧的差异是：

A. 多 140 000 美元　　B. 多 10 000 美元

C. 少 65 000 美元　　D. 少 75 000 美元

16. 某公司在 7 月 15 日签订了一份采购合同，合同约定从 8 月 1 日开始执行，款项在每月 1 日支付，请问这个合同对 7 月 31 日的财务报表有何影响？

A. 资产负债表、利润表、现金流量表均无影响

B. 资产负债表有影响，利润表、现金流量表无影响

C. 资产负债表无影响，利润表、现金流量表有影响

D. 均有影响

17. 若公司宣告支付现金股利，那么留存收益将减少支付股息的金额是在哪一天？

A. 宣告日　　B. 登记日

C. 支付日　　D. 宣告日和登记日中较早的一个

18. 芭尔德温公司期末税务报表中的固定资产净额是 1 600 000 美元，会计报表中固定资产净额是 2 000 000 美元。公司期末还有一笔支付的退休金 10 000 美元，不能抵扣所得税。公司的所得税税率是 40%，年底公司账面递延所得税的情况是：

A. 160 000 美元递延所得税资产　　B. 160 000 美元递延所得税负债

C. 164 000 美元递延所得税资产　　D. 164 000 美元递延所得税负债

19. A 公司持有 B 公司 40% 的股份，B 公司的账面价值是 3 000 000 美元，而 B 公司资产的市场价值和账面价值保持一致。A 公司按比例享有 B 公司利润 1 000 000 美元，同时收到 B 公司分配的同一年度的现金股利 150 000 美元，该公司享有的投资账户的变化情况为：

A. 投资账户金额减少

B. 投资账户金额增加

C. 投资账户金额保持不变

D. 公司 A 和 B 必须编制合并财务报表

20. 针对某个建设性企业，该企业第一个项目需两年完成投资建设，成本总额为 200 000 美元，合同收入为 400 000 美元，成本在每年均匀发生。在第二年中，该企业开始了第二个项目，该项目分四年投资并完成。成本总额是 200 000 美元，合同收入为 400 000 美元，成本每年均匀发生。在第二年，该企业确认的收入数额为 400 000 美元，请问该企业的收入确认采用的方法是哪一种？

A. 美国公认会计原则下的完工百分比法

B. 国际财务报告准则下的完工百分比法

C. 美国公认会计原则下的项目完工法

D. 国际财务报告准则下的项目完工法

二、简答题

Q 公司是美国一家制造性企业，该企业月平均销售额为 2 400 000 美元，30% 为现金销售，55% 大客户是赊销，而 15% 的所有其他客户也进行赊销。Q 公司的赊销政策为，10 天内付款 2% 折扣，赊销期 15 天。几乎所有赊销客户都选择在 10 天内付款，以获取 2% 的折扣。Q 公司在发生坏账时，采用的是坏账直接注销法。由于最近经济总体形势不好，Q 公司的客户付款经常出现延迟，很多客户拖延到下个月才付款，这种情况占总销售额的 7%，而且，Q 公司预计总销售额的 3% 将最终无法收回。公司决定下一年度起改用销售额百分比法计提坏账，并考虑将应收账款进行保理。

问题：

1. 处理坏账的方法采用直接冲销法和计提坏账准备法计提坏账，哪个更好？请解释说明。

2. 采用计提坏账准备法计提坏账，下一年度 1 月将对以下项目产生什么影响？请解释说明。

资产

营业利润

经营活动产生的现金净流量

3. 请计算下一年度 1 月预计收回的现金为多少。

4. a. 请定义应收账款保理。

   b. 请解释说明有追索权的和无追索权的应收账款的保理。

5. 企业应收账款的信息和政策从财务报告的哪个部分可以获得？

同步测试题答案及解析

一、单选题

1.【答案】B

【解析】选项 B 正确。A 项不确认为实现利得或损失；C 项进入净利润；D 项需要明确是哪一种金融资产。

2.【答案】B

【解析】该期间的产品销售成本为 100 000 - 20 000 = 80 000（美元）。存货价值既然期末比期初减少，则是消耗了期初库存，采购的存货为 80 000 - 3 000 = 77 000（美元）。应付账款期末比期初减少，就是把上期的欠款部分付款了。总付款额为 77 000 + 10 000 = 87 000（美元）。

3.【答案】C

【解析】选项 A 不正确。销售固定资产的处置利得应在经营性现金流下进行抵减。

选项 B 不正确。销售固定资产的处置利得应在经营性现金流下进行抵减。

选项 C 正确。在间接法编制现金流量表时，销售固定资产的处置利得在现金流量表中应作为净利润的抵减项的经营活动。

选项 D 不正确。在间接法下，固定资产销售的处置利得不会成为净利润的增加项，而是抵减项。

4.【答案】A

【解析】根据隐含利率算出的租金现值等于 15 496 美元，公允价值是 17 000 美元，超过 90%，所以应划分为融资租赁。

5.【答案】D

【解析】选项 A 不正确。该递延所得税不是递延所得税资产。

选项 B 不正确。该递延所得税不是递延所得税资产。

选项 C 不正确。计算结果不正确。

选项 D 正确。因为税务折旧金额大于账面价值的折旧，该递延所得税为递延所得税负债，金额为 100 000 美元（250 000 × 40%）。

6.【答案】C

【解析】选项 C 正确。经营现金流量净额可以通过调整净收入来确定。折旧是一项不直接影响现金流的费用，它应该被加回到净收入中。应付账款的减少要从净收入中减去，因为它表明一项费用已经支付，而应收账款的减少要加到净收入中。存货的增加应从净收入中减去，因为存货是用现金购买的。支付给优先股的股息是融资活动的现金流出，而不是经营活动，因此不需要进行调整。因此，业务现金流量净额为 504 285 美元（456 900 + 45 600 + 11 560 - 2 155 - 7 620）。

7.【答案】 B

【解析】 根据权责发生制，收入在赚取时确认。当（或作为）履行义务时赚取收入。在这种情况下，12 月 21 日交付的 50 000 加仑本应在第一年期间获得。因此，A 公司将在第一年 12 月 31 日收入 150 000 美元（50 000 加仑 × 3 美元）。其余数量将在第二年 1 月得到承认。何时确认收入并不考虑现金支付的时间。

8.【答案】 D

【解析】 选项 A 不正确。按照美国公认会计原则的权责发生制，预付费不应在当收到现金的时候确认收入。

选项 B 不正确。按照美国公认会计原则的权责发生制，预付费不应在财年年终的时候确认收入。

选项 C 不正确。按照美国公认会计原则的权责发生制，预付费不应在合同年限结束且所有服务已经提供的时候确认收入。

选项 D 正确。针对客户预付 540 美元的年费，瑞德公司应该按照美国公认会计原则的权责发生制，随着服务提供在合同年限内均匀确认相关收入。

9.【答案】 B

【解析】 选项 B 正确。综合收益 = 利润表净利润 + 其他综合收益，包含在其他综合收益的事项是：可供出售证券未实现的收益 90 000 美元，外币换算亏损 20 000 美元。因此综合收益 = 净利润 950 000 美元 + 可供出售证券未实现的收益 90 000 美元 - 外币换算亏损 20 000 美元 = 1 020 000 美元。

10.【答案】 A

【解析】 重分类后，这些证券为可供出售证券，第二年 6 月 30 日公允价值 530 000 美元。其后未实现的持有损益从净收益中剔除，并在实现前计入其他综合收益。因此，作为可供出售证券的净未实现损失为 40 000 美元（530 000 - 490 000）。

11.【答案】 B

【解析】 选项 B 正确。在应收账款余额百分法下期末坏账准备金额等于预计不能收回应收账款的总额，马尔公司应该计提的坏账准备为 90 000 美元（3 000 000 × 3%），本年应该计提的坏账准备为 40 000 美元（90 000 - 50 000）。

12. 【答案】 B

【解析】 选项 A 不正确。期末存货被夸大的错误，会导致流动资产高估。

选项 B 正确。因为存货是流动资产的一部分，所以期末存货如果被高估，则流动资产也就被高估。

存货高估或低估对损益的影响可以通过存货销售流程来分析：

期初存货

+采购金额

可销售的成本

-期末存货

产品销售成本

基于上述分析，期末存货的高估将导致低估销售成本，进一步导致毛利高估。

选项 C 不正确。期末存货被夸大的错误，会导致流动资产和毛利高估。

选项 D 不正确。期末存货被夸大的错误，会导致毛利高估。

13. 【答案】 D

【解析】 第二年的销售收入等于第二年的现金收入（假设第二年的销售没有递延收入），再加上第一年的现金收入，即 215 000 美元（175 000 + 40 000）。

14. 【答案】 C

【解析】 选项 C 正确。合同百分比下，成本发生为 100 000 000 ÷ 200 000 000 = 50%。故此，盈利为（280 000 000 - 200 000 000）× 50% = 40 000 000（美元）。

15. 【答案】 C

【解析】 选项 C 正确。

直线折旧每年应当为：（600 000 - 40 000）÷ 4 = 140 000（美元）

双倍折旧为：25% × 2 = 50%

第一年折旧为：600 000 × 0.5 = 300 000（美元）

第二年折旧为：300 000 × 0.5 = 150 000（美元）

第三年折旧为：150 000 × 0.5 = 75 000（美元）

故此，双倍余额递减折旧比直线法少：140 000 - 75 000 = 65 000（美元）。

16. 【答案】 A

【解析】 选项 A 正确。由于合同还未执行，风险并未转移，当月现金也没有流动，故此对财务报告没有影响。

选项 B 不正确。该未执行合同对资产负债表没有影响。

选项 C 不正确。该未执行合同对利润表和现金流量表没有影响。

选项 D 不正确。该未执行合同对资产负债表、利润表和现金流量表没有影响。

17.【答案】 A

【解析】 选项 A 正确。当公司宣告支付现金股利，那么在董事会宣告派发股息的当天，留存收益将减少支付股息的金额。因为这一天支付股利的义务已经形成。

选项 B 不正确。留存收益将减少支付股息的金额不应在登记日记录。

选项 C 不正确。留存收益将减少支付股息的金额不应在支付日记录。

选项 D 不正确。留存收益将减少支付股息的金额不应在宣告日和登记日中较早的一日记录。

18.【答案】 B

【解析】 因为税表的固定资产金额比会计报表的低 400 000 美元，所以税表的折旧额比会计报表的高 400 000 美元，产生暂时性差异，递延所得税负债 = 400 000 × 40% = 160 000（美元）。10 000 美元的退休金不能抵税，所以产生永久性差异，不产生递延所得税。

19.【答案】 B

【解析】 选项 A 不正确。因为 B 公司的利润多于 B 公司分发的现金股利，故此投资账户不会减少，而是会增加。

选项 B 正确。因为 B 公司的利润多于 B 公司分发的现金股利，故此投资账户一定金额增加。

选项 C 不正确。因为 B 公司的利润多于 B 公司分发的现金股利，故此投资账户不会不变，而是会增加。

选项 D 不正确。A 公司持有 B 公司 40% 的股份，一般情况下，两个公司不能合并报表。

20.【答案】 C

【解析】 选项 A 不正确。美国公认会计原则下的完工百分比法无法获得题目中企业确认的收入金额。

选项 B 不正确。国际财务报告准则下的完工百分比法无法获得题目中企业确认的收入金额。

选项 C 正确。只有美国公认会计原则可以接受项目完工法。而该企业第二年确认的收入为 400 000 美元，说明该企业第二年确认了第一个项目的收入。如果按照合同完工法，该企业第二年确认的收入应为 300 000 美元。

选项 D 不正确。国际财务报告准则下不允许应用项目完工法。

二、简答题

【答案】

1. 处理坏账的方法采用直接冲销法和计提坏账准备法，哪个更好？请解释说明。

因为采取的是权责发生制，计提坏账准备法在财务处理上是更好的。因为计提的坏账作为当期费用，准确地和企业所产生的销售收入，形成了时间发生上的配比原则，没有高估企业当期的会计利润。而坏账准备金额使得在当期财务报告资产负债表中的应收账款资产净值没有被高估，客观地反映了在这一经营周期结束时企业能够收回的应收账款资产的净值。

2. 采用计提坏账准备法，下一年度 1 月将对以下项目产生什么影响？请解释说明。

资产

营业利润

经营活动产生的现金净流量

资产：计提坏账产生坏账准备将对应收账款可收回净值产生影响，坏账准备降低应收账款可收回净值，故此会降低 1 月的资产值。

营业利润：计提坏账产生坏账费用，会增加 1 月的总费用，故此会降低 1 月的营业利润。

经营活动现金净流量：坏账费用是非付现费用，对企业经营现金流不产生影响。

3. 请计算下一年度 1 月预计收回的现金为多少。

现金收入为：2 400 000 × 0. 3 = 720 000（美元）

利用折扣优惠付款：2 400 000 × 0. 98 × 0. 63 = 1 481 760（美元）

12 月的 7% 销售额而且 3% 无法收回：2 400 000 × 0. 04 = 96 000（美元）

总收回现金数为：2 297 760 美元

4. a. 请定义应收账款保理。

b. 请解释说明有追索权的和无追索权的应收账款的保理。

a. 应收账款保理是委托人（企业）将应收账款以双方商定的条件出售给受托人（银行或者金融机构），从受托人处迅速换取营运资金的一种方式。而受托人负责进行应收账款的催收和回款。

b. 有追索权的应收账款保理：委托人始终和应收账款相关，因此采取财务构成法记录该类交易事项受托人保理商只确认销售能够控制的资产和负债，不确定已售的全部资产和负债。

无追索权的应收账款保理：无追索权的应收账款销售意味着受托人承担了应收账款的坏账风险，应收账款的销售使应收账款从名义上发生了转移，为一个彻底的销售行为，公司将应收账款销售，获得现金（借记），应收账款消失（贷记），保理公司佣金成为企业的费用（借记）。

5. 企业应收账款的信息和政策从财务报告的哪个部分可以获得？

企业应收账款的信息和政策从财务报表附注中的会计政策部分可以获得。也就是说，企业财务报告中应收账款坏账费用和坏账准备等记录的依据来自财务报告附注中的会计政策部分。

第二章

规划、预算和预测

预算管理是企业在经营过程中实施财务规划、控制和决策的重要组成部分，它以战略规划为基础，帮助企业设定坚实的财务目标，协调企业财务和非财务资源，并监控与评估企业实体运营。从管理会计角度来看，建立能确保战略得到执行的完善预算体系，是企业设定完成目标和资源合理配置的核心，关系到企业短期和长期的发展结果，也是一家公司能够成为卓越企业的助力器。

本章考情分析

本章主要内容：战略规划；预算流程；预算概念；年度利润计划及附表；预算编制方法，包括零基预算、作业基础预算、项目预算、弹性预算、滚动预算；财务预测，包括回归分析、学习曲线和期望值分析；营业预算和财务预算的编制；顶层规划及分析。

本章考试占比 20%。

本章近年来的主要考点：①战略规划和分析工具（波特的五因素分析、SWOT 分析、情境分析、情境规划、波士顿矩阵分析等）；②预算的目的；③成功预算编制的特征；④预算流程；⑤预测技术（简单回归、学习曲线、期望值法）；⑥预算方法［年度/总预算、项目预算编制、作业预算编制、零基预算编制、连续（滚动）预算和弹性预算］；⑦预算编制的顺序（销售预算、经营预算、财务预算和资本预算）；⑧预算报表的编制（预算资产负债表、预算损益表及预算现金流量表）等。

本章重点框架图

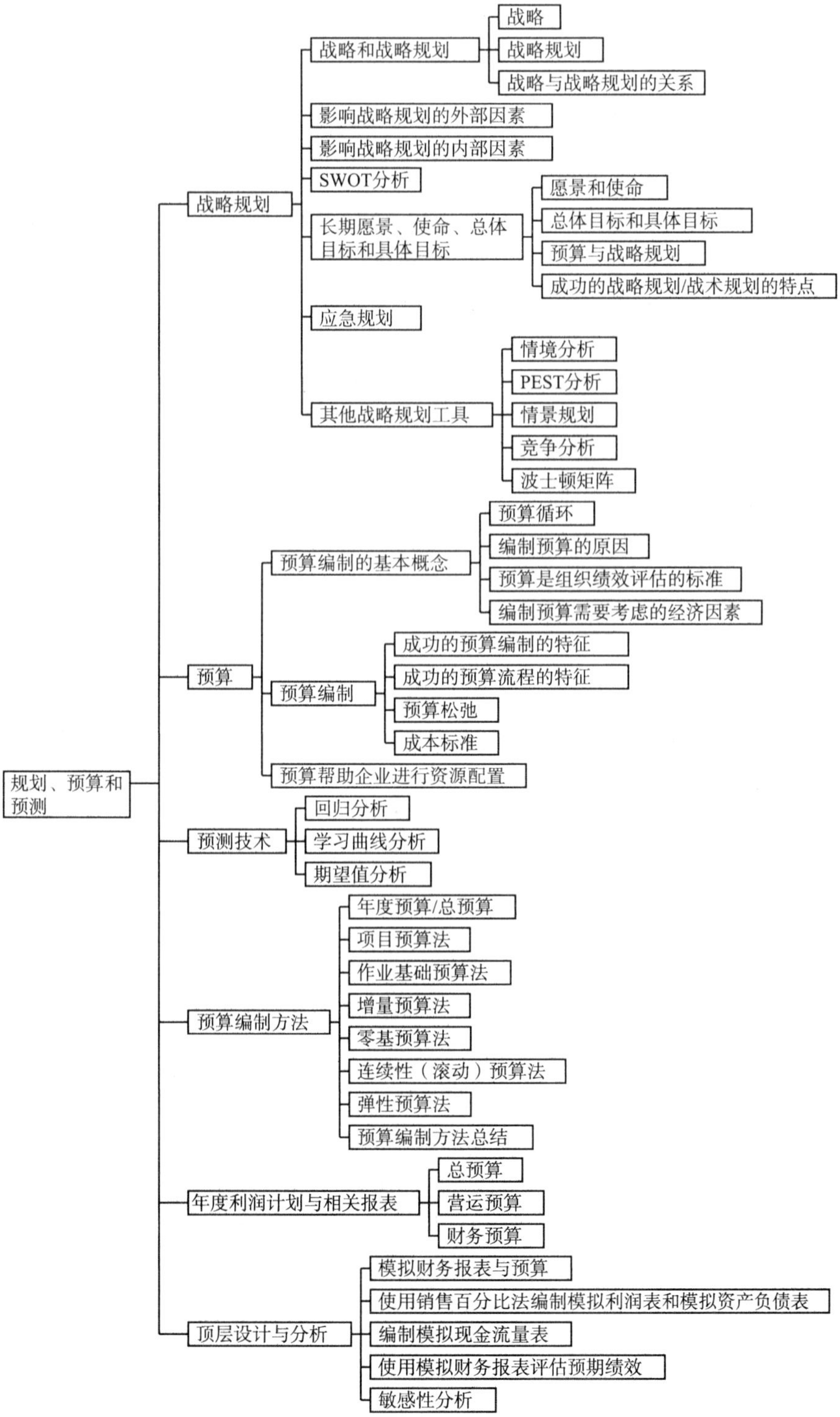
规划、预算和预测
战略规划
战略和战略规划
战略
战略规划
战略与战略规划的关系
影响战略规划的外部因素
影响战略规划的内部因素
SWOT分析
长期愿景、使命、总体目标和具体目标
愿景和使命
总体目标和具体目标
预算与战略规划
成功的战略规划/战术规划的特点
应急规划
其他战略规划工具
情境分析
PEST分析
情景规划
竞争分析
波士顿矩阵
预算
预算编制的基本概念
预算循环
编制预算的原因
预算是组织绩效评估的标准
编制预算需要考虑的经济因素
预算编制
成功的预算编制的特征
成功的预算流程的特征
预算松弛
成本标准
预算帮助企业进行资源配置
预测技术
回归分析
学习曲线分析
期望值分析
预算编制方法
年度预算/总预算
项目预算法
作业基础预算法
增量预算法
零基预算法
连续性（滚动）预算法
弹性预算法
预算编制方法总结
年度利润计划与相关报表
总预算
营运预算
财务预算
顶层设计与分析
模拟财务报表与预算
使用销售百分比法编制模拟利润表和模拟资产负债表
编制模拟现金流量表
使用模拟财务报表评估预期绩效
敏感性分析

本章重难点精讲

第一节　战略规划

战略规划有时也被称为长期规划，涉及对与组织有关的行业、竞争对手和环境关系进行全面的分析。组织要对其目标进行描述，评估要达到这个目标所必须克服的障碍，并确定组织继续发展和克服这些障碍的具体方法。虽然从以往来看这往往是最高管理层的责任，但是组织所有成员都应该参与到这个过程中。有效的战略规划可以帮助一个组织在这个不断变化的时代（无论是好还是坏）正确前进。

一、战略和战略规划

（一）战略

1. 战略层次。

战略是一个宽泛的概念。组织一般需要制定不同层次的战略。表 2 -1 列示了组织通常制定的三个层次的战略。

表 2 -1　企业战略的三个层次

战略层次	关注内容
公司整体战略	• 使用财务和非财务指标定义公司价值 • 关注世界范围内的商业机会 • 分析和识别商业机会所需要的关键资源和产能 • 确定公司资源在公司不同业务之间进行合理分配 • 考虑公司应该进入哪些行业，如何将公司业务有机联系起来
竞争性战略	• 如何在自己所处行业中实现自我和创造价值 • 明确服务对象，并指导如何向他们传递公司的价值理念 • 将特定的公司活动与流程结合，使公司创造独特价值 • 联合公司各种活动，全力加强组织在竞争中的潜在优势
职能性战略	• 如何通过运营职能强化公司的竞争优势 • 通过设定市场营销、财务、科研、技术和运营等计划和目标的方式，协调各个职能部门 • 确定各种活动，最大限度地扩大竞争优势 • 确保公司职能以及职能活动同竞争战略保持一致

2. 战略的特征。

战略具有差异化和动态性两个显著的特征。

（1）战略具有差异化特征。战略的差异化主要体现在每个企业的战略均存在差异之处，即使处在同一时期同一行业的不同企业都存在差异化。

（2）战略具有动态性特征。动态性主要体现为企业战略不是制定之后就不再进行调整，而是需要根据外部因素或内部因素的不断变化进行及时的调整，这也表明企业的战略是一个动态调整和修正的过程。

企业的战略优势并不取决于其初始行动，而是取决于它能否更好地做好如下事情：

- 预判竞争对手的行动。
- 预判和/或影响不断变化的消费者需求。
- 在一个不断变化的竞争环境中利用一切优势（如法规、技术、经济、全球化机会或事件）。
- 审视、选择并执行备选的竞争战略。

预判和准备是战略有效性的关键。公司必须对每一个来自竞争对手、客户或者其他影响因素的可能性迅速地采取行动予以应对。

【例题2-1】 以下表述最符合公司整体战略的是：

A. 一份描述为获取超额投资回报的公司将会做什么详细的计划

B. 用财务和非财务术语表述企业价值观的定义

C. 根据五种力量：买方议价能力、供应商议价能力、潜在竞争者、替代品的威胁和现有竞争对手的威胁进行的行业竞争力分析

D. 关于企业价值链中每项活动如何影响成本和差异化的全局性描述

【答案】 B

【解析】 选项A不正确。该份详细的计划更加符合竞争性战略。

选项B正确。“表述企业价值观”是公司整体战略的重要因素之一。

选项C不正确。波特五力分析只是一个战略规划分析的工具。

选项D不正确。该全局性描述更加符合职能性战略。

【例题2-2】 战略是一个宽泛的术语，通常意味着总体目标的选择。战略分析通常不包括：

A. 影响实体市场的趋势

B. 本年内维持目标产品组合和生产计划

C. 最能为实体服务的组织结构形式

D. 投资于研究、设计、生产、分销、营销和管理活动的最佳方式

【答案】 B

【解析】 选项A不正确。战略分析包括考察市场趋势。

选项B正确。战略分析是一个长期规划的过程。设定本年度的目标产品组合和生产计划等任务是短期活动。

第二章

选项 C 不正确。战略分析评估组织结构。

选项 D 不正确。战略分析包括评估投资于研究、设计等的最佳方式。

(二) 战略规划

1. 战略规划的概念。

战略规划是企业战略制定的核心环节。企业进行战略规划时首先需要对企业所处行业、竞争对手和环境进行全局展望，然后明确自身目标、评估实现目标需克服的困难，并且找到继续前进和解决问题的方法。战略制定不仅仅是高级管理层的责任，企业的每个成员都应参与其中。

不同企业的战略规划过程不完全相同，但是战略规划整体流程和核心要素基本体现在图 2 －1 中。

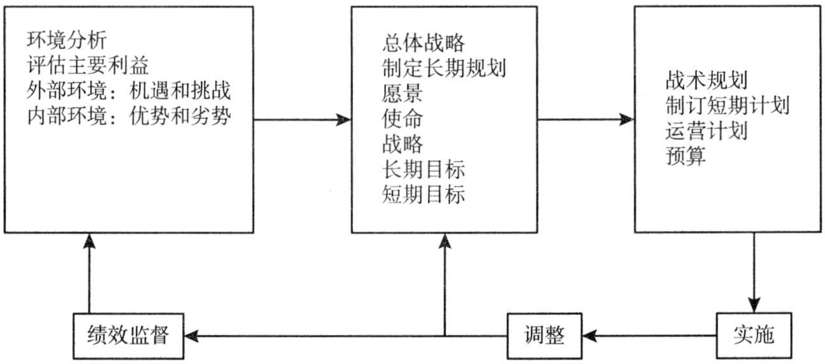

图 2 －1 战略规划整体流程和核心要素

2. 战略规划的期限。

战略规划的合适期限没有统一的标准。1 年、3 年、5 年或 10 年进行一次战略规划都是可行的。企业制定战略规划的期限取决于其所处的行业、竞争激烈程度，以及产品或服务的更新换代速度。

【例题 2 －3】 关于企业战略规划哪一个说法是不对的？

A. 企业战略规划不能仅仅关注本公司的发展，还要对所处行业进行展望和分析

B. 战略规划需要找到自身的问题，并获得解决方案

C. 战略规划为企业高级管理者的责任，因此应限制其他员工参与

D. 战略规划应考虑竞争对手的情况

【答案】 C

【解析】 选项 A 不正确。因为企业在进行战略规划时，首先需要对企业所处行业、竞争对手和环境进行全局展望。

选项 B 不正确。战略规划就是需要明确目标、评估困难、找到方法。

选项 C 正确。战略规划表面上看是高级管理层的责任，但是实际上，企业

每个成员都应参与其中。

选项D不正确。企业在进行战略规划时，需要对企业所处行业、竞争对手和环境进行全局展望。

【例题2-4】 大型跨国公司科洛马的首席执行官认为公司应该至少每年制定一次战略规划。然而，该公司的总裁认为战略规划不应该经常更换，每三年制定一次战略规划即可。以下哪项内容将支持首席执行官关于战略规划制定时间的观点?

A. 公司从事出版业，其出版的杂志服务于位于科罗拉多州的木材加工机械行业

B. 公司在一个高度竞争的市场是一家领先的尖端通信技术和服务功能的供应商

C. 公司是亚洲古董乐器在西海岸唯一的销售商

D. 公司业务主要来自与美国政府签订的从事建设项目的长期合同

【答案】 B

【解析】 组织准备战略规划的时间间隔取决于产业情况、竞争程度（例如，新进入者情况）以及产品或服务变化的快捷程度。

选项A不正确。如果科洛马是贸易杂志行业小众市场的出版商，在缺少竞争的市场中每三年制定一次战略规划是可行的。

选项B正确。如果科洛马是在竞争激烈的市场中提供最先进的通信技术和服务，它就需要在相对较短的时间内修订战略规划。

选项C不正确。如果科洛马是亚洲古董乐器行业小众市场的销售商，新进入者的竞争威胁是低的。

选项D不正确。如果科洛马是通过与政府签订长期合同而得到其大部分业务，它将不需要每年修改其战略规划。

（三）战略与战略规划的关系

战略制定会产生新的战略，而战略规划则涉及战略的执行。两者之间的差别还包括：

（1）战略制定产生组织目标。

（2）战略规划通常是一个系统过程，有时间表和一些规定的程序。

（3）战略需要根据内部和外部因素的变化不断地被重新评估。

尽管战略制定和战略规划在概念和进程上有的相互重合有的却不一致，但两者都在某种程度上阐述了一些关键要素：

（1）外部因素。识别企业的机遇、局限和威胁。

（2）内部因素。识别企业的长处、不足和竞争优势。

（3）SWOT分析（优势、劣势、机遇和威胁）。确定有助于或阻碍企业发展的因素。

（4）远期愿景、使命和目标。确定企业愿景和使命，以及制定企业的长

期业务目标。

(5) 实现长远目标的战术。制定短期计划和战术。

二、影响战略规划的外部因素

在制定企业战略之前，一定要对企业所处的业务环境进行评估，确定企业外部和内部正在发生或即将发生的情况，如果企业对所处的业务环境评估不准确，那制定出来的战略将毫无意义。

构成企业业务环境且对企业战略规划造成影响的核心外部因素有：法律和法规因素、市场力量、行业趋势和竞争、技术变革；利益相关群体以及他们关心的社会问题、全球化趋势、新兴市场和非政府组织机构（如联合国、世界银行等）。在战略规划过程中，这些外部因素需要被审视。

（一）法律和法规因素

法律和法规因素会对成本产生重大影响，会在很大程度上直接影响管理会计。

（二）市场力量、行业趋势和竞争

1. 获得竞争优势的三种通用战略（也被称为波特一般性竞争战略）。

(1) 成本领先战略。公司以最低价赢得市场份额。这吸引了注重成本的消费者。这种策略对那些规模经济、产量大的公司最为有效。

(2) 差异化战略。公司在差异化产品或服务方面取得了成功，从而在饱和市场中获得了竞争优势。该目标市场对价格不敏感。这种策略对于拥有独特资源和能力的大型企业来说是最好的。

(3) 集中化战略。公司专注于少数目标市场和细分市场。这种策略适用于那些希望避免与大公司竞争的小公司。

2. 波特五力模型（又称波特五因素模型）。

影响行业盈利能力的五种力量（五个因素）如图 2－2 所示。

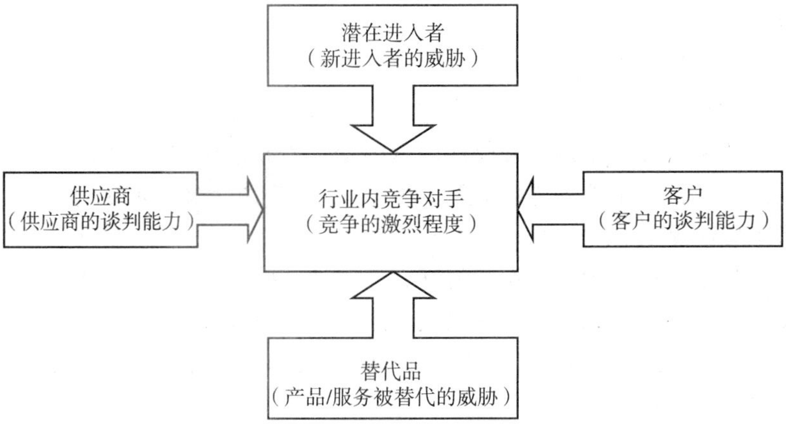

图 2－2 波特五力模型

（1）新竞争对手的进入。在通常情况下，新进入市场的企业通常具备新的能力和资源。如果进入门槛很低，那么特定行业中最大的公司在该市场的盈利能力将会降低。

新竞争对手的威胁取决于进入壁垒的大小，以及这些壁垒是否能够为潜在的进入者创造有利或不利条件。

进入壁垒主要有：

①原有企业的成本优势。成本优势体现在如下情况：低廉的劳动力或资本成本、更优的原材料获取途径、政府补贴、地理位置优势、专有的技术和产品设计能力以及学习经验的积累等。

②规模经济。规模经济通常被定义为：随着产品数量的增加，单位产品成本下降。规模经济对新成员进入具有阻碍作用。例如设备、研发、营销、销售覆盖率和配送等能产生规模经济的地方都可能需要大量的投资进入。

③产品/服务差异。差异化是指品牌识别和现有消费者对原有产品的忠诚度。新成员则必须投入时间和金钱打造自有品牌。

④转换成本。购买者若放弃现有供应商提供的产品或服务，转而选择另一家新进入的供应商，要付出的一次性的转换成本会对新进入者造成障碍。有些转换成本被认为是沉没成本。

⑤渠道拥挤。许多分销渠道销售能力有限或与制造商的排他性关系限制了产品线的数量，从而造成拥挤。通常需要花费很大的销售成本来说服分销商接受新的产品线。

⑥原有企业的预期反应。进入壁垒的高低取决于原有企业保护自己既有地位的强烈程度。原有企业若资金雄厚、持久力强，并且愿意在短期内减少利润以维护预期市场占有率的话，那么对新进入企业将会产生巨大的打击。

（2）替代品的威胁。

当存在满意的替代产品或服务（即拥有相同功能并提供同样的效用）时，产品销售的平均价格将由市场决定。由此导致边际利润也会降低。行业受到替代品威胁的一个实例就是：电子监视器和警报系统对保安人员的影响。在此情况下，关键是要在产品和服务的相似性之外的差异化部分寻找机会。

（3）购买方的议价能力。买方力量的增强或削弱，尤其取决于讨价还价的能力和价格敏感度。

①讨价还价的能力取决于：

- 少数核心用户的批量采购。在此情况下，卖方依赖于几个关键客户。一旦双方关系紧张，卖方的市场份额将会显著降低。

- 客户转换产品的能力。如果产品或服务的差异化程度较低、转换成本较低或容易获取低成本的替代品，客户就可能会更换供应商。

- 后向一体化能力。以目前价格和/或其他条件能够生产出较之继续外购更具有吸引力的替代品。例如，收购上游供应商有能力将过去外包生产的部分拿回，由企业内部自主生产。

- 客户的信息掌握程度。客户如果知道供应商的成本和利润，或了解到供应商需要这份业务来消耗其过剩的产能或减轻其他方面的压力时，就会获得讨价还价能力。

②价格敏感度受以下因素的影响：

- 产品或服务对终端产品质量的影响。较之对终端产品质量几乎没有影响的产品或服务，买家会更加看重那些一旦缺失就将会对终端产品质量产生重大影响的产品或服务的价格。

- 产品或服务的价格与客户总成本的关系。大件物品更容易受到严格采购审查，而小件附属物品往往可以逃避审查。

- 买家的利润。如果买方感觉存在相互竞争的供应商之间差异不大，则价格敏感度会进一步加剧。

（4）供应商的议价能力。

供应商的议价能力取决于：

①供应商相对客户的规模。客户依赖程度受到客户购买同等产品困难、投入不宜储存（买方不宜积压存货）或转换成本高的影响。

②客户对供应商产品或服务的依赖程度。

③向前一体化的威胁。如果供应商可以直接将产品出售给终端用户，则客户能争取更有利价格的筹码会变少。

如果买方感觉存在相互竞争的供应商之间差异不大，则价格敏感度会进一步加剧。

（5）现有竞争对手的竞争。

影响现有竞争对手之间竞争关系的重要因素有：

①竞争结构。当几个势均力敌的竞争者或若干个小企业向一个市场提供产品时，竞争通常最为激烈。

②成本结构。固定成本较高时，企业通常会注重产能利用率。任何产能过剩都会导致降价以及新一轮的价格竞争。

③产品或服务差异。产品差异会使得买方产生对特定供应商的偏好和忠诚。因此，当客户明显感知到产品或服务存在差异而产生偏好或品牌忠诚时，竞争会被抑制。相反，当不存在产品或服务差异时，客户通常就会关注价格和付款条件，而这会加剧竞争。

④客户的转换成本。客户转换成本将客户和供应商绑定在一起，能够有效防止竞争对手抢夺客户资源。例如，客户若更换电脑操作系统就会导致操作中断和成本上升。

⑤竞争对手战略和目标的多样化。当所有竞争者拥有相似的战略、成本结构以及管理理念时，竞争对手预判彼此的意图或准确地预测其他人对市场变化的反应就容易得多。但是，当竞争对手拥有不同的背景时，例如，外资企业、国有企业和小型私有企业，他们的行为和活动的可预测性就会低得多。

⑥退出壁垒。当利润很低时，退出壁垒会使企业陷入骑虎难下的窘境。企业可能宁愿选择忍受产能过剩带来的利润损失，也不愿卖掉或关闭公司。管理层可能基于情感因素（如对某一特殊业务的忠诚或员工关系因素），而抗拒经

济上合理的退出决策。

上述五种因素共同决定了行业的竞争性和盈利性，行业的盈利水平由产业结构决定，不由产品外观、是否包含高科技决定。在很大程度上，这五种力量会随着行业的不同而存在差异，随着行业的变化而变化。在任何一个行业内不是同等重要，最强的一个或多个力量在战略规划中起着重要作用。

【例题 2－5】潜在竞争对手进入市场将对市场中的成熟公司的盈利能力构成威胁，下列哪一项不是进入障碍？

A. 非规模经济　　B. 品牌忠诚度

C. 绝对的成本优势　　D. 政府法规

【答案】A

【解析】选项 A 正确。如果市场没有规模经济，潜在竞争对手更容易进入市场，对于市场内现有的成熟公司来说会构成更大的盈利威胁。

选项 B 不正确。品牌忠诚度越高，客户的转换难度就越大，对潜在竞争对手的进入壁垒就越高。

选项 C 不正确。市场内现有公司具有绝对的成本优势，使后进入的竞争对手经营难度增大。

选项 D 不正确。政府法规上的硬性限制，会将不具备资格的潜在竞争对手挡在市场之外。

【例题 2－6】市场中新竞争者的进入对现有企业所构成的威胁是：

A. 巨大的初创亏损，接近于成本的定价

B. 与新进入者的竞争使成本增加

C. 规模经济

D. 产品的差异化

【答案】B

【解析】选项 A 不正确。巨大的初创亏损并以接近于成本的数量进行定价。这些对现有企业不是威胁，但对新进入者来说是个障碍。因此，现有企业实际具有成本优势。

选项 B 正确。市场新进入者通常有自身的产能和资源优势，现有企业为了与新进入者竞争，可能要降低它的产品价格，生产成本也相应随之提高，从而导致了利润的降低。

选项 C 不正确。规模经济意味着产量增加时单位成本的降低，这些对现有企业不是威胁，但对新进入者来说是个障碍。因此，现有企业实际具有成本优势。

选项 D 不正确。产品的差异化意味着新进入者要解决品牌差异化和现有顾客忠诚度的问题。这些对现有企业不是威胁，但对新进入者来说是障碍。

（三）技术变革

技术对企业的战略和竞争策略具有十分重要的影响。既是外部因素，也是内部因素。所以企业在进行战略规划的过程中必须考虑技术因素。在考虑技术因素过程中通常使用的工具是技术评估。

技术评估的五个步骤：

（1）确认核心技术。确认对企业产生影响的技术，包括现在的和未来潜在的、企业内部的和外部的技术。

（2）分析现有和未来潜在的技术变化。分析第一步中已确认的重要技术的短期和长期的发展变化。

（3）分析技术带来的竞争性影响。这一步旨在确认什么样的技术或技术进步会给企业带来最大的竞争优势、成为竞争对手眼中最大的威胁、对行业结构变化产生重大的影响。

（4）分析企业的技术优势和劣势。评估每一项技术的优势和劣势，以及每一项技术的未来潜在研发成本。同时也要考虑竞争对手的情况。

（5）建立企业的技术优先权。根据技术评估结果，分清企业技术的主次顺序，投入相应的资源进行获取、开发和使用。

通过技术评估获得的技术见解可以形成企业的技术战略，技术战略是企业战略很重要的一个环节。

（四）利益相关群体以及他们关心的社会问题

利益相关者包括个人、政府、团体、组织或在投资和利益上与企业有关系的其他主体，它们会影响企业的日常经营甚至企业的成败。例如：①高层管理者；②一般管理人员和员工（包括他们的家人）；③公司董事会；④股东；⑤公司所在产业；⑥客户；⑦竞争对手；⑧供应商；⑨商业伙伴；⑩咨询顾问或咨询机构；⑪债权人；⑫特殊利益群体——行业协会、政治团体、客户等；⑬工会；⑭政府监管机构；⑮公司所处社区；⑯国家；⑰环境——植物、动物、生态系统、自然资源等；⑱教育机构；⑲媒体；⑳后代。

在战略规划中，明确各个利益相关者对公司的期望和潜在影响是非常重要的。这可以确保他们的需求和利益能够得到关注。如果诉求得不到重视，一些利益相关者会减少资源的投入和支持力度，这可能削弱企业的合法性。

企业要承担社会责任意味着企业应该成为优良的组织，在经营中积极履行社会责任，这会成为改变和提升人民生活品质的积极力量。这种做法的前提是公司必须履行社会义务，而不是仅仅追求最大化利润。这种观点表明公司行为应该平衡所有利益相关者的要求，而不是只关注股东的利益。

企业在履行社会责任时自然会遇到很多挑战。一些常见的挑战包括：①会计实务——内部交易；②广告——产品和服务说明应该准确和真实；③公司重组——裁员；④多样性问题——种族、民族、性别和性取向问题；⑤员工个人隐私问题——药物检测、药品依赖、艾滋病；⑥骚扰问题——性别或年龄歧视；⑦环境问题——污染、动物权利；⑧国际化经营——收受贿赂、任人唯亲以及其他在别国可以接受的问题却挑战了企业道德规范的问题；⑨竞争——掠夺性定价、反垄断行为。

利益相关者分析一般采用矩阵分析法。利益相关者分析框架的步骤：

（1）识别利益相关者。集体讨论并列出主要利益相关者。

（2）确定利益相关者的需求。通过访谈、集中座谈、调查等手段收集相关信息。

（3）开发出组织目标和利益相关者需求的矩阵。

（4）确定组织目标对利益相关者需求的影响。

（5）根据记录的效果做出决策。

以该方法进行的利益相关者分析为企业的决策奠定了基础，如改变组织目标、满足利益相关者要求、缓解潜在冲突，当然如果各个决策能够兼容或者可以接受就能通过。

利益相关者分析有助于公司构建其企业社会责任框架，它明确了企业在经营中应该如何扮演良好公民的角色。通过利益相关者分析，一个企业可以学到：①人们对组织及其所处行业的看法。②公司重新思考或重新评估它的定位时需要关注什么问题。③公司应该怎样实施差异化以改善其定位。

（五）全球化

描述了一个组织向国际化经营的转变。反映了组织战略，是一个全球范围内经营业务整合的过程。

1. 全球化阶段。

全球化通常会经历一系列相对可以预见的阶段：

（1）出口。这是大多数公司全球化经营的最初阶段。公司通过直接销售商品给客户、进出口公司以及独立的代理商或分销商，将产品或服务销往国外。出口的销售额通常只占全部收入中的一小部分。

（2）国际分部或销售子公司。随着国际销售日益重要，公司可能建立独立的国际业务分部或/和销售子公司。在全球化的这个阶段，国内和国际业务之间需要加强沟通和协调。

（3）跨国公司。随着销售量和跨国分支机构的显著增多，公司就逐渐发展到跨国公司阶段。跨国公司一般在几个国家经营，并且将每一国家经营部分看作是一个相对独立的实体。

（4）全球化公司。全球化公司将整个世界视为一个无国界的市场。公司总部可设置在任何地方。

（5）联盟、合伙和合资企业。全球化进入这个阶段不一定取代跨国公司或全球化公司，但它确实为组织提供了一些难以获得资源（例如，研究与设计、技术、员工、生产设施等）的渠道。

2. 全球化与战略规划的关系。

企业在全球化进程中需要额外的技能。因此，随着公司逐渐成为一个成熟的跨国公司或全球化公司，多种多样的公司活动和职能也会逐渐发展起来。例如，随着全球化的不断推进，国际财务技能和税务知识变得日益重要。

为了在全球竞争中取得成功，组织必须进行大量的投资以获取资源，并且这些投资应该在战略规划期间就要精心谋划。

三、影响战略规划的内部因素

企业必须将外部环境因素分析和内部环境因素分析结合起来，帮助其构建现有能力，并缩小其现有能力与取得企业成功所需的能力之间的差距。

1. 内部能力分析需要评估的内容。

（1）资源。内部资源评估着眼于资金、设施、装备以及其他能够支持或阻碍组织发展的基础性问题。

（2）技能。技能评估考察了当前员工的受教育水平、所需的核心知识和技能，以及必要的具体技术及组织技能。

（3）流程。在评估公司的必要组织流程时，应考虑公司的生产周期和各种产能问题。

2. 内部能力分析的两个阶段。

（1）明确企业现状的总体情况，并识别内部差异。

（2）做出将关键差异缩小到理想状态的决策。

在制订工作计划之前，战略规划应该把对内部的要求和所需要的能力纳入其中。最后，在评估并恰当地利用内部能力方面付出应有的努力，将有助于组织合理定位以把握未来的机遇。

四、SWOT 分析

（一）SWOT 分析方法

SWOT 是优势、劣势、机遇和威胁四个单词的首字母缩写。SWOT 分析提供了一种识别内外部信息并分析汇总相关数据的方法（见图 2－3）。优势和劣势根据组织内部分析确定，机遇和威胁是组织所处经营环境外部分析的一部分。SWOT 分析也被称为现状分析。

	利于达成目标	不利于达成目标
内部	优势（S）	劣势（W）
外部	机遇（O）	威胁（T）

图 2－3　SWOT 图解

1. 优势。

优势是一个组织拥有的技能、能力和核心竞争力，这些优势使组织有能力实现其目标，并保持其竞争地位。组织的优势可能包括以下内容：

（1）良好的财务状况；

（2）研发；

（3）创新产品的设计；

（4）突破性的技术；

（5）强大的分销渠道；

（6）强大的市场地位。

2. 劣势。

劣势是指组织所缺乏的技能、能力和胜任力。组织的劣势会阻碍组织实现目标。劣势也可以被认为是组织改善的机会。面对存在的不足，组织通常有三种选择：

（1）调整总体目标和具体目标，使其可以实现。

（2）投入必要的资金以获得所需的知识、技能和资源。

（3）寻找一家具有专业能力的外包公司来满足组织的需求。

3. 机遇。

机遇一般是指能够帮助组织实现目标并到达更高水平的外部事件和趋势。机遇具体包括：

（1）客户基数增加——因需求、有利的人口转移等导致客户数量增长。

（2）新的客户获取渠道——分销渠道或绑定服务销售等。

（3）提高产品或服务对客户的吸引力——通过新的广告宣传媒介或提供新的包装把客户从竞争对手那里吸引过来。

（4）利用竞争对手的弱点——提升客户对本公司产品或服务的接受度。

4. 威胁。

威胁是阻碍组织成长的外部障碍。威胁可以是由一个事件、一种趋势或者竞争对手的某种行为造成的。威胁具体包括以下情形：

（1）公司客户基数减少——由于经济衰退、不利的人口迁移、客户的自给自足等。

（2）获取客户的渠道更加困难、价格更加昂贵——由于客户购买偏好改变或者供应商数量减少等。

（3）公司的产品或服务对客户的吸引力下降——价格战或其他诱使顾客选择替代品的活动。

（4）竞争对手提供产品或服务的能力超过本企业——降价或提供新的更优质的替代产品或服务。

总之，组织应该趋利避害，抓住机遇，应对挑战。

（二）SWOT分析与战略规划的关系

评估所有优势、劣势、机遇和威胁时面临的挑战在于区分它们的优先次序，并据此确定合适的行动。基本观点是：

（1）构建优势；

（2）消除或应对劣势；

（3）利用机遇；

（4）弱化威胁。

在对待优势和劣势时，应快速地转变观念。随着时间的推移，现在正确或可行的方法以后可能会有所不同。例如，今天认为的优势，可能瞬间就会因一项技术变革或政府法规的改变而化为乌有。

SWOT 分析是战略规划的重要组成部分，因为它把组织内部和外部评估结合在一起，使其既符合实际又切实可行。已经识别出的机遇和劣势为战略规划中确定合理的目标和行动计划提供了信息。

【例题 2－7】 下列哪项最好地描述了 SWOT 分析的功能？

A. 它明确了企业应该如何竞争，提出了组织实现目标要遵循的总的方向

B. 根据组织对社会的贡献情况，它可以作为一个清晰的对未来成功和成就具有指导意义的设想

C. 它提供了一个框架来识别企业运行环境中各种有助于或阻碍组织发展过程的因素

D. 它分辨影响组织的所有技术

【答案】 C

【解析】 选项 A 不正确。这是战略规划的概念。

选项 B 不正确。这是企业愿景的概念。

选项 C 正确。这是 SWOT 分析的概念。

选项 D 不正确。这是技术评估的概念。

【例题 2－8】 朱诺公司是生产手机和笔记本电脑的一家企业，其管理层正在对公司业务进行 SWOT（优势、劣势、机会和威胁）分析。公司的副总裁安德鲁·哈德逊将公司尖端研发部门列为优势之一，因为它可以帮助设计高质量产品。然而，营销经理梅兰妮·哈里斯认为研发部门是一个劣势而不是优势。下列哪一个选项支持梅兰妮的观点？

A. 朱诺公司在良好的法律环境下经营，知识产权得到有效的保护

B. 朱诺手机和笔记本电脑品继续保持高利润率

C. 由于经济萧条，朱诺公司消费群体对价格变得越来越敏感

D. 朱诺的大部分业务来自被称为“尝鲜”的消费者

【答案】 C

【解析】 选项 A 不正确。在良好的法律环境下，朱诺公司的研发投资可能得到更好的保护。

选项 B 不正确。如果朱诺公司的产品赚取高额利润，它将能更好地收回研发投资。

选项C正确。如果消费者关注价格而不是质量，朱诺在研发上的投资可能是浪费。事实上，高的价格可能促使客户离开。

选项D不正确。如果朱诺公司的目标客户是“尝鲜”群体，研发投资是一个强项。

五、长期愿景、使命、总体目标和具体目标

（一）愿景和使命

组织的目标和战略必须被明确地表述并清晰地传达给组织中负责具体实施战略的人。因此，战略规划的重要一步就是将公司的愿景、使命、总体目标和具体目标通过正式文件表达出来。

（1）愿景。依据组织对社会的贡献形成的企业未来成功和成就的指导性图景。它是一个简洁的陈述，说明一个组织将为后代做什么，以及它希望被人如何看待。

例如：希尔顿国际酒店的愿景是“让地球充满光明和温暖”。百事公司的愿景是，“关注环境管理以及造福社会的相关活动，通过各类计划付诸实践，并且我们承诺通过真正将百事公司打造为一个可持续发展的企业为股东创造价值”。

（2）使命。为企业提供行动指南。使命回答了这样一个问题：我们为什么经营？使命必须准确，易于理解，有激励作用，并且能够转化为具体行动。它表达了企业将如何不断地向愿景迈进，并清晰地展示了企业正试图为其客户和利益相关者做什么。

例如：希尔顿国际酒店的使命是，“致力于成为一家卓越的管理公司——是顾客、团体及老板们一致的首选”。百事公司的使命是，“将百事公司打造成为世界首屈一指的、主营方便食品和饮料的消费品公司。在为我们的员工、合作伙伴及所在社区提供发展和富足机会的同时，我们也努力为投资者提供良好的投资收益。我们做每件事情都尽力做到诚信、公平和正直”。

【例题2-9】某公司正在制定其使命宣言。以下哪一项关于使命宣言的陈述最不恰当？

A. 定义公司宗旨

B. 确定公司提供什么产品或服务

C. 对员工而言，促成一个共同目标

D. 解释在某一特定区域提高市场份额的策略

【答案】D

【解析】选项D正确。公司使命可以理解为公司为了实现其理想所需要做的事情，是企业存在的理由或目的。D选项是具体策略不符合使命的概念。

（二）总体目标和具体目标

1. 总体目标。

是组织为完成愿景和使命所希望实现的一系列目标。总体目标往往不具体或者不可量化。它阐述了想得到的最终结果和最终收益，并不明确给出具体的实施方案。总体目标分为战略目标和战术目标。

（1）战略目标。一般由组织中的最高层确定，是长期的。实现战略目标需要构建并实现战术目标。

（2）战术目标。通常由组织战略业务单位或中底层职能部门制定。战术目标期限较短，通常在一年或一年以内。

战略目标和战术目标必须是动态的，目标需要被调整和修改。

2. 具体目标。

提供支撑总体目标的细节或行动。多个具体目标支撑一个总体目标。具体目标应该具有 SMART 特点，即：

（1）具体的（specific）；

（2）可测量的（measurable）；

（3）可达到的（attainable）；

（4）实际的（realistic）；

（5）有时限的（timely）。

（三）预算与战略规划

战略规划期限较长，而运营计划通常着眼于一个会计年度。战略规划先于运营计划产生，是制订更详细的运营计划的基础。因此，战略规划是宏观的，运营计划是微观的。战略规划和运营计划导致了预算的产生。

预算是对一段时间内计划做的管理活动的定量表述。组织战略和战略规划为年度总预算提供了基础和起点。总预算因此必须与战略规划保持一致，并且有助于公司的长期战略愿景、使命和总体目标的实现。图 2 -4 列示了公司战略从战略规划细化为预算的流程。

（四）成功的战略规划/战术规划的特点

1. 战略规划的好处。

（1）提供了一个系统的分析威胁和机遇的方法，同时探讨了一个组织的战略的长处和短处。

（2）提供了一个制定营业预算的良好框架。

（3）为管理人员提供了一个思考组织战略和如何最好地实施组织战略的学习机会。

（4）是让管理人员决策和行动与公司战略保持一致的一项练习。

（5）为评估财务和非财务绩效提供了基础。

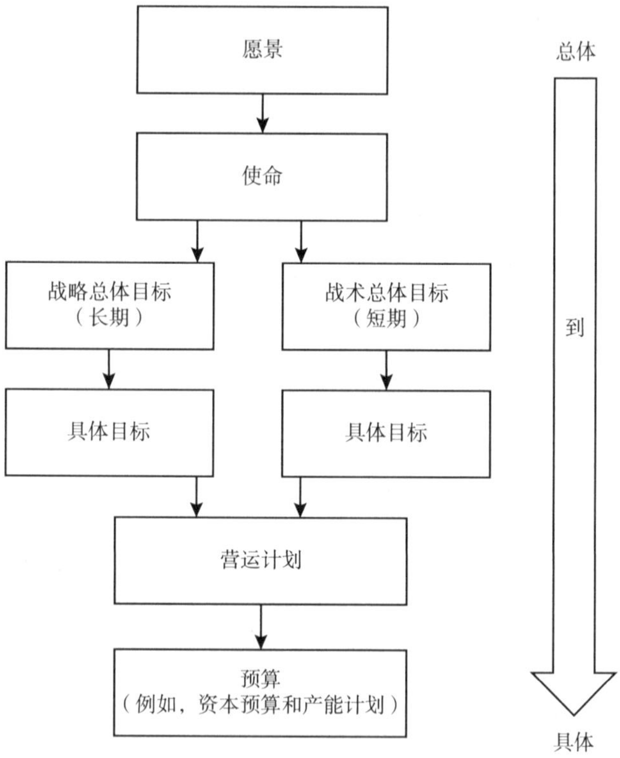

图 2－4　公司战略规划到预算的流程

（6）为各级管理层提供了一个使战略、目标、运营计划等顺畅沟通的渠道。

（7）是应对新形势的指南。

2. 战略规划的局限。

（1）战略规划过程占用大量精力、时间和财力。

（2）战略规划基于预测，不够精确。

（3）约定俗成的方法可能会妨碍变革。

（4）战略规划有可能变成一种缺乏新思想和战略思维的官僚主义行为。

六、应急规划

应急规划是根据假设分析编制的，适合于处理特定的非预期事件的发生，主要目的在于提供更短的反应时间，并向管理人员面临非预期事件和可能的危急时刻提供必要的指导，进而达到降低损失及快速恢复业务的目的。

应急规划所处理的典型情形包括：

（1）销售量或利润水平下降；

（2）能够夺取市场份额的新进入企业出现；

（3）政府法规变化；

（4）核心管理人员或经理的流失/核心员工继任计划的失败；

（5）关键设施的毁损；

(6) 计算机系统被入侵或信息安全问题;
(7) 灾难恢复;
(8) 利率的突然变动;
(9) 可用资金减少;
(10) 工会活动;
(11) 兼并、收购和接管。

事实上，应急规划不可能包含每一种可能的情况。大多数组织根据事件的关键程度以及事件发生的概率，制定最关键事件的应急规划。

应急规划实施的步骤如表2-2所示。

表2-2　应急规划实施的步骤

步骤序号	步骤描述
1	确定应急规划需要考虑的情况（事件、假设分析等）
2	估计上述事件发生的潜在影响（在财务状况、竞争地位、品牌等方面）
3	制订应对每种可能情况的战略和战术计划
4	制定触发点和预警信号
5	异地储备计划
6	定期检查计划并在必要时进行修正（至少与战略规划同步）

【例题2-10】以下哪种关于应急规划的说法是错误的?

A. 进行应急规划有助于企业避免出现“令人惊异”的事件

B. 应急规划应在战略规划之前做完，并融入战略规划之中

C. 应急规划面对的事件不宜过多

D. 应急规划一般针对短期战略

【答案】B

【解析】选项A不正确。应急规划本身就是为了避免非预期事件而准备的，即选项中“令人惊异”的事件。

选项B正确。应急规划不能在战略规划之前做完，因为要为战略规划中可能会出现的非预期事件做准备，所以应该在战略规划完成之后编制。

选项C不正确。大多数情况下会控制在6个以内。

选择D不正确。应急规划是为了短期战略而编制的。

七、其他战略规划工具

(一) 情境分析

情境分析是指组织用来分析内部和外部环境，进而提高对组织能力、客户和业务环境的理解的一系列方法的集合。除了前面介绍的波特五力模型、

SWOT 分析和技术评估以外，还有 5C 分析和 PEST 分析。

1. 5C 分析。

5C 分析被认为是最有用和最常见的分析方法，因为它提供了大量的信息，它由五个小的分析构成，即公司（company）、竞争对手（competitors）、客户（customers）、合作者（collaborators）和业务氛围（climate）。

2. PEST 分析。

PEST 分析的四个因素分别为政治和监管环境（politics）、经济环境（economy）、社会/人文环境（society）、技术分析（technology）。

【例题 2 –11】以下哪一项最适合用于分析企业的优势？

A. 资源分析　　B. 波特五力模型

C. PEST 分析　　D. SWOT 分析

【答案】D

【解析】选项 A 不正确。资源分析是在战略规划时，对企业内外部环境因素进行分析。

选项 B 不正确。五因素包括潜在的竞争对手、现有行业内的竞争、替代品、买方的议价能力和供应商的议价能力。

选项 C 不正确。PEST 分析包括政治法律、经济因素、社会文化因素、技术因素。

选项 D 正确。SWOT 分析是分析企业的优势、劣势、机会、威胁。

（二）情景规划

情景规划又叫情景思考或情景分析。是一种旨在帮助组织制定灵活的战略规划的方法。通过模拟或博弈来探究如果外部环境变化会有怎样的预期行为。关注点落在了评估机会和威胁，并且制定应对机制上。

外部环境的变化被称为“STEEEPA”：社会（social）、技术（technical）、经济（economic）、环境（environment）、教育（education）、政治（political）、美学（aesthetic）。

（三）竞争分析

又称竞争对手分析，关注组织面临的竞争，识别谁是组织真正的竞争对手。竞争分析的步骤包括：

（1）确定组织所处的产业、业务范围和性质。

（2）确定谁是组织真正的竞争对手。

（3）确定组织的客户和他们的需求。

（4）确定组织所处产业的关键成功因素或关键绩效指标。

（5）对关键绩效指标进行排序。

（6）根据关键绩效指标对组织的竞争对手进行排序。

（四）波士顿矩阵

波士顿矩阵是由波士顿咨询集团（BCG）在1970年为分析组织的业务单位和/或产品线，以便使公司恰当地分配资源而创立的一种图表/矩阵。这种图表/矩阵在品牌营销、产品和战略管理领域都是有效的分析工具。组织按照市场占有率和市场增长率对产品和服务进行分级，并将其分成现金牛、瘦狗、明星和问号四种类别。

（1）现金牛（代表产品或者服务收益丰厚）。现金牛类业务单位或产品线占有较高的相对市场份额，但是具有较低的市场增长率。它们的净现金流为正，不需要现金进行扩张。

（2）瘦狗（代表产品或者服务需要退出市场）。瘦狗类业务单位或产品线有较低的相对市场份额和较低的市场增长率。它们有很少的净现金流，资金不应该用于扩张。

（3）明星（代表产品或者服务需要保持市场占有和增长势头）。明星类业务单位或产品线有较高的相对市场份额和较高的市场增长率。它们的净现金流量通常不是很高。但是，现金应该投给它们以支持其扩张，这些是公司想要发展的业务单位或品牌。

（4）问号（代表产品或者服务的市场前景不确定）。问号类业务单位或产品线有较低的相对市场份额和较高的市场增长率。它们的净现金流通常很差。如果他们被认为有潜力，公司会把现金投给它们以支持其扩张。如果不是这样，公司就应该放弃它们。

波士顿矩阵下产品和服务的分类，具体可参见图2－5。

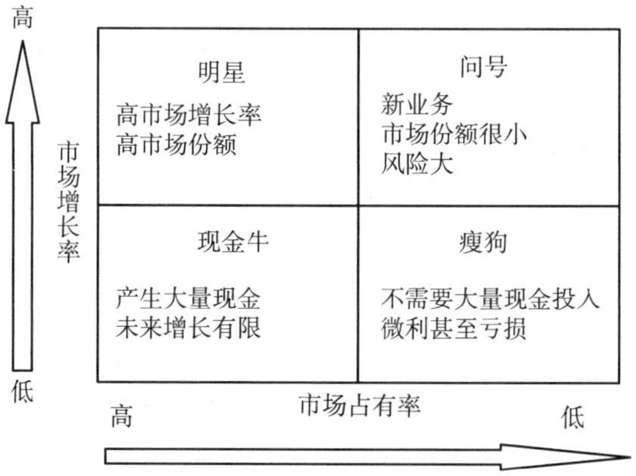

图2－5　波士顿矩阵下产品和服务的分类

【例题2－12】在波士顿咨询集团的增长份额矩阵中，一家成功公司的典型生命周期进程是：

A. 明星，问号，现金牛，狗

B. 问号，明星，现金牛，狗

C. 明星，现金牛，问号，狗

D. 问号，现金牛，明星，狗

【答案】 B

【解析】 选项 A 不正确。问号阶段通常先于明星阶段。

选项 B 正确。进程是从问号到明星、现金牛和狗。因此，企业在制定战略时应考虑小企业单位的现状及其可能的进展。

选项 C 不正确。问号阶段通常先于明星阶段和问号阶段。

选项 D 不正确。明星阶段通常先于现金流阶段。

第二节　预算

一、预算编制的基本概念

预算是企业财务资源规划的基础，需要良好的协调组织资源和组织战略帮助企业达到成功。作为定量指标，预算也是企业的营运计划和控制工具，用来确定在一段时间内为实现组织的目标所需要的资源和投入。企业通过预算，为其利润、财务状况和现金流量设定了具体的目标。

还需要掌握以下基础知识：

（1）预算。预算是一个实体的工作计划和控制工具，用来确定一段时间内为实现该实体的目标所需的资源和投入。预算主要是定量的而非定性的。预算为营业收入、现金流和财务状况设定了具体的目标。

（2）预算编制。预算编制是准备预算时采取的步骤和相关的活动。除了要清晰地沟通组织的目标，理想的预算还应该包括预算控制。

（3）预算控制。如果没有正式的控制系统，预算只能算是预测。预算控制是一个管理过程，有助于保障预算得以实现，具体包含如下内容：①制定系统的预算审批流程。②协调所有相关方的行为和经营活动。③分析实际结果与计划的差异并向责任方提供适当的反馈。

预算中所确定的目标必须是员工认为可以实现的，这样才能激励员工实现目标。

（4）预算报表。预算报表是一种基于以往文档和适当的预测技术的预算财务报表，它会假设会计事项已经发生，并相应做出调整。预算资产负债表、预算现金流量表和预算利润表是对未来一段时间目标的预测，有利于资源的合理配置。

（一）预算循环

预算循环通常包含六个步骤，形成如图 2 - 6 所示的完整的预算周期。

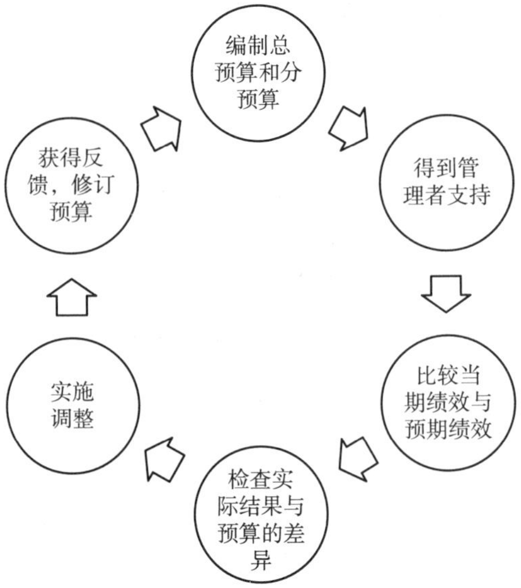

图 2 – 6　完整的预算周期

【提示】预算应该根据预算假设的重大变化修改预算内容：

- 僵化地执行一项预算可能会导致灾难。管理层不应将预算作为唯一的营运指南。定期修改预算可能会为组织的营运提供更好的指导。
- 预算的定期修改，不能成为管理者不认真地编制预算的理由。

（二）编制预算的原因

企业编制预算的原因主要是出于四个方面的考虑：规划、沟通与协调、监控和评估。

1. 规划。

（1）预算可以让管理层在一定周期内去思索企业的未来，从而制定各种指标，如收入预期、费用预期、人才需求预期、增长/收缩预期等。

（2）预算编制和执行鼓励不同角度的新思想及新思路，各方都能为组织的发展献计献策。

（3）预算帮助企业制定既定目标并提供行动框架。

（4）预算管理使具体业务计划富有前瞻性。

2. 沟通与协调。

（1）预算帮助各部门可以互相沟通各自计划与需要。

（2）预算过程和执行使各部门必须相互协调合作。例如，为开发新产品，则需要为其提供资金支持、采购支持、生产支持、营销支持等。

（3）预算使组织目标有效传达给组织所有成员，无论是参与还是未参与预算编制的成员。

3. 监控。

（1）预算设立了标准或绩效指标。可监控组织目标的实现进度。

（2）企业可以定量比较实际和预算结果，找到问题。
（3）企业整体目标和个体目标（部门）都可以监控。
（4）企业不仅可以找到运营问题，也可以找到潜在机会。
4. 评估。
（1）预算可以有效评估员工和部门的绩效，并使管理者承担相应的责任。
（2）企业通过评估实际和预算之间的差异，提供找到差异根本原因的线索。
（3）绩效评估使得组织能通过奖励业绩出色的员工来达到激励员工的目的。

（三）预算是组织绩效评估的标准

企业不应当简单地以过去的业绩为基础来评估现有绩效，而是应当将预算作为组织绩效评估标准，选择预算作为绩效评估标准主要出于三方面原因：

（1）过去的业绩中发生的错误和问题会影响当期的绩效评估，不利于错误问题的改善和消除。

（2）过去的业绩不能揭示企业未来发展的结果和方向，而预算可以考虑到企业未来运营各方面的因素，以及这些因素可能导致的财务结果。

（3）预算充分考虑到企业经营环境的重大变化，而历史业绩是无法反映的。

（四）编制预算需要考虑的经济因素

经济条件、行业状况、组织计划与预算编制之间存在诸多联系。如果能将预算编制同组织的整体战略联系在一起，这样的预算编制流程将最为有效。管理者在制定组织战略和目标时，必须关注各项经济因素，包括决策过程的财务影响以及竞争状况。

【例题2－13】以下哪一项不是一个正式的预算过程的优点？
A. 迫使管理层评估预算过程中使用的假设和既定目标的合理性
B. 确保组织内改进成本控制及防止低效
C. 提供反馈和绩效评价的基准
D. 作为管理层与下属协调和沟通的工具
【答案】B
【解析】选项A不正确。体现的是预算的规划工具作用。
选项B正确。预算过程不能起到确保组织内成本控制及防止低效的作用。
选项C不正确。体现的是预算的评估工具作用。
选项D不正确。体现的是预算的沟通与协调工具作用。

【例题2－14】每个组织会出于各种不同的原因进行计划和预算。以下哪一项不是进行计划和预算的原因？
A. 提供业绩考核的框架
B. 迫使经理们考虑预计未来的发展趋势和情况
C. 确保组织能够盈利

D. 检查组织目标达成情况

【答案】C

【解析】选项 A 不正确。这是预算的评估功能。

选项 B 不正确。这是预算的规划功能。

选项 C 正确。预算并不能保证经营的获利情况。

选项 D 不正确。这是预算的监控功能。

二、预算编制

（一）成功的预算编制的特征

从任何单一因素出发来制定预算都不可能形成一个成功的预算。要制定一个成功的预算，必须综合考虑以下诸多因素：

（1）预算必须与公司战略保持一致。

（2）预算流程应保持相对独立，但预算的编制应根据战略规划和预测来进行。

（3）战略规划。战略规划是更高层次、更长期、构建在公司整体层面上的。

（4）预算必须从更全面的预测中使用前瞻性信息。因此，在预算编制过程中直接使用的预测，如销售预测，有助于让管理人员形成高度的责任感。

（5）预算能用来缓解潜在的“瓶颈”问题，并将资源分配到那些能最有效率地对其加以利用，并能得到最好效果的领域。

（6）预算必须要包括技术上正确无误并且相当准确的数据和事实。

（7）管理层（包括最高管理层）必须充分认可该预算，并接受实现预算目标的责任。

（8）员工必须将预算视作一种规划、沟通及协调的工具，而不是压力或惩罚措施。

（9）预算必须被作为一种激励工具，用来帮助员工朝着组织目标的方向工作。

（10）预算必须被视为一项内部控制工具，内部使用的预算应基于可控成本或可自由决定的成本进行绩效评估。

（11）销售和管理费用的预算应足够详细以便能够更好地理解关键假设。

（12）必须由预算编制团队的上级部门（而不是编制团队）对编制好的预算进行审查及批准。

（二）成功的预算流程的特征

成功的预算流程所具有的特征应反映在预算期间、预算流程、预算参与者、成本标准应用和基本预算编制步骤等各个方面。

1. 预算期间。

最常见的预算期间是按财年来编制预算，这方便企业将预算与各财年的财务报表相比较。企业也可以编制 3 年期、5 年期、10 年期或短于 1 年期的预算，但在实务中并不多见。此外不少企业也将预算进一步分解为半年、季度、月度预算，便于为了更好地指导和监控企业的运营。

2. 预算流程。

企业常用的预算流程有三种，分别是权威式预算、参与式预算和混合式预算。

（1）权威式预算（自上而下的预算）。战略目标以及各部门的具体预算均由最高领导层决定，中低层经理及员工并不参与，只负责执行。

（2）参与式预算（自下而上的预算）。各层级经理与关键员工一同制定本部门预算，最高管理层保留最后的批准权。

（3）混合式预算。自上而下和自下而上两种方法的结合。

三种预算编制方法的比较如表 2-3 所示。

第二章

表 2-3　三种预算编制方法比较

权威式预算	混合式预算	参与式预算
最高管理层将战略目标整合到预算中	自上而下沟通战略目标；自下而上实施目标	不优先考虑战略目标
最高管理层更好地控制决策，达到各部门良好的沟通协调比较	优点：保留了最高管理层对预算的控制权，同时能获得各层级的专业信息；缺点：预算编制流程比较长	来自第一线的专业信息使预算决策更可靠
用指令代替沟通	最高管理层与预算编制者双向沟通	中低层向最高领导层全面沟通
员工不满；不受激励	员工更好地接受预算，并为实现预算目标付出更大努力	员工参与；受激励
中低层可能不会严格地遵循预算	员工对预算具有责任感，加上高管的全面审查，使严格的预算能得到遵循	高管过松审批会导致预算松弛
适用于小型企业或环境相对稳定的企业	适用于大多数公司，使战略与战术更好地平衡	适用于经营环境高度波动的企业

需要注意的是，混合式预算法有时被看成参与式预算法的一种形式。混合式预算法包含以下五个步骤：①确定预算参与者，包括各个组织层级的代表以及在特定领域拥有专长的关键员工。②最高管理层与预算参与者沟通战略方向。③预算参与者编制预算初稿。④较低组织层级将预算提交给上一级审查，审查以迭代的方式进行以加强双向沟通。⑤通过严格而公正的审查以及预算审批形成最终的预算。

【例题 2-15】下面是某公司编制年度利润计划的步骤顺序。

1. 在汇总各管理层提供的信息后，由高级管理层编制计划的框架，并向下传达。

2. 各销售单位编制销售预算，该预算体现各分部的销售目标。这为各部门的生产预算提供基础以及为各营运单位提供预算的其他组成部分。沟通以横向为主，向上纵向为辅。

3. 利润计划呈送高级管理层进行协调和审查。

4. 高级管理层的建议和修改，由中级管理层据此执行。经中级管理层修订后的利润计划，重新提交高级管理层作进一步审查。

5. 高级管理层最终通过后，把正式的计划下达给各营运单位。

以上对各步骤的概述，与下列哪一项预算编制方法最为契合？

A. 通过高级管理层强制执行

B. 自下而上的预算编制方法

C. 自上而下的预算编制方法

D. 由各营运单位定夺各项业务的总体合理性

【答案】 B

【解析】 选项 B 正确。因为预算编制主体是各个销售单元，高级管理层负责建议和修改，所以是自下而上的预算编制方法。

【例题 2 –16】 参与式预算的优势是它可以：

A. 减少员工的偏见对预算制定过程的影响

B. 最大限度地减少制定预算的成本

C. 产生管理层知道但员工不知道的信息

D. 更好地鼓励员工接受预算

【答案】 D

【解析】 选项 D 正确。参与式预算的两个最大优点：员工受激励；来自一线的专业信息使预测更准确。其他三个选项都是权威式预算会产生的结果。

3. 预算参与者。

预算的制定或废除主要由企业的三方决定，即董事会、最高管理层以及预算委员会，当然预算参与者也包括企业的中低层级的经理，预算协调者和流程专家等，他们在预算编制流程中掌握着相应的职能，如表 2 –4 所示。

表 2 –4　　预算参与者及职能

预算参与者	职能
董事会	审查、批准或退回修改预算
最高管理层	对预算负有最终责任；确保每个管理层都能理解并支持预算；激励下属做出完整真实的预算，避免预算松弛
预算委员会	由高级管理层组成，通常由 CEO 或一名副总裁领导； 指导预算编制工作、核准预算、裁决不同意见、监控预算、检查结果，并审查修改的预算
中低层级的经理	遵循预算指导方针（预算编制方法、预算安排以及其他新事件），负责具体的预算编制工作

续表

预算参与者	职能
预算协调者	识别并解决不同责任中心在预算上的分歧，及衔接预算的不同组成部分
流程专家	对特定领域的成本有非常细致的了解，为预算小组提供该领域预算的数字基础

【例题 2-17】 下列哪一项最能描述高层管理者在预算过程中的作用？

A. 只应参与审批过程

B. 缺乏日常操作的详细知识，应限制其参与

C. 需要参与其中，包括使用预算流程来传达目标

D. 需要将预算流程和业务计划流程分为两个独立的流程

【答案】 C

【解析】 选项 A 不正确。高层管理者可以将预算用于激励和沟通目的，他们应该做的不仅仅是在完成的文档上签字。

选项 B 不正确。高层管理者应该参与预算过程，即使他们缺乏对日常运营的详细了解，预算仍然可以传达公司的目标和方向。

选项 C 正确。除其他外，预算是管理层向下级员工传达目标的工具。它也是激励员工实现这些目标的工具。为了使预算在这些沟通和激励作用中发挥作用，高层管理人员必须参与其中。由于最高管理层缺乏对日常运作的详细了解，这种参与并没有延伸到预算的确切数字内容。

选项 D 不正确。预算过程是整个计划过程的一部分。

（三）预算松弛

预算松弛是预算过程中需要面对的问题，也是在预算过程中需要重视和尽量避免的问题。它是管理者因为内心害怕完不成预算的心理倾向，而在预算中给自己留有余地。

1. 预算松弛通常的表现形式。

（1）成本预算高估（费用项高估）。

（2）销售预算低估（收入项低估）。

2. 预算松弛的影响。

（1）削弱了公司发现问题并及时纠正问题的能力。

（2）削弱了实现目标的压力和动力，预算不能起到激励作用。

（3）限制了通过使用预算信息对部门经理和下属的绩效做出客观评价。

3. 在预算编制过程中，避免预算松弛的主要方法。

（1）高管层制定有一定挑战的预算目标，此目标需要管理层或员工需要付出努力才能达成。

（2）严格的预算审批，在预算审批环节一定要严格仔细审核每一个预算，尽可能使预算接近实际情况。

（3）零基预算和作业基础预算方法可以很好地规避预算松弛。

(4) 管理层以身作则，管理层自己不带头预算松弛，以免上行下效。

(5) 预算和实际对比准确度的奖惩，需要对预算的准确度给予评价和考核。

(6) 职业操守——诚信。

(四) 预算编制步骤

各责任中心在编制预算时应采取的步骤包括预算提案、预算协商、预算审查与批准以及预算修正。

(1) 预算提案。根据公司战略规划，各个责任中心将编制初步的预算提案，并且在预算提案中要兼顾内外部因素。

(2) 预算协商。将预算提案呈交高层管理者或预算委员会后，他们会审查预算是否符合组织的战略目标，是否在可接受的范围内，以及是否与类似的预算相一致。

(3) 预算审查与批准。预算经过逐层审查与批准最终到达预算委员会。预算委员会审查预算与预算指导方针、长短期目标以及战略规划的一致性后，将预算合并成总预算。一旦预算委员会和委员会的领导批准了预算，它就会被提交给董事会进行最后的批准。

(4) 预算修正。管理层不应将预算作为唯一的运营指南。定期修改预算可以更好地指引组织发展，然而这可能会使管理者将定期的修改视为例行公事，不会很认真地编制预算。允许定期修改预算的组织应该确保设置足够高的预算修改门槛，以使员工尽可能高效地工作。当定期修改预算时，应保留原始的预算副本，以便与本期间结束时的实际结果作比较。

(五) 成本标准

标准成本是指一项操作或服务耗费多少成本，或者是在假设所有事项都按计划进行的情况下，企业预期产生的成本。预算编制人员使用标准成本制定预算，并当环境变化时相应更新标准成本。预算数额和标准数额之间没有明确的界限。

1. 成本标准制定方式分为权威式标准和参与式标准两种（具体可参见表 2 -5）。

表 2 -5　　成本标准制定方式

项目	权威式标准	参与式标准
制定方	管理层制定	管理层和相关各方共同协调制定
优点	速度快，与企业目标更好地匹配	更容易被企业员工接受
缺点	标准过高会导致员工不满，影响执行效果	标准制定费时间，需要管理层和各方相互协商妥协以确保实现目标

2. 成本标准的选取又分成理想标准和基本可实现标准两种（具体可参见表2－6）。

表2－6 成本标准的选取

项目	理想标准	基本可实现标准
特点	只有在所有情况都是最佳可能结果时才能实现；适用于持续改进战略和全面质量管理理念	在正常运营条件和环境下应能达到的标准
缺陷	用理想标准衡量实际工作，会使员工丧失积极性	如果标准定得过低，会导致员工过于松懈；执行此标准不能满足持续改进战略的要求

3. 直接材料标准成本。

标准成本是由质量、数量以及价格共同决定的。质量必须首先确定，因为它影响着其他所有变量。质量水平是由产品的目标市场定位决定的。该标准由工程师、生产经理和管理会计师根据生产设施、产品质量、制造成本以及所使用的设备等共同决定。直接材料耗用标准应考虑到正常生产流程中预期会发生的损失、废品、废料以及浪费。价格的设定需要结合之前完成的所有工作，包括质量、数量以及供应链成本。

4. 直接人工标准成本。

产品复杂程度、员工技能水平、设备的类型和条件以及制造工艺等因素对直接人工成本均会产生影响。管理会计师、工程师、生产经理、工会、人力资源管理以及其他因素也会对直接人工标准成本产生影响。劳动效率标准应考虑到正常的设备停工以及工人的休息时间。直接人工成本以基本工资总额为基础，而不是实发基本工资。附加福利费、加班费和轮班津贴一般认为是与人工相关的间接费用，被记录为间接人工成本。

【例题2－18】 G公司正在评估其每件产品耗费的标准机器工时，以便在编制其来年预算时使用此数据。该公司产品制造规格表明，在理想的条件下可以用0.75个小时完成一件产品的制造；而一项基准分析研究表明，某竞争对手则以每件产品0.78个机器工时的速度进行生产。尽管已通过工程研究确定了每件产品耗费0.80个机器工时的标准，但G公司去年的实际结果是每件产品平均耗费0.83个机器工时。在接下来的预算中G公司应采用的标准是：

A. 每件产品0.75个机器工时　　B. 每件产品0.78个机器工时

C. 每件产品0.80个机器工时　　D. 每件产品0.83个机器工时

【答案】 C

【解析】 选项A不正确。每件产品0.75个机器工时是一个理论标准，只有在所有情况都是最佳可能结果时才能实现，所以不能作为预算的标准。

选项B不正确。这个竞争对手生产效率比目前G公司生产效率要高一些，而是否可以作为公司的标杆还需要做进一步的研究，但是可以作为持续改善的方向。

选项 C 正确。确定成本标准最好的方式是作业成本法，也就是通过内部研究所达到的标准成本计算。这个标准需要考虑正常的生产准备，维护保养等时间。

选项 D 不正确。0.83 个机器工时是一个历史数据，通过作业成本分析存在一定的改善空间，所以不能以此历史数据作为成本标准。

5. 设定成本标准的信息来源。

设定成本标准要同时应用几种信息来源，包括作业分析、历史数据、市场预期、战略决策以及标杆分析。具体可以参见表 2－7。

表 2－7 成本标准的信息来源

成本标准的信息来源	成本标准获得方法	优点	缺点
作业分析（工程研究）	作业分析将每项作业分配给产品的成本进行叠加，故此计算的成本标准最为精确	最彻底的成本标准计算方法	实施费用非常昂贵
历史数据	对于价格变化不大的原材料和人工，利用历史数据，并在此基础上进行调整，能够确定相关的标准成本	相对容易获得和确定，但是没有作业分析可靠	无法排除过去低效造成的影响，也未考虑新技术和新趋势的影响
市场预期与战略决策	对于原材料和人工市场价格变化很大，而自身在价值链又不占优势，市场预期是确定标准成本的重要方式。如果该公司是价格接受者，则必须考虑市场实际成本	通过积极预测市场变化获得的成本标准，有助于企业更好地控制和监控成本	预测如果不准确，将极大影响预算的财务资源的配置合理性
标杆分析（基准分析）	以最佳绩效水平为标准。标杆可以来自企业内部或外部	好的标杆可以指导公司实现成本控制的持续改进	不理想的标杆会导致显著的成本控制不力的负面效果。此外，标杆分析也无法帮助企业促成重大的成本改进突破

三、预算帮助企业进行资源配置

实质上来说，预算编制过程是根据企业战略进行协调和分配的，企业为了达成其战略目标就必须投入相应的资源，并且根据资源投入是否有效，进行资源分配的调整。企业的长期规划的周期一般为 5～10 年，故此需要资本预算帮助进行同企业战略保持一致的财务资源配置。而针对企业短期规划目标的达成和变动，应当和每年的总预算进行充分的融合，故此正确的预算编制方向、内容和执行，能够有效支撑企业战略的落地和发展。图 2－7 展示了企业战略—长期目标—短期目标—总预算之间的协同关系。

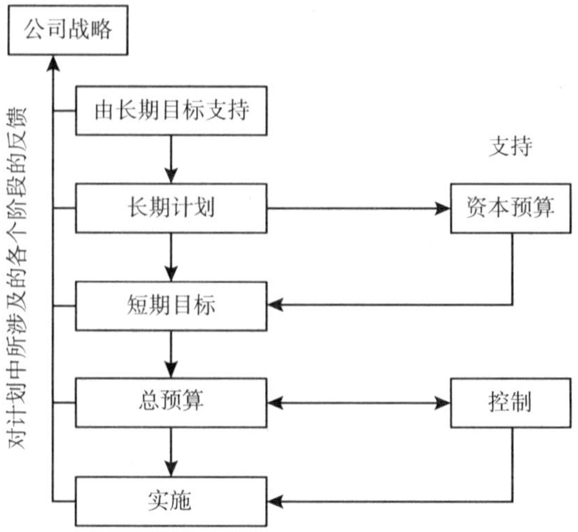

图 2－7　企业战略－长期目标－短期目标－总预算之间的协同关系

【例题 2－19】 年度总预算：

A. 仅影响长期规划

B. 仅影响长期规划和营业预算

C. 仅影响营业预算和公司战略

D. 影响长期规划、营业预算和公司战略

【答案】 D

【解析】 选项 D 正确。年度总预算对企业的长期规划、营业预算和公司战略都有重大影响。公司战略不明，年度预算编制的方向也就不清晰。而一个良好的年度预算是公司战略的体现。年度总预算中，特别是资本预算实际上反映了企业投资和发展的长期规划。在短期目标中，年度总预算包括了营业预算，故此对企业影响巨大。

【例题 2－20】 下面哪一项最准确地描述了公司预算应以公司战略计划为基础的原因？

A. 制定衡量员工绩效的标准

B. 明确实现战略目标所需的资源

C. 帮助控制成本，使产品销售能够获得利润

D. 明确从上一年度已经改变的外部因素和保持不变的外部因素

【答案】 B

【解析】 选项 A 不正确。绩效评估是预算的一个目的，但是不能解释预算和战略规划的关系。

选项 B 正确。预算从战略出发，通过合理的资源配置，实现企业的战略目标。

选项 C 不正确。预算不能控制成本和确保企业盈利。

选项 D 不正确。对内外部环境因素的分析是战略规划中的步骤，不是预算的步骤。

第三节 预测技术

在制订未来计划时，公司会面临一定程度的不确定性，需要借助各种各样的定量分析方法来辅助制定更好的决策。本节主要关注以下三个方面的定量分析方法：首先是数据分析。涉及分析给定的一组数据，以构建这些数据之间的关系和/或数据模式。这些分析可用于根据给定的条件（如回归分析或基于已建立的模型）来预测结果。其次是建模。涉及构建一个数学模型，以确立不同因素之间的关系。学习曲线分析就是一种模型，它可用于确定当产品生产数量发生变化时生产一件产品所需的时间会如何变化。最后是决策理论。通过审视未来可能发生的各种潜在结果以及这些结果发生的概率来处理不确定性。期望值分析是处理不确定性问题的一种方法。

一、回归分析

回归分析是通过分析给定的数据集，找寻自变量与因变量之间的线性关系。作为一种统计方法，回归分析可以用于确定一个因变量（Y）与一个自变量或多个自变量（X 或 X_1，X_2，…）之间的线性关系，企业在分析成本行为和预测销售额中，会经常使用此方法。

回归分析的基本假设前提是：

（1）因变量和自变量之间存在线性关系。

（2）因变量和自变量之间的关系具有长期稳固性。

（3）因变量的实际结果和预测结果的差异是正态分布的，平均值 =0。

（4）在多元回归分析中（即有多个自变量），各自变量之间是相互独立的，不存在多重共线性，即自变量之间不存在互为影响的因果关系。

（5）回归分析过去的趋势能延续到未来，而且自变量和因变量有直接因果关联关系。

（一）回归分析的分类

回归分析主要有两种类型，一类为简单回归分析，另一类为多元回归分析。

（1）简单回归分析：即通过一个自变量，来预测一个因变量。基本公式是

$$Y = a + bX$$

其中，Y：因变量；X：自变量；a：截距，当 $x=0$ 时，$Y=a$；b：斜率/回归系数（变化系数），X 每变化 1 个单位，Y 变化 b 个单位。

图 2-8 展示了某企业产量和成本之间的模拟线性关系，成本为 Y，产量为 X，经过回归分析，成本和产量的关系为：$Y=3+0.5X$。

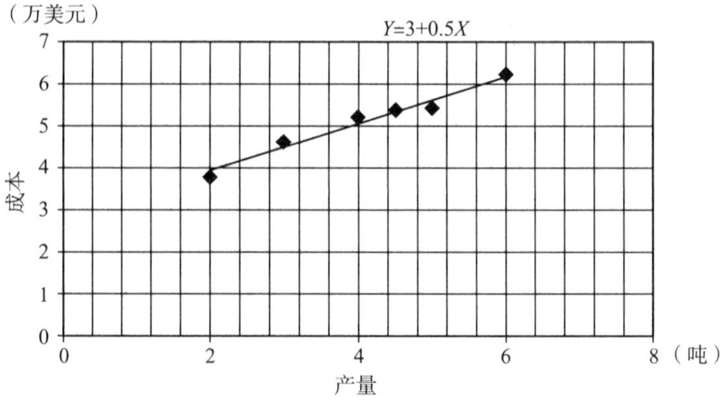

图 2-8　简单线性回归图

【例题 2-21】某公司认为每月的广告费用和当月销量具有线性关系并且进行了回归分析。结果显示回归系数为 0.55。这个系数值说明了：

A. 每增加 1 美元广告费，可以增加 0.55 美元的销售额

B. 平均每月的广告费用为 550 000 美元

C. 由于相关系数太小，广告费用不能很好地预测销售额

D. 当每月的广告费用达到平均水平时，销售额为 550 000 美元

【答案】A

【解析】选项 A 正确。回归系数的含义是，自变量每变化 1 个单位，因变量变化 1 个回归系数个单位。

选项 B 不正确。回归系数与变量的平均数无关。

选项 C 不正确。相关系数与回归系数之间没有必然的联系。

选项 D 不正确。回归系数反映的是自变量的变化对因变量的影响，而不是平均值的影响。

（2）多元回归分析：即由多个自变量，来预测一个因变量。基本公式为

$$Y = a + b_1X_1 + b_2X_2 + b_3X_3 + \cdots + b_nX_n$$

其中，Y：因变量；X_1，X_2，X_3，…，X_n：自变量；a：截距，当 $X_1 = X_2 = X_3 = \cdots = X_n = 0$ 时，$Y = a$；b_n：斜率/回归系数（变化系数），X_n 每变化 1 个单位，Y 变化 b_n 个单位。

（二）回归分析有效性的重要衡量指标

有很多客观指标能够衡量回归分析的可靠性，使用者可以利用这些客观指标来指导和评估自身的定量分析决策结果。最常用的客观指标是估计的标准差（SE）、相关系数、R^2（拟合优度或决定系数）和 T 值（统计置信度）。它们的具体情况可参见表 2-8。

表 2－8 回归分析衡量指标

回归分析衡量指标	指标评估目的	指标评估标准和意义
R^2	衡量因变量 *Y* 的变化在多大程度上可由自变量 *X* 的变化来决定	R^2 的取值介于 0～1，数值越高说明线性回归越准确。例如，如果 R^2 等于 80%，意味着自变量和因变量的关系 80% 能被线性关系解释，20% 的关系则通过线性关系无法进行解释
T 值	衡量自变量和因变量之间是否具有合理的长期关系	一般来说，自变量的 T 值应大于 2，如果 T 值太小，应考虑在回归分析模型中删除该自变量
估计的标准差	衡量根据回归所得到的对 *y* 预测的准确性，是对数据偏离回归直线程度的度量	相对较小的标准差比大的好。估计的标准差的含义是：*y* 的实际值会在 *y* 的估计值加减标准差的区间范围内
相关系数	衡量多元回归模型各个自变量之间的相关性，确保各个自变量之间没有多重共线性	一般来说，只要任意两个自变量之间的相关系数不超过 0.7，就不存在多重共线性。否则就必须从回归方程中剔除一个自变量

【例题 2－22】 HCF 公司正在计划下一个广告活动，配合以后几个月的店铺扩张。使用过去几年的信息，公司能够进行回归分析，并得到以下结果。销售收入＝200 000 美元＋15 美元（广告预算），$R^2=0.85$。公司过去几年的广告预算在每年 10 000～15 000 美元。由于要扩张，公司计划今年的广告预算为 50 000 美元。根据这个广告预算，HCF 公司应该期望：

A. 不能做任何预测，因为新的预算已经超出了用于估计回归方程的样本范围

B. 销售额 200 000 美元

C. 销售额 900 000 美元

D. 销售额 200 750 美元

【答案】 A

【解析】 选项 A 正确。

由于回归方程使用的广告预算在每年 10 000～15 000 美元。这个方程最好在这个范围内预测销售收入。当公司使用的广告预算超出了每年 10 000～15 000 美元的范围，结果将不再可靠。

（三）回归分析的优缺点

1. 回归分析的优点。

（1）找出自变量与因变量之间的关系，帮助预测，方法简单。

（2）可以通过衡量指标来评估预测结果的准确性和可靠性。

2. 回归分析的缺点。

（1）异常数据会影响整体预测效果。如果异常数据存在，应该对每个异常数据进行检查，以确定该异常数据的产生是否源于数据记录错误或者源于某种偶然事件。

（2）自变量和因变量之间的线性关系不一定真正存在，可能会由于学习

曲线的存在，或者相关作业范围发生变化而导致成本有所变化。

（3）回归分析假设自变量和因变量之间过去存在的关系在未来依然存在，但是过去的线性关系不一定适用于未来。

（4）自变量取值不能超过数据集。

二、学习曲线分析

学习曲线分析是一种系统的估计人工成本的方法，该方法需要对个体执行任务（如组装小的零部件）的过程中不断增加的学习对人工成本的影响进行分析。

随着工人生产出更多的零部件，他们完成任务的效率也越来越高。由此产生的结果是随着学习的增加成本将会下降。当应用于价值链上不同业务功能时，学习曲线的概念也被称为经验曲线。学习曲线的计算以学习率为基础。随着产量的倍增，完成任务的平均时间会比上个产量水平降低恒定的百分比。例如，单位生产时间减少 20% 的学习曲线称为 80% 学习曲线；单位生产时间减少 10% 的学习曲线称为 90% 学习曲线。

从图 2－9 可以看出，企业产出数量越多，每单位产成品人工成本则会降低，这是因为工人“熟能生巧”的原因，生产越多的产品，每个产品人工用时相对会减少，这造成单位产品人工成本会逐渐下降。然而单位产品人工成本下降不可能是无限的，随着工人达到一定的熟练程度，即某个临界点，在该点之后，学习曲线会越来越平坦，这意味着单位产品人工成本会保持稳定的状态。

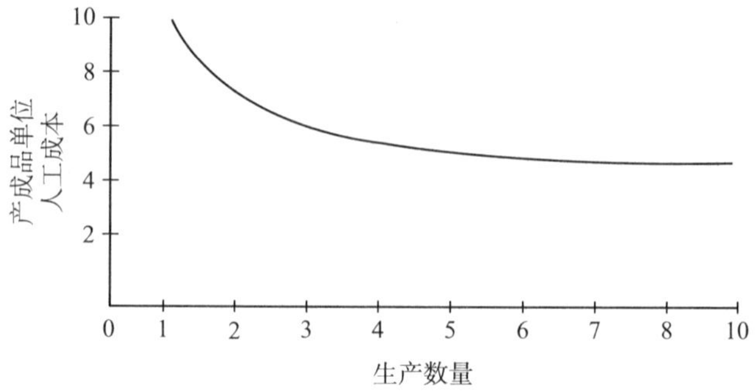

图 2－9　学习曲线

CMA 考试中涉及的学习曲线模型是累积平均时间学习曲线，也称为 Wright 方法或传统方法。该模型用增加的单位产出乘以每单位累积平均时间来计算累积总时间。

（一）累积平均时间学习曲线

假设一个新工人组装第一件产品需要 10 小时，在累积平均时间学习模式下，如果学习率是 80%，即产量每翻一倍，所有产出的产品的平均时间，比翻倍前生产的所有产出的产品平均时间降低 20%。即前两件产品平均生产时间是 8 小时（10 ×0.8），前四件产品平均生产时间是 6.4 小时（8 ×0.8），前八件产品平均生产时间是 5.12 小时（6.4 ×0.8）。该计算如表 2 –9 所示。

表 2 –9

产量（X）	单位累积平均时间	总时间	第 X 件产品的具体时间
1	10 小时	10 小时	10 小时
2	10 ×0.8 =8 小时	8 ×2 =16 小时	16 –10 =6 小时
4	8 ×0.8 =6.4 小时	6.4 ×4 =25.6 小时	4.54 小时
8	6.4 ×0.8 =5.12 小时	5.12 ×8 =40.96 小时	3.55 小时

注：生产第 4 件和第 8 件产品的具体时间需要软件进行计算，手工无法计算。

【提示】 学习曲线分析法的实际情况。

无论是在增量单位时间学习模式还是累积平均时间学习模式下，生产每翻一倍，计算出来的产品单位成本都是下降的。然而在企业实际情况中，学习曲线是不可能让效率和相关成本无限下降的，原因在于，人的能力是有极限的，其效率也会随着年龄、疲劳、生病及枯燥等因素下降。此外，很多企业的人工成本会随着企业效率提升和利润增加而不断提高（如企业增加很多人手、提高员工工资和福利等）。因此在实际情况下人工成本的变化是，最初随着学习曲线而下降，但是下降到一定程度之后，不再继续下降，而会持平一段时间，然后甚至增加。

（二）学习曲线的优缺点

企业在预算管理和运营管理中，要辩证地看待学习曲线的适用性，以便更好地指导自身的工作和决策。学习曲线的优缺点如表 2 –10 所示。

表 2 –10　学习曲线分析的优缺点

优点	• 学习可以改善质量并提高生产率 • 使用学习曲线分析是预测人工成本的一种有效方法 • 除产量外，还有其他一些因素也对学习曲线有影响。这些因素包括工作轮换、工作团队以及全面质量管理
缺点	• 学习曲线仅适合人工密集型、重复性人工操作的企业，不适用于机器执行的重复性任务 • 学习曲线率理论上是固定的，虽然计算中假设学习率不变，但在现实中绝非如此，降幅会有变化 • 学习曲线未必是影响企业效率变化的唯一原因，其他因素（如产品组合变化、劳动力组合变化等）有可能才是企业人工成本降低和优化的核心要素

【例题 2－23】预计某一特定生产工作的学习率为 90%。生产一单位商品需要 50 个人工工时。如果生产 4 个单位，那么每单位商品的累积平均人工工时为：

A. 50.0 小时　　B. 45.0 小时　　C. 40.5 小时　　D. 40.0 小时

【答案】C

【解析】选项 C 正确。

计算过程如下表所示：

产量（X）	累积平均单位时间（Y）
1	50 小时
2	50×0.9＝45 小时
4	45×0.9＝40.5 小时

【例题 2－24】某轴承制造公司生产一款新产品，根据预算，此款新产品的累积平均时间学习曲线率为 80%，问生产第 16 件产品的增量人工成本是第 1 件产品人工成本的百分之多少？

A. 64%　　B. 51%　　C. 31%　　D. 41%

【答案】C

【解析】选项 C 正确。

假设第 1 件产品的生产时间是 100（小时）；

前 16 件产品的平均时间＝100×80%×80%×80%×80%＝40.96（小时）；

前 8 件产品的平均时间＝100×80%×80%×80%＝51.2（小时）；

第 16 件产品的生产时间＝(40.96×16－51.2×8)÷8＝30.72（小时）；

30.72÷100＝31%。

三、期望值分析

由于商业环境和经营不确定性的存在，企业经常会在预算过程中分析未来可能出现的各种结果，并结合其出现的可能性进行各种结果的加权平均分析，这被称为期望值分析。

（一）期望值分析的计算

例如，公司在预测下一年度的销售额时，往往会结合未来可能出现的不同经济形势进行相应的销量预测：如果经济繁荣，销售同比增长 20%；如果经济保持正常水平，销售同比增长 10%；如果经济衰退，销售负增长 10%，然后通过将各种经济情况可能性和销售结果进行加权平均来指导销售预算的编制。

期望值计算公式为

$$EV = \sum X \times (Px)$$

其中，EV：期望值；$\sum$：求和符号；X：某种情景下的具体销售额预测值；Px：相应情景发生的概率。

【例题 2－25】 某企业正在进行销售预算，以下是其对未来一年经济状况和销量预测的分析：

经济状况	销量预测（万件）	概率（%）
繁荣	120	10
正常	110	80
衰退	90	10

则该企业未来一年的销量期望值是多少？

【答案】 该企业未来一年的销量期望值为 109 万件。

【解析】 该企业的销量期望值如下表所示：

经济状况	销量预测（万件）	概率（%）	销售预测 X 概率（万件）
繁荣	120	10	12
正常	110	80	88
衰退	90	10	9
销量期望值			109

【例题 2－26】 上年，贝尔公司的总销售额为 2 亿美元。本年，由于失去了洛克公司这一大客户，贝尔认为销售额将降至 1.8 亿美元的概率为 10%。贝尔公司还估计，销售额保持不变的概率为 40%，销售额因为开发海外市场成功将增至 2.4 亿美元的概率为 30%，销售额因为同时开发海外市场和国内市场成功将增至 2.5 亿美元的概率为 20%。贝尔公司本年的销售额期望值将为：

A. 1.6 亿美元　B. 1.84 亿美元　C. 2.02 亿美元　D. 2.2 亿美元

【答案】 D

【解析】 选项 D 正确。贝尔公司对商业环境的变动、预测的销售额和期望值分析的情况如下表所示：

商业环境的变动	销售额预测（亿美元）	概率（%）	销售预测 X 概率（亿美元）
失去洛克公司大客户的潜在影响	1.8	10	0.18
销售额保持不变	2.0	40	0.80

续表

商业环境的变动	销售额预测（亿美元）	概率（%）	销售预测 X 概率（亿美元）
开发海外市场成功	2.4	30	0.72
同时开发海外市场和国内市场成功	2.5	20	0.50
销售额期望值			2.20

【提示】期望值分析也可以用来预测现金流。

假设不同经济状况下，会产生不同的现金流预测值，则现金流的期望值计算如表 2-11 所示。

表 2-11　假设不同经济状况下，现金流的期望值

经济状况	现金流预测值（美元）	发生的概率（%）	期望值（美元）
经济繁荣	3 000 000	10	300 000
正常水平	2 000 000	80	1 600 000
经济衰退	600 000	10	60 000
		合计	1 960 000

（二）期望值分析的优缺点

期望值分析在应用过程中，优缺点都非常明显，企业在预算管理过程中，特别要注意这个问题。期望值分析的优缺点如表 2-12 所示。

表 2-12　期望值分析的优缺点

优点	• 按照各种情景发生的概率，预测事件的加权平均结果，有助于管理层设定合理的财务或运营目标 • 能够帮助决策者做出正确的决策分析和风险预测
缺点	• 期望值假设决策者为风险中立者，故此它不适用于风险偏好者和风险厌恶者 • 期望值分析是对不同情景的发生概率和结果的加权平均，但是由于实际出现的情况只可能是一种结果，故此以期望值分析为基础的预测一般来说是无法保证绝对准确的

第四节　预算编制方法

为了使预算作为一种有效的规划和管理工具发挥作用，公司所选择的预算方法必须能支持和强化公司的管理方式，故此公司需要根据自己公司的实际情况选择合适的预算编制方法。

一、年度预算/总预算

组织的预算，也称为年度商业计划或利润计划，是时间跨度为一年或不足一年的综合预算。总预算开始于销售预算，结束于一系列预计财务报表，公司的收入流转和成本流转的每一个方面均能在其中得到反映。拥有总预算的好处很多，几乎没有坏处。事实上每家公司都需要某种形式的总预算。

根据业务类型、组织结构、营运的复杂性以及管理哲学的不同，公司可以选择不同的总预算编制方法。公司甚至能够对总预算中的不同组成部分采用不同的编制方法。公司能够采用六种不同的预算编制制度来编制预算：

（1）项目预算法。用于为具体项目而不是整个公司编制预算。

（2）作业基础预算法。重点是基于作业而不是基于部门或产品对成本进行分类。

（3）增量预算法。以上一年度的预算或实际结果为起点，并对下一年的预算做一些细微的改变。

（4）零基预算法。每一个新的预算循环都从零开始，就像第一次编制预算一样。

（5）连续性（滚动）预算法。允许预算被不断地更新，具体做法是在每期的期末删除过时信息（比如在今年3月底删除该月的预算信息），并且添加次年相同时间段的预测数据（比如加上对明年3月的预算）。

（6）弹性预算法。可以被当作一种评估管理者绩效的控制机制，评估绩效时要将实际的收入和支出与实际活动水平的预算金额进行比较，而不是同原始预算的活动水平对应的预算金额比较。

公司可以根据业务类型、组织结构、营运的复杂性及管理理念的不同，选择一种或多种总预算编制方法，甚至总预算中的不同组成部分也可以采用不同的编制方法。

二、项目预算法

项目预算法针对企业所发生的某一项独立完整的项目进行预算的编制和执行。项目预算法可采用过去相似的成功项目预算作为标杆来进行编制。如果预算项目期限超过1年，应按年度分解编制，与公司总预算相比，项目预算的间接预算比较简化。

项目预算法具有以下特性：

（1）项目预算一般不重复，很多是一次性的。

（2）项目预算有明确的项目起始和结束日期，非常强调时效性，而且有明确细致的项目时间进度表。

（3）项目预算一般非常强调项目成本所有支出的预计和控制。

(4) 项目预算中的一些间接成本（如公共管理费用等）的预算相对简单，公司会分配过来与项目相关的固定或变动的间接成本，其他的间接成本由公司承担。

(5) 项目预算只限于本项目，和公司其他运营无关。

项目预算法的优缺点如表 2-13 所示。

表 2-13　项目预算法的优缺点

优点	• 能够度量与单个项目有关的所有成本 • 能够为未来的类似项目预算设立标杆和参考标准
缺点	如果项目没有专用的资源和人力，而是受整个组织支配，则成本划分和职权分配可能不清晰，导致项目预算不准确

三、作业基础预算法

作业基础预算法（activity based budgeting，ABB）是建立在作业成本法和作业管理法的基础之上的预算方法。传统预算以部门为基础进行，而作业基础预算则建立在成本中心或作业基础去进行预算。由于作业基础预算能够准确对应财务资源和作业之间的关系，故此资源配置规划和绩效评估更为精细和准确。

传统预算法和作业基础预算法比较如表 2-14 所示。

表 2-14　传统预算法和作业基础预算法比较

项目	传统预算法	作业基础预算法
基础	按职能部门确定预算，关注资源投入	按作业成本确定预算，关注增值作业和资源配置
重点	提高管理绩效	团队合作、协同作业、客户满意度

【提示】 作业基础预算法与成本管理中的作业成本法和作业管理法关系非常密切。

• 作业成本法主要关注产品成本的合理性，确保产品成本信息不被扭曲；

• 作业管理法主要关注价值链环节中增值作业和不增值作业的优化管理，流程是否需要再造改善。

• 作业基础预算法重点关注企业财务资源达到良好配置，避免预算松弛，使企业财务资源利用最大化，未来绩效评估更加准确客观，解决问题方向更为明确。

作业基础预算法的优缺点如表 2-15 所示。

表 2－15 作业基础预算法的优缺点

优点	• 在作业基础预算法下，预算会更准确；有利于预算审核，能有效防止预算松弛 • 作业基础预算法能帮助企业更准确追踪运营情况和相关成本发生，帮助企业持续改善运营 • 作业基础预算法能帮助企业更准确地以作业为基础进行差异分析和绩效评估 • 作业基础预算法特别适合产品、生产流程和组织架构比较复杂的企业，以持续改进其财务资源配置的合理性和优化
缺点	• 设计和维持作业基础预算法投入成本很高，有可能大于此制度带来的企业成本节约 • 作业基础预算法对部门协调要求非常高，十分有挑战性 • 企业未必有相应的会计系统对作业基础预算法做良好的支持

四、增量预算法

增量预算法是以上一年度的预算为起点，根据销售额和营运环境的预计变化，自上而下或自下而上地调整上一年度预算的各个项目。增量预算法通常在过去的发生额基础上进行相应比例调整从而形成本年度的预算。

增量预算法的优缺点如表 2－16 所示。

表 2－16 增量预算法的优缺点

优点	• 主要优势在于其简单易行 • 能够促进运营的稳定
缺点	• 容易造成预算逐年膨胀以及预算松弛 • 准确性不够，对未来发生的项目和活动考虑和分析不够细致

五、零基预算法

零基预算法是企业每期从零开始编制和完成预算的形式。它关注每个预算项目当期成本的合理性，针对未来的工作或者活动预算部门要对其重要性和优先级进行排序，而每个预算项目的预测都要有最合理的解释和最佳路径在未来进行执行。

编制零基预算的步骤是：

（1）要求各部门做出具体每一项活动的成本，并按照重要性排序；各项需要配置财务资源的活动均需有文字说明支持。

（2）高层管理者根据标杆指标、成本效益分析以及重要性排序来决定删除或修改哪些活动项目，并同意相应的财务资源配置。

（3）从零开始编制预算，零基预算成为总预算的基础。

零基预算法的优缺点如表 2－17 所示。

表 2-17　零基预算法的优缺点

优点	• 使预算更准确、更贴近未来的实际情况，更容易发现企业经营不利的事项，有效防止预算松弛 • 可以避免以前预算中的无效因素继续存在 • 促使管理者审查所有业务元素，剔除成本大于收益的项目，有助于创造高效、精简的组织
缺点	• 零基预算法的年度审查流程极耗时间且极费成本 • 虽然避免了前期的错误，但是同样也无法吸取前期良好的经验教训 • 由于零基预算法是按需分配财务资源，管理者因为担心下一个预算周期可能会被分配较少的资源，可能倾向于用光当期已分配资源，造成重大浪费 • 管理者也有可能在审批不严的情况下，故意夸大自身项目和获得的重要性，造成预算松弛

六、连续性（滚动）预算法

连续性（滚动）预算法是在每期的期末在预算上增加一个新的预算期间，这样就能保证总是有相同数量的预算期间，它们是面向未来而规划的。这种方法能使预算与经营环境保持一致。连续性（滚动）预算法适用于那些不能投入大量时间编制年度预算的公司，这类预算也可用于那些希望其管理者有长远眼光的公司。

例如，某企业的预算期间为 12 个月，预算期为 1 个月，则企业每个月必须做向前固定 12 个月的连续预算。2019 年 5 月末做 2019 年 6 月到 2020 年 5 月的预算，2019 年 6 月末再做 2019 年 7 月到 2020 年 6 月的预算，预算期间始终维持在 12 个月。

连续性预算法的优缺点如表 2-18 所示。

表 2-18　连续性预算法的优缺点

优点	• 与年度预算相比，连续性预算具有更强的相关性 • 连续性预算可以反映当前发生的事项和预测发生的变化 • 将一个复杂的过程分解为易于管理的步骤
缺点	连续性预算需要每个预算期不断进行，对预算人员来说比较麻烦、时间和成本投入较高

七、弹性预算法

弹性预算是建立在标准成本和标准价格基础上，改变企业产品的产出量和销售量而形成的预算形式。弹性预算的核心是预先设定好标准销售价格及标准单位生产成本，包括直接材料、直接人工和制造费用，按照改变的量（产品销售量或产品产出量）乘以这些标准价格或标准成本，即单位变动费用和单位价格保持不变，固定成本总额保持不变。弹性预算更多的是作为一种分析工具以确定实际结果与预算间的差异，而不是用于创建原始预算。弹性预算法的优缺点如表 2－19 所示。

表 2－19　　弹性预算法的优缺点

优点	能获得更好地利用历史预算信息来改进未来的规划的能力
缺点	公司主要关注弹性预算中的产出水平而忽视了销售目标没能实现这一事实

八、预算编制方法总结

预算编制系统如表 2－20 所示。

表 2－20　　预算编制系统

预算类型	试用行业	目的	时长	应用	优势	局限
总预算	全部行业	形成对营业收入和成本流转的各个方面的预测	1 年及 1 年以内	以销售预算为起点，并最终形成一整套预计财务报表。接下来的六个预算制度可以用来编制总预算	• 促进沟通 • 目标一致	编制耗费时间
项目预算	主要在建筑业	为每个项目单独进行预算，而不是对企业整体进行预算	项目持续期间	像高速公路大桥这类大型项目可能会在几年内产生巨额的收入和成本	• 了解项目的全部成本 • 小型和大型项目都适用	当资源和员工无法全部投入项目时会产生潜在的冲突
作业基础预算	制造业	基于作业进行成本分类，而不是通过部门或者产品	基于使用预算的种类	拥有复杂而众多的产品、部门或其他因素，导致传统的粗略的成本核算方法不再适用的企业	• 更精准地测算成本对象的成本 • 关注一个作业的资源使用情况 • 团队合作	设计及维护系统的成本高
增量预算	教育业	基于之前的结果和未来的预期，在上一年预算结果上加上今年的预计增量计算得出今年的预算	基于使用预算的种类	根据上一年的业绩发展情况来确定新一年预算的一种传统且有效的方式。与零基预算相反	• 操作简便 • 促进运营稳定	预算通常只会随着时间的推移而增加

续表

预算类型	试用行业	目的	时长	应用	优势	局限
零基预算	政府	如同第一次编制预算，每一次编制预算都从头开始预算循环	基于使用预算的种类	关注预算中每个项目的年度成本的合理性。能用于创造精益企业。需要深入的审核，这可能需要花费一定的时间	• 关注于每个项目 • 激励每个管理人员去消除部分成本	• 年度审核非常耗时且昂贵 • 如果不查看以前的信息，可能会失去“所学经验”的益处
持续性（滚动）预算	新企业的创立阶段	通过清除刚刚过去年度的信息并添加明年相同时期的估算数据，让预算不断更新	1年及1年以内	使预算估计能够更好地反映当前事件和一些近期变化。以小步骤帮助逐步完成大型项目。提供比年度预算更好的视角	• 使预算保持最新状态以适应运营环境 • 比每年编制的预算更具相关性 • 将大的流程分解为更小的步骤 • 鼓励基于长远观点视角	• 可能需要预算协调员 • 管理层需要每个月都花费时间来编制出下一个月的预算，产生了机会成本
弹性预算	制造部门	通过比较现实作业的实际收入和支出与其预算额之间的差异，来评估部门业绩	1年及1年以内	提供详细的差异分析，以降低成本，提高产出，并提高未来预算的准确性	• 确定详细差异的分析工具 • 改进未来的计划	管理层可能会忽视销售预测失误

【例题2-27】 与静态预算相比，弹性预算：

A. 为管理人员提供一个更现实的预算和他们控制下的实际固定成本项目的比较

B. 更好地了解所评估期间的产能差异

C. 鼓励管理者少使用固定成本项目，多使用可控制的可变成本项目

D. 为管理人员提供一个更现实的预算和实际收入和可控成本项目的比较

【答案】 D

【解析】 选项A不正确。固定成本的使用是一个涉及杠杆的决策，弹性预算无关紧要。

选项B不正确。虽然弹性预算可以提供比静态预算更有用的差异，更好地理解差异只能从了解业务进行。

选项C不正确。选择使用可变成本而不是固定成本是一个涉及杠杆程度的决策，与弹性预算无关。

选项D正确。弹性预算为经理们提供了根据实际生产水平“应该”赚取和发生的收入和成本。这一资料比在生产水平不确定的财政期开始前编制的静态预算有用得多。

【例题2－28】零基预算的主要作用在于：

A. 解决了衡量项目有效性的问题

B. 通过综合规划和资源分配过程，将绩效与资源投入联系起来

C. 大大减少审查预算所需的时间

D. 处理增量预算方法的一些问题

【答案】D

【解析】选项A不正确。零基预算主要不是衡量项目有效性的工具。

选项B不正确。通过综合规划和资源分配，绩效与资源投入之间的关系是计划编制预算系统的一部分。

选项C不正确。零基预算编制通常会增加而不是减少预算审查所需的时间；也就是说，它包括确定所需资源，而不是对以前期间使用的资源进行推断。

选项D正确。传统的预算编制方法只是按一定比例或增量调整去年的数字。零基预算将项目划分为目标、活动和所需资源。然后重新计算每个的成本，而不考虑以前的表现。

【例题2－29】BM有限公司的目标是减少浪费，并制定出从紧高效的预算。管理团队知道这将耗费不少时间，所以他们计划在预算流程中投入更多时间和更多人员。对于下一个预算年度，将对所有作业和职能进行全面审核。主计长选择使用本年度的总预算作为来年预算流程的起点。从管理层的目标角度考虑，主计长选择的是最适合的预算方法吗?

A. 是，他应当采用当期预算，并进行渐进式更改以减少浪费

B. 否，他应当实行连续预算，从而提供更新的信息

C. 否，他应当选择零基预算编制法，不允许任何不合理的成本

D. 否，他应当选择作业预算编制法，重点关注历史成本规律

【答案】C

【解析】选项A不正确。BM有限公司的目标是减少浪费，并制定出从紧高效的预算，而达成这个目标最有效的预算方法是零基预算。

选项B不正确。BM有限公司的目标是减少浪费，并制定出从紧高效的预算，而达成这个目标最有效的预算方法是零基预算。

选项C正确。BM有限公司关于下一个年度的预算主要目标是减少浪费，并制定出从紧高效的预算，且接受耗费大量时间去审核所有作业和职能。零基预算满足BM有限公司的需求。

选项D不正确。作业预算编制法有一定的减少浪费的功能，但是作业预算法的资源配置是和作业息息相关的，和历史中以部门为基础进行预算编制的规律不相一致。

【例题2－30】L公司目前正在制定来年的季度预算。过去工人们花上3.2个小时去完成一项复杂的装配任务。如果L公司采用滚动预算或者持续

改进（Kaizen）预算，则下列哪一项恰当地表述了该年的装配时间是按逐步改进的原则估计的？

A. 维持在3.2小时　维持在3.2小时

B. 维持在3.2小时　少于3.2小时

C. 少于3.2小时　维持在3.2小时

D. 少于3.2小时　少于3.2小时

【答案】B

【解析】滚动预算只是指时间上每次减一个周期然后加一个周期，而持续改进体现的是对预算内容的持续改进，因此滚动预算的装配时间是维持，持续改进预算的装配时间应该少于原来的3.2小时。

【例题2-31】某公司的目标是减少浪费，并制定出从紧高效的预算。管理团队知道这将耗费不少时间，所以他们计划在预算流程中投入更多时间和更多人员。对于下一个预算年度，将对所有作业和职能进行全面审核。主计长选择使用本年度的总预算作为来年预算流程的起点。从管理层的目标角度考虑，主计长选择的是最适合的预算方法吗？

A. 是，他应当采用当期预算，并进行渐进式更改以减少浪费

B. 否，他应当实行连续预算，从而提供更新的信息

C. 否，他应当选择零基预算编制法，不允许任何不合理的成本

D. 否，他应当选择作业预算编制法，重点关注历史成本规律

【答案】C

【解析】选项A不正确。该公司的目标是减少浪费，并制定出从紧高效的预算，而达成这个目标最有效的预算方法是零基预算。

选项B不正确。连续预算不能实现从紧高效、减少浪费的目标。

选项C正确。该公司关于下一个年度的预算主要目标是减少浪费，并制定出从紧高效的预算，且接受耗费大量时间去审核所有作业和职能。零基预算满足该公司的需求。

选项D不正确。作业预算编制法有一定的减少浪费的功能，但作业预算法的资源配置是和作业息息相关的，和历史中以部门为基础进行预算编制的规律不相一致。

【例题2-32】某公司发现其年度预算在记录实际数据后很快便会过期。有时候，在确定年度预算前，这一期间的实际准备工作已经开始，这使得公司没有时间对变化中的因素做出反应。该公司希望预算尽可能地与时俱进，且管理层希望可以按需修订预算。哪种预算编制解决方案最适合该公司？

A. 弹性预算编制　　B. 作业预算编制

C. 零基预算编制　　D. 连续预算编制

【答案】D

【解析】选项A不正确。弹性预算编制不可能让该公司按需修订预算。

选项 B 不正确。作业基础预算不可能让该公司按需修订预算。

选项 C 不正确。零基预算不可能让该公司按需修订预算。

选项 D 正确。该公司希望预算的实际数据能够做到及时的反馈，因为连续预算编制能反映最新当前发生的事项并估计未来的影响，故此企业能够与时俱进，按需修订预算。

第五节　年度利润计划与相关报表

一、总预算

总预算（master budget），也叫静态预算或全面预算，又称年营运/营业计划或年利润计划。它是指一年或一个经营期内或更短时间内一个企业综合全面的量化的经营预算，涉及并强调了各个责任中心总预算，执行和贯彻了战略规划。组织可以利用这些信息来审视公司当前的运营状况并制订长期计划和短期计划。

1. 总预算包含两个主要的组成要素，即经营预算与财务预算。

（1）经营预算是企业关于确定营运所需资源及获得方式的预算，它包括生产、采购、销售、人员配置预算等。

（2）财务预算是企业关于资金来源与使用的预算，如现金流、财务状况、收入等预算。它主要包括两方面的预算。

- 资本预算：资本预算阐明公司在选定的资本项目上计划长期投资的金额，如购买不动产、厂房和设备，或者收购企业与产能。
- 现金预算：是确保企业在财务年度内现金流动性而编制的资金计划，帮助企业有序安排融资、合理规划投资久期，以便在需要资金时能及时变现。

总预算的两个组成要素（经营预算和财务预算）的主要内容和财务报表的最终反映如表 2 – 21 所示。

表 2 – 21　　总预算的组成要素及内容

总预算的组成要素	包括内容	财务报表的反映
经营预算	销售预算 生产预算 直接材料预算 直接人工预算 间接费用预算 产品销售成本预算 销管费用预算	模拟损益表
财务预算	资本预算 现金预算	模拟资产负债表 模拟现金流量表

2. 总预算的流程如图 2－10 所示。

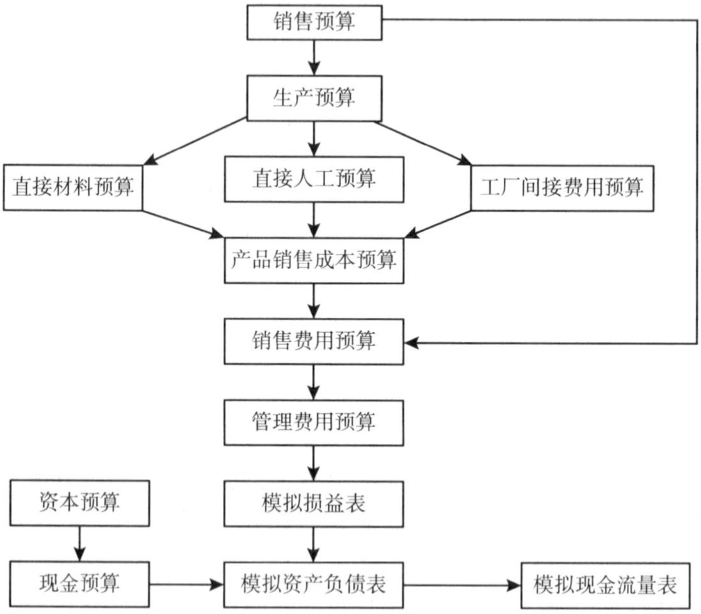

图 2－10 总预算流程

【例题 2－33】 在现金预算编制完成之后，需要编制的预算是：

A. 资本预算　　B. 预算损益表

C. 生产预算　　D. 预算资产负债表

【答案】 D

【解析】 选项 A 不正确。资本预算在现金预算编制前完成。

选项 B 不正确。预算损益表是对经营预算的总结，而不是在现金预算编制完成之后进行。

选项 C 不正确。生产预算是经营预算的组成部分，不会在现金预算编制完成之后进行。

选项 D 正确。企业编制预算的顺序遵循两条线：一条线为经营预算，编制顺序为销售预算—生产预算—原材料采购和生产预算—人工预算—间接费用预算—预算损益表；另一条线为财务预算，编制顺序为资本预算—现金预算—预算资产负债表。根据上述信息，在现金预算编制完毕之后，企业将会编制预算资产负债表。

二、经营预算

经营预算是帮助企业确定营运所需资源及获得方式的预算，它最终将反映在模拟损益表中。经营预算包括销售预算、生产预算、直接材料预算、直接人工预算、间接费用预算和销管费用预算等。

（一）销售预算

销售预算是经营预算的起点，同时也是其他经营预算编制的基础。对于企业来说，如果没有准确的销售预测，所有其他的预算要素也将会是不准确的。一般来说，销售预算的两个关键要素是下一期间预计的销售数量和下一期间预计的销售价格。

销售预测不仅需要考虑历史销售趋势，还需考虑经济和产业状况、竞争对手行为、成本、定价、信用政策、广告营销支出、未履行的订单、潜在客户等因素。

销售预测可以使用统计分析技术，如回归分析、期望值分析来进行。还要依赖销售经理对其所在的市场和客户需求的了解。

销售预算的生成是极具挑战性的，因为几乎没有只生产一种产品的公司。真正的问题是，可能有相当多的产品，以至于为个别产品制定销售预测是不切实际的。相反，预测很可能是在产品大类水平上进行，然后再分解为各个产品的销售预测。如果是在公司的基层制定销售预算（如一个销售区域），那么将这些预算在更高层面进行汇总之前，必须要有一种合理的方法将过度乐观或者悲观的看法从预算中除去。因为编制预算的时间可能很长，并且销售预算中的问题会渗透到后续的预算中，所以公司可能无法获得预算利润表，而且会发现预测的销售水平也不会产生令人满意的净利润。防止这种情况发生的一种有效方法是在准备销售预算时按照经验法则来计算边际贡献或毛利。如果结果看起来不令人满意，那就必须考虑用其他方法来改善销售或降低成本。

（二）生产预算

在销售预算完成后，企业应进行生产预算的编制。生产预算的目的是来满足企业未来销售和库存的需求。公司应根据存货管理系统以及与供应商的关系，制定安全库存水平。在对销售没有负面影响的前提下，存货应尽可能低，这样可以更好地优化和控制生产预算量和生产预算支出。

预算生产量的计算公式为：

预算生产量 = 预算销售量 + 预期期末存货 − 预期期初存货

此外，企业在生产预算中还需要考虑生产过程中不良率的情况，以及库存产成品过期损耗的情况。上述计算公式中的预算产量仅是指产出的合格品，如果考虑不良率和过期损耗的情况，那么预算产量中还要包含不良品数量和库存损耗数量。

例如，某企业第三季度的生产预算如表 2 − 22 所示。

表 2-22　某企业第三季度的生产预算

项目	7 月	8 月	9 月	第三季度
预算销量	70 000	72 000	77 000	219 000
+预期期末产成品存货	10 000	11 000	12 000	12 000
-期初产成品存货	8 000	10 000	11 000	8 000
预算合格品生产量	72 000	73 000	78 000	223 000
合格率（1-不良率）	80%	80%	80%	80%
预算产成品生产量*	90 000	91 250	97 500	278 750

注：*预算产成品生产量=预算合格品生产量÷合格率。

【提示】预算销售量、预算生产量、预期期末存货和预期期初存货的关系是 CMA 考试的重点考查内容。生产预算量不仅要考虑销售预算的数量，还需要考虑预期期末库存和预期期初库存的差异。以下是 CMA 考试中经常出现的三种可能发生的情况：①预期期末库存量一般不是直接给出，而是将期末库存表达为下一期销售量的一个百分比。②期初库存有可能存在过期情况，而过期库存应当从期初库存中被减去。③质检因素，在生产过程中，产品需要质检后才会进入产成品库，故此生产的产成品数量由于次品的原因，要多于实际进入成品库的数量。

预算销售量是物流经理计划来年资源需求、安排生产进度以及确立运输政策的基础。当实际销售额低于或显著高于预计收入时，整个存货体系都会受到影响。

在生产预算的计划阶段，产品经理会完成生产进度表，大致确定他们如何满足预期的产品需求。这里估算的内容应包括生产设备、存货和人员的成本。影响生产预算的其他因素包括新设备的投资、雇用必要的员工、产能约束以及生产进度问题。

许多公司在其运营的执行阶段使用物料需求计划系统（MRP，也被称为制造资源规划）。MRP 系统能够以销售预算或生产计划作为输入，并且 MRP 系统将生成能够满足物料使用、物料采购和直接劳动计划的输出。需要注意的是，生产预算将用于计算资产负债表上产成品存货的金额。

（三）直接材料预算

直接材料预算是生产的重要部分，它确定生产中所需耗用的直接材料数量及其成本情况，为了满足生产需要，直接材料需要购买并随后投入生产，因此，直接材料预算分为生产需求的直接材料预算和采购的直接材料预算两个部分，生产需求的直接材料预算的公式为：

生产需求的直接材料预算=生产预算中的产成品数量×每件产品需要的原材料数量

由于采购的直接材料预算需要考虑期初库存和期末库存问题，故此它的公式为：

$$采购的直接材料预算 = 生产需求的直接原材料预算 + 预期期末直接材料库存量 - 预期期初直接材料库存量$$

（四）直接人工预算

直接人工预算帮助管理者了解在生产环节中人工成本未来会发生多少，以便安排相应的人员并核算人工成本。直接人工预算由生产经理和人力资源经理共同编制。由于企业产成品生产工序众多，人工成本很少只发生一种，一般都为两种或者多种混合人工成本，而总人工成本就是各种人工成本加总。除了工资成本之外，组织还应该估算员工福利成本，计入直接人工成本，或者计入间接费用。

直接人工预算公式是：

$$生产所需的直接人工工时数 = 预算产成品生产数量 \times 单位产品所需直接人工工时$$

$$\begin{aligned}直接人工成本预算 &= 生产所需的直接人工工时数 \times 直接人工工时的单位成本 \\ &= 预算产成品生产数量 \times 单位产品所需直接人工工时 \\ &\quad \times 直接人工工时的单位成本\end{aligned}$$

除了工资成本之外，组织还可以估算员工福利成本。雇主会为达到联邦保险缴费法案（FICA）的要求而出资，还可能为其员工支付一部分健康保险、人寿保险或者养老金匹配计划的费用。员工福利可以计入直接人工成本，或者计入制造费用。多数情况下，它们都包含在制造费用中。无论作为直接人工成本还是作为制造费用，其对产品销售成本的影响都是一样的。

（五）制造费用预算（间接费用预算）

对于未划入直接材料预算和直接人工预算的生产成本，企业均将其认定为间接费用，并在间接费用预算中予以体现。间接费用属于混合成本，它包括变动间接费用和固定间接费用。变动间接费用是指总费用随产量的变动而等比例变动的费用，如机器用电费。固定间接费用是指总费用不随产量变动而发生改变的费用，如租金、折旧、管理人员工资等。

（六）编制标准成本报表

编制标准成本报表的信息包括单位产品的直接材料成本、直接人工成本、变动间接费用和固定间接费用。其中，固定间接费用，需要通过固定间接费用分摊率来计算。固定间接费用的计算公式是：

$$固定间接费用分摊率 = \frac{固定间接费用总预算}{成本动因预算数量}$$

$$单位产品固定间接费用 = 固定间接费用分摊率 \times 单位产品成本动因$$

标准成本报表展示了生产 1 单位产品所需的资源和这些资源的成本。标准成本报表可用于评估存货、衡量边际收益和确定销售价格。

（七）产品销售成本预算

产品销售成本包括与销售产品有关的总成本。产品销售成本预算在生产预算、直接材料预算、直接人工预算和间接费用预算完成后才开始编制。因为产品销售成本预算一栏与前述所有预算有关联。

产品销售成本的计算公式是：

产品销售成本 = 期初产成品库存 + 本期生产成本投入（预算直接材料 + 预算直接人工 + 预算间接费用）- 期末产成品库存

期初产成品库存和期末产成品库存的金额，使用标准成本乘以计划的期初和期末产成品库存数量。

某企业第三季度的产品销售成本预算如表 2 - 23 所示。

表 2 - 23　某企业第三季度产品销售成本预算　单位：千美元

项目	7 月	8 月	9 月	第三季度
期初产成品存货	624			624
耗用的直接材料	4 680	4 827. 5	5 185. 25	14 692. 75
耗用的直接人工	540	547. 5	585	1 672. 5
间接费用	317. 7	320. 6	335. 1	973. 4
商品制造成本	5 537. 7	5 695. 6	6 105. 35	17 338. 65
可供出售的商品成本				17 962. 65
- 期末产成品存货				936
产品销售成本				17 026. 65

产成品成本由三项成本构成，这三项成本是耗用的直接材料成本、耗用的直接人工成本以及制造费用。这意味着产成品成本能够被分为变动成本和固定成本两个组成部分，变动成本部分包括耗用的直接材料成本、耗用的直接人工成本以及变动制造费用，固定成本部分就是固定制造费用。将产成品成本划分成两部分能帮助公司确定其产品的单位边际贡献和总边际贡献：

单位边际贡献 = 产品的单位售价 - 产品的单位变动成本

总边际贡献 = 总销售收入 - 总变动成本

边际贡献反映了销售收入中高出变动成本的那一部分，可以用来弥补固定成本。一旦固定成本得到了弥补，剩下的边际贡献将成为公司的营业利润。当计算两种边际贡献时，其他非制造环节的变动成本，如变动销售费用和管理费用也需要考虑进来。

（八）销售和管理费用预算

销售和管理费用属于企业的期间费用，其中：

销售费用包括销售部门的工资与佣金、差旅娱乐费、广告支出、运输费、与销售相关的邮资和文具费等。

管理费用包括管理人员工资、法律与专业服务费、公用事业费、保险费、与销售无关的文具费、低值易耗品、邮资等。

GAAP 要求销售和管理成本在发生时计入费用。这些成本通常被称为营业费用。销售和管理费用同样可划分为固定费用和变动费用。一般而言，销售费用同时包含固定费用和变动费用两部分，而管理费用中固定费用占的比重较大。

（九）模拟利润表

模拟（预算）利润表揭示了公司在满足其预算要求、并且各项假设前提正确无误的条件下，公司在未来财年末所能获得的利润。如果模拟利润表中的利润小于企业的目标，那么管理层必须采取修正行动去调整预算，使得预算利润满足目标要求，模拟利润表可作为绩效评估的基准。

如表2－24所示，某企业为第三季度所编制的模拟损益表，它结合了前述的销售预算、产品销售成本和销管费用预算中的重要财务信息。

表2－24　某企业为第三季度所编制的模拟损益表　单位：美元

销售额	24 357 600
－产品销售成本	17 026 650
毛利	7 330 950
－销管费用	2 367 000
经营利润	4 963 950
－利息费用	140 036
税前利润	4 823 590
－所得税	1 702 165
净利润	3 121 425

【例题2－34】某公司从事家庭小型计算机备用磁带驱动系统的组装生产。第一季度预算销量为67 500件，公司去年第四季度留有库存3 500件，其中200件已经淘汰过时，期末目标存货量为10天的销量（一年360天）。请问第一季度的预算产量为多少件？

A. 70 700件　B. 71 700件　C. 72 700件　D. 73 700件

【答案】B

【解析】选项B正确。第一季度的期初库存，因为200件产成品已经过时，故此该数额应当从期初库存中移除。第一季度末的期末库存：67 500×4/360×10＝7 500（件）；预算产量为：67 500＋7 500－(3 500－200)＝71 700（件）。

【例题2－35】某公司下一年度预算销量为6 300件，在下一年年底将会有590件库存商品。期初存货为470件。公司根据以往经验，所生产产品中，有10%最终通不过质检，必须被销毁。请问公司下一年度应该计划生产多少件产品？

A. 6 834件　B. 7 134件　C. 7 434件　D. 7 734件

【答案】B

【解析】选项 B 正确。

指标	下一年度预算
销量预测	6 300 件
+期末库存期望的存货数量	590 件
=总的产品数量需求	6 890 件
-期初存货	470 件
预算合格品生产量	6 420 件
合格率（1-废品率）	90%
预算产成品生产量*	7 134 件

注：预算产成品生产量=预算合格品生产量/合格率。

【例题 2-36】某公司编制了如下生产计划：

单位：件

月份	产量
1	10 000
2	8 000
3	9 000
4	12 000

每单位产品包括 3 磅的原材料。所需期末材料为下月生产的 120% 再加 500 磅（期初存货满足需求）。该公司的直接人工生产标准如下：

项目	部门 1	部门 2
每单位用时	2.0	0.5
工资率	6.75 美元/时	12 美元/时

该公司在 3 月需要购买多少直接材料？

A. 70 700 磅　B. 71 700 磅　C. 36 800 磅　D. 37 800 磅

【答案】D

【解析】选项 D 正确。

单位：磅

指标	3 月
生产量（材料采购的上游需求）	9 000
×每件产品需要的原材料数量	3
=生产需求的原材料数量	27 000

续表

指标	3 月
+ 要求的期末原材料库存	43 700（12 000 × 120% × 3 + 500）
= 总的需求的原材料数量	70 700
− 原材料的期初存货	32 900（9 000 × 120% × 3 + 500）
= 需要采购的原材料数量	37 800

【**例题 2 − 37**】某公司编制了如下生产计划：

月份	产量
1	10 000
2	8 000
3	9 000
4	12 000

每单位产品包括 3 磅的原材料。所需期末材料为下月生产的 120% 再加 500 磅（期初存货满足需求）。该公司的直接人工生产标准如下：

项目	部门 1	部门 2
每单位用时	2.0	0.5
工资率	6.75 美元/时	12 美元/时

该公司 2 月的直接人工预算为多少美元？

A. 156 000 美元　B. 155 000 美元　C. 154 000 美元　D. 153 000 美元

【**答案**】A

【**解析**】选项 A 正确。2 月的预期产成品生产数量为 8 000 个，

部门 1 人工 = 预期产成品生产数量 × 单位产品所需直接人工工时 × 直接人工工时的单位成本 = 8 000 × 2.0 × 6.75 = 108 000（美元）

部门 2 人工 = 预期产成品生产数量 × 单位产品所需直接人工工时 × 直接人工工时的单位成本 = 8 000 × 0.5 × 12 = 48 000（美元）

故此，直接人工预算为两个部门人工之和为 108 000 + 48 000 = 156 000（美元）。

三、财务预算

企业在完成了经营预算的编制并制定了模拟（预算）利润表后，接下来就需要编制财务预算。企业编制财务预算的目的是确认为支持营运所必需的资产和资本（债务与所有者权益）的获得与使用的规划，财务预算主要包括资

本预算、现金预算、模拟（预算）资产负债表及模拟（预算）现金流量表。图 2 - 11 列示了财务预算的流程。

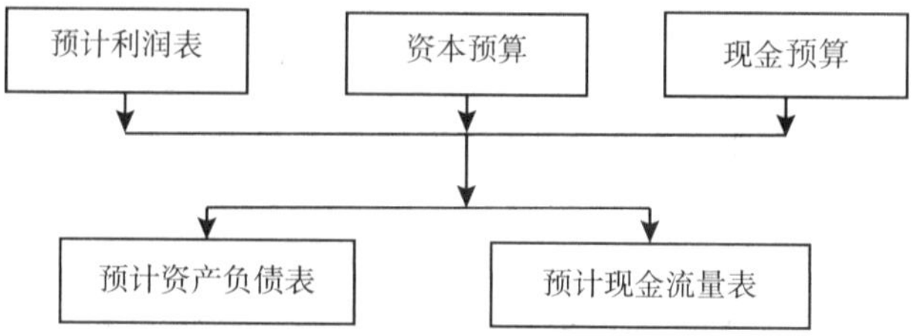

图 2 - 11 财务预算流程

（一）资本预算

资本预算阐明公司在选定的资本项目上计划长期投资的金额，如购买不动产、厂房和设备，或者收购企业与产能。

资本预算对资本项目的划分一般采用以下方法：

（1）按项目类型（建筑、机器等）。

（2）按项目融资额度。

（3）按融资时间的先后顺序。

（4）按投资理由（设备更新、流程改进等）。

资本预算用于评估和选定需要大额融资的项目，这能给公司带来长远的利益。因为所有企业都要面对资源的稀缺性，所以必须要对其资本进行合理配置。因此，资本预算首先必须与公司战略保持一致，并且公司战略必须持续调整以充分利用内部的优势与外部的机会。

（二）现金预算

现金预算是确保企业在年度内流动性而编制的资金计划，帮助组织有序安排融资、合理规划投资久期，以便在需要资金时能及时变现。现金预算编制的周期一般为每月编制一次，也可以根据管理需要提高编制频次，如按周进行编制。

现金预算可以帮助企业进行以下四方面的财务规划。

（1）现金收入。来自当期和前期的货款回收及其他收入来源，如利息收入等。

（2）现金支出。包括材料采购、工资、各项费用和税金等。

（3）现金结余或短缺。期初现金余额，加现金收入，减现金支出和最小现金余额要求，所得到的就是当期的现金短缺或者现金结余。现金短缺可通过融资来解决，而现金结余可用来投资。

（4）融资和投资。如果企业出现现金短缺，意味着企业的流动性水平低于管理层或董事会设定值，企业应着手寻找现金来源，为企业发展提供合理的资金支持；而如果企业出现现金结余，意味着企业可以将结余的现金用于暂时性投资及短期投资，以提高其资金使用收益。在选择投资项目时，大多数公司更注重资本保值而不是投资回报。

【提示】

- 预算中的现金收入部分和现金支出部分受到许多因素的影响。公司通常会分别编制现金收入表和现金支出表。

现金收入表可以预估每期的回款百分比。

预计现金支出表也可以使用支付百分比模式，支付的百分比要基于支付的历史记录。现金支出可以分解为材料采购、直接工资、一般管理费用以及所得税。现金支出应剔除不引起现金流出的费用，如折旧费。

- 应收账款回款模式：是一种预测工具，用来估计由于赊销产生的现金流入的时机和应收账款的水平。当月现金收入的计算公式是：

当月现金收入 =（当月回收百分比 × 当月销售额）
+（销售后次月回收百分比 × 上月销售额）
+（销售后第二个月回收百分比 × 两个月前销售额）
+（销售后第三个月回收百分比 × 三个月前销售额）

- 非销售业务收到的现金，也应该加入当月现金收入中。

一旦公司确定了现金收入和现金支出，再结合期初现金余额，就可以编制现金预算表。现金预算表可以帮助公司确定现金有结余还是短缺。

现金预算会对总预算中的其他部分产生影响。现金预算中的融资部分决定了公司的借款需要。短期借款成为资产负债表中的流动负债。并且短期借款的利息计入利润表中的利息费用。使用剩余现金进行的短期投资将成为资产负债表中的流动资产。

（三）模拟资产负债表

模拟（或预算）资产负债表是企业对自身资产、负债和所有者权益状况的总结和归纳。展示了公司的营运活动对其资产、负债和所有者权益的影响；通常，是总预算最后编制的项目；在编制模拟（或预算）资产负债表时，需将预算期间的营运结果与上期资产负债表中的余额相加。

（四）模拟现金流量表

模拟（或预算）现金流量表反映了公司的预计资金来源和资金用途。按业务活动，可将公司的现金流分别归入三项活动，它们分别是经营活动、投资活动和融资活动。

经营活动部分追踪的是由经营活动本身所产生的现金流。包含在这个类别的现金流有净利润（需要加回折旧，因为其为非付现费用）加上其非现金经营资本账户余额（即应付账款和应收账款、存货、待摊和预提费用，以及递延税款）的净变化。

投资活动部分追踪的是与资本资产的买卖相关的现金流。

筹资活动部分追踪的是来自公司长短期债券的出售和偿付、公司优先股与普通股的出售和回购，以及现金股利的支付等活动的现金流。值得注意的是，债务的利息支付属于经营活动部分，并不属于筹资活动部分。

（五）现金预算、资本支出预算及预计财务报表之间的关系

现金预算将经营、现金收入和现金支出预算的结果结合起来，它提供了既定期间组织预期现金收支的整体情况。资本支出预算是包含在现金预算中现金支出部分的一个分项。完成的预计利润表可以说明获得可接受的收入水平是可能的。估计的收入和现金预算的变化用来编制预计资产负债表。预计现金流量表将全部的现金收入和现金支出基于三类活动进行分类，此三类活动为经营活动、投资活动和筹资活动。

【例题 2－38】 从以往情况来看，P 公司没有发生坏账的情况，公司的销售政策为 10% 现金销售，90% 信用销售，具体的回款方式如下：40% 的信用销售收入于销售当月收回，30% 的信用销售收入于销售次月收回，25% 的信用销售收入于销售后第二个月收回，5% 的信用销售收入于销售后第三个月收回。未来数月的销售预测情况如下：

单位：美元

月份	销售额
1	95 000
2	65 000
3	70 000
4	80 000
5	85 000

1. 请计算 4 月收到的现金。

2. 由于经济衰退，P 公司预计决定从 4 月份开始将信用销售中包含 2% 的坏账调整，坏账在销售后第三个月 5% 的现金收回减少以反映坏账。由于这一政策的变化，4 月销售所带来的该月预计现金流入是否和政策制定之前相比发生变化？

【解析】

1. 74 600 美元。1 ~5 月的收款金额计算过程如下：

单位：美元

销售月份	销售额	收款计算公式	收款额
1	95 000	95 000 ×（10% +90% ×40%）	43 700
2	65 000	65 000 ×（10% +90% ×40%）+95 000 ×90% ×30%	55 550
3	70 000	70 000 ×（10% +90% ×40%）+65 000 ×90% ×30% +95 000 ×90% ×25%	71 125

续表

销售月份	销售额	收款计算公式	收款额
4	80 000	80 000 × (10% +90% ×40%) +70 000 ×90% ×30% +65 000 ×90% ×25% +95 000 ×90% ×5%	74 600
5	85 000	85 000 × (10% +90% ×40%) +80 000 ×90% ×30% +70 000 ×90% ×25% +65 000 ×90% ×5%	79 375

2. 不会发生变化。该题目 4 月预计现金流入和政策制定之前相比没有发生变化。原因在于该政策仅仅影响后期的现金流入，而不影响本期，所以没有变化。

第六节　顶层设计与分析

总预算或年度利润计划中包含着一系列预计财务报表。这些财务报表是帮助公司对未来进行规划的关键要素。基于这些预计报表，公司能够：确定能否实现既定目标；估计支持其预计销售增长所需的外部资金数量；进行敏感性分析，以确定预计值、运营活动以及政策变化对所选定的财务比率的影响。

一、模拟财务报表与预算

完成现金预算后，企业应当编制模拟财务报表。模拟财务报表主要包括模拟利润表、模拟资产负债表和模拟现金流量表。模拟财务报表与预算的关系如图 2 – 12 所示。

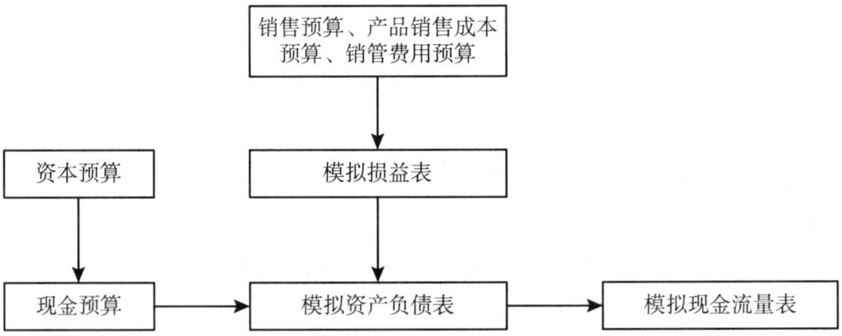

图 2 – 12　模拟财务报表与预算的关系

模拟报表相当于公司的预计财务报表。编制预计报表的过程应该生成一项计划，该计划具有如下特点：

（1）是可达成的。

（2）如果实现了，将被视为一个可接受的结果。

（3）在财务上具有可行性。资本预算对于确保公司未来计划的财务可行性具有重要意义。

模拟财务报表对企业非常有用，它能支持企业执行以下功能：①确定能否实现既定目标；②估计支持其预计销售增长所需的外部资金数量；③进行敏感性分析，以确定预计值、运营活动以及政策变化对财务比率的影响。

二、使用销售百分比法编制模拟利润表和模拟资产负债表

销售百分比法非常适用于那些没有正式的预算团队，或者管理层需要迅速获得一份模拟财务报表的企业。它是一种比较简便的模拟报表编制方法，主要方式是将模拟利润表与模拟资产负债表中的很多项目与未来的销售收入挂钩。销售百分比法假设特定销售量所必需的直接支持性活动，将与销售成比例增长，其中涉及模拟损益表的项目有产品销售成本和销管费用，涉及模拟资产负债表的项目有流动资产、净固定资产、应付账款和应计负债；同时销售百分比法假设与融资活动有关的项目不与销售同比例增长，如应付票据、长期债务和所有者权益等。

（一）编制模拟利润表

例如，某公司采用销售百分比法预测模拟财务报表的各个项目。假设如下：

产品销售成本占销售额的80%，销管费用占销售额的5%。

现金及现金等价物相当于销售额的3%，应收账款相当于销售额的18%，存货相当于销售额的25%。

净固定资产相当于销售额的35%，应付账款相当于销售额的12%，其他应付款相当于销售额的8%。

预计下一年销售收入增长18%，普通股12 000股，股利支付率为40%。短期借款利率为8%（余额5 000美元），长期借款利率为10%（余额20 000美元），所得税税率为35%。

该企业模拟利润表编制过程如表2－25所示。

表2－25　　单位：千美元

项目	本年度（给定）	预测公式	下一年度（预测）
销售额	100	100×(1+18%)	118
销售成本	80	80×(1+18%)	94.4
毛利	20	118－94.4	23.6
销管费用	5	118×5%	5.9
经营利润	15	23.6－5.9	17.7
利息	1.8	5×8%+20×10%	2.4

续表

项目	本年度（给定）	预测公式	下一年度（预测）
税前利润	13.2	17.7－2.4	15.3
所得税	4.62	15.3×35%	5.355
净利润	8.58	15.3－5.355	9.945
每股收益	0.72	9.945×1 000÷12 000	0.83
股利（40%）	3.432	9.945×40%	3.978
保留盈余的增加	5.148	9.945－3.978	5.967

（二）编制模拟资产负债表

该企业模拟资产负债表编制过程如表2－26所示。

表2－26 单位：千美元

项目	本年度（给定）	预测公式	下一年度（预测）
资产			
现金及等价物	3	118×3%	3.54
应收账款	18	118×18%	21.24
存货	25	118×25%	29.5
流动资产总计	46	3.54＋21.24＋29.5	54.28
净固定资产	35	118×35%	41.3
资产总计	81	54.28＋41.3	95.58*
应付账款	12	118×12%	14.16
其他应付款	8	118×8%	9.44
短期借款	5	不变	5
流动负债总计	25	14.16＋9.44＋5	28.6
长期借款	20	不变	20
负债总计	45	48.6	48.6
普通股	20	不变	20
留存收益	16	16＋5.967	21.967
所有者权益总计	36	41.967	41.967
负债及所有者权益总计	81	90.567	90.567*

注：*在上面的资产负债表中，资产的总计不等于负债及所有者权益总计，二者相差约为5 013美元（95 580－90 567）。这个缺口就是由于未来销售增长而产生的支持企业现金流动性的融资需求，需要通过正确的融资方式来进行解决。

（三）确定额外融资需求

企业可以根据初步编制完成的模拟资产负债表中总资产和负债及所有者权

益的差额预测融资需求，预测融资需求金额等于模拟资产负债表中资产总额减去模拟资产负债表中负债及所有者权益总额，通过上一个案例，我们可以发现该企业的融资需求金额为 5 013 000 美元。

企业在确认融资需求金额之后，就需要确定融资方式和融资渠道。

融资方式一般可分成对外融资和对内融资，其中对外融资可以细分为短期融资、长期融资和股权融资（发行股票）；而对内融资的主要形式就是降低支付股利，让更多的盈余留在企业内。

上一个案例中，企业决定通过短期借款的方式进行解决融资需求，因此在资产负债表中，企业将短期借款将增加 5 013 000 美元，该企业调整之后的模拟资产负债表如表 2－27 所示。

表 2－27　　单位：千美元

项目	本年度（给定）	预测公式	下一年度（预测）
资产			
现金及等价物	3	118×3%	3.54
应收账款	18	118×18%	21.24
存货	25	118×25%	29.5
流动资产总计	46	3.54+21.24+29.5	54.28
净固定资产	35	118×35%	41.3
资产总计	81	54.28+41.3	95.58
应付账款	12	118×12%	14.16
其他应付款	8	118×8%	9.44
短期借款	5	5+5.013	10.013
流动负债总计	25	14.16+9.44+10.013	33.613
长期借款	20	不变	20
负债总计	45	33.613+20	53.613
普通股	20	不变	20
留存收益	16	16+5.967	21.967
所有者权益总计	36	41.967	41.967
负债及所有者权益总计	81	90.567	95.58

增加了额外融资的模拟资产负债表，公司的财务杠杆率升高了。杠杆率的增加可能会提高未来支付的利率，也会增加权益资本的成本，使加权平均资本成本增加。这应该是一个警示，提醒公司销售的增长无法通过当前的资金来实现，或许应该减少股利支付率。

三、编制模拟现金流量表

企业在编制完模拟利润表和模拟资产负债表之后，就可以编制模拟现金流量表。模拟的经营性现金流有两种编制方式：直接法和间接法。

（1）直接法直接报告了经营活动产生的现金收入和现金支出，这两者之间的差额就是经营活动产生的现金流量净额。

（2）间接法是以净收益为起点，并将其调整为经营活动产生的现金流量净额。直接法和间接法编制现金流量表的方法，可以参考第一章外部财务报告中第一节的内容。

直接法下经营性现金流的归集如表2-28所示。

表2-28　　直接法下经营性现金流的归集

经营活动现金流：
现金流入：
+收到顾客的现金
+应收票据的利息收入
+投资于股票的股息收入
=总的现金流入
现金支出：
+向供应商的支付
+员工的支付
+利息支付
+税费支付
=总的现金支出
经营活动的净现金流（总现金流入-总现金支出）

间接法下经营性现金流的归集如表2-29所示。

表2-29　　间接法下经营性现金流的归集

经营活动现金流：
净收益
将净收益调整为经营活动净现金流：
+折旧/折耗/摊销费用
+投资或者筹资活动的损失（往往是出售长期资产的损失）
-投资或者筹资活动的利得（出售长期资产的利得）

续表

−除了现金以外的流动资产的增加
+除了现金以外的流动资产的减少
+流动负债的增加
−流动负债的减少
=经营活动的净现金流

四、使用模拟财务报表评估预期绩效

使用模拟报表评估预期绩效是指企业通过计算各种财务比率来进行，并将计算结果同预先设定的目标值和行业平均值相比较。企业一般常用的财务比率如表 2－30 所示。

表 2－30　常见的财务比率

财务比率	公式
流动比率	$\frac{流动资产}{流动负债}$
速动（酸性测试）比率	$\frac{流动资产-存货}{流动负债}$
资产回报率（ROA）	$\frac{净利润}{平均总资产}$
毛利率	$\frac{毛利}{销售收入}$
营业利润率	$\frac{营业利润}{销售收入}$
债务比率（资产负债率）	$\frac{总债务}{总资产}$
利息偿付率（利息保障倍数）	$\frac{息税前利润（EBIT）}{利息费用}$
基本 EPS（每股收益）	$\frac{净利润-优先股股利}{发行在外的加权平均普通股股数}$
可持续增长率	股本收益率×(1－股利支付率)

五、敏感性分析

模拟财务报表和基于这些报表计算的财务比率，是对未来情况的预测，这些预测总是有改变的可能性。如果其中的某一个或几个假设发生了改变，模拟财务报表和财务比率的结果又会发生怎样的变化？

公司可以通过实施一系列敏感性分析来了解这些可能发生的情况。敏感性分析通过系统改变某一个假设，分析这些变化对模拟报表和财务比率的影响的幅度。

例如，最初预算的销售额增长率是18%，公司可以基于16%和20%的销售额增长率，所有其他假设均保持不变，重新编制模拟利润表和模拟资产负债表。把16%、18%和20%的销售增长率的模拟利润表和模拟资产负债表加以对比，使公司可以了解，当销售增长率改变时，利润表项目和资产负债表项目会怎样改变（见表2-31）。

表2-31　　模拟报表　　单位：美元

项目	销售额增长率=16%	基准情景=18%	销售额增长率=20%	百分比（%）
销售额	116 000	118 000	120 000	100
产品销售成本（COGS）	92 800	94 400	96 000	80
毛利	23 200	23 600	24 000	20
销售和管理费用（S&A）	5 800	5 900	6 000	5
息税前利润（营业利润）	17 400	17 700	18 000	15
利息	2 400	2 400	2 400	
税前收益	15 000	15 300	15 600	
所得税（税率为35%）	5 250	5 355	5 460	
净利润	9 750	9 945	10 140	
每股收益	0.81	0.83	0.85	
股利	3 900	3 978	4 056	
留存收益增加额	5 850	5 967	6 084	
资产				
现金及现金等价物	3 480	3 540	3 600	
应收账款	20 880	21 240	21 600	
存货	29 000	29 500	30 000	
流动资产合计	53 360	54 280	55 200	
固定资产净值	40 600	41 300	42 000	
资产总计	93 960	95 580	97 200	
负债与所有者权益				
应付账款	13 920	14 160	14 400	
应计负债	9 280	9 440	9 600	
应付票据	8 910	10 013	11 116	
流动负债合计	32 110	33 613	35 116	
长期负债	20 000	20 000	20 000	
负债合计	52 110	53 613	55 116	

续表

项目	销售额增长率=16%	基准情景=18%	销售额增长率=20%	百分比（%）
普通股	20 000	20 000	20 000	
留存收益	21 850	21 967	22 084	
所有者权益合计	41 850	41 967	42 084	
负债与所有者权益总计	93 960	95 580	97 200	

销售增长率变化时，财务比率发生的变化（见表2－32）。

表2－32　　模拟财务比率

项目	销售额增长率＝16%	基准情景＝18%	销售额增长率＝20%
流动比率	1.6618	1.6149	1.5719
速动比率	0.7586	0.7372	0.7176
资产回报率（ROA）	0.1038	0.1040	0.1043
权益回报率（ROE）	0.2330	0.2370	0.2409
毛利率	0.2000	0.2000	0.2000
营业利润率	0.1500	0.1500	0.1500
净利润率	0.0841	0.0843	0.0845
债务比率	0.5546	0.5609	0.5670
利息保障倍数（TIE）	7.2500	7.3750	7.5000
额外融资需要	3 910 美元	5 013 美元	6 116 美元

简答题出题方向分析

【出题方向1】定义或者解释某一种战略规划工具，并结合案例中的信息对战略规划工具进行分析，并说明该战略规划工具对案例中企业的意义。

解题要点：熟练掌握规划工具涵盖的主要方面及适用的情况。包括企业在战略规划前的外部环境分析和内部环境分析过程中所应用的波特五因素分析，SWOT分析、在情境规划中采取的5C分析和PEST分析，以及对产品和服务进行定位的波士顿矩阵，并将上述分析工具结合题中的信息进行综合的案例分析。考试的重点是波特的五因素分析、SWOT分析和波士顿矩阵。

【出题方向2】预算的基本概念和企业编制预算的原因在实践中的运用，并结合案例中的信息说明预算基本概念的重要性和企业编制预算目的的合理性。

解题要点：理解并记忆预算对于企业来说是一个实体的营运计划和控制工具，它为企业建立了重要的定量目标，并为企业未来一年的损益、现金流量和财务状况设定了具体目标。而企业编制预算的原因主要是预算有规划、沟通和协调、监督与评估作用，同时根据案例提供的信息，详细说明案例企业在预算管理过程中所做的工作是否符合预算的基本要求和目的。

【出题方向3】定义或者说明三种公司预算流程，各种预算流程的特点及其优缺点。

解题要点：理解并记忆权威式预算、参与式预算和混合式预算流程的各自特点。权威式预算的特点主要包括：①预算的编制时间短，成本低；②该预算将企业战略放在首要位置；③各部门为了企业战略进行更好的协调工作；④部门管理者不一定能够良好地实施权威式预算；⑤部门管理者不受激励。参与式预算的特点主要包括：①预算的编制时间长，成本较高；②该预算不将企业战略放在首要位置；③各部门没有为企业战略进行良好的协调工作；④部门管理者因为和领导进行了沟通，能够良好实施该预算；⑤管理者可能因为自身的利益，会刻意进行预算松弛的行为。而混合式预算的主要特点是：①上级从上到下制定预算，下级从下到上实施预算；②上级和下级之间进行广泛的交流和沟通。

在答题过程中，应当充分结合题目中的案例公司预算流程情况，迅速说明其特征，然后同其他的预算流程进行对比说明其优缺点。解题思路主要围绕着案例公司的预算是否支撑公司整体战略、是否充分发挥协调作用、是否能够激励员工、是否促进中低层员工对预算的执行和适用的情况等几个方面进行阐述。

【出题方向4】结合案例提供的企业预算管理信息，解释说明成功预算的编制特征，并指出案例企业的预算编制是否成功。

解题要点：理解并记忆成功预算编制的特征包括：①预算与公司战略保持一致，因为预算必须支撑公司的战略落地；②预算流程相对独立，但应根据战略规划和预测来编制预算；③预算能用来缓解潜在的“瓶颈”问题，并能将资源进行有效配置；④预算中所给出的数据和事实在技术上必须正确无误且准确；⑤管理层充分认可预算，并对预算负责；⑥员工视预算为规划、沟通和协调的工具，而不是压力或惩罚措施；⑦预算应对员工起到激励作用；⑧预算应作为一种内部控制工具，内部使用的预算应以可控成本为基础实施绩效评估；⑨销售费用和管理费用的预算应足够详细以使得关键假设能被很好地理解；⑩预算编制团队的上级部门必须审查并核准预算。在答题过程中，应当充分结合题目中的案例公司预算管理情况，迅速说明其预算编制的优点或缺陷，并针对其缺陷提出有针对性的解决方案。

【出题方向5】定义并解释预算松弛，并阐述消除预算松弛的解决方案。

解题要点：理解并记忆预算松弛定义是管理者因为内心害怕失败，完不成预算的心理倾向，而在预算中给自己留有余地。它的表现形式是成本和费用预算高估而销售预算低估。理解并记忆预算松弛的解决方案包括：①高管层制定有一定挑战的预算目标；②严格的预算审批；③采取零基预算和作业基础预算避免不必要的财务资源浪费；④管理层以身作则，自己不带头预算松弛；⑤对预算和实际对比准确度进行分析，对预算不准确的情况进行惩罚；⑥要求企业人员更高的职业操守和诚信度。

【出题方向6】解释和说明预算过程中的成本标准的制定方式，并阐述成本标准的来源。

解题要点：理解并记忆成本标准制定方式分为权威式标准和参与式标准两种，而成本标准的选取又分成理想标准和基本可实现标准两种。关于设定成本标准的信息来源，应理解并记忆四种信息来源：①作业分析；②历史数据；③市场预期和战略决策；④标杆分析。其中作业分析是最彻底的成本标准计算方法。

【出题方向7】结合案例提供的定量信息，进行学习曲线的计算，并解释说明学习曲线的优缺点。

解题要点：理解并准确进行累积法下的学习曲线的定量计算，认识到增量法在产出翻倍的时候，学习曲线是生产最后一个产品的时间节约，而累积法学习曲线是生产所有产品平均时间的节约。理解并记忆学习曲线的优点包括：①有利于预算成本制定；②有利于产品定价；③有利于绩效评估；④有利于增加客户满意度。而学习曲线的缺点包括：①学习曲线仅适合人工密集型、重复性人工操作的企业；②学习曲线率理论上是固定的，但在现实中绝非如此，降幅会有变化；③学习曲线未必是影响企业效率变化的唯一原因，其他因素（如产品组合变化、劳动力组合变化等）有可能才是企业人工成本降低和优化的核心要素。

【出题方向8】定义某一种预算编制方法，解释并说明某一种预算编制方法的优点和缺点。

解题要点：熟练掌握各种预算的编制方法定义和优缺点，包括弹性预算、零基预算、滚动预算、产品生命周期预算和作业基础预算等。结合题意给出的背景信息和题目中所采用的预算编制方法确认是否恰当或存在不足之处进行阐述。重点关注弹性预算的优点、零基预算的定义和优点，以及产品生命周期预算的优缺点。

【出题方向9】定义经营预算、财务预算、资本预算和现金预算，并解释说明经营预算和财务预算的组成部分。

解题要点：理解并记忆：①经营预算是企业关于确定营运所需资源及获得方式的预算，它包括销售预算—生产预算—直接材料预算—直接人工预算—间接费用预算和成本预算—销管费用预算，结束于模拟损益表。②财务预算是企业关于资金来源与使用的预算，如现金流、财务状况、收入等预算。它主要包括资本预算和现金预算两个部分，结束于模拟资产负债表。③资本预算阐明公司在选定的资本项目上计划长期投资的金额，如购买不动产、厂房和设备，或者收购企业与产能。④现金预算是确保企业在财务年度内流动性而编制的资金计划，帮助企业有序安排融资、合理规划投资久期，以便在需要资金时能及时变现。

【出题方向10】用销售百分比法编制模拟资产负债表、模拟利润表和模拟现金流量表。

解题要点：第一步，要分清楚财务报表上哪些科目会随着销售的变化而变化，哪些科目不全是随着销售的变化而变化。然后计算出相应科目的数值。第二步，在第一步的计算结果之上，确定融资金额，融资金额 = 资产 − 负债 − 所有者权益。第三步，根据题目提供的融资方式分配不同方式的融资金额，然后更新报表数值。

历年经典试题回顾

一、单选题

【经典试题 1】 一家制造公司以尽可能低的成本为某一特定领域生产塑料器皿。公司正在追求：

A. 成本领先战略　　B. 成本集中战略

C. 成本差异化战略　　D. 成本控制战略

【答案】 B

【解析】 选项 A 不正确。成本领先者是整个行业中成本最低的生产商。

选项 B 正确。成本导向是一种通过降低成本，但竞争范围狭窄（如区域市场或专业产品线）来寻求竞争优势的通用战略。成本集中战略的原因是：公司深谙这一点——狭窄的市场可以得到更好的服务。

选项 C 不正确。成本差异化的目的是在不同的细分市场以不同的成本提供产品。

选项 D 不正确。成本控制旨在控制与特定产品/市场相关的成本，但不一定以尽可能低的成本生产。

【经典试题 2】 某公司生产碳酸饮料，公司市场份额占 60%，行业影响力第一。第二名竞争者市场份额 20%，其余的 20% 来自零碎生产商。该企业的主要客户 50% 是超市和大型零售商，现在超市和大型零售商准备合并为大型市场。运用波特五力模型分析该公司的盈利能力：

A. 盈利能力高，由于对买家影响大

B. 盈利能力低，并且随着买家影响力增大而继续减少

C. 盈利能力低，因为买家影响能力低

D. 盈利能力高，但可能随着买家影响力增加而减少

【答案】 D

【解析】 公司的市场占有率有绝对优势，相对客户有很强的议价能力，能够获得较高的利润。但是两个客户合并后，客户的议价能力增强，将会降低公司的盈利能力。

【经典试题 3】 在波士顿矩阵中，一家成功公司的典型生命周期进程是：

A. 明星，问号，现金牛，狗　　B. 问号，明星，现金牛，狗

C. 明星，现金牛，问号，狗　　D. 问号，现金牛，明星，狗

【答案】 B

【解析】选项 A 不正确。问号阶段通常先于明星阶段。

选项 B 正确。从问号到明星、现金牛和狗。因此，企业在制定战略时应考虑小企业单位的现状及其可能的进展。

选项 C 不正确。问号阶段通常先于明星阶段和问号阶段。

选项 D 不正确。明星阶段通常先于现金流阶段。

【经典试题 4】预算松弛会出现以下情况，除了：

A. 成本预算高估，销售预算低估

B. 资源分配低下

C. 削弱部门协调性

D. 管理层可以了解公司实际盈利水平

【答案】D

【解析】其他三项都是预算松弛的巨大问题。

【经典试题 5】公司正在制定人工工时标准，设备说明书上说明人工为 18 秒做完一件产品，一个是主要竞争对手 28 秒做完一件，一个是去年实际人工工时 38 秒做完一件产品，一个是在现场进行作业分析一个批次 1440 件用了 8 个小时，哪个适合用作预算人工工时标准？

A. 18 秒　　B. 28 秒　　C. 38 秒　　D. 20 秒

【答案】D

【解析】选项 A 不正确。18 秒是说明书上的人工标准，是理想标准，很难实现。

选项 B 不正确。28 秒是竞争对手的标准，属于标杆标准，不一定适合本企业。

选项 C 不正确。38 秒是历史数据，没有作业分析可靠，无法排除过去的低效造成的影响。

选项 D 正确。$8 \times 60 \times 60 \div 1440 = 20$（秒），是作业分析的结果，是最可靠的成本标准。

【经典试题 6】公司制订年度利润计划的步骤如下：最高管理层在收到各级管理者的意见后，向下分发规划指南。销售预算由各个销售单位编制，反映各部门的销售目标。这为各业务单位的部门生产预算和其他相关组成部分提供了依据。沟通主要是横向的，也可能有一些向上的沟通。利润计划提交给最高管理层进行协调和审查。最高管理层的建议和修改由中层管理者执行。修订后的利润计划将重新提交给最高管理层进一步审查。最高管理层授予最终批准，并将正式计划下发给各运营部门。该步骤最能说明以下哪种预算编制方法？

A. 最高管理层强加的预算

B. 自下而上的方法

C. 自上而下的方法

D. 各运营单位对所有活动的全部理由

【答案】 B

【解析】 选项 A 不正确。高层管理人员通过执行这些步骤得到了来自下级的广泛投入和合作。

选项 B 正确。自下而上的方法的特点是最高管理层的一般指导，其次是中层和下级管理层的广泛投入。这个过程的顺序恰当地描述了这个过程。

选项 C 不正确。这些步骤与自上向下的方法相反。

选项 D 不正确。最高管理层并不要求对所述步骤中的所有活动进行合理化，这样的要求将与零基预算制度相一致。

【经典试题 7】 某制造公司正在为下个月的制造成本编制弹性预算。该公司按每月生产 10 000 ~ 30 000 件进行成本估计。在上两个月中，电力成本（半变动成本）在制造 18 000 件时为 39 600 美元，在制造 20 000 件时为 42 000 美元。生产 24 000 件的预算电力成本应是多少？

A. 44 400 美元　　B. 46 800 美元　　C. 50 400 美元　　D. 52 800 美元

【答案】 B

【解析】 选项 B 正确。产量和电力成本是线性关系（既有变动成本，又有固定成本）。

$$电力成本\ (y) = 产量\ (x) \times a + b$$

$39\ 600 = 18\ 000 \times a + b$

$42\ 000 = 20\ 000 \times a + b$

解方程组，得出 $a = 1.2$，$b = 18\ 000$

产量 24 000 时的电力成本 $= 24\ 000 \times 1.2 + 18\ 000 = 46\ 800$（美元）

【经典试题 8】 在准备下一年度利润计划时，某公司想要确定其维修成本的成本习性。该决定采用 $y = a + bx$ 的线性回归方法分析维修成本。上年维修时间和维修成本及回归分析结果如下：

月份	耗费小时	维修成本（美元）
1	480	4 200
2	320	3 000
3	400	3 600
4	300	2 820
5	500	4 350
6	310	2 960
7	320	3 030
8	520	4 470

续表

月份	耗费小时	维修成本（美元）
9	490	4 260
10	470	4 050
11	350	3 300
12	340	3 160
合计	4 800	43 200
平均	400	3 600

平均每小时的成本	9.00 美元
A	684.65
B	7.2884
a 的标准差	49.515
b 的标准差	0.12126
估计的标准差	34.469
R^2	0.99724

如果该公司运用高低点法进行分析，那么耗用小时与维修成本之间关系的等式是：

A. $y=400+9.0x$　　B. $y=570+7.5x$

C. $y=3\ 600+400x$　　D. $y=570+9.0x$

【答案】 B

【解析】 选项 B 正确。需要建立作业与维修成本之间的等式关系，首先要确定耗用时间的最高点（8 月的 520 小时）和最低点（4 月的 300 小时）。

月份	耗费小时	维修成本（美元）
8	520	4 470
4	300	2 820
差异	220	1 650

因为工时数增加 220 小时，成本增加 1 650 美元，则每小时 7.5 美元。因此，在 300 小时作业量，总变动成本是 2 250 美元（7.5×300）。因为总成本是 2 820 美元，超过变动成本的 570 美元一定是固定成本。将其代入标准回归等式 $y=a+bx$，则$y=570+7.5x$。

【经典试题 9】 某工厂生产新产品，第一批生产 10 件，人工工时 100 小时，采用累计平均时间模式，学习率为 80%，则生产第三批和第四批产品的总用时是多少？

A. 96 小时　　B. 80 小时　　C. 60 小时　　D. 40 小时

【答案】A

【解析】选项 A 正确。第一批产品的生产平均工时（即总工时）100 小时。

前两批产品的生产平均工时：100 × 80% = 80（小时）；

前两批产品的生产总工时：80 × 2 = 160（小时）；

前四批产品的生产平均工时：100 × 0.8 × 0.8 = 64（小时）；

前四批产品的生产总工时：64 × 4 = 256（小时）；

第三批和第四批总耗时 = 256 − 160 = 96（小时）。

【经典试题 10】A 公司正在预测明年的销售量，预计有 30% 的可能性销售量会增长 10%，有 10% 的可能性会下降 5%，除去增长 10% 和下降 5% 的可能性外，其他可能性与今年持平，今年的销售量为 70 000 件，A 公司预测的明年的销售应该为：

A. 77 000 件　　B. 70 000 件　　C. 71 750 件　　D. 66 500 件

【答案】C

【解析】选项 C 正确。明年的销售预测 = 70 000 × 60% + 70 000 × (1 + 10%) × 30% + 70 000 × (1 − 5%) × 10% = 42 000 + 23 100 + 6 650 = 71 750 (件)

【经典试题 11】某公司要对预算进行全面的审查。CEO 认为，每个项目的预算不能因为今年通过审批，下一年就自动延续，并且要求各部门经理证明其预算项目的准确性。请问该公司应该采取什么样的预算？

A. 零基预算　　B. 项目预算　　C. 增量预算　　D. 弹性预算

【答案】A

【解析】选项 A 正确。复查可能失效的职能和职责是零基预算的一个优势。如果某个项目的财务资源配置不合理，下一年需要进行重新评估和重新配置，这是零基预算的典型做法。

选项 B 不正确。项目预算并不涉及对年度预算进行全面审查和重新评估事宜。

选项 C 不正确。增量预算非常可能造成某项目预算今年通过审批，明年就继续延续。

选项 D 不正确。弹性预算和题目所说的内容没有关联。

【经典试题 12】一家公司正在努力决定应该实施哪种竞争战略。由于该公司最近开始生产万圣节产品，并在几个月前在其万圣节商店销售，它正试图专注于低成本。该公司认为，这将使其具有竞争优势，因为全国各地的竞争都在销售更昂贵的万圣节产品。公司最有可能尝试实施哪种竞争战略？

A. 成本领先　　B. 差异化　　C. 注重成本　　D. 聚焦差异化

【答案】 A

【解析】 选项 A 正确。成本领先通过具有广泛竞争范围的低成本来寻求竞争优势。由于该公司以低成本销售其产品，而且在全国有许多竞争对手，所以它具有广泛的竞争范围。

选项 B 不正确。差异化通过独特的产品和广泛的竞争范围来寻求竞争优势。

选项 C 不正确。成本焦点通过低成本和狭窄的竞争范围寻求竞争优势。

选项 D 不正确。聚焦差异化通过提供独特的产品和狭窄的竞争范围来寻求竞争优势。

【经典试题 13】 某公司在收到现金付款的当月，对其销售团队支付销售佣金。佣金为每月现金流入总额的 5%。该公司预计 8 月、9 月、10 月的销售分别为 300 000 美元、400 000 美元、200 000 美元。赊销和现金销售大约各占一半。经验显示，70% 的赊销款项会在销售发生的次月收回，20% 在售后第二个月收回，10% 无法收回。基于以上信息，该公司 10 月支付的佣金总额为：

A. 8 500 美元　　B. 13 500 美元　　C. 17 000 美元　　D. 22 000 美元

【答案】 B

【解析】 选项 A 不正确。8 500 美元没有考虑 10 月的现金销售。

选项 B 正确。该公司 10 月的现金销售预算为 100 000 美元（全部销售额 2 000 000 美元的一半）。预计 8 月赊销额的 20% 将在 10 月收回，即（150 000 × 20%）= 30 000（美元）。预计 9 月赊销额的 70% 将在 10 月收回，即（200 000 × 70%）= 140 000（美元）。因此，10 月预计现金流入等于 100 000 + 30 000 + 140 000 = 270 000（美元）。因为销售佣金是每月现金流入量的 5%，因此 10 月的销售佣金为 13 500 美元（270 000 × 5%）。

选项 C 不正确。17 000 美元是以 8 月和 9 月销售总额为基础计算的，而不是以赊销额为基础计算的。

选项 D 不正确。22 000 美元使用的是销售总额，而不是赊销额。

【经典试题 14】 某公司明年的季度销售预算如下所示：

单位：件

季度	销量
第一季度	10 000
第二季度	8 000
第三季度	12 000
第四季度	14 000

公司要求期末存货保持在下个季度销量的 20%，那么明年第二季度预计产量为：

A. 7 200 件　B. 8 000 件　C. 8 800 件　D. 8 400 件

【答案】C

【解析】选项 A 不正确。7 200 件意味着将期初存货减掉两次。

选项 B 不正确。8 000 件意味着假设存货没有变化。

选项 C 正确。需要的产成品为销售（第二季度销量 8 000 件）加上希望的期末库存［第三季度销售预算 2 400 件（12 000×20%）］，减去期初存货［第二季度预计销售的 1 600 件（8 000×20%）］，等于第二季度生产预算的 8 800 件。

选项 D 不正确。8 400 件意味着在计算时包括了第一季度的期初存货，而不是第二季度的期初存货。

【经典试题 15】以下哪一项在编制总预算时可以被视为是独立的？

A. 期末存货预算　B. 资本投资预算

C. 预计利润表　D. 预计资产负债表

【答案】B

【解析】选项 A 不正确。期末存货预算是以现有生产预算为基础。

选项 B 正确。不像其他总预算要素，资本投资预算可以提前一年多进行编制。因为必须制定几种类型的资本投资的长期任务，必须提前编制该计划，并以未来年度的需求为基础，而不是以今年的需求为基础。

选项 C 不正确。预计利润表是以销售预算、费用预算及目前总预算其他项目为基础。

选项 D 不正确。预计资产负债表是以目前总预算的其他项目为基础。

二、简答题

布卢明顿公司财务总监杰瑞正在和下属一起进行预算编制工作。在和下属进行交流和沟通之后，杰瑞要求预算编制团队人员在 6 周内制定出预算，提交给企业高管团队进行审批。在预算编制会议上，财务分析师马克告诉杰瑞，企业明年的销售将比今年提高 20%。作为变动成本，原材料、变动制造费用将随销售额的提高而成比例提高，而另外一项变动成本——人工费用的增长将为 10%。固定制造费用明年将和今年保持一致。在销售管理费用中，变动部分每单位为 1 000 美元，固定部分明年降低 2 000 000 美元。杰瑞随后翻阅了本年度的销售业绩，发现了如下财务数据：销售单位 10 000 个，每个产品售价 10 000 美元，人工费用为 20 000 000 美元，原材料费用为 30 000 000 美元，变动制造费用为 10 000 000 美元，固定制造费用为 5 000 000 美元，销售管理费用为 15 000 000 美元。

问题：

1. 该公司的预算编制流程是哪一种？它有什么优点和缺点？

2. 财务分析师马克进行预测后编制预算最可能采取的预算编制方法是哪

种？它存在哪些优点和缺点？

3. 请编制该企业明年模拟利润表的预算。

4. 企业如果明年实际销售额提高了30%，在未来如何进行最合理的绩效评估？

5. 在确定人工成本的时候，财务分析师马克进行了学习曲线分析。请说明为什么布卢明顿公司未来一年的人工成本并没有按销售增长而成比例增长？学习曲线能够帮助企业达到什么样的管理目的？

【答案】

1. 该公司的预算编制流程是哪一种？它有什么优点和缺点？

由于财务总监和下属在预算编制过程中进行了广泛的交流沟通，故此该公司的预算编制方式应当属于参与式预算。参与式预算是一种自下而上的预算，也就是管理者和下属共同商讨进行的预算。

参与式预算的优点是：

（1）来自第一线的专业信息有可能使预算决策更可靠。

（2）部门管理者因为和领导进行了沟通，受到激励，故此能够良好实施该预算。

（3）参与式预算非常适用于经营环境高度波动的企业。

参与式预算的缺点是：

（1）该预算不将企业战略放在首要位置，各部门可能无法为企业战略进行良好的协调工作。

（2）预算编制时间长，成本较高。

（3）预算过程中，如果高管过松审批会导致预算松弛。

2. 财务分析师马克进行预测后编制预算可以采取的预算编制方法是哪种？它存在哪些优点和缺点？

财务分析师马克进行预测后编制的预算可以采取增量编制方法。原因在于马克的预测无论是收入还是成本都是建立在上一年的经营数值之上，并在此基础上进行百分比的增加。

增量预算法的优点是：企业预算编制速度快并且费用低，而且能够利用预算编制历史的良好经验和基础。

增量预算法的缺点是：预算编制历史中的错误和不利内容都无法在新的预算编制过程中排除掉，并且增量预算法很容易导致预算松弛和财务资源配置不合理。

3. 请编制该企业明年模拟利润表的预算。

模拟利润表的预算编制如下：

模拟利润表	金额（美元）	计算过程
企业销售收入	120 000 000	(10 000 × 120% × 10 000 = 120 000 000)
产品销售成本	75 000 000	(30 000 000 × 120% + 20 000 000 × 110% + 10 000 000 × 120% + 5 000 000)
毛利	45 000 000	(120 000 000 − 75 000 000)
变动销管费用	12 000 000	(1 000 × 10 000 × 120%)
固定销管费用	3 000 000	(5 000 000 − 2 000 000)
营业利润	30 000 000	45 000 000 − 12 000 000 − 3 000 000

4. 企业如果明年实际销售额提高了30%，在未来如何进行最合理的绩效评估？

应该编制一份销售额增长30%的弹性预算，并将此弹性预算和实际业绩相比进行绩效评估。因为弹性预算是建立在静态预算的基础上，标准成本和标准价格不变，而对生产的数量或者销售的数量进行改变后编制而成，在进行绩效评估的时候，将静态预算调整成以实际产出或销售额为基础的弹性预算之后，将该弹性预算和实际业绩进行绩效评估，分析弹性预算差异和销售量差异，从而更好地了解企业销售额增长30%的情况下，成本、费用和销售收入方面的差异情况和业绩表现。

5. 在确定人工成本的时候，财务分析师马克进行了学习曲线分析。请说明为什么布卢明顿公司未来一年的人工成本并没有按销售增长而成比例增长？学习曲线能够帮助企业达到什么样的管理目的？

人工成本的增长没有按照销售比例增长而相应增长，实际原因是该企业可能是劳动密集型企业，产品做得越多，工人工作就越熟练，工人效率得到提升，故此人工成本增长会放缓，没有按照销售增长而成比例增长，这反映出学习曲线的性质：当员工的效率不断提高的时候，人工成本将会呈曲线降低。

研究学习曲线对于企业有非常重要的管理意义，学习曲线研究可以：①帮助企业确定产品成本；②帮助企业合理定价；③帮助企业进行良好的绩效评估；④帮助企业准确计算客户的交付时间，提高客户的满意度。

同步测试题 ● ● ●

一、单选题

1. P公司计划生产一种新设计的高技术飞机螺旋桨。P公司预计随着工人的经验增加，他们会用更少的时间完成工作。根据之前的经验，某制造公司需要800直接人工工时来生产第1批4单位的新型发动机。管理层相信再生产接下来的4批时会经历90%的学习曲线。生产接下来的12单位产品需要多少直接人工工时？

A. 1 792　　B. 1 944　　C. 2 016　　D. 2 160

2. 某企业一个分部市场占有率很高，但是近几年市场增长率放缓，充沛的现金流还能给其他业务提供支持，请问属于波士顿矩阵中的哪个？

A. 明星业务　　B. 现金牛业务

C. 问题业务　　D. 瘦狗业务

3. 梅蒂斯公司是一家大型软件服务公司，过去得益于有强力的集中式领导模式。最高管理层做出决定，为整个组织和中低层经理设定目标，并要求他们与团队共同实现这些目标。下面哪种情况表明现在的集中领导方式对公司来说可能是一个弱点？

A. 梅蒂斯的最高管理层现在几乎完全由为梅蒂斯工作了很长一段时间并且有很高专业知识的工程师组成

B. 梅蒂斯最近赢得了一份为美国政府提供软件服务的合同

C. 梅蒂斯最近更改其业务，转而更注重于产品开发，而产品开发团队的成员更看重自主权和创作自由

D. 梅蒂斯公司所在国家的人们注重组织的等级层次结构

4. 朱诺公司是生产手机和笔记本电脑的一家企业，其高层管理正在对公司业务进行SWOT（优势、劣势、机会和威胁）分析。公司的副总裁安德鲁·哈德逊将公司尖端研发部门列为优势之一，因为它可以帮助设计高质量产品。然而，营销经理梅兰妮·哈里斯认为研发部门是一个劣势而不是优势。下列哪一个选项支持梅兰妮的观点？

A. 朱诺公司在良好的法律环境下经营，知识产权得到有效的保护

B. 朱诺手机和笔记本电脑继续保持高利润率

C. 由于经济萧条，朱诺公司消费群体对价格变得越来越敏感

D. 朱诺的大部分业务来自于被称为“尝鲜”的消费者

5. 下列哪一项不是在管理控制制度中采用预算的优点所在？
A. 督促管理层编制计划
B. 提供业绩考核的标准
C. 在组织内部促进沟通和加强协调
D. 限制未经授权审批的费用开支

6. 一份成功预算应包括以下几个方面，除了：
A. 每月定期进行调整和修改　　B. 年底提供绩效评估基础
C. 有助于激励员工努力工作　　D. 和企业战略目标保持一致

7. P 玩具公司预计来年将会销售 200 000 件洋娃娃。期初库存为 12 000 件，期末目标的库存量为 15 000 件。每件洋娃娃需要从外部供应商采购一双（2 只）鞋子。期初的鞋子库存为 20 000 只，期末目标的库存量为 18 000 只。请问下一年中公司将要采购多少只鞋子？
A. 396 000 只　　B. 398 000 只　　C. 402 000 只　　D. 404 000 只

8. 在对密歇根公司的运营情况做了全面的调研以后，一位独立的咨询顾问认为公司的劳动力标准设定可能过紧。下列提到的哪一项事实和该咨询顾问的结论不一致？
A. 对业绩报告的审查，显示存在着很多生产效率的不利差异
B. 公司的预算编制流程规定得明白清晰，且遵循自下而上的理念
C. 管理层观察到近几期的激励奖金支付很少
D. 生产监管人员发现产量波动显著，大起大落

9. 自上而下的预算编制方法最大的缺点是：
A. 有损目标的一致　　B. 缺少高层管理者的支持
C. 与战略计划的不一致　　D. 缺乏重要的激励作用

10. 每个组织会出于各种不同的原因进行计划和预算。以下哪一项不是进行计划和预算的原因？
A. 提供控制运营的基础
B. 迫使经理们考虑预计未来的发展趋势和情况
C. 确保获利
D. 检查组织目标运营的进展情况

11. A 公司已经收集了过去 24 个月的数据以确定是否存在一个自变量，可以用来估计送货费用。正在考虑的三个可能的自变量是送货数量、送货里程和送

货重量。用来确定这些自变量是否能为送货成本提供有效估计的定量技术是：

A. 弹性预算法　　B. 线性规划法

C. 线性回归分析　　D. 可变成本法

12. 某制造公司有机会竞标生产 20 单位产品，该公司已经生产了两批，每批 10 单位。生产经理相信生产前两批时经历的学习会至少在后两批的生产过程中持续。前两批所需的直接人工如下所示：

- 第一批 10 单位产品的直接人工工时为 5 000
- 第二批 10 单位产品的直接人工工时为 3 000

该公司生产前两批的累积学习率是：

A. 40.0%　　B. 60.0%　　C. 62.5%　　D. 80.0%

13. R 公司正在编制 4 月和 5 月的现金预算。公司与其银行的信用额度是 200 000 美元，借款利息的年利率为 12%，若出现现金赤字需以 10 000 美元的倍数进行借款。4 月 1 日公司无未偿还贷款余额也无现金余额。本金偿还可在任何有现金盈余的月份支付，而利息则按月支付。如果没有未偿还贷款，R 公司期末将把剩余资金投资于美国国库券。R 公司打算通过借款弥补赤字或通过将过剩资金投资以在每月末维持最低 100 000 美元的现金结余。预计每月的现金收回和支出方式如下：现金回款，当月销售预算的 50%，上月销售预算的 50%。应付账款支出，当月应付账款的 75%，上月应付账款的 25% 其他预算中当月发生的现金支付。

预算信息　　单位：美元

项目	3 月	4 月	5 月
销售额	40 000	50 000	100 000
应付账款	30 000	40 000	40 000
工资	60 000	70 000	50 000
其他支出	25 000	30 000	10 000

4 月 R 公司的预算结果是：

A. 现金盈余 45 000 美元

B. 由于现金赤字，使用信用额度借款 50 000 美元

C. 由于现金赤字，使用信用额度借款 100 000 美元

D. 由于现金赤字，使用信用额度借款 90 000 美元

14. 在有利的天气条件下，一个农场的管理部门预计它的覆盆子作物将有 120 000 美元的市场价值。受霜冻影响的无保护作物的预期市场价值为 80 000 美元。如果农场保护覆盆子免受霜冻，在无霜条件下，作物的市场价值仍将为

120 000 美元，如果发生霜冻，则为 180 000 美元。农场霜冻发生在什么概率下对花 20 000 美元的帐篷来提供霜冻保护无所谓的态度？

A. 0.167　　B. 0.200　　C. 0.250　　D. 0.333

15. 一家公司制造复杂程度各不相同的系列产品包括基本款、标准款和豪华款。该公司使用 25 种不同的作业成本动因向其产品分摊间接费用成本。豪华款通常使用更多成本动因。该公司鼓励经理关注各产品的作业活动，并控制这些作业的成本。以下哪种预算方法最能满足此公司的需要？

A. 传统预算　　B. 零基预算

C. 作业预算编制　　D. 弹性预算

16. 皇冠建筑公司是一家住宅建筑商。该公司针对一些位于正在开发区域中的地块提供了 12 种住宅设计供其客户选择。在其 15 年的运营中，皇冠在编制年度预算时会根据上一年的实际经营数据以通货膨胀和预计业务量方面的变化进行调整。在此期间，皇冠的利润率在所有本地住宅建筑商之间一直处于最低水平。最近，皇冠的所有权发生了变化。新管理层认为，在公司的很多领域都存在重大的不必要开支，不过他们不确定超支的具体领域或程度如何。为了提高盈利能力，皇冠的新管理层应采用的预算编制类型为：

A. 作业预算编制　　B. 连续预算

C. 项目预算　　D. 零基预算

17. 彩虹公司最近任命了乔伊斯作为财务副总裁并要求她设计一个新的预算系统。乔伊斯把年度预算改成 12 个月的月度预算系统。然后乔伊斯为每一个部门编制月度预算并且要求经理提交月度报告，比较实际与预算的差异。A 部门的月度计划样本如下，由高管强加的月度预算将会引起行为问题。以下都是这类问题的原因，除了

彩虹公司 A 部门月度报告

项目	实际	预算	差异
数量	1 000	900	100F
变动生产成本			
直接材料	2 800 美元	2 700 美元	100 美元 U
直接人工	4 800 美元	4 500 美元	300 美元 U
变动生产费用	4 250 美元	4 050 美元	200 美元 U
固定成本			
折旧	3 000 美元	2 700 美元	300 美元 U
所得税	1 000 美元	900 美元	100 美元 U
保险	1 500 美元	1 350 美元	150 美元 U

续表

项目	实际	预算	差异
管理费用	1 100 美元	990 美元	110 美元 U
销售费用	1 000 美元	900 美元	100 美元 U
总成本	19 450 美元	18 090 美元	1 360 美元 U

A. 使用弹性预算而不是固定预算
B. 管理高层对预算编制过程的权威态度
C. 包含了不可控成本例如折旧
D. 缺少考虑因素例如季节性

18. 企业生产汽车，从汽车设计、研发、制造、销售整个过程，时间为5年，选用哪种预算方法？

A. 连续预算　　B. 项目预算　　C. 弹性预算　　D. 静态预算

19. 莱克斯科公司目前正在制定来年的季度预算。过去工人们花上3.2个小时去完成一项复杂的装配任务。如果莱克斯科采用滚动预算或者持续改进（Kaizen）预算，则下列哪一项恰当地表述了该年的装配时间是按逐步改进的原则估计的？

	滚动预算	持续改进（Kaizen）预算
A.	维持在3.2小时	维持在3.2小时
B.	维持在3.2小时	少于3.2小时
C.	少于3.2小时	维持在3.2小时
D.	少于3.2小时	少于3.2小时

20. 下列各项预算：

Ⅰ. 产品销售成本预算
Ⅱ. 生产预算
Ⅲ. 采购预算
Ⅳ. 行政管理费预算

如按编制的时间先后排列，正确的顺序应该是：

A. Ⅰ、Ⅱ、Ⅲ、Ⅳ　　B. Ⅲ、Ⅱ、Ⅳ、Ⅰ
C. Ⅳ、Ⅱ、Ⅲ、Ⅰ　　D. Ⅱ、Ⅲ、Ⅰ、Ⅳ

21. 因特公司下一年度的销售预算如下：

产品项目	产销量	单价（美元）	销售收入（美元）
1	200 000	50	10 000 000
2	150 000	10	1 500 000

续表

产品项目	产销量	单价（美元）	销售收入（美元）
3	300 000	30	9 000 000
收入合计			20 500 000

产品 1 和产品 3 是同一种产品的不同规格。产品 2 是产品 1 的互补品。过去的经验表明产品 1 和产品 2 之间的销量关系保持相当稳定。因特公司正在考虑来年对产品 1 加价 10%，但这会导致其销量下降 20%，同时产品 3 的销量增加 5%。如果因特公司对产品 1 加价 10%，则总销售收入将会下降多少？

A. 1 050 000 美元　　B. 850 000 美元
C. 750 000 美元　　D. 550 000 美元

22. 汉农零售公司的定价策略是在其成本上加成 30%。公司预计 7 月、8 月、9 月的销售额分别为 715 000 美元、728 000 美元、624 000 美元。公司的销售政策是每个月月末保持的库存量是下月销量的 25%。请问在 8 月公司的预算上，存货采购成本应该是多少？

A. 509 600 美元　B. 540 000 美元　C. 560 000 美元　D. 680 000 美元

23. 泰勒公司生产单一产品，8 月预算产量为 220 000 件，预算的制造成本如下：

单位：美元

项目	总成本	单位成本
变动成本	1 408 000	6. 40
批量调整准备成本 *	880 000	4. 00
固定成本	1 210 000	5. 50
总计	3 498 000	15. 90

注：* 批量调整准备成本（batch set-up cost），指的是每生产完一个批量（batch）的产品后，需要对机器设备调整、清洁，为下一批生产做好准备所花费的成本。这是一种间接成本。

在月产量为 200 000 ~ 300 000 件的范围内时，单位变动成本和总的固定成本保持不变。每月批量调整准备成本总额，均取决于公司当月的生产批次。一般而言每批产 50 000 件，除非生产上要求少于此数。以前年度中，公司曾经月度每批生产 42 000 件、45 000 件和 50 000 件。为了尽量减少生产批次，公司坚持每个月都要编制生产计划。

9 月公司计划生产 260 000 件。请问公司 9 月预算的生产成本总额为多少？

A. 3 754 000 美元　　B. 3 930 000 美元
C. 3 974 000 美元　　D. 4 134 000 美元

24. 斯特里特公司从事微波炉中塑料转盘的生产。明年的四个季度的预计销量分别为65 000件、72 000件、84 000件和66 000件。公司在每个季度末的产品库存量要保持为下一个季度销量的50%，但是由于停工事件的影响，第一季度末的存货比应有的持有量少了8 000件。请问公司第二季度应该生产多少单位产品?

A. 75 000件　B. 78 000件　C. 80 000件　D. 86 000件

25. 罗巴斯公司的预算数据如下:

计划销量	4 000单位
材料成本	每磅2.50美元
直接人工	每单位3小时
直接人工工资率	每小时7美元
期初产成品存货	900单位
期末产成品存货	600单位
期初直接材料库存	4 300磅
期末直接材料库存	4 500磅
单位料耗	6磅

请问罗巴斯公司的生产预算中，将要生产的产品数量是多少单位?

A. 3 700单位　B. 4 000单位　C. 4 300单位　D. 4 600单位

26. 桑福德公司的期初现金额为10 000美元，在接下来的两个月中预计每个月会有40 000美元的现金收入。通常情况下，每个月的付款总额约为20 000美元。桑福德的应付账款政策为收到账单后立刻支付，以便维持良好的供应商关系并享受折扣优惠。在第一个月中，公司预计还需为专利申请一次性支付40 000美元。基于这些信息，请问以下哪项陈述反映了桑福德根据公司这两个月现金状况所应采取的最恰当的措施?

A. 桑福德应预备进行短期贷款，且贷款额度应足以支付第一个月10 000美元的预计现金缺口

B. 桑福德应延期付款，以便保持需要的现金水平

C. 桑福德应通过利息较高的长期融资来支付这40 000美元

D. 无须采取措施，因为桑福德在这两个月中将有足够的现金

27. 杰克公司估计第一季度各月的月度销售额如下:

单位：美元

1月	2月	3月
100 000	150 000	180 000

以前的经验表明，销售额的40%当月收回，50%下个月收回，剩下的10%售后第二个月收回。截至12月31日公司应收账款余额为80 000美元，其中72 000美元来自12月的销售，8 000美元来自11月的销售。请问公司在1月预计能收回多少现金？

A. 76 800美元　　B. 84 000美元

C. 108 000美元　　D. 133 000美元

28. 一家公司生产一种产品，每件售价125欧元。该产品的边际贡献率为销售额的35%。直接材料占销售额的10%。变动制造费用占销售额的5%。固定成本为每年200 000欧元。财务主管希望创建一份预算损益表，其中销售额从10 000台增加到12 000台。平均所得税税率为25.71%。由于单位销售量的增加，营业利润有什么变化？

A. 50 000欧元　　B. 65 000欧元

C. 75 000欧元　　D. 87 500欧元

29. 拉瑞玛公司在准备四五月的现金预算。其有200 000美元的贷款额度，年利率是12%。每次借款必须是10 000美元的整数倍。公司在4月1日没有未偿付的贷款余额。公司的还款政策是：每月有现金余额时即用于归还本金，利息每月支付。在没有外部贷款时，公司将超过规定的月末最低现金额度的部分全部用于投资美国债。每月最低保留现金余额100 000美元，每月的现金收支情况如下所示：

预算信息　　单位：美元

项目	3月	4月	5月
销售额	40 000	50 000	100 000
应付账款	30 000	40 000	40 000
工资	60 000	70 000	50 000
其他支出	25 000	30 000	10 000

1. 收入：当月销售额的50%，上月销售额的50%。
2. 应付账款的支付：本月应付账款的75%和上月应付账款的25%。
3. 其他所有的支出均在当月支付5月，拉瑞玛公司要求：

A. 增加20 000美元的借款，并支付1 000美元的利息

B. 归还20 000美元的借款，并支付1 000美元的利息

C. 支付900美元的利息

D. 归还90 000美元的借款，并支付100美元的利息

30. 许多企业采用全面预算方法规划下一年度的经营活动。在编制经营预

算和财务预算时，以下哪一项针对于财务预算是正确的？

	资本预算	预计资产负债表	现金预算
A.	正确	不正确	正确
B.	不正确	正确	不正确
C.	正确	正确	正确
D.	不正确	不正确	不正确

二、简答题

梦工厂公司是生产医疗器材的一家美国企业，在它正在召开的董事会中，董事们和公司高级管理层对公司的情况进行了深入的分析。在现有的市场中，梦工厂的主要客户和供应商均为非常大型的垄断性企业。而法斯滕公司是该公司的竞争对手，该公司过去和梦工厂的竞争并不占上风。不过，有一些企业正在评估自己设计和制造梦工厂现有产品的可行性。鉴于公司的产品设计在整个世界的行业中有一定的知名度，董事们提出希望公司开拓更有发展潜力的国际市场，以增加收入和国际地位。针对董事们提出的国际化路线，梦工厂的总经理担心公司的产能是不是能够适应这一战略转型以及资源是否充分利用。董事会认为在现阶段，公司必须认真地进行战略管理和规划，并希望 CEO 选择正确的预算方式来对未来的收入、成本和费用进行良好的资源配置。

问题：

1. 进行战略规划对于企业有哪些帮助？

2. 请通过波特五力分析模型，对该企业行业的情况进行简要分析。

3. 请说明在战略过程分析中，对于外部环境和内部环境分析的要素有哪些。

4. 什么是 SWOT 分析，SWOT 分析对于企业有什么重要作用？

5. 请问公司总经理需要选择哪种预算最适合企业未来的发展。

同步测试题答案及解析

一、单选题

1. 【答案】 A

【解析】 选项 A 正确。根据题意计算接下来的 12 个单位产品，算出第 4 批次的 16 个与第 1 批次的 4 个之间差额 12 个即可。学习曲线为 90%。

批次	产量	单位批次耗时	总耗时
1	4	800	800
2	8	720	1 440
4	16	648	2 592

2 592 - 800 = 1 792（小时）。

2.【答案】 B

【解析】 选项 A 不正确。明星业务是那些市场占有率高、市场增长率高的业务。而该题目提及的公司业务分部增长已经放缓，明显不属于明星业务的特点。

选项 B 正确。该业务分部的市场占有率很高，但是市场增长率已经放缓，属于现金牛业务的特点。

选项 C 不正确。问题业务是那些市场占有率低、市场增长率高的业务。而该题目提及的公司业务分部增长已经放缓，明显不属于问题业务的特点。

选项 D 不正确。瘦狗业务是那些市场占有率低、市场增长率低的业务。本题提及的公司业务市场占有率很高，明显不属于瘦狗业务的特点。

3.【答案】 C

【解析】 选项 A 不正确。当公司管理层在其业务领域有高水平的专业知识，一个集中的领导模式将很有可能是更有效的。

选项 B 不正确。集中领导方式能够更有效地执行合同。

选项 C 正确。对于看重自主权和产品研发的产品开发团队来说，集中的领导方式是有弱势的。

选项 D 不正确。在注重等级结构的国家，集中领导模式更有效。

4.【答案】 C

【解析】 项 A 不正确。在良好的法律环境下，朱诺公司的研发投资可能得到更好的保护。

选项 B 不正确。如果朱诺公司的产品赚取高额利润，它将能更好地收回研发投资。

选项 C 正确。如果消费者关注价格而不是质量，朱诺公司在研发上的投资可能是浪费。事实上，高的价格可能促使客户离开。

选项 D 不正确。如果朱诺公司的目标客户是“尝鲜”群体，研发投资是一个强项。

5.【答案】 D

【解析】 选项 A 不正确。管理层进行年度计划编制体现了预算是计划工具的优点。

选项 B 不正确。预算是业绩考核的标准体现了预算是评估工具的优点。

选项 C 不正确。预算促进企业内部沟通体现了预算是沟通和协调工具的优点。

选项 D 正确。限制未经授权审批的费用开支是内部控制的优点，而非预算的优点。

6.【答案】 A

【解析】 选项 A 正确。一份成功的预算，如果没有出现重大的经营变化，不应当每月定期进行调整和修改。

选项 B 不正确。一份成功的预算是企业进行绩效评估的重要基础。

选项 C 不正确。一份成功的预算能够激励员工，鼓励员工努力达成经营目标。

选项 D 不正确。一份成功的预算应当能够和企业战略目标切合一致，符合企业的战略发展方向。

7.【答案】 D

【解析】 采购的鞋数 = 生产需求量 + 期望期末存货 – 期望期初存货

生产需求量 =2 只鞋/娃娃 × 生产的娃娃数

预计生产的娃娃数 = 销售 + 期望期末产成品存货 – 期望期初产成品存货

预计生产娃娃数 =200 000 +15 000 –12 000 =203 000（个）

因此，采购的鞋数 =2 ×203 000 +18 000 –20 000 =404 000（只）

8.【答案】 B

【解析】 选项 A 不正确。因为预算人工成本标准制定过紧，这会造成实际生产出现的人工成本和预算人工成本之间出现不利差异。

选项 B 正确。因为公司的预算编制流程规定得明白清晰，而且遵从自上而下的理念，说明预算人工标准建立在企业下级提出、上级批准的参与型预算制度的。这和咨询顾问认为公司的劳动力标准设定可能过紧的想法是矛盾的。

选项 C 不正确，因为人工成本标准制定过严，员工实际工作中无法超越制定的生产标准，故此无法获得激励奖金。

选项 D 不正确。因为人工成本标准制定过严，企业无法招到合适人手，或者工资过低员工没有积极性，这都会导致生产量下降或者生产停滞。

9.【答案】 D

【解析】 选项 A 不正确。自上而下的预算编制方法中，预算制定主要由高层确定，高层对公司目标理解非常充分，所以预算目标和企业目标结合紧密。

选项 B 不正确。自上而下的流程，是由高层管理者决策的，不缺少高层管理者的支持。

选项 C 不正确。这是自下而上预算的缺点。自上而下的预算是高层管理者根据公司战略计划而决策的，能够保证一致性。但是在执行的过程中，因为低层员工没有参与制定，往往出现执行不到位。

选项 D 正确。自上而下的预算编制方法，缺乏和中下层员工的沟通，所以他们对预算目标接受程度不高。这样的预算对员工的激励作用可能是缺乏的。

10.【答案】 C

【解析】 选项 A 不正确。经营控制是预算的目的。

选项 B 不正确。强迫经理们考虑预期未来趋势及条件是预算的目的。

选项 C 正确。预算是对未来可实现计划的量化反映。预算是计划、控制、激励和沟通的工具。预算促进在各事业部间形成统一的目标。但是，预算并不能保证经营的获利情况。

选项 D 不正确。检查向着目标进展是预算的目的。

11.【答案】 C

【解析】 选项 A 不正确。弹性预算法为特定产出水平确定一个基准成本预算（成本—产量关系），在此基础上加上一个能反映不同产量下的成本行为的增量成本—产量关系。弹性预算值调整变动成本，固定成本保持不变。

选项 B 不正确。线性规划用来解决特定约束条件下如何使利润最大化或成本最小化的问题。

选项 C 正确。线性回归分析是一种统计方法，用于确定某个变量或某一组变量对另一个变量的影响。

选项 D 不正确。变动成本法是一种存货成本方法，在变动成本法下，存货成本包括直接材料、直接人工和变动制造费用。

12.【答案】 D

【解析】 选项 D 正确。计算累积学习曲线时用的数据，是前 N 批产品人工成本的平均值。

在本题中，前一批的总人工工时是 5 000 小时，意味着生产一个单位产品的人工成本是 $5\ 000 \div 10 = 500$，而前两批的总人工工时为 8 000（$5\ 000 + 3\ 000$），则累积单位产品人工成本为 $8\ 000 \div 20 = 400$。由此计算出累积学习率为 80%（$400 \div 500$）。

13.【答案】 C

【解析】 R 公司 3 月末现金余额 0 美元，4 月借款或投资金额为现金收入和支出的差额。4 月现金收款是 45 000 美元（$50\ 000 \times 50\% + 40\ 000 \times 50\%$）。应付账款支出 37 500 美元（$40\ 000 \times 75\% + 30\ 000 \times 25\%$）。除应付账款外，工资和其他付款还需要 100 000 美元。因此，付款总额为 137 500 美元。现金净流出额 92 500 美元（$137\ 500 - 45\ 000$）。因为信用额度必须以 10 000 美元的倍数来借用，所以贷款额度必须是 100 000 美元。

选项 A 不正确。现金收入为 45 000 美元。

选项 B 不正确。无借款的现金赤字是 92 500 美元。

选项 D 不正确。只贷款 90 000 美元仍然有负的现金余额 2 500 美元。

14.【答案】B

【解析】选项 B 正确。农场霜冻发生在什么概率下对花 20 000 美元的帐篷来提供霜冻保护无所谓的态度，也就是花 20 000 美元与不花 20 000 美元效果一样，所以解题思路是设霜冻发生的概率为 X，然后把花钱 20 000 美元保护与不花钱 20 000 美元保护两种结果相等的情况下，求出的概率才是无所谓的态度。

无保护下：$X(80\ 000)+(1-X)(120\ 000)$

有保护下：$X(160\ 000)+(1-X)(100\ 000)$（20 000 美元费用需要减去）

然后无保护下和有保护下相等，效果一样，这样花钱与不花钱结果一样。

所以：无保护下 = 有保护下

$X(80\ 000)+(1-X)(120\ 000)=X(160\ 000)+(1-X)(100\ 000)$

解得 $X=0.2$。

15.【答案】C

【解析】作业为基础的预算（ABB）在传统的数量为基础的成本动因中加入了以作业为基础的成本动因。同时 ABB 将固定成本和变动成本分别放入各自的成本池中。作业为基础的预算的优点：更好识别资源需求；将成本与产出相联系；识别预算松弛。

16.【答案】D

【解析】选项 A 不正确。题干没有体现作业预算的思想，没有细分以作业基础进行预算，也没有关于作业成本动因的具体信息。

选项 B 不正确。连续预算主要在预算期间内对每一个预算期进行预算编制，而题目中并没有提到预算期间和预算期的概念。

选项 C 不正确。项目预算是关于某一个项目的预算，而并不是公司层面的整体预算。

选项 D 正确。零基预算要求预算中的每个项目或者作业要在新的预算中重新证明其成本合理性。每个预算项目的基数从零开始，进而根据它们对公司的重要程度来进行排列并分配财务资源。题目中所涉及的重大不必要开支情况都会因为零基预算的实施而得以避免。

17.【答案】A

【解析】弹性预算是依据实际情况编制的预算（即数量 = 1 000）。静态预算（固定预算）是期初根据预计产量编制的预算（即数量 = 900），一旦确定以后都不会更改。

使用静态预算作为计算差异的基础不能够真实评估绩效，因为依据的数量不同。弹性预算则避免了这一问题。所以，使用静态预算而不是弹性预算才是引起行为问题的原因之一。所以，选项 A 为正确选项。

管理高层的权威式预算制定的目标较高难以实现，同时也不太能被员工接受或认可，这样产生的差异会打消员工的积极性。

折旧是根据公司规定的折旧方法计算的，不是员工可控范畴。将折旧产生的差异作为员工绩效评估标准显然不公平。

公司既然设计了全新的预算系统——月度预算，就应该要考虑到季节性波动产生的差异。否则，报告不真实。

18.【答案】B

【解析】预算需要包括产品的整个生产周期，超过一个财政年度，因此用项目预算可以满足这个要求。

19.【答案】B

【解析】选项 B 正确。滚动预算为了保持每一个预算期的标准统一，所以预算标准维持不变。而持续改进预算是指企业运营持续不断地改进，主要是成本控制和节约方面，因此工时标准会慢慢地降低，所以会低于 3.2 个小时。

20.【答案】D

【解析】选项 D 正确。经营预算的顺序为：销售预算—生产预算—直接材料预算（包括直接材料采购预算和直接材料耗用预算）—直接人工预算—制造费用预算—产品销售成本预算—销售及管理费用预算。

21.【答案】A

【解析】选项 A 正确。互补品意味着两种产品的关系非常密切，类似羽毛球拍和羽毛球，一种产品销售量下降会影响另外一种产品的销售量。三种产品收入的计算如下表：

产品	收入（美元）	计算过程
产品 1	880 000	50 × 1.1 × 200 000 × (1 − 20%)
产品 2	1 200 000	10 × 150 000 × (1 − 20%)
产品 3	9 450 000	30 × 1.05 × 300 000
产品 1 + 产品 2 + 产品 3	19 450 000	880 000 + 1 200 000 + 9 450 000

总销售收入将会下降 = 19 450 000 − 20 500 000 = −1 050 000（美元）。

22.【答案】B

【解析】选项 B 正确。在成本加价计算售价模式下，成本金额等于售价/(1 + 加价的百分比)，而不等于售价 × (1 − 加价的百分比)。故此，8 月的产品销售成本为 728 000 ÷ (1 + 30%) = 560 000（美元）。由于期末存货量要求是下月销售的 25%，故此 8 月的期末存货成本为 624 000 × 25% ÷ (1 + 30%) = 120 000（美元），而 8 月的期初存货（也就是 7 月的期末存货）为 728 000 × 25% ÷ (1 + 30%) = 140 000（美元）。

所以，存货的采购成本＝当月产品销售成本＋期末存货成本－期初存货成本＝560 000＋120 000－140 000＝540 000（美元）。

23.【答案】B

【解析】选项B正确。由于企业生产50 000件产品为一批，生产220 000件产品需要5批，而生产260 000件产品需要6批。故此，260 000件的批量调整成本＝6×（880 000÷5）＝1 056 000（美元）。

生产260 000件的总成本如下表：

成本	数额（美元）	计算过程
变动成本	1 664 000	260 000×6.4
批量调整准备成本	1 056 000	6×（880 000÷5）＝1 056 000
固定成本	1 210 000	
总成本	3 930 000	1 664 000＋1 210 000＋1 056 000

24.【答案】D

【解析】选项D正确。由于期末存货量要求是下个季度销售的50%，故此第二季度的期末存货量为：84 000×50%＝42 000（件），而第二季度的期初存货，因为比应有的持有量少7 000件，故此第二季度的期末存货量为72 000×50%－8 000＝28 000（件）。

故此，第二季度的生产数量＝当月销货量＋期末存货量－期初存货量＝72 000＋42 000－28 000＝86 000（件）。

25.【答案】A

【解析】选项A正确。该题目提供了很多无关信息，而与解题相关的信息为计划销量、期初产成品存货和期末产成品存货。该公司的生产数量＝计划销量＋期末产成品存货－期初产成品存货＝4 000＋600－900＝3 700（单位）。

26.【答案】A

【解析】选项A正确。桑福德公司在第一个月有10 000美元的预计现金缺口。期末现金余额计算如下表：

单位：美元

项目	1月	2月
期初现金额	10 000	—
＋现金收入	40 000	40 000
－现金支付	60 000	20 000
＋短期贷款	10 000	
－现金还贷		10 000
期末现金余额	—	10 000

选项 B 不正确。桑福德不应当延期付款，否则会影响供应商关系并且无法获得优惠折扣。

选项 C 不正确。桑福德仅仅现金缺口为 10 000 美元，通过短期借款即可弥补。不需要运用通过利息较高的长期融资。

选项 D 不正确。桑福德公司在第一个月有 10 000 美元的预计现金缺口，故此需要采取借款措施来弥补此缺口。

27.【答案】C

【解析】选项 C 正确。1 月收回现金的金额 = 当月收入的 40% +12 月收入的 50% +11 月收入的 10%。而 12 月底的应收账款余额其实就已经包括 12 月收入的 60%（72 000）和 11 月的 10%（8 000）。故此，1 月收回现金的金额 = 100 000 ×40% +72 000 ÷60% ×50% +8 000 ÷10% ×10% =40 000 +60 000 +8 000 =108 000（美元）。

28.【答案】D

【解析】由于固定成本没有增加，收入的变化等于边际贡献的增加。销售额增加了 250 000 欧元（增加 2 000 件，每件 125 欧元）。将 35% 的边际贡献乘以 250 000 欧元的增量销售额，求出边际贡献增加 87 500 欧元，并增加相同金额的营业利润。

29.【答案】A

【解析】现金预算计算，根据给出的销售和采购的政策，通过期初现金 + 本期收回 - 本期支出 = 期末现金的情况进行计算，需要考虑的是有多少是现金收款，有多少是赊销部分，对于后续月份的现金回款，我们只考虑赊销部分，另外，差额部分就是我们需要外部融资的金额。该题目的背景说的是，有一家公司，有 200 000 美元的额度贷款，年利率是 12%，最少借款需要 10 000 美元的整数倍数，每个月保留的现金余额必须是 100 000 美元，所以根据现金收款付款的情况确定是否需要额外的外部融资。

4 月期初没有使用贷款，说明肯定满足最低额 100 000 美元，但题干说了超过 100 000 美元全部用于国债，故期初金额 =100 000 美元。

4 月收款 = 当月的 50% 和前一个月的 50% =50 000 ×50% +40 000 ×50% =45 000（美元）。

4 月应付款 = 当月的 75% 和前一个月的 25% =40 000 ×75% +30 000 ×25% =37 500（美元）。

4 月其他费用 =70 000 +30 000 =100 000（美元）。

故 4 月余额 =100 000 +45 000 -37 500 -100 000 =7 500（美元）。

因为要满足月底 100 000 美元的要求，所以差额 =92 500 美元，因为题意要求最低借款是 10 000 美元的倍数，所以借款 100 000 美元。

公司在 4 月末，五月初的现金余额 =107 500 美元对于5月而言的经营活动：

5月收款=当月的50%和前一个月的50%=100 000×50%+50 000×50%=75 000（美元）。

5月应付款=当月的75%和前一个月的25%=40 000×75%+40 000×25%=40 000（美元）。

5月其他费用=50 000+10 000=60 000（美元）。

因为上个月借款，需要支付利息，利息=100 000×12%/12=1 000（美元）。

5月的余额=107 500+75 000-40 000-60 000-1 000=81 500（美元）。

使得公司5月的现金余额为81 500美元。

需要额外融资的是100 000-81 500=18 500（美元），因为需要10 000美元的整数倍，所以借款20 000美元，综上所述，选项A正确。

30.【答案】 C

【解析】 解析：资本预算，预计资产负债表预算和现金预算都属于财务预算中的，故选项C正确。

二、简答题

【答案】

1. 进行战略规划对于企业有哪些帮助？

战略规划对于企业的好处包括：

（1）战略规划提供了一个分析威胁和机遇的方法，解释说明了为什么一些组织的战略比其他组织战略更具竞争力。

（2）战略规划为企业提供了一个制定经营预算的框架。

（3）战略规划为企业管理人员提供了一个思考组织战略和如何执行组织战略的学习机会。

（4）战略规划是企业管理人员决策和行动符合整体性战略的一次实践。

（5）战略规划提供了企业财务和非财务绩效考核的基础。

（6）战略提供了一个将战略、分项目标、营业计划等传达到企业各个管理层的沟通渠道。

（7）战略规划为企业处理新形势提供了重要指导。

2. 请通过波特五力分析模型，对该企业行业的情况进行简要分析。

以下是针对该企业的波特五力分析具体情况。

竞争对手：法斯滕为公司的竞争对手，但是竞争力并不强大。

潜在竞争对手进入：已经有企业在考虑进入该行业，证明潜在竞争压力很大。

客户议价能力分析：客户为非常大的垄断企业，证明客户议价能力很强大。

供应商议价能力分析：供应商为非常大的垄断企业，证明客户议价能力很强大。

替代品：题目没有提及，可能说明公司现有的医疗器械产品暂时没有替代品。

3. 请说明在战略过程分析中，对于外部环境和内部环境分析的要素有哪些？

在战略分析中，针对外部环境分析和内部环境分析的要素有：

外部因素分析要素包括：①法律和法规因素；②竞争力、行业趋势和竞争因素；③技术发展和更新因素；④利益相关群体和他们关心的社会问题因素；⑤全球化趋势因素。

内部因素分析包括：①企业的资源；②企业拥有的技能；③企业的运营流程。

4. 什么是SWOT分析，SWOT分析对于企业有什么重要作用？

SWOT是优势（strength）、劣势（weakness）、机会（opportunity）和威胁（threat）的英文首字母。SWOT分析提供了内外部分析汇总数据的识别方法，优势和劣势根据组织内部分析确定，机遇和挑战是组织所处经营环境外部分析的一个组成部分。

SWOT分析对于企业的重要作用包括：

（1）SWOT分析将组织内部和外部评估结合在一起，客观具体、实用可行。

（2）有助于将环境分析的松散结果联系在一起，回答了很多未解决的组织难题。

（3）已识别的机遇和限制为战略规划设定了合理的目标和为行动计划提供的重要信息。

5. 请问公司总经理需要选择哪种预算最适合企业未来的发展？

该公司总经理需要零基预算。因为该企业以前没有进行过国际化的进程，未来以国际化作为基础的预算均需要从零开始编制。企业预算管理团队应当对未来国际化进程中的财务资源配置情况进行审慎的评估，对于未来进行了项目优先级与合理性的排序，在此基础上做好财务资源的配置和未来财务的决策。

第三章

绩效管理

绩效管理为企业管理者提供了一系列管理会计方法论，帮助企业针对自身成本中心、收入中心、利润中心和投资中心的业绩进行客观全面的财务和非财务业绩评价。在不断变化的商业环境中，企业管理者必须意识到，企业各运营部门应当做到职责分工明确、绩效目标清晰、评估准确公正，才能发挥自身优势，为企业创造更大的价值。绩效管理并不意味着企业进行简单的定量分析，而是要结合企业战略发展方向，业务运营特色和资源配置情况，以定性和定量结合的方式全方位地审视企业的经营过程，不断提高自身的管理能力和业绩结果。

本章考情分析

本章主要内容：内部控制及业绩考评的财务指标，包括收入、成本、利润及资产投资；基于弹性预算和标准成本的各种差别分析；收益、成本、贡献和利润中心的会计责任；关键绩效指标；以及平衡计分卡。

本章考试占比20%。

本章近年来的主要考点：①弹性预算差异计算及分析；②产品/部门获利能力分析（其中包含边际贡献的计算分析，同时结合部门保留或撤销的定量计算）；③转移定价；④投资回报率及剩余收益（结合加权平均资本成本计算）；⑤平衡计分卡等。

本章重点框架图

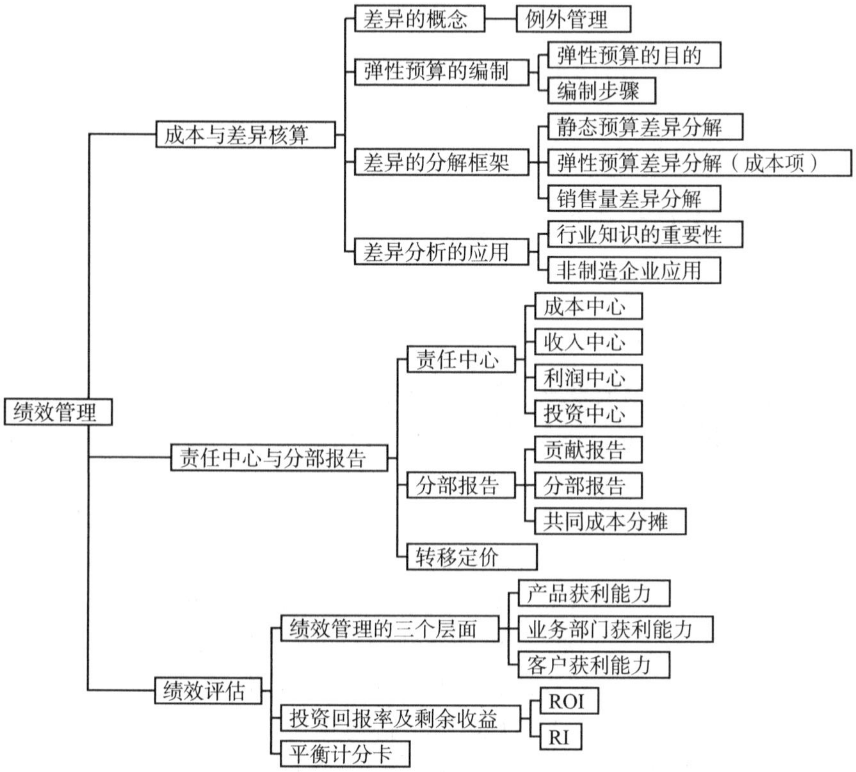

绩效管理
成本与差异核算
差异的概念
例外管理
弹性预算的编制
弹性预算的目的
编制步骤
差异的分解框架
静态预算差异分解
弹性预算差异分解（成本项）
销售量差异分解
差异分析的应用
行业知识的重要性
非制造企业应用
责任中心与分部报告
责任中心
成本中心
收入中心
利润中心
投资中心
分部报告
贡献报告
分部报告
共同成本分摊
转移定价
绩效评估
绩效管理的三个层面
产品获利能力
业务部门获利能力
客户获利能力
投资回报率及剩余收益
ROI
RI
平衡计分卡

本章重难点精讲

第一节　成本与差异核算

一、比较实际成果与计划成果

（一）差异分析

差异分析是将计划成果或预算与实际结果相比较。

1. 差异分析的必要性。差异分析是预算周期中十分重要的一部分，成功的预算周期通常如下：

（1）编制总预算，为整个组织以及组织的各个子单位设定绩效计划。

（2）确立标准或具体的预期，可将实际成果与这些标准或预期进行比较。

（3）检查实际成果与计划成果间的差异，必要时采取纠正措施。

（4）制订持续改进计划，考虑到条件的改变及对计划的反馈。

在比较实际成果与计划成果时，需要关心营运效率（efficiency）和达成组织目标的效益（effectiveness）。①效率是指为特定资源设定的预算额度或标准，该预算额度或标准被用来与实际资源耗用作对比。②效益是指公司能在多大程度上达成其目标。

2. 差异分为有利差异、不利差异。

3. 差异分析的前提是标准成本体系和弹性预算。

（二）有利/不利差异

有利差异（F：favorable）是指实际收益大于计划收益或实际成本低于计划成本。不利差异（U：unfavorable）是指实际收益小于计划收益或实际成本高于计划成本。

判断有利差异还是不利差异的通用规则：如果差异能导致营业利润增加，那么就是有利差异；如果差异会导致营业利润下降，就是不利差异。具体见表 3－1。

表 3－1 有利或不利差异的判断

有利差异（F）	不利差异（U）
导致营业利润增加	导致营业利润减少
实际收益 > 计划收益； 差异为正数（＋）	实际收益 < 计划收益； 差异为负数（－）
实际成本 < 计划成本； 差异为负数（－）	实际成本 > 计划成本； 差异为正数（＋）

【提示】有利差异与不利差异只是揭示了公司的营运是否与计划相符，其本身并不必然是结果好坏的判断指标。

（三）例外管理

实际结果与预算间的重大差异是例外情况。例外管理方法使管理层仅需关注例外情况。

1. 既关注不利差异，也关注有利差异。对有利差异做进一步追溯，以确定差异是因为出色的绩效，还是过低的标准。

2. 差异的相对大小比绝对大小更为重要。一般会为相对大小和绝对大小设定统一的标准。

3. 程度较小但频繁发生的差异也值得特别关注。

4. 还需要考虑差异的发展趋势，以及对引起差异的因素是否能有效控制。

5. 是否对差异进行追踪，取决于成本－效益分析的结果。

例外管理对管理者的自主裁决能力有较高的要求。如果管理者的判断力不佳，可能导致管理重点偏差，使例外管理的优势变成缺陷。

【例题 3－1】某企业对实际与计划进行差异分析，一个董事提出应关注重大金额差异，并对差异比例进行分析。另一个董事提出应关注预算与计划有明显不同的百分比不利差异，如果在实施改正措施前对差异进行优先排序，则应：

A. 只关注差异值大的不利差异

B. 只关注百分比大的差异

C. 既关注绝对值，也关注百分比大的不利差异

D. 既关注绝对值，也关注百分比大的不利差异和有利差异

【答案】D

【解析】选项 A 不正确。除了关注差异值大的差异，例外管理还要关注差异较小，但频繁发生的差异。

选项 B 不正确。例外管理中更为关注相对值差异，但不是完全不顾绝对值差异。

选项 C 不正确。例外管理既关注不利差异，也关注有利差异。有利差异有可能是过低的标准造成的。

选项 D 正确。例外管理既要关注绝对值差异，更要关注相对值差异；既关注不利差异，也关注有利差异。

（四）标准成本

标准成本是一种预先设定成本；意味着一种规范，或者成本应该是多少。

标准成本可应用于产品或服务的所有方面，如标准制造成本、标准管理成本和标准销售成本。

标准成本在预算管理中的应用：

1. 标准成本用于预算的制定。使静态预算可以转变为多个产出量的弹性预算，帮助企业进行事前预测。

2. 标准成本使企业能够确认实际成本和计划成本之间的差异，帮助企业建立有效的营运绩效分析，了解产生有利差异和不利差异的根本原因。

3. 标准成本允许应用例外管理，标准成本是例外管理的前提。

【例题 3－2】公司在往年只有等收到发票才会做正式的会计记录，但是由于信息的滞后性，使得公司在战略制定中反应迟缓。今年开始，公司决定开始使用标准成本核算体系，对于公司而言，使用标准成本法可以带来如下好处，除了：

A. 有助于绩效评估　　B. 强调定性特征

C. 可以编制弹性预算　　D. 利于员工理解他们的工作任务

【答案】B

【解析】选项 A 不正确。标准成本给出了成本的标杆，作为绩效评估的标准。

选项 B 正确。标准成本是一种定量分析方法。

选项 C 不正确。标准成本是编制弹性预算的前提。

选项 D 不正确。标准成本是企业经过仔细确定的并预期会在经营过程中发生的成本。有利于员工理解他们的工作任务。

二、弹性预算

弹性预算是根据实际作业水平对原始预算进行调整后的结果，有助于度量企业的实际绩效。

（一）实施弹性预算的目的

1. 年初时静态预算和弹性预算的编制。

（1）年初时，静态预算以企业设定的单一产出量进行预测，给企业战略财务方向；

（2）年初时，弹性预算可以按照不同产出量进行预测，给企业不同情景的财务预测。

2. 年底时进行绩效评估用的弹性预算编制。

（1）弹性预算会按照实际产出水平编制，反映实际产出水平下的预算结果；

（2）弹性预算和实际结果进行比较，有利于管理人员进一步分析差异原因，更加合理地进行绩效评估；

（3）弹性预算结果更利于实施管理控制。因为在弹性预算中，变动成本按照实际产出水平进行调整，而固定成本保持不变，管理层能够对变动成本施加更多的控制。

（二）弹性预算的编制步骤

弹性预算结果的编制涉及以下四个步骤：

（1）编制静态总预算。确定预算销售单价、预算单位变动成本、预算固定成本。

（2）明确预测或实际产出量。

（3）计算弹性预算中的总销售收入。

总销售收入 = 销售量 × 预算销售单价

（4）计算弹性预算中的成本。

总成本 = 总变动成本 + 总固定成本

总变动成本 = 生产量 × 预算单位变动成本

总固定成本 = 预算固定成本（固定成本的弹性预算结果与静态预算结果相等，因为它们不会随着实际产出量而变动）

【例题 3－3】西拉进口公司采用弹性预算来控制成本。公司年度总预算包含 180 000 产量下的 324 000 美元的固定生产主管工资。预计生产主管工资全年均匀发生。9 月生产了 15 750 件产品，发生的生产主管工资为 28 000 美元。一份 9 月的绩效报告应显示的预算差异为：

A. 350 美元的有利差异

B. 350 美元的不利差异

C. 1 000 美元的不利差异

D. 1 000 美元的有利差异

【答案】C

【解析】要求：既定预算与实际固定成本的预算差异。讨论：主管工资 324 000 美元是固定成本，每月 27 000 美元。因该成本是固定的，与产量无关。因此实际成本 28 000 美元与预算成本 27 000 美元之间的差额 －1 000 美元即为预算负差异。所以选项 C 正确。

选项 D 不正确。差异为负差异 1 000 美元。实际成本大于预算成本。

三、差异分析

（一）静态预算差异

1. 静态预算差异是实际结果与静态预算结果的比较。

静态预算差异 = 实际结果 - 静态预算结果 =（实际结果 - 弹性预算结果）+（弹性预算结果 - 静态预算结果）= 弹性预算差异 + 销售量差异。

> **【提示】**一般弹性预算差异多用于成本项的差异分析（效率），而销售量差异多用于销售项的差异分析（效益）。

2. 静态预算差异衡量绩效的优点和缺点。

优点：静态预算的目标来自于战略。以静态预算为标准衡量绩效结果，可以明确反映出实际结果与企业战略方向的偏差，突出企业战略的实现。

缺点：静态预算的产出量是唯一的一个。当实际产出量和静态预算产出量不一致的时候，不同产出量规模下的成本费用之间，不具有可比性。静态预算差异，不能反映企业成本费用的真实情况。

（二）弹性预算差异

弹性预算结果是根据实际产出量调整后的弹性预算数。弹性预算中固定成本总额与静态预算保持不变，因此，弹性预算差异的分析主要针对变动成本。变动成本项的弹性预算结果一般可以使用如下公式：

变动成本弹性预算 = 实际产出量 × 单位产品标准（预算）变动成本
= 实际产出量 × 单位产品标准（预算）成本动因数量
× 成本动因标准（预算）价格

> **【提示】**差异计算中的标准单价和标准数量通常使用预算数据，因此预算数和标准数是同样含义。

弹性预算差异分解的一般公式如下：

弹性预算差异
= 实际结果 - 弹性预算结果
= 实际产出量 × 单位产品实际变动成本 - 实际产出量
× 单位产品标准（预算）变动成本
= 实际产出量 × 单位产品实际成本动因数量 × 成本动因实际单价
- 实际产出量 × 单位产品标准成本动因数量 × 成本动因标准单价
= [实际产出量 × 单位产品实际成本动因数量 ×（成本动因实际单价
- 成本动因标准单价）] + [（实际产出量 × 单位产品实际成本动因数量
- 实际产出量 × 单位产品标准成本动因数量）× 成本动因标准单价]

=（成本动因实际单价－成本动因标准单价）×实际成本动因总数量
+（实际成本动因总数量－实际产出量下标准成本动因总数量）
×成本动因标准单价
=价格（费率/开支）差异+效率（数量/耗用）差异

价格（费率/开支）差异为单位生产要素的实际价格与单位生产要素的预算价格之间的比较。

效率（数量/耗用）差异为单位产品生产要素的实际耗用量与单位产品生产要素的预算耗用量之间的比较。

1. 直接材料差异。

直接材料差异是指直接材料的实际成本与直接材料在实际产量下的标准成本之间的差异。

直接材料的弹性预算差异=直接材料价格差异+直接材料效率（数量/耗用）差异

（1）直接材料价格差异。材料的直接材料价格差异是指直接材料的实际成本与直接材料实际耗用量的标准成本之间的差异。

$$DMPV = AQ \times AR \times AP - AQ \times AR \times SP$$

$DMPV$——直接材料价格差异

AQ——实际产量（采购量）

AR——单位产品材料的实际耗用量；

AP——单位材料的实际采购价格；

$AQ \times AR \times AP$——直接材料的实际成本；

SR——单位产品材料的标准耗用量；

SP——单位材料的标准采购价格；

$AQ \times SR \times SP$——实际产量的直接材料的标准成本。

$(AP > SP) \rightarrow DMPV > 0 \rightarrow$不利差异。

$(AP < SP) \rightarrow DMPV < 0 \rightarrow$有利差异。

（2）直接材料效率差异。材料的直接材料效率差异是指直接材料实际耗用量的标准成本与直接材料在实际产量下的标准成本之间的差异。

$$DMUV = AQ \times AR \times SP - AQ \times SR \times SP = (AR - SR) \times AQ \times SP$$

$DMUV$——直接材料效率差异；

AQ——实际产量；

AR——单位产品材料的实际耗用量；

SP——单位材料的标准采购价格；

SR——单位产品材料的标准耗用量。

直接材料效率有利差异或不利差异的判断如下：

$(AR > SR) \rightarrow DMUV > 0 \rightarrow$ 不利差异。

直接材料的实际耗用量（$AR \times AQ$）>直接材料在实际产量下的标准耗用量（$SR \times AQ$）$\rightarrow DMUV > 0$。

$(AR < SR) \rightarrow DMUV < 0 \rightarrow$ 有利差异。

直接材料的实际耗用量（$AR \times AQ$）<直接材料在实际产量下的标准耗用量

$(SR \times AQ) \rightarrow DMUV < 0$。

【提示】

- 在计算直接材料价格差异时，由于其主要是用于考查采购部门，因此使用采购量。
- 在计算直接材料数量差异时，由于其主要是用于考查生产部门，因此使用投入量。
- 由于直接材料属于“可储存”的资源，因而某一期间的材料采购量与该期的材料耗用量不一定相等。只有在某一期间的材料采购量等于该期间的材料耗用量时，直接材料价格差异与效率差异之和才等于直接材料弹性预算差异。

直接材料价格的有利差异表明采购的价格低于标准价格，不利差异表明采购的价格高于标准价格。

直接材料价格差异可能的产生原因：

- 有利差异可由数量折扣、谈判压价、不可预见的价格下降或运输成本降低，或对某个材料的需求减少（该材料供给较多，从而导致材料价格下降），以及采购项目等级的差异或其他因素引起。采购部门通常是最有可能对材料价格差异给予解释或对其负责的部门。
- 无论是有利差异还是不利差异，均可能由糟糕的预算编制或因材料质量好于或低于预期而引起。
- 大批量采购带来的有利材料价格差异可能会导致公司的存货持有成本以及额外的材料处置成本加大。
- 如果低成本的材料质量较差，有利的直接材料价格差异可能导致较高的制造成本，增加的下游成本（如废品、返工、工序中断或实地服务）可能会超过材料价格低廉所节约的成本。
- 实行成本差异化战略的企业，通过购买低质量廉价材料追求价格差异时最有可能失败，产品质量低于顾客最低期望标准的企业追求低成本也注定会失败。

直接材料效率的有利差异表明实际用料小于标准数量，不利差异表明实际用料大于标准数量，产生原因可能有：

- 生产工人的熟练程度；
- 不同材料或其他生产要素之间的替代；
- 直接材料质量标准的差别；
- 工人缺乏训练或经验；
- 监管不力；
- 过量浪费。

2. 直接人工差异。

直接人工差异是指直接人工的实际成本与直接人工在实际产量下的标准成

本之间的差异。

直接人工的弹性预算差异 = 直接人工工资率差异 + 直接人工效率（数量/耗用）差异

（1）直接人工工资率差异。直接人工工资率差异是指直接人工的实际成本与直接人工实际耗时量的标准成本之间的差异。

$$DLRV = AQ \times AR \times AP - AQ \times AR \times SP = (AP - SP) \times AQ \times AR$$

$DLRV$——直接人工工资率差异；

AQ——实际产量；

AR——单位产品人工的实际耗时量；

AP——单位工时的实际工资率；

SP——单位工时的标准工资率。

直接人工工资率有利差异或不利差异的判断如下：

$(AP > SP) \rightarrow DLRV > 0 \rightarrow$ 不利差异。

$(AP < SP) \rightarrow DLRV < 0 \rightarrow$ 有利差异。

（2）直接人工效率差异。直接人工效率差异是指直接人工实际耗时量的标准成本与直接人工在实际产量下的标准成本之间的差异。

$$DLEV = AQ \times AR \times SP - AQ \times SR \times SP = (AR - SR) \times AQ \times SP$$

$DLEV$——直接人工效率差异；

AQ——实际产量；

AR——单位产品人工的实际耗时量；

SR——单位产品人工的标准耗时量；

SP——单位工时的标准工资率。

直接人工效率有利差异或不利差异的判断如下：

$(AR > SR) \rightarrow DLEV > 0 \rightarrow$ 不利差异。

直接人工的实际耗时（$AR \times AQ$）> 直接人工在实际产量下的标准耗时 $(SR \times AQ) \rightarrow DLEV > 0$。

$(AR < SR) \rightarrow DLEV < 0 \rightarrow$ 有利差异。

直接人工的实际耗时（$AR \times AQ$）< 直接人工在实际产量下的标准耗时 $(SR \times AQ) \rightarrow DLEV < 0$。

> **【提示】** 直接人工属于“不可储存”的资源，没有“存货”这种存在形态，即直接人工的“采购额”永远等于“投入额”，其价格差异与效率差异之和永远等于其弹性预算差异。变动间接费用弹性预算差异同样如此。

直接人工价格的有利差异表明人力资源部门在进行工人雇用的时候获得了低于标准成本的价格，不利差异表明人力资源部门在进行工人雇用的时候获得了高于标准成本的价格，可能原因是：

- 市场对合适人工的需求变化；
- 人工短缺；

第三章

- 加班工资；
- 工人技能与标准成本中的规定有区别。因而需要支付的工资率有别于标准工资率。

人事部门通常应对直接人工工资率差异负责。如果生产部门选择雇用超过标准单位成本规定的高技能的工人，则也对此负有责任。

直接人工效率的有利差异表明，工人生产实际耗用的工时少于预算计划的工时数，不利差异表明，实际耗用的工时数多于预算计划的工时数，该差异通常由生产部门负责。产生原因可能有：

- 工人新入职或缺乏训练；
- 工人实际技能与标准成本单中的规定有区别；
- 批量规模与标准规模有异；
- 材料与指定的不同；
- 机器或设备处于非正常工作状态；
- 监管力度不够；
- 时间安排较差等。

【例题3－4】某公司把原材料价格差异分离出来，以尽早向对该项差异负责的经理提供信息。该年耗用材料的预算额度计算方法如下所示：150 000 件产成品 ×3 磅/件 ×2.00 美元/磅 =900 000 美元。该年的实际结果如下：产成品 160 000 件，采购的原材料 500 000 磅，耗用的原料 490 000 磅，材料单价 2.02 美元，该年的材料价格差异是多少？

A. 9 600 美元，不利　　B. 9 800 美元，不利

C. 10 000 美元，不利　　D. 20 000 美元，不利

【答案】C

【解析】材料价格差异，以采购数量作为基础。即（实际价格－标准价格）×采购原材料量 =（2.02－2）×500 000 =10 000（美元），而不是乘以原材料使用量。

【例题3－5】某公司从事汽车更换机油和其他汽车小毛病维修服务（比如说轮胎压力检测），这家公司在广告中宣传说，完成每一项服务的时间不超过 15 分钟；在最近的一个星期六，为 160 辆汽车提供了服务，产生的差异如下：工资率差异，19 美元，不利；效率差异，14 美元，有利。若公司的标准工资率为 7 美元/小时，请计算实际的工资率和工作时间。

	实际工资率	工作时间
A.	7.50 美元	42.00
B.	6.67 美元	38.00
C.	7.45 美元	42.00
D.	7.50 美元	38.00

【答案】D

【解析】 选项 A 不正确。工作时间计算不正确。

选项 B 不正确。实际工资率计算不正确。

选项 C 不正确。工作时间和实际工资率计算均不正确。

选项 D 正确。根据直接人工工资率差异 = 直接人工的实际耗用量 ×（直接人工的实际工资率 - 直接人工标准工资率），得：

19 = 直接人工的实际耗用量 ×（直接人工的实际单位工资率 - 7）——式 1

根据直接人工效率（数量/耗用）差异 = 直接人工标准工资率 ×（直接人工的实际耗用量 - 实际产出量下的直接人工标准耗用量），得：

-14 = 7 ×（直接人工的实际投入量 - 160 × 15/60）——式 2

根据式 2，得直接人工的实际投入量 = 38 小时，将直接人工的实际投入量代入式 1，得直接人工的实际单位工资率 = 7.5 美元/小时。

3. 有多种直接材料（或人工）的组合的效率差异分解。

当产品中有两种或以上直接材料（或人工）能相互替代时，效率差异可以分解成直接材料（或人工）混合（组合）差异和直接材料（或人工）产出差异。

组合差异和产出差异均为效率差异下的分差异，和价格差异无关，故此计算不涉及原材料实际单位价格和人工的实际单位工资率。

直接材料（人工）效率差异 = 直接材料（人工）混合差异 + 直接材料（人工）产出差异。

（1）直接材料（或人工）混合（组合）差异。直接材料（人工）组合差异是因耗用的直接材料/人工比率与标准的直接材料/人工比率之间存在差异引起的。材料标准组合代表着公司规定的产品标准配方，一般不能轻易改变，否则质量会受到影响，组合差异可以跟踪监督防止偏离标准配方。一般来说，材料组合差异应该由生产部、技术部联合负责。

方法一：

直接材料（人工）混合差异的计算公式：

=（实际投入比例下的组合单价 - 标准投入比例下的组合单价）× 所有成本项的实际总用量

假设某产品由 A、B、C 三种原材料组成，则：

标准投入比例下的组合单价 =（A 的标准单价 × A 的标准总用量 + B 的标准单价 × B 的标准总用量 + C 的标准单价 × C 的标准总用量）/（A + B + C）的标准总用量

实际投入比例下的组合单价 =（A 的标准单价 × A 的实际总用量 + B 的标准单价 × B 的实际总用量 + C 的标准单价 × C 的实际总用量）/（A + B + C）的实际总用量

方法二：

$MV_x = ATQ \times A\%_x \times SP_x - ATQ \times S\%_x \times SP_x = (A\%_x - S\%_x) \times ATQ \times SP_x$

MV_x——生产要素 X 的组合差异；

$ATQ(ATQ_x + ATQ_y)$——实际产量下所有生产要素的实际耗用量；

$A\%_x$——生产要素 X 实际的组合百分比；
SP_x——单位生产要素 X 的标准采购价格；
$S\%_x$——生产要素 X 标准的组合百分比。
要素组合差异有利差异或不利差异的判断如下：
$(A\% > S\%) \rightarrow MV > 0 \rightarrow$ 不利差异。
$(A\% < S\%) \rightarrow MV < 0 \rightarrow$ 有利差异。

$$\begin{aligned} MV_r &= MV_x + MV_y \\ &= (ATQ_x \times SP_x + ATQ_y \times SP_y) - ATQ_r \times (S\%_x \times SP_x + S\%_y \times SP_y) \end{aligned}$$

MV_r——所有生产要素的组合差异；
MV_x——生产要素 X 的组合差异；
MV_y——生产要素 Y 的组合差异；
ATQ_x——实际产量下生产要素 X 的实际耗用量；
SP_x——单位生产要素 X 的标准采购价格；
ATQ_y——实际产量下生产要素 Y 的实际耗用量；
SP_y——单位生产要素 Y 的标准采购价格；
$ATQ(ATQ_x + ATQ_y)$——实际产量下所有生产要素的实际耗用量；
$S\%_x$——生产要素 X 的标准组合百分比；
$S\%_y$——生产要素 Y 的标准组合百分比；
$(S\%_x \times SP_x + S\%_y \times SP_y)$——所有生产要素加权平均的单位标准采购价格。

（2）产出差异。产出差异是建立在直接材料或直接人工标准组合比例的基础上，生产投入的原材料或者人工实际用量和标准应投入原材料和人工的生产用量之间的差异，会造成成本的差异。如果出现不利差异，可能是由于机器老旧或者维护问题、生产方式不佳问题、投入的材料质量差或者人工水平不够问题等引起的。

方法一：

直接材料（人工）产出差异的计算公式：

=(所有成本项的实际总用量 - 所有成本项的标准总用量) × 标准投入比例下的组合单价

假设某产品由 A、B、C 三种原材料组成，则：

标准投入比例下的组合单价 =(A 的标准单价 × A 的标准总用量 + B 的标准单价 × B 的标准总用量 + C 的标准单价 × C 的标准总用量)/(A + B + C) 的标准总用量

方法二：

$$YV_x = ATQ \times S\%_x \times SP_x - STQ \times S\%_x \times SP_x = (ATQ - STQ) \times S\%_x \times SP_x$$

YV_x——生产要素 X 的产出差异；
ATQ——实际产量下所有生产要素的实际耗用量；
$S\%_x$——生产要素 X 的标准组合百分比；
SP_x——单位生产要素 X 的标准采购价格；
STQ——实际产量下所有生产要素的标准耗用量。

要素产出差异有利差异或不利差异的判断如下：

$$YV_r = YV_x + YV_y = (ATQ - STQ) \times (S\%_x \times SP_x + S\%_y \times SP_y)$$

YV_r——所有生产要素的总产出差异；

YV_x——生产要素 X 的产出差异；

YV_y——生产要素 Y 的产出差异；

ATQ——实际产量下所有生产要素的实际耗用量；

STQ——实际产量下所有生产要素的标准（预算）耗用量；

$S\%_x$——生产要素 X 的标准组合百分比；

SP_x——单位生产要素 X 的标准采购价格；

$S\%_y$——生产要素 Y 的标准组合百分比；

SP_y——单位生产要素 Y 的标准采购价格。

$(ATQ > STQ) \rightarrow YV > 0 \rightarrow$ 不利差异。

$(ATQ < STQ) \rightarrow YV < 0 \rightarrow$ 有利差异。

【例题 3-6】 出现以下哪种情况时可能导致不利的直接材料组合差异？

A. 比原计划生产了更多产成品

B. 使用的最便宜材料所占的比例比预算的低

C. 实际使用的材料总量超过了允许范围

D. 材料的实际成本超过了预算

【答案】 B

【解析】 选项 A 不正确。比原计划生产了更多产成品与产量差异相关。

选项 B 正确。组合差异（混合差异）与各个可相互替代的成本项的混合比率有关，如果使用的最便宜材料所占的比例比预算的低，意味着成本较高的材料所占比例提高，会导致不利的直接材料组合差异。

选项 C 不正确。实际使用的材料总量超过了允许范围与直接材料效率差异有关。

选项 D 不正确。材料的实际成本超过了预算与静态预算差异有关。

【例题 3-7】 某蛋糕厂生产蛋糕，蛋糕成分为面粉和鸡蛋。生产一批蛋糕的标准成本和用量为：

材料名称	数量（磅）	单位价格（美元）	预算成本（美元）
面粉	100	5	500
鸡蛋	20	15	300
	120		800

生产一批蛋糕的实际成本和用量为：

材料名称	数量（磅）	单位价格（美元）	预算成本（美元）
面粉	110	6	660
鸡蛋	25	10	250
	135		910

请分别计算该批蛋糕原材料的混合差异、产出差异和效率差异。

【答案】（1）混合差异。

生产蛋糕原材料实际投入的用量为 110 + 25 = 135（磅）。

预算投入比例下的预算组合成本 =（鸡蛋的单位预算成本 × 鸡蛋的预算总用量 + 面粉的单位预算成本 × 面粉的预算总用量）÷（鸡蛋 + 面粉）的预算总用量 =（5 × 100 + 15 × 20）÷（100 + 20）= 800 ÷ 120 = 6.67（美元）。

实际投入比例下的预算组合成本 =（鸡蛋的单位预算成本 × 鸡蛋的实际总用量 + 面粉的单位预算成本 × 面粉的实际总用量）÷（鸡蛋 + 面粉）的实际总用量 =（5 × 110 + 15 × 25）÷（110 + 25）= 925 ÷ 135 = 6.85（美元）。

混合差异 =（实际投入比例下的预算组合成本 − 预算投入比例下的预算组合成本）× 所有成本项的实际总用量 =（6.85 − 6.67）× 135 = 24.3（美元），为不利差异。

（2）产出差异。

由混合差异计算得出，预算投入比例下的预算组合成本 = 6.67 美元。

由混合差异计算得出，生产蛋糕原材料实际投入的用量 = 135 美元。

生产蛋糕原材料标准投入的用量 = 100 + 20 = 120 美元。

产出差异总额 =（所有成本项的实际总用量 − 所有成本项的预算总用量）× 预算投入比例下的组合成本 =（135 − 120）× 6.67 = 100.05（美元），为不利差异。

（3）效率差异。

效率差异是混合差异和产出差异之和，故此总效率差异 = 混合差异 + 产出差异 = 24.3 + 100.05 = 124.35（美元），为不利差异。

【例题 3 − 8】某公司生产一种汽油添加剂。生产一批 500 升添加剂的标准成本如下表所示：

化学原料	标准用量（升）	每升标准成本（美元）	总成本（美元）
Echol	200	0.200	40.00
Protex	100	0.425	42.50
Benz	250	0.150	37.50
CT − 40	50	0.300	15.00
总和	600		135.00

当期共生产 140 批，采购情况和使用情况如下表所示：

化学原料	采购量（升）	采购价格总计（美元）	耗用量（升）
Echol	25 000	5 365	26 600
Protex	13 000	6 240	12 880
Benz	40 000	5 840	37 800
CT－40	7 500	2 200	7 140
总和	85 500	19 665	84 420

1. 请计算 140 批添加剂生产的组合差异。

2. 请计算 140 批添加剂生产的产出差异。

【答案】

1. 添加剂生产所消耗的原材料实际耗用量为 84 420 升。

实际投入比例下的预算组合成本＝(26 600×0.2＋12 880×0.425＋37 800×0.15＋7 140×0.3)÷84 420＝0.22（美元）

预算投入比例下的预算组合成本＝135÷600＝0.225（美元）

组合差异＝(实际投入比例下的预算组合成本－预算投入比例下的预算组合成本)×所有成本项的实际总用量＝(0.22－0.225)×84 420＝－422.1（美元），为有利差异

2. 预算投入比例下的预算组合成本＝135÷600＝0.225（美元）。

添加剂生产所消耗的原材料实际耗用量为 84 420 升，而添加剂生产所消耗的原材料标准耗用量为 600×140＝84 000（升）。

产出差异＝(所有成本项的实际总用量－所有成本项的预算总用量)×预算投入比例下的预算组合成本＝(84 420－84 000)×0.225＝94.5（美元），为不利差异。

4. 变动制造费用。

直接费用是可以直接追溯到某个产品的费用，间接费用是为多个产品共同发生，需要通过一定的分配原则，分配到不同产品中的费用。

制造费用是组织为管理生产而耗用的机物料、车间管理人员、勤杂人员工资、折旧费、修理费、照明费等，包括变动制造费用和固定制造费用。当企业生产两种以上产品时，制造费用是间接费用，要按一定比例分配到各种产品；但是当企业生产一种产品时，则制造费用是直接费用。

变动制造费用差异是指实际发生的变动制造费用与实际产量下分配的标准变动制造费用之间的差异，亦称为当期变动制造费用的多分配或少分配。

变动制造费用的弹性预算差异＝变动制造费用开支差异＋变动制造费用效率差异

（1）变动制造费用开支差异。如果变动制造费用是基于直接人工工时来分配的，则变动制造费用开支差异是指实际发生的变动制造费用与基于实工工时分配的标准成本之间的差异。

$$VOHSV = AQ \times AR \times AP - AQ \times AR \times SP = (AP - SP) \times AQ \times AR$$

VOHSV——变动制造费用开支差异；

AQ——实际产量；

AR——单位产品人工的实际耗时量；

AP——实际分配率；

SP——标准分配率。

有利或不利的变动制造费用开支差异的判断如下：

$(AP > SP) \rightarrow VOHSV > 0 \rightarrow$ 不利差异。

$(AP < SP) \rightarrow VOHSV < 0 \rightarrow$ 有利差异。

（2）变动制造费用效率差异。如果变动制造费用是基于直接人工工时来分配的，则变动制造费用效率差异是指基于实际直接人工工时分配的标准成本与实际产量下分配的标准变动制造费用之间的差异。

$$VOHEV = AQ \times AR \times SP - AQ \times SR \times SP = (AR - SR) \times AQ \times SP$$

$VOHEV$——变动制造费用效率差异；

AQ——实际产量；

AR——单位产品人工的实际耗时量；

SP——标准分配率；

SR——单位产品人工的标准耗时量。

有利或不利的变动制造费用效率差异的判断如下：

$(AR > SR) \rightarrow VOHEV > 0 \rightarrow$ 不利差异。

直接人工的实际耗时（$ARXAQ$）> 直接人工在实际产量下的标准耗时（$SR \times AQ$）$\rightarrow VOHEV > 0$。

$(AR < SR) \rightarrow VOHEV < 0 \rightarrow$ 有利差异。

直接人工的实际耗时（$ARXAQ$）< 直接人工在实际产量下的标准耗时（$SR \times AQ$）$\rightarrow VOHEV < 0$。

【提示】

- 选择不同的成本动因，变动制造费用的效率差异和开支差异各自结果会不同，然而弹性预算差异总和不变。
- 当选择产成品的产量作为变动制造费用的成本动因时，效率差异为零，而开支差异就等于弹性预算差异。

$(AQ \times AR \times AP > AQ \times SR \times SP) \rightarrow VOHV > 0 \rightarrow$ 少分配或不利差异。

$(AQ \times AR \times AP < AQ \times SR \times SP) \rightarrow VOHV < 0 \rightarrow$ 多分配或有利差异。

【例题 3－9】 J 公司生产迷嬉装玩具娃娃，在玩具商店出售。在该年编制计划时，公司估计变动、固定制造费用分别为 600 000 美元、400 000 美元。公司采用标准成本制度，且按照标准直接人工小时把制造费用分配至产品。该年预算的直接人工小时为 10 000 小时，且以该数字为基数分配制造费用。公司实际发生的直接人工小时为 10 300 小时。实际发生的变动和固定制造费用分别为 596 000 美元和 410 000 美元。基于上述资料，该年变动制造费用的开支差异应该为多少?

A. 24 000 美元，不利　　B. 2 000 美元，不利

C. 4 000 美元，有利　　D. 22 000 美元，有利

【答案】D

【解析】变动制造费用开支差异 =（实际价格 - 标准价格）× 实际数量 = 实际价格 × 实际数量 - 标准价格 × 实际数量 = 596 000 - 10 300 × 600 000/10 000 = -22 000（美元）。

【例题 3-10】某公司在制造木制家具时需要使用胶水。胶水被记为间接材料，按桶购买，每桶胶水的成本为 150 美元。公司一名员工不小心洒了整整一桶胶水，而这桶胶水因此无法使用，需要重新购买一桶。如果使用标准成本体系，这将为不利的：

A. 直接材料价格差异

B. 直接材料数量差异

C. 变动间接费用开支差异

D. 变动间接费用效率差异

【答案】C

【解析】选项 A 不正确。胶水被记为间接材料，与直接材料价格差异无关。

选项 B 不正确。胶水被记为间接材料，与直接材料数量差异无关。

选项 C 正确。浪费一桶胶水会增加实际变动间接费用，导致变动间接费用的实际发生额大于按成本动因的实际数量和标准分配率计算得到的本应花费的数额，产生不利开支差异。

选项 D 不正确。浪费一桶胶水不会影响动因耗用量及标准分配率。

5. 固定制造费用差异。

弹性预算中的固定制造费用与静态预算保持不变。固定制造费用的总差异是实际发生的固定制造费用和根据实际产出量分摊的固定制造费用之间的差异。

固定制造费用总差异 =（实际固定制造费用 - 静态预算固定制造费用）
+（静态预算固定制造费用 - 分摊的固定制造费用）
= 固定制造费用开支差异 + 固定制造费用产量差异

（1）固定制造费用开支差异。固定制造费用开支差异亦称为固定制造费用的静态预算差异或固定制造费用的弹性预算差异。

固定制造费用开支差异 = 实际固定制造费用 - 静态预算固定制造费用
= 静态预算差异

由于固定制造费用与产出量无关，而只与产能有关，所以固定制造费用不会随着实际产出量的变化而变化。即使弹性预算是根据实际产出量来编制的，但是固定制造费用的弹性预算值依然等于固定制造费用的静态预算值。根据弹性预算差异的定义，即实际值与弹性预算值之差，固定制造费用开支差异就等

于固定制造费用的弹性预算差异。

固定制造费用开支差异 = 固定制造费用弹性预算差异

(2) 固定制造费用产量差异。固定制造费用产量差异是指固定制造费用的预算值与实际产量下分配的标准固定制造费用之间的差异。

$$FOHPVV = SQ \times SR \times SP - AQ \times SR \times SP = (SQ - AQ) \times SR \times SP$$

$FOHPVV$——固定制造费用产量差异；

SQ——预算产量；

SR——单位产品人工的标准耗时量；

SP——固定制造费用的标准分配率；

AQ——实际产量。

有利或不利的固定制造费用产量差异的判断。

$(SQ > AQ) \rightarrow FOHPVV > 0 \rightarrow$ 实际产量未达到预期水平，不利差异。

$(SQ < AQ) \rightarrow FOHPVV < 0 \rightarrow$ 实际产量超过预期水平，有利差异。

由于固定制造费用的弹性预算差异只包括固定制造费用的开支差异，因此固定制造费用产量差异不是弹性预算差异的一个构成部分。固定制造费用产量差异反映的是产出量的变化，引起固定制造费用的差异。

固定制造费用产量差异可能源于产品的实际需求与预期有偏离（实际产量与预算产量不一致），反映了公司的产能利用率，也可能源于战略变化或非预期的故障。具体原因可能有：市场前景发生变化或出于战略性的考虑，比如新技术的获得，或是年初的销售量表明公司在预算期内可能获得比预算更大或更小的市场，管理层可能会改变生产计划，做出增产或减产的决策。这些因素导致的固定制造费用产量差异在很大程度上是公司生产管理经理不可控的。

生产过程中的非预期因素，比如维护不当或非预期的损坏导致设备无法正常运行，设计的产品不易于生产，或者是未料到的较高的人工流动。这些生产过程中的问题导致的产量差异，部分或全部应由工厂或车间管理者负责。

产量差异不能揭示公司的效率情况，但能反映公司在实现成本目标上的效益如何，即产量差异反映了公司在一定时期内实现经营目标的效果（实际产量和预算产量），而不是其成本控制的效率。

> **【提示】** 当选择不同的动因时，固定制造费用开支差异、产量差异以及总差异都不受影响。

【例题 3 – 11】 企业单位固定制造费用的分摊率 10 美元/件，企业计划生产 1 000 000 件产品，实际生产 930 000 件产品，请问企业的固定制造费用产量差异为：

A. 多分摊 700 000 美元　　B. 少分摊 600 000 美元

C. 多分摊 600 000 美元　　D. 少分摊 700 000 美元

【答案】 D

【解析】 选项 D 正确。企业产品生产得少，固定制造费用少，分摊到产品的金额为 70 000 件 ×10 美元/件 = 700 000（美元）。

【例题 3 – 12】 某公司不利的固定制造费用产量差异为 10 000 美元，请问这一差异最有可能的原因是什么？

A. 生产管理人员的薪资超出计划

B. 生产管理人员的薪资比计划的要少

C. 产量超出计划

D. 产量比计划的要少

【答案】 D

【解析】 选项 A 不正确。固定间接费用产量差异衡量的是实际产出水平是否达到预计水平，与生产管理人员的薪资无关。

选项 B 不正确。固定间接费用产量差异衡量的是实际产出水平是否达到预计水平，与生产管理人员的薪资无关。

选项 C 不正确。产量超出计划是固定间接费用产量有利差异。

选项 D 正确。

固定间接费用产量差异

= 预算固定间接费用 – 分摊的固定间接费用

= 预算产量 × 单位产量的标准（预算）动因耗用量 × 单位动因量的标准（预算）分摊率 – 实际产量 × 单位产量的标准（预算）动因耗用量 × 单位动因量的标准（预算）分摊率

=（预算产量 – 实际产量）× 单位产量的标准（预算）动因耗用量 × 单位动因量的标准（预算）分摊率

当实际产量未达到预算产量水平时，为产量的不利差异。

6. 销售额差异。

销售额差异可以分为销售价格差异和销售量差异。

销售额差异 = 实际销售额 – 静态预算销售额

=（实际销售额 – 弹性预算销售额）

+（弹性预算销售额 – 静态预算销售额）

= 销售价格差异 + 销售量差异

（1）销售价格差异。销售价格差异是由实际销售价格与预算销售价格的不同而产生的。

$$SPV = AQ \times AP - AQ \times SP = (AP - SP) \times AQ$$

SPV——销售价格差异；

AQ——实际产量；

AP——实际销售价格；

SP——标准（预算）销售价格。

有利或不利的销售价格差异的确定如下：

$(AP > SP) \rightarrow SPV > 0 \rightarrow$ 有利差异。

$(AP < SP) \rightarrow > SPV < 0 \rightarrow$ 不利差异。

销售价格差异的原因是产品的实际销售价格与预算销售价格不同。企业为应对市场竞争而采取的促销或折扣，使实际售价低于预算售价，导致销售价格的不利差异。

（2）销售量差异。销售量差异是由实际产销量与预算产销量的不同而产生的；从数量上来说，销售量差异是弹性预算值与静态预算值之差。

①单一产品的销售量差异。

销售量差异 =（实际销售量 - 静态预算销售量）× 预算单价（或预算边际贡献）

销售量差异的有利差异表明实际销售量大于预算销售量，可能是由于优惠政策促进销售量增长、同类型产品在整个市场上供小于求等；不利差异表明实际销售量小于预算销售量，可能是由于竞争对手的增加导致市场份额减小、替代产品的出现、产品质量出现问题等。

②多种产品组合的销售量差异分解。

当销售产品有两种或两种以上时，企业的销售总量由两个因素决定：一是各产品的销售数量；二是销售组合，即单一产品或服务在全部产品或服务中所占的比率（按销售数量计算）。相应地，销售量差异也是由各产品的销售数量及其销售组合变动引起的，因而销售量差异可以分解为销售组合差异和销售数量差异。

- 销售数量差异。销售数量差异的两个影响因素包括市场规模的变化和企业市场份额的变化。销售数量差异可以分解成市场规模差异和市场份额差异。

- 销售组合差异是指由于实际销售占比与预算销售占比所造成的对于当期边际贡献或经营收益的影响。

$$SMV_x = ATQ \times A\%_x \times SCMU_x - ATQ \times S\%_x \times SCMU_x$$
$$= (A\%_x - S\%_x) \times ATQ \times SCMU_x$$

SMV_x——产品 X 的销售组合差异；

$ATQ(ATQ_x + ATQ_y)$——所有产品的实际总销售量；

$A\%_x$——产品 X 的实际销售占比；

$SCMU_x$——产品 X 的标准单位边际贡献；

$S\%_x$——产品 X 的标准销售占比。

有利或不利的销售组合差异的判断如下：

$(A\% > S\%) \rightarrow > SMV_x > 0 \rightarrow$ 有利差异。

$(A\% < S\%) \rightarrow > SMV_x < 0 \rightarrow$ 不利差异。

$$SMV_r = SMV_x + SMV_y$$
$$= (ATQ_x \times SCMU_x + ATQ_y \times SCMU_y)$$
$$- ATQ_x(S\%_x \times SCMU_x + S\%_y \times SCMU_y)$$

SMV_r——所有产品的总销售组合差异；

ATQ_x——产品 X 的实际总销售量；

$SCMU_x$——产品 X 的标准单位边际贡献；

ATQ_y——产品 Y 的实际总销售量；

$SCMU_y$——产品 Y 的标准单位边际贡献；

$ATQ(ATQ_x + ATQ_y)$——所有产品的实际总销售量；

$(S\%_x \times SCMU_x + S\%_y \times SCMU_y)$——所有产品的加权平均边际贡献。

【例题 3 - 13】 某汽车公司预算销售 80 万辆汽车，预算销售数量和定价为：

车辆种类	销售数量（万台）	销售价格（万美元/台）	销售收入（亿美元）
奥迪	40	35	1 400
宝来	20	12	240
捷达	20	6	120
总和	80		1 760

年度末实际情况为：

车辆种类	销售数量（万台）	销售价格（万美元/台）	销售收入（亿美元）
奥迪	20	33	660
宝来	22	15	330
捷达	20	5.5	110
总和	62		1 100

年初时预计中国总需求量为 1 000 万台，然而金融危机实际市场总量只有 700 万台。

销售部计算的销售量差异分析为：

奥迪：(20 万 - 40 万) × 35 万 = -700（亿美元）

宝来：(22 万 - 20 万) × 12 万 = 24（亿美元）

捷达：(20 万 - 20 万) × 6 万 = 0

合计：-676 亿美元

1. 请问销售组合差异是多少？

2. 请问销售数量差异是多少？

【答案】

1. 销售组合差异。

实际销售组合比率下的加权平均预算单位售价 = (20 × 35 + 22 × 12 + 20 × 6) ÷ 62 = 17.48（万美元）。

预算销售组合比率下的加权平均预算单位售价 = 1 760/80 = 22（万美元）。

销售组合差异总额 = (实际销售组合比率下的加权平均预算单位售价 - 预算销售组合比率下的加权平均预算单位售价) × 销售组合中的所有产品的实际总销售量 = (17.48 - 22) × 62 = -280（亿美元），为不利差异。

差异分析：不利差异 280 亿美元占销售量差异约 41%，这说明，销售产品结构发生了很大变化，特别是奥迪汽车在整个结构中占的比例很小，造成了很大的不利差异。然而，宝来和捷达在实际情况中占的比例加大，创造了有利差异。

2. 销售数量差异。

预算销售组合比率下的加权平均预算单位售价 =1 760/80 =22（万美元）。

销售数量差异 =（销售组合中的所有产品的实际总销售量 - 销售组合中的所有产品的预算总销售量）×预算销售组合比率下的加权平均预算单位售价 =（62 -80）×22 = -396（亿美元），为不利差异。

差异分析：不利差异 396 亿美元占销售量差异的大约 59%，这说明，如果企业坚持预算时的产品价格组合，那么销售数量就会出现如此大的不利差异。其中仍然是奥迪汽车的不利差异最大。宝来和捷达出现的不利差异不大，主要是因为金融危机时对于高档车的影响非常大。

差异分解整体框架可以参见图 3 -1 所示。

四、非制造业组织的差异分析

差异的计算既适用于生产制造企业，也适用于服务行业。然而，直接材料价格和耗用差异应用的范围通常不一样，因为耗用的材料数量在服务行业是不大的一个部分。而人工费用差异和效率差异，以及间接费用差异在服务企业作用相当重要。此外，不同企业的各自独特情况，决定了哪些差异分析对于本企业是有价值的。

很多服务业公司已经实施了作业成本制度，确认了组织中的各项成本动因。如果成本动因选用适当，会导致某些固定成本要素转变成变动成本。制造业中的弹性预算分析很容易复制到服务业中，这样就能给服务业提供更准确的标杆以比较实际成本与预算成本。

五、行业知识的重要性

调节差异以满足特定行业的需求可帮助管理会计师创造实用性强的差异，以至于只需付出适度努力就可以节省大量资金。以下是两个例子。

（1）在美国的一些州，乳制品行业被允许标准化运作，以便生产全脂牛奶。在标准化生产过程中，要将不同乳脂含量的原料乳分离为脱脂牛奶和奶油。然后再将奶油按照目标乳脂含量（如 3.25%）重新混入脱脂牛奶中。为乳制品公司设计的差异之一测量了用乳脂（原料乳中较昂贵的成分）代替脱脂（更便宜的成分）的成本。在使用新报告系统的第一个月结束时，公司总裁发现按照现在的差异速度进行下去，这种不利差异若持续一年将会超过 100 000 美元。他向乳制品厂的工作人员指出了这一点，并告诉他们他将密切关注这一点，工作人员只需要被告知一次就可以。后来，“全脂牛奶”产品和所有其他产品（乳脂含量为 2%、1% 等）按照标准进行了校准以更加接近行业标准，从而避免了 100 000 美元的潜在不利差异。

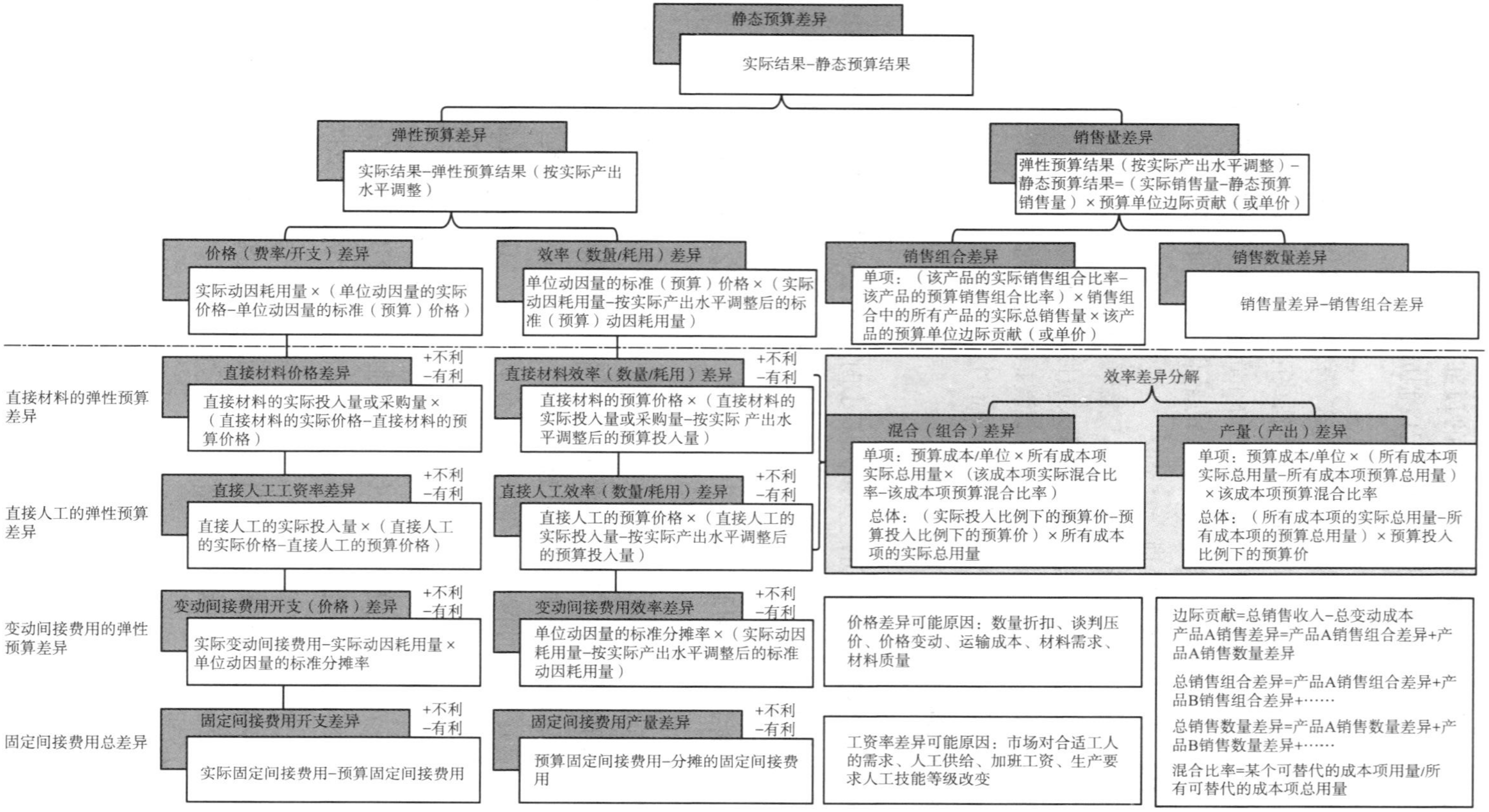
静态预算差异
实际结果-静态预算结果
弹性预算差异
实际结果-弹性预算结果（按实际产出水平调整）
销售量差异
弹性预算结果（按实际产出水平调整）-静态预算结果=（实际销售量-静态预算销售量）×预算单位边际贡献（或单价）
价格（费率/开支）差异
实际动因耗用量×（单位动因量的实际价格-单位动因量的标准（预算）价格）
效率（数量/耗用）差异
单位动因量的标准（预算）价格×（实际动因耗用量-按实际产出水平调整后的标准（预算）动因耗用量）
销售组合差异
单项：（该产品的实际销售组合比率-该产品的预算销售组合比率）×销售组合中的所有产品的实际总销售量×该产品的预算单位边际贡献（或单价）
销售数量差异
销售量差异-销售组合差异
直接材料的弹性预算差异
直接材料价格差异
直接材料的实际投入量或采购量×（直接材料的实际价格-直接材料的预算价格）
+不利
-有利
直接材料效率（数量/耗用）差异
直接材料的预算价格×（直接材料的实际投入量或采购量-按实际产出水平调整后的预算投入量）
+不利
-有利
效率差异分解
混合（组合）差异
单项：预算成本/单位×所有成本项实际总用量×（该成本项实际混合比率-该成本项预算混合比率）
总体：（实际投入比例下的预算价-预算投入比例下的预算价）×所有成本项的实际总用量
产量（产出）差异
单项：预算成本/单位×（所有成本项实际总用量-所有成本项预算总用量）×该成本项预算混合比率
总体：（所有成本项的实际总用量-所有成本项的预算总用量）×预算投入比例下的预算价
直接人工的弹性预算差异
直接人工工资率差异
直接人工的实际投入量×（直接人工的实际价格-直接人工的预算价格）
+不利
-有利
直接人工效率（数量/耗用）差异
直接人工的预算价格×（直接人工的实际投入量-按实际产出水平调整后的预算投入量）
+不利
-有利
变动间接费用的弹性预算差异
变动间接费用开支（价格）差异
实际变动间接费用-实际动因耗用量×单位动因量的标准分摊率
+不利
-有利
变动间接费用效率差异
单位动因量的标准分摊率×（实际动因耗用量-按实际产出水平调整后的标准动因耗用量）
+不利
-有利
价格差异可能原因：数量折扣、谈判压价、价格变动、运输成本、材料需求、材料质量
边际贡献=总销售收入-总变动成本
产品A销售差异=产品A销售组合差异+产品A销售数量差异
总销售组合差异=产品A销售组合差异+产品B销售组合差异+……
总销售数量差异=产品A销售数量差异+产品B销售数量差异+……
混合比率=某个可替代的成本项用量/所有可替代的成本项总用量
固定间接费用总差异
固定间接费用开支差异
实际固定间接费用-预算固定间接费用
+不利
-有利
固定间接费用产量差异
预算固定间接费用-分摊的固定间接费用
+不利
-有利
工资率差异可能原因：市场对合适工人的需求、人工供给、加班工资、生产要求人工技能等级改变

图3-1 差异分解框架

（2）在服装行业，衣料在长的切割台上被铺展开，直到摊铺机来到布堆中一叠布料的最后一层，该布堆可能超过100层布料那么高。当铺展完成后，一个标记（一个图案）被放置在布堆的顶部，并且使用一把长垂直刀片来将布料裁剪成布片，再将它们缝合在一起以制成服装。织布以以下几种方式被浪费掉了：

①每个螺栓末端的布料比标记短，这被称为不可用的末端废料。

②来自工厂的布料会有缺陷。当遇到缺陷时，这块布被切掉，并且不得不将该层的一部分布重叠，以便标记中的每个部分至少有一块好的布料，这被称为磨损。如果磨损超出了双方共同商定的最高限度，那么服装公司就可能向工厂收取赔偿金以弥补过度磨损。

③超出标记末端的材料将被浪费。这被称为铺展废料。通过将铺展废料作为专门的差异进行报告，系统能使管理人员跟踪这些废料并且最终将其降到占布使用总量的1%左右。由于面料约占服装销售价格的40%，因此税前成本减少约为收入的0.4%。由于税前营业利润很小（约占销售额的4%），因此净效应是净利润提高10%。

【例题3-14】某家公司按直接人工小时分配变动制造费用，变动制造费用效率有利差异为25 000美元，这一差异的可能原因是什么？

A. 使用了更加熟练的工人　　B. 电费低于预期

C. 物料耗用少于预期　　D. 生产了较少的产成品

【答案】A

【解析】选项A正确。变动间接费用效率差异＝单位动因量的标准分摊率×（实际动因耗用量－按实际产出水平调整后的标准动因耗用量），题干中“按直接人工小时分配变动制造费用”，因此，A中使用更加熟练的工人将减少实际人工小时的耗用量，产生有利差异，其他选项都达不到这个效果。

选项B不正确。本题中电费不是变动制造费用的分配依据。

选项C不正确。本题中物料耗用不是变动制造费用的分配依据。

选项D不正确。本题中产成品不是变动制造费用的分配依据。

【例题3-15】某公司产生了15 000美元有利的直接人工差异，和18 000美元不利的直接人工效率差异。请问直接人工工资率差异为多少？

A. 3 000美元，有利　　B. 3 000美元，不利

C. 33 000美元，有利　　D. 33 000美元，不利

【答案】C

【解析】直接人工差异＝直接人工效率差异＋直接人工工资率差异，代入，15 000美元F＝18 000美元U＋直接人工工资率差异，求得直接人工工资率差异＝33 000美元F。

【例题 3 -16】下面哪项不是例外管理报告的好处?

A. 减少对生产成本的报告次数

B. 减少信息过载

C. 减少对提前编制计划的依赖性

D. 减少管理措施不能集中在解决重要的问题上

【答案】C

【解析】选项 A 不正确。例外管理报告可以减少报告制造的成本，因为只有例外才报告，这样可以减少制作或生产或准备报告的成本。

选项 B 不正确。例外管理可以减少信息过载，因为只有例外才报告，其他信息不报告。

选项 C 正确。减少对前瞻预测的依赖，这不是例外报告的好处，它和例外报告不贴题，而且前瞻预测是好事情，应该提倡使用。

选项 D 不正确。例外管理可以减少盲目的或重点不突出的管理行为，将重点放在解决重要问题上。

第二节 责任中心与报告部门

一、责任中心

在分权式的组织中，不同级别责任中心的管理者都有不同范围的决策权。

责任中心也称战略性业务单位，它是企业的一个组成部分；责任中心的管理者必须对本部门的成本、利润、收入或投资承担起责任。

责任会计是组织中界定分部或子单位的一种方法，各个责任中心的划分以这些分部或子单位的自治水平及其管理者所承担的责任为依据，即每个责任中心必须对其可控范围内的事项承担责任。责任中心的绩效评估和责任中心的划分主要基于对整个公司的主要影响。责任中心的确定可以更好地明确相关职责划分以及考核激励。

四种类型的责任中心如表 3 -2 所示。

表 3 -2 四种类型的责任中心

类型	责任范围	评估标准	常用考核指标	举例
营收中心	负责销售，但是不负责制造成本	销售收入减营收中心的直接成本	销售总额、净销售	市场营销部
成本中心	负责成本，但是不负责收入和投资	在保持预期质量水平的同时最小化成本	预算成本节约额、预算成本节约率	财务、行政、内勤、人力资源、客户服务等部门

续表

类型	责任范围	评估标准	常用考核指标	举例
利润中心	负责收入、成本、利润，不负责投资	实际利润对比预期利润	边际贡献、可控边际、部门毛利（详见“贡献式报告及分部报告”）	独立的报告分部，如连锁店的单店
投资中心	负责收入、成本、利润和投资，包括内部投资和外部投资	利润水平；投入产出比；战略投资与公司战略的一致性；资本保全情况等	投资报酬率、剩余收益	具有投资性质的子公司

【例题3－17】 下列哪个责任中心让经理关注投资以外的所有财务决策？

A. 营收中心　B. 成本中心　C. 利润中心　D. 投资中心

【答案】 C

【解析】 选项A不正确。营收中心仅负责收入。

选项B不正确。成本中心仅负责成本。

选项C正确。利润中心负责收入、成本、利润，但不负责投资。

选项D不正确。投资中心负责收入、成本、利润和投资。

【例题3－18】 如果用于评价业务单位绩效的方法之一是剩余收益，那么该业务单位是：

A. 成本中心　B. 收入中心　C. 利润中心　D. 投资中心

【答案】 D

【解析】 选项A不正确。成本中心不负责投资。

选项B不正确。收入中心不负责投资。

选项C不正确。利润中心不负责投资。

选项D正确。剩余收益（residual income）＝业务部门的利润－（业务部门的资产×规定回报率），其中涉及投资，将利润与投资资本联系起来进行绩效评估，是投资中心的业绩评价指标。

二、贡献报告及分部报告

（一）贡献式报告

边际贡献是对固定费用和利润的贡献额度。边际贡献揭示了产量的变化如何影响利润，因为固定成本和营运能力保持不变。边际贡献分析是根据成本性态来分析成本，而不是简单地按部门划分，因而可用于定价、投资及战略决策，同时能更好地帮助绩效评估。

边际贡献＝收入－所有变动成本和变动费用

营业利润＝边际贡献－固定成本

贡献式利润表根据成本性态来分析成本，可用于定价、投资及战略决策。传统式利润表与贡献式利润表比较如表 3－3 所示。

表 3－3　　传统式利润表与贡献式利润表比较

传统式利润表（按职能部门划分成本）	贡献式利润表（按成本行为划分成本）
销售收入	销售收入
－产品销售成本	－所有变动成本和变动费用
毛利	边际贡献
－销管费用（变动和固定）	－固定成本和固定费用
营业利润	营业利润

为了区分哪些成本项受管理者控制，哪些成本项不受管理者控制，用以帮助更合理地评估管理者的绩效，固定成本还可以进一步划分成可控固定成本和不可控固定成本。具体可见表 3－4。

表 3－4　　可控固定成本与不可控固定成本对比

固定成本	说明
可控固定成本	在一年之内可以改变的固定成本。例如广告费开支等
不可控固定成本	需要在一年以上的时间才能对其施加影响；也可能源于公司总部费用的分摊，这种分摊没有商量余地。例如，与设备相关的折旧、税收和保险费用等。不可控固定成本又可进一步划分为可追溯固定成本和分摊的共同成本

可控边际贡献＝边际贡献－可控固定成本

贡献式利润表的优点：

（1）利润中心经理可以根据成本行为（或性态、习性）来审视各项成本，如固定成本或变动成本，而不是按部门（或职能）划分成本，如销售成本、管理成本和生产成本（产品销售成本）。由此可以更为容易地评估管理者的绩效——明确区分哪些成本项受管理者控制，哪些成本项不受管理者控制。

例如，如果上一期间的报表显示不可控固定生产成本不断上升，而变动生产成本在持续下降，传统式利润表无法反映这一事实，但贡献式利润表则能反映管理者已成功保持成本相对稳定而且采取有效措施下降变动成本，因为不断上升的不可控固定成本并不在其控制范围内。

（2）可应用于某些经营决策，如：分析产品线和制定产品售价、决定是否扩张某个分部或撤销该分部、制定自制或外购决策等。

（二）分部报告

1. 分部报告。

分部报告是出于报告目的，按生产线、地理区域或其他有意义的方法来划分企业，并对所划分出来的各个企业分部提供独立的信息报告。

分部报告以贡献式报告的评估思路为基础，通过追踪各个分部的收入和成本，展示每个分部本身的获利能力。

分部毛利 = 分部边际贡献 - 可追溯至该分部的固定成本

其中，可追溯固定成本是指仅与该分部相关的固定成本。例如，与分部管理者相关的管理层薪水，以及分部的建筑维护成本和保险费，等等。

分部毛利用于反映分部获利能力，如果分部毛利为负，除非该分部能为其他分部带来价值增值，否则应该关闭该分部。

分部绩效评价指标如图 3 - 2 所示。

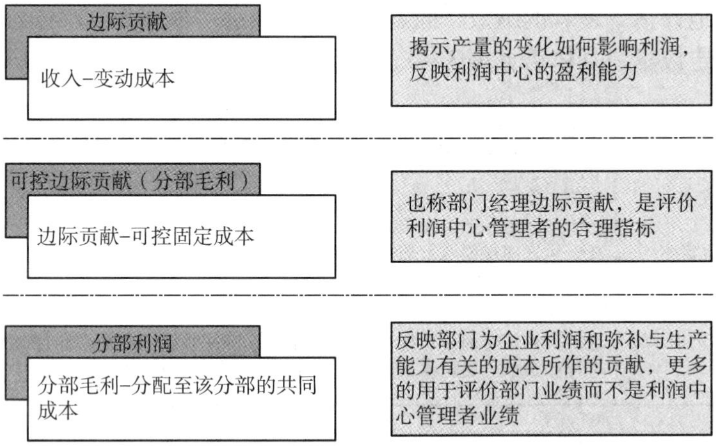

图 3 - 2　分部绩效评价指标

2. 共同成本的分配。

对于两个或多个部门共同占用的成本，不能追溯到特定部门，必须采用某种分配基础在这些部门间进行分摊。

分部利润 = 分部毛利 - 分配至该分部的共同成本（即不可控固定成本）。

共同成本在各部门分配的两种方法：

（1）独立成本分配法，是指确立各个分部在分担共同成本时所占用的成本动因的相对比例，然后根据这个比例分配共同成本。

（2）增量成本分配法，是指在分配成本时，将成本使用者划分为不同的等级，即划分成主要使用者和增量使用者，即由于成本使用者现在不止一个，因此增加了额外成本。

【例题 3－19】 某公司同时拥有一个新工厂和一个旧工厂，这两个工厂都要求给某些工人提供现场培训，在新工厂培训的时间是 3 个季度，在旧工厂培训的时间是 1 个季度。培训师以新工厂所在地为主要工作地，薪水是 30 000 美元，加上 10 000 美元的差旅费。

1. 若使用独立成本分配法，培训师的薪水和差旅费该如何分配。
2. 若使用增量成本分配法，培训师的薪水和差旅费该如何分配。

【答案】

1. 独立成本分配法下：

旧工厂分配额＝(30 000＋10 000)×1÷(1＋3)＝10 000（美元）

新工厂分配额＝(30 000＋10 000)×3÷(1＋3)＝30 000（美元）

2. 增量成本分配法下：

由于培训师以新工厂所在地为主要工作地，差旅费是为服务于增量使用者（旧工厂）发生的，所以该差旅费全部计入旧工厂。

旧工厂分配额＝30 000×1÷(1＋3)＋10 000＝17 500（美元）

新工厂分配额＝30 000×3÷(1＋3)＝22 500（美元）

增量成本分配法使管理者可以操纵成本的分配，也容易造成不同分部的矛盾；相比之下，独立成本分配法的方式更加公平。

【例题 3－20】 某公司的两个部门分别向租赁公司租赁设备。如果两个部门分别各自租赁，则 A 部门费用为 1 000 美元，B 部门费用为 500 美元。如果两个部门一起向租赁公司租赁设备，则两部门的共同费用为 1 200 美元。在独立成本分配法和增量成本分配法（以 A 部门为主要使用部门）下，A 部门和 B 部门的成本分别是多少？

【答案】 独立成本分配法下，A 部门分配的成本＝1 200×1 000÷(1 000＋500)＝800（美元）；B 部门分配的成本＝1 200×500÷(1 000＋500)＝400(美元)。

增量成本分配法下，以 A 部门为主要使用部门，那么 A 部门分配的成本为 1 000 美元；B 部门分配的成本＝1 200－1 000＝200（美元）。

三、转移定价

（一）转移定价的概念

在计算不同责任中心或分部的利润时，需要对不同分部之间的调拨商品和服务制定转移价格。转移定价法是指为企业内部交换的商品和服务设定价格。

转移品价格的选择对公司战略有很大影响，转移品价格的设定要求企业内部各个部门包括财务、生产、营销和税务筹划等部门的通力协作。

垂直整合程度较高的公司在设定转移品价格时要格外小心，其价格的设定不仅应让所有分部经理认为公平合理，还应使各个分部拥有足够的财务灵活性。

（二）转移定价模型

1. 确定转移定价的模型。

确定转移定价的模型有四种，如表3－5所示。

表3－5　　转移定价模型

模型	简介	适用情形	优点	缺点
市场价格模型	是真正的公允价值模型，因为转移商品或服务的价格设定以现行市场价格为基础	公司有外部市场，销售方没有过剩产能	• 对买卖双方最公平，最能提高各自的积极性 • 最能促进分公司和总公司目标一致性 • 符合各国税务局的官方要求 • 客观、简单，不用计算或费时间协商	• 如产品是中间体没有市场价格或市场价格获取困难 • 在产能过剩情况下用市场价格可能造成因购买方感觉价格高而交易失败，从而影响公司整体利益 • 在特殊情况下，如外汇、政治风险等，可能对公司整体利益不利
协商价格模型	通过买方和卖方之间的谈判来商定转移价格	销售方没有外部市场，且有过剩产能；为公司税务、外汇等其他利益考虑等	• 充分发挥分公司的独立性，分公司可以谈判协商 • 通过谈判，双方可相互了解，有助于做出更好的决定 • 灵活，容易达成双方都满意的结果，提高各自积极性 • 可以充分考虑公司在税收、外汇等各方面的利益，从而更好地提高和保护公司的整体利益等	• 协商费时间、成本高 • 信息不对称，谈判时知晓成本及相关信息的一方可以利用此优势而另一方较被动 • 很多时候变成了谈判技巧和能力的较量
变动成本模型	在设定转移价格时，其转移价格等于该部门生产某种产品或提供某种服务的变动成本	在市场上不存在这个商品或服务，或价格不透明；卖方部门生产能力过剩； 外部市场存在，但是公司鼓励内部购买	• 有过剩产能情况下能促进内部购买从而减少产能浪费，卖方不亏而且对公司整体有利 • 计算简单，数据客观容易得到 • 若卖方国有外汇限制或其他政治风险或买方国税率很低，变动成本因为低价会对整个公司有利	• 成本不加价，卖方无利润，会影响业绩及积极性 • 如果公司无过剩产能，用变动成本法会出现亏损 • 不符合美国公认会计原则对产品成本的定义 • 在公司没有过剩产能或有外部市场的情况下，变动成本定价有可能违反税务局的要求 • 容易在买卖双方之间引发激励问题，例如，卖方不会积极地控制成本，因为卖方低效的成本控制最终将由买方来承担

续表

模型	简介	适用情形	优点	缺点
完全成本模型	以卖方的变动成本为起点，在此基础上分配一定的固定成本作为转移价格	在市场上不存在这个商品或服务，或价格不透明；卖方部门生产能力过剩； 外部市场存在，但是公司鼓励内部购买	• 无过剩产能时，用完全成本法可避免可能出现的亏损 • 有过剩产能时，完全成本法相当于变动成本上的加价从而促进卖方的积极性 • 符合美国公认会计原则对产品成本的定义 • 简单、易懂、数据容易得到	• 成本不加价，卖方无利润，会影响其业绩及积极性 • 外部市场存在而且无过剩产能，低于市场价格影响卖方的积极性 • 有过剩产能时，但完全成本中固定部分太大，可能会影响内部销售的促成从而引起过剩产能的浪费 • 在公司无过剩产能或有外部市场的情况下，固定成本定价可能违反税务局要求 • 容易在买卖双方之间引发激励问题，例如，卖方不会积极地控制成本，因为卖方低效的成本控制最终将由买方来承担

转移定价模型的应用层次：如果商品或服务的市场价格为已知，优先使用市场价格模型；如果无从得知商品或服务的市场价格，优先采用协商价格模型；尽量不采用两种成本模型，容易导致卖方不积极控制成本；如果必须使用成本模型，尽量使用标准成本来定价，以解决卖方的激励问题。

2. 是否需要内部转移以及制定转移品价格的决策（以自制或外购决策为出发点）。

（1）如果转移品没有外部供应商，同时没有市场价格，则转移价格最好以协商价格或成本为基础。

（2）如果转移品有外部供应商，则应比较内部供应商的变动成本和外部市场价格。

①若：外部市场价格 < 内部供应商的变动成本，则应从外部购买，以此激励内部供应商努力降低成本。

②若：外部市场价格 > 内部供应商的变动成本，则进一步考虑内部供应商的生产能力利用问题。

是否需要内部转移以及制定转移品价格的决策，可见表 3－6。

表 3－6　　是否需要内部转移以及制定转移品价格的决策

生产能力利用	说明
生产能力已充分利用	意味着转移品的产出量已达最高水平，增加内部转移将使内部供应商减少对外销售 若：内部购买者获得的成本节约 > 内部供应商的丧失销售机会的机会成本，则应从内部购买，恰当的转移价格应该是市场价格
生产能力未充分利用	内部供应商增加转移品的生产只增加变动成本，且不会减少对外销售，此时内部供应商应该为内部购买者提供产品，而转移价格处于变动成本和市场价格之间

内部转移决策是从高层管理者的角度进行的，是对各业务单位自主决策的期望。为了保护各业务部门的自主权，高层管理者可以设定关于转移定价目标的指南，并且需要让内部业务单位管理者明确，企业整体利益应高于业务部门的个体利益。

> **【提示】** 转移定价鼓励的行为：
>
> ● 限制在外面买更贵的产品，并以此评估业绩。此外，内部供应商应提高产品质量和售后服务，鼓励买方在内部购买。
>
> ● 卖方在正常产能的情况下，应以市场价格而不是更高的价格卖给内部。
>
> ● 当卖方有剩余产能时应采用变动成本或变动成本加价法，应小于平常的市场价。
>
> ● 协商价格时公司内部买卖方应该公开、透明、真实地交换信息，可以通过让总部人员有一定程度的参与来防止在协商中出现不好的情况。
>
> ● 使用标准成本而不是实际成本，可以改善计划和预测，以及防止低效率生产。

【例题 3-21】 H 公司下属几个利润中心，并对每个利润中心单独进行考核。利润中心之间有产品内部销售。为了激励利润中心的经理，以下哪种转移定价方法是最优选择：

A. 以实际成本为基础的成本加成

B. 以标准成本为基础的成本加成

C. 双方协商定价

D. 以市场价格为基础制定转移价格

【答案】 D

【解析】 转移定价首选是市场价格，被各方接受，使各方都能受到激励。如果没有市场价格，协商定价是次优选择。

【例题 3-22】 某公司有几个分部，都作为分权化的利润中心进行运作。UT-371 电路板是一种畅销的产品，可以用在很多数字产品上。目前制造分部拥有的过剩产能足以生产该产品 5 000 件。关于此电路板的资料如下：

市价	48 美元
对外销售发生的变动销售/分销成本	5 美元
变动制造成本	21 美元
固定制造成本	10 美元

公司的电子装配分部想要采购 4 500 件电路板，可以从内部购买，也可以在市场上以 46 美元的价格购得相似产品。装配分部的管理层考虑到两家分部都隶属同一公司，觉得如果从内部购买，在价格上应该会有一些妥协。请问确定制造分部向组装分部提供此电路板的最终价格的最好方法是什么？

A. 由高级管理层制定此价格

B. 由仲裁委员会制定此价格

C. 由制造分部和组装分部的管理层协商制定此价格

D. 如果制造分部没有过剩产能，价格会是什么样子，就把此价格设定为转移价格

【答案】C

【解析】选项 A 不正确。没有 A 中所提的定价方法。

选项 B 不正确。没有 B 中所提的定价方法。

选项 C 正确。在企业有剩余产能的情况下，实际上只要报价大于变动成本都是合算的（注意本题中的相关的变动成本只有 21 美元，不包括 5 美元），至于最终定价多少，可在变动成本基础上加价，或在此基础上进行协商，因此选项 C 是正确的。

选项 D 不正确。因为在产能过剩的情况下策略要灵活，因为这时市场需求是不足的，就不能太死板地按高价，因此，选项 D 不正确。

四、组织分部的绩效评估报告

（一）绩效评估报告

绩效评估报告旨在供内部使用，应根据受众和接受报告的管理层级别来编制。信息传达的及时性和信息相关性及重要性对企业经营成功十分重要。

绩效评估制度实施目的如下：

（1）实现目标一致性——使个人目标与组织目标相统一；

（2）就各项预期进行清楚无误的沟通交流；

（3）创造条件，激发组织中的各个成员以最大化组织目标为其行动指南；

（4）使单个组织成员与组织之间有通畅的沟通渠道；

（5）明确组织的各项评估标准。

当反馈机制不起作用，或当评估基准与运营的成本和/或收入动因不匹配时，可能会产生错误的激励，使得组织达不到预期目标。因此，每一个挑选出的绩效评估指标需要具备以下要素：

①绩效测量的时间段（例如，是仅查看一年的结果，还是同时查看几年的结果）。

②对被评估项的共同的定义（例如，不管其功能和用途，资产全都被定义为“全部可用资产”）。

③绩效评估中所使用的具体测量单位的定义（如历史成本、当前成本）。

④为每个绩效指标和每个分部设定目标绩效水平。

⑤绩效反馈的时间安排（例如，是按照每天、每周还是每个季度来提供反馈）。

（二）跨国公司的绩效评估

1. 跨国公司必须关注更多的因素，比如关税、汇率、税率、货币限制、没收风险，以及材料技能的可获得性和成本对绩效评估的影响。评价外国分部的成果时，还应考虑到所在国经济、法律、习俗和政治等方面的非财务因素。

跨国公司可以利用转移定价达到以下目的：

（1）合理范围内利用各国的税收区别达到利润最大化。如对高所得税国家出口的转移价格可能相对较高，利润尽可能留在低所得税的国家。跨境转移定价的一般方法为：商品由所得税率较低的国家卖到税率较高的国家时，制定相对较高的转移价格。相反，商品由所得税率较高的国家卖到税率较低的国家时，制定相对较低的转移价格。这样总体缴纳的所得税就会减少。

（2）风险控制。考虑外汇限制、政治风险及其他风险制定对公司整体最有利的转移价格等，如对一般高风险的国家，或者外汇管制严格的国家，出口的转移价格可能相对较高，利润尽可能留在本国，否则在国外挣的利润不一定能收回来。

（3）符合当地税务局的要求。一般来讲，税务局的要求是转移价格的制定等同于独立卖给第三方的价格，但因为是中间品可能没有外部市场，或有过剩产能，即使有外部市场出售，也需要单独设定转移价格。一般来说，企业应当提前进行中间品生产企业的责任中心的规划，并和税务局进行提前协商和沟通，确定该转移价格符合税务局的要求。

2. 跨国公司绩效评估也应注意区分可控成本与不可控成本。

（1）作为绩效评估对象的成本只能是可由管理者施加影响的成本（即可控成本）。例如，对于外国分部的绩效评估，应该考虑贸易政策（如关税壁垒）、汇率波动、通货膨胀以及外国相对购买力的不同所带来的影响，这些因素在很大程度上不在分部管理者的可控范围之内。

（2）由于绩效职责原因，有些成本可能被管理者认为是不可控成本，但是如果绩效责任调整之后，管理者需要对这些成本的控制和管理负责，则这部分成本是有可能进行优化或者预防的。例如，如果经理了解到他无须为货币贬值负责，则他就缺乏积极应对汇率风险的动机；而如果他需要为货币贬值的部分后果负责，他就可能会聘请市场分析师或专门研究汇率的经济学家来预测货币贬值的可能性并及时加以应对。

为强化绩效评估的效果，可以使用在当地类似环境下营运的其他公司或其他管理者的标杆值，对不同公司的绩效实施横向比较。绩效评估应避免只关注利润，而应关注更为稳定的指标，如收入、市场份额或营运成本等。

【例题 3－23】 某个公司对其在不同国家运营的分部进行绩效比较时会遇到困难，这些困难包括下列的所有选项，但不包括不同的：

A. 货币　　　　B. 基础设施

C. 销售价格限制　　　　D. 管理风格

【答案】 D

【解析】 选项 A 不正确。不同分部包括国外分部在货币方面可能存在不同。

选项 B 不正确。不同分部包括国外分部在基础设施方面可能存在不同。

选项 C 不正确。不同分部包括国外分部在销售价格限制方面可能存在不同。

选项 D 正确。不同分部包括国外分部在货币、基础设施以及销售价格限制等方面都可能存在不同，但不同分部的管理风格在同一企业内部应该是大致相同的。

第三节　绩效考核

绩效评估有助于确保整体盈利能力、业务单位盈利能力和客户盈利性都符合公司目标和战略。了解成本和收入的动因对于管理会计师指导或调整具体评估的能力至关重要，这些措施最终将公司定位于朝着实现其目标的方向前进。及时的监控和相应的纠正措施有助于使得公司的绩效达成公司的所有目的、目标和战略方向。

对绩效的评估可以从不同的角度来看待，这些视角有助于洞察可能阻碍实现绩效目标的潜在问题。本节将探讨绩效分析技术，这些技术将有助于评估业务单元、产品和客户的盈利（性）水平。此外，还将讨论包括平衡计分卡在内的其他监控技术。

一、业务部门获利能力分析

战略业务单位（SBU）是更大的组织中的一个实体或运营单位。估价和评估业务部门的绩效可以帮助管理者确定各个部门的利润贡献如何与整体盈利能力、公司战略和目标相联系。根据公司对特别业务单位的关注程度，绩效衡量可以根据业务单位的边际贡献、直接/可控利润、税前收入或净收入来进行。

表 3－7 演示了如何计算这些评估标准。

表 3-7 业务单位利润表 单位：美元

销售收入	780 000
变动费用	585 000
边际贡献	195 000
该利润中心的可控固定费用	19 500
直接/可控利润	175 500
分配给该战略业务单位的公司费用	52 500
税前所得	123 000
所得税	49 200
净利润	73 800

（一）边际贡献

一个业务单位的边际贡献将衡量这个 SBU 创造利润弥补固定成本的能力。它是一种有用的绩效度量，因为它包括经理控制范围内的变动成本。

边际贡献 = 销售收入 - 变动成本和费用

（二）直接/可控利润

业务单位经理从边际贡献中扣除可控的固定成本，可以得到业务单位的直接/可控利润。在评估经理管理固定成本产生业绩的能力时（如薪水），这种度量特别重要。公式中表示的固定成本不包括从母公司层面转移分配的成本。

直接/可控利润 = 边际贡献 - 该部门的可控固定成本

（三）税前所得（利润）

税前所得是通过从直接/可控利润中扣除公司分配成本来计算的。通常，分配的成本是指在整个组织中分摊的各种成本，这些成本分配给各个业务单位（法律费用、专业费用、公司管理费用）。这些分配的成本可能被业务单位经理认为是无法控制的，但在确定使业务部门成为组织整个业务盈利贡献者所需的盈利水平时可以预见它的作用。这种洞察力通常起着关键作用，可以做出与产品定价和生产力相关的长期决策。

税前所得 = 可控利润 - 组织分摊的共同成本

（四）净利润

通过扣除税前所得中的所得税，存货估价方法和折旧方法的影响。如果在母公司层面确定，会计方法的影响通常不被业务单位经理认为是可控的。然而，如果任由业务单位自行决定，它们可能对净利润产生相当大的影响。

净利润 = 税前所得 - 所得税

【例题3-24】一个公司计划实施基于分部绩效的奖金计划，绩效的评估要基于分部的绩效报告。以下四项成本中，哪项应包含在分部绩效报告中：

A. 公司CEO的工资按分部的销售额分摊

B. 公司培训成本按分部的员工人数分摊

C. 计算机设施的折旧成本在分部间平均分摊

D. 变动计算机运营成本根据分部使用的实际小时乘以预先设定的标准分摊率分摊给每个分部，任何有利和不利差异保留在计算机部门

【答案】D

【解析】选项A不正确。公司CEO的工资是公司共同的固定成本，不在分部的控制范围内，是不可控成本，不应该包括在分部的绩效报告中。

选项B不正确。公司培训成本也是公司共同的固定成本，不在分部的控制范围内，是不可控成本，不应该包括在分部的绩效报告中。

选项C不正确。计算机设施的折旧成本也是公司共同的固定成本，不在分部的控制范围内，是不可控成本，不应该包括在分部的绩效报告中。

选项D正确。变动计算机运营成本根据分部使用的实际小时进行分摊，分部可以控制使用的小时数量，这是分部的可控成本，应该包括在分部的绩效报告中。

二、产品盈利性（能力）分析

（一）产品获利能力分析的应用

产品盈利性分析通常由业务单位或产品线的经理使用，以确定特定的产品盈利性如何促进业务单位的整体盈利性和/或公司的整体盈利性。这类绩效评估有助于确定哪些产品：

（1）是最赚钱的；

（2）需要进一步的成本或价格评估；

（3）需要市场营销或促销部门的努力和支持；

（4）是无利可图的，应考虑终止。

（二）关闭产品线的财务决策过程

（1）加总产品线的相关成本。相关成本是指因取缔该产品线而消失的所有可追溯至该产品线的变动成本与固定成本。

【提示】固定成本分为可追溯的固定成本与共同成本。可追溯固定成本是专属于某产品线或某部门的固定成本，即关闭产品线会随之消失的固定成本可追溯成本属于相关成本。共同成本是由多种产品共同负担的固定成本，即使某产品线被关闭也不会随之消失，因而与终止某项营运的决策无关。共同成本不属于相关成本。

（2）加总机会成本，即取缔该产品线将丧失掉的所有销售收入。

（3）终止该产品线节省的净成本 = 相关成本 - 机会成本。

如果终止该产品线节省的净成本 >0，说明取缔产品线可以为公司增加净收益；

如果终止该产品线节省的净成本 <0，说明取缔产品线节省的成本小于损失的收入，公司的总体收益减少了。

（三）关闭产品线需要考虑的非财务因素

在终止无利润的产品或生产线之前，应仔细考虑该决定对财务和非财务的影响。这些考虑应该包括：

（1）决定对整体销售或其他产品销售的影响；

（2）使产品或产品线盈利的替代解决方案（如价格调整或增加营销投入）；

（3）对吸收、联合和副产品成本计算的影响；

（4）决定产品将来是否会更有利可图；

（5）对公司战略的长期影响；

（6）对公司形象或员工士气的影响。

【例题 3 - 25】 某玩具制造公司生产多种玩具产品。除了 A 和 B 这两类产品之外，其他所有产品都能够盈利。以下是这两个产品的年度损益表：

单位：美元

项目	A	B
销售额	5 000	7 500
可变成本	3 300	5 200
直接广告和促销成本	1 800	2 000
公司广告成本（根据销售额分摊）	500	750
去除其他分摊成本之前的收入（损失）	（600）	（450）

应该考虑停售的产品是：

A. A 和 B　　B. 仅 A

C. 仅 B　　D. 既不是 A 也不是 B

【答案】 B

【解析】 选项 A 不正确。产品 B 应该保留。

选项 B 正确。产品 A 扣减所有相关成本后的剩余贡献 = 5 000 - 3 300 - 1 800 = - 100（美元）；而产品 B 扣减所有相关成本后的剩余贡献 = 7 500 - 5 200 - 2 000 = 300（美元）。由于 A 扣减所有相关成本后的剩余贡献小于零，因此应考虑停售。

选项 C 不正确。产品 B 应该保留。

选项 D 不正确。产品 A 应该考虑停售。

【例题 3-26】 某企业生产网球和壁球两种产品，相关报表数据如下表：

项目	网球	壁球	合计
销售额	780 000	195 000	975 000
变动成本	585 000	175 500	760 500
边际贡献	195 000	19 500	214 500
其他可追溯成本 - 广告费	19 500	26 000	45 500
剩余贡献（可控边际）	175 500	-6 500	169 000
不可追溯成本 - 固定成本			100 000
营运利润			69 000

请分别从财务层面和非财务层面对是否撤销壁球生产线进行分析。

【解析】 从财务层面来看，网球和壁球产品线获利分析不考虑联合生产线固定成本，因为它不可控；壁球产品线的边际贡献小于网球产品线；在考虑了可追溯（可控）的广告成本之后，壁球产品线亏损。因此，企业需要考虑以下选择：

（1）撤销壁球生产线，避免所有壁球相关成本，提升利润；

（2）控制壁球可变成本，增加其边际贡献；

（3）控制可追溯的可变成本，扭转壁球生产线亏损等。

虽然财务因素非常重要，但是产品获利能力分析需要认真考虑其他非财务方面的因素，才能做出最佳决策。非财务层面需要考虑的因素包括：

（1）撤销产品线对其他相关产品线销售额和盈利的影响（交互销售）；

（2）对人力资源成本的影响，是否会产生额外的人力资源成本；

（3）对公司职员和生产线员工的士气的影响；

（4）该生产线仅为短期亏损，长期能否盈利；

（5）多增加广告营销投入或者降低广告投入能否改变其产品线盈利状况；

（6）是否能够通过提高（降低）价格影响其销售额，进而提高盈利状况等。

三、客户获利能力分析

重要的是要认识到虽然向一个特定的客户销售产品可能是有利可图的，但如果考虑维护该客户的相关实际成本，这些客户无法成为整个业务单位或公司盈利的贡献者。特别折扣、分担费用（如合作广告）和特别管理费用（如维持客户服务或项目所需的人力资源）是客户盈利性分析的关键组成部分，用于确定如何提高盈利性和/或放弃无利可图的客户和产品。

想象一下，ABC 公司愿意为包括 ABC 产品在内的所有宣传材料支付 20%

的客户广告费用。表 3 – 8 显示了客户 D 购买较新的、收益较高商品的影响，将之与只购买已停产/清仓商品的客户 E 相比。

表 3 – 8　　客户盈利性分析

	客户 D	客户 E
销售数量	500	2 500
单位客户价格	500 美元	250 美元
客户收入	250 000 美元	625 000 美元
产品销售成本（每单位 225 美元）	112 500 美元	562 500 美元
客户毛利	137 500 美元	62 500 美元
合作广告成本（占销售额的 20%）	50 000 美元	125 000 美元
税前客户净盈利	87 500 美元	（62 500 美元）

如表 3 – 8 所示，虽然客户 E 为收入和毛利做出了贡献，但该公司的合作广告政策使得总体来说盈利无法实现。这类分析可能导致管理会计师会建议重新调整，只针对购买收益较高的特定产品的客户宣传材料支付相应的广告费用。

进入客户盈利性分析的其他成本考虑因素可能包括：

（1）与客户信用/付款条件有关的费用；

（2）特别折扣安排；

（3）滞期费；

（4）违反电子数据接口（EDI）行为的处罚；

（5）其他费用，包括以前记录的费用。

类似于在评估一个终止产品或产品线的可行性时所给予的考虑类型，在完全基于客户对净盈利性的贡献考虑而放弃客户之前，必须仔细评估财务和非财务因素。

> **【提示】** 在财务盈利性分析中，公司可以利用几种不同的财务分析指标作为有效的公司绩效衡量指标，本部分将讨论在对业务单位和公司绩效进行全面评估时使用的关键指标。

【例题 3 – 27】 某汉堡店开发了一款新产品，该产品线盈利如下：收入 550 000 美元，成本 375 000 美元，广告费 180 000 美元（其中 2/3 宣传新产品，1/3 为分摊的日常宣传），其他房租累计分摊 120 000 美元，利润：– 125 000 美元。若取消此产品，公司盈利将：

A. 降低 55 000 美元　　　　B. 降低 115 000 美元

C. 提高 120 000 美元　　　　D. 提高 175 000 美元

【答案】A

【解析】如果取消该产品，则该新产品的以下相关利润将消失：550 000 - 375 000 - 180 000 × 2/3 = 55 000（美元）。而房租、1/3 的日常宣传费用不会消失，故此公司盈利将降低 55 000 美元。

【例题 3 - 28】以下是某公司的成本结构列表：

产品销售成本	占销售额的	60%
可变销售费用	占销售额的	10%
固定销售费用	每件售出产品	2 美元
可变管理费用	每份订单	50 美元
固定管理费用	每件售出产品	6 美元

去年，该公司的一个客户下了 50 份订单，以每件 20 美元的价格购买了总共 20 000 件产品。与该客户交易的收入或亏损为：

A.（9 200）美元　　B. 117 500 美元

C. 120 000 美元　　D. 115 000 美元

【答案】B

【解析】选项 B 正确。产品销售成本、可变销售费用、可变管理费用都是随着销售件数或者客户订单数量的提高而提高。而固定销售费用和固定管理费用不随销售件数或者客户订单数量变动而变动。故此与该客户交易的收入 = 20 000 × 20 × (1 - 60% - 10%) - 50 × 50 = 117 500（美元）。

四、投资回报率和剩余收益

（一）投资回报率

投资回报率用来度量业务部门或一个投资项目的获利能力。投资回报率用百分数表示。它将收入、成本和投资额统一到一个数据中。

1. 在 CMA 考试中使用的投资回报率计算公式：

$$投资回报率（ROI）= \frac{业务部门的净利润（利润是指营业利润）}{业务部门的资产额}$$

其他回报率的计算公式：

$$资产回报率（ROA）= \frac{净利润}{平均总资产额}$$

$$权益回报率（ROE）= \frac{净利润}{平均所有者权益}$$

2. 使用投资回报率评价获利能力需要注意的问题。

（1）当比较多个投资机会时，确保所有项目的时间区间相同。

（2）投资回报率可用于短期或长期的项目分析。超过 1 年的项目，需要考虑现金的时间价值，使用贴现现金流量模型更合适。

（3）注意不同公司使用相同的会计方法时，投资回报率才具有可比性，要确保计算的数据具有可比性。

（4）投资回报率应与其他财务指标结合，与其他投资项目或行业平均值相比较。

3. 财务杠杆。

因为公司会举债经营，一般来讲，公司的权益回报率会大于资产回报率。

财务杠杆率的计算公式是：

$$财务杠杆率=\frac{资产}{权益}$$

财务杠杆对公司的利润或亏损有放大作用：

（1）当资产回报率大于负债的融资成本，意味着公司以较低利息成本的借款赚取了较高回报收益。偿还了固定金额的借款利息以后，公司会获得额外的收益。这样财务杠杆就放大了利润。

（2）当资产回报率小于负债的融资成本，公司以一个相对较高的利息成本赚取较低的收益。偿还了固定的利息成本以后，剩下的收益会减少，或者发生亏损。这样财务杠杆就减少了利润，或放大了亏损。

（二）剩余收益

剩余收益是从所得额中减去投资的规定回报。同投资回报率一样，剩余收益可以评价业务部门或者一个投资项目的投资回报。

在 CMA 考试中使用的剩余收益的计算公式：

剩余所得 = 业务部门的利润（营业利润）-（业务部门的资产 × 必要报酬率）

必要报酬率乘以投资额，代表了因不能将该笔资金投资于别处而导致的机会成本。必要报酬率通常来源于对潜在投资风险进行调整后的加权平均资本成本（WACC）。

剩余收益为正，意味着业务部门实现的收益率高于公司要求的必要回报率，因而，应该继续经营下去；剩余收益为负，并不是指公司不盈利，它只是说明业务部门实现的收益率低于公司要求的必要报酬率。

（三）投资回报率和剩余收益对比

投资回报率和剩余收益对比如表 3 -9 所示。

表 3-9 投资回报率和剩余收益对比

指标	优点	缺点
投资回报率	• 反映投资中心的综合盈利能力 • 形式为百分比，故此不同投资额的项目、部门之间更具横向可比性，更容易突出不同投资额的项目的效率高低（相比剩余收益） • 投资回报率可以作为选择投资机会的依据，有利于优化资源配置	• 经理可能为了自己的利益，进行次优选择，放弃低于本部门投资回报率但大于公司整体要求回报率的项目，从而导致公司整体收益增长的减少 • 经理可能为了短期利益增加投资回报率，但可能牺牲了公司的长远整体利益，例如牺牲研发、培训等方面的投入 • 虽然在不同投资额项目或分部之间更好比较效率的高低，但没体现绝对的回报值 • 经理在接管一个部门或分公司时，可能会有无法控制的承诺成本如折旧、租金等，此时的投资回报率可能不够客观
剩余收益	• 可以使业绩评价与企业的目标（即增加股东财富）协调一致，引导部门经理采纳高于企业资本成本的决策； • 允许使用不同的风险调整资本成本 • 更注重增加财富的绝对值而不是百分比，更注重实际增加的数额价值	• 不适合于不同投资规模的部门之间的比较 • 经理可能为了短期利益增加剩余收益，但可能牺牲了公司的长远整体利益 • 剩余收益对目标投资回报率很敏感，受其影响很大。项目投资额越大对目标投资回报率就越敏感，不同目标投资回报率会产生迥异的剩余收益，然而目标投资回报率的选择较主观

（四）投资基准

使用投资回报率和剩余收益都会受到收入和资产计量方式的影响。因为各个组织可能会使用不同的方法来量度收入、成本和资产，导致这种绩效比较失去可比性。

（1）不同的收入与费用确认政策。不同组织在收入和费用的确认政策上可能存在差异。此外，企业内部转移定价也会影响不同组织的收入和成本。

（2）存货计价政策不同。不同的存货计价政策，会得出不同的存货价值和产品销售成本，进而导致不同的资产总额和营业利润。

（3）不同组织之间共有或共享资产。不同组织共享某一个资产时，共同成本需要进行分配。分配方法的选择将会影响每个组织的费用和利润。

（4）资产估值方法的不同选择。资产可以按照历史成本、账面价值或重置成本来衡量，这个选择会影响资产总额，得出不同的绩效评估结果。例如，使用历史成本计量资产价值，对资产老旧的部门有利，这会阻碍管理者更新部门资产。由于每期计提折旧使资产的账面价值不断下降，即使部门的收入不变，每年的投资回报率和剩余收益也会提升。相反，采用重置成本计量资产价值，不利于老旧资产的部门，会刺激这些部门提前更换资产，造成浪费。

【例题 3-29】某公司是一家生产玩具的制造商，生产的玩具按价值定价，该公司根据投资回报率来考核其分支机构的绩效。如果将投资定义为分支机构资产负债表上记录的所有资产的账面价值，则这些分支机构在以下哪方面差异较大时相互之间比较起来难度将最大?

A. 销量　　B. 地理位置

C. 管理风格　　D. 年限

【答案】D

【解析】选项 A 不正确。本题中销量不是影响比较口径的主要因素。

选项 B 不正确。本题中地理位置不是影响比较口径的主要因素。

选项 C 不正确。本题中管理风格不是影响比较口径的主要因素。

选项 D 正确。本题中“如果将投资定义为分支机构资产负债表上记录的所有资产的账面价值”，因此年限不同，会导致资产的账面价值（如减除累计折旧后的固定资产净值）缺乏可比性。

【例题 3 -30】马连奴公司的北方分部近几年的剩余收益一直保持为正值。北方分部目前正考虑投资于一个新项目，该项目会降低分部的整体投资回报率，但却能增加其剩余收益。请问新项目的预期投资回报率、公司的资本成本以及该分部目前的投资回报率之间是什么关系?

A. 新项目的预期投资回报率高于该分部目前的投资回报率，但却低于公司的资本成本

B. 公司的资本成本高于新项目的预期回报率，但却低于该分部目前的投资回报率

C. 该分部目前的投资回报率高于新项目的投资回报率，但却低于公司的资本成本

D. 新项目的预期投资回报率高于公司的资本成本，但却低于该分部目前的投资回报率

【答案】D

【解析】选项 A 不正确。新项目的预期投资回报率应该高于公司的资本成本，低于该分部目前的投资回报率。

选项 B 不正确。公司的资本成本应低于新项目的预期投资回报率。

选项 C 不正确。该分部目前的投资回报率应高于公司的资本成本。

选项 D 正确。“该项目会降低分部的整体投资回报率”表明新项目的预期投资回报率小于该分部目前的投资回报率，“但却能增加其剩余收益”表明新项目的预期投资回报率大于公司的资本成本。因此，三者的关系为：公司的资本成本 < 新项目的预期投资回报率 < 该分部目前的投资回报率。

【例题 3 -31】以下是某公司一个部门的财务信息，该公司整体的资本成本为 10%，请问该部门的投资回报率和剩余收益分别是多少?

项目	金额（千美元）
营运资本	625
管理费用	75
净销售	4 000
厂房和设备	1 775
产品销售成本	3 525

【解析】 利润 = 净销售 - 产品销售成本 - 管理费用 = 4 000 - 3 525 - 75 = 400（千美元）

资产 = 营运资本 + 长期资产 = 营运资本 + 厂房和设备 = 625 + 1 775 = 2 400（千美元）

投资回报率 = 利润 ÷ 投入资产 = 400 ÷ 2 400 = 16.67%

剩余收益 = 利润 - 资产 × 必要报酬率 = 400 - 2 400 × 10% = 160（千美元）

五、平衡计分卡

单纯以财务指标进行绩效评估存在明显的局限性：

（1）财务指标是以公司的历史表现为依据，具有滞后性；

（2）财务指标提供的是短期预测而不是长期预测。

（3）公司不仅要跟踪已完成的工作，也要关注前瞻性的指标。

平衡计分卡是一种简单的能够展示具体的财务和非财务指标的工具，是一种战略性的评估和管理系统。它将公司战略转化成平衡的四个方面：财务指标揭示的是公司过去的业绩；客户、内部业务流程指标以及学习与成长指标则驱动了未来的财务绩效。

（一）关键绩效指标

企业通过 SWOT 分析进行战略规划，分析内部的优势、劣势、机遇和挑战这些内外部的环境因素。通过这些分析能够帮助公司确定其关键绩效指标（KPIs）。

关键绩效指标是具体的、可衡量的目标，这些目标必须要达成以便实现公司的战略。平衡计分卡识别公司的 KPIs，并将这些指标按 SWOT 分析的四个范畴进行列示。关键绩效指标必须是可以计量的。

平衡计分卡的四个维度包括财务、客户、内部业务流程、学习和成长，它们分别包含的主要 KPIs 具体如表 3-10 所示。

表 3-10 平衡计分卡的四个维度

四个维度	关键绩效指标	实现效果
财务指标	• 盈利能力 ○ 销售收入、净利润、投资回报率、剩余收益、经济增加值（EVA）、权益回报率（ROE）等 • 偿债能力 ○ 流动比率、资产负债率、利息保障倍数等 • 营运能力 ○ 存货周转率、应收账款周转率、应付账款周转率、总资产周转率等 • 市值管理 ○ 股价、每股收益、市盈率、市净率、股利支付率等	快速增长，提升价值，股东利益最大化
客户指标	• 市场份额 ○ 可进一步细分得到客户份额，即客户与公司之间的业务额占客户在公司所在领域全部开支的比例 • 客户获得 ○ 度量为获得新客户所有投入的资金的使用效率 • 客户满意度 ○ 揭示公司在满足消费者需求方面的成功度 • 客户保留 ○ 可通过客户名单、客户忠诚度计划等方式追踪 ○ 可进一步细分得到每个客户业务的百分比变化 • 客户获利能力	提高与客户的交流，提高对客户服务品质，提高对客户的理解，提高对客户要求的反应速度
内部业务流程指标	• 创新 ○ 新品进入市场的时间、销售额、与竞争对手的比较、与预算的比较、产品开发周期及成本等 • 营运 ○ 质量、技术能力等 • 售后服务 ○ 对设备故障的反应时间、接到维修电话的响应时间等	优化生产，优化信息系统，优化物流，加大研发
学习与成长指标	• 员工技能集 ○ 员工满意度、员工保留率、员工生产率、员工所需培训量、需要培训的员工比例、战略性工作覆盖比率等 • 信息系统能力 ○ 当前信息系统能力：获得或处理业务信息所需要的时间 ○ 战略性信息覆盖比率 = 目前的信息系统能力/预期需要的信息系统能力 • 员工授权、激励和组织一致 ○ 员工提出的改进和创新方案数量及影响，设定的部门目标与已实现的部门目标，基于团队的度量指标等	增强培训，增强信息系统应用，增强风险意识和责任感

（二）平衡计分卡实施的三个原则

（1）与公司战略具有因果关系。所有关键绩效指标都应整合到某个因果关系链中。这些因果关系链应尽可能沿着平衡计分卡的四个范畴推进，对这些因素的评估最终与相关财务指标挂钩，并以部分实现公司的战略为目标。

（2）结果量度指标与绩效动因相联。业绩结果的衡量指标，和业绩动因紧密联系；业绩动因指明了如何达到战略目标；业绩结果衡量指标表明是否实现战略目标。具体可见表 3-11。

表 3-11　结果度量指标及绩效动因

名词	解释
结果量度指标	• 属于滞后指标，即用于度量成功与否的历史指标，如获利能力、市场份额、员工技能、客户忠诚度等 • 属于综合性指标，度量某些因果链在最终应达成什么结果
绩效动因	• 属于领先指标，是特定业务部门战略的具体动因（实现结果量度的驱动因素），如周期时间、准备时间或新专利等
结果量度与绩效动因相联	• 如果结果量度指标缺位，绩效动因虽能指明短期内如何运作，但无法揭示具体战略在长期是否有效 • 如果绩效动因缺位，结果量度指标固然能揭示部门或团队应予努力的方向，但无法指示目标的实现路径，也不能在需要时提供相关信息

（3）与财务指标挂钩。所有的因果关系链最终都应采用财务指标来度量其结果。如果创新活动不与财务指标挂钩，则无法带来具体的成效，成功与否也没有具体的量度指标。

（三）平衡计分卡的优缺点

平衡计分卡的优缺点如表 3-12 所示。

表 3-12　平衡计分卡的优缺点

优点	缺点
• 克服财务评估方法的短期行为 • 有利于客观、深刻、综合全面地进行绩效考核，更有利于企业长期可持续性地发展 • 能有效地将组织的战略转化为组织各层的绩效指标和行动 • 有助于各级员工对组织目标和战略的沟通和理解 • 有利于组织和员工的学习成长和核心能力的培养 • 使整个组织行动一致，服务于战略目标 • 提高组织的整体管理水平等	• 某些非财务指标往往很难建立并进行衡量和统计 • 保持平衡计分卡随战略或业务变更而及时更新需要耗费大量的时间和资源 • 侧重指标的建立和评估，但却不能指导管理者怎样才能提高绩效 • 建立的过程比较费时，费成本，牵扯精力较多，一份平衡计分卡从发起到最终实施需要几个月甚至一年以上的时间等

（四）成功实施平衡计分卡的特征

（1）平衡计分卡中使用的所有指标（财务指标和非财务指标）都应源于公司的愿景和战略。

（2）过程是参与性的，而不是指令性的。

（3）使用战略地图和平衡计分卡，将战略转化成具体的营运目标。战略地图是在平衡计分卡的基础上发展来的，以平衡计分卡的四个范畴为核心，通过分析这四个范畴内指标的相互关系而绘制的企业战略因果关系图。通过战略地图，帮助管理者和员工对战略进行具体而系统、全面的描述。

（4）利用公司计分卡以及业务部门和支持性部门之间的协同效应，使整个组织的行动与公司战略保持一致。

（5）利用个人计分卡、战略意识和平衡薪酬，使战略成为每个员工的日常工作。平衡计分卡作为一种教育工具，用自上而下的沟通取代指令，使每个员工都有一套清晰且符合公司战略的预期。

（6）通过平衡计分卡将战略与预算编制相挂钩，使用自动化分析工具，召开战略会议，开展战略学习，使战略成为一个持续的过程。

（7）通过强有力的领导团队，使用动员、治理过程及战略管理系统，推动组织变革。

卡普兰和诺顿开发了平衡计分卡框架，进一步说明了四个维度，并为每个维度制定具体目标提供了指示（见图3－3）。

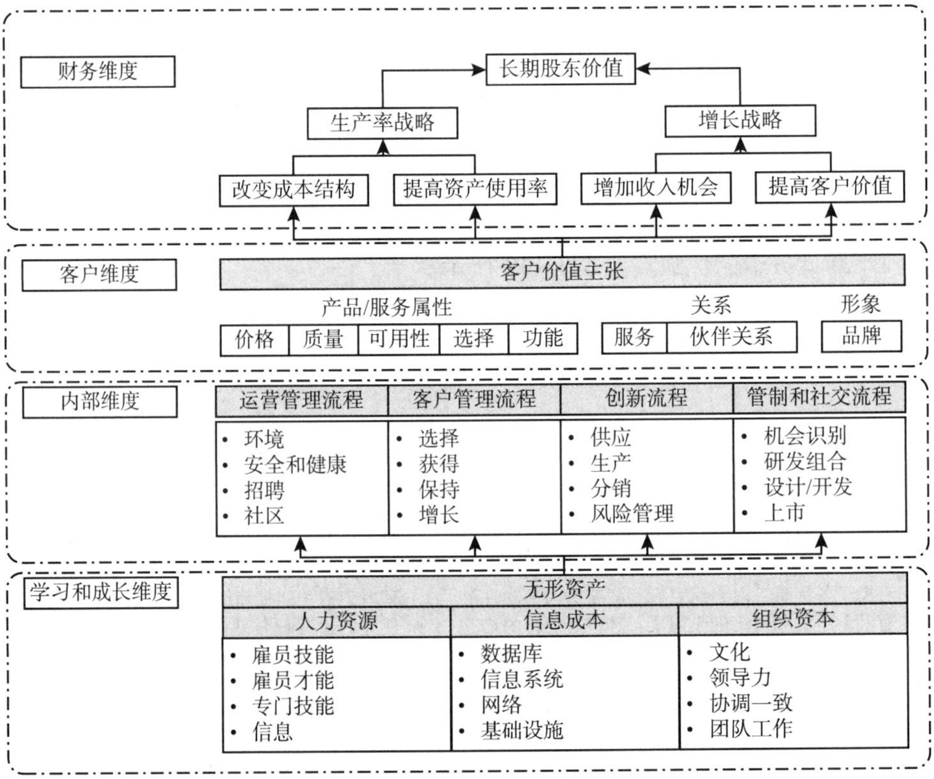

图3－3 平衡计分卡框架

（五）基于战略的资源调整与聚焦

与仅鼓励在“改进”或“效率”上付出一般性的努力不同，管理团队、业务部门、信息技术、人力资源、预算和资本投资必须全部调动起来，并专注于明确和更紧凑（但是未必更加资本密集）的目标。为达成目标，公司必须实施持续改进循环，该循环中包含以下5个步骤：

（1）将战略转化成操作性的条款。

使用战略地图和平衡计分卡，将战略转化成操作性的条款。战略地图给出了组织的战略以及相关的优先事项的高级视图，因此它可以用来设计量度指标，使组织根据战略评估其绩效。

（2）使组织的行动与公司战略保持一致。

（3）让战略渗透到每个员工每天的日常工作中。

（4）使战略成为一个持续的过程。

（5）通过管理团队的领导力来推动变革。

【例题 3－32】采用平衡计分卡的组织的管理绩效评价基于：

A. 单一经营指标，例如剩余收益　　B. 多样的财务和非财务指标

C. 只是多样的非财务指标　　D. 只是多样的财务指标

【答案】B

【解析】要求：平衡计分卡法的实质。讨论：管理绩效评估的趋势是平衡计分卡法。许多绩效评价措施考量是否经理达到一定目标是不惜牺牲他人的，可能是同等或更为重要的目标。这些措施可能是财务指标或非财务指标，通常包含在四类项目中：盈利能力、客户满意度、创新及效率、质量和所需时间。故选项 B 正确。

六、绩效指标与报告机制

实施平衡计分卡或其他任何管理控制系统，需要确立相应的绩效评估制度，以支持战略目标的实现，并防止出现与战略目标不相符的不当行为。

- 绩效指标必须与组织的战略目标紧密相关。
- 绩效指标必须足够客观并易于度量。
- 在实际应用绩效指标时，务必保证应用方式的一致性、连贯性和经常性。
- 应同时关注财务绩效指标和非财务绩效指标。
- 关注绩效评估的成本，最终选用的绩效评估体系是准确性与成本相权衡的结果。

简答题出题方向分析

【出题方向 1】 题干给出实际值和静态预算值，要求编制弹性预算。

解题要点：弹性预算是将产量或者销售量调整成为实际数量，而单位成本或者单位价格不变化，此外固定间接费用不变化而形成的预算。

【出题方向 2】 基于编制完成的弹性预算，要求计算弹性预算差异或销售量差异，同时判断差异是否有利并解释差异产生原因。

解题要点：弹性预算差异是实际值减弹性预算值，而销售量差异是弹性预算值减静态预算值；此处的原因解释一般会比较简单，弹性预算差异一般考查成本项的绩效（不利差异是因为实际发生的费用超过了预算投入的费用，有利差异相反），销售量差异主要考查销售项或者边际贡献项的绩效（不利差异是因为实际销售的数量比预算少，有利差异相反）。

【出题方向 3】 根据给出的明细成本信息，要求计算直接人工（材料）的弹性预算差异并解释原因。

解题要点：理解并记忆直接人工（材料）的弹性预算分解公式。直接人工价格的有利差异表明人力资源部门在进行工人雇用的时候获得了低于标准成本的价格，可能原因是就业市场供大于求或者招聘新手的价格比较低等；直接人工效率的不利差异，原因可能是工人不是熟手，操作时间比标准时间长等。直接材料价格的有利差异表明采购的价格低于标准价格，原因可能是批量采购、供大于求，或者采购的产品质量品质较低等；直接材料效率的有利差异表明实际用料小于标准数量，原因可能是机器效率提高、用料的质量较好等。

【出题方向 4】 要求根据不同的成本动因，来进行间接费用差异的计算，并且分析差异的变化。

解题要点：熟练掌握间接费用四差异、三差异和两差异的计算；了解为什么固定间接费用的产量差异是不可控的（原因是：差异分析主要是针对采购部门、人力资源或者生产部门按照生产计划进行经营的业绩结果的分析，而产量差异则主要是针对在企业一年的战略发展过程中出现战略生产的变化时公司决策层改变生产数量而导致的差异，这和具体与生产相关的执行部门无关，是他们无法进行控制的）；不同的成本动因对间接费用的差异是有影响的，这也是差异分析学习的一个难点（对于变动间接费用，开支差异和效率差异这两个分项会随成本动因而变化；当成本动因为产量时效率差异为 0；但无论成本动因如何变化，弹性预算总的差异不变。对于固定间接费用，开支差异和产量差异均不会发生变化；无论成本动因如何变化，固定间接费用总差异不变）。

【出题方向 5】除了成本项的差异以外，销售预算中价格差异（弹性预算差异）、销售量差异以及销售组合差异和销售数量差异也是可能出现的考点。

解题要点：理解并掌握销售预算中价格差异、销售量差异以及销售组合差异和销售数量差异的计算（其中，销售价格差异其实就是销售项的弹性预算差异，销售价格差异 = 实际销售价格 × 实际销售数量 − 标准销售价格 × 实际销售数量）；销售组合的有利差异说明企业在销售过程中，实际情况是多种产品组合的加权售价高于预算售价，如果是不利差异，证明多种产品组合的加权售价低于预算售价（销售组合的差异可能是因为不同个体产品销售数量变化造成，这种变化可能是因为市场情况变化，竞争对手产品线的表现等引起）；销售数量的有利差异说明企业在销售过程中，实际销售的数量高于预算销售量，如果是不利差异，证明实际销售的数量低于预算销售量（销售数量的差异可能也是因为市场情况变化，竞争对手产品线的表现等引起）。

【出题方向 6】要求阐述例外管理的定义及做法，并判断弹性预算中出现的差异哪些需要进行例外管理。

解题思路：通过计算弹性预算差异与预算值的比例判断是否属于例外差异，一般的判断标准为 10%。

【出题方向 7】责任中心的分类，并且判断题中给出的部门是哪类责任中心。

解题思路：对于责任中心的分类，CMA 考试大纲明确为四类：营销中心、成本中心、利润中心和投资中心，根据各个责任中心所负责的要素种类（收入、成本、利润、投资）来进行判断。

【出题方向 8】各个责任中心进行评估时，应当采用的绩效评估标准。

解题思路：针对各个责任中心，CMA 给出了很清楚的绩效评估指标要求。营销中心的绩效评估指标是销售收入减去营销中心的直接成本；成本中心的绩效评估指标是在保证服务前提的基础上成本最小化（这个内容比较容易考）；利润中心的绩效评估指标是实际利润和预期利润的差异；投资中心的绩效评估指标是利润水平、投入产出比、战略投资与公司战略的一致性和资本保全情况等。

【出题方向 9】对责任中心的管理者进行评估时的几种方式，并根据题目要求说明评估方式的优缺点。

解题思路：对责任中心的评估，与对责任中心的管理者进行评估是有所不同的。责任中心管理者要求公平和公正。对部门经理进行绩效评估相对合理的方式是通过可控利润来进行绩效评估。部门经理的绩效建立在其可控成本之上，无法控制的成本不参与绩效评估。除了按照可控成本评估之外，企业还可以按照边际贡献，税前利润和税后利润进行部门经理的评估。大家对于按照边际贡献和税前利润进行评估的缺点要进行良好的掌握。边际贡献会使部门经理不关注自身部门固定费用的可控部分，使他们没有动力对可控固定成本进行控制和优化。利用税前利润进行评估，会使得部门经理对很多自身不可控的成本负责，例如其他部门的固定费用分配，这样会挫伤部门经理的积极性。而税后利润，因为税率可能会不同，所以会使得税后利润对于部门经理的评估有所扭曲。

【出题方向 10】 对于某部门或者生产线，从财务角度和非财务角度对其继续存在经营与否进行评估。

解题思路：从财务角度分析，若分部毛利（分部边际贡献 - 可追溯至该分部的固定成本）>0，则保留该分部，若分部毛利（分部边际贡献 - 可追溯至该分部的固定成本）<0，则取消该分部；从非财务角度分析，一个部门或者生产线可能财务上不赚钱，但是战略上是有意义的，需要考虑：①该部门或者生产线是否设立时间较短，应给予一定耐心；②该部门或者生产线是否能够给其他部门带来交互销售的利益；③该部门或者生产线如果解散，人力资源方面的财务损失和士气损失；④是否能够通过提高产品价格，来提高收入；⑤是否能够提高可控的市场营销费用，从而加大产品的销售，这样能够扭亏为盈。

第三章

【出题方向 11】 给定情景，要求分别计算投资回报率和剩余收益，并判断在两个指标下分别应该选取哪个项目？

解题思路：理解并掌握投资回报率和剩余收益的计算公式。

【出题方向 12】 要求分析可能影响投资回报率和剩余收益的因素。

解题思路：从计算公式入手，分析每个计算因子可能受到的影响，简单地可以从题干情景对因子大小的直接影响来分析，复杂的可以从因子受环境与政策的间接影响来分析，例如，公司所处行业和相关风险的特定环境、资产计量和收益的确定的会计惯例问题（如存货计价政策、联合资产分配政策、折旧计提方法等）。

【出题方向 13】 比较使用投资回报率和剩余收益作为部门经理业绩考核。

解题思路：使用投资回报率考核时，假设一个项目的投资回报率高于整个公司的投资回报率，但低于本部门投资回报率，该项投资将会被拒绝，因此，使用投资回报率来度量部门绩效，对整个公司不利；使用剩余收益考核时，各部门使用整个公司规定的回报率来计算剩余收益，因此任何能够提高剩余收益的项目都会被部门接受，并对整个公司有利。

【出题方向 14】 解释平衡计分卡以及如何用平衡计分卡来衡量公司业绩。

解题思路：平衡计分卡包含长期、短期、财务和非财务指标，它的四个维度包括：财务指标、顾客、内部经营过程、学习与成长。平衡计分卡在衡量公司业绩时，需要将上述四个维度的绩效指标都共同来考虑分析。所有关键成功因素均需要具有因果关系，结果量度指标和绩效动因相连，并且最终与财务指标挂钩来对企业的绩效进行衡量。

历年经典试题回顾

一、单选题

【经典试题1】 克里斯托弗·阿克斯是一家建筑承包商SBL公司的首席执行官，刚刚送达的财务报表显示在新体育馆项目上亏损3 000美元，而本来的预算是盈利6 000美元。下面是有关这个项目的材料的实际和预算资料：

项目	实际	预算
砖—捆数	3 000	2 850
砖—单捆成本	7.9美元	8美元

关于SBL公司的体育馆项目，下述哪一项表述是正确的？

A. 价格差异285美元，有利

B. 价格差异300美元，有利

C. 效率差异1 185美元，不利

D. 弹性预算差异900美元，不利

【答案】 B

【解析】 选择A不正确。计算不正确。

选项B正确。根据直接材料价格差异＝直接材料的实际投入量或采购量×（直接材料的实际价格－直接材料的预算价格），得：直接材料价格差异＝3 000×(7.9－8)＝－300（美元），有利差异。

选项C不正确。计算直接材料效率差异需要知道按实际产出水平调整后的预算投入量，而题干信息中没有直接或间接提供，所以无法计算效率差异。

选项D不正确。无法计算弹性预算差异。

【经典试题2】 某公司把原材料价格差异分离出来，以尽早向对该项差异负责的经理提供信息。该年耗用材料的预算额度计算方法如下所示。

150 000件产成品×3磅/件×2.00美元/磅＝900 000（美元）

该年的实际结果如下：

产成品	160 000件
采购的原材料	500 000磅
耗用的原料	490 000磅
材料单价	2.02美元

该年的材料价格差异是多少？

A. 9 600 美元，不利　　B. 9 800 美元，不利

C. 10 000 美元，不利　　D. 20 000 美元，不利

【答案】 C

【解析】 选项 C 正确。根据直接材料价格差异 = 直接材料的实际采购量 ×（直接材料的实际价格 - 直接材料的预算价格），得：采购材料价格差异 = 500 000 ×（2.02 - 2）= 10 000（美元），为不利差异。解题时要紧扣问题，排除干扰，快而准地找到相关信息。

【经典试题 3】 下面的资料来自圣查尔斯公司的会计记录：

单位：美元

项目	静态预算	实际
销量	82 000 件	75 000 件
单价	15	15
每件变动成本	9	9.25
固定成本	280 000	285 000

一位助理对预算数据和实际数据作了比较，计算得出营业利润的不利差异为 65 750 美元。这位助理总结道：业绩没有达成预期目标，因为营业利润为不利差异。请问对这一初步的结论，下面哪一个评价最为恰当？

A. 结论和差异计算皆正确

B. 结论错误，但是差异计算提供了有用的信息

C. 结论正确，但是差异计算原本应该可以提供更加有用的信息

D. 差异计算和结论都不正确

【答案】 C

【解析】 选项 A 不正确。与选项 C 相比，选项 C 的描述更恰当。

选项 B 不正确。题中的计算和结论是正确的。

选项 C 正确。静态预算适合计划设定目标，但不适合与实际对比去评估业绩，因为预算和实际不是建立在同一个销量基础上的，两者的可比性不强；有时候即使利润减少但不一定会否定所有部门的业绩，用弹性预算作对比有可能发现有些部门做得比预期好。因此，利润减少，整体业绩不达标，但由于信息不完全，不能很好地分析内部部门的具体问题。

选项 D 不正确。题中的计算和结论是正确的。

【经典试题 4】 某家公司在一段时间内有材料数量有利差异、直接人工效率有利差异和固定制造费用产量有利差异。请问下面的哪一个选项不可能是导致上述三个差异的原因？

A. 采购了更高质量的材料　　B. 使用了低技能的员工

C. 购买了效率更高的机器　　　　　　D. 加强了生产监督

【答案】B

【解析】选项A不正确。采购更高质量的材料可能导致有利的材料数量差异。

选项B正确。使用低技能员工可能导致不利的人工效率差异和有利的人工价格差异。

选项C不正确。购买高效的机器可能增加产量，导致有利的固定制造费用产量差异。

选项D不正确。加强生产监督可能增加产量，导致有利的固定制造费用产量差异。

【经典试题5】布莱恩公司采用机器工时作为分配制造费用的基数，把工龄的长短作为员工增加工资的主要因素，这些标准每年设定和修改一次；由于市场竞争的压力增大，布莱恩公司的管理层决定实施裁员，公司为大量资深的雇员选择在年中提前退休提供了激励；结果是，公司还不得不引进一些暂时性的人员顶替那些离职人员的工作，以确保按工期交工。请问针对上述的情况，下列哪一种情况最有可能发生？

A. 不利的效率差异和有利的价格（工资率）差异

B. 不利的效率差异和价格（工资率）差异

C. 有利的效率差异和不利的价格（工资率）差异

D. 有利的效率差异和价格（工资率）差异

【答案】A

【解析】选项A正确。题干中“工龄的长短作为员工增加工资的主要因素”，公司目前让“大量资深的雇员选择在年中提前退休”（高工资），并“引进一些暂时性的人员顶替那些离职人员”（低工资），因此，价格差异为有利差异，但由于暂时性人员熟练度较低，所以效率差异为不利差异。

选项B不正确。价格差异应该是有利的。

选项C不正确。效率差异应该是不利的，价格差异应该是有利的。

选项D不正确。效率差异应该是不利的。

【经典试题6】公司预算生产30 000件产品需要15 000磅原材料，每磅0.74美元，实际生产31 000件，每件用0.48磅原料，每磅单价0.76美元，直接材料效率差异为：

A. 580美元不利差异　　　　　　B. 459美元有利差异

C. 1040美元不利差异　　　　　　D. 2185美元多有利差异

【答案】B

【解析】直接材料效率差异 = 实际投入量 × 标准成本 − 标准投入量 × 标准成本 = 31 000 × 0.48 × 0.74 − 31 000 × 0.5 × 0.74 = 458.8（元），有利。

【经典试题 7】某公司某利润中心盈利情况如下：销售收入 300 000 美元，变动成本 230 000 美元，边际贡献 70 000 美元，可控固定成本 30 000 美元，不可控固定成本 70 000 美元，净利润 -30 000 美元，若关闭此利润中心会造成短期收益变化多少？

A. -30 000 美元　　B. -40 000 美元

C. 10 000 美元　　D. 70 000 美元

【答案】B

【解析】可控利润 = 300 000 - 230 000 - 30 000 = 40 000（美元）

如果关闭利润中心，将损失可控利润 40 000 美元。

【经典试题 8】F 公司制造袜子。田径运动分部以每双 6 美元的价格向外部客户销售这种袜子。袜子的变动制造成本为每双 2.50 美元，固定制造成本为每双 1.50 美元。该部门正常制造 70 000 双袜子的总固定制造成本为 105 000 美元。其正常生产范围为 50 000 ~ 100 000 双。欧洲分部提出以每双 4 美元的价格购买 15 000 双袜子。田径运动分部是否应接受此报价？

A. 是，因为该订单在公司的生产范围内

B. 否，因为出价未超过对外市场价格

C. 是，因为田径运动分部的营业利润将增加 22 500 美元

D. 否，因为田径运动分部的营业利润将减少 30 000 美元

【答案】C

【解析】选项 A 不正确。考虑是否接受报价，不只要考虑是否有足够产能，还需要考虑是否盈利。

选项 B 不正确。田径运动分部有足够的剩余产能，并且高价高于变动成本，所以应该接受报价。

选项 C 正确。田径运动分部的产能范围是 50 000 ~ 100 000 双，目前已使用 70 000 双，还有足够剩余产能生产欧洲分部的订单。因此，只要高于单位变动成本的报价，就应该接受订单。

增加的利润 = (4 - 2.5) × 15 000 = 22 500（美元）

选项 D 不正确。因为田径运动分部有足够的剩余产能，计算营业利润变动值的时候，只需要考虑变动成本，不需要考虑固定成本，也不用和外销价格比较。因为接受报价，不会损失外部订单。

【经典试题 9】奥克芒公司有两个分部，家电产品分部和施工设备分部。其中，家电产品分部按照投资回报率来考核其分部的经理，该分部的资本成本是 16%；施工设备分部按照剩余收益来考核其分部的经理，该分部的投资回报率是 12%。这两个分部的经理都在考虑一个投资回报率为 14% 的项目。根据当前针对经理人员的考核制度，其中哪个经理具有实施该项目的激励动力？

A. 两个经理都有

B. 两个经理都没有

C. 家电产品分部的经理有，但是施工设备部的经理没有

D. 施工设备分部的经理有，但是家电产品分部的经理没有

【答案】 D

【解析】 选项 A 不正确。家电产品分部的经理没有。

选项 B 不正确。施工设备分部的经理有。

选项 C 不正确。施工设备分部的经理有，但是家电产品分部的经理没有。

选项 D 正确。家电产品分部按照投资回报考核——16%，14% 的项目 < 16%，家电产品分部拒绝；施工设备分部按照剩余收益考核——12%，14% 的项目 >12%，施工设备分部接受。

【经典试题 10】 布兰纳公司采用目标管理法（MBO）对公司的经理们进行考核。下面哪一选项不适合作为考核某个分部经理预算期工作效率的指标？

A. 预算的营业利润

B. 目标的市场份额

C. 预计每股收益

D. 组织结构内部的精简（以更少的员工人数完成一定量的工作）

【答案】 C

【解析】 选项 A 不正确。预算的营业利润可以作为分部经理的考核指标。

选项 B 不正确。目标的市场份额可以作为分部经理的考核指标。

选项 C 正确。每股收益率不是考核部门的业绩，是用来考核整个公司的，因为只有整个公司才有每股收益率。

选项 D 不正确。组织结构内部的精简可以作为分部经理的考核指标。

【经典试题 11】 某公司注意到其分部经理人员制定的决策并没有使得公司整体的利益最大化；为了阻止这样的倾向，公司要采用一套业绩考核制度，该制度应该强调：

A. 弹性预算差异　　B. 营业利润

C. 可控成本　　D. 剩余收益

【答案】 D

【解析】 选项 A 不正确。弹性预算差异不能保证部门与公司整体的目标一致。

选项 B 不正确。营业利润不能保证部门与公司整体的目标一致。

选项 C 不正确。可控成本不能保证部门与公司整体的目标一致。

选项 D 正确。剩余收益是最保守的利润算法，剩余收益如果大于零，公司肯定赚钱。因为，剩余收益 = 利润 - 必要报酬率 × 投资，对于公司整体来说，必要报酬率等于其资本成本，因此，公司整体资本成本成为各部门都要达到的目标，这样公司的整体目标得以贯彻。

【经典试题 12】 业务部门 A 的投资回报率为 10%，当年净利润为 40 000

美元。业务部门投资的机会成本为8%。该公司计划购买一台价值100 000美元的新机器，预计净利润将增加15 000美元。新的购买决定将增加投资回报率：

A. 增加1%，剩余收入增加8 000美元

B. 增加1%，剩余收入增加15 000美元

C. 提高到11%，剩余收入增加7 000美元

D. 提高到11%，剩余收入增加15 000美元

【答案】 C

【解析】 ROI = 业务单元利润 ÷ 业务单元资产 =（40 000美元 + 15 000美元）÷（40 0000美元 + 100 000美元）= 11%。

剩余收入增加 = 15 000美元额外利润 –（100 000美元新资产 × 8%要求回报率）= 15 000 – 8 000 = 7 000（美元）。

【经典试题13】 AH公司是一家为多个区域的广大客户提供专业会计服务的公司。会计服务类型各不相同，而且每个区域所要求的服务也可能明显不同。每个地域的办事处都有一名经理确定向客户提供的会计服务类型，以及招聘专业员工提供这些服务。CEO正在确定用于绩效管理的适当责任中心。根据这一业务特性，下面哪一项是适合每个区域办事处的最佳责任中心类型？

A. 成本中心　　B. 投资中心　　C. 利润中心　　D. 收入中心

【答案】 C

【解析】 选项A不正确。办事处的责任范围除了人工成本以外，还包括服务的收入。

选项B不正确。办事处没有投资功能。

选项C正确。办事处经理可以控制办事处的收入和费用，因此是利润中心。

选项D不正确。除了收入以外，办事处还能控制成本项目。

【经典试题14】 某部门销售产品200 000件，售价为4美元，变动成本为2.6美元，直接固定成本为150 000美元，此外还有公司分配的固定成本210 000美元，问是否裁撤该部门？

A. 是，因为该部门的税前利润为负

B. 是，因为该部门的可控利润为负

C. 否，因为该部门的税前利润为正

D. 否，因为该部门的可控利润为正

【答案】 D

【解析】 相关成本 = 变动成本 + 直接固定成本 = 2.6 × 200 000 + 150 000 = 670 000（美元）。

裁撤部门的可控利润 = 销售收入 – 相关成本 = 4 × 200 000 – 670 000 = 130 000（美元）。

裁撤部门影响的可控利润是正值，故该部门不应当被裁撤。

【经典试题 15】 下列关于平衡计分卡的表述哪一项是错误的?

A. 传统的用来考核业绩的财务指标，存在着一些问题，平衡计分卡旨在解决这些问题

B. 在设计一套平衡计分卡的过程中，价值链分析这一观念起了重要作用

C. 平衡计分卡成功与否，取决于每个使用者对于计分卡所提供的服务的理解

D. 平衡计分卡直接来源于一些科学管理理论

【答案】 D

【解析】 选项 D 正确。平衡计分卡源于科学管理理论与实践的结合，而不仅仅只是直接来源于一些科学管理理论，所以 D 的表述不正确。

二、简答题

清风公司生产电扇，公司管理层希望能更为详细地分析其间接成本差异。公司财务长已经把变动间接费用与固定间接费用彼此分离出来，并确定以机器工时而非直接劳动工时作为分配间接费用的依据。

在最近的会计期间，生产 9 800 件产品需要的单位机器工时是 0. 30 小时，而生产 10 000 件的弹性预算的单位机器工时是 0. 25 小时。实际变动制造成本率是每单位机器工时 19 美元，而在弹性预算下则为 20 美元。

问题:

1. 就变动间接费用而言，请计算并解释以下差异。请列出计算过程。

a. 开支差异。

b. 效率差异。

c. 弹性预算差异。

2. 请至少指出三个可能造成实际机器工时超过预算机器工时的原因。

【答案】

1. 就变动间接费用而言，请计算并解释以下差异。请列出计算过程。

a. 开支差异。

b. 效率差异。

c. 弹性预算差异。

a. 开支差异的计算方法是比较实际成本和实际投入乘以预算率的差额:

实际成本 =55 860 美元［2 940 小时（0. 30 ×9 800 件）×实际率 19 美元］

实际投入 =2 940 小时（0. 30 ×9 800 件）×预算率 20 美元 =58 800 美元

间接费用开支差异 =55 860 －58 800 =2 940 美元的有利开支差异

这意味着能源价格、间接材料和间接人工的实际价格低于预算。

b. 效率差异的计算方法是比较实际机器使用的小时数和预算应该使用的小时数，再乘以预计变动间接费用成本：实际机器小时 2 940 小时（0. 30 ×9 800件）×预算率 20 美元 =58 800 美元，预算应该使用的小时数 2 450 小时（0. 25 ×9 800件）×预算率 20 美元 =49 000 美元，效率差异 =9 800 美元的不

利效率差异。由于实际机器小时高于预算，意味着实际营运没有预计的有效。

c. 弹性预算差异的计算方法是比较实际变动间接费用和弹性预算的变动间接费用：

这可以通过两种不同的方式计算。第一种算法是开支差异（2 940 美元有利差异）和效率差异（9 800 美元不利差异）的总和，第二种算法是实际成本 55 860 美元和弹性预算 49 000 美元之间的差异。弹性预算差异是 6 860 美元不利差异。这意味着，实际变动间接费用比预算要高。

2. 请至少指出三个可能造成实际机器工时超过预算机器工时的原因。

实际机器小时超过预算小时数的原因可能包括：

（1）人工操作机器的技术熟练度比预期差；

（2）工作的排班调度效率差；

（3）机器没有保持良好的维修；

（4）仓促交付所造成的低效率；

（5）机器的预算时间标准设定得太紧等；

（6）新替代材料的质量问题或新材料需要与机器生产设备磨合导致。

同步测试题

一、单选题

1. 关于标准成本的阐述，下列哪一项是错误的？

A. 在制定标准成本过程中，往往要进行时间和动作研究

B. 设定的标准成本的适用期间一般为一年

C. 标准成本可以用在计算存货成本的账户中

D. 标准成本一般以总额列示，而预算的成本一般以单位（金额）为基础

2. 某公司对其所生产的单一产品采用标准成本法。采购 35 000 件直接材料花费了 105 000 美元，每件完工产品需要 2 件原材料。11 月，公司生产了 12 000 件产品。材料的标准成本为 60 000 美元，不利的用量差异为 2 500 美元。该公司每件产品使用的直接材料的标准单价为：

A. 2.00 美元　　B. 2.50 美元　　C. 3.00 美元　　D. 5.00 美元

3. 与理想的标准相比，现实的标准：

A. 能使得每单位产品成本更低

B. 致使预算制定的基础不能令人满意

C. 为员工的无效率工作和机器设备的毁损提取了充足的准备金

D. 可以更好地激励生产制造人员完成目标

4. 在标准成本制下，材料的效率差异是谁的责任？

A. 生产和工业工程

B. 采购和工业工程

C. 采购和销售

D. 销售和工业工程

5. 某家公司专门生产计算机键盘，该公司维修部门修理生产部门所用的设备，请问下面哪一个选项应该被用来考核维修部门的业绩？

A. 预算的和实际的净利润之间的差异

B. 制造费用总差异

C. 固定制造费用的产量差异

D. 维修部门对生产部门提出要求的响应时间，以及各个生产部门对维修部门的满意程度

6. 阿尔伯特·海瑟薇最近加入布兰纳大学，被任命为计算机服务部门的首席信息师；他的任务就是帮助解决由于各用户不加控制地使用计算机而造成的成本超支这一老问题，但是同时还不能限制科研和教学上使用信息技术；为了确保这两个目标的一致性，该用下面哪一个方法把计算机服务部门的成本分配给大学里面的其他部门？

A. 实际费率乘以计算机实际耗时

B. 实际费率乘以计算机预算耗时

C. 预算费率乘以计算机实际耗时

D. 预算费率乘以计算机预算耗时

7. 和静态预算相比，采用弹性预算的优点是：

A. 可以清楚地看出实际生产比计划不足之数

B. 易于改变标准以适应变化的环境

C. 可以更清楚地看出固定成本差异

D. 在某一产量水平上的预算成本可以和相同产量水平的实际成本进行比较

8. 企业在进行例外管理中，以下哪项陈述是正确的？

A. 企业需要关注不利差异，忽略有利差异

B. 企业需要考虑例外程度及发生的频率

C. 在进行差异分析中，绝对大小要比相对大小更重要

D. 企业在进行例外管理中，要不惜代价，找到问题

9. 某公司的总会计师通过调整原来的静态预算（销量意外大幅增长），制定了一份刚刚结束的年度的弹性预算；公司的成本绝大部分为变动性质；总会计师很高兴地注意到收入和成本的实际数和弹性预算中的数额很接近。如果实际收入和成本与原来的静态预算中的数额相比，则会产生什么差异？

A. 收入差异和成本差异皆为有利差异

B. 收入差异为有利差异，成本差异为不利差异

C. 收入差异为不利差异，成本差异为有利差异

D. 收入和成本差异皆为不利差异

10. 在静态预算中，某成品的单位可变成本是100美元，销售数量300个，固定制造费用是20美元/个，实际销售350个，问弹性预算中，可变成本和固定制造费用分别是多少？

	可变成本	固定成本
A.	30 000美元	6 000美元
B.	35 000美元	6 000美元
C.	30 000美元	7 000美元
D.	35 000美元	7 000美元

11. 某公司的一年中的月度销量从 7 000 件至 9 800 件不等；公司管理层目前正在研究预期的销售费用以及需要的相关现金资源。请问：（1）在公司编制计划中，以及（2）在业绩报告中，能在比较实际和计划的费用开支方面提供最佳反馈的是哪一类型预算？

	编制计划	业绩报告
A.	静态预算	静态预算
B.	静态预算	弹性预算
C.	弹性预算	静态预算
D.	弹性预算	弹性预算

12. 某公司生产两款产品 A 和 B，要用同一台设备。这个设备每月只能用 100 小时。产品 A 售价 40 美元，变动成本 20 美元，B 售价 50 美元，变动成本 10 美元，每件 A 耗费 5 个机器工时，每件 B 耗费 4 个小时。公司应该优先生产哪款产品？

A. 优先生产产品 A　　B. 优先生产产品 B
C. 同时生产产品 A 和产品 B　　D. 以上说法都不对

13. 某公司生产一种汽油添加剂。生产一批 500 升添加剂的标准成本及投入如下：

化学原料	标准用量（升）	每升标准成本（美元）	总成本（美元）
Echol	200	0.200	40.00
Protex	100	0.425	42.50
Benz	250	0.150	37.50
CT－40	50	0.300	15.00
总和	600		135.00

当期共生产 140 批，采购和使用情况如下：

化学原料	采购量（升）	采购价格总计（美元）	耗用量（升）
Echol	25 000	5 365	26 600
Protex	13 000	6 240	12 880
Benz	40 000	5 840	37 800
CT－40	7 500	2 200	7 140
总和	85 500	19 665	84 420

该公司直接材料混合差异为：

A. 294 美元，有利差异　　B. 388.50 美元，有利差异
C. 94.50 美元，不利差异　　D. 219.50 美元，有利差异

14. 以下哪种技术最适合用来评价作为成本中心的某部门管理绩效？
A. 资产回报率　B. 投资回报率　C. 投资回收期　D. 差异分析

15. 某制造公司采用标准成本法，并按直接人工小时分配制造费用。5 月生产 5 000 件产品的制造成本预算如下：

直接人工（10 000@15 美元/小时）	150 000 美元
变动制造费用	30 000 美元
固定制造费用	80 000 美元

5 月，生产了 6 000 件，且直接人工效率不利差异为 1 500 美元。根据上述资料，5 月实际发生的直接人工小时是多少？
A. 9 900 小时　　B. 10 100 小时
C. 11 900 小时　　D. 12 100 小时

16. 公司在美国的纽约州、佐治亚州、新泽西州、犹他州都有分部，利润和资本分别为：30 000 美元，100 000 美元；50 000 美元，150 000 美元；55 000 美元，200 000 美元；75 000 美元，235 000 美元。问哪个州的投资回报率最高？
A. 纽约州　B. 佐治亚州　C. 新泽西州　D. 犹他州

17. 埃达姆公司产生了 15 000 美元有利的直接人工差异和 18 000 美元不利的直接人工效率差异。请问直接人工工资率差异为多少？
A. 3 000 美元，有利　　B. 3 000 美元，不利
C. 33 000 美元，有利　　D. 33 000 美元，不利

18. 某制造公司采用标准成本制度，按照直接人工小时分配制造费用；6 月生产 5 000 件产品的制造成本预算，包括了 150 000 美元的直接人工成本（10 000 小时，15 美元/时）；6 月实际生产了 4 500 件，耗用了 9 600 小时；发生了 39 360 美元的变动制造费用，变动制造费用不利的效率差异为 2 400 美元。请问每直接人工小时的标准变动制造费用率是多少？
A. 3.85 美元　B. 4.00 美元　C. 4.10 美元　D. 6.00 美元

19. 某公司采用标准成本制度，按照直接人工小时把制造费用分配至产品。如果公司最近报告了有利的直接人工效率差异，则：

A. 变动制造费用开支差异肯定是有利差异
B. 变动制造费用效率差异肯定是有利差异
C. 固定制造费用产量差异肯定是不利差异
D. 直接人工工资率差异肯定是不利差异

20. 某公司生产玩具娃娃，在玩具商店出售。在该年编制计划时，公司估计变动、固定制造费用分别为 600 000 美元、400 000 美元；公司采用标准成本制度，且按照标准直接人工小时把制造费用分配至产品；该年预算的直接人工小时为 10 000 小时，且以该数字为基数分配制造费用；公司实际发生的直接人工小时为 10 300 小时；实际发生的变动和固定制造费用分别为 596 000 美元和 410 000 美元。基于上述资料，该年变动制造费用的开支差异应该为多少？

A. 24 000 美元，不利
B. 2 000 美元，不利
C. 4 000 美元，有利
D. 22 000 美元，有利

21. SP 公司生产童装。变动间接费用成本根据预算的直接人工工时进行分摊。根据 12 月预算，生产每件童装需要 4 小时工时。预算每工时变动制造间接费用成本是 12 美元，预算生产数量是 1 040 件。12 月的实际变动制造成本是 52 164 美元，生产了 1 080 件童装。实际直接人工工时是 4 536 小时。变动间接费用耗费差异是

A. 2 592 美元有利差额
B. 2 592 美元不利差额
C. 2 268 美元有利差额
D. 2 268 美元不利差额

22. 某公司生产和销售棉加工设备的备品备件。对于公司的生产经理，下面哪一项成本差异是不可控的？

A. 变动制造费用开支差异
B. 直接人工效率差异
C. 材料数量差异
D. 固定制造费用产量差异

23. J 公司生产迷你装玩具娃娃，在玩具商店出售。在该年编制计划时，公司估计变动、固定制造费用分别为 600 000 美元、400 000 美元。公司采用标准成本制度，且按照标准直接人工小时把制造费用分配至产品。该年预算的直接人工小时为 10 000 小时，且以该数字为基数分配制造费用。公司实际发生的直接人工小时为 10 300 小时。该年实际产量所耗用的标准直接人工为 9 900 个小时；实际发生的变动和固定制造费用分别为 596 000 美元和 410 000 美元。根据这些信息，J 公司今年产量差异是多少？

A. 6 000 美元不利
B. 10 000 美元不利
C. 4 000 美元不利
D. 16 000 美元不利

24. 公司有两个部门，A 木材部门加工木材，既可对外销售又可转移给 B

部门，变动成本400美元，固定成本500美元，成本加成8%，对外销售价格1 300美元，木材部门存在一定的市场竞争，可以在市场上以最少1 200美元的价格对外出售，假设两个部门都有积极为自己考虑的权利，请问木材部门转移给B部门最合理的价格要在多少范围？

A. 900～1 300美元　　B. 1 296～1 300美元
C. 400～1 200美元　　D. 432～1 296美元

25. 下面是制造业的某家公司四个地域性分部的业绩报告：

单位：%

分部	目标投资回报率	实际投资回报率	销售利润率
A	18	18.1	8
B	16	20	8
C	14	15.8	6
D	12	11	9

请问哪一个分部的业绩最佳？

A. A分部　　B. B分部
C. C分部　　D. D分部

26. 某公司对其所属的分权化分部采用了分部报告形式；公司有几种产品从一个分部转移到其他各分部；公司想激励销售分部的经理，提高其效率。在下述各种方法中，制定转移价格的最好方法是什么？

A. 以实际成本为基础制定转移价格
B. 以预算的成本为基础制定转移价格
C. 以实际发生的变动成本为基础制定转移价格
D. 以市价为基础制定转移价格

27. 某家大公司运营着两个部门，部门1制造产品，每件产品需要12美元的变动成本和3美元的固定成本。然后，此产品会被运至部门2组装为成品，分别会产生每件产品4美元的变动成本和每件产品7美元的固定成本。部门2以每件产品40美元的价格销售成品。两个部门的经理就转让价格进行协商后决定，转让价格应该让双方获得相同的单位边际贡献率。则该转让价格应为：

A. 20美元　　B. 22美元　　C. 24美元　　D. 48美元

28. 一家公司的A部门目前正以50%的产能运营。它生产一种产品，并以每台13美元的价格将所有产品卖给外部客户。在目前的生产水平下，可变成本为每单位7美元，固定成本为每单位6美元。B部门目前以每件12美元的价格从外部供应商处购买该产品，该部门希望从A部门购买该产品。A部门将以80%的产能运营，以满足外部客户和B部门的需求。A部门向B部门收取此产品的最低价格是多少？

A. 每件7.00美元
B. 每件9.60美元
C. 每件12.00美元
D. 每件13.00美元

29. 韦伯是工业产品事业部的总经理，其绩效采用剩余收益法衡量。韦伯正在审阅明年其事业部的预测信息种类金额，运营资本1 800 000美元，收入30 000 000美元，厂房及设备17 200 000美元，如果应计利率是15%，而且韦伯希望的目标剩余收益为2 000 000美元，那么为实现目标成本应为多少？

A. 9 000 000美元
B. 10 800 000美元
C. 25 150 000美元
D. 25 690 000美元

30. 业绩考核指标分类如下：

Ⅰ. 盈利能力指标

Ⅱ. 客户满意度指标

Ⅲ. 效率、质量和时间指标

Ⅳ. 创新指标

某家游艇公司在竞争激烈的全国市场上从事经营活动。根据上述资料，应该用哪些指标来考核这家公司的经理人员？

A. 只有Ⅰ
B. Ⅰ和Ⅱ
C. Ⅱ和Ⅲ
D. Ⅰ、Ⅱ、Ⅲ和Ⅳ

二、简答题

某公司有三个运营部门，该公司对各部门经理的奖励在一定程度上取决于该部门的利润贡献度。这三个部门的相关数据如下表所示：

单位：美元

部门	利润	销售额	资产
部门1	960 000	8 200 000	6 400 000
部门2	380 000	1 400 000	2 100 000
部门3	175 000	600 000	760 000

该公司的其他相关信息如下。

- 公司根据资产的账面价值来确定每个部门的投资额。
- 该公司的要求报酬率是12%。
- 公司的相关成本不会与各部门直接挂钩（包括计算机服务、人力资源和一般管理费用），而是根据各部门所用资产的账面价值进行分摊。

部门 1 是规模最大、资历最老的部门，每年贡献的利润十分可观，因此部门经理鲍勃·摩尔的薪酬颇为丰厚。部门 1 的经营资产在很多年前就已购置和安装，与其他部门的经营资产相比，其账面价值非常低。

部门 3 是公司最新成立且规模最小的部门。部门 3 的经营资产是在最近几年购置和安装的。部门 3 的经理玛姬·爱伦非常有进取心，也很有能力，但与其他部门相比，她的薪酬很低。爱伦提议对薪酬机制进行改革，以认可每个部门所取得的投资回报率，即在确定薪酬时将投资回报率纳入考虑范围，而不是仅考虑利润贡献度。她还建议，在计算薪酬时，资产价值应按现值而非账面价值进行计算。

高层管理者希望维持原有薪酬方案，称这种方案以每个部门创造的剩余收益为基础。由于摩尔的剩余收益是爱伦的两倍多，因此他的薪酬理应高得多。

问题：

1. 请计算部门 1 和部门 3 的投资回报率和剩余收益。

2. 假设该公司使用现值而非账面价值来确定每个部门的投资额，请指出并解释部门 1 和部门 3 的投资回报率和剩余收益计算结果会受哪些因素影响。

3. a. 请指出并解释使用投资回报率来度量部门绩效可能会导致目标一致性问题的一个原因。

b. 请指出并解释为什么使用剩余收益来度量部门绩效能解决目标一致性问题。

4. 请论述该公司分摊非直接成本所使用的方法。请详细阐述为什么这种分摊方法可能无法体现与每个部门相关的成本。

同步测试题答案及解析

一、单选题

1. 【答案】 D

【解析】 选项 A 不正确。A 中企业应该根据自身的技术条件和经营水平进行深入研究以制定出合理可行的标准成本。

选项 B 不正确。B 中标准成本应该根据企业实际发展情况定期进行修订。

选项 C 不正确。C 中标准成本法可以用于存货成本的核算。

选项 D 正确。D 中标准成本一般以单位（金额）列示，所以选 D。

2. 【答案】 B

【解析】 选项 A 不正确。单位标准成本是 2.5 美元。

选项 B 正确。假定公司生产 12 000 件产品，标准直接材料成本 60 000 美元，每件产品标准直接材料成本为 5 美元（60 000 ÷ 12 000）。因为每件产成品耗用 2 件原材料，因此每件原材料的标准成本为 2.5 美元。

选项 C 不正确。单位直接材料实际成本是 3.0 美元。

选项 D 不正确。每个产成品的直接材料标准成本合计为 5 美元。

3.【答案】D

【解析】选项 A 不正确。实际中存在各种情况，如低效、损耗等，会使得单位产品成本更高。

选项 B 不正确。以现实的标准为基础制定更符合实际情况。

选项 C 不正确。现实的标准是考虑了一些不可避免的因素后制定的标准，对实际成本是有约束的，并非完全容忍无效和损耗。

选项 D 正确。现实的标准更符合实际，更能激励生产制造人员完成目标。

4.【答案】A

【解析】选项 A 正确。材料效率差异等于实际生产使用量与标准使用量之间的差异乘以标准价格。不利的材料效率差异通常是由于浪费、缩水或者偷盗造成的。因此，这应该是生产部门的责任。此外，工业工程也可能会对差异有影响，因为它对生产流程的设计负责。

选项 B 不正确。采购极少能够控制材料效率差异。

选项 C 不正确。销售对材料效率差异没有影响。

选项 D 不正确。销售对材料效率差异没有影响。

5.【答案】D

【解析】选项 D 正确。只有 D 是针对维修部门所提出的合理、可考量的指标，其他选项都比较泛泛，没有针对性。

6.【答案】C

【解析】选项 A 不正确。不用实际费率，因为实际费用在事后才知道。

选项 B 不正确。不用预算用量，因为部门可能少报预算而实际多用；不用实际费率，因为实际费用在事后才知道。

选项 C 正确。不用预算用量，因为部门可能少报预算而实际多用；不用实际费率，因为实际费用在事后才知道。因此，应该使用预算费率乘以实际用量。了解预算费率，每个部门可以规划自己需要使用的量，而且也起到提前震慑的作用，因为提前知道使用多少量会花费多少成本后就不敢超量使用了。

选项 D 不正确。不用预算用量，因为部门可能少报预算而实际多用。

7.【答案】D

【解析】选项 A 不正确。A 在静态预算中可以实现。

选项 B 不正确。B 中不是标准容易随着不同的情况改变，而是预算可以随着不同的情况而制定。

选项 C 不正确。C 在静态预算中可以实现。

选项 D 正确。D 的描述最合适。

8.【答案】 B

【解析】 解析：选项 A 不正确。企业开展差异分析就是为落实“例外管理”的原则。

选项 B 正确。在进行差异分析时，管理者都需要关注有利和不利的差异，因为某项有利差异会导致其他项目的不利差异。

选项 C 不正确。管理者只需要关注标准范围的差异，在一定范围之内，管理者可以忽略。

选项 D 不正确。例外管理要遵循“成本 - 收益”原则。

9.【答案】 B

【解析】 选项 A 不正确。成本差异为不利差异。

选项 B 正确。在实际发生和弹性预算接近的基础上，销售量大增会引起实际销售收入比静态预算大，因此为有利差异，而销量大增会导致实际成本大增，由于成本多数是变动的，因此就成本而言，实际比静态预算也大，但成本增大会减少利润，因此是不利差异。

选项 C 不正确。收入差异为有利差异，成本差异为不利差异。

选项 D 不正确。收入差异为有利差异。

10.【答案】 B

【解析】 弹性预算的可变成本为 $100 \times 350 = 35\ 000$（美元）。

弹性预算的固定成本和静态预算是一致的：$300 \times 20 = 6\ 000$（美元）。

11.【答案】 D

【解析】 选项 A 不正确。编制计划和业绩报告均需要使用弹性预算。

选项 B 不正确。由于销量变动，因此编制计划要使用弹性预算。

选项 C 不正确。绩效评估需要用弹性预算。

选项 D 正确。题干中告诉每月的销量在 7 000 ~ 9 800 件，所以做计划时需要使用弹性预算来体现销量的变动；而在绩效评估时需要弹性预算进行差异分析。

12.【答案】 B

【解析】 此题为考边际贡献的题目，决策的方法是，把时间优先分配给单位限制要素的边际贡献最大者。边际贡献，产品 A 边际贡献 $= 40 - 20 = 20$（美元），产品 B 边际贡献 $= 50 - 10 = 40$（美元）。单位小时边际贡献，产品 A $= 20/5 = 4$（美元），产品 B $= 40/4 = 10$（美元）。时间先分配给 B 即优先生产产品 B。

13.【答案】 B

【解析】 直接材料混合差异 =（预计混合物的预算加权平均标准单位成本 - 实际混合物的预算加权平均标准单位成本）× 实际使用总量。如果实际混合物的标准加权平均成本小于预计混合物的标准加权平均成本，则差异为正。标准加权平均单位成本为 = 135 ÷ 600 = 0.225（美元/升）。实际用量的标准成本为：

化学原料	实际用量	标准成本（美元）	中间预算成本（美元）
Echol	26 600	0.200	5 320
Protex	12 800	0.425	5 474
Benz	37 800	0.150	5 670
CT - 40	7 140	0.300	2 142
总和	84 420		18 606

实际混合加权平均标准单位成本 = 18 606 ÷ 84 420 = 0.220398（美元）。则混合差异 = (0.225 - 0.220398) × 84 420 = 388.5（美元）正差异。

答案 A 不正确。294 美元有利是材料数量差异。

答案 C 不正确。94.5 美元不利是直接材料产出差异。

答案 D 不正确。219.5 美元有利是以实际混合采购为基础。

第三章

14. 【答案】 D

【解析】 选项 A 不正确。资产回报率不能用于成本中心的计算。经理不对收入（回报）或可用资产负债。

选项 B 不正确。投资回报率不能用于成本中心的计算。经理不对收入（回报）或可用资产负债。

选项 C 不正确。回收期是评价替代投资议案的方法。

选项 D 正确。成本中心是一个只负责成本的责任中心。在所给出的替代方法中，差异分析是唯一一个可以在成本中心中使用的方法。差异分析涉及实际成本与既定或标准成本的比较。

15. 【答案】 D

【解析】 选项 D 正确。根据直接人工效率（数量/耗用）差异 = 直接人工的预算价格 ×（直接人工的实际投入量 - 按实际产出水平调整后的预算投入量），得：1 500 美元 = 15 ×（直接人工的实际投入量 - 10 000 ÷ 5 000 × 6 000），所以，直接人工的实际投入量 = 12 100 小时。

16. 【答案】 B

【解析】 纽约：30 000/100 000 = 30%；佐治亚：50 000/150 000 = 33.3%；新泽西：55 000/200 000 = 27.5%；犹他：75 000/235 000 = 31.9%。

17. 【答案】 C

【解析】 选项 C 正确。根据直接人工的弹性预算差异 = 直接人工工资率差异 + 直接人工效率（数量/耗用）差异，得：-15 000 美元 = 直接人工工资率

差异 +18 000 美元。所以，直接人工工资率差异 = -33 000 美元，有利差异。

选项 D 不正确。直接人工工资率差异 = -33 000 美元 <0，是有利差异。

18. 【答案】 B

【解析】选项 B 正确。根据变动间接费用效率差异 = 单位动因量的标准分摊率 ×（实际动因耗用量 - 按实际产出水平调整后的标准动因耗用量），得：2 400 美元 = 每直接人工小时的标准变动制造费用率 ×（9 600 - 10 000 ÷ 5 000 × 4 500），所以，每直接人工小时的标准变动制造费用率 = 4 美元/小时。

19. 【答案】 B

【解析】选项 B 正确。因为“最近报告了有利的直接人工效率差异”，所以，直接人工效率（数量/耗用）差异 = 直接人工的预算价格 ×（直接人工的实际投入量 - 按实际产出水平调整后的预算投入量）<0；又，直接人工的预算价格 >0，因此，直接人工的实际投入量 - 按实际产出水平调整后的预算投入量 <0。

题干中“按照直接人工小时把制造费用分配至产品”，所以，变动间接费用效率差异 = 单位动因量的标准分摊率 ×（实际动因耗用量 - 按实际产出水平调整后的标准动因耗用量）= 单位直接人工时的标准分摊率 ×（直接人工的实际投入量 - 按实际产出水平调整后的预算投入量）<0，因此，变动间接费用效率差异为有利差异。

20. 【答案】 D

【解析】选项 D 正确。根据变动间接费用开支（价格）差异 = 实际变动间接费用 - 实际动因耗用量 × 单位动因量的标准分摊率，得：变动制造费用开支差异 = 596 000 - 10 300 ×（600 000 ÷ 10 000）= -22 000（美元），有利差异。

21. 【答案】 C

【解析】变动间接费用耗费差异 = 实际变动间接费用 -（成本动因实际耗用量 × 标准变动间接费用分摊率）= 52 164 - 4536 × 12 = -2 268（美元）有利差异。选项 C 正确。

22. 【答案】 D

【解析】选项 A 不正确。变动制造费用开支差异是生产经理可控的。

选项 B 不正确。直接人工效率差异是生产经理可控的。

选项 C 不正确。材料数量差异是生产经理可控的。

选项 D 正确。产量差异是因为标准成本会计系统的内在原因导致的，即固定间接费用不随实际产量变化而变化，因此，与生产经理无关。

23. 【答案】 C

【解析】 变动费用的差异分别为开支差异和效率差异。固定间接费用的差异分别为开支差异和产量差异。产量差异只有固定间接费用，所以这个题就变动费用为无效信息。

固定间接费用产量差异 = 静态预算固定间接费用 - 已分配的固定间接费用

静态预算固定间接费用 = 400 000 美元

已分配的固定间接费用 = 固定间接费用分摊率 × 实际产量所耗用的标准直接人工

固定间接费用分摊率 = 400 000 美元预算固定间接费用/10 000 预算直接人工小时 = 40 美元

实际产量所耗用的标准直接人工 = 9 900 小时

已分配的固定间接费用 = 40 × 9 900 = 396 000（美元）

固定间接费用产量差异 = 400 000 - 396 000 = 4 000（美元）不利差异。

综上所述，C 选项是正确的。

24. 【答案】 C

【解析】 转移定价在变动成本和市场价格之间进行波动。

25. 【答案】 B

【解析】 选项 A 不正确。分部 A 的实际投资回报率比目标投资回报率高出 1%。

选项 B 正确。对业绩的考核主要看实际对目标的完成情况。其中，分部 B 的实际投资回报率比目标投资回报率高出 25%，因此，业绩最佳。

单位：%

分部	目标投资回报率	实际投资回报率	实际超过目标比率
A	18	18.1	1
B	16	20	25
C	14	15.8	13
D	12	11	-8

选项 C 不正确。分部 C 的实际投资回报率比目标投资回报率高出 13%。

选项 D 不正确。分部 D 的实际投资回报率比目标投资回报率低 8%。

26. 【答案】 D

【解析】 选项 A 不正确。以实际成本为基础制定转移价格不是最有效的激励方法。

选项 B 不正确。以预算的成本为基础制定转移价格不是最有效的激励方法。

选项 C 不正确。以实际发生的变动成本为基础制定转移价格不是最有效的激励方法。

选项 D 正确。在没有特殊情况的条件下，转移价格一般的原则就是按市场价，这样最能激励销售方。转移价格是发生在分散或分权管理的环境下，在这种环境下，各个部门经理都要对自己部门的利润负责，而且业绩考核也以此为基础，如果按成本计价，尤其按变动成本计价，经常会比按市场价小，在没有过剩产能时卖方不愿意；如果定价比市场价高，买方不愿意；如果和市场价一样，就是市场定价。

27. 【答案】 A

【解析】 假设转让价格为 X

部门 1 单位边际贡献率 = (X - 12)/X

部门 2 单位边际贡献率 = (40 - X - 4)/40

(X - 12)/X = (40 - X - 4)/40

X = 20

或者直接把选项代入，转移价格为 20 美元的时候，A 部门的单位边际贡献率为（20 - 12)/20 = 40%。而 B 部门的单位边际贡献为（40 - 20 - 4)/40 = 40%。

28. 【答案】 A

【解析】 选项 A 正确。从卖方的角度来看，价格至少应反映其增量现金流出（支出成本）加上外部销售的贡献（机会成本）。因为 A 有闲置产能，所以机会成本是 0 美元。因此，A 部门应向 B 部门收取的最低价格为 7.00 美元。

选项 B 不正确。最低收费是 7 美元。由于 A 部门有闲置产能，最低转让价格应收回可变成本（7.00 美元）。

选项 C 不正确。A 部门不应在转让价格中包含任何固定成本，因为 A 部门有闲置产能。

选项 D 不正确。由于 A 部门有闲置产能，最低转让价格应收回 A 部门的可变（支出）成本。

29. 【答案】 C

【解析】 要求：与达到剩余收益目标一致的最大成本。讨论：剩余收益是投资回报额大于目标金额（等于用于投资资本的应计利率）的部分。如果经理人的投资额 19 000 000 美元（17 200 000 美元工厂和设备 +1 800 000 美元营运资金），15% 的应计利率等于 2 850 000 美元。加上 2 000 000 美元的剩余收益，等于目标利润 4 850 000 美元。如果成本是 25 150 000 美元（30 000 000 美元收入 -4 850 000 美元利润）时可以实现该利润。

选项 A 不正确。9 000 000 美元的成本得出的剩余收益大于 2 000 000 美元。

选项 B 不正确。10 800 000 美元的成本得出的剩余收益大于 2 000 000 美元。

选项 D 不正确。25 690 000 美元是从确定的工程及设备的投资资本中扣除了营运资金。

30.【答案】 D

【解析】 选项 A 不正确。Ⅱ、Ⅲ和Ⅳ也是平衡计分卡的维度。

选项 B 不正确。Ⅲ和Ⅳ也是平衡计分卡的维度。

选项 C 不正确。Ⅰ和Ⅳ也是平衡计分卡的维度。

选项 D 正确。题干中的四点体现了平衡计分卡的四个维度，都可以用来考核该经理。

二、简答题

【答案】

1. 请计算部门 1 和部门 3 的投资回报率和剩余收益。

投资回报率 = 利润/投入资产

部门 1：投资回报率 = 960 000 ÷ 6 400 000 = 15%

部门 3：投资回报率 = 175 000 ÷ 760 000 = 23%

剩余收益 = 利润 − 目标利润

部门 1：剩余收益 = 960 000 − 6 400 000 × 12% = 192 000（美元）

部门 3：剩余收益 = 175 000 − 760 000 × 12% = 83 800（美元）

2. 假设该公司使用现值而非账面价值来确定每个部门的投资额，请指出并解释部门 1 和部门 3 的投资回报率和剩余收益计算结果会受哪些因素影响。

资产“现值”的变化将在多方面影响投资回报率和剩余收益：

- 对于资产较老的部门，其资产将会升值，以反映重置成本或清偿成本。资产较新的部门不会受很大影响，因为它们的资产所提折旧还不多，资产原值接近于现值。由于资产升值，资产较老的部门其投资回报率和剩余收益会下降。
- 由于该公司以资产价值为基础分摊非直接成本，资产升值最大的部门（由账面价值变为现值）所分摊到的非直接成本将更大。

3. a. 请指出并解释使用投资回报率来度量部门绩效可能会导致目标一致性问题的一个原因。

b. 请指出并解释为什么使用剩余收益来度量部门绩效能解决目标一致性问题。

a. 假设一个项目的 ROI 高于整个公司的投资回报率，但低于本部门投资回报率，该项投资将会被拒绝，因此，使用投资回报率来度量部门绩效，对整个公司不利。

b. 各部门使用整个公司规定的回报率来计算剩余收益。因此任何能够提高剩余收益的项目都会被部门接受，并对整个公司有利。

4. 请论述该公司分摊非直接成本所使用的方法。请详细阐述为什么这种分摊方法可能无法体现与每个部门相关的成本。

该公司以各个部门使用资产的净账面价值为基础分摊非直接成本。在许多情况下，这个方法不能正确将成本与实际使用情况联系起来。在使用人力资源、会计、计算机支持、行政等职能时，也许资产价值与使用情况并无关联（或许是负关联）。非直接成本应该以实际使用情况为基础进行分摊。如果无法确定实际使用情况，则应选择与实际使用情况关联度更高的标准为基础。

第 四 章

成本管理

成本管理是企业经营决策者应掌握的最基本的管理会计技能。恰当的成本制度和管理不仅可以有效地帮助公司确定、监控和优化成本，还能更好地帮助企业管理层进行战略规划、预算管理和绩效评估。对于成本管理，企业管理者不能将其错误地等同于成本降低，而是应当利用管理会计中多种成本分类、成本评估和成本分析工具，系统、客观和科学地认识企业发生的成本增长的事实，并以理论结合实际的方式有针对性地管理和规划资源的利用，进而保证企业营运效率和总体业务绩效能长期维持并持续改善。

本章考情分析

本章主要内容：成本类型及概念；成本动因；成本度量方法；成本核算系统包括分批成本法、分步成本法和作业成本法；间接成本分摊；供应链管理和业务流程改进主题如精益生产、企业资源计划（ERP）、约束理论、价值链分析、作业管理（ABM）、持续改进以及高效的会计流程。

本章考试占比15%。

本章近年来的主要考点：①变动成本与固定成本；②产能管理；③标准成本计算；④产品生命周期成本法计算；⑤分步法与分批法；⑥边际贡献计算；⑦正常成本法与标准成本法差异分摊；⑧完全成本法和变动成本法的区别；⑨异常损耗；⑩及时生产的优点；⑪联产品成本的分配；⑫作业成本法优缺点；⑬质量成本的分类与判别；⑭约束理论的含义及要素等。

本章重点框架图

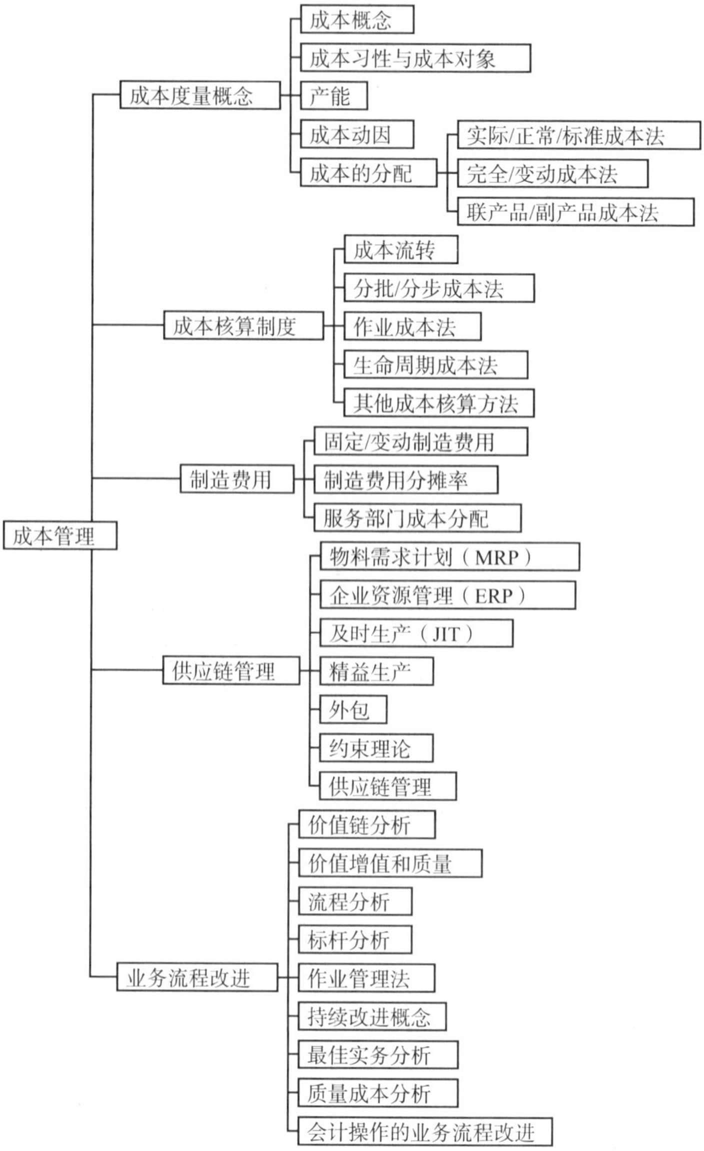
成本管理
成本度量概念
成本概念
成本习性与成本对象
产能
成本动因
成本的分配
实际/正常/标准成本法
完全/变动成本法
联产品/副产品成本法
成本核算制度
成本流转
分批/分步成本法
作业成本法
生命周期成本法
其他成本核算方法
制造费用
固定/变动制造费用
制造费用分摊率
服务部门成本分配
供应链管理
物料需求计划（MRP）
企业资源管理（ERP）
及时生产（JIT）
精益生产
外包
约束理论
供应链管理
业务流程改进
价值链分析
价值增值和质量
流程分析
标杆分析
作业管理法
持续改进概念
最佳实务分析
质量成本分析
会计操作的业务流程改进

本章重难点精讲

第一节　成本度量概念

成本量度是指利用成本习性来分析成本变化对公司盈利能力的影响。对于成本的界定和分类至关重要，只有清楚了这些，才能理解如何使用它们来衡量绩效。

一、成本概念

（一）生产成本

生产成本是企业为生产产品或提供劳务而发生的各项生产费用。生产成本包括材料成本、人工成本和制造部门发生的制造费用。材料成本包括原材料和辅助材料。人工成本包括生产人员的工资、补贴、福利费。制造费用包括燃料动力费、水电费，分厂、车间管理人员工资，厂房、设备等相关折旧费、维修费。其他制造费用，如车间办公费、差旅费、劳保费等。

可以直接归属到某个产品中的生产成本叫直接成本，材料成本和人工成本是直接成本。不能直接归属到某个产品，需要按照一定比例分配到不同产品中的生产成本，叫间接成本，制造费用一般是间接成本。如果只生产一种产品，那么制造费用就是直接成本。

（二）期间费用

期间费用是指企业本期发生的、不能直接或间接归入生产成本，而是直接计入当期损益的各项费用，包括销售费用、管理费用。销售费用是指企业在销售过程中发生的费用，包括运输费、装卸费、包装费、销售佣金和销售服务费用。管理费用是指企业管理和组织生产经营活动所发生的各种费用，包括企业管理人员工资、福利费、差旅费、办公费、财务费用等。

二、成本习性与成本对象

成本习性（或成本性态）是指成本总额与成本动因（cost driver）之间的依存关系，成本动因可以是作业（activity）、数量（volume）或其他。

相关范围是指能够使成本习性的假设保持合理稳定的作业范围（range of

activity)，公司在此业务量范围计划其经营业务。

按照成本性态，成本可以分为变动成本、固定成本和混合成本三大类。

（一）变动成本

在相关范围内，变动成本总额将随作业、数量或其他成本动因的变化而成正比例变化；单位变动成本则保持不变。

典型的变动成本包括直接材料成本和直接人工成本；某些间接成本，如果其成本总额同某个成本动因在相关范围内的数量变化成比例，也属于变动成本。

（二）固定成本

当成本动因的数量发生变化时，固定成本总额将保持不变；单位固定成本则随着作业、数量或其他成本动因的变化而呈反比例变化——产量增加，单位固定成本减少（固定成本包括很多间接成本，如折旧、税金、员工薪水、保险费和租赁成本等）。固定成本可分为酌定成本和既定成本。

（1）酌定成本。酌定成本也称可管理固定成本或可预算固定成本，可以包含在预算中也可以从预算中剔除，主要取决于管理者的决策，如广告费、培训费、间接制造人工成本和销管人工成本。

（2）既定成本。基于战略优先或营运优先的考虑，在短期内不可省去的成本，一般同设施相关，源于先前的产能相关决策，如先前购买设备的折旧成本。

【提示】成本行为只在相关范围内保持稳定，超出了相关范围这个区间，成本的行为也会发生变化。相关范围可以是产能上限或者是一个时间区间。

例如企业的实际产量超出了产能，企业需要增加投资新的生产设施，这会导致固定成本增加。另外每一年度企业的租金和管理人员的工资可能会进行调整，这些固定成本通常在一年期内保持不变，超出一个年度或将跃至一个更高的水平上，然后继续保持不变。

通常情况下，如果缩短相关范围，一些变动成本会转变为固定成本。如果延长相关范围，一些固定成本会转变为变动成本。

（三）阶梯成本

如果在很窄的相关范围内的固定成本，在长期内会呈现阶梯式变化（见图4－1）。

如果进阶次数频繁且相关范围大，则阶梯成本可近似为变动成本，或者如果次数极偶然且相关范围小，则阶梯成本可近似为固定成本。这样的成本识别与区分，是为了编制“边际贡献”利润表。

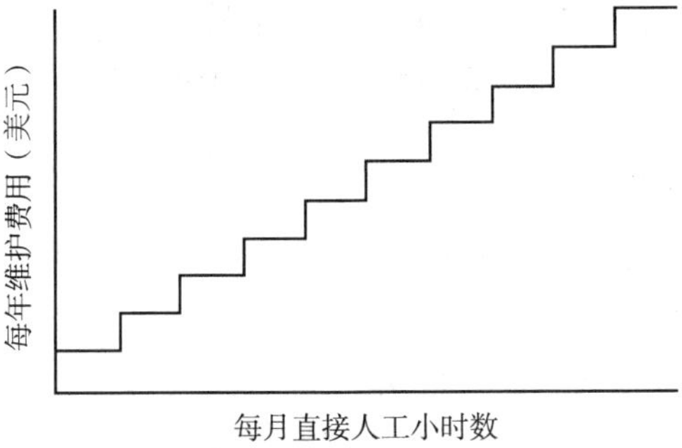

图 4 – 1　阶梯成本示例

（四）总成本与混合成本

总成本是某个成本对象的成本之总和，包括所有固定成本和变动成本；若总成本中既包含固定成本又包含变动成本时，则总成本也称作混合成本。

总成本 = 总变动成本 + 总固定成本

总成本 = 数量 × 单位变动成本 + 总固定成本

混合成本可以用函数 $Y = aX + b$ 来表述。

参见图 4 – 2。

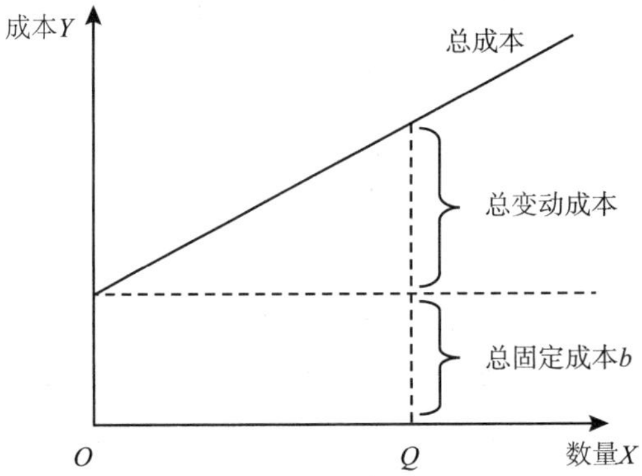

图 4 – 2　固定成本和变动成本

直接成本和间接成本都可以是固定的或变动的。对直接成本的唯一要求是它可以直接追溯到成本对象。因此，只要可以直接追溯到成本对象，固定成本将是直接成本。

【例题 4 – 1】在包含固定成本和变动成本时，下面哪一项是关于总成本习性的典型假设？

A. 假设一般行政管理费用是变动成本

B. 假设在从零到无穷大的产量水平上成本习性是合理的（现实的）

C. 当画在图表上时，假设总成本曲线是线性的

D. 假设相关时期范围是五年

【答案】 C

【解析】 选项 A 不正确。一般的行政管理费用是固定成本。

选项 B 不正确。超过相关范围成本习性会变化，所以必须是相关范围内成本习性才是合理的。

选项 C 正确。在相关范围内，变动成本与产量呈线性关系，固定成本是不变的，所以总成本曲线是线性的。

选项 D 不正确。没说过五年是假设的相关时期范围。

【例题 4 – 2】 某公司 1 月销售 10 000 件产品时的销售和行政管理费用如下：

单位：美元

成本	每单位	总计
变动成本	15	150 000
阶梯成本	5	50 000
固定成本	8	80 000
销售和行政管理费用合计	28	280 000

变动成本是指占销售额 10% 的销售佣金，阶梯成本取决于公司雇用的销售人员的数量。1 月有 10 位销售人员，但在月末有两位提前退休了，估计这些空缺将会维持几个月。在相关范围 8 000 ~ 15 000 件/月，固定成本总额保持不变，公司正在计划削价 10%，预期会使每月销量增加到 12 000 件。如果公司真的削价 10%，请问 2 月的销售和行政管理费用总额将是多少？

A. 180 000 美元　　B. 282 000 美元

C. 120 000 美元　　D. 350 000 美元

【答案】 B

【解析】 选项 B 正确。本题考查对成本性态的理解，具体如下：

成本	2 月	备注
变动成本	15 × (1 – 10%) × 12 000 = 162 000（美元）	单位变动成本随售价下降相同幅度，总变动成本还受销量变化的影响
阶梯成本	50 000 ÷ 10 × (10 – 2) = 40 000（美元）	按人员个数呈现阶梯变化
固定成本	80 000 美元	在相关范围内保持不变
销售和行政管理费用合计	282 000 美元	162 000 + 40 000 + 80 000 = 282 000（美元）

三、产能

产能衡量的是导致系统无法扩大产出或其他指标的约束条件或“瓶颈”。是企业在一定条件下的最大产出量。产能与相关范围有关，产能的极限通常也是相关范围的上限；在接近产能极限的同时，营运效率会下降，成本会增加。

过去的产能决策决定了企业现期的固定成本。与产能选择相关的固定成本（既定成本）通常不能由部门经理控制，但部门经理应能认识到这些成本的影响。若产能过剩，则存在机会成本和过高的固定成本；若产能太小，则企业面临其他成本如加班成本、脱销成本以及更高的设备磨损成本。产能的类型如表4-1所示。

表4-1 产能类型

产能类型	类型说明	主要关注点
理论产能	所有营运均全速进行、没有任何故障、没有节假日或其他干扰因素下的产出上限	• 理想情况下的产能，忽略现实因素
实际产能	考虑正常运营条件、平均故障和错误、节假日以及其他现实因素下的产能；是企业资源不因“瓶颈”而增加成本时所能达到的最高产出水平；当产出大于实际产能时，将导致边际成本高于边际收益	• 当产出大于实际产能时，将导致边际成本超过边际收益 • 实际产能考虑了正常营运条件，如平均错误数或平均故障次数、节假日和其他现实因素
正常产能	满足某期间内的平均客户需求，包括需求的季节性和周期性变化的产能利用水平	• 正常产能利用是长期工具，通常在持续若干年的期间内使用，即应用于长期计划
总预算产能	用于当前预算期，如当年年度的正常产能利用	• 在短期计划中应采用总预算产能利用指标，否则期末成本会不准确

【提示】

• 应将管理者的激励机制与工厂的实际产能相匹配。任何增加产出的决策应该考虑到与产出增加相关的成本以及存货持有成本等成本内容。

• 产能利用是以产出的预期需求或预算需求来定义产能，不同的产能水平会得出不同的成本分配金额，选择合适的产能指标对成本分析、管理层激励以及绩效评估决策来说都很关键。在决策和绩效考核中，应该使用实际产能，不能用理论产能。使用实际产能计算出来的分摊率更合理，计算出来的单位成本更能反映真实的成本水平，避免管理者被错误的成本数据误导。

合理设计产能对企业的生产经营十分重要，对比如表 4－2 所示。

表 4－2　**产能设计的影响**

产能如果设计过高	产能如果设计过低
• 固定成本投入过大 • 机会成本过高 • 生产单位产品的固定成本摊销过大	• 人工成本过高（需要加班进行生产） • 损失订单（无法满足需求） • 机器损耗过大（生产过于密集）

【例题 4－3】当纳什玻璃器皿厂分配固定成本时，管理层会选择某一产能水平作为分母。下列除了哪项都是近似于实际产量的恰当的产能水平？

A. 正常产能

B. 预计实际产能

C. 理论产能

D. 预算产能

【答案】C

【解析】选项 A 不正确。正常产能是满足某期间内的平均客户需求，包括需求的季节性和周期性变化的产能利用水平。

选项 B 不正确。预计实际产能是考虑正常运营条件、平均故障和错误、节假日以及其他现实因素下的产能。

选项 C 正确。理论产能是指所有营运均全速进行、没有任何故障、没有节假日或其他干扰因素下的产出上限，这在实际生产过程中几乎是无法达到的。

选项 D 不正确。预算产能用于当前预算期，如当年年度的正常产能利用。

四、成本动因

成本动因，也称成本驱动因素，是引起成本对象发生变化的动作或事项。影响特定成本对象的成本动因主要包括四种类型，如表 4－3 所示。

表 4－3　**成本动因类型**

成本动因类型	类型说明	主要关注点
作业成本动因	关注于营运，包括生产或服务作业，如机器安装、机器使用、包装等	• 通过作业分析，可以把企业的流程分解成各个步骤即作业，每个步骤即作业成本动因，以便： ◦ 确定这些步骤（作业）的变化会导致营运总成本产生怎样的变化 ◦ 帮助企业明确哪些作业能为客户增加价值（增值作业），而哪些作业不能带来增值（非增值作业） ◦ 当某项作业成本高于预期时，作业成本动因会突出这个差异

续表

成本动因类型	类型说明	主要关注点
数量成本动因	关注于产出，包括总量尺度，如产品数量或人工工时数	• 数量成本动因是建立在使用数量基础上的作业总数，如直接材料和直接人工 • 数量基础动因如直接人工与产出水平之间的关系表现为一条倾斜曲线 ○ 数量成本动因相当低时，学习曲线和资源的有效利用等因素能使成本的增加速度小于产量的增长（单位成本下降），称为边际生产率递增，因为递增的产出使投入得到更有效的利用 ○ 在一定水平上，总成本渐趋稳定且在相关范围内的数量增加会带来成本成比例增加（单位成本不变），直到某一点上人力或设备的产能达到极限（相关范围的上限） ○ 随着产量趋向极限，成本也会因为维修、更多的加班及其他类似因素而显著增加（单位成本上升），称为边际产能递减规律
结构性成本动因	关注于企业战略，包括与规模、复杂性、某一领域的经验以及技术水平等相关的长期计划	• 结构性成本动因是长期成本动因，建立在公司全面战略的基础上，主要包括四种类型： ○ 规模：项目的规模或企业的成长速度会影响到整个企业的所有成本 ○ 经验水平：公司在实现特定战略方面所拥有的经验水平会影响达成该战略目标所需的总成本；公司拥有最多专门技能的领域，也是进一步发展所需成本最低的领域；但若市场不再需要这些专门技能，则开发新的专门技能在长期内更具成本效益 ○ 技术：改变流程的技术水平能使流程更有效率，从而使成本更低；对技术的投资也可以使产品质量提高，从而可用更质优价廉的产品扩大市场份额 ○ 复杂性：企业越复杂（更多产品、更多组织层级），维持复杂性的成本越高；减少复杂性将减少产品开发、分销和服务的成本；但产品太少或员工太少的企业也会错失市场机会
执行性成本动因	关注于短期营运，包括通过关注员工承诺与投入、生产设计以及供应商关系来降低成本	• 执行性成本动因属于短期决策，可用于降低营运成本，主要有三种类型： ○ 员工参与：员工参与度越高，人工成本占完工工作量的比例越低；这可以通过创造性团队的建立以及强调一致意见和员工投入来实现 ○ 生产流程设计：可以消除供应链中的“瓶颈” ○ 供应商关系：与供应商的紧密联系可以减少总成本，特别是存货成本

【例题 4－4】 某制造商生产多个系列产品，需要各种不同类型的零件组合。该制造商确定了各种成本池，其中一个是材料处理成本。这一成本池包括收货、质检、仓储及将材料运到生产车间的员工工资和福利，装卸设备（如叉车）的折旧与维修成本以及使用的耗材成本和其他相关成本。以下哪项最适合作为分配材料处理成本到产品的成本动因？

A. 直接人工工时　　B. 生产数量

C. 供应商数量　　D. 使用零件数量

【答案】D

【解析】成本动因应该与成本池中累积的成本相关。

选项 A 不正确。直接人工工时是分配制造费用的传统方法。然而，它不是分配制造费用的必需的恰当基础，因为直接人工在大多数产品的总成本中只占一小部分。

选项 B 不正确。生产的数量是衡量产出量的指标。

选项 C 不正确。供应商数量可能是对收货和检验比较恰当，但是在当前的材料处理中包括的因素并不仅仅是供应商数量。

选项 D 正确。使用的零件与材料处理成本有直接因果关系。使用的零件越多，处理成本越高。

【例题 4－5】某制造商生产多个系列产品，需要各种不同类型的零件组合。该制造商确定了各种成本池，其中一个是材料处理成本池。这一成本池包括收到材料、检查材料、储存材料及搬运材料的员工工资和福利，还包括装卸设备（如叉车）的折旧与维修成本。那么以下哪项最适合作为将材料处理成本分配到产品的成本动因？

A. 直接人工工时　　B. 生产数量

C. 供应商数量　　D. 使用零件数量

【答案】D

【解析】选项 A 不正确。题干中未给出直接人工工时相关信息。

选项 B 不正确。由于生产多个系列产品，需要各种不同类型的零件组合，因此用生产数量作为动因不合适。

选项 C 不正确。题干中未给出供应商数量相关信息。

选项 D 正确。该制造商生产多个系列产品，并且需要各种不同类型的零件组合，所以零件是主要的材料，因而，零件数量是材料处理成本的一个关键驱动因素。

五、实际成本法、正常成本法与标准成本法

（一）相关定义

实际成本法、正常成本法和标准成本法是三种成本计量的方法。产品成本由材料成本、人工成本和制造费用三部分组成，这三项成本可以分别用实际成本和标准成本两种方法来计量。实际成本法、正常成本法和标准成本法三种方法的成本处理比较如表 4－4 所示。

表 4-4 三种方法的成本处理比较

成本	直接材料	直接人工	间接费用
实际成本法	实际成本	实际成本	实际成本
正常成本法	实际成本	实际成本	已分配间接费用（使用预先确定的分配率）
标准成本法	标准成本	标准成本	标准成本

制造费用中的间接成本，需要通过分配率将费用总额分配到单位产品的成本中。

（1）实际成本法下，单位产品的制造费用采用实际成本，单位产品的制造费用是：

单位产品制造费用 = 实际制造费用总额/实际产量

这种方法的缺点是信息滞后。制造费用的总额只有在期末才能完整归集，因此只有期末才能确定产品的成本。

（2）正常成本法和标准成本法下，单位产品的制造费用采用标准成本，制造费用的分摊使用标准制造费用分摊率：

标准制造费用分摊率 = 预算制造费用总额/成本动因的预算总数量

正常成本法下的制造费用标准成本和标准成本法下的制造费用标准成本，在计算过程存在差异：

①正常成本法的制造费用标准成本 A。

标准成本 A = 标准制造费用分摊率 × 单位产品实际成本动因数量 × 实际产量
= 标准制造费用分摊率 × 实际成本动因总量

②标准成本法的制造费用标准成本 B。

标准成本 B = 标准制造费用分摊率 × 单位产品标准成本动因数量 × 实际产量
= 标准制造费用分摊率 × 实际产量的标准成本动因数
= 单位产品标准成本 × 实际产量

【提示】 在正常成本法和标准成本法下，间接成本是通过标准分摊率来进行计算的，因为间接成本分摊率建立在预测成本动因基础上，与实际发生的成本动因数量会发生偏差，故此必然会导致分摊不准确，即分摊不足（产量未到预测值）或过度分摊（产量超过预测值）。实际值与分摊值之间差异的处理方法是：

- 若差异被认为不重大（<10%），则直接调整产品销售成本；
- 若差异被认为重大（>10%），则需在在产品、存货和产品销售成本间按比例调整。

（二）相关对比

实际成本法、正常成本法、标准成本法如表 4-5 所示。

第四章

表 4-5　实际成本法、正常成本法和标准成本法

成本	说明	优点	缺点	应用
实际成本法	• 所有成本都按照其实际发生数来记录 • 实际成本直到会计期末才能确定	• 比其他成本制度都准确和可靠	• 信息滞后，在收到所有发票之前无法确定成本，而发票也许会在会计期末或更晚才能收到 • 由于产量每期不同但固定成本不变，实际成本法会使不同期间生产的单位产品成本各不相同	• 规模较小、没有足够实力购买成本信息系统的企业
正常成本法	• 直接材料和直接人工采用实际成本 • 间接成本按照预定的分摊率进行分摊	• 可以计算当期的产品成本 • 消除了间接成本分摊率（因各期产量不同）在各期之间的波动，从而使各期之间的比较成为可能	• 直接材料和直接人工的实际成本仍面临信息滞后的问题	• 生产定制性强，人工和材料成本波动很大，但是制造费用发生比较稳定的企业
标准成本法	• 采用预定（标准）成本分配率分配所有产品成本，包括直接材料、直接人工和间接成本	• 标准成本中剔除了过去的无效因素 • 标准成本可以作为新数据，解释预算期内的各种预期变化	• 可能会设定不合理的标准，比如标准的设定过程过于专断或隐秘，或缺乏沟通 • 刚性标准或过于强调利润的标准也很可能失败	• 标准成本是营运的预期成本或目标成本 • 标准可以是理想标准或当前可实现的标准，标准的设定取决于企业政策、作业分析、历史数据、市场预期、战略及标杆分析等因素

【例题 4-6】如以产量作为成本动因，相较实际成本法，正常成本法有哪个差异？

A. 材料价格差异　　B. 人工效率差异

C. 制造费用变动成本效率差异　　D. 制造费用变动成本开支差异

【答案】D

【解析】选项 A、B 不正确。正常成本法下，直接成本都是按实际发生额记录，制造费用是按照分摊率来进行分配的。

选项 C 不正确。变动间接费用效率差异 =（成本动因实际耗用数 - 成本动因标准耗用数）× 标准成本动因分配率。因为以产量作为成本动因，变动间接费用效率差异 =0，所以不存在变动间接费用效率差异。

选项 D 不正确。变动间接费用开支差异 = 实际变动间接费用 -（成本动因实际数量 × 标准变动间接费用分摊率）。因为是用产量作为成本动因，所以变动间接费用的开支差异 = 弹性预算差异。

【例题 4-7】某公司在年末记录存货和营业成本数据如下：

在制品存货：100 000 美元

成品存货：50 000 美元

营业成本：250 000 美元

该公司还显示其分配的固定间接成本实际被低估了 30 000 美元，该公司对重大差异与微小差异界限为 5%。要记录这一固定间接成本差异，公司应增加：

A. 在制品存货费用 18 750 美元　　B. 成品存货费用 3 750 美元

C. 营业成本 7 500 美元　　D. 营业成本 30 000 美元

【答案】 B

【解析】 在制品、产成品和营业成本的总成本是 400 000 美元。差异是总成本的 7.5%，算是重大差异，应该把差异在在制品、产成品和营业成本间，按比例分摊。

在制品分摊差异 = 30 000 × 100 000 ÷ (100 000 + 50 000 + 250 000) = 7 500（美元）

产成品分摊差异 = 30 000 × 50 000 ÷ (100 000 + 50 000 + 250 000) = 3 750（美元）

营业成本分摊差异 = 30 000 × 250 000 ÷ (100 000 + 50 000 + 250 000) = 18 750（美元）

六、吸纳（完全）成本法和变动（直接）成本法

（一）吸纳成本法和变动成本法的定义

吸纳成本法和变动成本法都属于存货成本制度（产品成本计算方法），二者唯一的区别是对固定间接费用（固定制造成本）处理不同：吸纳成本法计入存货成本（作为资产）；变动成本法计入期间费用（作为费用），二者比较如表 4－6 所示。

表 4－6　吸纳成本法与变动成本法

项目		吸纳成本法	变动成本法
成本构成	生产/存货成本	• 变动制造成本 ○ 直接材料 ○ 直接人工 ○ 变动间接费用 • 固定制造成本 ○ 固定间接费用	• 变动制造成本 ○ 直接材料 ○ 直接人工 ○ 变动间接费用
	期间费用	• 变动销管费用 • 固定销管费用	• 固定间接费用 • 变动销管费用 • 固定销管费用

（二）两种利润表格式

两种成本法对应两种利润表格式：边际贡献格式和毛利格式（见表 4－7）。

表 4 – 7　**两种利润表格式**

变动（直接）成本法	完全（吸纳）成本法
收入	收入
－产品销售成本（变动）	－产品销售成本
直接材料	直接材料
直接人工	直接人工
变动间接制造费用	变动间接制造费用
－变动销管费用	固定间接制造费用
边际贡献	毛利
－固定间接制造费用	－变动销管费用
－固定销管费用	－固定销管费用
营业利润	营业利润

- 边际贡献格式，突出了固定成本和变动成本的区别；
- 毛利格式，突出了制造成本和非制造成本的区别。

【提示】

● 吸纳成本法下，已售出的产品所包含的固定制造费用计入当期损益，未售出产品包含的固定制造费用保留在期末存货成本中（递延至未来售出期间再计入损益）。

● 变动成本法下，当期发生的全部固定制造费用直接计入当期损益。

当存货减少时，吸收成本法下的净利润将低于变动成本法下的净利润，差异金额依旧为存货固定成本的变化量。然而，随着及时生产（JIT）和其他存货控制管理法的日益使用，变动成本法和吸收成本法之间的差异会逐步减少，因为库存水平不再重要。事实上，如果一个企业财务周期的期初存货与期末存货为零，这两种方法计算的结果将一致。

（三）两种成本方法对利润的影响

正因为两种成本方法对固定费用的处理不同，在不同产销量关系下，两种成本方法计算出来的损益不同，比较如表 4 – 8 所示。

表 4 – 8　**不同产销量关系下的损益比较**

成本	主要关注点
产量 = 销量； 期末存货 = 期初存货	• 当期生产的产品全部在当期售出，因此吸纳成本法下本期发生的全部固定间接费用均计入当期损益，则： 吸纳成本法下计入当期损益的固定间接费用 = 当期固定间接费用发生额； 吸纳成本法下的利润 = 变动成本法下的利润

续表

成本	主要关注点
产量 > 销量； 期末存货 > 期初存货	• 当期生产的产品有一部分未在当期售出，因此吸纳成本法下本期发生的固定间接费用有一部分计入了期末存货，则： 吸纳成本法下计入当期损益的固定间接费用 < 当期固定间接费用发生额； 吸纳成本法下的利润 > 变动成本法下的利润
产量 < 销量； 期末存货 < 期初存货	• 当期生产的产品以及一部分期初存货均在当期售出，因此吸纳成本法下期初存货中的固定间接费用有一部分计入当期损益，则： 吸纳成本法下计入当期损益的固定间接费用 > 当期固定间接费用发生额； 吸纳成本法下的利润 < 变动成本法下的利润

（四）吸纳成本法和变动成本法的优缺点比较

详见表4－9。

表4－9　　吸纳成本法和变动成本法的优缺点比较

	吸纳成本法	变动成本法
优点	• 符合美国公认会计原则和税法要求 • 在损益表中，完全成本法准确全面地定义了产品的成本结构，保证了损益表的最终利润符合生产经营的实际结果 • 在资产负债表中，存货的价值因为产品完全成本而准确地进行了估值，使得存货价值没有被低估，这充分地保证了企业的资产评估的准确性	• 变动成本法下的营业利润不受产量和存货量变动的影响，只与销量有关，避免管理层为单纯追求高利润而操纵产品/存货 • 关注那些可被追溯至责任中心，并可被其控制的项目——固定成本通常不在责任中心经理的控制范围之内，而大多数变动成本则是可控的，使管理层关注可控制的成本和领域 • 基于边际贡献的分析可以帮助企业内部决策 • 可用于进行本量利分析
缺点	• 管理者可以通过操纵存货来操纵利润	• 不符合美国公认会计原则和税法

【例题4－8】某公司只生产和销售一种产品，其2016年的产销量及成本资料如下：

产销量信息		成本信息	
期初存货量	0件	直接材料	20 000美元
生产量	4 000件	直接人工	32 000美元
销售量	3 500件	间接费用：	
单价	46美元	单位变动费用	6美元
		固定费用总额	28 000美元
		销售及管理费用：	
		单位变动费用	4美元
		固定费用总额	21 000美元

1. 分别按照吸纳成本法和变动成本法计算该产品的单位产品成本和期末产成品存货成本。

2. 分别计算两种成本法下的营业利润。

【答案】

1. 分别按照吸纳成本法和变动成本法计算该产品的单位产品成本和期末产成品存货成本。

单位直接材料 = 20 000 ÷ 4 000 = 5（美元）

单位直接人工 = 32 000 ÷ 4 000 = 8（美元）

单位固定间接费用 = 28 000 ÷ 4 000 = 7（美元）

期末产成品存货量 = 0 + 4 000 − 3 500 = 500（件）

变动成本法下单位产品成本（单位变动制造成本）= 5 + 8 + 6 = 19（美元）

变动成本法下期末产成品存货成本 = 19 × 500 = 9 500（美元）

吸纳成本法下单位产品成本（单位完全成本）= 19 + 7 = 26（美元）

吸纳成本法下期末产成品存货成本 = 26 × 500 = 13 000（美元）

2. 分别计算两种成本法下的营业利润。

（1）吸收成本法下，毛利格式的损益表如下：

单位：美元

收入：46 × 3 500 件		161 000
产品销售成本		
期初存货	0	
+ 变动制造成本：19 × 4 000 件	+76 000	
+ 固定制造成本	+28 000	
= 可供销售的商品成本	104 000	
− 期末存货：26 × 500 件	−13 000	
= 产品销售成本		−91 000
= 毛利		70 000
销售及管理费用		
变动销售及管理费用：4 × 3 500 件	14 000	
+ 固定销售及管理费用	+21 000	
= 总销售及管理费用		−35 000
= 营业收益		35 000

（2）变动成本法下，边际贡献式的损益表如下：

单位：美元

收入：46×3 500 件		161 000
变动产品销售成本：19×3 500 件		-66 500
变动销售和管理费用：4×3 500 件		-14 000
边际贡献		80 500
固定成本：		
固定间接费用	28 000	
+固定销售及管理费用	21 000	
=固定成本总额		-49 000
=营业收益		31 500

【例题 4-9】某公司去年生产 500 件，出售 480 件，和当初预算一致。没有期初、期末在产品存货，也没有期初产成品存货。预算的固定成本和实际发生额相等。所有的变动制造成本只受产量影响，所有的变动销售费用只受销量影响。预算的单价和成本数据如下：

单位：美元

售价	200
直接材料	60
直接人工	40
变动制造成本	20
固定制造成本	10
变动销售费用	24
固定销售费用（总额为 7 200 美元）	8
固定管理费用（总额为 3 600 美元）	4

若采用吸收成本法，则公司去年的营业利润是多少？

A. 11 280 美元　　B. 14 200 美元

C. 11 080 美元　　D. 15 300 美元

【答案】A

【解析】选项 A 正确。吸收成本法下营业利润为：

单位：美元

收入：200×480 件		96 000
产品销售成本		
直接材料：60×480 件	28 800	
+直接人工：40×480 件	+19 200	

续表

+变动制造成本：20×480 件	+9 600	
+固定制造成本：10×480 件	4 800	
=产品销售成本		-62 400
=毛利		33 600
销售及管理费用		
变动销售及管理费用：24×480 件	11 520	
+固定销售及管理费用：7 200+3 600	+10 800	
=总销售及管理费用		-22 320
=营业收益		11 280

【例题 4-10】吸收成本法与变动成本法的主要区别是，变动成本法：

A. 仅将直接材料和直接人工视为产品成本

B. 将直接材料、直接人工、制造间接费用的变动部分和固定制造间接费用的已分摊部分视为产品成本

C. 仅将直接材料、直接人工、制造间接费用的变动部分和销售及管理费用的变动部分视为产品成本

D. 仅将直接材料、直接人工和制造间接费用的变动部分视为产品成本

【答案】D

【解析】选项 A 不正确。变动成本法将变动间接制造费用也视为产品成本。

选项 B 不正确。变动成本法不会将固定制造间接费用的已分摊部分视为产品成本。

选项 C 不正确。变动成本法不会将销售及管理费用的变动部分视为产品成本。

选项 D 正确。变动成本法仅将直接材料、直接人工和制造间接费用的变动部分视为产品成本。

【例题 4-11】8 月，某公司售出 2 000 件产品。单位成本数据见下表：

单位：美元

直接材料	11.00
直接人工	6.00
变动制造费用	2.00
固定制造费用	3.00
变动管理费用	1.00
固定管理费用	7.00
合计	30.00

采用吸收成本法计算出 8 月的利润为 19 000 美元。若采用变动成本法，则 8 月的利润将为 18 250 美元。请问该公司 8 月的产量是多少？

A. 1 500 件　　B. 900 件　　C. 1 000 件　　D. 2 250 件

【答案】 D

【解析】 选项 D 正确。吸收成本法和变动成本法的利润差异 =（生产量 - 销售量 2 000）× 单位固定制造费用。故此，19 000 - 18 250 =（生产量 - 2 000）× 3，所以生产量 = 2 250（件）。

七、联产品成本法和副产品成本法

联产品是共享一部分工序且拥有相对相同的销售价值的产品。副产品是与一种产品或联产品共享相同工序，但与主要产品相比拥有相对较小价值的产品。

联产品与副产品均共享至少某些相同的原材料和初始工序成本。分离点在产品分离且分别确认的点上；分离点不必是产品完工的时点。

联产品与副产品的成本计算包括发生在分离点以前及以后的所有制造成本。

（1）发生在分离点前的联合成本需分配到联产品中。分配方法有两种，一种是使用市场基础数据分配（包括分离点销售价值法、毛利法、可变现净值法），另一种是使用物理指标基础数据分配。

（2）发生在分离点之后的附加工序成本（可分离的成本）可单独确认为某种产品成本。

联产品成本分配方法如表 4 - 10 所示。

表 4 - 10　　联产品成本分配方法

联产品成本分配方法		说明	适用条件	优点	缺点
市场基础法	分离点销售价值法	根据分离点上各联产品的销售价值比例，对联合成本进行分配	只有当分离点上的销售价值可得时，才能使用销售价值法	• 易于计算且根据产品价值来分配成本，假设销售价格的估计值正确无误，且联产品不需要额外加工，可以为联产品提供相同的毛利率	• 不能用于在分离点后但在价值形成前需要额外加工的产品；对于市场价值变化频繁的产品而言不是很有用
	毛利法	分配联合成本以使各联产品拥有相同的毛利率	联产品存在额外加工成本时	• 考虑到了分离点前后发生的成本，因而不仅是联合成本的分配，也是一种利润分配方法——联合成本和总毛利都分配给联产品以保持不变的毛利率 • 即使存在额外加工成本时也可使用	• 分配给每种联产品的联合成本金额并不总是正数，一种联产品可能得到负的联合成本，以使毛利率与整个实体的平均水平相同，可能导致成本分配的扭曲

续表

联产品成本分配方法		说明	适用条件	优点	缺点
市场基础法	可变现净值法	根据各产品 NRV 占总 NRV 的比例分配联合成本 可变现净值 NRV = 最终销售价值 − 额外加工成本	当一种或多种联产品市场价格在分离点不能确定的情况，通常是因为需要额外加工	• 适用于各联产品/副产品的市场价格在分离点不能确定的情况，或额外加工成本存在的情况 • 形成可预知的边际利润	• 无明显缺陷
物理指标法		采用物理指标（重量、数量、体积等）将联合成本分配给联产品	物理指标既可基于对投入的计量，也可基于对产出的计量	• 用客观标准计量、容易使用	• 会扭曲实际利润结果，一些产量大价格低的产品会被分配过高的联合成本，导致利润过低甚至为负 • 加工过程不可能总是使用同样的计量单位 • 不符合美国公认会计原则

副产品是指伴随着联产品而出现，但价值微小的产品。副产品的价值不参与联合成本的分摊，而是直接冲减联合成本。绝大多数企业对副产品不进行联合成本的分摊，但也有一些企业将副产品视为价值小的联产品从而用上述的联产品分摊方法去分摊一部分联合成本到副产品上，这样的情况很少。

【提示】 CMA 考试如果没有特殊说明，一般不确认副产品。

【例题 4－12】 斯通公司制造两种产品，产生的联合成本是 60 000 美元。生产 5 000 件产品 1 需要额外花费 10 000 美元，生产 10 000 件产品 2 需要额外花费 30 000 美元。产品 1 的售价是每件 8 美元，产品 2 的售价是每件 10 美元。如果该公司使用可变现净值法分摊联合成本，则产品 1 的单位成本是：

A. 3.60 美元　　B. 5.43 美元　　C. 5.60 美元　　D. 6.00 美元

【答案】 C

【解析】 本题考查的是：成本管理—计量概念—联产品和副产品成本法，对联产品和副产品成本法中可变现净值法的理解。

NRV1 = 5 000 × 8 − 10 000 = 30 000（美元）

NRV2 = 10 000 × 10 − 30 000 = 70 000（美元）

产品 1 单位成本 = {[60 000 ÷ (30 000 + 70 000)] × 30 000 + 10 000} ÷ 5 000 = 5.6（美元）。

【例题4-13】在生产流程中产生了联副产品时，区分联产品和副产品的主要因素是什么？

A. 各项产品销售的相对难易程度

B. 各项产品的相对总量

C. 各项产品的相对总售价

D. 分配联合成本所使用的会计方法

【答案】C

【解析】选项A不正确。主要区别是相对价值的大小，不是销售难易程度。

选项B不正确。主要区别是相对价值的大小，不是生产数量。

选项C正确。联产品：共享一部分工序且拥有相对相同的销售价值的产品。副产品：与一种产品或联产品共享相同工序，但与主要产品相比拥有相对较小价值的产品。

选项D不正确。主要区别是相对价值的大小，不是会计分配方法。

【例题4-14】某公司把A加工成两种联产品，X和Y。购买1 000加仑的A要花费2 000美元。把1 000加仑加工成800加仑的X和200加仑的Y要花费3 000美元的加工成本。X和Y的单价分别是9美元/加仑和4美元/加仑。若再花费1 000美元的额外加工成本，可以把X这一部分联产品加工成600加仑的X1，X1的单价为17美元/加仑。如果采用可实现净值法来把成本分配至联产品，请问生产X1的总成本将是多少？

A. 5 600美元　B. 5 564美元　C. 5 520美元　D. 4 600美元

【答案】A

【解析】本题中，进行联成本的分配应使用最终产品Y和X1的可变现净值比例来进行。

Y的可变现净值 = 4 × 200 = 800（美元）

X1的可变现净值 = 17 × 600 − 1 000 = 9 200（美元）

分配给X1的成本 = (3 000 + 2 000) × 9 200 ÷ (800 + 9 200) = 4 600（美元）

生产总成本为4 600 + 1 000 = 5 600（美元）

第二节　成本核算制度

成本（核算）制度用于累计成本并将其分配给特定的成本对象，如产品或服务。成本制度本身及其中所提供的成本数据对企业具有战略价值，可以帮助企业管理成本并为其产品和服务制定合理的价格。

一、制造业的成本流转

成本核算需要真实地反映制造业的成本流转过程。成本流转过程从直接材料、直接人工和间接制造费用投入生产开始，到产成品销售出库。这个过程中，实物形态从原材料转化成完工产品，成本从直接材料成本、直接人工成本、间接制造费用，结转入产成品库存成本，最终转入产品销售成本。

（一）制造业成本流转过程

制造业的成本流转要经历原材料存货、在制品存货、产成品存货，最终销售给客户，形成产品销售成本（见图4－3）。

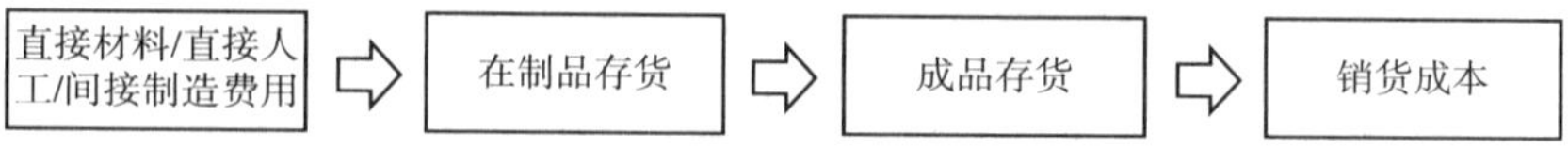

图4－3　制造业成本流转过程

（二）产成品实物流转恒等式

期初在产品＋本期新投产－本期完工结转＝期末在产品

其中，本期完工结转＝上期投产本期完工＋本期投产本期完工；一般情况下，上期投产本期完工＝期初在制品。

（三）成本流转恒等式

产品成本随着原材料采购和投入生产，形成产成品，然后进入销售环节。任何生产性企业，应当具备以下三个成本库：原材料库、在制品库和产成品库。

1. 原材料库成本。

期初原材料成本＋当期采购原材料成本－投入生产原材料成本＝期末原材料成本

2. 在制品库成本。

期初在制品成本＋投入生产成本－产成品制造成本＝期末在制品成本

其中，投入生产成本＝本期投入生产原材料＋本期投入的人工＋本期投入的变动制造费用＋本期投入的固定制造费用。

3. 成品库成本。

期初产成品存货成本＋本期产成品制造成本－本期产品销售成本＝期末产成品存货成本

> **【提示】**原材料的采购运输成本和原材料整理成本属于原材料成本部分，计入产品成本；产成品运往客户的运输费用属于销售费用的一部分，不计入产品成本。

二、分批成本法和分步成本法

（一）分批成本法和分步成本法的比较

分批成本法和分步成本法是企业进行产品分析最重要的两种方式，二者比较如表4－11所示。

表4－11　分批成本法与分步成本法比较

比较项目	分批成本法	分步成本法
定义	• 将成本分配给具体的工作（单个产品、批次、单批产品或单批服务）	• 通过流程或部门来归集产品或服务成本，并用总成本除以总产量，从而将成本分配到大量近似产品中
适用性	• 产品/服务的成本能够并需要追踪和分配到具体工作或服务	• 用于多个近似的产品，没必要将成本追踪到具体的单个产品/服务
归集内容	• 多种不同的产品或服务	• 同质产品的大批量生产
归集方式	• 按批次	• 按部门
归集时间	• 具体工作结束时	• 会计期末，所有部门数据可得时
主要工具	• 工作单	• 生产成本报告
示例	• 制造行业的资本资产建设（建筑、船舶）； • 服务行业的广告、研发和修理工作； • 商业行业的定制商品邮购和特惠促销活动	• 制造行业的报纸、图书和软饮料； • 服务行业的支票处理和邮递业务； • 商业行业的杂志订购收款
计算步骤	• 确认批次（特定的批次通常用独一无二的代码或用级别索引加日期的方式来识别） • 追溯该批次的直接成本（直接材料、直接人工） • 确认和批次相关的间接成本集库（间接费用） • 选择成本分摊基础（成本动因） • 计算各成本分摊基础的单位分摊率 ○ 实际间接成本分摊率＝间接成本集库中的实际总成本/成本动因的实际总数量 • 加总所有直接成本和间接成本以得到总成本	• 确定当期投入成本（原材料成本和转换成本） • 确定当期约当产量（原材料成本和转换成本的约当产量） • 分别计算原材料单位成本和转换成本单位成本 • 确定当期生产产品的单位成本 • 确定转出成本（转出品包括：期初库存加工完毕成品成本＋期间生产并完成的数量） • 确定期末库存成本（本期投放至未完工品库存的原材料和转换成本）
优点	• 能够对特定批次或营运状况提供详细的结论，因此是特定批次理想的成本计算方法 • 能融合多种成本计算方法，如实际成本法、正常成本法、标准成本法，因而可以灵活地在更多类型的公司中得到应用 • 对企业具有战略价值，因为它对所有不同种类的成本都给出了详细的分解说明，毛利和毛利率能够用来比较不同批次下公司的盈利情况，并对盈利较差的批次进行进一步分析	• 对高度重复性的流水加工方式十分有用，比如大规模生产同质产品 • 按部门核算成本的方式为各部门管理人员在控制本部门的成本方面提供了方向的帮助
缺点	• 不适用于大规模生产，因为将单个成本分配到每日有大量生产的产品中去是不现实的	• 对于客户定制和其他个别订单的生产来说不太有用

大多数公司，尤其是兼有特制产品/服务和大规模生产的产品/服务时，均同时采用分批成本法和分步成本法。

（二）分步成本法下的先进先出法和加权平均法

出于财务报告的目的，持续性的生产流程需要人为划分成各个会计期间，因而在每个会计期末，由于持续性的生产流程不会中断，往往可能同时存在完工产品与部分完工产品（期末在产品），从而需要将当期的总制造成本（期初在产品存货以及当前发生的成本费用）在完工产品与期末在产品之间进行分配，以确定完工产品成本。

各部门进行完工产品与期末在产品之间的成本分配，需要针对各个成本项目（直接材料、转换成本、转入成本）计算单位成本（分配率），为此，需要将在产品存货换算为约当产量（equivalent unit，EU）。

约当产量是为生产部分完工产品会耗用一定的工作量，在该工作量下能够生产的完工产品数量。即在产品（按照工作量计算的）相当于完工产品的数量。约当产量 = 在产品数量 × 估计完工率。

由于直接材料、转换成本和转入成本这三个成本项目的完工率可能会各不相同，因此往往需要针对直接材料、转换成本和转入成本分别计算约当产量。

分步成本法生产成本报告的编制方法包括先进先出法和加权平均法，如表 4 - 12 所示。

表 4 - 12　先进先出法与加权平均法

比较项目	先进先出法	加权平均法
特点	• 假设期初在产品存货在当期首先制造完成，在期末时已经是成品 • 需要将本期完工的产量区分为：当期加工完毕的期初在产品存货、当期投入并完工数量 • 由于期初在产品本期全部完工，因此，期初在产品成本应全部计入完工产品成本 • 当期追加成本按照本期产品的约当产量（即新增的约当产量）进行分配，确定应计入完工产品成本和应计入期末在产品成本的相应份额	• 加权平均法不区分产品完工的先后顺序，而只关注期末时产品的状态——有多少全部完工的成品（无须区分当期加工完毕的期初在产品存货和当期投入并完工数量），有多少部分完工的在产品 • 当期的全部制造成本（期初在产品成本 + 本期追加的成本）按照期末的全部约当产量（全部完工产品数量 + 期末在产品的约当产量）进行分配，确定应计入完工产品成本和应计入期末在产品成本的相应份额
约当产量	约当产量 = 期初在产品 ×（1 - 完工率）+ 本期投产本期完工 + 期末在产品 × 完工率	约当产量 = 期初在产品 + 本期投产本期完工 + 期末在产品 × 完工率 = 本期完工结转 + 期末在产品 × 完工率
单位约当产量成本		
分子	本期投入成本 （不包括期初在产品成本）	期初在产品成本 + 本期投入成本 （包括期初在产品成本）
分母	本期新增的约当产量（不包括期初在产品在上期已完成的约当产量）	月末全部约当产量（包括期初在产品在上期已完成的约当产量）

【例题 4－15】SH 公司采用一种分步成本计算系统，直接材料都是在第一道工序开始时添加的。转换成本在整个过程中均匀增加。在过去的一个月里共生产 10 000 件产品，其中 8 000 件完成并移交给下一个部门。没有期初存货。期末存货在月末完成了 70%。本公司存货计价采用加权平均法。如果 SH 公司用于生产的材料成本为 15 000 美元，其转换成本为 25 000 美元，那么转移到下一个部门的存货成本（四舍五入）是多少？

A. 32 000 美元　B. 33 280 美元　C. 36 280 美元　D. 40 000 美元

【答案】B

【解析】直接材料的约当产量等于 10 000 件，因为所有材料都是在流程开始时添加的。转换成本的约当产量为 9 400 件［完成 8 000 件 +（期末库存 2 000 件 ×70%）］。材料的单位成本为 1.5 美元（15 000 ÷10 000）。转换的单位成本为 2.66 美元（25 000 ÷9 400）。因此，转让货物的成本为 33 280 美元［8 000 ×（1.50 +2.66）］。

【例题 4－16】某公司采用加权平均分步成本法，直接材料和加工成本在生产工序上均匀发生。2 月，发生了如下成本：

单位：美元

直接材料	40 000
加工成本	60 000

2 月 1 日期初在产品为 15 000 件，价值 20 000 美元，完工率 20%；在 2 月完工转出 20 000 件，月末存货 10 000 件，完工率 40%。在 2 月每件完工产品的加权平均成本是多少？

A. 3.50 美元　B. 3.00 美元　C. 5.00 美元　D. 4.00 美元

【答案】C

【解析】选项 C 正确。本题特殊在直接材料和加工成本都是均匀发生，所以两者的约当产量是相等的。（20 000 +40 000 +60 000）÷（20 000 +10 000 × 40%）=5（美元）。

【例题 4－17】某公司采用加权平均分步成本法来计算产品成本，10 月的成本和业务的资料如下：

单位：美元

材料	40 000
加工成本	32 500
期初在产品存货总计	72 500
材料	700 000

续表

加工成本	617 500
10月生产成本总计	1 317 500
完工	60 000 件
10月末在产品	20 000 件

所有的材料在开工时一次投入，加工成本在生产期间均匀发生。通过和工厂职工交谈发现：平均而言，月末在产品存货的完工率为25%。假设没有发生废品，公司10月的制造成本应该怎样分配？

	完工产品	在产品
A.	1 042 500 美元	347 500 美元
B.	1 095 000 美元	222 500 美元
C.	1 155 000 美元	235 000 美元
D.	1 283 077 美元	106 923 美元

【答案】 C

【解析】 选项C正确。先算单位约当产量原材料成本，然后再算单位约当产量转换成本，之后相加，再乘以60 000就是完工转出的，即：

(700 000 + 40 000) ÷ (60 000 + 20 000 × 100%) + (32 500 + 617 500) ÷ (60 000 + 20 000 × 25%) = 9.25 + 10 = 19.25（美元），19.25 × 60 000 = 1 155 000（美元）

期末存货成本 = (1 317 500 + 72 500) − 1 155 000 = 235 000（美元）[或者20 000 × 9.25 + 10 × 20 000 × 0.25 = 235 000（美元）]

（三）损耗、返工及废料

1. 分批成本法下的损耗、返工及废料处理。

损耗/损失、返工及废料的处理如表4－13所示。

表4－13　损耗/损失、返工及废料的处理

项目	定义	与特定批次有关	与所有批次有关
损耗/损失	不可接受的材料或产品，将被丢弃或削价处理		
正常损耗/损失	在有效运营的条件下，在正常生产流程中产生的损耗	该批次的在制品存货	工厂间接费用
非正常损耗/损失	在有效、正常生产条件下不应该产生的损耗	期间费用	期间费用
返工	已完工产品必须增加工作量、返回修理才能作为合格品出售		

续表

项目	定义	与特定批次有关	与所有批次有关
正常返工	在有效运营的条件下，在正常生产流程中产生的返工	该批次的在制品存货	工厂间接费用
非正常返工	在有效、正常生产条件下不应该产生的返工	期间费用	期间费用
废料	是从生产工艺或生产周期中剩余的没有其他用途的原材料，通常情况在任何价格下都卖不出的，必须报废的*	该批次的在制品存货	工厂间接费用

注：*如果废料可以被出售，销售收入直接冲减在制品存货或间接成本。

2. 分步成本法下的损耗、返工及废料处理。

分步成本法下，处理损耗有两种方法：

- 单独计算损耗数量和金额，将这些成本分配到合格产品当中。这种方法比较精确。
- 将损耗成本纳入全部制造费用中，然后分配到合格的完工产品、期末在产品和非正常损耗中。这种方法不够精确。

【例题 4-18】当考虑正常和非正常损失时，分步成本法中对废品损失在理论上的最好会计处理方法是什么？

A. 正常和非正常废品损失都应该记入一个单独的费用账户

B. 正常的废品损失应该计入好产品的成本，非正常废品损失应该记入一个单独的费用账户

C. 正常和非正常废品损失都应该计入好产品的成本

D. 正常废品损失应该记入一个单独的费用账户，非正常废品损失应该计入好产品成本

【答案】B

【解析】选项 A 不正确。正常损失计入产品成本。

选项 B 正确。正常损失计入产品成本，非正常损失计入期间费用。

选项 C 不正确。非正常损失计入期间费用。

选项 D 不正确。正常损失计入产品成本，非正常损失计入期间费用。

三、作业成本法

作业成本法基于产品消耗作业，作业消耗资源这一假设来将成本分派给客户、服务和产品。即用一定期间内耗用的作业数量乘以该作业的单位成本，然后，将计算出的成本分配到产品或服务中去。

（一）作业成本法与传统成本法的差异

作业成本法与传统成本法的差异如表 4-14 所示。

表 4-14　作业成本法与传统成本法的差异

比较项目	作业成本法	传统成本法
成本动因	多个成本动因：作业基础动因和数量基础动因（选用最能准确计算成本而选用）	成本动因少，主要依赖数量基础动因
间接费用	间接费用先分配到各项作业中，然后再分配给产品或服务	间接费用先分配到各部门，再分配给产品或服务
重心	解决部门间的成本计算和流程问题	让各部门经理负责其部门内的各项成本和流程改进

（二）资源成本动因和作业成本动因

作业成本池是分享共同成本动因的作业、行为、活动或系列工作的逻辑组合。资源是在执行作业时消耗或应用的具有经济价值的元素。

资源成本动因和作业成本动因比较如表 4-15 所示。

表 4-15　资源成本动因和作业成本动因比较

成本动因	含义	示例
资源成本动因	衡量一项作业消耗的资源量，在作业中耗用的资源成本通过资源成本动因被分派到成本集库中	生产一批网球需要的橡胶数量；工程师为设计、建造和维护某个工程计划所花费的小时数
作业成本动因	衡量成本对象需要的作业量，用于将成本集库中的成本分派给成本对象	为生产特定产品，及其安装调试所需要的人工工时数

（三）作业成本法采用两阶段法来分摊成本

1. 使用相关资源成本动因，将制造费用分配到作业成本池。

2. 使用相关的作业成本动因将作业成本池指定到成本对象中。这样就估量了成本、对象对作业的使用。

两阶段法如图 4-4 所示。

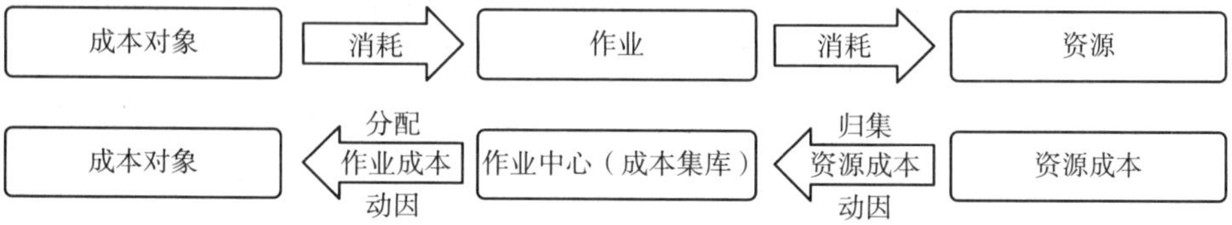

图 4-4　两阶段法

（四）作业成本法的主要步骤

1. 确认作业和资源成本。作业类型如表 4-16 所示。

表 4－16 **作业类型**

作业类型	含义	示例
产品级作业	为生产每一单位产品所履行的作业，这些作业以产量为基础或以产品为基础（作业成本与产品数量成正比）	直接材料、直接人工工时
批次级作业	为生产每一批次产品而实行的作业（作业成本与产品的批次数量成正比）	生产前的机器调试、采购订单、分批检查、分批混合或生产调度
生产存续作业	为支持生产流程而实施的作业	产品设计、产品加速完成和实施工程改变
设施存续作业	为支持生产而对整个设施实施的作业	环境的健康性和安全性、安全检查程序、工厂管理、折旧、财产税和保险
客户级作业	为满足客户需要而发生的作业	客户服务、电话银行或客户定制订单

2. 使用资源成本动因将资源成本归集到作业。

常见资源成本动因和相关作业如表 4－17 所示。

表 4－17 **常见资源成本动因和相关作业**

资源成本动因	作业
雇员数量	人事作业
工作时间	人事作业
安装小时	安装或机器作业
搬运的次数或距离	材料处理作业
仪表测量	公用事业作业（流量仪表、电表等）
机器工时	机器运行作业
订单量	生产订单作业
平方英尺	清洁作业
价值增量	一般管理作业

3. 使用作业成本动因将作业成本分配给成本对象。

确定了作业成本之后，使用合适的成本动因可以计量单位作业成本。作业成本动因同成本的上升和下降应具有直接的因果关系。

通过作业成本动因可以确定成本分配给每一件产品或服务的比例，公式如下：

$$作业成本分摊率 = 作业成本/作业成本动因$$

（五）作业成本法的适用情况

作业成本法特别适合于生产多种产品和/或产品生产中耗用的资源数量经常变化的公司。当各种产品或产品线以不同的消耗率耗用成本的时候，“一刀切”式的或统一的成本分摊（如单纯以产量或工时为基础的成本分配）就会扭曲产品的实际成本，进而不能真实反映产品的实际获利能力。

作业成本法对两类公司特别重要，一是产品极为多样化，流程极其复杂，或产量相当高的公司；二是极易发生成本扭曲的公司（例如，既采用大批量生产也采用客户定制生产的公司、既有成熟产品也有新产品的公司以及既有定制分销渠道也有标准分销渠道的公司等）。

从战略角度而言，如果因不准确的成本信息导致的决策制定成本，大于搜集更多信息同时实施作业成本制度导致的额外费用，这种情况下就应采用作业成本法。

作业成本法可应用于放弃或新增某个产品线的决策、产品定价决策、流程改进方面的资金分配决策等。

作业成本法最初由制造行业的公司采用，现已扩展到服务业，如医院、银行以及保险公司等。

（六）作业成本法的优点和局限性

作业成本法的优点和局限性如表 4 - 18 所示。

表 4 - 18　　作业成本法的优点和局限性

优点	局限性
• 实施作业成本法后，可能会导致一些以前的间接成本在其规模和新的追踪方法变得透明且具有成本效益时被视为直接成本 • 传统的成本制度通常只关注制造成本。作业成本法会让管理者给予销售、行政费用和管理费用更多的关注 • 作业成本法既可与分批成本系统结合使用也可与分步成本系统结合使用。和传统成本分配方式使用相同 • 作业成本法减少了由传统成本分配造成的扭曲。传统成本法按部门分配制造费用。作业成本法给经理提供了一个了解相关成本的途径，从而使得他们能更好地参与市场竞争 • 作业成本法度量作业成本动因，允许管理层更改产品设计和流程设计，并了解总成本和价值如何受到影响。正因如此，作业成本法启发了管理层进行“作业管理”（ABM） • 作业管理法基于作业成本法中的数据，帮助管理层制定更准确的决策，如定价、产品组合、成本降低、流程改进以及产品和流程设计等 • 与传统产品成本核算报告相比，作业成本法通常会导致小批量产品的单位成本大幅增加	• 在作业成本法中并未提及要区分固定成本与变动成本，而这个区分是有用的和重要的 • 并不是所有的制造费用都和特定的成本动因相关联，有时可能需要随意分配成本，尤其是追踪相关动因所导致的成本大于从中能获得的效益时 • 即使有现成的软件可供使用，作业成本法仍然需要大量的开发和维护时间。作业成本法改变了管理者已接受的既定规则，因此管理者会本能地抗拒这种变化。如果高级管理层不积极地支持作业成本法的实施，中低层经理将会不遗余力地寻找各种替代办法 • 作业成本法下产生了大量的信息，过多的信息可能误导经理将精力集中于错误的数据上 • 作业成本法并不遵循一般公认会计原则（GAAP），所以重新披露财务数据将导致额外的费用，同时会造成混淆。这使得报表使用者不太确定是该信赖作业成本法给出的信息还是外部数据

【例题 4 - 19】某公司生产 A、B 两种产品，A、B 两种产品的基本资料如下：

产品名称	年产量（台）	单位产品机器工时（小时）	直接材料单位成本（美元）	直接人工单位成本（美元）
A	10 000	10	50	20
B	40 000	10	30	20

该公司每年制造费用总额为2 000 000美元。A、B两种产品的复杂程度不一样，所耗用的作业量也不一样。依据作业动因设置五个成本库。有关资料如下：

作业名称	成本动因	作业成本（美元）	作业动因数		
			A产品	B产品	合计
机器调整	调整次数	600 000	3 000	2 000	5 000
质量检验	检验次数	480 000	4 000	4 000	8 000
生产订单	订单份数	120 000	200	400	600
机器维修	维修次数	600 000	400	600	1 000
材料验收	验收次数	200 000	100	300	400
合计		2 000 000			

请分别用作业成本计算法与传统成本计算法计算上述两种产品的单位成本。

【答案】

（1）作业成本法下：

首先，用作业成本法计算各项作业的成本动因分配率如下：

作业名称	成本动因	作业成本（美元）	作业动因数			
			A产品	B产品	合计	分配率＝作业成本/作业动因数合计（美元）
机器调整	调整次数	600 000	3 000	2 000	5 000	120
质量检验	检验次数	480 000	4 000	4 000	8 000	60
生产订单	订单份数	120 000	200	400	600	200
机器维修	维修次数	600 000	400	600	1 000	600
材料验收	验收次数	200 000	100	300	400	500
合计		2 000 000				

然后，计算作业成本计算法下两种产品的制造费用：

作业名称	作业成本（美元）	作业量		分配率（美元）	分配的制造费用 = 作业量 × 分配率	
		A 产品	B 产品		A 产品（美元）	B 产品（美元）
机器调整	600 000	3 000	2 000	120	360 000	240 000
质量检验	480 000	4 000	4 000	60	240 000	240 000
生产订单	120 000	200	400	200	40 000	80 000
机器维修	600 000	400	600	600	240 000	360 000
材料验收	200 000	100	300	500	50 000	150 000
合计	2 000 000				930 000	1 070 000

（2）传统成本法下：

A、B 两种产品的机器工时合计 = 10 000 × 10 + 40 000 × 10 = 100 000 + 400 000 = 500 000（小时）

制造费用分配率 = 2 000 000/500 000 = 4（美元/小时）

A 产品制造费用 = 100 000 × 4 = 400 000（美元）

B 产品制造费用 = 400 000 × 4 = 1 600 000（美元）

【例题 4 – 20】 某公司生产 A、B 两种产品。比较两种成本计算法下制造费用分配的结果如下。

A 产品（产量 10 000 台）对比结果：

单位：美元

项目	总成本		单位成本	
	传统成本法	作业成本法	传统成本法	作业成本法
直接材料	500 000	500 000	50	50
直接人工	200 000	200 000	20	20
制造费用	400 000	930 000	40	93
合计	1 100 000	1 630 000	110	163

B 产品（产量 40 000 台）对比结果：

单位：美元

项目	总成本		单位成本	
	传统成本法	作业成本法	传统成本法	作业成本法
直接材料	1 200 000	1 200 000	30	30
直接人工	800 000	800 000	20	20
制造费用	1 600 000	1 070 000	40	26.75
合计	3 600 000	3 070 000	90	76.75

通过对比可以发现，A 产品属于产量小、技术要求高、作业耗用量比较大的产品，在传统成本方法下的成本计算结果明显低于作业成本法，表明传统成本方法低估了其成本；而 B 产品属于产量大、技术要求低（耗用作业较少）的产品，在传统成本方法下的成本计算结果明显高于作业成本法，表明传统成本方法高估了其成本。

四、生命周期成本法

生命周期成本法考虑到了产品或服务的整个生命周期，从提出概念直至完成销售和保修服务，可以提供比其他成本计算方法更长的视角。例如，药品的生命周期始于研发、经历多个阶段的临床测试和审批，经过产品设计、生产、市场营销和分销等阶段，最后是客户服务，这里的“周期”可以被定义为产品专利权的使用期限或产品适销期限。

生命周期成本法有时可作为成本计划和产品定价的战略基础，用于成本计划和产品定价，它使公司将重心放在产品或服务的综合成本上。

产品生命周期的总成本一共划分为三个阶段，如表 4 – 19 所示。

表 4 – 19　　产品生命周期的成本三阶段

成本三阶段	含义	示例	战略目标
上游成本	发生在产品生产或服务出售之前的成本	如研发成本和设计成本（原型、测试和工程）	改善产品设计是上游阶段的关键
制造成本	为生产产品或服务而消耗的成本	如采购、直接和间接制造成本	改善生产流程和供应商关系是制造阶段所着重强调的
下游成本	是在生产成本之后（或同时）发生的成本	如市场营销、分销（包装、运输、装卸、促销和广告宣传）、服务成本和保修成本（残次品的召回、销售退回和责任承担）	改善前两个阶段是降低下游成本的关键——管理层应在早期阶段采取积极的应对措施，从而不必在下游阶段消极应付

生命周期成本法的战略目标着眼于改善以上三个阶段的成本。改善前两个阶段是降低下游成本的关键，因为这些阶段采取的行动限制了下游的选择。生命周期成本法试图让管理者在早期阶段积极主动，而不必在下游阶段消极应对。

【例题 4 – 21】 以下是在预计产品生命周期为三年的情况下就这款新产品得出的预算成本：

单位：美元

项目	第1年	第2年	第3年
生产和销售数量		225 000件	
直接制造成本		1 250 000	
设计成本	45 000	5 000	
市场营销和分销成本	125 000	325 000	
客户服务成本		15 000	60 000
已分摊企业成本		125 000	

市场营销研究表明，该产品的售价不能超过每件8美元。如果该公司使用生命周期成本法，则应该：

A. 通过销售该产品使营业收益增加205 000美元

B. 通过销售该产品使营业收益增加80 000美元

C. 不销售该产品以避免150 000美元的营业亏损

D. 不销售该产品以避免25 000美元的营业亏损

【答案】 D

【解析】 选项A不正确。销售该产品会增加25 000美元的营业亏损。

选项B不正确。销售该产品会增加25 000美元的营业亏损。

选项C不正确。不销售该产品可避免25 000美元的营业亏损。

选项D正确。已分摊企业成本属于共同成本的分摊，无论是否销售该产品均会发生，属于决策无关成本。销售该产品的生命周期法下的营业收益为：

销售收入	225 000×8＝1 800 000（美元）
减：直接制造成本	1 250 000
设计成本	45 000＋5 000＝50 000
市场营销和分销成本	125 000＋325 000＝450 000
客户服务成本	15 000＋60 000＝75 000
营业收益	（25 000）

五、其他成本核算方法

（一）营运成本法

营运成本法是分批成本法和分步成本法的结合。

（1）直接材料的分配方式与分批法类似——将直接材料分配给各批次或批量；

（2）直接人工和间接成本（加工成本）按照类似分步成本法的方式进行

第四章

分配。

营运成本法适合于拥有类似流程、作业量较高，并且不同批次需要使用不同材料的生产商，如服装生产商、纺织业、金属加工业、家具业、制鞋业、电子设备业。

（二）倒推成本法

倒推成本法是专门为使用及时生产制（JIT）的企业量身打造的。倒推成本法不同于传统成本计算制度，传统成本计算制度使用正序跟踪，按发生顺序记录采购和库存之间的成本变动。正序跟踪通过以下四个阶段周期来追踪成本：

（1）采购直接材料（材料存货分录）。

（2）生产（在产品存货分录）。

（3）合格品生产完工（成品存货分录）。

（4）产成品销售（产品销售成本分录）。

每个阶段都存在着一个触发点，并在该点上需要记录会计分录。及时成本法忽略生产周期中的部分或全部会计分录。这一制度之所以称为倒推成本法是因为生产周期的某些步骤的会计分录被忽略时，就会用正常和标准成本逆向追溯发生成本，同时对遗失的步骤编制分录。

倒推成本法忽略了在产品（WIP）存货分录，因为及时生产制减少了原材料在这一阶段停留的时间。

及时制下倒推成本法并不严格遵循一般公认会计准则（GAAP）。采用倒推成本法时，即使在产品存货实际上的确存在并且应将其记为库存资产，但倒推成本法仍会忽略在产品存货分录。然而，很多企业运用倒推成本法，是因为在及时生产制下在产品存货非常少。如果在产品存货相对较多，应估计在产品存货的金额并调整入账。

倒推成本法可以节省公司的会计成本，但是有人批评说倒推成本法存在着一定的风险，因为缺乏明确的审计线索，倒推成本法无法给生产流程中的各个阶段实施精确的资源定位。然而，在及时生产制下，很多存货的数量极低，经理通过简单的观察或计算机监控便可追踪营运情况。

用及时生产制的公司将是倒推成本法的主要使用者，除这些公司之外，具有快速的生产交货周期和/或十分稳定的存货水平的企业都能够使用倒推成本法。

第三节　制造费用

制造费用成本对企业而言非常重要，因为大部分情况下这些成本不能像直接材料和直接人工一样追溯到成本对象。这也是制造费用成本需要被分摊的原因。制造费用是产品成本，它在存货账户间流转［如从在产品（WIP）存货流转至产成品存货]。一旦产品被出售，产品成本将作为产品销售成本结转至利润表。

一、制造费用的分类及分摊率

所有的制造费用成本要么是固定成本，要么是变动成本。固定成本包括资产的折旧、租金、租赁成本和生产中发生的间接人工成本。在实际产量没有超出相关范围的条件下，这些成本在一个会计期间内将保持不变。变动成本包括水电费、污水处理费、工程支持费、机器维护费和间接材料成本。变动成本成比例地随着成本动因的变化而变化。成本动因极有可能基于数量，也有可能基于作业。

（一）固定和变动制造费用

制造费用可以分为固定和变动制造费用。固定和变动制造费用如表4－20所示。

表4－20　固定和变动制造费用

项目	固定制造费用（FOH）	变动制造费用（VOH）
特点	• 针对某个期间而设立，不受日常营运的影响 • 在产量不超出相关范围时均保持不变	• 随特定成本动因的变化而成比例变化
常见形式	• 设备租赁成本、机器折旧成本、工厂管理人员薪水等	• 间接材料、间接人工、公用事业成本、维护成本、工程支持等
分摊基础	• 机器工时、人工工时、人工费用	

（二）预算固定和变动制造费用分摊率

1. 预算固定制造费用分摊率。

即使该期间内的活动有大范围的变化，固定制造费用在某个期间内不会发生改变。对固定分摊率进行预算涉及以下四个步骤：

（1）决定正确的会计期间。年度基础比月度基础更加合理，因为多数公司鉴于季节性和每个月不同天数的原因，用年度基础可以避免经理每个月都要制定月度预算。

（2）在分摊基于运营情况的固定制造费用时，决定好使用什么分摊基础（成本动因）。

（3）决定跟每一个成本分摊基础（成本动因）相关的固定制造费用。

（4）计算成本分摊基础的单位分摊率，以便将固定制造费用分摊到成本对象。

固定制造费用分摊率＝固定制造费用总成本/分摊基础总数量

这就导致了那些占用分摊基础越多的运营活动，分摊到的固定成本就越多。财年年底如果出现了制造费用分摊不足或过度分摊的差额，那么它必须被处理掉。如果该金额被视为无关紧要，那它可直接被计入产品销售成本。如果该金额被视为重要，则需将它在产品销售成本、在产品存货和产成品存货之间进行分摊。

2. 变动制造费用分摊率的预算。

普通变动制造费用包括间接材料、间接人工、公共设施成本、维修成本以及工程支持成本。管理层应该为基于运营情况而定的变动制造费用选择合适的分摊基础。常用的分摊基础包括机器工时、人工工时或者人工费用。

$$变动制造费用分摊率 = \frac{变动制造费用总成本}{分摊基础的总数量}$$

我们已经分别讲述了固定和变动制造费用分摊率的算法。当制造费用被分开分摊的时候，这种方法叫作双重费率成本分摊法。如果制造费用被整体分摊，那这种叫作单一费率成本分摊法。其中双重费率成本分摊法更为可取，因为它可以使利润表以一种变动成本法的形式展现出来。

3. 单一费率成本分摊法和双重费率成本分摊法。

这一阶段是将制造费用通过预定的制造费用分摊率和对成本分配基础的合理计量分配到成本对象上。

（1）单一分配率法使用单一分配基础相同的分配率，将每个成本库（支持部门）中的成本（固定+变动成本）分配给成本对象（运营部门）。

单一分配率法易于使用。该方法可能会让管理者出于自身的利益做出次优的决策，但是从企业整体的角度来看，该决策是缺乏效率的。

（2）双重分配率法又叫作边际贡献成本分配法，将每个支持部门的成本分解为两个成本库：变动的成本库和固定的成本库，然后使用不同的分配基础来分配每个成本库中的成本。

双重分配率法可以指导部门管理者做出对企业整体和部门都有利的决策。

【例题 4-22】 一个零售商的促销部门使用分批成本法。在期初，批次#154 有 WIP 存货余额 5 000 美元。在当期，批次 #154 需要 4 000 美元的直接材料和 6 000 美元的直接人工。这个部门对所有的批次有一个 80 000 美元的间接费用成本池。（这个成本池用直接人工小时作为成本分摊基数）部门的所有批次消耗 10 000 个人工小时。如果批次#154 使用 1 000 的人工小时，并用 34 000 美元出售。毛利是多少？

A. 6 000 美元　　B. 11 000 美元　　C. 12 000 美元　　D. 18 000 美元

【答案】 B

【解析】

首先将间接费用除以总成本分摊基数来计算间接成本分摊率：

间接成本分摊率 = 间接费用/直接人工总数 = 80 000 ÷ 10 000 = 8（美元/人工小时）

分摊到批次#154 的间接费用：

8 美元/人工小时 ×1 000 人工小时 =8 000（美元）

批次#154 的总成本 = 期初在制品余额 + 当期直接材料投入 + 当期直接人工投入 + 分配到批次的间接费用 =5 000 +4 000 +6 000 +8 000 =23 000（美元）

批次的毛利 = 销售额 - 批次的总成本 =34 000 -23 000 =11 000（美元）

二、预测成本函数的方法

（一）高低点法

1. 概念和公式。

高低点法是一种成本核算方法，利用代数方法通过数据中两个具有代表性的高点和低点来确定一条唯一的预估线，以将固定成本和变动成本从混合成本中分离出来。高低点法所构建的成本函数包括了变动成本和固定成本，旨在总成本的变化。

$$Y = A + bx$$

其中：Y——总成本，A——总固定成本，b——单位变动成本，x——成本动因的数值。

2. 高低法的应用。

高低点法的一般步骤如下：

（1）根据成本动因而不是成本金额来确定高点和低点。

（2）通过所选出的高低点及其相对应的成本金额来确定单位变动成本。

（3）将高点或者低点处的总成本扣除相应的变动成本，就能得出固定成本。

3. 高低点法的优缺点。

高低点法的优点在于其便于使用，并且从逻辑上讲易于理解。其使用的便捷和其所提供的对于成本动因是如何影响间接制造人工成本最初理解是很有价值的。这种方法的缺点在于，它只靠两个观测点来估测一个成本函数。高低点法忽略了那些后续能够改变结果的信息。

（二）回归分析法

1. 概念。

回归分析是指一种衡量因变量的平均变化幅度一个或多个自变量单位变化幅度之间关系的统计方法。它在因变量（y）和一个或多个自变量（x 或 x、s）之间提供了最好的线性方程式。这种类型分析通过使用一系列数据点拟合回归线最小化了预测线和实际数据值之间的差异。

2. 回归分析法的应用。

（1）回归分析可以建立用于预测的量化模型，即用来描述一组变量之间的关系。

（2）在成本预估中，一元线性回归可以用来区分固定成本和变动成本。

三、全厂、部门和作业成本法下的制造费用分摊

制造费用分摊方法包括全厂分摊率、部门分摊率和作业成本下的分摊三种，具体如表4－21所示。

表4－21　　制造费用分摊方法

分摊方法	类型说明	适用范围	优点	缺点	计算公式
全厂分摊率	采用全厂单一分摊比率，适用于发生在生产设施上的所有间接成本	适用于生产设施有明显的单一成本动因，而该成本动因与所有生产均相关的时候	• 计算简单	• 基于单一分摊比率，对于成本的分摊不够准确 • 如果不同部门的成本动因不同，则不适用	• 全厂间接成本分摊率＝全厂总间接成本/全厂所有作业共用的成本动因（分摊基础）的总数量
部门分摊率	将整个制造费用细分几个常规车间或部门及相应的成本池，每个部门预算此部门的制造费用及选择成本动因的数量	多个不同的产品存在；制造费用较大而且受多个不同的数量成本动因影响；每个细分的常规生产部门里只有一个或一个主导的成本动因	• 相比全厂分摊率能更准确地计算不同产品的成本； • 成本池细分能因此更好更细致深刻地分析、控制成本	• 相对全厂分摊率较复杂、费时，因此不太适合对外财务报告；而且如果细分的常规生产部门的成本池受多个成本动因影响，这样不同产品的产品成本可能会不准确（解决方案：作业基础成本法）	• 部门间接成本分摊率＝部门总间接成本/部门所有作业共用的成本动因（分摊基础）的总数量
作业成本法下的分摊	使用多个成本集库和多种成本动因来将间接成本分摊到产品和服务	多成本集库和多成本动因	• 可以帮助管理层识别那些没有效率的产品、部门和活动。可以鼓励企业将资源集中投放在那些可盈利的产品、部门和活动上，并控制成本	• 开发和维护作业成本系统需要大量的时间和成本	• 作业间接成本分摊率＝作业总间接成本/作业所耗用的成本动因（分摊基础）的总数量

【提示】制造间接费用常用的作业成本法成本动因：

制造间接费用的作业成本法成本动因如表4－22所示。

表4－22　制造间接费用的作业成本法成本动因

作业范围	成本动因	备注
制造车间	机器小时	
组装车间	直接人工小时	很少有车间是完全机器小时（即整个车间都是机器）或完全人工小时（即整个车间都是人工），考试中一个车间可能列出两种成本动因让你去选择，一般的规律是哪种成本动因占主导就选哪种成本动因作为成本分摊基础，除非题中没答案从而需选择另外一种成本动因……
工程设计部门	工艺流程改变次数/生产订单个数（每批次都需要工程师进行磨具等的调整）	
机器调试（团队）成本	批次数量	
材料整理（团队）成本	零部件的数量或生产批次数量	材料整理是指材料的整理、码放、搬运等

第四章

【例题4－23】亨特利公司的密尔沃基工厂有两个部门：加工部和装配部。该厂本年度的预算包含以下信息。假设密尔沃基工厂在加工部使用机器工时作为间接费用基数，而在装配部门使用直接人工工时作为间接费用基数。如果编号为2420的作业在两个部门中各耗费了20个直接人工工时，在加工部门耗费了10个机器工时，在装配部门耗费了5个机器工时，则应为该作业分摊多少间接费用？

	加工	装配
制造间接费用	4 000 000 美元	2 000 000 美元
直接人工工时	100 000	200 000
机器工时	40 000	40 000

A. 1 100 美元　　B. 1 200 美元

C. 1 500 美元　　D. 1 400 美元

【答案】B

【解析】加工部门间接成本分摊率＝4 000 000÷40 000＝100

装配部门间接成本分摊率＝2 000 000÷200 000＝10

该作业分摊间接成本＝100×10＋10×20＝1 200（美元）

【例题 4－24】 S 公司的成本会计员约翰·圣正在为公司的工模具部门和组装部门制定部门制造费用分配率。两个部门的制造费用和某批产品的数据见下表：

项目	工模具	装配
物料	850 美元	200 美元
生产主管工资	1 500	2 000
间接人工	1 200	4 880
折旧	1 000	5 500
修理费	4 075	3 540
制造费用预算总额	8 625 美元	16 120 美元
直接人工小时总计	460	620
231 号批次直接人工	12	3

若采用部门制造费用分配率分配制造费用，且以直接人工为基数分配制造费用，则在这两个部门对 231 号批次产品分配的制造费用总计为多少？

A. 225 美元　B. 303 美元　C. 537 美元　D. 671 美元

【答案】 B

【解析】 选项 B 正确。(8 625 ÷460) ×12 + (16 120 ÷620) ×3 =303（美元），部门分摊率是将制造费用先分成几个常规的部门如工具部门、修剪部门，然后每个部门找个成本动因（如工具部是直接人工小时），最后计算单位成本动因成本。

【例题 4－25】 某公司生产三种产品：T、V 和 B。在粗加工部门采用营运成本计算法，以每一类型产品所需要的粗加工的标准时间为基数，把成本分至个别产品。下面是三种类型产品粗加工的标准时间：T 需 4 小时/个，V 需 4 小时/个，B 需 2 小时/个。公司在 5 月产销 T 产品 5 000 个，V 产品 3 000 个，B 产品 2 000 个。如果 5 月粗加工车间发生的费用为 90 000 美元，则每个 T 产品的粗加工成本应该是多少？

A. 10 美元　B. 15 美元　C. 5 美元　D. 20 美元

【答案】 A

【解析】 选项 A 正确。[90 000 ÷ (5 000 ×4 +3 000 ×4 +2 000 ×2)] ×4 =10（美元）。

【例题 4－26】 下面哪一种分配方法将能确保生产部门在预算期开始就不会少估它们的辅助服务计划需要量，还能使得辅助部门发生的成本效率更高？

A. 对固定和变动成本，都使用实际的费率和实际的小时数

B. 对变动成本使用预算的费率和标准小时数（按预算的产量制订的）；对

固定成本使用预算的费率和预算的现有产能数

C. 对固定和变动成本都使用根据长期历史平均水平确定的费率和数量

D. 对固定和变动成本都使用根据生产部门估计的一笔总额数字

【答案】 B

【解析】 选项 A 不正确。题目问预算阶段不会少估间接费用，而选项 A 是指用实际的成本。

选项 B 正确。间接成本分摊既可以用一个分摊率，也可以用双分摊率；双分摊率一般是变动成本按预算的或原来设定的单位成本乘以实际的用量来分摊，而固定成本一般是用预计的总固定成本通过不同成本对象标准的产能用量的或实际产能用量来分配。

例如：计算机服务部门 300 000 美元的预算固定制造费用，总产能是 1 500 个人工小时，每个人工小时预计单位变动成本 1 000 美元，计算机部门向 A 和 B 两个部门提供服务，预计 A 部门用 800 个小时，而 B 部门用 400 个小时，实际 A 部门用了 900 个小时而 B 部门用了 300 个小时。分摊如下：A 部门的变动成本为 900 ×1 000 美元，B 部门的变动成本为 300 ×1 000 美元；部门 A 分摊的固定成本为 300 000 美元 ×800 ÷(800 +400)，B 部门分摊的固定成本为 300 000 美元 ×400 ÷(800 +400)。

用预计或预算的信息分摊有利于各部门做计划安排，另外，相比实报实销而言，预算的指标有利于服务部门提高工作效率，节省服务成本。因此，B 是最符合题干要求的。

选项 C 不正确。C 不好，因为 C 是指用过去较长时间的信息，这些信息和预测将来不太相关。

选项 D 不正确。因为 D 是指将变动成本和固定成本和在一起，这样只是简单，但会造成很多问题。

【例题 4 –27】 阿尔萨公司在特兰伯尔工厂生产两种产品：T 和 R。自成立以来，阿尔萨一直使用同一制造间接成本归集来累积成本。制造间接成本按直接工时分摊到产品中。

之前，阿尔萨一直是 R 产品的唯一生产商，可指定售价。但去年玛维纳公司也开始销售同类产品，其价格甚至低于阿尔萨的标准成本。阿尔萨的市场占有率随即大幅下跌，公司必须决定是否针对竞争对手价格进行调整还是停产 R 产品。在意识到 R 产品停产后将对 T 产品带来更大的负担后，阿尔萨决定采用作业成本法确定两种产品是否拥有不同的成本结构。

制造过程中两大主要间接成本包括电力成本和生产准备成本。绝大部分用电源于加工过程，而绝大部分生产准备成本来自组装。生产准备成本主要产生于 T 产品线。公司决定将制造部成本分成两个作业中心：①加工，使用机时作为成本动因（作业基础）；②组装，使用设备数量作为成本动因（作业基础）。

制造部门在间接成本分离前的年度预算如下：

项目	总计（美元）	产品线	
		T 产品	R 产品
单位数量		20 000	20 000
直接人工*		2 小时/单位	3 小时/单位
总直接人工	800 000		
直接材料		5.00 美元/单位	3.00 美元/单位
间接成本预算：			
间接人工	24 000		
附加福利	5 000		
间接材料	31 000		
电力	180 000		
设备	75 000		
质保	10 000		
其他设施	10 000		
折旧	15 000		

注：* 两个部门的直接人工小时费率相同。

制造部门在间接成本分为作业归集后的成本结构如下：

项目	加工	组装
直接人工	75%	25%
直接材料	100%	0%
间接人工	75%	25%
附加福利	80%	20%
间接材料	20 000 美元	11 000 美元
电力	160 000 美元	20 000 美元
设备	5 000 美元	70 000 美元
质保	80%	20%
其他设施	50%	50%
折旧	80%	20%

作业归集	T 产品	R 产品
单位产品机器小时	4.4	6.0
设备数量	1 000	272

问题：

A. 按直接工时分摊间接成本，计算：

1. 制造部门的总预算成本。
2. T 单位产品标准成本。
3. R 单位产品标准成本。

B. 间接成本分为作业归集后，计算以下部门的总预算成本：

1. 加工部门。
2. 组装部门。

C. 使用作业成本法分别计算两种产品的单位标准成本。

1. T 产品。
2. R 产品。

D. 讨论 C 题的计算结果将如何影响阿尔萨公司的继续生产 R 产品的决定。

【答案】

A. 1. 阿尔萨公司制造部总预算成本如下：

直接材料	
T 产品（5.00 美元/单位 ×20 000 单位）	100 000 美元
R 产品（3.00 美元/单位 ×20 000 单位）	60 000 美元
直接材料总计	160 000 美元
直接人工	800 000 美元
间接成本	
间接人工	24 000 美元
附加福利	5 000 美元
间接材料	31 000 美元
电力	180 000 美元
设备	75 000 美元
质保	10 000 美元
其他设施	10 000 美元
折旧	15 000 美元
总间接成本	350 000 美元
总预算成本	1 310 000 美元

A. 2. 和 A. 3. T 和 R 的单位标准成本，含按直接工时分摊的间接成本，计算如下。

T 产品：	
直接材料	5.00 美元
直接人工（8.00 美元/小时 ×2 小时）	16.00 美元
间接成本（3.50 美元/小时 ×2 小时）	7.00 美元
T 产品单位标准成本	28.00 美元
R 产品：	
直接材料	3.00 美元

直接人工（8.00 美元/小时 ×3 小时） 24.00 美元
间接成本（3.50 美元/小时 ×3 小时） 10.50 美元
R 产品单位标准成本 37.50 美元
×预算的直接工时
T 产品（20 000 单位 ×2 小时） 40 000
R 产品（20 000 单位 ×3 小时） 60 000
预算的总直接工时 100 000
直接人工费率：800 000 美元/100 000 小时 =8.00 美元/小时
间接成本费率：350 000 美元/100 000 小时 =3.50 美元/小时

B. 1. 和 B. 2. 间接成本分为作业归集后，加工部和组装部的总预算成本计算如下：

项目	总计（美元）	加工		组装	
		比例（%）	金额（美元）	比例（%）	金额（美元）
直接人工	800 000	75	600 000	25	200 000
直接材料	160 000	100	160 000	0	0
间接人工	24 000	75	18 000	25	6 000
附加福利	5 000	80	4 000	20	1 000
间接材料	31 000		20 000		11 000
电力	180 000		160 000		20 000
设备	75 000		5 000		70 000
质保	10 000	80	8 000	20	2 000
其他设施	10 000	50	5 000	50	5 000
折旧	15 000	80	12 000	20	3 000
总间接成本	350 000		232 000		118 000
总预算	1 310 000		992 000		318 000

C. 1. 和 C. 2. 使用作业成本法计算的两种产品的单位标准成本如下。
加工部：
总成本 992 000 美元
减去：直接材料 160 000 美元
减去：直接人工 600 000 美元
分摊的间接成本归集 232 000 美元
小时：T 产品（4.4 小时 ×20 000 单位） 88 000
R 产品（6.0 小时 ×20 000 单位） 120 000
总机时 208 000
间接成本/机时：232 000 美元/208 000 =1.1154 美元/小时

第四章

每单位加工成本：T 产品　1.1154 美元 ×4.4 小时 =4.91 美元/单位

R 产品　1.1154 美元 ×6.0 小时 =6.69 美元/单位

组装部：

总成本 - 直接人工 = 分摊的间接成本归集

318 000 - 200 000 = 118 000（美元）

设备 =1 000（T 产品）+272（R 产品）=1 272

成本/设备：118 000 美元/1 272 =92.77 美元/设备

每单位设备成本：

T 产品：(92.77 美元 ×1 000)/20 000 单位 =4.64 美元/单位

R 产品：(92.77 美元 ×272)/20 000 单位 =1.26 美元/单位

T 产品标准作业成本：

直接材料	5.00 美元
直接人工	16.00 美元
加工部间接成本分摊额	4.91 美元
装配部间接成本分摊额	4.64 美元
总成本	30.55 美元

R 产品标准作业成本：

直接材料	3.00 美元
直接人工	24.00 美元
加工部间接成本分摊额	6.69 美元
装配部间接成本分摊额	1.26 美元
总成本	34.95 美元

D. 相比之前的标准成本（37.50 美元），作业成本法计算得到的 R 产品标准成本为 34.95 美元；因此该公司应考虑降低 R 产品的价格，以提高其竞争力，并继续生产该产品。使用作业成本法计算间接成本分摊额可得到更准确的产品生产成本；阿尔萨公司应能在此基础上做出更明智的定价和生产决策。

四、服务部门成本的分配

公司中存在两种基本的部门类型，即生产部门和服务部门。服务部门并不直接参与营运活动，而是作为生产和销售的辅助工作的部门，如日常维护、财务、人力资源、信息技术、采购、后勤等部门。服务部门不产生直接成本，它们的特定的成本应当被分配到生产部门或者其他服务部门。

如果服务部门有收入，则将收入冲抵成本后，再将净成本进行分配。

之所以要将服务部门的成本分配出去，是因为大部分服务部门并不产生任何收入，即服务部门是成本中心。为了符合 GAAP 的规定，所有制造成本，包含直接材料、直接人工和制造费用都需要经过制造费用的分摊后进入产品存货计价。

尽管服务部门可能无法直接给产品带来增值，但服务部门能给公司的其他部门提供服务，而这些其他部门则能直接给公司的产品和服务创造增值。管理层需决定如何将服务部门的成本分摊回运营部门。他们还需决定双重分配率法是否要将变动成本和固定成本分离开。

服务部门成本分配涉及三个阶段。阶段1，追踪所有直接成本并将间接成本分摊到所有部门；阶段2，将特定服务部门的成本分配到生产部门或其他服务部门；阶段3，将生产部门的成本分摊到产品中。

服务部门成本分配的三种方式，如表4-23所示。

表4-23 服务部门成本分配的三种方式

分配方法	说明	计算方法	优点	缺点
直接分配法	直接将所有成本分配至生产部门，不考虑服务部门之间是否互相提供了服务	直接将服务成本分配给生产部门	最简单、最直接，只将服务成本分配给生产部门	没有考虑服务部门间交叉服务的情况，使分配结果不准确
按步向下分配法	将一个服务部门的成本分摊到其他服务部门和生产部门 先分摊向其他服务部门提供最多服务的部门，然后逐级分摊，最后分摊为其他部门提供服务最少的部门	逐个分配服务部门成本，最先分提供服务最多的部门，只向前分不向后分	在一定程度上考虑了服务部门之间分配，分配结果比直接法准确，计算过程不复杂	只分摊了部门之间单向的服务，没有考虑相互的服务，所以分配结果不足够准确
交叉分配法	使用数学方程组对部门间的服务费用进行全面确认，充分考虑了部门间相互提供的服务	（1）联立方程；（2）将解出值分别分配到其他所有部门；（3）最终所有成本全部分入生产部门	最真实和精确的分配方法	计算过程复杂，通常需要软件支持。考虑成本和效益的对比，在实务中不如按步向下分配法常用

【提示】

- 直接分配法和交叉分配法下，服务部门分配的先后顺序，不影响最终分配结果。按步向下分配法下，服务部门分配的顺序不同，最终分配的结果会不同。
- 在计算分配比例的时候，注意不接收成本分配的部门（包括向外分配成本的部门本身），他们的资源或者服务消耗比例，不参与计算分配比例。

【例题4-28】 某公司有两个辅助部门和三个经营部门。在把辅助部门的成本向经营部门分配的过程中，三种方法（直接分配法、顺序分配法和交互分配法）中哪些方法将会使得无论辅助部门之间成本分配的顺序如何，分到每一经营部门的辅助部门成本都不会发生改变？

A. 只有直接分配法和交互分配法
B. 只有顺序分配法和交互分配法
C. 只有直接分配法和顺序分配法
D. 只有直接分配法

【答案】 A

【解析】 选项 A 正确。只有在阶梯法（也叫顺序分配法/按步向下分配法）下，服务部门是需要特定的顺序，规则是按照哪个服务部门给其他服务部门提供的服务最多就先分配哪个。

选项 B 不正确。顺序分配法下，服务部门需要特定的分配顺序。

选项 C 不正确。顺序分配法下，服务部门需要特定的分配顺序。

选项 D 不正确。交互分配法不区分顺序。

【例题 4－29】 某公司有两个生产部门（粗加工和精加工）和两个服务部门（人力资源和清洁）的成本状况和成本动因如下：

项目	人力资源	清洁	粗加工	精加工
分摊前部门归集成本（美元）	200 000	80 000	400 000	100 000
分摊基础：				
人工工时（小时）		5 000	20 000	5 000
占用面积（平尺）	15 000		60 000	20 000

1. 请使用直接分配法来分配服务部门的费用。
2. 请使用按步向下分配法来分配服务部门的费用。
3. 请使用交叉分配法来分配服务部门的费用。

【答案】

1. 由于服务部门的成本一定不会分配给本部门自身，所以从表中可以看出，人力资源的分配基础是人工工时，清洁的分配基础是占用面积。

人力资源按人工工时作为分配基础，因此：

人力资源直接分配给粗加工的成本 $=200\ 000\times20\ 000\div(20\ 000+5\ 000)$
$=160\ 000$（美元）

人力资源直接分配给精加工的成本 $=200\ 000\times5\ 000\div(20\ 000+5\ 000)$
$=40\ 000$（美元）

清洁按占用面积作为分配基础，因此：

清洁直接分配给粗加工的成本 $=80\ 000\times60\ 000\div(60\ 000+20\ 000)$
$=60\ 000$（美元）

清洁直接分配给精加工的成本 $=80\ 000\times20\ 000\div(60\ 000+20\ 000)$
$=20\ 000$（美元）

所以：

粗加工部门分配后的总成本 =400 000 +160 000 +60 000 =620 000（美元）

精加工部门分配后的总成本 =100 000 +40 000 +20 000 =160 000（美元）

2. 从表中可以看出，人力资源提供的服务量最大，所以首先进行分配：

人力资源分配给清洁的成本 =200 000 ×5 000 ÷(5 000 +20 000 +5 000)
=33 333（美元）

人力资源分配给粗加工的成本 = 200 000 × 20 000 ÷ (5 000 + 20 000 + 5 000) =133 334（美元）

人力资源分配给精加工的成本 =200 000 ×5 000 ÷(5 000 +20 000 +5 000) = 33 333（美元）

然后，清洁将自身的间接成本加上人力资源分配过来的间接成本一起再进行分配：

清洁分配给粗加工的成本 = (80 000 + 33 333) × 60 000 ÷ (60 000 + 20 000) =85 000（美元）

清洁分配给精加工的成本 = (80 000 + 33 333) × 20 000 ÷ (60 000 + 20 000) =28 333（美元）

所以：

粗加工部门分配后的总成本 =400 000 +133 334 +85 000 =618 334（美元）

精加工部门分配后的总成本 =100 000 +33 333 +28 333 =161 666（美元）

3. 假设包含从清洁分配过来的成本后人力资源的总成本为 HR，包含从人力资源分配过来的成本后清洁的总成本为 C，则：

HR =200 000 + C ×15 000 ÷(15 000 +60 000 +20 000)

C =80 000 + HR ×5 000 ÷(5 000 +20 000 +5 000)

解方程组可得：

HR =218 379 美元

C =116 397 美元

然后：

人力资源分配给粗加工的成本 = 218 379 × 20 000 ÷ (5 000 + 20 000 + 5 000) =145 586（美元）

人力资源分配给精加工的成本 =218 379 ×5 000 ÷(5 000 +20 000 +5 000)
=36 397（美元）

清洁分配给粗加工的成本 =116 397 ×60 000 ÷(15 000 +60 000 +20 000)
=73 514（美元）

清洁分配给精加工的成本 =116 397 ×20 000 ÷(15 000 +60 000 +20 000)
=24 505（美元）

所以：

粗加工部门分配后的总成本 =400 000 +145 586 +73 514 =619 100（美元）

精加工部门分配后的总成本 =100 000 +36 397 +24 505 =160 902（美元）

【例题 4 -30】 某公司有两个辅助部门，信息系统部和人事部；两个制造部门，机加工部和组装部。辅助部门向生产部门提供服务，但是它们相互也提供服务。公司经研究发现，人事部提供服务的数量远远多于信息系统部。若公司采用直接分配法分配辅助部门成本，则下面哪一种情形将会发生？

A. 人事部的部分成本将会分配至信息系统部

B. 制造部的部门成本将会分配至信息系统部

C. 信息系统部的部分成本将会分配至组装部

D. 组装部的部分成本将会分配至机加工部

【答案】 C

【解析】 选项 A 不正确。直接法下，辅助部门的成本不会在辅助部门之间分配。

选项 B 不正确。直接法是用来分配辅助部门成本的，不分配制造部门的成本。

选项 C 正确。直接分配法直接将所有成本分配至制造部门，不考虑服务部门之间是否互相提供了服务；辅助部门的成本会直接分配到制造部门，不会在辅助部门之间分配。

选项 D 不正确。直接法是用来分配辅助部门成本的，不分配制造部门的成本。

第四节　供应链管理

范例是指一种例子或模式，范例转移是指人们组织或理解事物的模式发生显著改变。起初，供应链管理、精益化制造、及时生产系统、约束理论和外包代表了制造业的范式转变。这些新出现的制造业的实践，改变了决策中所需的信息类型以及数据收集方法。最终，管理会计师的角色也由此发生了改变，信息报告的效率和效益都得到了提高。另一个范例的转变正在发生，精益化管理和精益化制造正在向精益化资源管理技术发展。

一、供应链管理概述

供应链管理是指对产品流转的管理，包括原材料、在产品以及完工产品从取得到耗用时的流转和储存情况。

在供应链管理中，供应商、中间商、第三方和客户相互协调和合作是非常重要的。

供应链管理的目标在于通过关键流程和作业链创造价值的同时，整合采购、营运管理、物流和信息技术。常见的供应链管理的生产方法如表 4 - 24 所示。

表 4－24 **供应链管理的生产方法**

方法	中心目的	经营效益
精益化资源管理技术 (20 世纪初期发展起来)	目标是使客户价值最大化，同时把浪费最小化。除创造客户价值外的任何用于其他目标的资源都被视为浪费，应该被消除。从顾客的角度创造了价值增值理念，这一过程的五个关键步骤如下： 1. 从客户的角度分辨创造价值的因素 2. 确定价值流（过程）中的所有步骤——消除那些没有创造价值的步骤 3. 使创造价值的步骤流畅地进行 4. 只做客户需要的产品 5. 通过不断消除浪费，力求完美	• 资源优化 • 减少浪费 • 改进流程 • 减少成本 • 增加顾客价值
物料需求计划 （MRP，20 世纪 60～70 年代发展起来）	MRP（物料需求计划）要求生产管理部门去计划所需的内容，然后通过生产“推动”产品进入市场。无论是否有需求，这一过程确保原材料可供应生产，产成品可供应客户	• 由于每个人都遵循主生产计划和材料清单，因此各职能部门之间需要较少的协调 • 由于调度改进，减少闲置时间和机器准备（调试）成本 • 可预测的原材料需求允许利用批量采购和其他价格优惠 • 更有效的库存控制可以减少原材料和/或产成品，从而降低库存储存成本
及时（JIT）制造 (20 世纪 70 年代在美国发展起来)	• 一种综合性的生产和库存控制方法，通过这种方法，物料在需要时准确地送达生产过程的每个阶段需求源于对产品的需要。因此，需求通过系统“拉动”一个产品 • 生产在工作单元中进行，这些工作单元汇集相关的过程来生产最终的产品组织产生了具有多种技能的工人。它需要与可靠的供应商建立强有力的关系，以确保高质量的货物按时交货 • 使用具有可视化记录或卡片的看板系统来表明需要将材料或部件按指定数量有序地从一个工作单元移动到另一个工作单元 • 及时生产制中的“看板”（kanban）是指可视的记录或卡片，上面记载了部件、所需数量、交货地点等信息	• 产生明显的生产优先事项 • 减少机器准备（调试）时间和生产交付周期 • 没有生产过剩 • 改进的质量控制使得材料浪费更少 • 由于较低库存（低或甚至零库存水平），更容易控制库存 • 更少的书面工作
企业资源规划（ERP） (20 世纪 90 年代发展起来)	企业资源规划是从物料需求计划发展而来的，它为组织提供了一种信息技术工具，将其使用的各种系统结合起来整合成一个综合系统来管理运营。通常包括会计、人力资源、供应链和库存等模块	• 集成多个业务流程，以节省时间和费用 • 改进的业务效益和效率 • 更好、更及时的决定 • 一个更灵活和敏捷的组织，可以更好地适应变化 • 改进的数据完整性和安全性 • 改进的组织部门之间的协作

【例题 4－31】某挂饰制造厂需要在 12 月生产 100 个节日花环，以满足客户的需求。该制造厂的产能是 120 个花环。1 个节日花环的物料清单如下所示：

材料	数量	11 月 1 日库存水平
构架	1	100
松带	3 英尺	15 英尺
松果	6	24

要生产一英尺的松带，工厂需要四件 TRX 和两件 RBX。在 11 月 1 日，工厂有 80 件 TRX 和 110 件 RBX 现货。使用材料需求计划，工厂需要在 11 月购买多少件 TRX 才能完成节日花环的订单？

A. 1 020 件　B. 1 200 件　C. 1 060 件　D. 1 360 件

【答案】C

【解析】选项 C 正确。生产 100 件节日花环，需要松带共 100×3＝300（英尺），扣除月初库存 15 英尺，需要当期生产 300－15＝285（英尺）。生产 285 英尺松带，需要 TRX 共 285×4＝1 140（件），扣除月初库存 80 件，需要当期生产 1 140－80＝1 060（件）。

【例题 4－32】某公司生产成套销售的庭院家具，每套家具包括一张桌子、一把遮阳伞和四把椅子。每把椅子配一个坐垫，每个坐垫需要两个泡沫填充垫。该公司获得了一份 500 套庭院家具的订单，以下是其现有库存：

成套庭院家具成品	10 套
椅子成品	30 把
坐垫成品	20 个
泡沫填充垫	150 个

如果该公司使用材料需求计划编制，那么为了满足该订单需求，该公司需要购买的泡沫填充垫数量是多少个？

A. 4 000 个　B. 3 920 个　C. 3 610 个　D. 3 670 个

【答案】D

【解析】选项 D 正确。

500 套庭院家具的订单，扣除月初库存 10 套，共需要生产 490 套。

生产 490 套庭院家具，需要椅子共 490×4＝1 960（把），扣除月初库存 30 把，需要当期生产 1 960－30＝1 930（把）。

生产 1 930 把椅子，需要坐垫共 1 930×1＝1 930（个），扣除月初库存 20

个，需要当期生产 1 930 - 20 = 1 910（个）。

生产 1 910 个坐垫，需要泡沫填充垫共 1 910 × 2 = 3 820（个），扣除月初库存 150 个，需要当期生产 3 820 - 150 = 3 670（个）。

【例题 4 - 33】 采用及时生产制（JIT）的购买政策，通过与主要供应商谈判以实现长期采购订单，该订单要求每次原材料送货量小，送货频率高。如果 JIT 采购政策能够减少生产公司的存货成本，那么以下哪项最可能发生？

A. 成本增加的类别：采购成本；成本减少的类别：缺货成本

B. 成本增加的类别：采购成本；成本减少的类别：质量成本

C. 成本增加的类别：质量成本；成本减少的类别：订货成本

D. 成本增加的类别：缺货成本；成本减少的类别：持有成本

【答案】 D

【解析】 及时制的目的是通过降低存货和增加供应商送货次数来减少持有成本。理想状态下，收到货物的时候正是将其投入生产流程中的时候。该系统增加了缺货成本的风险，因为降低或取消了存货缓冲。

选项 A 不正确。供应商可能在销售价格上会提高，这就增加了采购成本，但是生产企业的缺货成本也将增加。

选项 B 不正确。质量成本不会受到及时生产制的必然影响。

选项 C 不正确。生产商会处理更少的采购订单，因此订单成本有可能降低。然而，质量成本不会受到及时生产制的必然影响。

选项 D 正确。存货减少使得缺货成本增加，持有成本减少。

【例题 4 - 34】 某公司从传统生产方法向及时生产法转变后，可以预期仓库面积和仓库成本有怎样的变化？

	仓库面积	仓库成本
A.	下降	上升
B.	上升	下降
C.	上升	上升
D.	下降	下降

【答案】 D

【解析】 选项 A 不正确。仓库成本应下降。

选项 B 不正确。仓库面积应下降。

选项 C 不正确。仓库面积和仓库成本应下降。

选项 D 正确。及时生产对成本和管理的降低和减少包括：①库存减少，库存成本降低；②库存过期损坏情况减少，库存面积减少。

二、外包

外包是指公司向外部厂商购买而不是在公司内部自行生产商品或服务的过

程，需要比较公司内部自行生产和外包给外部厂商的相关成本——自制或外购决策。

外包理念可延伸为“契约式生产”，即另一家公司实际上负责生产第一家企业的一部分产品。这种契约式生产就是一种双赢的合作关系。如今，许多公司都将信息技术、客户服务和人力资源职能等主要支持性服务外包出去。

外包的优点与局限性如表4－25所示。

表4－25　外包的优点与局限性

优点	局限性
• 使管理层和员工可以将精力集中于核心竞争力和产生收入的战略性活动 • 通过获取外部的专业知识和生产规模，能改善效率和效益 • 能以合理的成本获取新技术，而且没有过时风险 • 在不发生间接费用（如与员工、福利、空间等相关的间接成本）的情况下，获得某项能力从而降低了费用 • 可能改善产品或服务的质量和/或及时性	• 在企业之外寻找专门技能可能花费更多 • 会使公司内部的专业知识和能力遭到荒废 • 会降低流程控制 • 可能会降低对质量的控制 • 可能导致灵活性下降（依赖于外部供应商） • 可能会导致服务缺少个性 • 产生隐私和保密问题 • 会导致“知识泄密”，使竞争者获得专业知识、生产规模、客户等 • 存在员工道德和忠诚度问题

三、约束理论（TOC）

（一）约束理论的概念

约束理论强调企业在生产经营中存在着约束，这样无法能够达到理想的生产经营结果。例如，受企业生产某环节的约束影响（例如：工人技能、生产设备效率）使生产量无法提高；或者企业在产品运输的某环节的约束下使产品运输量无法提高。

约束理论假设所有系统均在努力实现某项目标，而每项目标都受到一个制约因素（限制因素、“瓶颈”、障碍）的约束。企业应当找到约束的因素，并对其进行分析，改变约束因素。随后再去找其他约束因素，进行改善突破。

在任何给定时刻，一个系统里只存在一个约束因素，制约了整个系统的产出。强调关注约束因素，暂时忽略非约束因素。约束理论将宝贵的时间、精力和资源投向约束因素，而不是将有限的时间、精力和资源投向整个系统，分散的投入不一定能产生实质结果。

随着约束因素得到强化和克服，原来的约束因素将转变为非约束因素，其他某个因素将成为新的“瓶颈”或障碍。

（二）约束理论的基本原理

（1）约束理论度量的三项指标是存货（投资）、营业费用和产出贡献（见

表4-26）。约束理论试图在减少存货、营业费用和其他投资的同时最大化产出。

表4-26　　约束理论度量的三项指标

基本元素	释义	备注
存货	系统在采购项目上投入的资金，所购入的项目公司还有意再转售出去。一般意义上，“存货”是指所有实物存货项目，但现在“存货”的定义已包含所有资产	存货=（直接材料、在产品和成品存货中的材料成本）+（研发成本）+（设备与建筑成本）
营业费用	将存货转变为产出所花费的资金，包括直接和间接人工、低值易耗品（supplies）、外部承包人、利息支付和折旧等方面的支出	营业费用=所有营运成本，不包括直接材料成本
产出贡献（throughput margin）	亦称产出边际或产出，是指整个系统通过产品和/或服务销售获取资金的水平，用于度量产品获利能力	产出贡献=销售收入-直接材料成本。产出贡献假设材料成本包含所有购进的零部件的成本和材料处理成本。约束理论假设人工是固定成本，不是直接变动成本——直接材料成本法
生产流程系统（“鼓-缓冲-绳子”系统）	“鼓”表示制约因素；“绳子”是先于并且包含制约因素的流程序列；“缓冲”是指使鼓运转所必需的在产品投入量的最小值	生产流程系统的目标是通过对流程进行周密的时间和日程安排，为制约因素做好准备，从而使流程流顺畅通过制约因素

（2）生产流程系统DBR（“鼓-缓冲-绳子”法）。生产流程系统是指平衡生产流，使其顺利通过制约因素的约束理论方法。“鼓”表示约束因素，决定着生产线的节奏；“绳子”控制着企业物料的进入，起传递作用，驱动系统的所有部分按“鼓”的节奏进行生产。“缓冲”指在瓶颈前面设置的缓冲库存，保证加工中心不停工作。

生产流程系统通过对流程进行时间和日程安排，为约束因素做好准备，使流程顺畅通过约束因素。

（三）约束理论的分析步骤

（1）识别系统中的约束因素。

（2）决定如何“开发”约束因素——在无须增加开支的情况下，改变对约束因素的利用方式。如减少不必要的安装次数，可以改善效率并优化经营活动。

（3）次要处理其他东西。

（4）提升约束因素（意味着步骤2和步骤3未能有效消除约束因素）——通过资金投入来提高约束资源的产能。如另外再购买一项设备或将某项活动外包。

（5）回到步骤1，但要小心惯性。也就是说，要注意已经消除了的约束因素是否会受到随后新约束因素变化的影响。

（四）约束理论与产量成本法

采用约束理论方法的公司会采用产量成本法。产量成本法是变动成本法的一种形式。约束理论采用的是短期视角。

（1）产量成本法认为存货中只应包含直接材料成本，而将其他所有成本都归为期间成本。

（2）所有营运成本在短期内保持固定不变。

（3）直接人工在短期内的成本行为更像约束性固定成本，而不是随产出改变而变化的变动成本。

与变动成本法一样，产量成本法也是一种内部报告工具，不能用于对外的报告。

（五）约束理论与作业成本法

实施约束理论的组织通常也会采用作业成本法（ABC）。约束理论和作业成本法都可以用来评估产品获利能力，然而这两种成本管理方法在使用方式上仍有一些差别。

约束理论在分析获利能力时采用的是短期方法，强调与材料相关的成本。而作业成本法会检验长期成本，包括所有产品成本。

（1）约束理论通过关注生产约束因素和看似合理的短期产品组合调整，以求改善短期获利能力。

（2）作业成本法不考虑资源约束和流程的产能，它分析成本动因和精确的单位成本，以便进行长期战略定价和利润规划决策。

（3）作业成本法通常用作计划和控制工具。

约束理论的短期方法与作业成本法的长期关注互为补充，成为两种互补的获利能力分析方法。尽管约束理论植根于制造业环境，但已被广泛应用于服务业。实施约束理论时必须根据企业性质恰当界定速度指标和周期时间指标。此外，对于约束理论在管理会计中的具体应用，关注点在于产量会计相比传统成本会计方法所具备的优势。使用这种方法的目的是在减少投资与营业成本的同时最大化产出贡献。

（六）其他生产管理理论

企业不断努力提高自身竞争力，抓住各种增长机会，为了实现对更好、更快、更盈利的运营追求，企业还可以选用一系列其他的生产管理技巧，如表4－27所示。

表 4－27 现代生产力管理方法

技术	描述
自动化/机器人	• 使用可重新编程的多功能机器人（机器），通过可变的程序化动作来操纵材料、零件、工具或专门设备 • 运用机器人来完成各种重复性工作
产能管理和分析（产能规划）	• 代表了一个涉及战略、战术和营运诸方面的重要决策制定领域 • 包含一个系统循环往复的程序 　• 审视长期需求预测 　• 把预测转化为产能要求 　• 将产能要求与现有设备相比较 　• 识别产能要求与预计可实现产能之间的差距 　• 编制计划以克服这种差距并选择最好的备选方案
计算机辅助设计（CAD）	• 在产品开发、分析、设计调整时使用计算机以提高产品质量和性能 • 通常用在工程设计的绘图或实际布局步骤中
计算机辅助制造（CAM）	运用计算机计划、控制和操作某个生产设备
计算机整合制造（CIM）	• 是指将公司内所有工厂和办公职能通过计算机信息网络完全整合在一起的制造系统 • 使用计算机来控制设计、工程、制造、后勤、仓储和分销、客户和供应商、销售和营销活动以及会计核算等事项间的信息整合与流动 • 辅助每小时的生产管理
并行工程（同步工程）	• 将产品或服务设计与贯穿产品或服务生命周期的所有业务部门和职能的投入进行整合 • 强调上游预防与下游纠正 • 试图在满足消费者要求的同时，平衡在产品和服务设计中的各方需求
灵活制造系统（FMS）	使用自动化设备的计算机网络，该设备能灵活生产一个或更多种零件或一个产品的不同变形

【例题 4－35】某制造商其单一产品的售价为 660 美元。该产品成本数据如下：直接材料 170 美元，直接人工 225 美元，制造费用 90 美元，采用约束理论（TOC）进行分析时，相关边际金额是：

A. 490 美元　　B. 345 美元　　C. 265 美元　　D. 175 美元

【答案】A

【解析】约束性理论分析是以在短期内只有原材料成本是真正的变动成本为假设前提进行的，被称为产量或超级变动成本。相关的边际值是产量边际，等于价格减去直接材料。因此，该制造商的相关边际额为 490 美元（660－170）。

【例题 4－36】某公司销售 ABC 产品，单位价格为 180 美元。间接费用根据直接人工工时进行分摊。该公司估计每月的间接费用为 600 000 美元，其中 40% 为变动费用，60% 为固定费用。预算整个工厂每月直接人工工时总计是 100 000 小时，每小时直接人工费率是 9 美元。产品 ABC 的直接材料每件 64 美元，需要 2 小时工时。该公司已开始使用产量成本法。如果该公司本月生产并销售 20 000 件 XRP，则总产出贡献是：

A. 3 240 000 美元　　B. 1 960 000 美元

第四章

C. 2 320 000 美元　　　　　　D. 1 864 000 美元

【答案】 C

【解析】 选项 A 不正确。约束理论下的超级变动成本法认为只有直接材料是变动成本，其他成本（包括直接人工、变动制造费用等）均为固定成本。

选项 B 不正确。约束理论下的超级变动成本法认为只有直接材料是变动成本，其他成本（包括直接人工、变动制造费用等）均为固定成本。

选项 C 正确。总产量贡献 = 销售收入 - 直接材料成本 = 20 000 ×（180 - 64）= 2 320 000（美元）。

选项 D 不正确。约束理论下的超级变动成本法认为只有直接材料是变动成本，其他成本（包括直接人工、变动制造费用等）均为固定成本。

第五节　业务流程改进

业务绩效对组织的意义不仅仅在于组织凭借它可赶超竞争对手，在行业成为领军者。与过去相比，客户通常了解情况，并以能接受的价格可以获得更多的优质商品和服务。今天的客户要求更多的东西，为满足不断增长的客户预期，组织必须持续接受挑战，而业务流程改进分析就是应对这些挑战的一种方法。

一、价值链分析

价值链分析是指收集、评价和传递信息的一个持续流程，其基本意图是帮助管理者洞察组织的未来并执行商业决策以获得和保持竞争优势。相关概念如表 4 - 28 所示。

表 4 - 28　　价值链分析相关概念

概念	释义
价值	一般指特定资产的价值、需求或效用；"价值"概念可以应用于所提供的单个产品或单项服务、一组资产或整个业务部门
价值活动	描述了在既定行业里，组织必须实施的从原材料加工（在制造行业中）到最终产品的生产和维修的一系列活动
成本动因	引起作业成本发生改变的任何因素，如直接人工工时、机器工时、计算机时间以及医院占用的床位等。除了分析每一个价值创造活动的总成本外，还需要弄清引起重要成本的原因，为此，企业应审查结构性成本动因（长期决策）和执行性成本动因（短期营运决策）
供应链	参与到生产、设计、销售、交付和使用公司产品或服务过程中的分销商、运输商、储存机构和供应商的延伸网络。在价值链分析中，组织会审视整条供应链
价值链	是一些相互依存的活动组成的系统，每一项活动的意图为最终产品或服务增加价值，价值链的发展取决于各个行业

价值链分析始于研究和开发，贯穿产品设计、采购、生产、营销和销售、客户服务并最终回到研究与开发。价值链分析的独特好处在于它关注整个价值链，而不只是组织会参与的活动。

价值链分析的目的在于关注产品或服务的总价值链，并确定价值链中的哪一部分或哪几部分能支持企业的竞争优势和战略。理论上讲，竞争优势和竞争战略不可能在整个组织层面或业务部门层面进行有意义的审视。价值链将企业分成若干截然不同的战略活动，组织能够使用价值链分析来决定从设计到分销到客户服务这些操作中，哪个环节可以提升客户价值、降低成本。

价值链分析要求有一个战略性框架作为起点，进而分析内外部信息以及总结经验和建议。实施价值链分析并没有标准的分析流程，不同公司的价值链分析实务会存在差异。分析的一般步骤为：

（1）内部成本分析/成本领先（确定盈利来源及内部流程和活动的相关成本）。分析企业的价值创造过程；确定各个价值创造过程应分摊的成本；识别每一个价值创造过程的成本动因；识别价值创造过程之间的联系；评估获得相对成本优势的机会。

（2）内部差异分析/差异化（检查用于创造和维持出众差异的来源）。分析客户价值创造过程；评估用于提升客户价值的差异化战略；确定可持续的差异化战略。

（3）垂直链接分析（包括行业中所有上游和下游价值创造过程，可以识别对竞争优势/劣势的关键和非关键活动）。分析行业价值链并对价值创造过程分摊成本、收入和资产；识别每个价值创造过程的成本动因；评估获得可持续竞争优势的机会。

【例题 4-37】某公司正编制两套财务报表，一是常规财务报表，二是价值链分析财务报表。顾客服务成本在两套财务报表中如何处理？

	常规财务报表	价值链财务报表
A.	可列入存货的成本	产品成本
B.	可列入存货的成本	非产品成本
C.	不可列入存货的成本	产品成本
D.	不可列入存货的成本	非产品成本

【答案】C

【解析】选项 A 不正确。顾客服务成本在常规财务报表不可列入存货的成本。

选项 B 不正确。顾客服务成本在常规财务报表不可列入存货的成本，但在价值链财务报表应列入产品成本。

选项 C 正确。可列入存货的成本通常被认定为是企业为存货所发生的一切支出，因此在财务会计报表上“客服成本”不应列示为此类成本，而在价值链的分析上，作为从要素投入将产品送至终端用户的整个过程，“客服成本”

应为产品的成本。

选项 D 不正确。顾客服务成本在价值链财务报表应列入产品成本。

二、价值增加概念

在质量范畴内，客户是受组织流程、产品和服务影响的任何个体，包括内部客户与外部客户。

（1）内部客户：可以是一个员工、部门或业务单位，该员工、部门或业务单位会从其他员工、部门或业务单位接收信息、产品或服务等产出形式。甚至同一工作流程中的下一位员工也是内部客户。在内部客户的理念下，所有与工作有关的活动都可以认为是员工之间或内部客户与内部供应商之间的一系列交易。

（2）外部客户：在组织之外接收信息、产品或服务的个人或实体。外部客户一般被认为是组织之外的终端用户。

增值活动（价值增加）是指那些把资源转化成符合外部客户要求的产品和服务的活动。在向客户出售前，对产品或服务实施额外的加工处理或进行客户定制，或者随同销售提供更多的相关服务。非增值活动可以被消除，同时在终端用户看来，产品或服务的功能、绩效或质量并未发生退化。常见的增值与非增值活动如表 4－29 所示。

表 4－29　常见的增值与非增值活动

活动/作业	增值	非增值
产品设计	√	
调整准备		√
等待		√
移动		√
加工	√	
返工		√
修理		√
存储		√
检查		√
产品交付	√	

【例题 4－38】 以下的制造相关作业能够被归为增值作业的是：

Ⅰ. 将木材家具最后组装起来

Ⅱ. 将完工产品移动到成品仓库

Ⅲ. 为新生产的汽车喷漆

Ⅳ. 为新生产批次调整机器

Ⅴ. 将残次品返工以符合质量标准

A. 只有Ⅱ、Ⅲ、Ⅳ、Ⅴ　　B. 只有Ⅰ、Ⅳ、Ⅴ

C. 只有Ⅰ、Ⅲ　　D. 只有Ⅰ、Ⅲ、Ⅴ

【答案】 C

【解析】 选项 A 不正确。将完工产品移动到成品仓库、为新生产批次调整机器、将残次品返工以符合质量标准均为非增值作业。

选项 B 不正确。为新生产批次调整机器、将残次品返工以符合质量标准均为非增值作业。

选项 C 正确。附加值的活动是指，如果省去的话，将会减少消费者从产品或服务中所获得的价值或效用。题干中与附加值活动相关的包括：Ⅰ. 木制家具最后的装配，Ⅲ. 给新造的车上漆。

选项 D 不正确。将残次品返工以符合质量标准是非增值作业。

三、流程分析

（一）流程

流程是指投入材料和/或资源、增加价值并为内部或外部客户提供产出的一项或一组相互关联的活动。流程分析是一系列分析方法的集合，用于审视并量度流程运作的基本元素。流程分析也能识别最需要改进的流程。

好的流程应同时具备三个特征：

（1）效益。流程产出预想结果并达到或超过客户要求。

（2）效率。流程以最小的浪费、费用和/或周期时间达成结果，有效率的流程具备很高的产出投入比。

（3）适应性。流程很有弹性并能针对不断变化的要求或新的竞争条件做出快速反应。

（二）流程再造/业务流程重组

通过全面质量管理（TQM）获得的流程改进和生产力提高的利得一般是增量利得，这种利得是通过改进系统和降低投入来实现的。与此相反，流程再造和业务流程重组能提供更深入、更全面的改进和收获。流程再造会详细地描绘流程图，评估和质疑流程，然后彻底重新设计流程以消除不必要的步骤，减少错误机会并降低成本。所有非增值活动都被消除。

业务流程重组（BPR）是实施基础分析，彻底地在企业内部和企业之间重新设计业务流程以获得巨大的绩效改进（如成本、质量、速度和服务）。业务流程重组所带来的改变具有以下特点：

（1）改变是基础的——促使人们重新审视当前业务中不成文的规则和假设。

（2）改变是彻底的——BPR 是彻底改造，而不是改进或修正。

（3）改变是剧烈的——“重磅炸弹”式的，用于缓解紧急情况，而不是对流程稍加改进。

（4）改变的是流程——格外重视那些能将投入转化为客户价值的一连串活动。

业务流程重组常用工具和策略（业务流程重组的基础）如表4－30所示。

表4－30　业务流程重组常用工具和策略

工具/策略	释义
流程定位	组织关注的是横跨组织边界的整个流程，而不是按照事先定义的组织边界所狭义界定的任务
目标	公司的目标是实现突破，而不是稍作改进
打破陈规	旧的传统和假设被慎重抛弃
创造性地使用技术	当前的/最新的技术能促成组织彻底改变工作方式

流程分析会审视质量、生产率和流程改进三者之间的联系：生产率表明需要努力改进现存状况；提高生产率要求持续改进质量；持续改进要求组织不断学习，实施流程改进和再造。这些持续生产率改进可以帮助企业具备长期竞争力。

四、标杆分析

标杆分析用于描述一个持续、系统化的量度过程，该过程旨在根据最佳绩效水平量度产品、服务和各项实务。标杆分析可以和流程分析配合使用，以确立用于评估组织效益、效率和适应性的各项指标。

标杆分析以同类最优水平作为标杆，评估哪些领域需要发生改变，强调可比性；同类最优水平可以是财务标准也可以是非财务标准；同类最优水平既可以是内部标杆也可以是外部标杆。

恰当使用标杆分析，可以帮助组织获得竞争力。它提供了一种合理的方法，使组织可以设定绩效目标并获得市场领先地位。针对流程绩效实施标杆分析的步骤包含以下六步：

（1）选择标杆分析项目并确立这些项目的优先级；

（2）组建标杆分析团队；

（3）记录自身的工作流程；

（4）研究并确认同类最优绩效；

（5）分析标杆数据，确认绩效促成因素；

（6）实施标杆分析，研究相关建议，以及重新设定标杆。

尽管很多标杆管理研究都关注于实际运营，一个标杆管理项目也可以聚焦于战略。战略性标杆分析是指将标杆分析结果融入战略规划流程，从而在业务战略层次上应用流程标杆分析，有助于解决以下战略性业务问题：①构建核心竞争力以维持竞争优势；②开发一条新的业务线；③实施战略转移（例如，进入新市场或开发新服务）；④进行一项收购；⑤使组织能快速应对不确定性。

【例题 4-39】 在标杆分析中，下列哪个步骤应该最先开始？

A. 建立标杆分析团队

B. 研究与标杆分析相关的内部流程

C. 选择标杆分析项目并确定优先级

D. 确认将作为标杆的组织

【答案】 C

【解析】 选项 A 不正确。建立标杆分析团队是第二步。

选项 B 不正确。研究与标杆分析相关的内部流程是第三步。

选项 C 正确。针对流程绩效实施标杆分析的第一步是选择标杆分析项目并确立这些项目的优先级。

选项 D 不正确。确认将作为标杆的组织是第四步。

五、作业管理法

（一）作业成本法（ABC）与作业管理法（ABM）

作业成本法（ABC）是一种成本核算方法。旨在度量作业、资源和成本对象的成本与绩效。作业成本法将资源分派给作业，又将作业分派给成本对象，关注成本动因与作业之间的关系。

作业管理法（ABM）是一种成本管理方法。作业成本法为其提供用于成本动因分析、作业分析及绩效评估的相关数据。

作业成本法（ABC）与作业管理法（ABM）的关系如表 4-31 所示。

表 4-31　　作业成本法（ABC）与作业管理法（ABM）

ABC	ABM
• 作业成本法关注的是成本分配的合理性 • 作业成本法旨在量度作业、资源和成本对象的成本与绩效，将资源分派给作业，再将作业分派给成本对象 • 作业成本法关注于成本动因与作业之间的因果关系 • 作业成本法为作业管理法提供用于成本动因分析、作业分析及绩效评估的相关数据	• 作业管理法关注的是价值：即流程的合理性和某个流程的增值和不增值行为 • 作业管理法关注于作业管理，并将作业管理视为提升客户价值的途径，同时也能提高从提供客户价值中所能获得的利润 • 作业管理法在界定导致作业成本的根本原因时，会进一步分析这些成本动因的效益 • 作业管理法使得绩效评估指标与被评估元素背后的推动因素（成本动因与收入动因）紧密相关 • 作业管理法中所采用的绩效评估指标包括收入、制造成本、非制造成本、利润以及非财务指标

（二）作业管理法的原理与流程改进

基于作业管理信息，组织通常能够：①制定更好的决策；②改善绩效；③提高总资源的使用收益。

作业管理法支持流程再造和业务流程重组。作业管理法对组织的流程展开分析，帮助度量流程再造/重组努力所具有的影响，因此能增加资源耗用所创造的价值。

组织在不同发展阶段采用作业管理法的受益情况如表4－32所示。

表4－32　　不同发展阶段采用作业管理法的受益情况

企业所处阶段	作业管理法的应用
成长期	• 重新部署非增值工作 • 改善流程和作业
平稳期	• 识别非增值成本 • 分离/消除成本动因 • 改进流程 • 优化产品/服务成本
萎缩期	• 削减成本 • 精简机构和裁员
受产能限制期	• 分析成本 • 识别“瓶颈” • “开发”或“提升”约束因素 • 制定并完善产品/服务决策

（三）作业管理法与质量改进

作业管理法通过提供一个整合的信息系统，以支持质量管理和其他创新：①确立责任；②便于量度结果；③能够设立优先次序。

作业管理法通过以下途径推动了质量管理的实施：①确定作业成本；②增加质量相关成本的可见性；③提供容易包含在质量成本报告里的质量成本量度标准。

（四）作业管理法的优点与缺点

作业管理法的优点与缺点如表4－33所示。

表 4－33　　作业管理法的优点与缺点

优点	缺点
• 使用持续改进以维持公司的竞争优势 • 将更多的资源分配给能带来更多增值的作业、产品和客户，因此从战略上改变了管理层的关注重心 • 消除了非增值作业 • 量度流程效益，确认可以降低成本的领域以及可以增加客户价值的领域 • 可与及时生产制（JIT）配合实施 • 将绩效评估与作业成本法相挂钩，给组织采用作业成本法提供了始终如一的激励机制	• 转而采用作业成本法/作业管理法，公司的定价、流程设计、制造技术以及产品设计决策等都要做出改变，并且公司还必须准备支持那些接受作业成本法/作业管理法的管理者，同时打击那些继续沿用旧的传统成本管理方法的管理者 • 作业成本法/作业管理法不能用于对外财务报告，为此公司需要采用传统方法专门编制对外财务报表，这可能会影响管理层的决策，这一缺陷可能足以抵消作业成本法/作业管理法所具备的相关优势 • 实施作业成本法/作业管理法耗费巨大且极费时间，因此应履行成本—效益分析以确认所有隐藏成本和隐藏利益

【例题 4－40】 关于作业成本核算法（ABC）和作业管理法（ABM），以下哪一项陈述是正确的？

A. 作业成本法专注于改善商品和服务的成本核算，而作业管理法专注于流程改进

B. 作业管理法和作业成本法都专注于流程改进

C. 作业管理法专注于改善商品和服务的成本核算，而作业成本法专注于流程改进

D. 作业管理法和作业成本法都专注于改善商品和服务的成本核算

【答案】 A

【解析】 选项 A 正确。作业成本法旨在量度作业、资源和成本对象的成本与绩效，即专注于改善商品和服务的成本核算；作业管理法对组织的流程展开分析，帮助度量流程再造/重组努力所具有的影响，因此能增加资源耗用所创造的价值。

选项 B 不正确。作业成本法专注于改善商品和服务的成本核算。

选项 C 不正确。作业成本法专注于改善商品和服务的成本核算，而作业管理法专注于流程改进。

选项 D 不正确。作业管理法专注于流程改进。

六、持续改进概念

改善（kaizen）源于日语，用于描述组织所有层面上的持续改进。其假设前提是，从最重要的流程开始，如果企业的每一个流程都被检验、执行、改进了，那么整个企业也就改进了。具体如表 4－34 所示。

表 4-34　持续改进概念要点

要点	释义
改善的假设前提	每一流程——从最重要的开始——被检查、执行、改进时，整个企业也在改善
改善的过程	“改进的楼梯”——组织采用持续的过程：实施改进，保持改进，实施改进，保持改进等
持续改进的标准	持续改进通常基于若干标准，作为组织的绩效预期和目标。组织可以基于以下信息来设立标准：①作业分析；②历史数据；③标杆分析；④市场预期；⑤战略决策

【例题 4-41】 某公司正在施行一种成本改进体系，即用持续改进（kaizen）成本计算方法作为编制所有制造活动预算的基础；为了提高企业盈利，打算以后四年都用这种方法。固定制造费用的目标降低率定为 10%，今年的总的固定制造费用为 1 000 000 美元。请问如果采用 Kaizen 成本计算方法，明后两年的固定制造费用预算额度应该为多少？

	明年	后年
A.	900 000 美元	不能确定
B.	900 000 美元	812 250 美元
C.	900 000 美元	810 000 美元
D.	1 000 000 美元	855 000 美元

【答案】 C

【解析】 选项 A 不正确。基于持续改进，后年可以确定。

选项 B 不正确。后年应在明年的基础上下降 10%。

选项 C 正确。明年固定制造费用的预算额度 = 1 000 000 ×（1 - 10%）= 900 000（美元）；后年固定制造费用的预算额度 = 900 000 ×（1 - 10%）= 810 000（美元）。

选项 D 不正确。明年应在今年的基础上下降 10%。

七、最佳实务分析

最佳实务一般指在一种情况下可以产生显著结果的流程或技术，并且该流程或技术可以应用于和/或适用于另一种情况，用以改善效益、效率、质量、安全、创新和/或其他绩效指标。

最佳实务分析是差距分析中的集合性步骤。差距分析一般指当前状态（当前实务）和理想状态（最佳实务）之间的差距，或者“组织现在是什么样与希望是什么样之间的差距”。

最佳实务分析中的典型活动包括：

- 确定差距（通过与内部营运数据相比较）；
- 确定引起差距的原因；
- 检查对最佳实务的存在有贡献的因素；
- 形成建议和实施最佳实务的途径。

实施最佳实务分析可以采用多种技巧和工具，定性工具和定量工具都可以使用。

最佳实务分析工具包括价值链分析、流程分析、业务流程再造、标杆分析、全面质量管理和渐进改善。

【例题 4 – 42】 以下哪项属于最佳实务分析的工具？

A. 行业杂志　　B. 客户调查　　C. 员工建议　　D. 标杆分析

【答案】 D

【解析】 选项 A 不正确。行业杂志不是最佳实务分析的工具。

选项 B 不正确。客户调查不是最佳实务分析的工具。

选项 C 不正确。员工建议不是最佳实务分析的工具。

选项 D 正确。价值链分析、流程分析、业务流程再造、标杆分析、全面质量管理等都是最佳实务分析的工具。

八、质量成本分析

质量成本包括预防成本、评估成本、内部损失成本和外部损失成本四类，相关构成如表 4 – 35 所示。

表 4 – 35　　质量成本分类

质量成本		含义	实例
相符成本	预防成本	质量体系设计、实施和维持的成本，包括对质量体系本身进行审计的成本	• 质量计划、新产品审查、供应商能力调查、召开团队质量会议，以及为质量而发生的培训，设备定期维护（开工之前） • 与产品质量保证或质量改进相关的成本，如市场调研、新产品测试和产品设计
	评估成本/鉴定成本	质量的审计过程所发生的成本，包括对质量水平正式和非正式的衡量与评估，以及设定质量标准和绩效要求	• 对原材料、在产品的检查和测试，对成品的测试，校准设备，以及对营运或服务的审计，检查设备 • 外向型活动的成本，如监控市场反应以及监控竞争对手的产品
不相符成本	内部损失成本（内部失败成本）	在向客户交货前因发现不合格产品和部件所发生的成本	• 废料、返工、损耗、复验和重新检查的成本，设备故障维修 • 与系统问题相关的成本，如不符合产品设计要求、不符合制造要求以及不符合服务标准的成本
	外部损失成本（外部失败成本）	在向客户交货后由于产品质量问题而发生的成本	• 客户投诉、退货、产品收回以及保修责任 • 外部损失成本与未能满足客户对产品质量和服务的感知相关

质量导向可以提高生产率和利润水平，但只有在公司长期坚持以质量为中

心不懈努力的前提下才可以实现这些好处。

【例题 4-43】 某公司的质量成本报告提供了如下信息：

预防成本	10%
评估成本	15%
内部失败成本	20%
外部失败成本	55%
质量成本总计	100%

为了能有效改善公司总体质量成本水平，公司应该重点做好下面哪一项活动？

A. 返工　　B. 质量检验　　C. 质量培训　　D. 客户支持

【答案】 C

【解析】 选项 A 不正确。返工属于内部失败成本。

选项 B 不正确。质量检验属于检测成本。

选项 C 正确。质量控制要从源头抓起，对预防成本的投入成本低，效果大。因此，培训最重要，预防最重要。

选项 D 不正确。客户支持属于外部失败成本。

【例题 4-44】 某公司 20×9 年质量方面的财务数据见下表：

单位：美元

返工成本	100 000
保修成本	150 000
产品线质检	50 000
工艺设计	320 000
对供应商的评估	120 000
职工培训	55 000
新产品测试	220 000
故障维修	30 000
产品废料	80 000
退货成本	350 000
客户支持	20 000
产品质量索赔	600 000

请问公司该年质量成本报告上列示的预防成本总额应该是多少？

A. 495 000 美元　　B. 715 000 美元

C. 545 000 美元　　D. 765 000 美元

【答案】 B

【解析】 选项 B 正确。预防成本 = 工艺设计 + 供应商评估 + 职工培训 + 新产品测试 = 320 000 + 120 000 + 55 000 + 220 000 = 715 000（美元）（注：在研发和质量改进过程中，需要对研发和改进后的产品进行测试，新产品测试为预防成本；对产品线批量产出的产品进行质检，属于检测/评估成本）

【例题 4 - 45】 在评估某家企业的质量成本时，请问下面哪一项可以归为内部失败成本？

A. 新产品测试　　B. 检验成品发生的成本

C. 保修成本　　D. 返工瑕疵品发生的成本

【答案】 D

【解析】 选项 A 不正确。新产品测试属于预防成本。

选项 B 不正确。检验成品发生的成本属于检测/评估成本。

选项 C 不正确。保修成本属于外部失败成本。

选项 D 正确。内部失败成本指在向客户交货前因发现不合格产品和部件所发生的成本。比如废料、返工、损耗、复验、重新检查，以及不符合产品要求、不符合制造要求、不符合服务标准的成本。

【例题 4 - 46】 史密斯公司是一家制造公司，为了避免产品质量问题，发生了一系列成本，其中包括对供应商进行能力调查成本和对原材料进行检测的成本。史密斯公司希望能够进一步分析自身质量成本的问题和提高方向，采取了和其他竞争企业相比的标杆分析方法。史密斯公司在绩效评估过程中，主要采取税前利润的考核方式。咨询顾问也向史密斯公司表示，以财务为基础的绩效考核方式有自己的缺陷。

1. 请列举质量成本的分类，并指出对供应商进行能力调查成本和对原材料进行检测的成本属于哪类？

2. 请指出史密斯公司进行标杆分析法的流程。并指出标杆分析法的缺点。

【答案】

1. 请列举质量成本的分类，并指出对供应商进行能力调查成本和对原材料进行检测的成本属于哪类。

质量成本分为：预防成本、评估成本、内部损失成本、外部损失成本。

对供应商进行能力调查的成本为预防成本，对原材料进行检测的成本属于评估成本。

2. 请指出史密斯公司进行标杆分析法的流程。并指出标杆分析法的缺点。

标杆分析的流程为：①选择项目，并确定优先级；②组建团队；③记录自身工作流程；④研究并确定同类最优绩效；⑤实施分析，找到差距；⑥提出建议并实施，重新设定标杆。

标杆分析法的缺点是：进行标杆分析的企业和自己的规模行业不同，所获得的数据未必能够给本企业的实际生产经营情况进行有效的指导。

九、会计操作的业务流程改进

业务流程改进的概念不止于简单地创造效率、改进和提高生产流程质量。事实上，企业中那些提供内部服务的“后台”部门和/或者“成本中心”（如财会部门）通过对其从事的业务进行持续改进和成本削减，有很大机会提高效率。这一点尤其体现在日常活动中。通过实施这种创造效率的过程，企业可以识别出引发工作流转错误的根源，消除浪费和过剩产能。企业通过实施流程梳理、流程培训、缩短会计结算周期等工作，进而影响“快速结算”，在需要的情况下建立共享服务，这样可以实现追求效率的目标。

会计业务流程改进具体内容如表 4 - 36 所示。

表 4 - 36　会计业务流程改进具体内容

流程改进	详细说明
流程梳理	与流程所有者会面，并且理解他们是如何工作的，进而发现改善的机会
流程培训	完成流程梳理后，应该对员工培训进行评估，通过适当的培训，生产率能够得到很大提高
缩短会计结算期，实现“快速结算”	通过识别缩短会计周期和实现更快速的结账的方式，也能够创造效率；组织应该重点关注降低或消除实施核心结算业务所花费的时间和精力
在合适的地方实施服务共享	组织可以考虑实施日常服务共享，实施更低水平的会计任务和活动，例如，开出账单、收账、应付账款，以及工资流程。这要求组织按照实施这些任务和活动的业务功能对员工进行分类，而不是按照业务单位对员工进行分类

简答题出题方向分析

【出题方向 1】 实际成本法、正常成本法、标准成本法的相关计算及优缺点比较。

解题要点：在解答相关计算时的一个难点在于对分摊不足（产量未达到预测值）和过度分摊（产量超过预测值）的处理。如果差异不重大，则直接调整产品销售成本；如果差异重大，则应将差异在在产品、存货和产品销售成本三者之间进行分摊。差异是否重大应先根据题目的条件来判断。

掌握实际成本法、正常成本法、标准成本法的相关概念及主要优缺点。实际成本法下，所有成本按实际发生额记录，最准确，但信息滞后；正常成本法下，直接材料和直接人工采用实际值，间接成本采用分摊值，可以消除各期成本的波动，但直接材料和直接人工的成本仍然滞后；标准成本法下，所有成本均采用标准值，有利于开展差异分析。

【出题方向 2】 按照吸收成本法编制毛利格式报表，按照变动成本法编制边际贡献格式报表，并计算两种方法下的营业利润差异。

解题要点：掌握毛利格式的报表编制步骤（营业利润 = 销售收入 - 产品销售成本 - 期间费用），突出制造成本与非制造成本的区别；掌握边际贡献格式报表的编制步骤（营业利润 = 销售收入 - 变动成本和费用 - 固定成本和费用），突出成本和费用的变动部分与成本和费用的固定部分的区别。

理解吸收成本法和变动成本法的主要区别，即对于固定制造费用的处理不同。吸收成本法下，固定制造费用计入产品成本，随着产销量的不同会在存货和产品销售成本之间流转；而变动成本法下，固定制造费用计入期间费用，全部计入当期损益，与产销量无关。两种方法下的损益差异 = 期初存货中的固定间接费用 - 期末存货中的固定间接费用。

产销量关系	变动成本法	完全成本法
销量大于产量	利润高	利润低
销量等于产量	利润一致	利润一致
销量小于产量	利润低	利润高

【出题方向 3】 分析变动成本法为什么能帮助企业改善生产经营行为。

解题要点：变动成本法下，生产经理不会盲目进行生产，因为固定制造费用一次性地计入当期损益；生产经理不会去选择固定制造费用分摊率比较高的产品进行生产。

【**出题方向4**】联产品成本不同分配方法的计算及比较。

解题要点：掌握分离点销售价值法、毛利法、可变现净值法和物理指标法的计算原理及主要优缺点。分离点销售价值法下，根据分离点上各联产品的销售价值比例分配联合成本，此法不适用于在分离点后、价值形成前需要额外加工的产品；毛利法下，各联产品拥有相同的毛利率，此法考虑了分离点前后发生的成本，但可能会扭曲成本分配；可变现净值法下，根据净变现价值分配联合成本，适用于市场价格在分离点不确定的情况；物理指标法下，采用重量、数量、体积等物理指标分配联合成本，容易计量，但可能会扭曲成本分配结果。

【**出题方向5**】比较分批成本法和分步成本法的适用范围，并比较其各自优缺点。

解题思路：分批成本法的主要特点是客户定制、产品明显不同、不共享生产线和直接人工团队、标准化程度低；分步成本法的主要特点是大量同质或近似产品的生产流程、高度自动化的流程或重复流程。分批成本法对特定批次或营运状况提供了详细的成本状况和盈利分析，能够融合多种成本计算方法；分步成本法为各部门管理人员在控制本部门的成本方面提供了帮助。

【**出题方向6**】使用先进先出法和加权平均法计算约当产量及单位约当产量成本。

解题思路：先进先出法下，期初在制品首先被制造完成，约当产量 = 期初在制品未做完的比例 + 期间生产完全完成的数额 + 期末在制品做完的比例，成本是当期投放的数额，无论是直接材料还是转换成本；加权平均法下，求解先前期间和当期的平均成本，不将期初存货成本和当期生产成本割裂，约当产量 = 所有的期初库存 + 期间生产完全完成的数额 + 期末库存做完的比例，成本是当期投放的再加上上期没有完成的数额，无论是直接材料还是转换成本。

【**出题方向7**】作业成本法的基本原理以及相关成本计算。比较作业成本法和传统成本法计算结果的差异，以及对成本分析和定价决策的影响。

解题思路：先按照传统成本法计算产品成本。然后在作业成本法下，首先采用合适的资源成本动因将资源成本（间接成本）分配给作业成本集库或作业中心，然后采用合适的作业成本动因（作业成本动因用于度量成本对象对作业的耗用情况）将作业成本分配给成本对象。作业成本法适用于作业产品多样化、流程复杂或产量相当高的公司。作业成本法减少了由传统成本分配造成的成本失真，能更好地了解相关成本，优化成本结构。根据作业成本法的计算结果，给出产品定价的建议。

【**出题方向8**】三种间接成本分摊率的计算、优缺点比较及适用条件。

解题思路：理解并掌握全厂分摊率、部门分摊率和作业基础分摊率。全厂

分摊率 = 全厂总间接成本/全厂所有作业共同的成本动因总数量，计算简单，但不够准确；部门分摊率是将整个制造费用细分到几个常规车间或部门及相应成本池，部门分摊率 = 部门预算的制造费用/部门预算的成本动因数量，相对于全厂分配率更准确，但计算也相对更复杂费时；作业基础分摊率使用多个成本集库和多种成本动因来将间接成本分摊到产品或服务，分摊结果最为准确，但需要耗费大量的时间和成本。

【出题方向 9】三种服务部门成本分配方法的基本原理、相关计算及优缺点比较。

解题思路：理解并掌握直接分配法、按步向下分配法和交叉分配法三种服务部门成本的分配方法。直接分配法直接将所有成本分配至生产部门，不考虑服务部门之间互相提供服务；按步向下分配法将一个服务部门的成本分摊到其他服务部门和生产部门，先分摊向其他部门提供服务最多的服务部门，然后逐级分摊，最后分摊为其他部门提供服务量最少的部门；交叉分配法适用数学联立方程对部门间的服务进行确认，考虑了服务部门之间互相提供服务。

【出题方向 10】给定情景，要求判断与情景相关的是哪种供应链管理理论、解释相关概念及原理并分析其优缺点，一般会作为一道大题中的某一个小问来进行知识点的考查。

解题思路：理解并掌握供应链管理、精益资源管理、物料需求计划、及时生产、企业资源计划、外包、约束理论的基本概念、主要原理以及相关优缺点。

【出题方向 11】给定情景，要求分析企业实行及时生产法之后，企业与供应商的关系以及生产经营方面发生的变化。

解题思路：及时生产（JIT）的定性内容需要理解并记忆。企业与供应商的关系主要有以下变化：①企业与供应商的关系更紧密；②企业选择的供应商数量更少；③企业和供应商的信息系统联系更紧密；④供应商为企业送货的单次数量减少，但次数更频繁。及时生产对企业生产经营的影响主要有：①存货周转率上升；②存货破损、过期情况减少；③库房面积减小；④库存成本降低。

【出题方向 12】给定情景，要求判断与情景相关的是哪种业务流程改进理论、解释相关概念及原理并分析其优缺点，一般会作为一道大题中的某一个小题来进行知识点的考查。

解题思路：理解并掌握价值链分析、价值增造、标杆分析、作业管理法、持续改进等基本概念、主要原理以及相关优缺点。

【出题方向 13】题干给定情景，要求阐述价值链分析的内容。

解题思路：价值链分析是企业进行战略经营分析的重要内容，包括：①企业对自身生产进行分析，了解产品的成本结构，知晓自身成本的优势或者劣势；②企业了解自身产品的差异性，发现自身产品与竞争对手产品相比，差异在哪些方面；③企业在外部价值链环节上进行分析，发现自身在价值链环节所处的位置，了解是否能够有收购和兼并的机会来进行价值链的延伸，获得更好的收益。

【出题方向 14】题干给定情景，要求判断并计算不同类别的质量成本。

解题思路：理解并掌握四类质量成本的概念及包含内容，并能准确区分不同类别的质量成本。预防成本：质量体系设计、实施和维持的成本，包括对质量体系本身进行审计的成本，如产品原型设计、定期设备检修等；评估成本/鉴定成本：质量的审计过程所发生的成本，包括对质量水平正式和非正式的衡量与评估，以及设定质量标准和绩效要求，如对批量生产出来的产品进行检测等；内部损失成本：在向客户交货前因发现不合格产品和部件所发生的成本，如返工、耗损等；外部损失成本：在向客户交货后由于产品质量问题而发生的成本，如退货、客户投诉、产品保修等。

历年经典试题回顾

一、单选题

【经典试题 1】 某公司为了编制来年的预算正在确定几个成本项目的成本习性。过去的经验表明在三种不同的产量水平上，各成本项目的金额如下表所示：

产量水平	1 000 件	2 000 件	3 000 件
成本 A	3 000 美元	5 000 美元	7 000 美元
成本 B	8 000 美元	12 000 美元	12 000 美元
成本 C	5 000 美元	10 000 美元	15 000 美元

在编制产量水平为 2 500 件的预算时，公司应该分别如何处理成本 A、B 和 C？

A. 变动成本，固定成本，变动成本

B. 半变动成本，固定成本，变动成本

C. 半变动成本，半变动成本，半变动成本

D. 变动成本，半变动成本，半变动成本

【答案】 B

【解析】 选项 A 不正确。第一种成本是半变动成本，不是成正比同步变动。

选项 B 正确。严格意义上来讲，只有正比例同步变动才是变动成本，因此只有第三种成本 $y=5x$ 是纯变动成本；第二种成本是固定成本，因为在一定范围内它是不变的，即在 2 000 ~ 3 000 件时 $y=12\ 000$，此题问的是 2 500 件，正好在此范围；第一种成本是半变动成本，不是成正比同步变动，$y=1\ 000+2x$。

选项 C 不正确。第二种成本是固定成本，因为在一定范围内它是不变的。第三种成本 $y=5x$ 是纯变动成本。

选项 D 不正确。第一种成本是半变动成本，不是成正比同步变动。第二种成本是固定成本，因为在一定范围内它是不变的。第三种成本 $y=5x$ 是纯变动成本。

【经典试题 2】 产能是 30 000 件，完成 25 000 件时，单位成本是 1.5 美元，完成 29 000 件时，单位成本是 1.4 美元，问如果生产 26 000 件时，总成

本是多少？

A. 39 000 美元　B. 36 400 美元　C. 38 275 美元　D. 37 700 美元

【答案】 C

【解析】 总成本 y = 单位变动成本 a × 产量 x + 总固定成本 b

产量 25 000 件时的方程：25 000 × 1.5 = 25 000a + b

产量 29 000 件时的方程：29 000 × 1.4 = 29 000a + b

解方程组，得出：单位变动成本 a = 0.775（美元），总固定成本 b = 18 125（美元）

总成本 y = 0.775x + 18 125

产量 26 000 件时的总成本 = 0.775 × 26 000 + 18 125 = 38 275（美元）

【经典试题 3】 制造公司采用可变成本法进行内部报告和分析。但是，它将其记录转换为吸收成本法，以便对外报告。会计部门总是对两个营业收入数字进行核对，以确保在转换过程中没有发生错误。每单位的固定制造间接费用是以 480 000 件的计划生产水平为基础的。本年度财务数据如下：

项目	预算	实际
销量（单位）	495 000	510 000
产量（单位）	480 000	500 000
	变量成本核算	吸收性成本变化
可变成本	10.00 美元	10.00 美元
固定制造费用	0.00 美元	6.00 美元
单位总制造成本	10.00 美元	16.00 美元

变动成本法计算的营业利润与吸收成本法计算的营业利润之差为：

A. 57 600 美元　B. 60 000 美元

C. 90 000 美元　D. 120 000 美元

【答案】 B

【解析】 选项 A 不正确。57 600 美元的金额等于 10 000 件乘以每单位 5.76 美元（总预算固定制造费用 ÷ 500 000 个单位）。

选项 B 正确。可变成本法和吸收成本法的区别在于，可变成本法将固定的制造费用视为期间成本。吸收成本法将其视为产品成本。考虑到销售额超过了产量，这两种方法都会消耗一年中发生的所有固定制造费用。不过，之前一段时间制造的 10 000 件（510 000 件销量 − 500 000 件产量）也被售出。这些单位在可变成本法下估计为 10 美元，在吸收成本法下为 16 美元。因此，吸收成本法的营业利润比可变成本法下的营业利润少 60 000 美元（10 000 件 × 6 美元）。

选项 C 不正确。90 000 美元是计划销售（495 000 件）和实际销售（510 000

件）之间的差额，乘以每台设备的固定制造费用（6 美元）。

选项 D 不正确。120 000 美元是吸收成本法下的数量差异。

【经典试题 4】 企业通过同一个流程生产两种主要产品 A 与 B，和一种副产品。联合成本为 8 000 美元，A 产品经过加工，产生加工成本 2 000 美元之后，生产 1 000 个成品，每个售价为 17 美元。B 产品经过加工，产生加工成本 5 000 美元之后，生产 2 000 个成品，每个售价为 25 美元。副产品不需要加工，可以出售，总价为 4 000 美元。如果将副产品视为存货，请问按照可变现净值法分配给 A 产品的联产品成本为多少？

A. 2 000 美元　　B. 1 000 美元　　C. 2 540 美元　　D. 2 160 美元

【答案】 B

【解析】 选项 B 正确。副产品视为存货，即存货价值一般按照预计可实现净值计入资产负债表中（题干已知副产品不需要加工，可以出售，因此可变现净值是 4 000 美元），同时冲减当期联合成本。

冲减当期联合成本：8 000 − 4 000 = 4 000（美元）

A 产品的可变现净值是 17 × 1 000 − 2 000 = 15 000（美元）

B 产品的可变现净值是 25 × 2 000 − 5 000 = 45 000（美元）

故此，总共的可变现净值为 60 000 美元

A 产品的比例为 15 000 ÷ 60 000 = 25%

分配给 A 产品的联合成本为 4 000 × 25% = 1 000（美元）

【经典试题 5】 卡色化学公司有关产品 X（一种工业用清洁剂）12 月的数据如下：

生产流	实物量
完工并转向下一个部门	100
加：期末在产品存货	10（加工成本完工 40%）
需要分析说明的数量总计	110
减：期初在产品存货	20（加工成本完工 60%）
12 月内开始投产数量	90

这个部门所有的材料均是开工时一次性投入，而加工成本则在生产工程中均匀发生。期初在产品存货的原材料和加工成本分别为 120 美元和 180 美元，12 月发生的原材料费用和加工费用分别为 540 美元和 1 484 美元。公司采用加权平均分步法计算产品成本，那么 12 月期末在产品的原材料成本总计是多少？

A. 120 美元　　B. 72 美元　　C. 60 美元　　D. 36 美元

【答案】 C

【解析】 选项 C 正确。加权平均法下，原材料约当产量需要包括期初在制品中上期投入本期完工的部分，又“这个部门所有的材料均是开工时一次性投入”，所以，原材料约当产量 = 本期完工并转向下一个部门的数量 + 期末在产品存货 × 完工比例 = 100 + 10 × 100% = 110。

约当产量所对应的原材料总成本 = 期初在产品存货的原材料成本 + 12 月发生的原材料费用 = 120 + 540 = 660（美元）。

原材料单位约当产量成本 = 660 ÷ 110 = 6（美元）。

所以，12 月期末在产品的原材料成本 = 12 月期末在产品的原材料约当产量 × 原材料单位约当产量成本 = 10 × 100% × 6 = 60（美元）。

【经典试题 6】 在 12 月，克劳斯化学公司有关生产工业用清洁剂的数据见下表：

生产流	实物量
完工并转向下一个部门	100
加：期末在产品存货	10（加工成本完工 40%）
需要分析说明的数量总计	110
减：期初在产品存货	20（加工成本完工 60%）
12 月内开始投产数量	90

这个部门所有的材料均是开工时一次性投入，而加工成本则在生产工程中均匀发生。期初在产品存货的原材料和加工成本分别为 120 美元和 180 美元，12 月发生的原材料费用和加工费用分别为 540 美元和 1 484 美元。公司采用加权平均分步法计算产品成本，请问 12 月分配给转到下一个部门产品的加工成本是多少？

A. 1 664 美元　　B. 1 600 美元

C. 1 513 美元　　D. 1 484 美元

【答案】 B

【解析】 选项 B 正确。加权平均法下，加工成本约当产量需要包括期初在制品中上期投入本期完工的部分，又“加工成本则在生产工程中均匀发生”，所以，加工成本约当产量 = 本期完工并转向下一个部门的数量 + 期末在产品存货 × 完工比例 = 100 + 10 × 40% = 104。

约当产量所对应的加工总成本 = 期初在产品存货的加工成本 + 12 月发生的加工成本 = 180 + 1 484 = 1 664（美元）。

加工成本单位约当产量成本 = 1 664 ÷ 104 = 16（美元）。

所以，12 月分配给转到下一个部门产品的加工成本 = 本期完工并转向下一个部门的约当产量 × 加工成本单位约当产量成本 = 100 × 16 = 1 600（美元）。

【经典试题 7】公司生产产品有产能限制，月最大的机器工时为 100 000 小时。目前生产 A、B、C、D 四种产品。A 产品售价 20 美元，单位变动成本 16 美元；B 产品售价 24 美元，单位变动成本 17 美元；C 产品售价 30 美元，单位变动成本 21 美元；D 产品售价 50 美元，单位变动成本 20 美元。A 产品耗用的机器工时每件 2 小时，B 产品耗用的机器工时每件 2.5 小时，C 产品耗用的机器工时每件 2.5 小时，D 产品耗用的机器工时每件 7.5 小时。每种月计划生产 10 000 件，请问安排最优的产品组合？

A. 只安排 A 产品生产

B. 只安排生产 B 产品生产

C. 安排生产 C 产品生产 25%，D 产品生产 75%

D. 安排生产 D 产品生产 25%，C 产品生产 75%

【答案】C

【解析】选项 C 正确。

A 的单位小时边际贡献为（20－16）÷2＝2（美元）

B 的单位小时边际贡献为（24－17）÷2.5＝2.8（美元）

C 的单位小时边际贡献为（30－21）÷2.5＝3.6（美元）

D 的单位小时边际贡献为（50－20）÷7.5＝4（美元）

D 的单位小时边际贡献为最大。故此如果有时间，优先生产 D，然后生产 C。

【经典试题 8】A 公司共用一道生产工序生产两种产品，产品 1 生产了 5 000 件，产品 2 生产了 15 000 件，共同生产的联合成本是 50 000 美元，在分离点产品 1 和产品 2 的半成品售价分别是 5 美元和 3 美元。产品 1 再继续加工，发生的成本为 25 000 美元，最终售价 12 美元，产品 2 再继续加工，发生的成本 30 000 美元，最终售价 5 美元。采用固定毛利法，分配给产品 1 的联合成本是多少？

A. 17 000 美元　　B. 17 857 美元　　C. 18 421 美元　　D. 21 667 美元

【答案】D

【解析】选项 D 正确。

总销售收入为 5 000×12＋15 000×5＝135 000（美元）

总成本为 50 000＋25 000＋30 000＝105 000（美元）

毛利为 135 000－105 000＝30 000（美元）

毛利百分比为 30 000÷135 000＝22.22%

产品 1 的总成本为 60 000×（1－22.22%）＝46 667（美元）

单独确认的成本为 25 000 美元

联合成本分配为 21 667 美元

【经典试题 9】A 公司的制造费用由单位变动成本 8 美元和总固定成本 480 000 美元组成，不合格的产品占总产量的 4%，是合理的正常损耗，今年合格的产品数是 240 000，问正常损耗的成本为多少？

A. 100 000 美元　B. 99 200 美元　C. 80 000 美元　D. 72 000 美元

【答案】 B

【解析】 选项 B 正确。今年生产的总量 =240 000 ÷（1 -4%）=250 000

正常损耗数量 =250 000 -240 000 =10 000

正常损耗的成本 =8 ×10 000 +10 000 ×(480 000 ÷250 000) =99 200（美元）

【经典试题 10】 L 公司有两个数据服务部门（系统部和设施部）向三个生产部门提供服务（机加工部、组装部和精整部），系统部的间接成本按电脑使用小时来向其他部门分配，设施部的间接成本按占用的平方英尺（以千平方英尺为单位）来分配，L 公司的其他资料见下表：

部门	间接费用（美元）	电脑耗时（小时）	占用面积（平方英尺）
系统	200 000	300	1 000
设施	100 000	900	600
机加工	400 000	3 600	2 000
组装	550 000	1 800	3 000
精整	620 000	2 700	5 000
		9 300	11 600

L 公司采用按步向下分配辅助部门的成本，从系统部开始。请问系统部分配到设施部、设施部分配到机加工部的间接成本分别是多少？

	系统部到设施部	设施部到机加工部
A.	0 美元	20 000 美元
B.	19 355 美元	20 578 美元
C.	20 000 美元	20 000 美元
D.	20 000 美元	24 000 美元

【答案】 D

【解析】 选项 D 正确。系统部分配到设施部的成本 =200 000 ×900 ÷(900 +3 600 +1 800 +2 700) =20 000（美元），本题中设施部分配到机加工部的间接成本 =(100 000 +20 000) ×2 000 ÷(2 000 +3 000 +5 000) =24 000（美元）。

【经典试题 11】 下列各项都是标杆标准成本的实例，但有一项不是，是哪一项？

A. 该单位以前年度的业绩

B. 以前可比期间的好业绩

C. 与同一公司相似部门的比较

D. 经营相似业务的竞争对手的好业绩

【答案】 A

【解析】 选项 A 正确。标杆标准成本，是指同类最优标准成本。只有选项

A 不是最优标准成本，选项 A 少了两个关键字：可比；例如，现如今的诺基亚和 10 年前的诺基亚的业绩是没有可比性的。

选项 B 不正确。以前可比期间的好业绩可以作为标杆。

选项 C 不正确。与同一公司相似部门的比较可以作为标杆，例如，宝洁公司是多品牌战略的创始者，旗下有许多同类产品，比如海飞丝和飘柔洗发露。如果这两个部门的规模、销量等都具有可比性，那这两个部门之间的项目比较也未尝不可，其产品都是面向同样客户群的，行业也一样。

选项 D 不正确。经营相似业务的竞争对手的好业绩可以作为标杆。

【经典试题 12】在传统的质量成本分析中，设计一个质量体系的成本包括以下哪项？

A. 预防成本　　B. 评价成本

C. 内部故障成本　　D. 外部故障成本

【答案】A

【解析】预防成本是质量体系的设计、实施和维护的成本，包括体系本身的审计。

【经典试题 13】以下各项，哪个是增值行为？

A. 家具厂设计餐桌　　B. 原材料存放在仓库

C. 客户退货　　D. 设备维修

【答案】A

【解析】选项 A 正确。设计是增值行为，可以提高客户对产品的价值的认知。

选项 B 不正确。原材料存放在仓库，不会影响客户对产品价值的认知，不能带来价值增值。因此应该尽量减少原材料库存。

选项 C 不正确。客户退货不但会降低客户对产品减值的认知，还会增加成本，应该尽可能降低。

选项 D 不正确。即使增加了设备维修的成本，也不会提高客户对产品价值的认知。因此应该在保证品质的前提下，减少设备维修的成本。

【经典试题 14】保罗 · 库珀是 DFG 经销公司的运输经理，负责管理下属人员和相关的运输设备，从当地零售商接受面包产品的订货，并向这些零售商供货。请问下面哪三个业绩考核指标有可能使该公司的目标与零售商的目标达到最大程度的一致性？

A. 每份订单的人工成本；每份订单的运输成本；每天完成的订单数量

B. 准时送货订单所占比例；准确送货订单所占比例；交付和运送订货的每份订单的平均成本

C. 客户满意度；完成一份订单所需时间；准确交付所订货物的订单所占比例

D. 每天每位职工完成的订单数量；每工时的职工工伤数；每年的交通事

故的次数

【答案】B

【解析】选项A不正确。A中太注重成本，运输是业务部门的工作，应该更多注重的是业务做得好坏。

选项B正确。目标一致性是指考核的指标和工作的主要内容相符，能提高工作积极性，因此，B是相对最合适的选项。

选项C不正确。C中客户满意度主要是销售部门的工作，与整个公司的产品有关系，和运输部门关系不大。

选项D不正确。D中考核了很多工伤，安全的事，不是主要工作。

【经典试题15】根据约束理论，以下作业中除了哪一项之外，都可以帮助缓解经营过程中的瓶颈问题：

A. 剔除经营瓶颈环节上的空闲时间

B. 减少经营瓶颈环节上的启动时间

C. 将那些不必在经营瓶颈环节上的机器生产的产品转移到非经营瓶颈机器上进行生产

D. 提高非经营瓶颈环节上机器的运作效率

【答案】D

【解析】运营瓶颈问题主要是体现在，"鼓"作为约束情况限制了生产，因此在非瓶颈工序处提高效率是无法缓解瓶颈问题，反而会增加约束工序的负担。

二、简答题

某公司只生产一种产品并采用标准成本制度。该公司根据其每年11 000件的正常产能制定了其第一个运营年度的生产成本预算。生产预算包括以下成本。

直接材料	每件成品4.00美元
直接人工	每件成品3.25美元
变动制造间接费用	每件成品1.15美元
固定制造间接费用	每件成品2.85美元

此外，每件产品的变动销售费用和管理费用为5美元，总固定销售费用和管理费用为81 000美元。

本年度，公司生产了11 000件产品，销售了其中10 000件，每件售价为32美元。所有变动成本与预期的单位变动成本完全相同，所有固定成本也与预期的总固定成本完全相同。公司的总裁要求主计长分别根据吸收成本法和变动成本法编制一份损益表。

问题：

1. 说明吸收成本法与变动成本法对以下各类成本的处理有何不同：

a. 直接材料。

b. 直接人工。

c. 变动间接费用。

d. 固定间接费用。

e. 变动销售和管理费用。

f. 固定销售和管理费用。

2. a. 计算吸收成本法下期末存货的单位成本。请列出计算过程。

b. 计算变动成本法下期末存货的单位成本。请列出计算过程。

3. a. 计算吸收成本法下的营业收益。请列出计算过程。

b. 计算变动成本法下的营业收益。请列出计算过程。

4. 解释为何吸收成本法下的营业收益与变动成本法下的营业收益不同。

5. a. 解释为什么美国一般公认会计原则要求采用吸收成本法。

b. 解释为什么变动成本法更适合管理层决策。

【答案】

1. 说明吸收成本法与变动成本法对以下各类成本的处理有何不同：

a. 直接材料——均将其作为存货成本。

b. 直接人工——均将其作为存货成本。

c. 变动间接费用——均将其作为存货成本。

d. 固定间接费用：

吸收成本法下将其作为存货成本。

变动成本法下将其费用化。

e. 变动销售和管理费用——均将其费用化。

f. 固定销售和管理费用——均将其费用化。

2. a. 计算吸收成本法下期末存货的单位成本。请列出计算过程。

直接材料	4.00 美元
直接人工	3.25 美元
变动间接费用	1.15 美元
固定间接费用	2.85 美元
合计	11.25 美元

b. 计算变动成本法下期末存货的单位成本。请列出计算过程。

直接材料	4.00 美元
直接人工	3.25 美元
变动间接费用	1.15 美元
合计	8.40 美元

3. a. 计算吸收成本法下的营业收益。请列出计算过程。

收入（10 000×32 美元）		320 000 美元
产品销售成本（10 000×11.25 美元）		112 500 美元
毛利		207 500 美元
销售和管理费用		
变动（10 000×5.00 美元）		50 000 美元
固定		81 000 美元
营业收益	76 500 美元	

b. 计算变动成本法下的营业收益。请列出计算过程。

收入（10 000×32 美元）		320 000 美元
变动产品销售成本（10 000×8.40 美元）	84 000 美元	
制造边际贡献	236 000 美元	
变动销售和管理费用（10 000×5.00 美元）		50 000 美元
边际贡献		186 000 美元
固定成本：		
固定间接费用（11 000×2.85 美元）		31 350 美元
销售和管理费用		81 000 美元
营业收益		73 650 美元

4. 解释为何吸收成本法下的营业收益与变动成本法下的营业收益不同。

当产量大于销量时，吸收成本法下的营业收益高于变动成本法下的营业收益。因为吸收成本法下部分固定间接费用被分摊在存货中，是资产。而变动成本法下所有固定间接费用均被费用化。

5. a. 解释为什么美国一般公认会计原则要求采用吸收成本法。

美国公认会计原则选择完全成本法的原因：在损益表中，完全成本法准确全面地定义了产品的成本结构，即由材料、人工、变动制造费用和固定制造费用构成，保证了损益表的最终利润符合生产经营的实际结果，准确地定义了会计利润。在资产负债表中，存货的价值因为产品全成本而准确地进行了估值，使得存货价值没有被低估，这充分地保证了企业的资产评估的准确性。

b. 解释为什么变动成本法更适合管理层决策。

（1）在吸收成本法下，营业收益可受产量的控制。而变动成本法下，营业收益不会受产量的控制。只与销量有关，避免管理层为单纯追求高利润而操纵产品/存货。

（2）变动成本法有助于管理层关注变动成本发生的变化，因为他们是可控的。

（3）变动成本法基于边际贡献的分析可以帮助企业进行本量利分析，确定产品生产和销售的盈亏平衡点。

同步测试题

一、单选题

1. M 公司 11 月期初、期末的存货如下：

单位：美元

项目	11 月 1 日	11 月 30 日
直接材料	67 000	62 000
在产品	145 000	171 000
完工品	85 000	78 000

11 月的生产数据如下：

直接人工	200 000 美元
实际的制造费用	132 000 美元
直接材料采购	163 000 美元
在途材料	4 000 美元
采购退货及折让	2 000 美元

M 公司使用一个制造费用账户，并且将生产中直接人工成本的 70% 计提制造费用。该公司直到年末才确认制造费用被高估或低估。

M 公司 11 月的销售成本是：

A. 484 000 美元　　B. 491 000 美元

C. 502 000 美元　　D. 476 000 美元

2. 某公司今年的单位成本数据如下所示：

单位：美元

原材料	10.00
直接人工	20.00
变动制造费用	5.00
固定制造费用	5.00
单位成本总计	40.00

固定制造费用是以年产量 1 000 件为基数计算而得。基于上述资料，若今

年的产量是 1 200 件时，则预计发生的制造成本总额将会是多少？

A. 47 000 美元　　B. 48 000 美元

C. 50 000 美元　　D. 52 000 美元

3. 某公司出于内部报告和分析的目的采用变动成本法。然而，为了外部报告需要将信息转换为吸收成本法。当年财务数据为：产量为 1 000 台，销量为 800 台，每台产品的原材料成本为 500 美元，人工成本为 300 美元，变动制造费用为 250 美元，总固定制造费用为 200 000 美元，在吸收成本法下和变动成本法下的利润差异是多少？

A. 吸收成本法利润高出变动成本法 40 000 美元

B. 吸收成本法利润低于变动成本法 40 000 美元

C. 吸收成本法利润高出变动成本法 80 000 美元

D. 吸收成本法利润低于变动成本法 80 000 美元

4. 下面哪一种成本在相关范围内当产量降低时仍维持不变？

A. 单位变动成本　　B. 单位平均成本

C. 单位固定成本　　D. 变动成本总额

5. 某制造商生产多个系列产品，需要各种不同类型的零件组合。该制造商确定了各种成本池，其中一个是材料处理成本。这一成本池包括收货、质检、仓储及将材料运到生产车间的员工工资和福利；装卸设备（如叉车）的折旧与维修成本以及使用的耗材成本和其他相关成本。以下哪项最适合作为分配材料处理成本到产品的成本动因？

A. 直接人工工时　　B. 生产数量

C. 供应商数量　　D. 使用零件数量

6. 制造工厂的生产经理在制定年度生产预算时，正在考虑不同的产能水平。管理人员根据代表可合理实现的最大产出水平的能力确定预算，同时还考虑到预期和意外停机时间以及预期的浪费。下列哪一项最能描述用于制定预算的能力水平？

A. 正常产能　　B. 理论产能　　C. 实际产能　　D. 理想产能

7. 某公司生产三种主要联合产品和一种副产品。和主要联合产品相比，副产品相关的销售额很低。对于副产品的可变现净值的会计处理，比较好的做法是：

A. 根据其他产品各自可实现的净额，作为其他产品收入的附加

B. 销售期间的收入

C. 抵减分配到其他三种主要产品的共同成本

D. 作为一个单独的可分摊共同成本的可变现净值

8. 某公司用棉和涤纶生产女式服装，鉴于同一款式的服装都用这两种布料，公司采用营运成本法。6 月生产完工 1 000 件棉质的，6 月还投产 1 500 件涤纶的，材料在生产伊始一次性投入。该月份完工 700 件，剩下的在月末的完工程度为 25%。6 月期初没有在产品，6 月发生的成本数据如下：

单位：美元

棉	10 000
涤纶	22 500
加工成本	13 300

请问该月生产的每件女式涤纶服装的成本是多少？

A. 18.32 美元　　B. 20.32 美元

C. 22.00 美元　　D. 32.00 美元

9. S 公司采用分步成本法，制造完工时对其产品进行质检。6 月 30 日检测发现 6 月如下信息：

完工产品	16 000 件
正常的废品	300 件
非正常的废品	100 件

单位成本：原料，3.50 美元；加工成本，6.00 美元。请问公司将要转入产成品存货的件数及转入的相关成本？

	转入存货的件数	成本
A.	16 000 件	152 000 美元
B.	16 000 件	154 850 美元
C.	16 000 件	155 800 美元
D.	16 300 件	154 850 美元

10. 杰克逊公司第一季度的相关信息如下：

月份	机器耗时	清洁费用（美元）
1 月	2 100	900
2 月	2 600	1 200
3 月	1 600	800
4 月	2 000	1 000

运用高低点法，杰克逊公司每小时清洁费用中的变动成本是多少？

A. 0.40 美元　　B. 0.48 美元
C. 2.00 美元　　D. 2.50 美元

11. C 公司采用加权平均分步成本法来处理生产一种化合物发生的成本。在生产过程中，当产品完工 80% 时投入材料 B。当月期初在产品存货为 20 000 件，完工率 90%。当月共生产 70 000 件，其中完工 65 000 件，没有发生废品损失。如果期末存货的完工率为 60%，请问该月材料 B 的约当量总计是多少?

A. 65 000 件　　B. 70 000 件　　C. 85 000 件　　D. 90 000 件

12. 某公司只生产一种产品，请利用下面所列的资料计算出变动制造费用的预计分配率：

生产件数	10 000 件
待销售件数	9 000 件
间接材料，随产量变动	2 000 美元
间接人工，随产量变动	8 000 美元
车间主任工资，和产量无关	10 000 美元
机器厂房折旧	20 000 美元
维持机器运转的水电气等费用	5 000 美元
工厂安全照明	6 000 美元
销售及一般行政管理费用	1 000 美元

A. 2 美元　　B. 3 美元　　C. 1.5 美元　　D. 1 美元

13. 某公司的财务团队花费 100 000 美元新购置了一套项目管理软件包。税务申报团队增加了 10 000 美元购置了一款更小的应用程序，如果单独购买这款应用程序，则需 40 000 美元。主计长将把这些成本主要分摊到作为主要用户的财务团队，因而应采用：

A. 增量成本分摊方法，将 10 000 美元分摊到税务申报团队，将 100 000 美元分摊到财务队

B. 独立成本分摊方法，将 40 000 美元分摊到税务申报团队，将 70 000 美元分摊到财务队

C. 双重成本法，向这两个用户团队均分摊 55 000 美元

D. 最能体现该软件包使用情况的方法

14. 海瑟薇近日加入布伦大学，被任命为计算机服务部门的首席信息师。她的任务就是帮助解决由于用户不加控制地使用电脑而造成的成本超支这一老问题，但是同时还不能限制科研和教学上使用信息技术。为了确保这两个目标

第四章

的一致性，该用下面哪一个方法把计算机服务部门的成本分配给大学里面的其他部门？

A. 实际费率乘以电脑实际耗时
B. 实际费率乘以电脑预算耗时
C. 预算费率乘以电脑实际耗时
D. 预算费率乘以电脑预算耗时

15. W公司有两个辅助部门，信息系统部和人事部；两个制造部门，机加工部和组装部；辅助部门之间互相提供服务以及为生产部门提供服务。公司经研究发现，人事部提供服务的部门数量多于信息系统部。若公司采用交互分配法，则将会出现下面哪一种情形？

A. 组装部门的成本分配到信息系统部和人事部
B. 信息系统部的成本分配到机加工部以及机加工部的成本分配到组装部
C. 人事部的成本只分配给信息系统部
D. 信息系统部的成本分配给人事部、机加工部和组装部

16. 尼尔公司是一家采用作业成本法分配成本的制造商。每个产品的作业被分为增值作业和非增值作业。以下哪项尼尔公司生产流程中使用的作业是非增值作业？

A. 工程设计　　B. 热处理　　C. 钻床　　D. 储存原材料

17. 一家大型制造公司有两个服务部门和两个生产部门。每个服务部门互相提供服务，并向两个生产部门提供服务。以下哪种方法最能准确地将服务部门的成本分摊到本公司的生产部门？

A. 直接分配法　　B. 按步向下分配法
C. 线性分配法　　D. 交互分配法

18. 以下MRP（材料需求计划）图描述了成品A的组装情况。如下图当前的存货量如下所示。A：0；B：50；C：60；D：100；E：120。如果该公司刚收到一份要求购买500件产品A的订单，该公司必须采购多少件产品E？

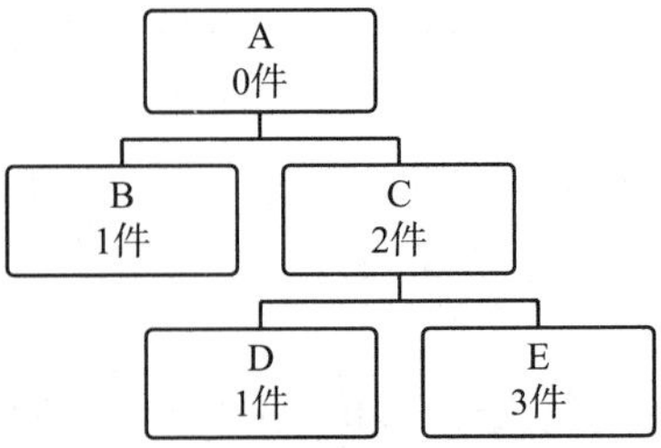

A. 3 000件　　B. 2 880件　　C. 2 820件　　D. 2 700件

19. 在分析质量成本时，要衡量顾客满意度，请问把顾客满意度这一非财务指标包括在内的一个主要原因是什么？

A. 财务指标经常不可靠

B. 非财务指标通常是会计业务流程里面的一部分

C. 在没有数据趋势预测的情况下，非财务指标是有用的

D. 从财务指标中，我们并不能看出哪些具体的地方需要改进

20. 在企业最近发生了一起关于质量成本的诉讼事件，此事件是来自几年前购买商的诉讼，那么此次事件产生的质量成本属于：

A. 预防成本　　B. 评估成本

C. 内部损失成本　　D. 外部损失成本

21. 某公司的产品从研究、开发、设计到退出市场，预计有 4 年的生命周期。预算成本如下：

单位：美元

上游成本（研发、设计）	2 000 000
制造成本	3 000 000
下游成本（营销、配送、客服）	1 200 000
售后成本	1 000 000

公司计划生产 200 000 件，且定价为整个生命周期单位成本的 125%。那么预计的销售单价为：

A. 15 美元　　B. 31 美元　　C. 36 美元　　D. 45 美元

22. 价值链分析中，达到目标成本水平的系统方法是：

A. 价值工程　　B. 生命周期成本法

C. 流程价值分析　　D. 作业分析

23. K 公司是望远镜镜头的生产商。由于 K 公司只销售高质量的镜头，报告期内正常损耗为 1 000 件。本报告期期初 K 公司有存货为 2 200 件，本期投入生产并完工 4 000 件。本期期末存货为 1 500 件，转出 3 000 件。那么，K 公司当期的非正常损耗为：

A. 700 件　　B. 1 000 件　　C. 1 700 件　　D. 3 200 件

24. 某化妆品公司采用传统的成本会计体系，按照直接人工成本的 14.5% 将质量控制成本分摊到所有产品中。S 产品每月的直接人工成本为 27 500 美元。为了更加公平地分配质量控制成本，该公司正在考虑使用作业成本法。S 产品每月归集的数据如下表所示：

第四章

作业活动	成本动因	分摊率	S 产品所需数量
来料检查	材料种类	11.50 美元/种	12 种
流程中检查	检查数量	0.14 美元/件	17 500 件
产品认证	每个订单	77 美元/订单	25 个订单

那么采用作业成本法，S 产品月度分摊到的质量控制成本是：

A. 88.64 美元/订单　　B. 比传统成本法低 525.50 美元

C. 8 500.50 美元　　D. 比传统成本法高 525.50 美元

25. 某家颇具盈利能力的公司有五个部门，从事相当多样化的业务，但采用全厂统一的制造费用分配率。公司正在着手改革，要么改成按部门的分配率，要么采用作业成本法。请问哪种方法可能会大大增加分配基数和提供更准确的成本计算结果？

A. 大大增加分配基数：部门分配率；更加准确的成本计算结果：部门分配率

B. 大大增加分配基数：部门分配率；更加准确的成本计算结果：作业成本法

C. 大大增加分配基数：作业成本法；更加准确的成本计算结果：部门分配率

D. 大大增加分配基数：作业成本法；更加准确的成本计算结果：作业成本法

二、简答题

ACE 是一家生产制造企业。企业的 CFO 正在考虑从传统的制造方式转向及时生产的方式，其中一个很重要的部分就是对其向原材料运输和客户运输的运营环节以及时生产的角度来进行优化和评估。CFO 同时也在评估，运输部门业务是否可以通过外包的方式让其他运输公司来进行，这样做和自己进行运输相比有什么优点和缺点。CFO 的助理也在评估自己进行客户运输，未来要进行卡车的购买或者租赁的方式。卡车的售价是 100 000 美元，每年租赁费是 20 000 美元，租赁时间为 6 年，而卡车的寿命一般都是 6 年。

问题：

1. 请说明及时生产（JIT）系统的三大优势。
2. 请说明外包的两项优势和劣势。
3. 请指出题目中原材料运输的关键绩效指标。
4. 以下三项如何影响投资回报率，这三项分别是：

a. 购买设备；
b. 租赁设备；
c. 外包原材料的运输。

同步测试题答案及解析

一、单选题

1.【答案】B

【解析】选项B正确。生产成本总计是直接材料成本、直接人工成本和制造费用合计。计算过程如下表：

单位：美元

期初材料	67 000
加：采购	163 000
加：在途	4 000
减：采购退货	（2 000）
可用材料合计	232 000
减：期末材料	（62 000）
生产耗用直接材料	170 000
直接人工	200 000
制造费用（直接人工×70%）	140 000
生产成本合计	510 000
加：期初在产品	145 000
减：期末在产品	（171 000）
转入到产成品的成本	484 000
期初产成品存货	85 000
加：生产成本	484 000
可售产品成本	569 000
减：期末产成品存货	（78 000）
销售成本	491 000

2.【答案】A

【解析】选项A正确。单位固定制造费用5美元是以年产量1 000件为基数计算而得，因此，固定制造费用＝5×1 000＝5 000（美元）。总制造成本＝

(10 + 20 + 5) × 1 200 + 5 000 = 47 000 (美元)。

3. 【答案】A

【解析】选项 A 正确。吸收成本法和变动成本法在产量和销量不一致的情况下，利润差异是产销不一致数量所对应的固定制造费用的差异。产量大于销量，吸收成本法利润更高。因此，该差异为 (1 000 − 800) × 200 000 ÷ 1 000 = 40 000 (美元)。

4. 【答案】A

【解析】选项 A 正确。在相关范围内，单位变动成本在产量降低时是不变的。

选项 B 不正确。由于固定成本的存在，单位平均成本随产量降低而增加。

选项 C 不正确。单位固定成本随产量降低而增加。

选项 D 不正确。变动成本总额随产量降低而降低。

5. 【答案】D

【解析】选项 A 不正确。直接人工工时是分配制造费用的传统方法。然而，它不是分配制造费用的必需的恰当基础，因为直接人工在大多数产品的总成本中只占一小部分。

选项 B 不正确。生产的数量是衡量产出量的指标。

选项 C 不正确。供应商数量可能是对收货和检验比较恰当，但是在当前的材料处理中包括的因素并不仅仅是供应商数量。

选项 D 正确。使用的零件与材料处理成本有直接因果关系。使用的零件越多，处理成本越高。

6. 【答案】C

【解析】选项 A 不正确。正常产能被定义为可以在一段时间内完成的平均输出水平。

选项 B 不正确。理论产能是在零停机和浪费的情况下可以完成的最优输出水平。

选项 C 正确。实际产能是可以合理实现的最高产出水平，同时考虑到计划停机时间和计划外停机时间（如设置费用、维护、故障等）以及预期的浪费。

选项 D 不正确。理想产能是理论产能的同义词，因此代表了可以用零停机和浪费完成的最佳输出水平。

7. 【答案】C

【解析】选项 A 不正确。因为相对销售价值小，副产品的销售收入作为主产品成本的减项。

选项 B 不正确。因为相对销售价值小，副产品的可实现净值通常作为主产品成本的减项。

选项 C 正确。因为相对销售价值小，副产品使用成本效益分配方法，抵减主产品成本。

选项 D 不正确。因为相对销售价值小，不宜作为一个单独的可分摊共同成本的可变现净值。

8.【答案】C

【解析】选项 C 正确。两款服装面料不同，但加工工艺相同。先计算原材料成本，涤纶服装的约当产量是 700 + 800 × 100% = 1 500 件，22 500 ÷ 1 500 = 15（美元）；转换成本 13 300 美元是整个公司的（包括全面服装和涤纶服装），因为是同一款式，假设单位加工成本相同，转换成本的约当产量一个是 1 000 件，一个是 900 件（即 700 + 800 × 25%），因此单位加工成本是 13 300 美元 ÷（1 000 + 900）= 7 美元，因此涤纶服装的单位总成本为 15 + 7 = 22（美元）。

9.【答案】B

【解析】选项 B 正确。首先，非正常废品是不进入存货的，而是直接计入期间费用；然后，只有正常完工的产品才会转入存货中，因此，16 000 件产品转出；转出成本 = 16 000 × 9.5 + 300 × 9.5 = 154 850（美元）。

10.【答案】A

【解析】选项 A 正确。高低点法是使用在一系列发现中的高点和低点上的基础等式产生回归线。本题中，3 月是最低点，2 月是最高点。

	机器耗时	清洁费用
2 月	2 600	1 200 美元
3 月	1 600	800 美元
增加值	1 000	400 美元

因此每小时费用为 0.40 美元（400 ÷ 1 000）。

11.【答案】A

【解析】期初在制品完工 90%，材料 B 已经投入，需要计入约当产量；本期完工品是要计入约当产量的。期末的在产品仅仅完成了 60%，不到添加材料 B 的时候，故此不计。因此，材料 B 的约当产量为 65 000 件。选项 A 正确。

12.【答案】C

【解析】选项 C 正确。题中维持机器运转的水电气等费用、间接材料和间接人工属于变动制造费用，安全照明不是变动的，因此答案是（5 000 + 2 000 + 8 000）÷ 10 000 = 1.5（美元）。

13.【答案】A

【解析】题目已经告知，主要成本需要分摊到财务团队，故此税务团队承

第四章

担增量部分即可。

14. 【答案】 C

【解析】 C 是最通常用的方法，即预算率 × 实际用量。不应该用预算的用量去分配，因为部门会少报而实际多用，这样起不到作用；不建议用实际率，因为这样事后才知道，应该用预算率 × 实际量，知道预算率，每个部门可以规划自己要使用的量，而且同时也起到提前震慑作用，因为提前知道使用多少量的成本后就不敢超量使用了。

15. 【答案】 D

【解析】 选项 A 不正确。制造部门的成本不分配到服务部门。

选项 B 不正确。交互分配法下，信息系统部的成本会分配到人事部、机加工部和组装部。

选项 C 不正确。交互分配法下，人事部的成本会分配到信息系统部、机加工部和组装部。

选项 D 正确。交互分配法在分配服务部门的成本时考虑服务部门之间相互提供的服务，引入方程式对交互服务费用进行全面确认。

16. 【答案】 D

【解析】 因为确认了非增值作业，按照作业分析提供较好的成本控制。增值作业为客户满意度或满足企业需求增加价值。非增值服务则不会。在不损坏产量、质量或客户及企业所期望的产品或服务的要求下，可以取消、减少或重新设计非增值服务。例如，在不影响客户价值下，采用适时生产体系可以降低或取消原材料存储。

选项 A 不正确。工程设计增加产品生产过程中的产品价值。

选项 B 不正确。热处理作业在生产流程中增加产品价值。

选项 C 不正确。钻床作业在生产流程中增加产品价值。

选项 D 正确。储存原材料不增加价值，是非增值作业。

17. 【答案】 D

【解析】 选项 A 不正确。直接分配方法忽略由一个服务部门提供给另一个服务部门的任何服务。

选项 B 不正确。按步向下分配方法允许对服务部门向其他服务部门提供的服务进行有限的分摊。

选项 C 不正确。线性分配方法是没有意义的。

选项 D 正确。交互法使用联立方程来分配每个服务部门的成本。它通过明确包括所有部门之间提供的相互服务来分摊成本。当服务部门相互提供服务时，直接法或向下分配法在理论上是不准确的。因此，在这种情况下，交互法将导致最准确的分配。

18.【答案】 D

【解析】 理解产品/配件真正的驱动因素。见下表：

单位：件

产品/配件	需求量	存量	中间需求	采购量
A	500	0	500	
B	500	50		450
C	1 000	60	940	
D	940	100		840
E	2 820	120		2 700

19.【答案】 D

【解析】 选项 A 不正确。财务指标通常是可靠的。

选项 B 不正确。非财务指标不是会计业务流程的一部分。

选项 C 不正确。非财务指标的使用与数据趋势没有必然联系。

选项 D 正确。公司往往需要通过非财务指标才能发现需要改进的地方。

20.【答案】 D

【解析】 选项 D 正确。

因为是客户的诉讼损失，发生在销售行为之后，故此是外部损失成本。

21.【答案】 D

【解析】 选项 D 正确。整个生命周期包括客户发生的售后成本（经营、支出、修复及处置）及成本生命周期（研发、设计、生产、营销、配送及研究）。因此，预算的全生命周期单位成本 36 美元［（2 000 000 + 3 000 000 + 1 200 000 + 1 000 000）÷ 200 000 件］，预计销售单价为 45 美元（36 × 125%）。

22.【答案】 A

【解析】 价值工程是达到目标成本水平的衡量方法。它是一个评估组成产品价值链成本所有方面的系统方法。

选项 A 正确。价值工程是达到目标成本水平的系统方法。

选项 B 不正确。生命周期成本是成本计划和产品定价的基础。

选项 C 不正确。流程价值分析是了解公司如何生产其产品的方法。

选项 D 不正确。作业分析确定做了什么、谁做的、当时的成本及其他资源是多少，及每个作业增加的价值是多少。

23.【答案】 A

【解析】 选项 A 正确。

K 公司当期非正常损耗计算如下：

期初在制品	2 200
加：开始投入并完工	4 000
减：转出	(3 000)
减：期末在制品	(1 500)
当期总损耗	1 700
减：正常损耗	(1 000)
当期非正常损耗	700

24.【答案】D

【解析】选项 D 正确。在传统成本法下，分配的金额为 3 987.50 美元（27 500×14.5%）。在作业成本法下，分配的金额为 4 513 美元［(12×11.5)+(17 500×0.14)+(25×77)］，即比传统成本法多分配 525.50 美元。

选项 A 不正确。作业基础法分配额应是 4 513 美元。

25.【答案】D

【解析】公司只有五个部门，但是业务多样化，成本动因更多，所以作业成本法比部门分配率的分配基数更大，同时计算的结果更准确。选项 D 正确。

二、简答题

【答案】

1. 请说明及时生产（JIT）系统的三大优势。

（1）存货占用的营运资金低，资金流动率高；存货发生过期、破坏或减损的风险降低。

（2）生产和存货所需空间降低，降低制造成本。

（3）对客户要求作出更快的反应，从而提高收入。

2. 请说明外包的两项优势和劣势。

优势：①使管理层和员工可以将精力集中于核心竞争力和产生收入的战略性活动；②通过获取外部的专业知识和生产规模，改善效率和效益；③避免了间接费用（如员工工资、设备折旧等）。

缺势：①会降低运输这个运营环节的流程控制；②过于依赖外部运输供应商时，可能导致灵活性下降；③如果没有合理运输管理控制和检测，运输的质量可能反而下降。

3. 请指出题目中原材料运输的关键绩效指标。

原材料运输的两个关键绩效指标：①原材料运输的准时率；②原材料运输的损耗或者破损率。

4. 以下三项如何影响投资回报率，这三项分别是：

a. 购买设备；

b. 租赁设备；

c. 外包原材料的运输。

a. 如果购买设备，企业的资产大幅增多。在其他保持恒定的情况下这是会较大降低投资回报率的。

b. 如果租赁设备，在该案例中是融资租赁，企业资产也会大幅增多，这也同样会降低投资回报率。

c. 如果外包原材料的运输，意味着每年付出运输费，而资产项会下降相应的现金。这样会使投资回报率有一定程度的下降。

第五章

内部控制

内部控制是企业有效实现其经营目标的重要保证。在企业运营过程中，不少管理者往往会因为追求业绩的原因，而忽视内部控制的建立和维护，造成了非常惨痛的企业财务损失。从管理会计层面，内部控制从组织的高层出发，引导企业客观认识风险和收益的动态关系，帮助企业建立有效的公司治理结构，并引领下属切实履行管理层指示，实时检查组织行动、政策和决策的有效性，有力地保证了企业经营增长和业绩提高。

本章考情分析

本章主要内容：公司管理；内部控制风险；内部控制环境，程序及标准；会计信息系统控制充分性评估；业务连续性计划。

本章占比15%。

本章近年来的主要考点：①审计的三种风险类型；②内部控制优缺点；③COSO内部控制整合框架；④职责分离的应用；⑤美国《反海外腐败法》（FCPA）和《萨班斯－奥克斯利法案》（SOX）；⑥一般性控制；⑦输入、处理和输出控制；⑧灾难恢复计划与程序；⑨加密和防火墙的定义等。

本章重点框架图

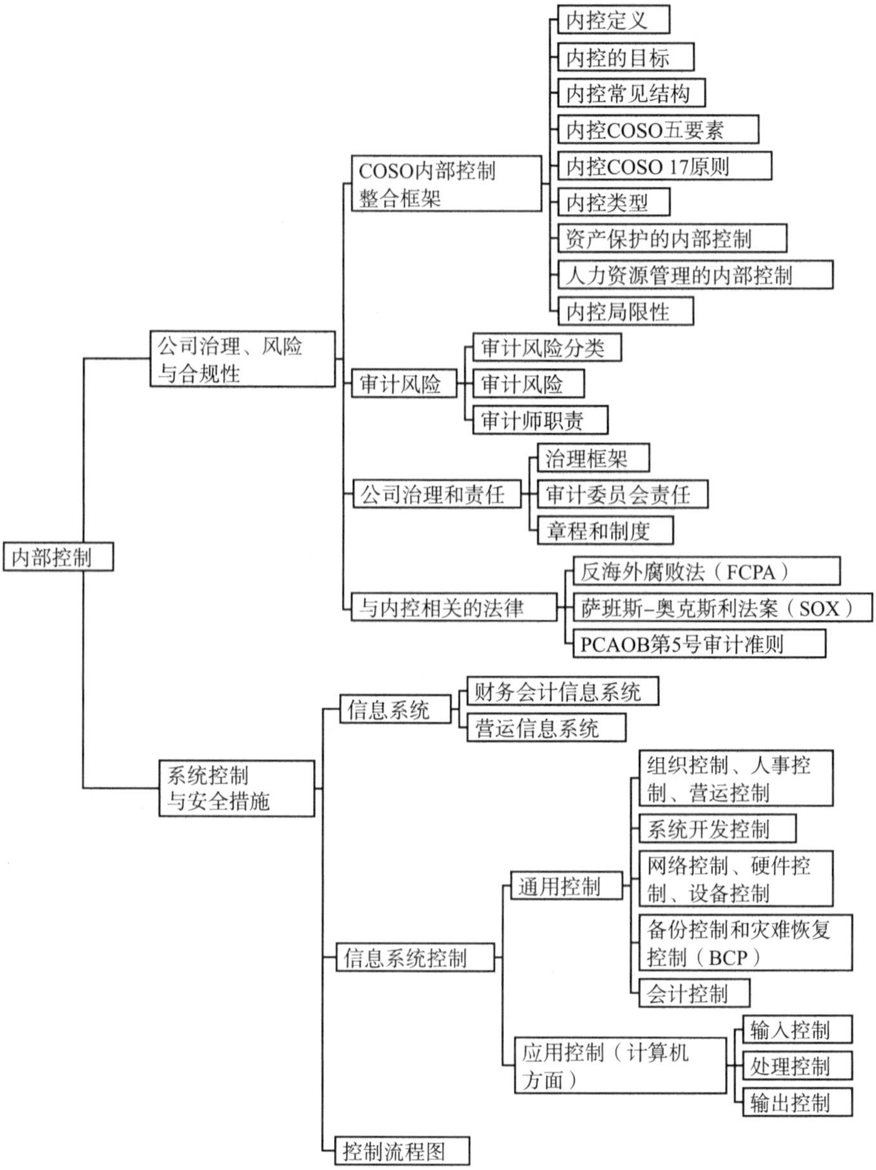
内部控制
公司治理、风险与合规性
COSO内部控制整合框架
内控定义
内控的目标
内控常见结构
内控COSO五要素
内控COSO 17原则
内控类型
资产保护的内部控制
人力资源管理的内部控制
内控局限性
审计风险
审计风险分类
审计风险
审计师职责
公司治理和责任
治理框架
审计委员会责任
章程和制度
与内控相关的法律
反海外腐败法（FCPA）
萨班斯–奥克斯利法案（SOX）
PCAOB第5号审计准则
系统控制与安全措施
信息系统
财务会计信息系统
营运信息系统
信息系统控制
通用控制
组织控制、人事控制、营运控制
系统开发控制
网络控制、硬件控制、设备控制
备份控制和灾难恢复控制（BCP）
会计控制
应用控制（计算机方面）
输入控制
处理控制
输出控制
控制流程图

本章重难点精讲

第一节　公司治理、风险与合规性

1987 年，美国注册会计师协会、内部审计师协会、管理会计师协会、美国会计协会和财务经理协会等五个组织成立了发起组织委员会（COSO）。他们的目标是开发一个综合性的内部控制模型，以指导和改进会计控制的工作。目前，COSO 提供有关企业风险管理、内部控制和欺诈威慑的指导。

一些政策和立法举措日益强调控制问题。2002 年通过的《萨班斯 - 奥克斯利法案》（SOX）催生了上市公司会计监督委员会（PCAOB），它作为证券交易委员会的一部分而存在。上市公司会计监督委员会负责制定上市公司审计标准，其已采用 COSO 的内部控制模型作为指南。COSO 模型最初于 1992 年生效，被称为《内部控制——整合框架》（2013）。它包含五个主要的内部控制整合要素，定义了内部控制并确定了内部控制度有效性的标准。

为了进一步解决风险管理问题，最初的 COSO 模型在 2004 年被扩展，将另外 3 个与风险相关的要素也包含在内。扩展后的风险驱动框架在 2013 年更新，被称为《企业风险管理——整合框架》。2017 年，COSO 对这个框架进行了更新，称之为《企业风险管理——与战略和绩效相整合》。

一、内部控制

一个有效的内部控制体系是一种流程，该流程提供了合理的保证，使得实体能实现其与运营、报告和合规性相关的目标。设立内部控制制度是为了将风险降至可接受的水平，在设计和评估内部控制时，最广为接受的模型是“COSO 内部控制整合框架”。

内部控制系统包含三个维度的内容：

（1）内部控制的目标；

（2）内部控制的组成要素；

（3）组织结构。

内部控制的组成要素，为组织目标的实现提供支撑。这些目标对于实体及其运营环境是独一无二的。在某些情况下，这些目标和控制重叠并相互支持。例如，对现金严格控制可能增加与现金有关的财务报告的可靠性。另外，组织的目标既可以从公司层面来设定，也可以针对组织内部的部门、运营单位和职能来设定（见图 5 - 1）。

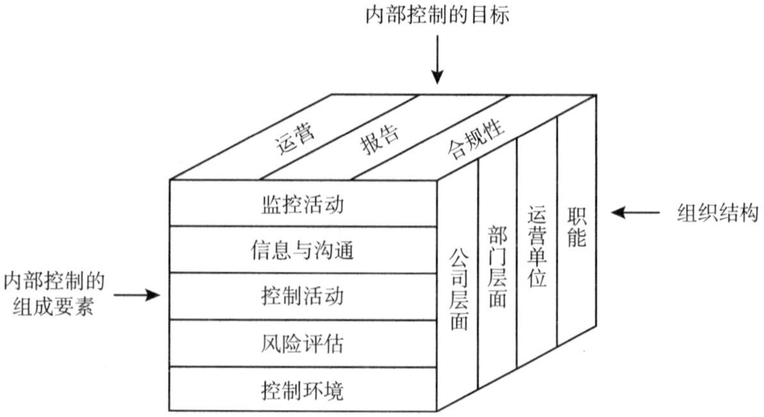

图 5－1　内部控制的三个维度

（一）内部控制的目标

（1）运营目标：组织运营的效果和效率，包括运营和财务绩效目标，资产安全不受损失。

（2）报告目标：内外部的财务和非财务报告的可靠性、及时性、透明度，以及满足其他有关的规则、标准或政策。

（3）合规性目标：遵守公司适用的法律法规。

（二）内部控制常见的组织结构

COSO 中所描述的一个大型组织中常见的组织结构可以进行如下分解：

（1）组织范围：实体层面。

（2）部门层面：高层或组织中不连续的部分。

（3）运营单位：组织中可以分离的单位。

（4）职能：例如会计、营销、信息技术。

（三）内部控制的类型

内部控制可分为预防性控制、检测性控制、纠正性控制、指令性控制和补偿性控制，如表 5－1 所示。

表 5－1　内部控制的五种类型

控制类型	主要关注点
预防性控制	• 有助于防止挪用资产和对资产的不当使用 • 交易控制是一种特定类型的预防性控制，这种控制方式被设计用来确保每一笔交易都有交易记录，虚假交易不能输入系统，并且所有的有效交易都被准确地记录。 形式：设置进入障碍或门槛、职责分离、监督审查、双重控制（两个人授权）、准确度检查（发票与仓库收据核对）、合理性检查（信用额度验证交易总额）、完整性检查（所有必要内容填完才进入下一步）

续表

控制类型	主要关注点
检测性控制	• 通过一旦错误发生就对其进行检测来对预防性控制提供支持 • 是对预防性控制的补充，是一个设计良好的控制系统的重要组成部分 形式：全面检查、随机检查，如银行对账单、存货盘点等
改正性控制	可以改正采用检测性控制识别出来的问题 形式：系统的常规校订功能可以检测错误来发现正确的并更正原始记录
指向性控制	与预防性控制、检测性控制以及改正性控制形成对照，是为了产生积极结果而设计的指令 形式：通过明确的指向性选择，使营运产生正面结果，提高企业的商业形象
补偿性控制	• 也称为缓和性控制 • 用来弥补控制结构中其他方面的不足 • 补偿性控制限制了风险，这一点必须在考虑到特殊系统薄弱环节的条件下，在可能发生的不好结果的背景下进行分析 • 补偿性控制有时是多余的

【例题5－1】 以下为检查性控制的是?

A. 每月银行对账　　B. 会计信息系统登录授权

C. 文件柜保险柜上锁　　D. 付款前支持性文件保存

【答案】 A

【解析】 其他三个都是预防性控制。

（四）内部控制的局限性

即使设计良好的控制系统也可能会失效，造成内部控制失效的威胁主要来自以下四个方面。

（1）管理层滥用职权、凌驾于内部控制之上。管理层滥用职权可以威胁到任何控制系统。有时候，管理层在某种特殊情况下的滥用职权行为是合理的。但是，只有让管理层滥用职权受到监视和限制，控制环境才能得以保持。例如，可以在恰当的位置设置一个控制措施，管理层不遵守控制程序时，这个控制措施就会自动触发例外报告。

（2）员工之间，以及员工与外部人员（供应商或客户）之间的相互勾结。员工的利益冲突也会对任何企业构成威胁。例如，服装零售商的采购员在一家制造服装的公司有财务利益，那么在决定与哪个供应商合作时，他或她就会存在利益冲突。

（3）内部控制其他固有的缺陷，例如失误、误解、判断错误等。

（4）内部控制系统必须考虑的成本－效益原则，内部控制只能提供合理的保障而不是无限制地追求完美。

（五）内部控制的五个要素

COSO内部控制的五要素主要包括控制环境、风险评估、控制活动、信息与交流、审查和监控。

1. 控制环境。

组织中的“人”是决定控制环境的关键因素。诚信、道德和信心等个人属性决定了组织的控制环境和企业文化。控制环境主要包括以下几个组成部分。

（1）高层管理者营造的道德氛围。强调道德和诚信对组织成功的关键作用，强调使命的表述和行为准则对诚信的建立有促进作用。高层管理者应该以身作则。

（2）政策和标准。对组织风险管理方面的政策和标准进行完善和沟通，有助于营造理想的控制环境。

（3）关键会计职能与职责分离。将事件中的关键行为加以分离，可以降低舞弊行为和错误。与内控相关的，应该分离的四项关键活动是：①事件授权；②事件记录；③与事件相关的资源的保护和保管；④核对、监督和审计。

（4）将内部控制政策和程序形成文件。文件记录有助于培训、审计和不因人员离职而中断。文件要详细地列示每个岗位的具体要求，包括工作资格、具体责任和报告关系。

2. 风险评估。

公司应定期或适时做风险评估，全面准确实施内控。风险分为固有风险和剩余风险。固有风险是组织所面临的风险，除非管理层主动采取措施进行规避或缓解，否则固有风险不会消失。固有风险是应首先进行评估的风险。剩余风险就是在管理层采取措施处理固有风险之后所残留的风险。

3. 控制活动。

根据风险评估结果，将风险控制在可接受范围之内的政策和程序。主要控制活动包括：

（1）职责的划分；

（2）交易授权系统；

（3）充分的文件记录；

（4）资产安全；

（5）独立验证；

（6）合适的职责分离。

其中，职责分离是企业进行内控最重要的内容。职责分离是指遵循不相容职责相分离的原则，实现合理的组织分工。通过职责分离可以防止错误和舞弊，保证交易事项的真实性。不相容职责是指企业里某些相互关联的职责，如果集中于一个人身上，就会增加发生差错和舞弊的可能性，或者增加发生差错或舞弊以后进行掩饰的可能性。四种职责务必要分开，这四种职责分别是：①交易授权人（如管理层）；②交易的执行人（如销售、生产、采购、人事等）；③交易的记录人、记账人（会计人员）；④交易引起的资产保管人（如出纳保管现金及银行存款、仓库保管员保管存货、固定资产保管员保管固定资产等）。

【例题5－2】 下列哪项违反了企业内部控制的规定？

A. 收发员打开邮件，将收到的支票与付款相关原始单据比对，记录支付数额，按日将支票随同现金收入清单交给出纳

B. 收发员打开邮件，将收到的支票与付款相关原始单据比对，记录支付数额，按日将收款相关原始单据随同现金收入清单交给应收账款会计，以记录明细分类账

C. 每周末，出纳就本周收到的所有现金编制存款单

D. 总账人员比较会计分录摘要，将从出纳处收回的欠账现金收入，与应收账款会计明细分类账分批汇总数核对

【答案】 C

【解析】 A、B、D三个选项，均符合职责分离原则。执行、记录和核对三个职责，由不同人员完成出纳就收到的所有现金编制存款单，这项活动包含两个不相容职能：保管资产和记录交易。另外，这个编制活动本身没有及时进行。对“每周末”而言，现金本应该日清月结的，每天将多余的资金缴存银行的。大额现金由出纳保管，时间过长了，会有风险。

4. 信息与交流。

相关信息必须以某种形式、在某个时间框架内生成或获取、使用、传达。企业应获取并使用高质量的信息，以支持内部控制其他要素发挥作用。企业要将必要的信息传达给每位员工。企业与外部相关方就影响内部控制发挥作用的事宜进行沟通。

5. 审查和监控。

通过持续的、独立的评估或者两者相结合的方式，评价组织是否存在内部控制，以及内部控制是否发挥作用。内部审计人员、审计委员会、披露委员会和管理层都需参与到监控中，表现形式有员工评估、内审、外审、经理会议、公司治理等。

【提示】 监控是ERM模型的核心，也是基础性的控制组成要素，因为：无论是人或机器，随着时间的推移，控制会逐渐弱化。技术和管理手段的进步，要求内部控制和相关的监控流程持续地发展和改进。精心设计的控制监控，能够确保：

- 管理层及时发现内部控制的问题，在危机出现之前主动解决问题；
- 决策者收到更多及时准确的信息；
- 财务和非财务报告更加及时、准确和可靠；
- 能够及时完成SOX法案404条款要求的内部控制认证；
- 组织效率最大化，同时成本降低。

【例题5－3】 在内部控制的要素中，管理者相对更看重：

A. 控制环境 B. 控制活动 C. 风险评估 D. 信息与沟通

【答案】A

【解析】选项 A 正确。COSO 内控模型的五大要素中最为重要的是控制环境，它是其他要素的基础。

选项 B 不正确。控制活动不是基础。

选项 C 不正确。风险评估不是基础。

选项 D 不正确。信息与沟通不是基础。

（六）内部控制的控制原则

内部控制的控制原则见表 5－2。

表 5－2　　内部控制整合框架的控制原则

要素	原则	关注点
控制环境	1. 组织：管理层承诺支持高标准的道德和诚信	• 管理层以身作则展示高层的道德基调 • 管理层坚持行为准则，并将其传达给整个公司以及外包供应商和商业伙伴 • 管理层承诺对违反道德和行为准则的事件进行及时处理
	2. 董事会：董事会独立于管理层，对内部控制有效性进行监督	• 董事会应清晰描述其监督责任和独立性 • 董事会拥有适当水平的专业知识和培训，使其能够实施有效监督
	3. 管理层：管理层建立健全企业架构、汇报路径、合理的授权与责任等机制	• 整合组织架构 • 整合包括外包供应商在内的服务
	4. 员工能力：承诺吸引、发展和保留那些认同组织目标的人才	• 建立标准、政策和程序来吸引、发展、保留人才 • 评估能力，制定发展规划以获得所需的技能和能力，并通过培训、招聘或外包的方式解决技能和能力的不足 • 为人员流动和继任做计划和准备
	5. 问责：使员工各自担负起内部控制相关职责	• 通过组织、权限和责任分工，在各个层级沟通和强化问责制 • 建立和评估针对个人的绩效衡量、激励和奖惩措施 • 监督和考虑存在过度绩效压力的可能性，包括不切实际的绩效目标和过度关注短期目标
风险评估	6. 目标：清晰地设定目标，使得组织能够识别和衡量威胁目标达成的风险	• 组织风险偏好的判断准确程度 • 与风险评估相关的重要事项；风险对实现目标的威胁有多大？ • 与组织遵守标准、体系、法律法规的能力有关的风险 • 与运营和财务绩效目标相关的风险 • 投入资源的风险
	7. 评估：对影响目标实现的风险进行全范围的识别和分析，并以此为基础来决定如何管理风险	• 有适当的管理层参与风险评估 • 考虑组织各个层面面临的风险，包括公司整体、各子公司，分部、运营单位和职能部门 • 分析内部及外部的因素 • 估计风险的重要程度 • 制定适当的风险应对机制

续表

要素	原则	关注点
风险评估	8. 舞弊：评估风险的过程中考虑舞弊的可能性	• 考虑舞弊行为的风险和威胁 • 评估舞弊的潜在动机和压力 • 评估组织内可能存在的舞弊机会 • 评估可能用来为舞弊行为辩护和潜在的合理解释
	9. 变革管理：组织应该识别并评估可能对内控体系造成较大影响的变化	• 评估外部环境变化带来的影响 • 评估经营模式变化带来的影响 • 评估管理层变动带来的影响
控制活动	10. 降低风险：开展控制活动，将风险降低至可接受水平	• 控制活动要与风险评估相结合 • 通过风向降低分析确定哪些业务流程需要重点控制 • 思考运营的环境、复杂性、性质和营运的范围如何影响风险降低和控制活动 • 评估多种潜在的控制活动类型的结合，包括人工和自动化的预防性控制和检测性控制 • 通过职责分离，将不相容的活动分离，或者实施替代控制措施
	11. 技术控制：选择和实施一般技术控制来达成目标	• 管理层理解业务流程、自动化控制和一般技术控制之间的依存关系 • 管理层采取控制措施，确保技术和流程的完整性、准确性和有效性 • 适当限制技术的访问权限 • 建立相关的安全管理流程控制 • 建立相关的技术获取、发展和维护的流程控制
	12. 政策：组织的控制活动形成政策，以建立利益相关者期望的问责制、责任划分和控制	• 建立相关的政策和程序来落实管理层指令 • 建立政策和程序执行的责任和问责机制 • 雇用有能力的人员及时开展控制活动，采取纠正措施调查及处理控制问题 • 管理层定期重新评估和修订政策以应对不断变化的情况
信息与沟通	13. 信息质量：相关的高质量信息支持组织的内部控制流程	• 识别支持内部控制流程的信息，获取内部和外部数据 • 将相关数据转化成有用的信息 • 生成相关的、及时的、最新的、准确的、可验证的、受保护的、可留存的信息 • 从组织目标出发，考虑信息的成本效益原则
	14. 内部沟通：将企业目标和内部控制职责在内的必要信息，传达给每位员工	• 通过组织流程对需要的信息进行沟通，使所有人员理解和执行其内部控制职责 • 管理层和董事会之间的沟通，有助于实现组织目标 • 独立的沟通渠道，例如举报热线，可以作为失效保护机制，实现匿名和机密的沟通 • 内部沟通的方式，对沟通时间、沟通对象和沟通的性质很敏感
	15. 外部沟通：企业与外部相关方就影响内部控制发挥作用的事宜进行沟通	• 与外部利益相关方沟通相关的、时效性的信息，包括股东、合作伙伴、所有人、监管机构、客户、财务分析师等 • 建立内向沟通，接收来自外部各方的信息 • 独立的沟通渠道，例如举报热线，可以作为失效保护机制，实现匿名和机密的沟通 • 向董事会传达来自外部第三方的评估信息 • 确保外部沟通的方式对沟通的时间、对象、性质、法律法规以及受托人的要求反应灵敏

续表

要素	原则	关注点
监控活动	16. 持续和定期监控：实施持续和专项（定期）监控评估内控运行	• 考虑持续和专项评估相结合 • 标杆——对持续和专项评估的基本理解，需要考虑现有内部控制系统的设计和定义 • 管理层需要对经营活动和流程的变更进行思考，来制定和选择持续和专项评估 • 确保人员有足够的知识来进行评估 • 持续评估与业务流程和调整相结合，反映不断变化的情况 • 定期开展独立的评估保证反馈的客观性 • 根据风险大小调整评估的频率和范围
	17. 解决内部控制缺陷：将内部控制缺陷及时通报给负责整改措施的相关方，包括高级管理层和董事会	• 管理层和董事会酌情评价持续和专项评估的结果 • 将内部控制缺陷与负责整改的相关管理层沟通，至少是出现问题层级的更高一个层级的管理层。在适当情况下，与高级管理层和董事会沟通 • 管理层对缺陷的解决方案和时效性进行跟踪

（七）企业风险管理政策和程序

2017 年 6 月，COSO 发布了新的《企业风险管理——与战略和绩效相整合》（ERM），更新了 2004 年的《企业风险管理——整合框架：执行摘要和原始框架》。2017 年的《内部控制——整合框架》是相辅相成的。

风险被定义为事件发生并影响战略和业务目标实现的可能性，风险管理被定义为组织在管理风险以创造、保存和实现价值时必须依赖的与战略制定和绩效相结合的文化、能力和实践活动。ERM 从以下几个方面关注风险管理：

（1）认识文化。文化是由实体内所有的人形成和塑造的。基于对文化在决策所起作用的认识，ERM 帮助人们做出决策。

（2）发展能力。ERM 增加了完成实体使命和愿景所需的技能。

（3）应用实践。ERM 实践应用于整个实体的分部、业务单位和职能部门。

（4）管理风险以实现战略和业务目标。风险管理实践为管理层和董事会提供了合理的期望，即它们能够实现企业战略和业务目标。这意味着风险的大小被认为与企业对称，应该认识到在预测风险方面没有绝对的精确性。

（5）与价值挂钩。实体必须按照其使命和愿景中所表达的风险偏好来管理风险。

> **【提示】**分析和解构风险。风险可以被有效地分析或解构为其组成要素或部分。这两个元素或部分包括：
>
> • 损失的可能性；
>
> • 发生损失的可能数额。
>
> 损失的期望值是估计范围内损失的可能性乘以发生损失的可能数额。

【例题 5 −4】某公司正在建立风险分析以定量其数据中心对不同威胁的风

险。下列哪种情况代表在调整保险收入之后最高的年度损失风险？

	发生频率（年）	损失金额（美元）	保险（覆盖率%）
A.	1	15 000	85
B.	8	75 000	80
C.	20	200 000	80
D.	100	400 000	50

【答案】 A

【解析】 选项 A 正确。发生频率的含义是每 n 年发生一次，因此，每年发生的概率是 $1/n$。A 的损失风险 = 1 × 15 000 × (1 − 85%) = 2 250（美元），最高的年度损失风险是 A。

选项 B 不正确。B 的损失风险 = 1/8 × 75 000 × (1 − 80%) = 1 875（美元）

选项 C 不正确。C 的损失风险 = 1/20 × 200 000 × (1 − 80%) = 2 000（美元）

选项 D 不正确。D 的损失风险 = 1/100 × 400 000 × (1 − 50%) = 2 000（美元）

（八）对资产保护的内部控制

资产保护的内部控制是最明显的控制措施。这类控制活动包括门锁、安全系统、计算机密码、对贵重资产的双重控制，职责分离也是资产保护的控制措施，例如填写订单的人员、不能接触订单列示的资产实物。

数据也被视为企业的重要资产。数据保护方面的内控措施，例如，被授权安排收发货的人员才能更新存货数据，而销售人员只能对数据进行只读访问。

（九）人事（人力资源）控制

招聘与人力资源政策将影响内部控制的执行情况。具有胜任能力并且值得信赖的员工，加上及时有效的培训，将会取得良好的内部控制结果。

1. 招聘、选择、录用和监督优秀员工。

（1）确定不同岗位人员的认知责任，并根据这些任职资格来招聘员工。招聘过程中包括参考推荐人的意见、背景调查和其他测试。招聘过程中避免利益冲突。

（2）员工需要监督和帮助。监督职责包括观察员工的工作流程并检查工作结果。

2. 引导、培训、发展和绩效检查。

（1）所有员工都需要根据企业的目标、使命、政策、程序加以引导。引导从招聘时开始。

（2）培训和发展需要持续进行。一些专业领域有法律或认证要求，公司提供内部培训或为员工提供外部培训补助。

（3）检查需要定期进行，通常由主管执行。检查需要对比员工的目标和绩效，识别可以进一步改进的领域，指导员工获得未来发展需要具备的技能。

3. 组合、轮换和休假。

（1）将员工组合在一起工作，是一种防止员工盗窃的保险策略。

（2）安排员工岗位轮换和定期休假，可以对流程实施检查，防止个体行为对内部控制的破坏。

（十）内部控制监控的目的

在 COSO 企业风险管理模型中，监控是核心，也是基础性的控制组成要素。它的基础性地位并非偶然，反映了监控对于实现强有力的内部控制和有效的风险管理的重要性。监控的重要性包括：

（1）人们可能会忘记、逃避工作、懒惰，或者宿醉未醒就来上班，机器则会故障。随着时间的推移，控制会逐渐恶化。这种恶化被称为熵。

（2）技术和管理的进步需要内部控制和相关监测过程不断发展和改进。精心设计的控制监控有助于减轻负面影响，并确保：①管理层及时发现内部控制问题，在危机出现之前主动解决问题，而不是被动地解决问题。②决策者收到更及时和准确的信息。③财务报告和非财务报告以及财务报表及时、可靠和准确。④内部控制认证（例如，按照 SOX 第 404 条的要求）及时进行。⑤组织效率最大化，并且成本得到降低。

二、审计风险

（一）审计

审计风险由两部分组成：财务报表存在重大错误陈述；审计师发表了不恰当的审计意见。

1. 审计风险的分类。

从外部审计角度，审计师将风险划分为三种类型：固有风险（inherent risk，IR）、控制风险（control risk，CR）和失侦风险（detection risk，DR）。

（1）固有风险，是指在内部控制缺位时，财务报表中存在重大虚报的可能性，是错误或不正当行为（欺诈）发生的可能性。例如，零售企业销售日常接触现金较为频繁，贪污自盗机会较多，风险较大；反之，批发企业一般采用支票，固有风险就相对较小。

（2）控制风险，是指在何种程度上公司的内部控制可能无法预防或发现超出可接受程度的虚报，是控制无效发生的可能性。例如，公司内部人员串通进行欺诈、管理者不执行内部控制政策、管理者采用不合理的会计原则进行财务预测或者财务报表编制等。

（3）失侦风险或称检查风险，是指审计证据未能发现超出可接受审计风险的虚报，是某项错误或欺诈未被审计程序察觉，并且审计师也愿意接受这一事实。例如，年底的销售回款在下年一月份，但是企业却将销售回款放入了当年的现金资产中，而审计员没有查出。

2. 可接受的审计风险。

可接受的审计风险是指这样一种可能性：审计师认为财务报表“公允反映”并签发无保留审计意见，而事实上财务报表存在重大虚报，审计师需要接受这样的审计失败风险。可接受审计风险取决于前面提到的三种风险类型：

$$AR = IR \times CR \times DR$$

其中：AR——可接受的审计风险；IR——固有风险；CR——控制风险；DR——失侦风险。

当一个企业固有风险和控制风险越高时，审计师可接受的失侦风险越低，故此审计师要求的审计支持证据越多。由于可接受审计风险是指审计师需要承担的审计失败风险，故此可接受审计风险越低，表示审计师对风险的宽容度越低，即审计时越严格。可接受审计风险取决于三个方面的因素，如表5－3所示。

表5－3　　可接受审计风险的取决因素

因素	关系	说明
管理者诚信	正比关系	• 管理者素质越高，诚信度越高，可接受审计风险就越高 • 审计师认为管理者可以信赖，故此可接受审计风险就可以高一些
被审计单位的财务状况	正比关系	财务状况越好，企业就越健康，固有风险越低，财务作假的可能性就越小，故此可接受审计风险就高一些
财务报表使用者数量	反比关系	财务报表使用人数越多，对财务报表依赖度就越高。审计师就要在审计过程中更加审慎，审计失败意味着责任巨大。故此，可接受审计风险就越低

【例题5－5】 以下哪项不是审计风险类型中的一种？

A. 固有风险　　B. 失侦风险　　C. 安全风险　　D. 控制风险

【答案】 C

【解析】 选项A不正确。固有风险是审计风险类型中的一种。

选项B不正确。失侦风险是审计风险类型中的一种。

选项C正确。安全风险不属于审计风险类型中的一种。

选项D不正确。控制风险是审计风险类型中的一种。

第五章

（二）外部审计人员的职责

1. 对财务报表审计。

外部审计人员的主要职责是以专业的质疑态度制订审计计划并实施审计，以便获得关于组织的财务报表（被审计实体）是否存在重大错误或错报情况的合理保证。审计的结果以审计报告的形式披露。审计意见有五种类型：

（1）无保留意见。①包含一套完整的主要财务报表（资产负债表、利润表和现金流量表）。②遵守审计委托业务的通用标准（具备足够专业胜任能力、保持了独立的态度、应有的专业关注)。③已获取足够的审计证据支撑审计意见。④财务报表已经按照适用的会计准则和相关会计制度的规定编制。⑤反映了所有重大的方面。⑥不存在需要另外强调的事项或其他条款。

(2)带强调事项或其他事项的无保留意见。基本符合无保留意见的审计结果,但存在一些需要额外说明的重要事项:①在财务报表与会计准则的要求之间出现偏离,但该偏离是为了防止误导报表的使用者。②对企业持续经营的能力有重大怀疑。③存在重大不确定事项,但不影响已发表的审计意见。④使用可比性财务报表时,需要改变前期的审计意见,或者未列示前期审计人的报告。⑤其他需要特别说明的事项。

(3)保留意见。财务报表存在重大(但不普遍)错报(与 GAAP 存在重大差异)。审计范围受限制(但不普遍),无法获得足够且合适的审计证据。

2. 对内部控制审计。

SOX 第 404 条款要求外部审计人员对上市公司的财务报告与内部控制的充分性提供证明并提交报告。

PCAOB 第 5 号审计准则要求审计人员在履行内部控制评估责任时,采用自上而下的风险评估方法(TDRA)。TDRA 是一种分级层次化方法,该方法应用具体的风险因子以确定在评估内部控制时所需要的工作范围(如需要测试的控制措施)和证据。TDRA 方法从财务报表层次开始,同时审计师通过财务报告了解了内部控制的整体风险。

TDRA 是一种原则导向的方法,它使审计人员能够灵活地设计控制测试的范围以及要执行的测试程序的性质、时间和范围。

三、公司治理和责任

公司治理是公司领导和控制的体系。公司的组织结构、政策、目标和使命以及管理理念和风格,对控制环境的范围和有效性均有影响。

(一)治理结构

治理结构具体是指公司内外部众多参与者(例如,董事会、管理人员、公司外部利益相关者,如股东、债权人监管机构和外部审计人员)之间权利和职责的划分。治理结构进一步具体指公司事务决策的规则和流程。公司治理提供了建立和实现公司目标的结构,同时还是检查和监督组织行动、政策和决策的一种有效机制。

(1)股东的职责:股东选举董事会成员。

(2)董事会的职责:董事会的主要目的在于确保公司营运符合股东利益最大化。①指导公司经营决策。②聘任主要管理层。③负责监督和检查。

(3)管理层的职责:是董事会的代表,负责公司的日常管理活动。

(4)首席审计官的职责:有效地管理内部审计活动,确保它对组织产生价值,部门行政事务直接向首席执行官(CEO)报告,审计业务对董事会的审计委员会负责。

（二）审计委员会的责任

对于那些具有内部审计职能部门的公司来说，内部审计可以通过验证控制程序的充分性和执行情况而为董事会提供保证。组织结构图应该显示审计总监直接向董事会下设的审计委员会报告。

审计委员并不总是有效的。投资人已经因审计委员会缺乏独立性或缺乏财务专业知识未能发现财务报告问题而对其进行了指责。此外，假如首席执行官提拔了愿意随波逐流的同僚，审计委员会也缺乏有效的监督和制约能力。

审计委员会需要具备熟练财务知识背景的独立董事。《萨班斯－奥克斯利法案》（SOX）要求审计委员会完全由独立于组织的董事组成，这意味着委员会成员不能从组织接受任何与审计事务有关的咨询费、顾问费或其他报酬，或者与该组织或其分公司具有任何附属关系。此外，至少一名审计委员会成员必须具备证券交易委员会（SEC）和 SOX 第 407 项条款规定所认可的“财务专家”资格。

【例题 5－6】在最近一次的董事会改选中，爱德华被投票选举为公司的新任董事，下面选项他可以执行的是：

A. 在上一任董事离职后，任命公司下一任执行董事

B. 审批公司愿景和使命

C. 制定公司报销政策，督促管理层遵守

D. 确保财务绩效真实

【答案】B

【解析】选项 A 不正确。董事会成员的任命，是股东的职责。

选项 B 正确。审批公司愿景和使命是董事会的职责，董事会指导公司的经营决策。

选项 C 不正确。公司的日常管理是管理层的职责。

选项 D 不正确。确保财务绩效真实，是管理层的职责。

（三）公司章程和公司规章制度

公司治理结构必须遵守联邦法律和州立法律，公司章程和公司规章制度以确保公司治理结构满足法律。

（1）公司章程是设立公司的股东编制的，是公司实现其职能的宪章。公司章程的内容包括：公司名称和住所；股东名称；公司取得资产的性质；经营范围；公司权力；公司制度以及资本或发行股本数量。

（2）公司规章制度是指股东制定的规则，界定公司实施经营的方法。公司规章制度包括：股东和董事会议；经理人员的任命和职责；发行和转换股票；会计年度；审计人员任命；公司规章制度如何修订，公司经营决策的制定

流程。

（3）此外，组织结构图是了解组织结构最常见的方法。

四、与内部控制有关的法案

从美国企业和财务视角来看，企业内部控制的要求来自美国《反海外腐败法》（FCPA）和《萨班斯－奥克斯利法案》（SOX）两部法案。

（一）美国《反海外腐败法》

美国《反海外腐败法》（FCPA）于 1977 年推出，针对在美国上市的公司，由美国证券交易委员会（SEC）监管，包括两个部分：

1. 反行贿条款。

禁止美国企业和公民、在美国上市的外国企业，或在海外的代理人，直接或间接地向外国官员、外国政党或政党官员，或外国政治职务候选人，支付或提议支付金钱或任何有价值的物件。行贿的目的是诱导其作出超越合法职责范围的事项，或是协助获取任何不正当优势，以获取或维持商业利益。

但为促成例行政府行为而支付的（小额）疏通费在 FCPA 项下是合法的，但只适用于促成非自由裁量的例行政府行为，例如获得许可证、签证等。

2. 内部控制条款。

上市公司需要：

（1）制作和保存账目、记录和账户，并以合理的详细程度，准确而公允地反映公司资产的交易和处置情况。

（2）设计和维护一个内部会计控制系统，为以下方面提供合理保证：①按照管理层的一般或具体授权来执行交易和处理资产；②记录交易，使财务报表符合美国财务准则；③按合理频率将记录的资产与实有资产相比较，对于差异采取适当措施；④接触资产必须在管理层的一般或具体授权的允许下进行。

（二）《萨班斯－奥克斯利法案》

21 世纪初的安然等公司的财务作假丑闻，促成了《萨班斯－奥克斯利法案》（SOX）于 2002 年 7 月 30 日后正式签署实施，它包含了影响上市公司及其高管以及审计师的有深远意义的条款，同时美国证监会成立了上市公司会计监督委员会（PCAOB）对上市公司和为上市公司进行审计的会计师事务所进行监管和督察。SOX 法案与内部控制相关的内容如下：

1. SOX 第 201 节：审计师执业范围之外的业务。

（**a**）被禁止的行为——1934 年的证券交易法的 10A 部分的修订增加了下述条款：

“（g）被禁止的行为——除了本节（h）所述的业务外，在本章，或是 SEC 的相关条款，或是由本法案 101 规定成立的公众公司会计监督委员会（本节以下简称‘委员会’）制定的条款（在委员会开始工作 180 天后生效）的规定下，执行任何发行证券的公司任何审计业务的注册会计师事务所（以及任何由 SEC 认定的与该所相关联的人员），在执行审计业务的同时，提供如下非审计业务是非法的：

（1）涉及被审计客户的会计记录及财务报表的簿记或其他业务；

（2）设计及执行财务信息系统；

（3）评估或估价业务、公正业务或出具实物捐赠报告书；

（4）精算业务；

（5）内部审计外部化业务；

（6）代行使管理或人力资源职能；

（7）作为客户的经纪人或经销商，投资顾问，或提供投资银行服务；

（8）提供与审计无关的法律服务或专家服务；

（9）任何委员会所规定的未被许可的业务。

（h）事前需获许可的非审计业务——根据本法案的 202（9），只有事前得到发行证券公司审计委员会许可后，注册会计师事务所才可以执行如税务咨询等非审计业务，这些非审计业务不包括本法案 201（g）所述（1）至（9）的业务。”

（**b**）免除权——在逐案审查的基础上，如果委员会认为免除遵守《1934 年证券交易法》10A（g）禁令的义务对保护公众利益来说是必要的或适当的，并且与保护投资者的宗旨相一致，委员会有权免除任何人员、发行证券的公司、注册会计师事务所或会计事项遵守《1934 年证券交易法》10A（g）禁止的交易事项，这种免除要由 SEC 来复核的规定与本法案 107 中的关于委员会的规定是相同的。

2. SOX 第 203 节：负责审计合伙人的轮换。

1934 年的证券交易法的 10A 部分由本法案作出修订，并增加了下述条款：

“（j）负责审计合伙人的轮换——对审计某发行证券公司的注册会计师事务所而言，如果该所负责（或负责协调）该审计项目的合伙人或负责复核该审计项目的合伙人已连续超过 5 年对该公司的审计或复核负责，则该事务所提供上述审计业务的行为是非法的。”

3. SOX 第 204 节：审计师向审计委员会报告。

1934 年的证券交易法的 10A 部分由本法案作出修订，并增加了下述条款：

“（k）向审计委员会提供报告——任何审计发行证券公司的注册会计师事务所都应及时向公司的审计委员会报告如下内容：

（1）拟使用的所有关键性会计政策及会计惯例；

（2）管理层讨论过的财务信息的所有可供选择的处理方法（这些方法在公认会计原则范围之内），使用这些可选择的披露及处理方法的分歧，以及注册会计师事务所优先采用的处理方法；

（3）注册会计师事务所和公司管理层用于沟通的其他书面材料，如管理建议书及未调整差异明细表。”

4. SOX 第302节：公司对财务报告的责任。

（**a**）对制定规章的要求——SEC 应颁布规定，对于按照1934年的证券交易法的13（a）或15（d）部分编制定期报告的公司，应要求这些公司的首要官员（们）及首要财务官（们）（或担任同等职务的人员）在每一年度报告或季度报告中保证如下内容：

（1）签字的官员已审阅过该报告。

（2）该官员认为报告中不存在重大的错报、漏报。

（3）该官员认为报告中的会计报表及其他财务信息在所有重大方面，公允地反映了公司在该报告期末的财务状况及该报告期内的经营成果。

（4）签字官员：

（A）对建立及保持内部控制负责；

（B）设计了所需的内部控制，以保证这些官员能知道该公司及其并表子公司的所有重大信息，尤其是报告期内的重大信息；

（C）评价公司的内部控制在签署报告前90天内的有效性；

（D）在该定期报告中发布他们上述评价的结论。

（5）签字官员已向公司的审计师及董事会下属的审计委员会（或担任同等职务的人员）披露了如下内容：

（A）内部控制的设计或执行中，对公司记录、处理、汇总及编报财务数据的功能产生负面影响的所有重大缺陷，以及向公司的审计师指出内部控制的重大缺点；

（B）在内部控制中担任重要职位的管理人员或其他雇员的欺诈行为，而不论该行为的影响是否重大。

（6）签字官员应在报告中指明在他们对内部控制评价之后，内部控制是否发生了重大变化，或是其他可能对内部控制产生重要影响的因素，包括对内部控制的重大缺陷或重要缺点的更正措施。

（**b**）公司迁址国外不影响本法案的效力——即使发行证券的公司通过再合并或其他交易使公司的注册地或办公地迁至国外，也不能减少本节规定的法律效力。本节规定对该公司依然适用，且全部适用。

（**c**）最终期限——本节（a）部分的规定应在本法案颁布后30日内生效。

5. SOX 第404节：管理层对内部控制的评价。

（**a**）内部控制方面的要求——SEC 应当相应的规定，要求按《1934

年证券交易法》第13节（a）或15节（d）编制的年度报告中包括内部控制报告，包括：

（1）强调公司管理层建立和维护内部控制系统及相应控制程序充分有效的责任；

（2）发行人管理层最近财政年度末对内部控制体系及控制程序有效性的评价。

（**b**）内部控制评价报告——

对于本节（a）中要求的管理层对内部控制的评价，担任公司年报审计的会计公司应当对其进行测试和评价，并出具评价报告。上述评价和报告应当遵循委员会发布或认可的准则。上述评价过程不应当作为一项单独的业务。

6. SOX第407节：有关审计委员会财务专家的信息披露。

（**a**）定义“财务专家”的相关规定——SEC应当从保护公众利益和投资者权益的角度出发，制定相应的规定，要求发行申请人在根据本法第13节（a）和《1934年证券交易法》第15节（d）的规定编制定期报告时，披露是否在审计委员会中至少存在1名由SEC定义的“财务专家”，如果没有应当说明原因。

（**b**）相关因素——在按照（a）中规定对“财务专家”进行定义时，SEC应当考虑专家是否具有注册会计师和审计师的教育和执业经历，是否曾在发行人担任过财务总监、财务主管、会计主管或从事过相当职位的工作。

（1）能够理解公认会计原则和财务报告。

（2）具有下列经历：

（A）为一般（可比）发行人编制或审计财务报表的经历；

（B）运用会计原则进行会计估计、应计事项、准备计提等方面的工作。

（3）具有内部财务控制方面的工作经验。

（4）对审计委员会的职能有较好的理解。

（**c**）规定制定的时限——

（1）SEC应当在本法生效后90天内发布落实本节规定的法规的征求意见稿；

（2）在本法生效后180天内，SEC应当发布上述规定的最终稿（生效稿）。

（三）上市公司会计监督委员会第5号审计准则

上市公司会计监督委员会（PCAOB）第5号审计准则，就如何遵循《萨班斯－奥克斯利法案》（SOX）404条款，向管理者和外部审计人员提供指南，确定在评估内部控制时所需要的工作范围和证据。

第5号审计准则以风险为导向。风险评估是整个内部控制审计过程的基础。允许并鼓励外部审计师使用他人的工作。包括公司管理层和员工的工作，而不是仅限于内部审计师的工作，如果审计师确定这些工作合理且客观。允许审计师进行职业判断。根据企业规模和复杂程度，允许调整审计流程，节省审计成本。

上市公司会计监督委员会（PCAOB）第5号审计准则，要求外部审计师在执行《萨班斯－奥克斯利法案》（SOX）404条款要求的审计时，须采用自上而下的风险评估方法（TDRA）。

自上而下的风险评估的六个步骤：

（1）识别和评估公司层面的控制。这些控制有利于确保公司管理层指令的执行。

（2）识别重要账户或重大披露。

（3）识别上述账户或披露中的重大虚报风险，如表5－4所示。

表5－4　重要账户或重大披露中的重大虚报风险

重要账户	可能存在问题	涉及风险
原材料库存账户	库存过期，无法销售，无法应用	价值
销售账户	已经出具的销售单据没有记入账户	完整性
应计费用	为客户提供的保修费用没有计算或者计提	权利和责任
工资账户	未付的工资没有记入工资账户	完整性

（4）确定哪些公司层控制足以处理上述重大虚报风险。

（5）确定一旦公司层控制失败，哪些以交易为基础的控制可以作为补充。

（6）确定为完成对内部控制的评估，所需的证据收集的性质、范围和时间。

【例题5－7】根据《萨班斯－奥克斯利法案》（SOX）的要求，下列各项描述是正确的，除了：

A. 管理层需要声明对公司的内部控制负责

B. 管理层声明设计内部控制程序是审计委员会的责任

C. 管理层声明需要对内部控制的评估工作负责

D. 需要有独立的外部审计对内部控制进行审计

【答案】B

【解析】公司可能会请会计师事务所或管理咨询公司以提供内部控制审计咨询服务的方式进行设计内控程序，但是由管理层负责，不是审计委员会的责任。

【例题5－8】A公司是一家大型区域性总承包商。随着业务不断增长，该公司聘用埃迪·李来担任主计长一职，他负责分析每月的利润表以及核对以前由唯一的会计助理苏珊·赵处理的所有账户。李注意到，尽管在过去几个月未启动任何新项目，但2月发生了数额很大的拆除费用。由于李并未预计到会有如此庞大的一笔拆除费用，而且预算中也没有任何此类费用，因此李进行了一些深入调查。他发现，所有这些费用都是向另一个银行账户进行的银行转账。经过进一步的调查后，他终于查清赵一直在从公司的银行账户向她自己的账户转移资金并记录虚假开支，使银行账户对账不会出现任何问题。虽然总裁在使用支票前会将预先编号的支票锁起来，并且亲自签发所有的付款支票，但他并不知道可以通过互联网进行转账。李还复核了由办公室经理编制的银行对账单，由于期末余额合理，因此这种欺诈行为并不明显也未被发现。

问题：

1. a. 请指出并说明应适当分离的四项职责。

b. 请指出并说明赵拥有的使她得以窃取公司资金的两种本不相容的职责。

2. 请指出并说明该公司为保护其资产已经采取的两种措施并推荐两种可以加强这方面控制的措施。

3. 请参考COSO的内部控制框架来回答以下问题。

a. 请指出并描述内部控制的三个目标。

b. 请指出并描述内部控制的五个要素。

4. 请指出并解释能为公司提供合理保证的三种内部控制措施。

【答案】

1. a. 四项职责：

- 授权执行某项业务的职责。
- 记录该项业务的职责。
- 保管某项资产的职责。
- 定期清查该项资产的职责。

b. 赵可以转账，同时可以记录这笔业务。赵执行业务，记录业务的职责不应该相容。

2. 已经采取的措施：

- 对支票进行管理。
- 总裁亲自签发所有的付款支票。
- 支票预先编号。
- 制定预算，并与实际进行比较，确认差异。

可以加强的控制：

- 限制互联网转账功能。
- 定期随机抽取费用科目的业务进行审计。
- 分离不兼容职责。

3. a. 三个目标：

- 促进运营的效率和效益。运营应该尽可能有效。
- 符合适用的法律法规。遵守符合一切适用的法律法规。

• 财务报告的可靠性。财务数据应该可靠及时，能够帮助管理层或外部使用者制定决策。

b. 五个要素：

• 控制环境。控制环境提供企业纪律与架构，塑造企业文化，并影响企业员工的控制意识，是所有其他内部控制组成要素的基础。

• 风险评估。辨认和分析可能发生的风险。

• 控制活动。确保管理阶层的指令得以执行的政策及程序。

• 信息与沟通。按某种形式辨识、取得确切的信息，并及时进行沟通，以使员工能够履行其职责。

• 监控。适时评估控制的设计和运作情况的过程。

4. 三种内部控制措施：

• 职责分离。

• 盘点资产，并与记录核对。

• 对资产设置授权，仅获得授权的人员可以访问。

第二节 系统控制与安全措施

信息是公司的关键资产，内部控制必须保护这项资产。存储在计算机系统上的信息遭遇丢失或不准确的可能原因如下：

（1）计算机或网络崩溃；

（2）自然灾害或盗窃；

（3）输入或应用程序出现人为错误；

（4）对输入数据的篡改；

（5）对记录或程序的故意更改；

（6）破坏；

（7）软件缺陷；

（8）计算机病毒和蠕虫；

（9）“特洛伊木马”程序和其他计算机系统威胁。

公司在建立内部控制以防止或最小化敏感信息资产损失时必须考虑这些风险。系统控制增强了系统输入、处理、输出和存储功能的准确性、有效性、安全性、保密性和适应性。

一、信息系统

信息系统按职能划分可分为财务会计信息系统和营运信息系统。财务会计信息系统生成财务报表、预算以及提交管理者的成本报告；营运信息系统收集与各项营运活动相关的信息并生成供管理者使用的报告。

信息系统面临的威胁主要包括：

（1）输入操纵（输入错误数据）。

（2）程序变更（通过天窗绕过安全系统变更程序）。

（3）直接修改文件；数据被盗；蓄意破坏。

（4）病毒（将一种恶意软件复制植入电脑程序、数据文件中，当执行该恶意软件时，它会对电脑程序、数据文件或电脑硬盘产生破坏作用）。

（5）木马程序（在一些明显无害程序或数据中包含恶意或有害代码的程序，进而控制或对它选择的文件产生破坏作用）。

（6）钓鱼软件（通常以精心设计的虚假网页引诱用户上当，达到盗取用户名、密码、信用卡信息或社会安全号码等目的）。

【例题5-9】计算机病毒与“特洛伊木马”不同，因为病毒可以：

A. 损坏数据　　B. 更改程序指令

C. 自我复制　　D. 删除可执行文件

【答案】C

【解析】选项A不正确。损坏数据是病毒和“特洛伊木马”都可以做到的破坏。

选项B不正确。更改程序指令是病毒和“特洛伊木马”都可以做到的破坏。

选项C正确。自我复制是病毒独有的，而损坏数据、更改程序指令和删除可执行文件是病毒和“特洛伊木马”都可以做到的破坏。

选项D不正确。删除可执行文件是病毒和“特洛伊木马”都可以做到的破坏。

二、信息系统控制

信息系统通常分为两大功能：财务会计信息系统和运营信息系统。①财务会计信息系统为管理人员生成企业的财务报表、预算和成本报告。②运营信息系统收集与各种业务活动有关的信息并为管理人员生成报告。

通过内部控制来维护信息系统的可靠性和完整性对于管理层的决策过程而言至关重要。保护信息系统及其数据库中的信息对于企业能否生成准确可靠的财务报告以及管理人员用于制定决策的运营报告而言至关重要。

信息系统控制措施主要分为通用控制和应用控制。

（一）通用控制

通用控制（也称为普适控制）是与计算机、技术或信息技术（IT）功能相关的控制。它们包括：①组织、人事和营运控制；②系统开发控制；③网络、硬件和设备控制；④备份和灾难恢复控制；⑤会计控制。

在企业中，通用系统控制包括信息系统的计划以及应用于系统操作的方法和程序。作为有效的应用程序控制的基础，通用控制对于保护信息系统至关重要。

应用控制由输入控制、流程控制和输出控制组成。

在所有的控制措施中，控制环境对于信息系统控制措施的有效性起着关键性作用。

1. 组织控制与人事控制。

（1）职责分离。与信息系统控制相关的职责分离主要包括以下几个方面：

①将 IT 职能与组织的其他职能相分离。首席信息官或首席技术官应向总裁报告工作。

②IT 职能内的系统开发、IT 操作和技术支持也应相互分离。其中，系统开发涉及应用程序员、分析师；IT 操作涉及计算机操作员、数据库管理员；技术支持涉及网络管理员、数据库管理员、安全管理员、系统程序员。

③信息系统控制应明确界定与会计子系统和营业子系统相关的责任，并确保恰当的分离。对所有交易的授权应在 IT 职能之外进行。IT 职能只负责处理、储存以及信息和数据的传达。信息和数据的所有权完全归于用户。在更改主文件或交易文件之前应由合适的会计人员进行授权，使用更改申请表格或日志。

④职责分离方面的控制应包括信息处理部门的职责分离：从事信息系统设计、开发及维护的人员不能参与日常交易的处理；从事数据录入的人员不能访问程序文件或源代码；数据库由数据管理员负责；网络管理员负责所有数据通信软硬件以及这些软硬件的应用；安全管理员负责用户访问权限的分配与控制。

表 5 -5 解释了适用于 IT 功能的职责分离。

表 5 -5　职责分离

部门/职能	角色或职责
IT	流程、存储、传播信息和数据
IT 部门（功能）内部	分离的职责： • 系统开发：选择或开发软件的应用程序员和分析人员 • 系统运行：计算机操作员和输入/输出功能 • 系统技术支持： 　• 数据库管理员 　• 网络管理员：所有数据通信硬件和软件以及它们的使用 　• 安全管理员：用户访问的分配和控制 　• 系统程序员：用于操作和库系统；系统应用，如排序、合并、编译器和转换器
系统用户	数据输入和事项的日常处理

（2）休假规定。很多欺诈图谋需要持续地采取行动，经常地篡改账目。为此公司需要设置一定的控制措施，要求特定职位的人员休假一定时间；任何账户欺诈行为都能很快得以发现，使得员工没有时间掩盖欺诈行为。

（3）计算机访问控制。计算机访问控制包括如下三要素：

①用户授权。只有获得授权的用户才能访问系统。

②访问权限。管理员可以控制单个用户的访问权限以及各个用户对系统信息的访问。

③实施跟踪异常访问。对系统的使用可以按访问日期、访问持续时间以及访问地点来实施跟踪，以发现异常访问或异常使用。

2. 系统开发控制。

设计和实施新的系统会产生风险。恶意或粗心的软件开发者在系统中植入了天窗、漏洞或其他一些缺陷，导致恶意的个人可以入侵系统中。为了防止这些风险，在系统开发过程中引入控制是非常重要的，可以提高信息的准确性、可靠性、安全性，和系统输入、处理、输出和储存的相容性。

系统开发控制开始于制定合适的系统开发标准，标准应能涵盖系统开发生命周期的四个阶段，包括分析、设计、实施、维护。

（1）分析。分析具有双重目的：了解系统本身以及确立合适的设计规格。

设计包括总设计（总体设计或概念设计）和细节设计（软件选择或软件开发）。

组建一个小组监督新系统的设计、开发（或选择）以及实施。该小组应由信息系统部门以及其他部门的员工组成，还应包括新系统的管理人员和最终用户。

对新信息系统开发、安装及测试实施审计的审计人员不能参与对会计系统和相关职能领域的审计工作。

（2）设计。实施系统开发工作之前，应确立系统规格并用文字的形式详细记录各项规格要求。

应研究当前系统的功能，确定当前无法满足的需要，及新系统必须具有或应当具有的其他特征。

小组中应包含不同领域的人员，以确保新系统的设计能兼具实用性、合适的报告能力和内部控制等方面的需要。

设计阶段包括原型设计、编程/开发、质量保证等。

（3）实施。在系统经过测试、得到用户接受并批准对外发布后，编程人员就会将系统文件和程序说明书提交给系统管理员，该管理员负责新系统的发布（负责从原有系统向新系统的数据转换）。

（4）维护。随着时间监控系统的运行，以确保将绩效维持在想要的水平上。可视控制软件能跟踪程序的所有变化以及对程序进行维护。系统维护和升级通常会避开高峰时段。

3. 网络、硬件和设备控制。

为保护系统中的信息，必须安排合适的控制以保护系统硬件和设施。硬件和设施是系统赖以存在的物理装备。

（1）硬件控制与设施控制。硬件控制与设施控制主要考虑：数据中心应安排在远离公共场所的地方；只有得到授权的相关人员才被允许进入数据中心；数据中心使用密码或生物辨识系统来控制对数据设施的访问；防范计算机设备可能遭遇的环境威胁，如火灾、水灾；环境控制，包括空气调节和湿度调节，是必备条件；防范人为的蓄意破坏和攻击；保护计算机设备免于遭受电涌或停电的影响（电涌保护器或备用电源）；在设计系统和支持网络时，应考虑到高峰期间的处理量；应有备用部件，硬件崩溃时可依赖备用元件提供系统支持；实施软件控制时，要求用户使用安全级别较高的密码并经常更换密码；用户须自己承担起保护其设备和设备中信息的责任，并考虑到便携式电脑和智能电话的日益普遍。

（2）网络控制。网络控制的目的是使经过授权的员工可以访问和使用公司的数据和程序。组织可以使用局域网 LAN 或广域网 WAN，以及虚拟私人网络 VPN，可以是有线或无线网络，以共享数据、应用软件和其他网络资源。

互联网威胁危害较大的是非授权访问——黑客攻击。互联网还使系统面临各种病毒威胁：恶意代码、蠕虫病毒、间谍软件、垃圾邮件和木马病毒。

（3）数据加密和传输。公司必须采用各种控制来保护其系统和数据，最基本的也是最初级的控制就是设置密码。额外采用的控制步骤是对数据加密、路由验证和信息确认。

①数据加密。数据加密是指将数据从一种易于以本地语言读取的形式转化为只能使用密钥读取的秘密代码。数据在输入或传输阶段进行加密，在输出阶段，有授权的人在接收数据时解密。为降低数据在传输中被拦截和在传输中出错或被改变的风险，采取另外两种控制：路由验证和信息确认。

②路由验证。路由验证程序可以保证将交易传递到正确的计算机地址。通过网络传输的交易应该包含一个表明其目的地的标题，当交易被接收时，发送系统将验证接收计算机的身份，并与交易的目的地编码相对照。通过双重传输和回送检查，可对路由验证提供进一步的支持。回送检查是由接收节点实施的一种验证，以确认发送节点发出的信息与接收节点收到的信息完全一致。

③信息确认。信息确认程序要求发送一个验证信息，接收计算机使用这个信息就可以验证已经接收的全部信息。接收计算机向发送计算机发送一个已经成功完成传输的信号。如果接收计算机发现出现了错误，数据就会进行再次传输。

（4）病毒防护。反病毒软件会扫描计算机中的所有文件以检测病毒和恶意代码。很多公司禁止员工安装未获得信息系统部门批准的任何程序。

（5）防火墙。防火墙是软件和硬件的结合，它可以阻止来自互联网的非授权访问。用于阻止对特定系统，如工资系统和人事系统的非授权访问。为确保安全，建议安装多个防火墙。如果用户密码输错达到一定的次数，防火墙可能会自动断开连接。

修改控制软件可以提供审计线索，揭示文件修改的来源。网络或防火墙软件可能生成一个网络控制日志，列出了某个计算机发出或接收到的所有传输。网络控制日志可用于确定错误的来源或者未经授权的访问。

（6）入侵检测系统。如果某人在未获授权的情况下访问公司网络，入侵检测系统能分析网络活动以发现反常行为或未经授权的行为。

入侵检测系统将保持一个集中的安全事件日志：日志包含服务器和工作站

的事件日志，并且可以警告管理员安全性受到攻击的情况。日志也可用于检测公司内部对网络的滥用。

4. 业务连续性计划。

业务连续性计划（business continuity planning，BCP）是指公司在面临重大不利事件，甚至是灾难事件时，公司识别面临的内外部风险并且将其重要资源和资产组合起来以保护这些资源，同时确保持续经营和有效恢复的一种战略。为实施企业持续计划必须建立两种层次的政策和程序：数据备份政策与程序；灾难恢复政策与程序。

（1）数据备份政策与程序。数据备份政策与程序是确保数据不会因为病毒、自然灾害、硬盘故障、偷窃、删除以及软件故障方面的问题而丢失。

备份通常是通过将文件复制到磁带或其他离线介质上进行，保存在数据处理中心或在其他地方进行存储。备份文件还可以通过电子方式传送到其他地方进行存储，即电子链接。

通过安装祖父—父亲—儿子（GFS）方法的程序，以使得最近连续三代的备份文件保持安全。

一些使用主文件和交易文件的公司通常会安装检查点程序，在全天间歇地运行，并且有利于从系统崩溃中恢复过来。控制政策还应提供系统配置方面的备份。

（2）灾难恢复政策与程序。灾难恢复政策与程序是用于确保企业在发生紧急事件时能够持续经营，紧急事件包括自然灾难和正常运行的中断。

企业必须有灾难恢复计划，该计划需要有详细的文字说明。文件已经做好了良好的场外备份。确定灾后数据恢复小组及其领导，灾难恢复计划应界定灾难恢复小组中所有成员的作用，任命两个领导，即一个主要领导和一个备用领导。

灾难恢复计划应该确定备用计算机处理流程的备份站点。这种站点可能是本公司拥有的其他办公地点或者其他组织所拥有的办公地点，甚至是竞争对手所拥有的办公地点。灾难恢复站点可以是“热站”“暖站”“冷站”：

①热站：与公司现有系统相同配置，与常规系统同时运作。主系统崩溃时，可以自动切换至备份系统。

②暖站：具备现成的硬件和软件，软件已安装。发生意外时，使用备份数据，能在短时间内启动投入运行。

③冷站：仅有办公地点和设施，需要临时安装设备和软件，使用备份文件开始运营，投入运行的时间较长。

对灾难恢复计划进行测试、记录、定期检查和更新。所有相关人员必须接受灾难恢复程序方面的全面培训。

【例题5-10】灾难恢复计划的一个关键方面是能够尽快恢复操作能力。为了实现这一点，一个组织可以与其计算机硬件供应商达成协议，以便有一个完全可操作的设施，并配置为满足用户的特定需求。这就是众所周知的：

A. 不间断电源系统　　B. 并行系统
C. 冷站　　D. 热站

【答案】D

【解析】选项 A 不正确。不间断电源系统是一种由发电机或备用电池完全保护的系统，以防止因电力中断而造成的数据破坏和停机。

选项 B 不正确。如果一个公司维持一个与主系统相同的系统，就存在并行系统。

选项 C 不正确。冷站是相比较热站的一种更便宜的选择。它是一种适用于计算机设备快速安装的外壳设备。它提供了一个预建的、环境控制的区域，有活动地板、电力和适当的管道。

选项 D 正确。灾难恢复计划可能包括与外部应急设施供应商签订的合同。根据组织的需要，应急设施可能是热站或冷站。热站是与供应商达成的一种安排，该设施可根据用户的具体需求进行配置，并可在 24 小时内提供。热站也可以是固定的或便携式的，适用于那些连计算机系统停机一天都负担不起的组织。

5. 会计控制。

会计系统控制包括的类型：

（1）批次总数。即输入人员以批量形式报告总量，金额数字可能是记录的总量或所录入交易的总金额。

（2）控制账户。只允许经过授权的人员进入系统中的特定账户。

（3）核销或取消。涉及在支付之后对发票和支持文件的恰当取消或核销。

（4）反馈控制。反馈控制可以提供系统绩效方面的信息，尤其是用以判断该系统或模型是否如期履行其功能的信息。反馈的形式：可能包含书面或口头报告，或是自动生成的反馈信息。反馈信息必须快速传递。反馈只能诊断问题的所在，它是一种事后行为。从某种意义上来说，所有的监控控制都是反馈控制。

（5）前馈和预防性控制。是基于对未来事件的预测，不太常见，管理比反馈性控制更为复杂。是以一定的概率对未来的事件进行预测。其设计目的是防止预期的问题。

（二）应用控制

应用控制是为了防止、检测以及改正会计系统处理交易时的错误或不规范行为。应用控制分为三个主要方面：输入控制、处理控制和输出控制。应用控制的目的是确保所有处理均得到授权、均处理完毕，以及均得到及时处理。

1. 输入控制。

输入控制的目的是在输入数据或交易时进行检查和平衡，预防和检查输入的时间信息错误和数据错误，涉及转换为机器可读格式，确保数据的准确性和可靠性。

提高输入准确性的手工方法，包括批控制、审批机制、双重观测、监督程序。

其他输入控制程序，包括冗余数据检查、对未发现的记录进行测试、预见检查、预先格式化屏幕、交互编辑、校验数位。

表 5－6 解释了这些输入控制程序。

表 5－6　输入控制

输入控制程序	描述	例子
冗余数据检查	对事务记录中的重复数据进行编码，使后续的处理测试能够比较两个数据项的兼容性	杂货店系统可以将产品上的条形码和最初的产品描述进行比较。如果二者不匹配，则生成例外报告
未发现记录测试（也称为有效性测试或主文件检查）	任何没有主文件的交易将被拒绝	1. 实时处理。文件中的数据随着每项交易信息的输入而实时更新 2. 批处理。系统每天收集数据，然后一起处理这组交易。操作员必须一直等到新信息出现在文件中再向批处理系统输入信息
预期检查	依赖性检查或一致性检查，其目的在于查找某两个项目或两种情况之间的关系	系统可以检查向非营利组织或政府销售时不包括销售税
预格式化屏幕	指在只有某些选项可用的情况下，具有逻辑内容分组和预设格式的“强制选择”。可提高数据输入的效率和准确性	准备销售发票，可选择应税或不应税
交互式编辑	输入数据时会执行，以检查特定字段中的数据是否符合指定的要求	1. 字符检查。特定字段中的字符必须是字母、数字或某个特定符号 2. 完整性检查。所有需要填写字符的字段都已经填完整 3. 上下限、取值范围或合理性检查。字段中的数值既不能太大也不能太小，并且在合理范围之内
校验数字	是基于对运营中所有数字执行的运算（如求和）	账号是 5678，则其数值之和将是 26（5＋6＋7＋8＝26）。校验数字是求出总和数值的最后一位，在本例中为 6

第五章

2. 处理控制。

处理控制是系统在数据输入之后对其进行的操作。处理控制通常与输入控制和输出控制相互依赖。处理控制涉及重新编辑数据以及随后的错误修正和重新录入程序。

常见的处理控制类型包括机器处理、标准化、默认选项、批余额、运行到运行的总计、余额、配比、暂记待结转账户、备忘录、冗余处理、尾部标记、自动错误修正。

典型的处理控制汇总如表 5－7 中所示。

表5－7　具体的处理控制综述

处理控制	描述	例子
机械化	机械处理可以提供一致性	使用计算器合计现金存款
标准化	为所有的处理操作开发出一致的程序	使用科目表来识别每个账户正确的借方和贷方科目
默认选项	为某些空白的输入项事先设定可自动选用的默认数值	每周自动支付员工40小时的薪资
批次平衡	将实际处理的项目或文件与预先控制的总量进行比较	出纳员控制存款票据与现金汇款的总数保持平衡
运行到运行总计	将上一流程的输出控制总计作为接下来的处理流程的输入控制总计。控制总计将一段时间内的一系列过程链接起来	期初应收账款余额减去当前回款额，加上当期新增采购金额，应等于期末应收账款余额
余额平衡	测试两组等效项目的数值是否相等或测试一组数据与控制总额之间是否相等的程序	应付账款明细分类账中的余额应等于总分类账控制账户的余额
匹配	此测试是将不同来源的两组数据进行比较，以控制交易处理	负责应付账款的职员需要将供应商发票与收货报告和采购订单进行匹配
清算账户	处理独立的等价值项目应产生零值	在所有员工已将当周的工资支票兑现后，预付支票应该是零余额
备忘录	此类控制文件由按日期排序的项目组成，以便处理或后续跟进	为收到的发票创建一个备忘录文件，并按到期日期归档
冗余处理	这包括重复处理并比较每次的结果是否相等	两名职员分别计算工资总额和每个员工的实付工资，并比较两次计算结果是否相等
尾部标记	提供一个控制总额，与已处理记录的累计数或累计值相比较	应收账款文件的最后记录可以是尾部标记信息，它包含该文件中记录的数目
自动纠错	该控制会自动纠正交易中的错误或记录违反检测性控制的交易	当客户超额付款时，系统会自动发送信用备忘录

3. 输出控制。

输出控制的目的是输入和处理过程能产生准确且可靠的输出结果。需要建立两种类型的输出控制：与确认处理结果相关的控制；与输出结果的分发和处理相关的控制。

其他具体的输出控制包含的形式：对账、时效、挂起文件、暂记账户、定期审计、差异报告。

具体的输出控制措施描述如表5－8所示。

表 5-8 具体的输出控制综述

具体的输出控制	描述	例子
对账	此过程旨在分析明细文件和控制总额数值之间的差异，以识别出错误	每月都要将支票账户余额与银行对账单进行核对
时效	此过程通常是根据交易日期来识别文件中未处理的项目或保留的项目，并根据各种日期范围对项目进行分类	报告可以按时间识别拖欠账户，拖欠时间可以是30天以内、60天以内、90天以内或更长时间
暂时性文件	该文件包含需要进一步操作的未处理或已部分处理的项目	等待收货延期交付的原材料订单文件
暂时性账户	这是需要进一步处理的项目的控制总额	应付账款明细分类账的总额应该等于总分类账控制账户总额
定期审计	这些文件或流程要进行定期检查以检测企业是否存在控制问题	企业可以向客户和供应商发送确认信息以验证账户余额
差异性报告	该报告列示了违反控制措施并需要进一步调查的项目清单	超过加班时间上限的员工名单

【例题5-11】信息系统包括控制，控制可以划分为一般控制和应用控制。在评估信息系统的内部控制时，下列哪种控制不是一般控制：

A. 记录　　B. 数据安全

C. 输出　　D. 物理设备

【答案】C

【解析】选项A不正确。记录属于一般控制。

选项B不正确。数据安全属于一般控制。

选项C正确。一般控制/普通控制是指计算机、技术或信息技术职能相关的控制；应用控制是指防止、检测和改正，包括输入、处理、输出。所以，C选项输出属于应用控制。

选项D不正确。物理设备属于一般控制。

第五章

三、控制流程图

使用流程图来记录组织的信息系统和相关控制程序往往最为有效。流程图形象地描述了从发起交易到储存交易数据的整个交易流程。流程图有助于揭示控制中的缺陷和不足。

流程图不仅可用于汇总内部审计人员关于流程方面的信息，而且对于新会计信息系统或新控制程序的设计、开发和实施也非常重要。标准的流程图符号已得到美国国家标准学会ANSI和国际标准化组织ISO的认可（见图5-2）。

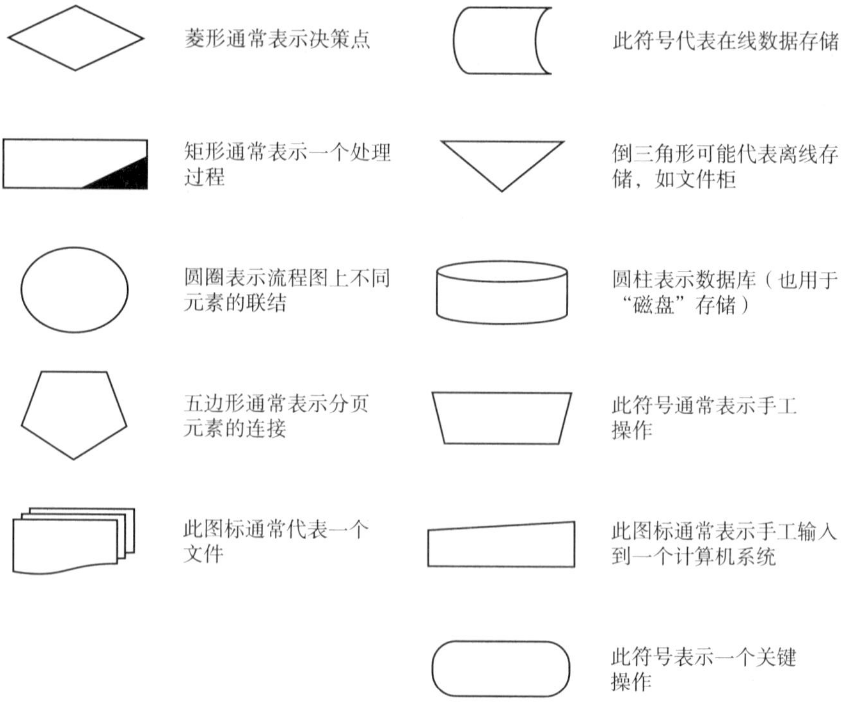

图 5-2　流程图符号汇总

因此，内部审计师交易过程的流程图与图 5-3 所示的类似。

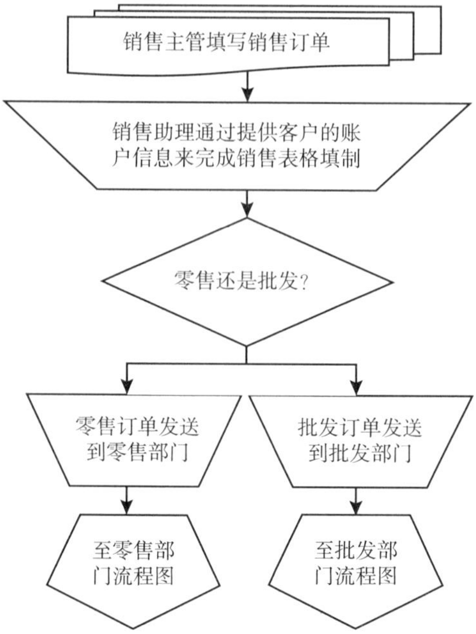

图 5-3　交易过程流程

一些计算机程序能够自动创建有关程序功能和过程的流程图。流程图可以帮助审计人员和管理层分析一系列内部控制措施以发现其中的优缺点，并据此开发出所需要的新的控制措施。对流程图的分析开始于确定系统是否按照流程图所描述的情况来实际运行。

流程图最终可用于描述任何流程，以说明不同数据元素之间的关系，或描述单个文件在整个流程中的流转关系。

简答题出题方向分析

【出题方向1】题干给出情景，要求找出相关风险点，计算风险敞口，并给出风险应对措施建议。

解题思路：理解并掌握风险的相关概念，根据实际情景分析可能存在的风险点。量化风险敞口的计算，使用基本计算公式：风险 = 某项威胁发生的概率 P(t) × 控制无效的概率 P(f) × 该威胁造成的损失额。风险应对的措施主要有：规避风险（通过避免受未来可能发生事件的影响而规避风险）、接受风险（维持现有的风险水平）、降低风险（利用政策或措施将风险降低到可接受的水平）和分担风险（将风险转移给资金雄厚的独立机构）。

【出题方向2】题干给出情景，要求解释固有风险、控制风险和检查风险，并结合情景进行相关分析。

解题思路：理解并掌握三种类型的风险，在解释定义的同时能够结合情景中的相关点进行简单分析。固有风险是假设没有相关的内部控制政策，一种内部固有的发生重大错误的风险；控制风险是内部控制的结构、政策或程序无法阻止或检测到重大错误发生的风险；检查风险是审计员无法检测到重大错误的风险。

【出题方向3】题干给出情景，要求说明内部控制的作用，并结合 COSO 内部控制框架进行内部控制五个主要方面的相关分析。

解题思路：理解并掌握内部控制的概念。内控是公司管理与控制的一个重要工具，是为实现公司的经营目标，由董事会及公司高层管理等发起并支持而设计的一套用来为实现有效运营、资产保护、合法合规、财报可靠、完成目标（五大目的）提供合理保障的系统。COSO 内部控制框架下内控的五个方面：①控制环境（控制环境提供企业纪律与架构，塑造企业文化，并影响企业员工的控制意识，是所有其他内部控制组成要素的基础）；②风险评估（辨认和分析可能发生的风险）；③控制活动（确保管理阶层的指令得以执行的政策及程序）；④信息与沟通（按某种形式辨识、取得确切的信息，并及时进行沟通，以使员工能够履行其职责）；⑤监控（适时评估控制的设计和运作情况的过程）。

【出题方向4】题干给出情景，要求判断并解释相关的内部控制类型。

解题思路：理解并掌握内部控制的五种主要类型：预防性控制、检测性控制、改正性控制、指向性控制、补充性控制/缓和性控制。

【出题方向5】结合题干情景给出内部控制的建议。

解题思路：针对题干情景，给出相应的内部控制方法建议。内部控制的方法主要有：组织控制（职责分离是比较常考的考点）、营运控制、人事管理控制、审查控制或监控控制、设施和设备控制。

【出题方向6】根据题干给出情景，判断并描述相关的一般性控制类型，结合情景给出一般性控制的建议做法。

解题思路：理解并掌握一般性控制的基本概念（与计算机、技术或信息技术职能相关的控制）及主要类型（组织控制、人事控制和营运控制；系统开发控制；网络控制、硬件控制和设施控制；备份控制和灾难恢复控制；会计控制），同时结合不同类型给出相关的建议做法。

【出题方向7】结合题干情景，要求给出企业计算机系统访问控制的建议，或良好的计算机访问控制体现在哪些方面。

解题思路：理解并记忆良好访问控制的几个要点。①访问人员应当得到授权后才能访问；②管理人员可以限制访问人员的访问权限、内容和时间；③管理人员可以按照访问的时间、地点和内容发现或者判别非授权访问或者非法访问的情况。

【出题方向8】结合题干情景，要求阐述应如何进行灾难恢复计划。

解题思路：理解并掌握灾难恢复计划的相关概念及主要步骤：①确定灾后数据恢复小组及其领导，获取最高领导的支持，参与者明确其所要负责的事项及责任；②进行风险评估，分析灾难对企业运营的影响、数据恢复的成本及数据恢复速度对企业的影响；③遇到灾难，很可能临时组织的资源是有限的，因此要分出任务的轻重缓急、优先次序，先做最重要的；④确定灾后数据恢复的流程和程序，需要时对相关人员进行紧急培训；⑤应及时、透明地和员工交流，如需要也要做好公共关系方面的工作；⑥确定数据恢复所需要的设备，包括硬件和软件、技术支持等，必要时寻求热站或冷站；⑦搜集备份的数据以进行恢复。

【出题方向9】结合题干情景，阐述设置灾难恢复站点的目的，以及恢复站点的几种类型。根据题干描述，给出站点类型的建议。

解题思路：灾难恢复计划应该确定备用计算机处理流程的备份站点。这种站点可能是本公司拥有的其他办公地点或者其他组织所拥有的办公地点，甚至是竞争对手所拥有的办公地点。灾难恢复站点有三种类型，分别是“热站”“暖站”“冷站”。具体解释三种站点的特点，说明哪一种站点符合题目的要求。

【出题方向10】结合题干情景，要求解释备份政策与程序的必要性，并给出备份政策与程序的合理建议。

解题思路：数据备份政策与程序是确保数据不会因为病毒、自然灾害、硬盘故障、偷窃、删除以及软件故障方面的问题而丢失。建议中包含备份数据的范围、备份的频率以及备份文件存放的要求。

【出题方向 11】 根据题干给出情景，判断并描述相关的应用控制类型，结合情景给出应用控制的建议做法。

解题思路：理解并掌握应用控制的基本概念（与信息系统具体应用相关的控制）及主要类型（输入控制、处理控制、输出控制），同时结合不同类型给出相关的建议做法。

历年经典试题回顾

一、单选题

【经典试题 1】 一家在美国上市的公司完成了其年度审计和内部控制评估。某位外部审计人员通过给出审计意见鉴证了财务报表，但并未报告管理层对内部控制的评估结果。该公司是否违反了《萨班斯 - 奥克斯利法案》（SOX）的第 404 条款？

A. 未违反，根据“安全港”规定，该公司仍然是合规的

B. 违反了，因为该公司未提供首席财务官和首席执行官的证明

C. 未违反，但该公司违反了《萨班斯 - 奥克斯利法案》（SOX）的第 302 条款

D. 违反了，因为该公司未安排审计人员鉴证并报告对其内部控制的评估结果

【答案】 D

【解析】 选项 A 不正确。未报告管理层对内部控制的评估结果是违反《萨班斯 - 奥克斯利法案》（SOX）第 404 条款要求的。

选项 B 不正确。《萨班斯 - 奥克斯利法案》（SOX）第 404 条款要求外部审计师对客户的财务报表和内部控制均发表意见。

选项 C 不正确。未报告管理层对内部控制的评估结果是违反《萨班斯 - 奥克斯利法案》（SOX）第 404 条款要求的。

选项 D 正确。《萨班斯 - 奥克斯利法案》（SOX）第 404 条款要求外部审计师对客户的财务报表和内部控制均发表意见。

【经典试题 2】 一家审计公司即将结束对一家美国上市公司的审计工作。在获得足够的审计证据后，一名外部审计师得出结论，误报总体上是重大的，但在财务报表中并不普遍。外部审计师应该对公司的财务报表发表什么样的意见？

A. 无保留意见　B. 保留意见　C. 否定意见　D. 拒绝发表意见

【答案】 B

【解析】 选项 A 不正确。无保留意见是财务报表在所有重大方面均按照框架公允列报。

选项 B 正确。当审计师认为个别或合计的错报是重大的但并非普遍存在于财务报表中时，则出具保留意见。

选项 C 不正确。当错误陈述是实质性的且普遍存在时，会发出否定意见。

选项 D 不正确。拒绝发表意见是指由于意见否认依据段落中所述事项的重要性，审计师未能获得足够的适当证据以形成意见的结论。

【经典试题 3】 检测性控制：

A. 可以作为对改正性控制的支持

B. 是内部审计人员检测控制流程缺陷时所使用的程序

C. 可以作为对预防性控制的支持

D. 是外部审计人员怀疑存在欺诈行为时所遵循的程序

【答案】 C

【解析】 选项 A 不正确。检测性控制是事后检查所发生的错误，以对预防性控制提供支持，而不是对改正性控制。

选项 B 不正确。检测性控制是内部控制的类型，不是审计程序。

选项 C 正确。检测性控制是指采取事后检查方式的一些控制措施，以对预防性控制提供支持。

选项 D 不正确。检测性控制是内部控制的类型，不是审计程序。

【经典试题 4】 职责分离是内部控制的重要内容，需要职责分离的环节有：授权、记录、检查。为了节省成本，可做如下分工：

A. 三种职责都可以同一人

B. 三种职责都不可以同一人

C. 授权人和记录人可以是同一人，保管人由另外的人担任

D. 授权人和保管人可以是同一人，记录人由另外的人担任

【答案】 B

【解析】 选项 B 正确。授权、记录、检查、资产保管需要不同人来担任。

【经典试题 5】 以下为检查性控制的是：

A. 每月银行对账　　B. 会计信息系统登录授权

C. 文件柜保险柜上锁　　D. 付款前支持性文件保存

【答案】 A

【解析】 选项 A 正确。每月银行对账是检查性控制。检查性控制是错误发生后，为避免发生损失而进行的控制，是对预防性控制的补充。

选项 B 不正确。是预防性控制，为防止错误发生的控制。

选项 C 不正确。是预防性控制，为防止错误发生的控制。

选项 D 不正确。是预防性控制，为防止错误发生的控制。

【经典试题 6】 下面哪一项不是董事会的职责：

A. 预算审批　　B. 战略目标

C. SOX 规定的内控职责　　D. 高管人员选择及其职责义务确定

【答案】 C

【解析】选项 A 不正确。预算审批是董事会的职责。

选项 B 不正确。制定战略目标是董事会的职责。

选项 C 正确。公司管理层负责制定和实施内控制度，而不是董事会。

选项 D 不正确。高管人员选择及其职责义务确定是董事会的职责。

【经典试题 7】美国证监会（SEC）上市公司的会计监督委员会（PCAOB）第 5 号准则要求审计师在履行其内部控制评估责任时，应采用：

A. 自上而下审计原则　　B. 自下而上审计原则

C. 通过内部审计协助　　D. 均衡审计原则

【答案】A

【解析】选项 A 正确。第 5 号 PCAOB 审计准则要求审计师在履行其内部控制评估责任时，采用自上而下的风险评估方法 TDRA。

选项 B 不正确。自下而上审计原则不符合第 5 号准则要求。

选项 C 不正确。通过内部审计协助不符合第 5 号准则要求。

选项 D 不正确。均衡审计原则不符合第 5 号准则要求。

【经典试题 8】根据 COSO 内部控制整合框架，以下哪些是内部控制的组成部分?

A. 合规、运营和报告　　B. 原则、框架和过程

C. 监测、控制活动和风险评估　　D. 职能、部门和经营单位

【答案】C

【解析】选项 A 不正确。合规、运营和报告是内部控制的目标，而不是组成部分。

选项 B 不正确。原则、框架和流程不是内部控制的组成部分。

选项 C 正确。根据 COSO 内部控制整合框架，内部控制的组成部分包括控制环境、风险评估、控制活动、信息与沟通以及监控活动。

选项 D 不正确。职能、部门和经营单位是实体组织结构的一部分，而不是内部控制的组成部分。

【经典试题 9】灾难过后当试图在另一地点储存计算机设备时，应最先储存下列哪项?

A. 网上系统　　B. 间歇式系统

C. 操作系统　　D. 决策支持系统

【答案】C

【解析】选项 A 不正确。网上系统不是最基础的，应最先恢复基础的营运系统。

选项 B 不正确。间歇式系统不是最基础的，应最先恢复基础的营运系统。

选项 C 正确。灾难过后应首先恢复操作系统，尽快让企业的营运恢复正常运转。

选项 D 不正确。决策支持系统不是最基础的，应最先恢复基础的营运系统。

【经典试题 10】 一位会计主管，制作了一个会计信息系统，大家都可以看这个系统，请问存在以下哪个缺陷？

A. 容易被复制备份　　B. 未将系统放置在办公楼以外地方
C. 没有设置访问权限　　D. 没有开启热站

【答案】 C

【解析】 选项 A 不正确。题干中无容易被复制备份的相关信息。

选项 B 不正确。题干中无未将系统放置在办公楼以外地方的相关信息。

选项 C 正确。需要设置访问权限，不能让大家都看到这个系统。良好访问控制三要素包括用户授权、访问权限以及实施跟踪异常访问。

选项 D 不正确。热站是计算机系统配置与公司现有系统类似，双重系统同时运作，一旦主系统崩溃，可以自动转至备份系统。

【经典试题 11】 在自动工资处理系统中，部门经理使用了终止雇员的时间卡。虚构的员工与终止雇用的员工有相同的工资支付率和工作时间。对这一情况，最好的控制技术是使用员工的身份证号码，则该技术被称为：

A. 账户记录　　B. 数字总和　　C. 批次控制　　D. 顺序测试

【答案】 B

【解析】 本题中，题目给的背景是输入控制时对于人员的总数的测试，属于数字总和，检查删减插入的情况，答案是 B 选项。C 选项是批次控制，A 选项是对记入的账户进行控制，只允许经过授权的人员进入系统的特定账户，D 选项是对顺序进行测试。

【经典试题 12】 下列哪项不是输入控制？

A. 密码　　B. 安全保管
C. 序列检查　　D. 文档控制总量

【答案】 B

【解析】 选项 A 不正确。密码属于输入控制。

选项 B 正确。安全保管不属于输入控制。

选项 C 不正确。序列检查属于输入控制。

选项 D 不正确。文档控制总量属于输入控制。

【经典试题 13】 A 公司在灾难恢复计划中，要求计算机硬件供应商按照现有系统准备一套配置相同且同时运作的系统，作为备用站点。这种安排被称作：

A. 热站　　B. 暖站　　C. 冷站　　D. 备用电力系统

【答案】 A

【解析】选项 A 正确。热站的特点是：计算机系统配置与公司现有系统类似，双重系统同时运作，一旦主系统崩溃，可以自动转至备份系统。

选项 B 不正确。暖站有备份站点、现成的硬件和软件，能在短时间内启动运营。

选项 C 不正确。冷站仅有硬件，需要安装设备之后才能数据恢复，适用于数据并不非常敏感的企业。

选项 D 不正确。备用电力系统仅供电力恢复。

【经典试题 14】防火墙的设置主要为防范下列哪种情况？

A. 计算机病毒　　B. 非授权进入系统

C. 内部人士泄露机密信息　　D. 特洛伊木马程序的安装

【答案】B

【解析】选项 A 不正确。计算机病毒是通过反病毒软件来检测的。

选项 B 正确。防火墙是软件和硬件的结合，它可以阻止来自互联网的非授权访问。用于阻止对特定系统，如工资系统和人事系统的非授权访问。

选项 C 不正确。防火墙不能防止内部人士泄露机密信息。

选项 D 不正确。特洛伊木马程序是通过反病毒软件来检测的。

【经典试题 15】下列哪一项不属于信息系统的应用控制？

A. 输入控制　　B. 输出控制　　C. 组织控制　　D. 处理控制

【答案】C

【解析】选项 A 不正确。输入控制属于应用控制。

选项 B 不正确。输出控制属于应用控制。

选项 C 正确。组织控制属于一般控制。

选项 D 不正确。处理控制属于应用控制。

二、简答题

美国餐饮公司（American Restaurants Inc.）是一家大型连锁餐厅（以下简称“美国公司”），成立至今已有 30 多年，拥有一系列完备的公司政策和操作规范，这在保证其为客户提供卓越服务的同时，在成本控制方面也游刃有余。该公司收购了一家私营餐厅——家庭餐厅（Family Diner）。在 Family Diner 适应了美国公司的政策和规程后，美国公司在其内部审计部门开展了若干审计项目。

首先，美国公司希望确定其新收购的餐厅是否正确地填写了薪资表，并将正确的金额提交至州政府和联邦政府。美国公司审计的第二项内容涉及餐厅的现金收入过程，因为 Family Diner 绝大部分的收入都是现金而非刷卡消费。公司内部审计员完成审计后发现，Family Diner 尚未建立严格的现金内控制度。他们发现 Family Diner 将大量现金存放在附近一个办公室内，该办公室经常不上锁。同时，Family Diner 每周进行一次现金存款，但未综合考虑存款情况、每日现金收入总和和预计的现金开销。审计人员还发现，Family Diner公司负责现金对账的人员离职了，导致其所有对账工作延后了几个月。此外，Family Diner未要求其服务生按照法律规定上报小费数量，同时Family Diner的食物废弃量超过公司指导原则要求。

问题：

1. a. 确定和描述三种内部控制目标。

b. Family Diner是否达到了上述控制目标？请解释您的回答。

2. a. 定义预防性控制和检查性控制。

b. 为Family Diner推荐一种预防性控制和检查性控制改革方案，从而降低现金收入过程中存在的风险。

3. a. 分别解释固有风险、控制风险和检查风险。

b. 说明每个风险对Family Diner现金收入过程有何相关影响。

【答案】

1. a. 确定和描述三种内部控制目标。

- 信息的可靠性和完整性——现金存款与销售不吻合，所以这样的信息是不可靠的。
- 遵守政策、计划、程序、法律和规则——他们没有正确地要求他们的雇员申报小费所得，这不符合法规。
- 对资源的经济有效利用——审计员注意到餐厅扔掉大量的食物，看起来资源没有很好地利用。

b. Family Diner是否达到了上述控制目标？请解释您的回答。

完成行动和计划的既定目标。餐厅没有遵循该有的程序也没有达到提供优质客户服务及节约的目标。

2. a. 定义预防性控制和检查性控制。

预防控制可以防止事件的发生。检测控制在事后揭示问题，以便采取行动。

b. 为Family Diner推荐一种预防性控制和检查性控制改革方案，从而降低现金收入过程中存在的风险。

预防控制：公司应将现金上锁且每天存入银行。检测控制：现金对账可以发现问题，也可以根据每天的销售报告与每天的现金收入核对。

3. a. 分别解释固有风险、控制风险和检查风险。

- 固有风险——假设没有相关的内部控制政策，一种内部固有的发生重大错误的风险。例如，现金比较容易被偷。
- 控制风险——内部控制的结构，政策或程序无法阻止或检测到重大错误发生的风险。
- 检测风险——审计员无法检测到重大错误的风险。

b. 说明每个风险对 Family Diner 现金收入过程有何相关影响。

由于餐厅收取大量的现金，使得现金收入过程中存有内在固有风险。在这种情况下，如果缺乏现金保护及控制，将提高控制风险。在现金收入流程中还有不容易被审计员发现的问题，从而导致检测风险。

同步测试题

一、单选题

1. 下列哪种方法会为公司分发员工工资提供最好的内部控制？

A. 将工资交给每个部门监督人员，再由他/她直接分发给其部门的员工

B. 直接存到每个员工的个人银行账户里

C. 直接由人力资源部门的代表向员工分发工资

D. 直接由工资经理向每个员工分发工资

2. 下列哪项对防止欺诈最为有效？

A. 严格的内部控制政策，职责分开，要求员工休假

B. 严格的内部控制政策，惩罚不道德的行为

C. 员工培训，职责分开，惩罚不道德的行为

D. 雇用道德高尚的员工，员工培训和职责分开

3. 美国《反海外腐败法》包括最基本的两大法律条款：反行贿条款和会计条款。下列哪项不是《反海外腐败法》的内容？

A. 企业所有的交易应该经过授权

B. 企业应该合理保存账册、记录和账户

C. 企业应该定期进行盘点

D. 首要财务官应该在内部控制报告中签字，保证签署报告前90天内的有效性

4. 实施美国国会通过的《反海外腐败法》的主要目的是：

A. 防止美国公司雇用的外国人的不道德行为

B. 推动联合国关于其盟国间全球贸易颁布的法令

C. 防止美国公司为了在国外经营而贿赂国外官员

D. 要求独立审计人员强制记录对内部控制的评估

5. 围绕营业收入的内部控制应提供以下保证，除了：

A. 对所有有效销售准确记录记账和汇票

B. 在对所有赊销交易处理后再进行准确核对

C. 对所有销售退货和折扣交易进行授权

D. 准确记录客户账户和成品存货

6. 某财务助理通过网络指令仓库管理员负责供应商的款项支付与记账。请问，这违反了什么职责分离？

A. 授权与记账　B. 保管与记账　C. 采购与记账　D. 授权与保管

7. 内部控制应遵循一定的基本原则来实现其目标。这些原则之一就是职能分离。以下哪一个例子不违反职能分离原则？

A. 财务主管有权签署支票，但将其交给助理以运行支票签名机

B. 仓库管理员对仓库存货负有保管责任，可以授权处理损坏的货物

C. 销售经理有责任批准信贷和注销账户的权力

D. 部门的计时员得到未分发的工资支票，以便邮寄给缺勤的员工

8. 一些计算复杂的账户余额，如养老金或租赁账户余额。这些类型账户中对重大错报的可能性定义为：

A. 审计风险　B. 检查风险　C. 抽样风险　D. 固有风险

9. 当销售部门有机会越过财务部门的内部控制系统时，这项缺失存在于：

A. 风险管理　B. 信息与沟通　C. 监督　D. 控制环境

10. 以下哪一项防止欺诈犯罪最为有效？

A. 雇用有道德的员工、员工培训和职责分离

B. 强有力的内部控制政策和对不道德行为的惩罚

C. 员工培训、职责分离和惩罚不道德行为

D. 强有力的内部控制政策、职责分离和要求员工休假

第五章

11. 财务报表的审计师工作重点之一是确定内部控制的设计是否能够提供下列哪项的合理保证？

A. 利润最大化，运营效率最优

B. 首席财务官检查了所有的会计处理业务

C. 公司道德问题得到了及时和有效的解决

D. 财务报告是可靠的

12. 以下哪一项违背了职责分离？

A. 仓库保管向生产部门汇报

B. 出纳向资金管理部门汇报

C. 应收账款向财务部门汇报

D. 销售信用部门向销售部门汇报

13. 内部控制仅能提供合理保证的原因是以下哪几项？①员工合谋；②决策失误；③成本收益原则；④管理者凌驾于内部控制体系之上。

A. ①②③④　　B. ①②③　　C. ①③④　　D. ①②④

14. 国际公司西部工厂的数据录入员负责将所有的植物运输信息转换为电脑记录。当配送部门将航运资料的副本发送给数据录入人员时信息流开始。数据输入操作员将运货订单上的信息扫描到软盘上。必要时，将审查纠正一个给定文件时的信息上传到公司家庭办公室中的主要系统。下面哪种方法可以最有效地理解公司活动？

A. 程序流程图　　B. 决策表　　C. 文件流程图　　D. 甘特图

15. 机密数据可以安全地通过互联网传递，通过使用：

A. 单一密码　　B. 防火墙　　C. 加密　　D. 数字签名

二、简答题

H 公司是从事外汇实时交易的公司。在接受年度外部审计时，审计师事务所对该公司的风险进行了评估。审计师事务所发现：该公司现在正在应用的计算机交易系统是由一个程序员进行设计并研发的，在上线时已经进行了平行测试和先导测试。H 公司要求该程序员同时兼任操作员，以此来降低人力成本。在进行外部审计过程中，审计师事务所也调用了 H 公司内审的一些文件，并发现，H 公司计算机系统访问控制的要求是口头的，没有准备书面的文件。此外，H 公司的高级管理层进行交流中，灾难性和非预期情况出现的可能性极小，企业运营将会非常平稳。

问题：

1. 请指出 H 公司的信息系统内部控制的缺陷？
2. 请帮助外部审计对 H 公司进行审计风险评估。
3. 企业如何保证和维护计算机系统访问控制，请至少列举出两点。
4. H 公司应当如何应对未来可能发生的灾难性情况？
5. 计算机应用控制应当包括哪几种？

同步测试题答案及解析

一、单选题

1.【答案】 B

【解析】 选项 A 不正确。经过每个部门监督人员转发会增加风险。

选项 B 正确。把工资汇入账户是最安全的。

选项 C 不正确。经过人力资源部门的代表转发会增加风险。

选项 D 不正确。经过工资经理转发会增加风险。

2.【答案】 A

【解析】 选项 A 正确。A 是防止欺诈发生最有效的方法。

选项 B 不正确。B 中的惩罚不道德的行为虽然可以起到威慑作用，但主要是针对已经发现的欺诈行为的事后处置。

选项 C 不正确。C 中的惩罚不道德的行为虽然可以起到威慑作用，但主要是针对已经发现的欺诈行为的事后处置。

选项 D 不正确。D 中的雇用道德高尚的员工是比较理想的状态，但不能仅仅依赖员工的自觉，必要的控制手段还是必需的。

3.【答案】 D

【解析】 选项 A 不正确，这是《反海外腐败法》会计条款的要求。

选项 B 不正确，这是《反海外腐败法》会计条款的要求。

选项 C 不正确，这是《反海外腐败法》会计条款的要求。

选项 D 正确，这是 SOX 302 的内容。

4.【答案】 C

【解析】 选项 A 不正确。防止美国公司雇用的外国人的不道德行为不是美国《反海外腐败法》的主要目的。

选项 B 不正确。推动联合国关于其盟国间全球贸易颁布的法令不是美国《反海外腐败法》的主要目的。

选项 C 正确。美国《反海外腐败法》是禁止美国企业向外国官员行贿。

选项 D 不正确。要求独立审计人员强制记录对内部控制的评估不是美国《反海外腐败法》的主要目的。

5.【答案】 D

【解析】 选项 A 不正确。对所有有效销售准确记录记账和汇票属于围绕营业收入的内部控制。

选项 B 不正确。在对所有赊销交易处理后再进行准确核对属于围绕营业收入的内部控制。

选项 C 不正确。对所有销售退货和折扣交易进行授权属于围绕营业收入的内部控制。

选项 D 正确。准确记录客户账户和成品存货不是围绕营业收入的内部控制，而是针对应收账款及存货的内部控制。

6.【答案】 B

【解析】 选项 A 不正确。题干没有提到授权。

选项 B 正确。对资产的保管（支付供应商款项）与记录（记账）不能由同一人完成。

选项 C 不正确。题干没有提到采购。

选项 D 不正确。题干没有提到授权。

7.【答案】A

【解析】选项 A 正确。控制程序包括职责分离，以降低任何人在正常职责过程中可能犯下和隐瞒错误或欺诈的风险。不同的人应该授权交易、记录交易、维护保管资产。财务主管部门应保管资产，但不应授权或记录交易，因为助理向财务主管报告，所以财务主管只是将与资产托管相关的指定职责委派给助理。支票签名机的使用不与助理的任何其他职责相冲突，也不涉及授权或记录交易。

选项 B 不正确。处理受损货物的授权可用于弥补仓库职员负有保管责任的存货被盗。交易授权与资产托管不一致。

选项 C 不正确。销售经理可以批准对一家受控公司的信贷，然后将其作为坏账核销。销售经理对信贷的授权与其间接获得资产不一致。

选项 D 不正确。计时员可以隐瞒雇员被解雇的事实，并保留该雇员的工资。备案与资产托管不一致。

8.【答案】D

【解析】选项 A 不正确。审计风险是指审计师可能在不知情的情况下未能适当修改对财务报表重大错报的意见的风险。

选项 B 不正确。检查风险是指审计证据未能发现超出可接受审计风险的虚报，是某项错误或欺诈未被审计察觉，并且审计师也愿意接受这一事实。

选项 C 不正确。抽样风险是指一个特定的样本所包含的错报或与控制偏差的比例可能超过或少于总体存在的风险。

选项 D 正确。固有风险是在内部控制体系缺失的情况下，财务报告中出现重大错报的可能性，它存在于企业经营的活动中。例如，复杂的计算比简单的计算更容易出错，零售企业的现金更容易被盗。固有风险独立于审计而存在。

9.【答案】D

【解析】组织的控制环境包括董事和高层对重要控制的态度和行为，即“高层的声音”。控制环境组成部分之一是权利与义务的划分。如，管理层通过任命将权利与义务分配到信息技术、财务会计、资金等不同职能的经理名下。当一个部门的管理层越过另一个部门的内部控制时，就是权利与义务划分不恰当。

选项 A 不正确。风险管理是在组织风险评估中减轻确认的风险而进行内部控制设计、运行的持续流出。

选项 B 不正确。在每个组织中，信息和沟通都是持续的流程；它们不是内部控制的基础。

选项 C 不正确。监督不能预防由于系统设计流问题而造成的毁损，如一个部门能够越过另一个部门的内部控制系统。

选项 D 正确。当销售部门有机会越过财务部门的内部控制系统时，说明组织所处的营运环境内控缺失。

10.【答案】D

【解析】选项 A 不正确。雇用有道德的员工和进行员工培训只能降低欺诈犯罪的可能性。

选项 B 不正确。对不道德行为的惩罚可以降低欺诈犯罪的可能性。

选项 C 不正确。员工培训和惩罚不道德行为可以降低欺诈犯罪的可能性。

选项 D 正确。防止欺诈犯罪最有效的政策是提供强有力的内部控制政策、职责分离和要求员工休假。

11.【答案】D

【解析】内部控制的设计提供完成目标的合理保证。目标包括财务报告的可靠性、经营的有效性和效率、遵守法律法规。与财务报告相关的内部控制的审计一般是为了披露公司按照通用会计准则或其他会计准则编制的对外会计报告。

选项 A 不正确。审计范围外的许多因素影响利润，与经营效率相关的控制通常不与审计直接相关。

选项 B 不正确。首席财务官不需要审核所有的会计业务。

选项 C 不正确。关于财务报表审计不关心公司道德问题的处理。

选项 D 正确。财务报告的可靠性是报表审计的重点之一。

12.【答案】D

【解析】销售信用部门不应该向销售部门汇报，这属于职责不分离。

13.【答案】A

【解析】内部控制不能百分之百地保证企业目标的实现，主要是因为：①人可能在决策和落实决策上出现失误；②合谋会瓦解内部控制的有效性；③管理者本身会凌驾于内部控制体系之上；④内部控制的建立和维护应符合成本收益原则。

14.【答案】C

【解析】流程图是流经一个系统的信息流、观点流或部件流的图形代表。在企业中，流程图主要用来说明某一过程。帮助审计人员和管理层分析内部控制并明确内部控制的优缺点，然后提出改正意见。

本题中对于理解公司活动最好的工具是文件流程图，答案是 C 选项。A 选项是程序流程图，是 IT 的专有名词，和一般意义上的流程图不一样。B 选项决策表和理解活动无关，D 选项甘特图是以图示的方式通过活动列表和时间刻度形象地表示出任何特定项目的活动顺序与持续时间。

15.【答案】C

【解析】选项 A 不正确。单一密码用于权限管理。

选项 B 不正确。防火墙用于阻止非授权访问。

选项 C 正确。数据加密是指数据从一种易于以本地语言读取的形式转化为只能使用密钥读取的秘密代码。通过使用加密的方法，数据可安全地通过互联网传递，防止未授权人员的使用。

选项 D 不正确。数字签名用于权限管理。

二、简答题

【答案】

1. 请指出 H 公司的信息系统内部控制的缺陷？

H 公司的内部控制的缺陷包括：

- H 公司的计算机系统由一个程序员进行研发，而该程序员又兼任操作员，职责没有分离。
- 计算机访问控制仅有口头说明，没有书面文件。
- 企业没有准备灾难恢复程序。如果未来灾难一旦发生，企业将面临无法持续经营问题。

2. 请帮助外部审计对 H 公司进行审计风险评估。

从审计师角度，风险的类型主要有以下几类：

- 固有风险：在假设没有内部控制时，错误或欺诈发生的可能性。
- 控制风险：公司的内部控制存在，但控制无效的可能性。
- 失侦风险：某项错误或欺诈未被审计程序所察觉的可能性。

外部审计在对 H 公司进行风险评估时，要考察该公司的固有风险和控制风险。H 公司的两个风险都很大，原因是：

- 固有风险：该企业有大量外汇交易，这样会存在外汇转换风险，固有风险很大。
- 控制风险：该企业的内部控制有各种问题，例如计算机操作员和程序员没有分离，访问控制没有书面文件，而且没有准备灾难恢复程序，这些都反映出该公司的控制风险也非常大。

鉴于 H 公司的固有风险和控制风险都很大，审计师事务所应当调低其失侦风险，延长审计时间和更加细致地对 H 公司进行审计。

3. 企业如何保证和维护计算机系统访问控制，请至少列举出两点。

良好的访问控制包括：

- 访问人员应当得到授权后才能访问。
- 管理人员可以限制访问人员的访问权限，内容和时间。
- 管理人员可以按照访问的时间，地点和内容发现或者判别非授权访问或者非法访问的情况。

4. H 公司应当如何应对未来可能发生的灾难性情况？

H 公司首先应当做好文件备份，并以书面形式确定灾难恢复程序。当出现灾难情况时，H 公司应当按以下情况来进行自身信息系统的挽救工作。

- 确定灾后数据恢复小组及其领导，获取最高领导支持，参与者明确其所要负责的事项及责任。
- 进行风险评估，分析灾难对企业运营的影响、数据恢复的成本及数据恢复速度对企业的影响等。
- 遇到灾难，很可能临时组织的资源是有限的，因此要分出任务的轻重缓急、优先次序，先做最重要的。
- 确定灾后数据恢复的流程和程序，需要时对相关人进行紧急培训。
- 应及时、透明地和员工交流，如需要也要做好公共关系方面的工作。
- 确定数据恢复所需要的设备包括硬件和软件、技术支持等，必要时寻求热站或冷站。
- 搜集备份的数据以进行尽快恢复。

5. 计算机应用控制应当包括哪几种？

计算机的应用控制目的是设计用来合理地保证系统在特定的应用方面能够正确地完成数据的记录、处理和报告功能。它是计算机被应用过程中出现的控制行为。应用控制包括输入控制、处理控制和输出控制。

第六章

科技与分析

科学与技术的进步一直是驱动全球经济发展、社会变革的重要力量。随着知识经济、大数据技术、人工智能技术、万物互联技术、区块链技术的不断涌现和发展，21 世纪已然成为一个充满变革的时代。全球各国政府都在积极地推进本国企业的数字化、互联网化的转型、发展；信息技术及系统在企业中的应用也从第一阶段自动化信息收集、事后管理，发展到第二阶段运营优化、流程重组，并即将开启创造增量价值的第三阶段。

作为管理会计师，需要充分地利用信息技术，在信息系统的支持下，通过精准分析，帮助组织提高工作效率、降低业务成本、增强组织控制、改善经营决策、创新产品服务，为组织赋予更强的动态管理能力和敏捷应对能力，不断适应组织内外部环境的变化，实现组织的战略目标。

本章考情分析

本章主要内容：会计信息系统；企业资源计划；其他主要信息系统；数据治理的两个主要的框架；网络攻击检测和预防；信息系统开发；云计算；区块链；数据分析的方法和工具；数据可视化。

本章占比 15%。

本章近年来的主要考点：①会计信息系统的业务循环；②企业资源计划的结构；③COSO 框架在数据治理中的体现；④数据的生命周期中的数据获取和数据清除；⑤渗透测试；⑥身份识别方法；⑦防火墙和入侵侦测系统；⑧系统开发生命周期；⑨流程自动化；⑩云计算；⑪软件即服务（SaaS）；⑫区块链；⑬结构化数据和非结构化数据；⑭商业智能（BI）；⑮描述性、诊断性、预测性、规范性数据分析；⑯回归分析；⑰仿真模型和蒙特卡洛模型；⑱时间序列分析；⑲数据可视化图表。

本章重点框架图

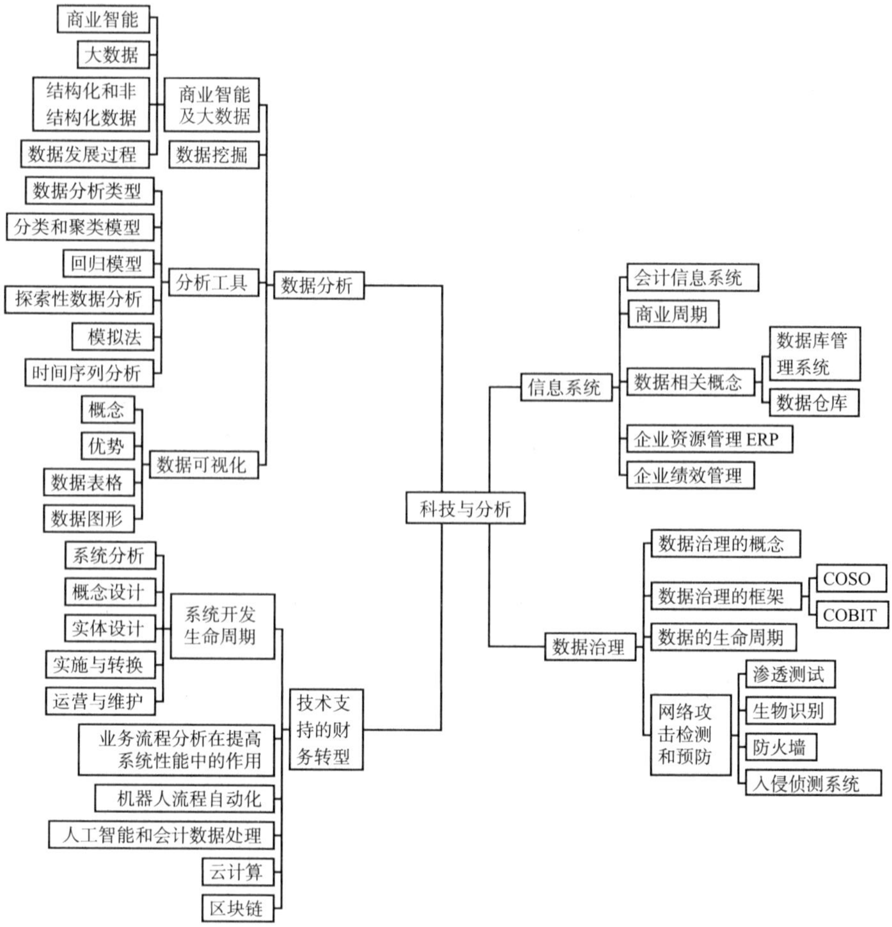
科技与分析
数据分析
商业智能及大数据
商业智能
大数据
结构化和非结构化数据
数据发展过程
数据挖掘
分析工具
数据分析类型
分类和聚类模型
回归模型
探索性数据分析
模拟法
时间序列分析
数据可视化
概念
优势
数据表格
数据图形
技术支持的财务转型
系统开发生命周期
系统分析
概念设计
实体设计
实施与转换
运营与维护
业务流程分析在提高系统性能中的作用
机器人流程自动化
人工智能和会计数据处理
云计算
区块链
信息系统
会计信息系统
商业周期
数据相关概念
数据库管理系统
数据仓库
企业资源管理ERP
企业绩效管理
数据治理
数据治理的概念
数据治理的框架
COSO
COBIT
数据的生命周期
网络攻击检测和预防
渗透测试
生物识别
防火墙
入侵侦测系统

本章重难点精讲

第一节 信息系统

为了向决策者提供相关和可靠的信息，企业需要一种收集和处理数据然后报告信息的方法，这种方法被称为信息系统。

一、会计信息系统

会计信息系统（AIS）是一种专门用于会计业务处理的应用软件，它是属于管理信息系统中的财务管理子系统。AIS 的最终目的是向决策者提供相关和可靠的信息。AIS 通过创建、记录、报告和汇总公司的财务交易事项来实现这一目标。

AIS 的主要模式是输入—处理—输出和报告。交易事项被创建或输入 AIS 中，它们被记录或处理，然后被报告或作为给出的输出结果。AIS 中的数据可以以对决策者最有用的方式进行汇总，汇总信息可以简单到是每日的销售报告，也可以是复杂的公司以 10－K 格式提供给证券交易委员会（SEC）的财务报表。

AIS 的关键要素是数据质量的可靠性以及信息的及时性，“无用输入＝无用输出（垃圾输入＝垃圾输出）”这句古老的计算机科学格言在这里当然适用。为了确保只有“干净”的数据被输入到 AIS 系统中，并且在处理和报告过程中人们可以访问“干净”的数据，设计恰当的 AIS 将实现和执行正确的数据输入控制、处理控制和输出/报告控制。

二、商业周期

设计恰当的 AIS 将根据所有财务数据或交易事项的相关循环周期进行创建、记录、报告和汇总。一个循环周期可以根据其目的分成七个主要的循环周期：收入周期、支出周期、生产周期、人力资源与薪酬周期、融资周期、固定资产（不动产、厂房和设备）周期和总分类账周期。每一家公司都可以将其交易事项划分在不同的周期，但并不是所有的公司都会用到每个周期。

1. 收入周期。

收入周期或销售周期是指公司销售业务处理的时期。典型的收入或销售过程是从公司收到客户的采购订单开始的（见图 6－1）。

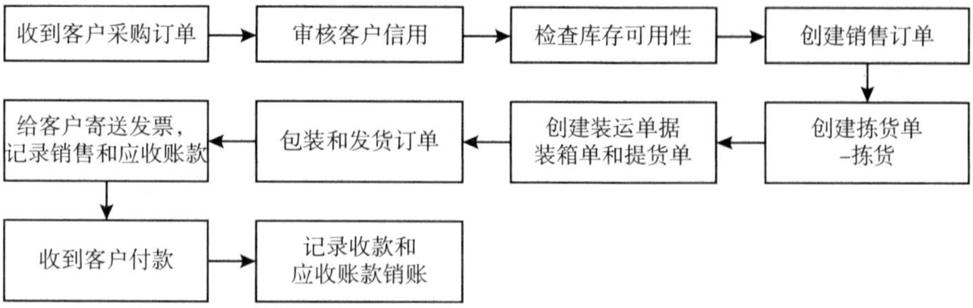

图6－1　收入周期

2. 支出周期。

支出周期是指公司为经营业务而购买货物（主要是库存）的时期，无论是简单地以批发价格购买、以零售价格转售还是采购原材料用于制造产品都属于这个范畴。典型的支出过程始于库存控制，确定库存需求量（不充分的库存）并编制一份采购申请来满足这一需求（见图6－2）。

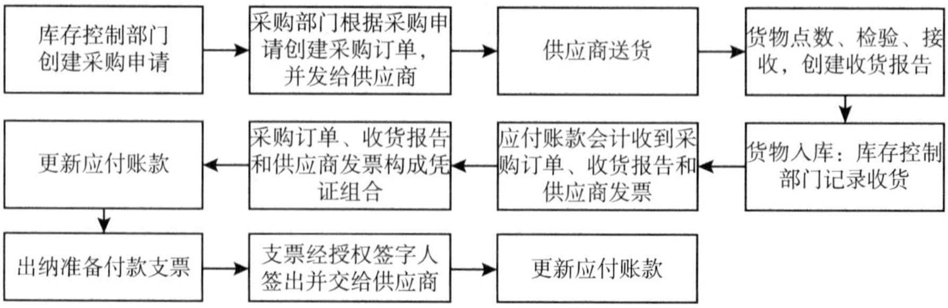

图6－2　支出周期

> **【提示】** 库存控制（部门或人员或系统）随着物品的到达而更新库存记录。在此过程中，记录应付账款时应附有以下三份文件：采购部门的采购订单、收货部门的接收报告、供应商的发票。
>
> 这三个文件的组合构成一个凭证包。在付款给供应商之前，凭证包提供三个必要的文件：订单证明（采购订单）、收据证明（收货报告）和账单证明（发票）。

3. 营业（生产）周期。

营业（或生产）周期因公司和产品而异。但是，在考虑生产周期时可以使用会计数据输入、处理和输出的模式。通常，在营业周期中有以下四个主要的活动：

（1）产品设计；

（2）计划和排期；

（3）生产运营；

（4）成本管理。

每个活动中的会计数据，都遵循数据输入、数据处理、数据输出的模式。四个活动的流程如图 6－3 所示。

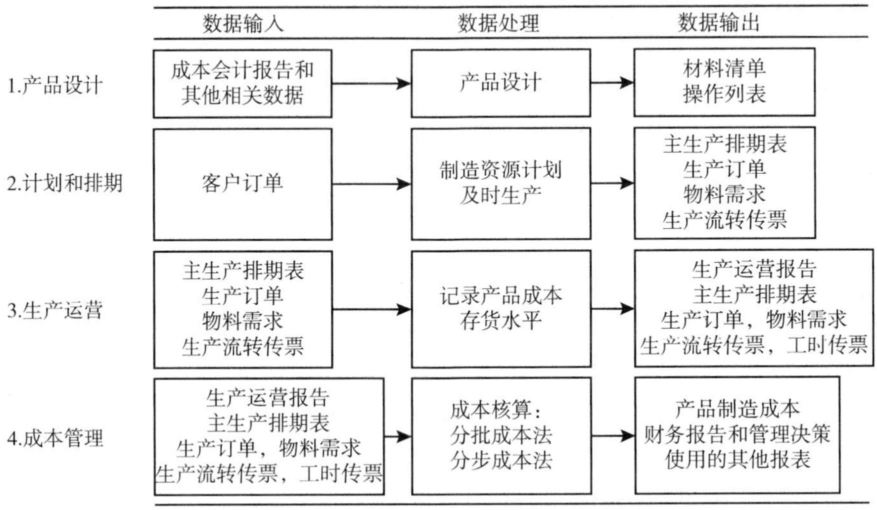

图 6－3　运营（生产）周期

> **【提示】**
>
> ● 在设计活动中，成本信息有助于指导产品的设计，有效地规划各种设计成本。
>
> ● 生产运营活动的输入就是计划与排期活动的输出。生产运营的主要会计职能是核算生产成本和跟踪库存水平。
>
> ● 成本管理活动使用生产运营活动的输出文件，根据成本法确定产品成本、输出财务报表及其他管理报表。

4. 人力资源和薪酬周期。

人力资源周期的主要作用是确保企业拥有具备适当技能的人员来执行其使命。这个过程的主要步骤是雇佣、培训、调动（轮换）和解雇员工。此外，人力资源流程是企业提供员工福利、保持良好士气和支持安全、清洁和高效工作环境的重要工作环节。

薪酬流程的主要功能是支付员工的工作报酬，以及计算与薪酬有关的税金。薪酬流程的循环如图 6－4 所示。

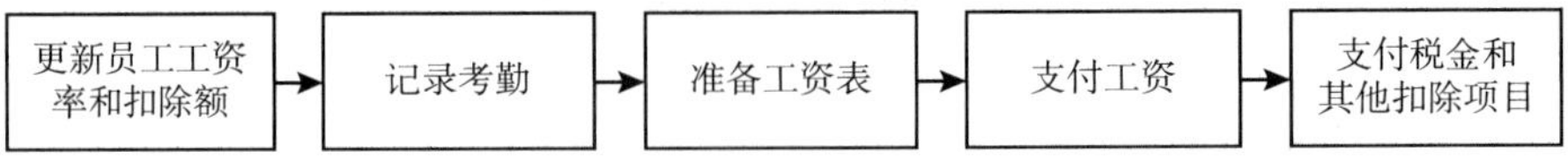

图 6－4　薪酬周期

5. 不动产、厂房和设备周期。

固定资产周期包含三个步骤：取得资产，折旧和维护资产，处置资产（见图6－5）。

图6－5　不动产、厂房和设备周期

不动产、厂房和设备通常是公司的重大投资，预计将持续使用很多年。因此，接受或购买这些资产需要仔细地计划和分析。除了以上常见步骤以外，有时资产还会发生减值，需要进行减值计提。

6. 总分类账周期。

总分类账周期包含四个主要步骤，见图6－6。

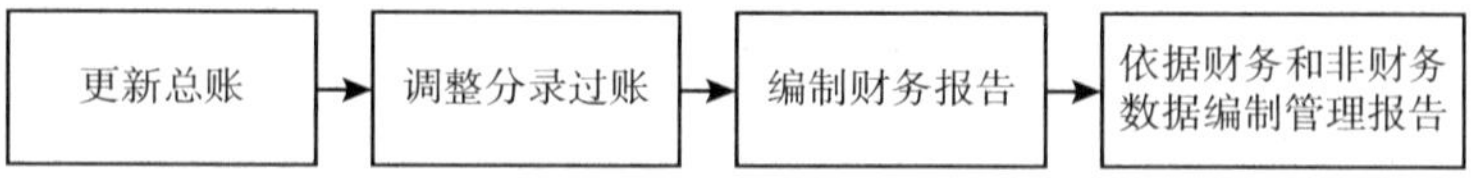

图6－6　总账和报告流程

> **【提示】** 独立的财务系统和非财务系统。
>
> 拥有独立的财务系统和非财务系统的主要挑战是数据维护。财务系统和非财务系统记录、跟踪和报告业务的健康状况，两者的区别在于一个使用财务指标而另一个使用非财务指标。换句话说，财务系统和非财务系统用不同的工具测量相同的一般事物，并反映用非财务指标衡量的企业运营情况。独立的财务系统和非财务系统的问题之一是确保两个系统中的数据准确地链接在一起，当两个系统是分开的，应该对数据进行比较以确保系统使用不同的指标来衡量相同的东西。如果系统使用的数据不在相同的位置或数据库中，则必须创建和维护广泛的控制活动，以使用户对数据的质量和可靠性有信心。

【例题6－1】 会计信息系统如何为企业创造价值？

A. 提高效率

B. 减少系统恢复时间

C. 缩短查询时间

D. 改进价值链中对数据的描述，以减少数据的完整性问题

【答案】 A

【解析】 选项A正确。提高效率是会计信息系统的一个关键优势。它通过在系统内共享信息来为企业创造价值。

选项 B 不正确。会计信息系统是创建、记录、报告和汇总公司的财务交易的系统，不是备份和恢复系统。

选项 C 不正确。会计信息系统可以帮助缩短查询时间。但是查询时间主要依赖于数据库的管理和维护。

选项 D 不正确。会计信息系统可以促进数据的完整性。但是如果没有通过数据共享提高效率，也不能为企业创造价值，因此，数据完整性不是价值创造的直接原因。

三、企业资源计划（ERP）

在关系数据库和廉价计算机内存出现之前，企业别无选择，只能创建单独的程序和文件来操作和维护数据。关系数据库的发明和计算机内存成本的下降促进了企业资源规划（ERP）系统的引入，ERP 系统将所有公司数据存储在一个中央数据库中。此外，ERP 存储还包括公司各方面有关的非财务数据，从员工健康计划到设备维护记录、客户电话号码、资本支出预算、营销活动乃至相关两者之间的一切联系。然而，这是 ERP 系统的目标，它并不总是能够实现。

ERP 系统通常被划分为 8 个业务周期，见表 6 - 1。

表 6 - 1　　ERP 系统业务周期

业务周期	流程
1. 订单到收款（销售）	订单录入、运输、库存、收款、佣金
2. 采购到付款（支出）	采购、收货、库存和仓库管理、非库存商品、付款
3. 生产	生产排期、物料清单、物料需求计划、工艺工程、在制品、质量控制、成本管理、服务性公司的运营
4. 人力资源和薪酬	人力资源、薪酬、福利、考勤记录、培训和教育、管理报告
5. 财务（总账和报告）	总账、应收账款、固定资产、现金管理、应付账款、预算、财务报表和其他报告
6. 项目管理	记录和维护发票、成本、时间、绩效、费用、活动管理
7. 客户关系管理	维护和支持销售、市场推广、服务、客户接触、佣金、呼叫中心，公司可以尝试通过大数据和物联网来预测客户需求
8. 系统工具	建立和维护主文件数据、数据流、访问控制等

【例题 6 - 2】以下各项都是 ERP 系统的优点，除了：

A. 客户服务　　B. 成本节约

C. 客户定制化　　D. 实施和维护成本高

【答案】D

【解析】选项 A 不正确。ERP 系统可以整合所有业务功能，让销售和支持团队更关注客户需要。

选项 B 不正确。ERP 系统通过准确广泛集成各方面信息可以降低行政和运营成本。

选项 C 不正确。ERP 系统在设计之初就是模块化的产物。你可以前期购买部分模块，而随着业务成长或多元化再考虑添加其他模块。

选项 D 正确。由于 ERP 系统复杂无比，到位的实施和维护将增加整体成本。

四、数据库管理系统

如图 6－7 所示，数据库管理系统（DBMS）是数据库和访问数据库的应用程序之间的界面或程序。DBMS 管理和控制数据以及数据库和应用程序之间的接口，它有助于创建、检索、更新、管理数据和保护数据。DBMS 控制两个主要部分：数据；允许在必要时访问、检索、修改和锁定数据的数据库程序。

DBMS 提供了一个数据的集中视图，可以由来自许多不同位置的许多不同用户访问。系统还可以限制特定用户或一组用户可以访问、检索或修改哪些数据。DBMS 模式允许用户在不知道数据实际物理位置的情况下访问数据库。

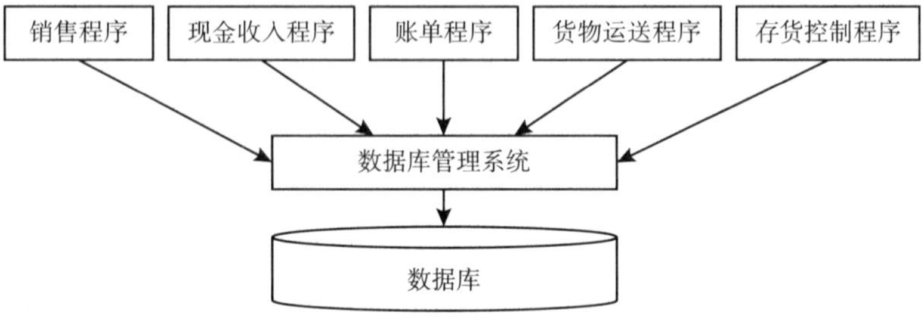

图 6－7　数据库管理系统（DBMS）

五、数据仓库

数据仓库是一组大型数据库，主要用于数据分析而非处理具体事务。它本质上是公司的各种程序、资源和数据库中检索的所有数据的存储库或存储位置，数据通常被清理和组织以便用于搜索。

【例题 6－3】 以下哪一项是对数据仓库的最好描述？

A. 可以对文件硬复制进行汇总分析的地方

B. 灾难恢复计划中多个备份存放地点的统一名称

C. 从不同数据库中获得的，用于进行专门分析的，大量数据的存储

D. 通常用于关键数据的存储，例如系统关系，数据类型，格式和数据源

【答案】 C

【解析】数据仓库是从不同数据库中获得的，用于进行专门分析的，大量数据的存储。它是多个数据库的集合，通常包含一些不在生产系统中保存的历史数据。

六、企业绩效管理

企业绩效管理（EPM）包括对企业绩效的监控和评价。与 ERP 相比，ERP 系统帮助管理公司的日常运营，而 EPM 则是通过分析、综合和报告来管理业务。

随着一些工具和专业软件的发展，企业绩效管理变得越来越复杂。在最初的阶段，EPM 包括大量的面对面的会议和电话。最初的 EMP 软件程序集中在收集和提供会计核算、预算和财务绩效能力分析等方面。电子表格的出现消除了创建手工电子表格的烦琐过程，促进了更多的战略规划、更好的预算编制和改进的报告。后来，专门开发的 EPM 软件包使财务和会计部门的许多财务报表合并和报告职责自动化。

基于 Windows 的客户机/服务器系统已经让位于基于 Web 的程序。软件即服务（SAAS）程序已经被广泛采用，这使得员工可以将精力放在更高层次的战略任务上，而不是管理与 IT 相关的问题。

第二节 数据治理

一、数据治理的概念

数据治理由组织范围内数据全面的管理组成。组织的数据具有内在价值，是企业的重要资产，并能够为企业创造价值，所以数据治理非常重要。组织的数据治理主要关注数据的可供性、可用性、完整性和安全性。然而，如果没有设计良好且功能可靠的数据治理程序，数据可能会损毁、贬值，变得无法使用、丢失甚至被盗。数据治理计划通常包含监管机构、监管流程，以及具体的实施政策和指令。

数据治理计划由指定的数据管理员来实施，在数据管理的不同阶段，采用各种不同的控制手段保证数据的质量：

（1）数据可供性：包括适当的数据容错和冗余、不间断电源或备用发电机、备份流程和备份数据、实时镜像。

（2）数据可用性：数据的质量是数据有效性的关键。

①输入控制：合理设计录入界面和格式、现场检查、限制检查、完整性检查、合法性检查、批量总额检查。

②处理控制：数据匹配、合理的文件标签、交叉平衡测试、同步更新。

③输出控制：用户视图、核对、数据传输控制。

（3）数据完整性：适当的职责分离、数据变更管理和授权结构、独立的检查和审计。

（4）数据安全性：使用纵深防御的方法，在组织的各个层级实施数据安全控制；对员工进行数据安全流程的培训；验证控件、访问授权控制、防火墙和其他网络安全工具、数据加密和补丁管理。

【提示】没有绝对的数据安全，再好的控制都不能杜绝所有的数据风险。因此企业需要关注数据风险管理。

二、数据治理的框架

会计行业常用的主要数据治理框架有两个。一个是由发起组织委员会（COSO）制定的，COSO框架涉及一般的数据治理。另一个是由信息系统审计和控制协会（ISACA）制定的，ISACA框架的重点是数据治理，因为它与信息技术（IT）特别是《信息及相关技术的控制目标（COBIT）框架》密切相关。

（一）内部控制整合框架（COSO框架）

COSO《内部控制整合框架（1992版）》在数据治理中应用主要体现如表6－2所示。

表6－2　**COSO框架在数据治理中的体现**

项目	内容	数据治理活动举例
控制环境	高层对内部控制的态度；管理层和员工的诚信和能力；管理风格	评估组织对数据治理的承诺程度
风险评估	识别风险；评估风险对经营目标的影响；怎样管理风险	识别数据不同的构成方式，每种方式可能产生的结果和发生的概率
控制活动	实现经营目标和妥善管理风险的政策和程序	强制要求的密码强度、更改的频率；关于个人电脑上敏感性信息的管理政策等
信息与交流	获取、处理和报告企业管理和控制中需要的信息	为员工提供数据安全实践的定期培训
审查与监控	检查流程是否正确执行；识别和报告内部控制的缺陷；修正和改进内部控制系统	聘请咨询公司进行渗透测试

2013年更新的《内部控制整合框架》中的17个控制原则，分别对应的数据治理活动如表6－3所示。

表 6-3 内部控制整合框架的 17 个控制原则分别对应的数据治理活动

要素	原则	数据治理活动
控制环境	1. 组织：管理层承诺支持高标准的道德和诚信	制定行为准则或制定违反行为准则的程序
	2. 董事会：董事会独立于管理层，对内部控制有效性进行监督	定义董事会的角色和责任；制定政策；召开董事会会议；审查董事会的判断
	3. 管理层：管理层建立健全企业架构、汇报路径、合理的授权与责任等机制	为不同的管理职能定义角色、汇报路径和相应权限
	4. 员工能力：承诺吸引、发展和保留那些认同组织目标的人才	设立所需的技能和专业水平，评估员工能力，并选择合适的员工
	5. 问责：使员工各自担负起内部控制相关职责	清晰地定义责任、衡量绩效，并与薪酬挂钩
风险评估	6. 目标：清晰地设定目标，使得组织能够识别和衡量威胁目标达成的风险	识别财务报表账户、披露、认定和重要性水平
	7. 评估：对影响目标实现的风险进行全范围的识别和分析，并以此为基础来决定如何管理风险	建立正式的风险识别流程；与人员讨论；评估风险的可能性，并估计对风险的应对
	8. 舞弊：评估风险的过程中考虑舞弊的可能性	实施正式的舞弊风险评估；考虑能够规避或践踏内部控制的情况
	9. 变革管理：组织应该识别并评估可能对内控体系造成较大影响的变化	评估来自外部环境的变化和高级管理团队的变化
控制活动	10. 降低风险：开展控制活动，将风险降低至可接受水平	将风险对应到控制活动；对外包职能实施更严格的监控
	11. 技术控制：选择和实施一般技术控制来达成目标	评估终端用户计算系统；管理安全性和访问控制；建立 IT 基础架构，可以支持职能角色的不同访问级别
	12. 政策：组织的控制活动形成政策，以建立利益相关者期望的问责制、责任划分和控制	制定和记录政策和程序，并定期评估控制活动
信息与沟通	13. 信息质量：相关的高质量信息支持组织的内部控制流程	创建信息需求清单，从外部来源或非财务相关管理者获取信息，或通过数据治理提高信息质量
	14. 内部沟通：将包括企业目标和内部控制职责在内的必要信息，传达给每位员工	沟通内部控制的责任；制定与董事会沟通的政策；设立举报制度
	15. 外部沟通：企业与外部相关方就影响内部控制发挥作用的事宜进行沟通	审查外部审计沟通；调查外部关联方
监控活动	16. 持续和定期监控：实施持续和专项（定期）监控评估内控运行	建立适当的基准；识别和使用监控指标；组织内部审计员来监控组织的运营
	17. 解决内部控制缺陷：将内部控制缺陷及时通报给负责整改措施的相关方，包括高级管理层和董事会	评估和报告内控缺陷；监控纠正措施

（二）信息及相关技术的控制目标（COBIT）

1. COBIT 关注与 IT 相关的有效内部控制。

COBIT 框架是一个丰富详细的手册，为建立、实施和维护与 IT 相关的控制提供指导。COBIT 框架的通用模型定义了 IT 数据活动的四个过程：

（1）计划和组织。此过程提供了解决方案交付和服务交付的方向。

（2）购置和实施。在此过程中需要识别、开发或获取解决方案，并将其集成到业务流程中。

（3）交付和支持。此过程主要对以下三个活动的管理提供指导：①系统的安全性和连续性管理；②对用户的服务支持；③对数据和操作设施的管理。

（4）监控和评估。此过程将定期评估系统的质量和对控制要求的遵从性。

这四个部分又被细分为 32 个 IT 管理控制的流程。

2. COBIT 5 是 COBIT 的升级版，有五个关键原则。

（1）满足利益相关者的需求。COBI 5 协助用户根据企业的需求对业务程流程进行调整，以此来创建一个信息系统为利益相关者创造价值，并让企业能够有效地平衡风险与收益。

（2）企业端到端的覆盖。COBIT 5 将信息系统治理融入企业治理之中，并覆盖组织 IT 治理和管理所需的全部功能和流程。

（3）应用单一的、整合的框架。COBIT 5 能在更高的层级上与其他标准和框架保持一致，可以作为企业 IT 治理和管理的首要框架。

（4）采用一个整体的、全面的方法。COBT 5 提供了一个整体性的方法，对企业所有的 IT 职能进行有效的治理和管理。

（5）区分治理和管理。COBT 5 对治理和管理进行区分。治理和管理包含不同类型的活动，需要不同的组织结构，服务于不同的用途。从 COBIT 5 的角度来看，治理和管理的关键区别在于：①治理。治理确保利益相关者的需要、条件和选项得到评估，以决定平衡、协商一致、需要实现的企业目标；通过优先等级和决策来设定导向；并监控商定的导向和目标的绩效和合规性。在大多数企业中，整体治理是董事长领导下的董事会的责任。具体的治理责任可能授予适当级别的特别组织结构，尤其是在较大型综合性企业中更是如此。②管理。管理层计划，构建、运行和监控与治理机构设立导向一致的活动，以实现企业目标。大多数企业中，管理是首席执行官领导下行政管理层的责任。

三、数据的生命周期

数据的生命周期通常被划分成八个阶段（见图 6－8）。

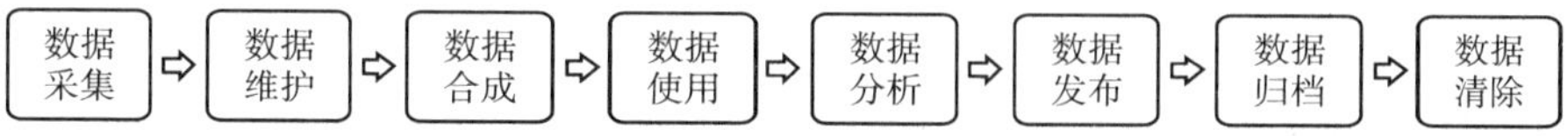

图 6－8　数据生命周期

（一）数据采集

企业的数据既可以是来自内部，也可能是来自外部；采集数据是创建企业信息的第一步。数据获取的方式有很多种途径：①手工录入；②仪器扫描；③传感器获取；④物联网获取。

（二）数据维护

数据维护通常涉及数据清理和加载。企业需要将各种形态的数据转化为企业可使用的形式。常用的数据清理方法是“提取—转换—加载”（extract-transform-load，ETL），将非结构化数据转换为结构化数据。正确性质和格式的数据加载到企业信息系统的数据库后，才能进行组织和查询操作。

（三）数据合成

数据合成是将不同来源的数据，通过建模和归纳的方法整合在一起，提供更好的数据分析结果。也有人把数据合成看作是数据维护的一个部分。

（四）数据使用

数据使用是指将数据应用于支持企业达成经营使命。使用的方法有战略规划、客户关系管理、发票处理、向供应商下订单等。

数据使用可能涉及法律监管和合同约束的情况，数据治理要确保数据使用的合规性。

（五）数据分析

数据分析是用科学的方法处理原始数据，最终形成新的信息和对经营的见解，解答经营活动中的问题。它通过对历史数据的探索和调查，洞察和推动未来的业务规划，这是一种高层次的数据应用。数据分析也被看作是数据使用的一部分。常用的数据分析模型有风险模型、精算模型、投资决策模型等。

（六）数据发布

数据发布是向组织外部发送的行为。数据虽然有可能被广泛地发布和使用，但是更多的情况是将数据发送给经营伙伴。

（七）数据归档

数据归档是将数据从活跃使用的状态转移并存储，以备未来使用的过程。归档的数据通常只是存储，并不定期维护，可能很少会使用。

（八）数据清除

数据清除是删除不再使用的数据。为了合理地清除数据，组织需要清晰定义何种数据需要清除，何时清除数据。因此组织需要制定记录保留政策。记录保留政策需要考虑以下几种情况：

（1）组织经营管理的需要，对过去的事件和决策进行研究、分析和记录。保存和维护过多的记录，或者保存时间过长，都会给组织带来不必要的成本。

（2）内部和外部审计的需要，原始数据和审计文件需要保留一定时间。

（3）法律和规则要求记录保留的最低期限。

一个合格的记录保留政策对每个组织都是必要的。只要用户需要研究、分析和查询过去的事件和决策，就有必要保留和维护记录以供内部使用。此外，必须保存记录以满足法律和监管要求。例如，IRS 指示纳税人将纳税申报数据保留 2 ~7 年，这取决于申报或支付的日期以及该机构要求的扣除类型。

【例题 6 –4】以下哪一个数据生命周期阶段被定义为创建组织中尚不存在的信息的行为？

A. 数据分析　　B. 数据合成　　C. 使用数据　　D. 数据测试

【答案】D

【解析】选项 A 不正确。数据分析可以定义为使用归纳逻辑和建模，基于组织中现有数据创建数据。

选项 B 不正确。数据合成使用组织中的现有数据作为数据输入来创建数据。

选项 C 不正确。数据使用是指利用数据来支持企业。

选项 D 正确。数据测试是程序开发过程中，用数据来验证程序开发的正确性，与生命周期无关。

四、网络攻击检测和预防

组织遭受到来自恶意黑客的各种方式的网络攻击。常见的对抗网络攻击的方法有以下几种：

（一）渗透测试

渗透测试通常由专业的咨询公司来完成。组织授权顾问采用各种手段来攻击和破坏组织的系统，以此来发现现有系统中的弱点和漏洞。系统中的漏洞无法完全避免。渗透测试总能找到可利用的弱点，而黑客也总能发现新的攻击方法。

（二）生物识别

访问信息系统前需要对用户身份进行验证，验证的方法主要有三种：

（1）密码；

（2）身份识别卡；

（3）指纹。

其中，密码和身份识别卡会发生忘记、丢失和被盗的情况。而像指纹这样的身份标识符很难丢失和被盗。因此，生物特征验证是更严格安全的验证方式。

【例题6-5】生物特征验证和智能卡是哪一种内部控制的类型?

A. 检测性控制 B. 预防性控制 C. 补充性控制 D. 改正性控制

【答案】B

【解析】选项A不正确。检测性控制是错误发生以后的事后控制。

选项B正确。预防性控制是为防止错误发生而实施的控制。生物特征识别和智能卡都是为了防止未授权访问，是一种事前控制。

选项C不正确。补充性控制是对控制环节中的缺陷进行弥补。

选项D不正确。改正性控制是纠正检测性控制发现的问题。

（三）防火墙

防火墙是一种检测和预防网络攻击的手段。防火墙采用纵深防御的思路，设置连续多层级的防护。一层防护被攻破，后面还有另一层防护发挥作用。就像为了保护一份重要数据，在建筑物大门、办公室门和室内文件柜上都加了锁。

除了纵深防御，防火墙还使用“包过滤”技术和“深度包过滤”技术。发送到公司网络的数据包的源地址，要与恶意数据包源列表进行比较。如果地址在列表中，则不会进入公司的信息系统。深度包过滤是对数据包的内容进行扫描，查找里面包含的恶意代码。

（四）入侵侦测系统

入侵侦测系统（IDS）是对入侵行为的发觉，通过从计算机网络或计算机的关键点收集信息并进行分析，从中发现网络或系统中是否有违反安全策略的行为和被攻击的迹象。

防火墙是针对黑客攻击的一种被动的防御，IDS则是主动检测，寻找潜在的攻击者。两者可以互相补充，同时应用。IDS实时检测可以及时发现一些防火墙没有发现的入侵行为，以及发现入侵行为的规律，这样防火墙就可以将这些规律加入规则之中，提高防火墙的防护力度。

第三节 技术支持的财务转型

一、系统开发生命周期

系统开发生命周期（SDLC）是设计和实施一个新信息系统的高度结构化的传统方法。SDLC可以划分成五个步骤（见图6-9）。

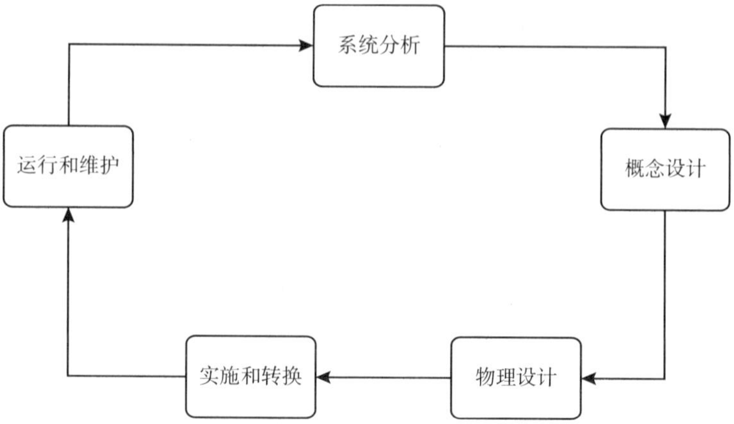

图 6－9 系统开发生命周期

（1）系统分析：包括确定组织的需求，汇总关于修改当前系统、购买新系统和开发新系统的信息。

（2）概念设计：包括制订一个满足组织需求的计划。同时，准备设计备选方案并创建详细的规范，以提供实现期望的系统所需的指导。

（3）物理设计：包括使用概念设计和为创建系统建立详细的规范。设计将包括对计算机代码、输入、输出、数据文件和数据库、过程和程序以及适当控制的规范和说明。

（4）实施和转换：包括新系统硬件和软件的安装。新系统需要被测试，用户要进行培训，新的标准、程序和控制要被构建。

（5）运行和维护：包括运行系统、检查性能及根据需要进行调整和维护系统。在组织确定维护旧系统的成本不足以证明其效益之前进行改进并修复，整个周期重新开始。

二、业务流程分析在提高系统性能中的作用

更好的信息应该做出更好的决策，公司系统性能的好坏直接影响公司的整体绩效。公司的系统由一系列的业务流程组成，业务流程就是公司运营业务的方式。

在许多新兴和增长的业务中，流程的开发并不总是着眼于如何使流程适应业务的整体结构和目标。相反，它们是基于最简单的完成工作的方法而创建的，很少考虑长期的后果。很多时候，最简单或阻力最小的方法并不是完成任务的最佳方法。从长期结果来看，一个随意设计的系统通常不能很好地促进业务增长，而是会阻碍企业的长远发展。

业务流程分析是一个系统性的流程改进方法，包含以下四个基本步骤：

（1）明确定义流程，包括相关的流程和正在执行的具有明确起始点的流程。最好从对经营最重要的流程开始，例如和主要产品、收入或费用有关的流程。

（2）演练整个流程，清晰完整的记录流程。在演练流程的过程中，采访关键员工，了解他们对流程的看法；寻找流程中导致信息丢失的环节和原因以及误导的缺陷。

（3）检查现有流程，识别流程中的优点和缺点。增加流程中增值的作业，删除流程中不增值的步骤。通过对流程的实地观察、对流程中的员工访谈，更能了解流程的问题和瓶颈，提出更合理的解决方案。

（4）在分析的基础上，提出流程改进计划。

三、机器人流程自动化

很多业务流程需要专业人员进行数据的获取、整理、汇总、比对等工作。这些工作烦琐细致，占用很多时间，还会因为人员的疏忽和疲劳而发生错误。

机器人流程自动化（RPA）为执行这些任务时的人为错误风险提供了一个有效的解决方案。RPA 使用的软件可以跨越不同的数据平台，将数据捕获并记录到一个单独的诸如 Excel 之类电子表格的处理设施中。RPA 机器人能够模仿许多用户动作，比如登录程序、复制和粘贴数据、移动文件和填写表单。这里的机器人实际上只是一组自动指令，设计用来操作机器或数据源来完成指定的任务。因为使用 RPA 只需要很少的计算机编程知识，所以大多数专业人员都可以通过培训使用 RPA 软件来自动化预期任务。

目前的 RPA 软件在流程图类型的接口中使用了拖放式编程对象，由于用户不需要学习正式的编程语言，因此学习和实现该任务相对比较简单。RPA 有五个主要优点：

（1）比人类处理速度更快、错误率更低。

（2）所有操作留有痕迹，方便审计跟踪。

（3）100% 的一致性，因为它每次都以相同的方式执行编程功能（除非代码或数据损坏）。

（4）把人员从枯燥重复的工作中解放出来，让他们专注于更多增值的工作，从而提高员工的士气和生产力。

（5）可以一天 24 小时一周 7 天不间断地工作。

【例题 6－6】为什么组织会采用 RPA 进行财务会计处理？

A. 验证手工输入的财务信息的完整性

B. 向审计师保证操作遵循了流程

C. 因为基于规则的自动审批的工作流程简化了应付账款审批活动，流程限制了人员参与特定审批的情况

D. 使客户能洞察组织的财务交易

【答案】C

【解析】选项 A 不正确。RPA 取代了人工操作，由机器人完成财务信息的

输入。

选项 B 不正确。RPA 能为审计留下更多的操作和更改的痕迹，为审计提供支持，而不是保证。

选项 C 正确。RPA 按照编程的功能执行操作，简化了流程，并且提高了工作效率。在 RAP 实施以后，人工对流程的参与会减少到最低限度。

选项 D 不正确。RPA 不能增加组织对客户的透明度。

四、人工智能和会计数据处理

人工智能（AI）是设计用于感知、推理和理解的计算机软件。AI 的一个显著优势是它可以从过去的错误中不断“学习”，并进行编程，以避免重蹈覆辙。AI 试图模仿人类的决策过程。

人工智能系统应用于商业环境，能为企业带来以下好处：

- 提高业务处理的速度和减少错误，改善数据录入和分析。
- 使会计核算流程更加透明，专业人员可以监控整个核算流程，减少欺诈。
- 24 小时工作，不会生病、罢工、死亡。

目前市场上很少有成熟的 AI 软件产品。企业通常是自主开发这方面的软件。但是开发成本比较昂贵，同时缺乏经验丰富的程序员。

五、云计算

（一）云计算的概念

“云计算”来自一种描述两个网络之间的云的网络映射技术。“云”由许多提供租用硬件和软件的供应商组成，公司付钱给供应商来管理它们的计算机程序和存储它们的数据。云计算就是简单地将计算机运行外包给外部供应商。

（二）云计算的优势和风险

1. 云计算的优势。

（1）企业避免在 IT 系统（硬件和软件）上的投资。IT 系统的使用寿命通常较短。企业通过云计算避免了在 IT 系统上的频繁资本支出。

（2）IT 技术的更新速度很快。将 IT 业务外包给外部服务商，企业可以避免技术和设备老化过时的风险。

（3）云计算服务可以使企业获得税收优惠。云计算费用可以直接进入成本，而自建 IT 系统的成本，需要资本化以后在整个使用寿命内进行折旧和摊销。

2. 云计算的风险。

（1）云计算服务商可能无法充分保证企业数据的安全。企业数据会发生丢失、被盗或舞弊的风险。

（2）云计算服务商提供的服务可能无法达到企业的要求。

（三）云服务的主要形式

云服务的形式主要分成三类：

1. 基础设施即服务（Infrastructure-as-a-Service，IaaS）。

供应商把 IT 基础设备作为一种服务通过网络对外提供。

2. 平台即服务（Platform-as-a-Service，PaaS）。

第三方提供软件和硬件工具，用于应用程序的开发。

3. 软件即服务（Software-as-a-Service，SaaS）。

SaaS 是一种软件分发模型，客户基于 Web 的应用程序，跨设备的存储、共享和同步文件。应用程序托管在云计算服务商的服务器上，客户通过网络访问云计算服务器。SaaS 是最常用的云服务形式。

（1）SaaS 的优点。①用户节省了软件安装和维护的费用。②SaaS 采用即付即用的方式，用户可以按月支付服务费。③SaaS 允许轻松扩展。客户只购买他们需要的东西，然后根据需要添加功能和用户。④软件自动更新。用户可以任何时间、任何地点通过互联网访问软件。

（2）SaaS 的风险。①SaaS 使客户过分依赖服务提供商。服务商有可能中断服务，或强行修改变更软件。②用户的关键数据有可能遭到泄露。

六、区块链

区块链技术或一般的分布式账户技术是比特币等虚拟货币的基础技术。区块链是分布式账户技术的一种，分布式账户是一个数据库，它位于多个地点或多个参与者之间，所有数据和事项都不会在一个中心位置进行处理和验证。在相关各方达成一致意见之前，通常不会存储数据。然后，这些文件被盖上时间戳印且被赋予唯一的密码签名。因此，分布式账户技术为数据库中存储的信息提供了具有可验证性和可审计性的历史记录。

区块链是一种特殊类型的数据库或分布式账户，它具有单独的记录数据块，这些记录数据块按顺序链接在一起称为区块链。这些记录数据块由对等网络中的多个节点或多方进行验证。这些数据块被链接到其他数据块，使它们不能变或不可变。由于合同记录在这些数据块中，然后链接到其他数据块，秘密修改合同的可能性实际上被消除了，因为这些数据块被合并到对等网络中的多个节点中。这些数据块本质上是不能改变的，因为一个被改变的数据块不会被对等网络中所有其他节点上存储的所有其他数据块识别。换句话说，如果一个数据块被更改，网络上的每个人都将知道更改后的数据块与节点上的数据块副本不匹配。

智能合同是由软件创建并嵌入区块链协议中的各方之间的协议。因此，它们把书面合同上升到另一个层次。智能合同是自动执行的软件程序，它通过软件代码而不是纸质稿来代表双方的协议。软件代码运行并嵌入区块链协议或平台中，不需要任何类型的中介（如代理或交易商）来控制协议的执行。软件代码代表协议的条款并且是不可变的，因为它被合并到一个区块中，该区块是区块链的一部分。

区块链技术的优点：

（1）减少或消除交易中介成本，提高交易的透明度。

（2）所有交易记录都能可靠存储且不可变更，便于交易审计。

（3）提供了一个可靠的分权框架。这种框架可以用来检测逃税、减少腐败、追踪非法付款和洗钱，防止侵吞资产。

（4）区块链与智能合约的结合，可以消除交易过程中的大量文件，降低时间延迟。

第四节 数据分析

一、商业智能及大数据

（一）商业智能

商业智能（BI）和人工智能的主要关注点是创建能够模仿人类洞察力的计算机程序，以获取事实数据库并找到数据中的联系和模式。商业智能是使用应用程序、工具和最佳实践将数据转换为实用的信息，从而获得公司数据的战略价值和运营价值。

（二）大数据

大数据是一个不断发展的概念，目前没有一个统一明确的定义。大数据之所以成为趋势，是因为硬件和软件处理超大数据集的能力取得了显著进步，超出了常规数据处理系统的处理能力。大数据通常被用来分析大型数集的模式或趋势。大数据描述了数量庞大的结构化、半结构化、非结构化的数据集合；这些数据能够进行信息挖掘，以揭示数据间的相互关系、发展趋势或预测结果。

1. 大数据具有四个具体的特点：

（1）容量：数量体量巨大。存储数据的服务器的数量可以高达数千台；物联网中使用的实时传感器已成为主要的数据来源之一。

（2）多样性：数据类型多样。包含数字类型、文本类型、图片、音频、视频。

（3）速度：数据变化速度快，并且可以实时获取、快速分析。现在云计算已经成为大数据项目的主要承载来源。

（4）准确性：数据准确性高，数据必须具有一定的质量，要可信。

2. 大数据已经成为企业的一种战略资产。大数据能在处理相关的、高质量的、及时的数据，以及报告信息结果（最终报告）时发挥作用。这些信息被提供给企业的管理层，以使其：

（1）做出明智及时的决策。

（2）确定有价值的趋势和模式。

（3）确定产品或服务的需求机会。

（4）根据确定的趋势和模式制订计划，以提高运营结果。

3. 大数据的应用场景非常丰富。例如通过分析从互联网、社交媒体和社会调查上收集的数据，向潜在客户直接投放广告；医院通过分析患者的数据筛选出药物的交互作用和过敏反应。

4. 大数据为个人隐私带来挑战。

（1）信息泄露给个人和企业带来经济损失。

（2）政府使用大数据过程中对公民权利的侵犯。

（3）客户更愿意与企业保持人性化的互动，而不是成为公司大数据中的一个样本。

（三）结构化数据和非结构化数据

1. 结构化数据。

结构化数据是按照预先的设定、经过组织的、计算机可以直接使用的数据。关系数据库是常见的结构化数据。关系数据库是包含行和列的表格，数据位于行和列的交叉点的方格中。在结构化数据库中使用结构化查询语言（SQL）进行查询。

2. 非结构化数据。

非结构化数据是没有固定模式的，不能直接进行查询的数据。例如一些文本、图片、数字、音频等。电子邮件就是一种典型的非结构化数据。据估计，有95%的大数据是非结构化数据。

3. 半结构化数据。

半结构化数据介于结构化数据和非结构化数据之间。一般指具有基本固定结构模式，但是关系不固定的模型。例如：存储员工的简历。有的员工简历简单，只包含教育情况；有的员工简历复杂，包含工作情况、婚姻状况、技能情况，甚至一些没有预料的信息。虽然简历表一般具有固定格式，但是表中的信息并不能用字段进行简单的对应。

【例题6－7】结构化和非结构化数据的关键区别是什么？

A. 结构化数据的模式难以查询；非结构化数据通常易于查询，包括音频、视频和社交媒体发布的格式

B. 结构化数据由未知类型的数据组成，这些数据容易查询；非结构化数据通常难以查询，包括音频、视频和社交媒体发布的格式

C. 结构化数据清晰定义了数据类型，这些数据容易查询；非结构化数据通常难以查询，包括音频、视频和社交媒体发布的格式

D. 结构化数据清晰定义了数据类型，这些数据容易查询；非结构化数据通常易于查询，包括音频、视频和社交媒体发布的格式

【答案】C

【解析】结构化数据的数据类型清晰定义，容易进行查询。非结构化数据是没有经过组织的，不能直接进行查询。

（四）数据发展过程

虽然数据—信息—知识—洞察—行动模型的起源并不确定，但这一概念为专业人员理解数据的发展提供了一个有用的工具（见图6－10）。

图6－10　数据发展过程

（1）数据虽然代表了事实，但是单纯的数据本身没有太大的用处。

（2）只有把数据经过组织以后转化成信息，才能发挥作用。将数据转化成信息的过程中，还需要考虑数据的强度、复杂程度和相对等级。

（3）获取信息并通过内部过程将其转化为知识。

（4）深入研究得到的知识，找出里面隐含的模式和规律，形成洞察力。洞察力也被看作是判断力，更主观一些。

（5）数据、信息、知识和洞察力的真正价值在于做出明智和理性的决策或行动。

二、数据挖掘

（一）数据挖掘的概念

数据挖掘是使用分析工具在大量数据中进行查询，寻找数据间的意外关系。数据挖掘，从不同的角度分析企业收集的数据，发掘出关联和规律，归纳出有用的信息，帮助企业提高经营业绩。

数据挖掘与其说是科学，不如说是艺术。“样本量”是影响数据挖掘结果的关键因素；一般来说，样本量越大，从中发现统计上显著关系的可能性就越大。但是统计意义上的显著关系，并不意味着具有实际意义。对数据挖掘结果的分析，高度依赖于分析人员的知识、经验、判断、智慧甚至是直觉。这是数据挖掘面临的一个挑战。

数据挖掘常见的步骤有：

（1）数据清除：清除噪声和不一致的数据。

（2）数据整合：将众多数据源结合在一起。

（3）数据选择：从数据库中调取与分析任务相关的数据。

（4）数据转化：通过汇总或聚合，对数据进行转换，然后以适应挖掘的形式进行合并。

（5）数据挖掘：通过使用智能的方法来提炼数据模式。

（6）模式评估：根据趣味性标准，对能够真正体现知识的兴趣模式进行识别。

（7）知识呈现：使用可视化和知识呈现技术向用户提交挖掘的知识。

很多情况下，数据挖掘是一个迭代的过程。随着用户不断提炼和调整查询条件，数据集的规模会不断缩小，最终聚焦于一个明确的可执行的结果。

（二）结构化查询语言

结构化查询语言（SQL）是一种用于访问和操作关系型数据库管理系统（RDBMS）的数据语言。SQL 是常用的数据挖掘工具。

SQL 的三个基本命令：

（1）选择（select）：选择用户感兴趣的数据字段。换句话说，用户想要查看的结果是什么。

（2）从哪里选（from）：识别数据所在的表格。

（3）筛选条件（where）：限制数据以满足某些标准。

三、分析工具

随着技术的发展，出现了很多功能强大的分析和统计工具。会计人员可以使用这些工具自己完成分析，不需要求助专业人士。

需要注意的是，所选择的分析模型需要与被分析的数据恰当的拟合；也就是说，目标数据需要满足分析模型的假设前提。例如，很多分析模型假设数据集里的数据是随机的，符合正态分布的特征；如果数据集里的数据不是随机的，使用模型得出的分析结论就会有偏差。

（一）数据分析类型

1. 描述性数据分析。

描述性数据分析提供针对企业发生的事件和运营的描述信息。采用各种归纳性的计量方法描述数据，理解数据的排列组合方式和分布情况。描述性数据分析常用的计量方法如下：

（1）数据的集中趋势分析。①平均值。②中位数：将数据按数值大小排列，位于中间的数值。③众数：在数据中发生频率最高的数值。④百分位数：数据从小到大排序，用三个数据点将数据分为四等份。这三个数据点分别位于数据的 25%（第一四分位数）、50%（第二四分位数，也就是常用的中位数）和 75%（第三四分位数）的位置。

（2）数据的离散趋势分析。①范围：数据中最大值和最小值的差。②四分位距：第三四分位数和第一四分位数的差。③方差：每个样本值与全体样本值的平均数之差的平方值的平均数。④标准差：方差的算数平方根。

（3）数据的分布特征。正态分布是最常见的分布类型。在正态分布中，以平均值为中心，分别向两边各 1 个标准差的面积内，有 68.26% 的数据会落在这个区域；向两边各 2 个标准差的面积内，有 95.44% 的数据会落在这个区域内；向两边各 3 个标准差的面积内，有 99.74% 的数据会落在这个区域内（见图 6－11）。

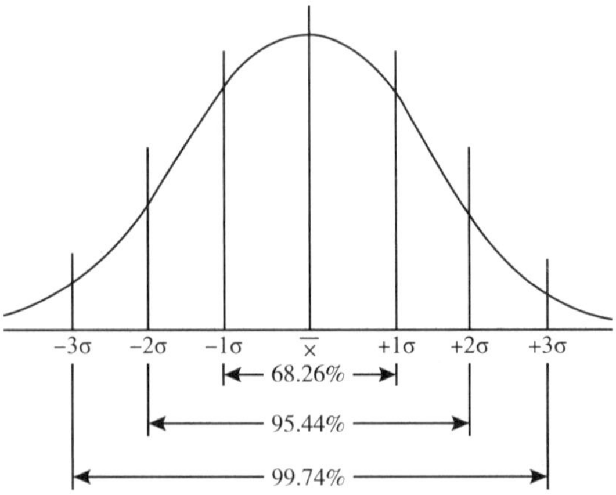

图 6－11　正态分布

2. 诊断性数据分析。

诊断性数据分析的重点是找出问题产生的原因。企业通过深入分析历史数据，找出其中的规律和关联关系，对人们关心的问题形成深刻的理解。

3. 预测性数据分析。

在描述性分析和诊断性分析的基础上，尝试预测未来很可能出现的结果，并为决策者提供建议。预测性数据分析采用的方法和技术包括：数据挖掘技术、大数据、统计模型、通过机器学习技术创建预测数据模型。

4. 规范性数据分析。

规范性数据分析与预测性数据分析一起使用，确定当未来出现了可能的结果时，应该采取哪些行动。规范性数据分析通常使用人工智能技术来评估假定情景下可能出现的结果的概率。但是，没有人能够准确预见未来，规范性数据分析只是依据现有的内外部数据，给出了一个理论上的分析结果。

（二）聚类模型、分类模型

1. 聚类模型。

聚类模型目的是在一个数据集中找到相似的数据点集，一些算法或工具被用来寻找和组合相似的数据点。聚类包含硬聚类和软聚类：

- 硬聚类：每个数据点仅属于一个集合，而不会属于其他的集合。
- 软聚类：每个数据点根据概率模型或可能性，在各个集合中的分布。

聚类分析经常应用在市场调研中。企业通过聚类分析能够更好地理解不同客户分组的偏好。

2. 分类模型。

分类模型试图将数据点进行分类或归类，数据是离散的。

> **【提示】** 分类和聚类的区别在于：分类是按照预先定义好的标准，将离散的数据点进行归类；而聚类是通过分析，找出数据点中相似的特征。

（三）回归模型

回归分析法指利用数据统计原理，对大量统计数据进行数学处理，并确定因变量与某些自变量的相关关系，建立一个相关性较好的回归方程（函数表达式），并加以外推，用于预测今后的因变量的变化的分析方法。

例如，对不同情况下的产品成本结果收集足够多的样本数据。根据这些样本数据回归出产品成本的数学模型。这个产品成本模型，可以用来预测在一些设想的条件下产品成本的可能结果。

1. 简单回归。

简单回归方程描述了单个自变量与因变量之间的关系。简单回归是回归分析中最基础的一种。是用微积分推导出适合一组数据点的最佳直线。

简单回归方程式：

$$y = a + bx$$

其中：y——因变量；x——自变量；a——截距；b——回归线的斜率。

简单回归最常见的商业应用是对混合成本函数的估计。在混合成本中，斜率的含义是单位产品的变动成本；截距表示总固定成本。

2. 多元回归。

多元回归适用于多个自变量的情况。例如，销售可能取决于广告的数量、现场销售人员的数量、产品的价格以及其他独立变量。多元回归将显示每个自变量对整体销售水平的贡献。多元回归允许企业识别多个因素（自变量），并根据其对整体结果的影响对每个因素进行评估。

3. 线性回归分析的衡量指标。

在某些情况下，无法得到群体的总体数据。例如，某饮料公司想要知道，在年龄 15 ~ 35 岁的年轻群体中，喜爱咖啡的人比例是多少。在实际调查中，无法询问每个符合条件的人。合理的办法是，从这个群体中随机选取一定数量的人员作为样本进行调查。根据这些选定样本的数据，推断出整个 15 ~ 35 岁的年轻群体中喜爱咖啡的比例是多少。

用样本统计量来估计总体参数，从局部结果推论总体的情况。在给出总体的结果的时候，同时还要说明这个推论的可信度有多高。

（1）置信区间。根据样本数据推测出的一个区间（正态分布中，通常是样本平均值向左和向右 n 个标准差的一个区间），实际值有一定的概率出现在这个区间里。

例如在正态分布中，根据样本中的数据计算出平均值（$\bar{x}$）和标准差（σ）。真实值有68.26%的概率出现在区间（$\bar{x}-\sigma$，$\bar{x}+\sigma$）中。当置信区间扩展到$\bar{x}\pm 2\sigma$，真实值出现在这个区间的概率就增加到95.44%。可见，置信区间的范围越大，涵盖真实值的可能性就越大（见图6－12）。

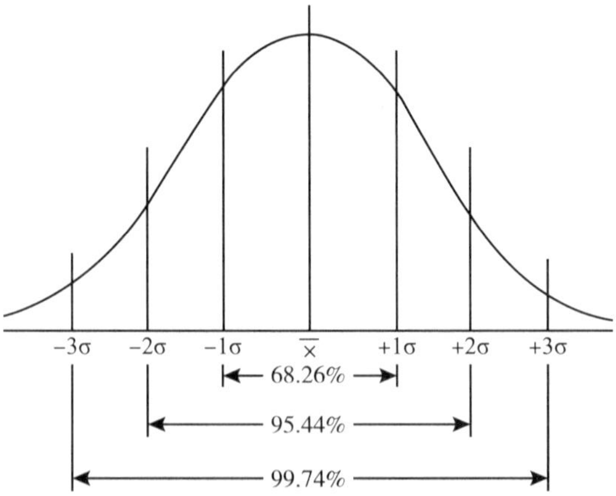

图6－12 正态分布置信区间

（2）估计标准误差（standard error of estimate）。估计标准误差（SE）是说明实际值与回归方程的估计值之间偏离程度的指标，主要用来衡量回归方程的代表性。估计标准误差小，回归方程的可靠性大一些，基于样本做出的预测结果就越能反映整体的特性。

（3）拟合优度（goodness of fit）。拟合优度是衡量模型与样本中的数据点匹配或拟合的程度。

①相关系数R。相关系数是衡量两个变量间在变化上的相关程度。相关系数的取值范围是－1～1（见表6－4）。

表6－4　相关系数R

项目	变量的变化方式	相关性
R＝1	两个变量变化方向相同	正相关
R＝－1	两个变量变化方向相反	负相关
R＝0	两个变量不同步变化	不相关

R取值介于两个端点之间时，例如当R＝0.75，表明两个变量有75%的时间变化方向相同。

②确定系数R^2。确定系数R^2是衡量回归直线与观测值的拟合程度。确定系数的取值范围是0和1之间。越接近1，回归方程的拟合程度越高，越有参考价值。

（4）敏感性分析。敏感性分析采用试错法确定单个变量或假设的变化对

第六章

最终结果的影响。敏感性分析也可以用来衡量统计模型的可靠性。统计模型依赖于某些假设，这些假设可以根据基础数据的变化而发生改变。如果更改了假设和基础数据以后，统计模型得出的结论仍然有效，那么这个统计模型会被视为是稳健可靠的。与所有数据分析模型一样，敏感性分析同样要满足样本量、分布和随机选择这些基本的假设前提。

敏感性分析的一个重要商业应用是资本投资决策；利率或收益的微小变化会对项目的盈利能力产生重大影响。在所有的数据分析模型中，敏感性分析同样受到样本、分布和随机选择等基本统计假设的约束，因此绝不能盲目接受敏感性分析作为最终结论。

【例题6－8】 在标准回归方程 $y = a + bx$ 中，对字母 b 最好的描述是哪一个？

A. 自变量　　　　B. 因变量

C. y 轴截距　　　　D. 回归线的斜率

【答案】 D

【解析】 选项A不正确。自变量是 x。

选项B不正确。因变量是 y。

选项C不正确。y 截距是 a。

选项D正确。在标准回归方程中，b 代表回归线的斜率。例如，在成本确定回归中，y 等于总成本，b 是单位可变成本，x 是生产的单位数量，a 是固定成本。

（四）探索性数据分析

探索性数据分析（EDA）更多的是一种方法而不是一组技术和工具。EDA使用可视化或图形化的工具以及定量方法来发现数据中的规律，识别和提取重要变量，查找数据集中的异常数据，测试有关数据的假设和问题，深入了解数据集。

EDA是不同于传统建模和分析技术的数据分析方法。EDA鼓励数据本身揭示其基本结构，而不是过早地应用假设或统计方法。它通常用作数据分析过程中的第一步或预步骤。

EDA经常使用的可视化和图形化的工具有直方图和散点图。

（五）模拟法（仿真模型）

在已知所有参数的情况下，使用标准线性回归得出的结果要优于其他普通的分析方法和工具。但是在现实情况下，很多变量的信息不容易获得。因此，为了模拟实际情况，输入变量进行随机取值，而不是对变量进行约束性的假设。这种分析方法叫仿真模型。在实际操作中，输入的变量来自某个区间内的取值以及特定的概率分布。

仿真模型的优点是，输入变量可以在整个范围内按照数据的分布特点来取值，而不是某个假设下的一个最可能的情况值。仿真模型的取值次数很多，因此运行仿真模型需要使用计算机软件，在模型中不断切换。

最常用的一种仿真模型是蒙特卡洛模型。

蒙特卡洛（Monte Carlo）模拟，也称统计模拟，是 20 世纪 40 年代中期由于科学技术的发展和电子计算机的发明，而被提出的一种以概率统计理论为指导的一类非常重要的数值计算方法。蒙特卡洛模拟采用计算机方法模拟每一个变量的样本概率分布，并得出成百上千个可能的结果，同时分析这些结果，给出不同结果发生的概率，模拟出结果可能出现的概率。

蒙特卡洛模拟是对现实世界的不确定性建立模型进一步尝试。分析步骤为：

（1）构建基本模型。

（2）确定模型中每个变量的分布。

（3）通过计算机抽取一个结果。

（4）重复上述过程。

【提示】模型的好坏，很大程度上取决于输入数据的质量；正所谓“垃圾输入 = 垃圾输出”。需要谨慎地使用分析的结论，仅把它作为决策环节中的一个考虑因素。

【例题 6 -9】以下哪一项不是蒙特卡洛模型的优点？

A. 提供敏感性分析　　B. 提供数据的相关性

C. 提供有限数据的分析　　D. 提供场景分析

【答案】C

【解析】选项 A 不正确。敏感性分析是通过更改模型的假设和基础数据，判断假设和参数的变化，对最终结果的影响程度。蒙特卡洛模型中，输入变量从一个区间中多次随机取值，可以观察模型结果的变化规律。

选项 B 不正确。蒙特卡洛模型中，变量不断从一个区间中随机取值，模型计算出不同的输出结果。可以发现变量取值和输出结果之间的相关性。

选项 C 正确。蒙特卡洛模型中，变量从一个区间中随机取值，输入数据的数量不受限制。

选项 D 不正确。蒙特卡洛模型是通过模拟实际场景，分析可能出现的结果。

（六）时间序列分析

时间序列分析，也称为趋势分析，是基于过去的经验预测未来的趋势的过程，是以时间为自变量的回归模型。

收集同一个体在一段时间内不同时点的数据，分析个体随时间变化发生的变动趋势。时间序列数据通过识别数据中体现的模式和规律，实现对未来的预测。这是基于历史数据基础上的预测，与真实情况会有偏差。

1. 时间序列分析中有四个主要的模式。

（1）趋势性。线性趋势的数据呈稳定地增加或减少，图形表现为一个向上或向下的斜线。另外还有指数曲线和S形曲线（见图6－13）。

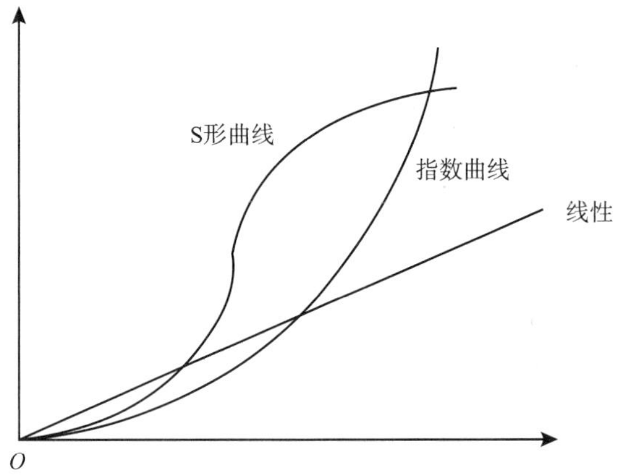

图6－13　时间序列趋势性

（2）季节性。季节性指的是数据受到季节的影响，呈现规律性季节变化。滑雪场的收入通常会呈现出季节性模式。季节性模式至少每年会发生一次。

（3）周期性。时间序列数据可以表现出周期性特征，因为商业条件往往会随着时间的推移而从增长到衰退。季节性规律可以明确时间跨度，但是周期性规律比较难以确定整个周期的时间跨度的长短。正常情况下，周期性模式的平均时间大于季节性模式，变化幅度也更大。

商业周期就是一个例子，它通常持续数年，但当前周期的长度无法事先知道。

（4）不规则性。时间序列数据表现出随机或不规则的模式。这种模式反映出一些不可预测的事件对企业和整体经济的影响，如国际油价波动、经济危机、地震等不可抗力。

2. 时间序列分析的好处。

（1）预测未来活动的能力。

（2）确定影响未来预期事件发生的组成部分或要素。

（3）根据过去的活动分析当前的结果，以确定趋势变化。

3. 时间序列分析的局限性。

（1）随着时间的推移，在预测中起作用的组件或要素可能会变得不那么可靠。

（2）分析得出的结论可能具有误导性。

（3）假设过去适用的组件或要素的可预测性在未来保持不变。

【例题6－10】家电制造商和汽车制造商受下面哪个时间序列数据的影响最大？

A. 趋势性成分　　B. 周期性成分

C. 季节性成分　　D. 非常规性成分

【答案】 B

【解析】 选项 A 不正确。所有行业、业务、公司都会受到时间序列数据的趋势性成分的影响，只是程度不同而已。

选项 B 正确。周期性波动会在长期视角下不断重复自己，但以不同的频率和剧烈程度。家电制造和汽车制造都是周期性很强的产业，随着人口统计规律的变化而变化。

选项 C 不正确。玩具制造销售和零售业受季节性波动的影响最大。

选项 D 不正确。农业和保险也受非常规性波动的影响最大，而几乎所有行业、业务、公司都会受到非常规性的波动影响。

四、数据可视化

数据可视化是向读者传递信息的一种方法。数据可视化是指将数据置于图形或图表等可视化环境中，帮助读者或其他用户理解数据的意义。数据可视化有利于企业决策者，但计算机本身并不需要这一技术。

数据可视化工具的优点：

（1）信息更丰富。基于文本的数据，通常无法直观了解其相关性、趋势性。

（2）信息更容易被理解。数据可视化工具将信息简化，并使用最少的术语，为更广泛的读者所理解。

（3）可以提供交互的功能。数据可视化工具允许用户操作数据或挖掘数据，进行“what-if”的分析。

（4）更广泛地应用信息。数据可视化工具有助于比较差异、识别模式、判断异常等。

为了清楚地传达数据中包含的信息，分析者必须运用基本统计原则和假设的知识，选择适当的图表类型。

（一）数据表格

数据表格是向人们提供信息的第一步。

1. 使用数据表格的优势。

（1）表格有效地利用空间，可以扩展和简化。

（2）电子表格已经普及，大多数人都能熟练地制作表格和图表。

（3）软件程序可以使数据表格易于访问，方便进行查找和操作。

2. 制作数据表格的六点要求。

（1）规划。需要预先规划好表格的目的和内容，了解阅读者的需求。

（2）聚焦。表格的设计中要突出重点，以便阅读者能够立即识别它们。

（3）整齐。单元格中的内容要根据规范化的格式保持对齐。

（4）字体。字符的大小要适中。字体选用常用的字体，重点内容采用特殊字体吸引阅读者的注意。

（5）简洁。表格的内容不能杂乱。要留有足够的空白，使阅读者能够关注表格的内容。

（6）颜色。颜色可以表达深度、焦点和对比的信息。但是混乱的颜色会分散阅读者的注意力。

（二）图表

用于数据可视化的图表类型有很多。每种类型都有特定的用途（见表6－5）。

表6－5　　数据可视化的图表类型

用途	图表含义/特点	图表格式
比较	柱状图：比较不同类别的数据，或者不同时点的数据	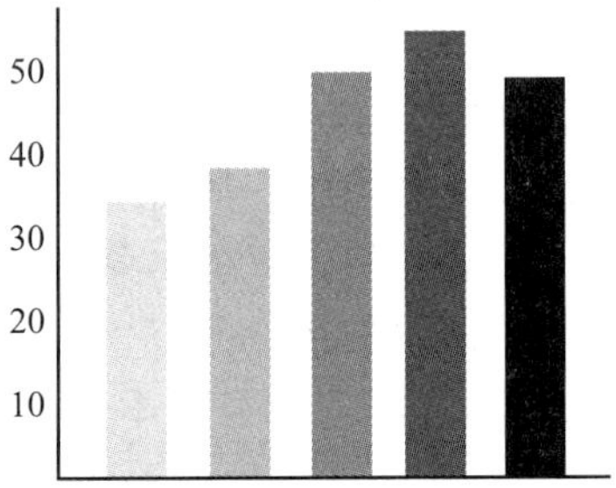
	饼状图：比较不同类别数据的比重 • 类别较多，或者比重相近的数据，在饼状图中区分不明显	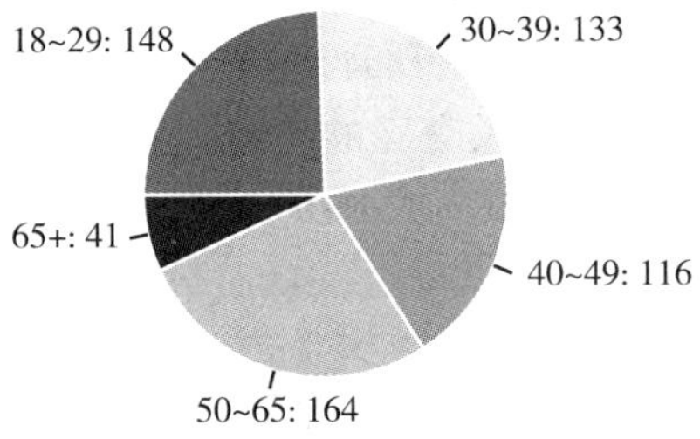
分布	直方图：在每个特定的区间内包含多少个数据点。展示数据的分布情况	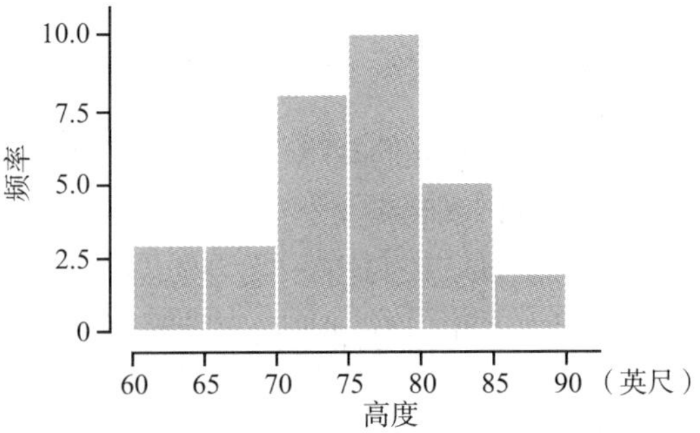

续表

用途	图表含义/特点	图表格式
分布	点阵图：用垂直的点来表示数据的分布情况 • 适合数据量较小的情况	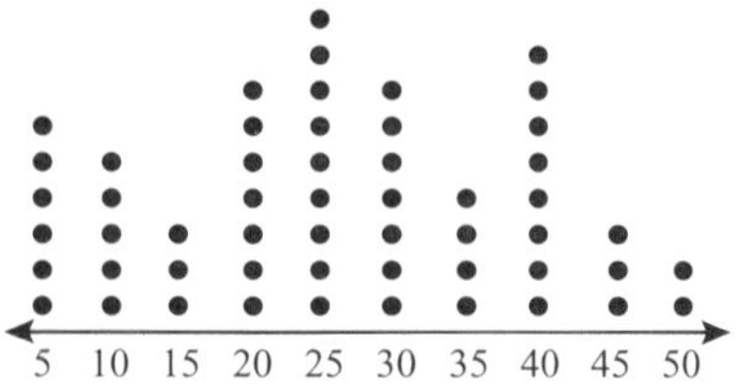
	箱形图：通过五个标准衡量指标来展示数据的分布情况 五个衡量指标：最小数据点、第一四分位数、中位数、第三四分位数、最大数据点 • 箱形图不显示单个值，可能发生偏离 • 可以识别异常值 • 可以比较不同的数据分布	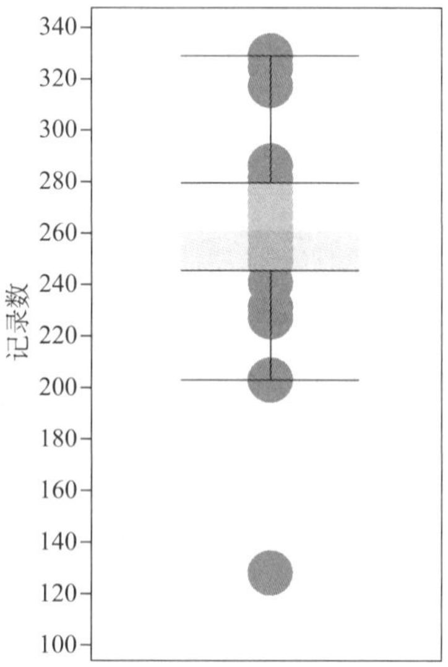
地理位置	地图和着色地图：在地图上显示地理空间数据，可以根据地理位置查看数据点	地图略。
关联性	散点图：根据数据点相对于 x 轴和 y 轴的相对位置绘制。展示了数据的相对位置和分布情况 • 只能显示有两个变量的数据	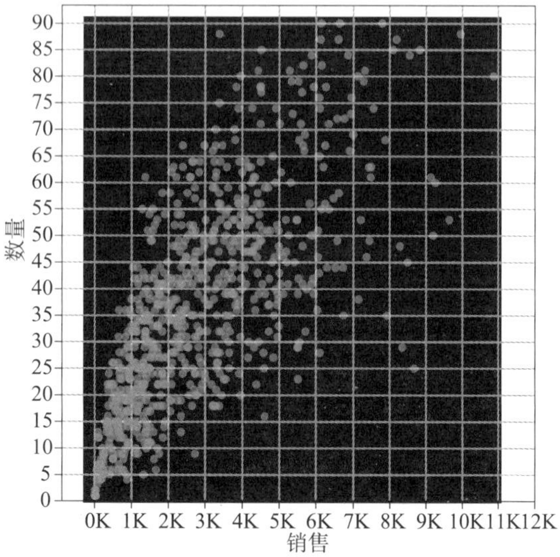

续表

用途	图表含义/特点	图表格式
关联性	泡泡图：是散点图的一种。散点图上的点被合并为气泡，气泡的大小表示包含的数据点的数量 • 大小相近的气泡在泡泡图中区分不明显	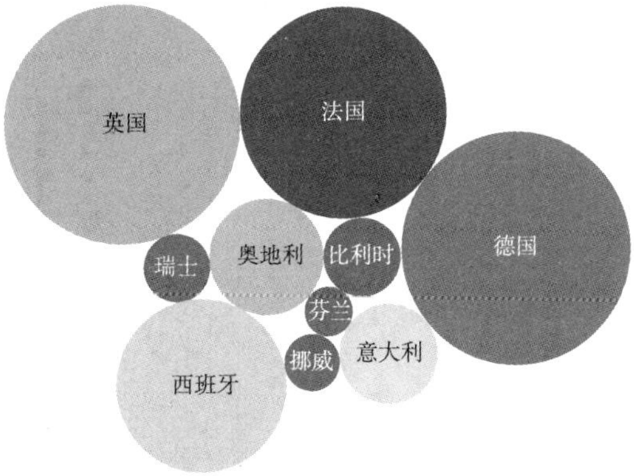
	热图：通过颜色强度的变化显示数据之间的关系 • 可以使阅读者轻松地获取大量信息；可以通过强烈的色彩突出异常的数据 • 色调的变化不能精确地区分数据之间的差别	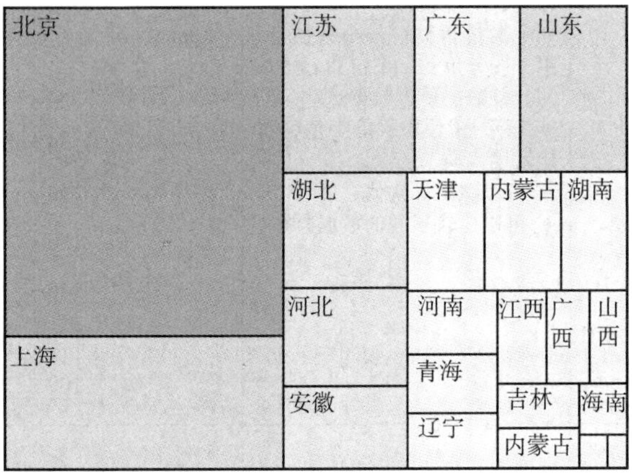
趋势	折线图：显示为一系列数据点和点之间的连线 • 容易解读；可以在数据集之间进行比较；可以显示时间上的变化趋势 • 只能显示时间变化	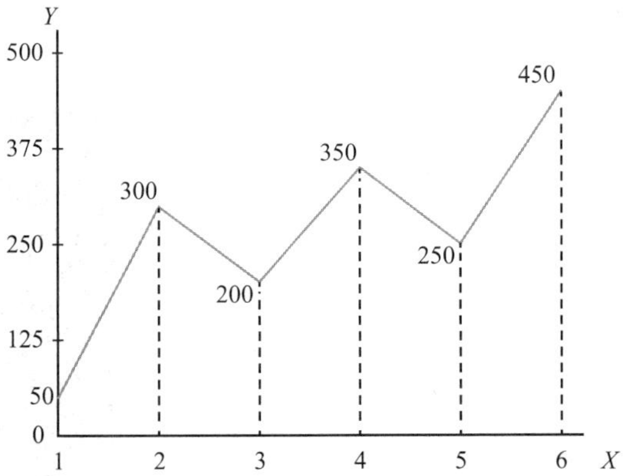

简答题出题方向分析

【出题方向1】题干描述企业采取的一些数据治理活动，要求回答这些治理活动属于COSO框架中的哪一项要素。

解题思路：COSO五要素在数据治理方面的体现。

控制环境：评估组织对数据治理的承诺程度。

风险评估：识别数据重要性水平；建立风险识别流程；考虑错误和舞弊的可能性；评估内外环境的变革对企业的影响。

控制活动：将风险对应到控制活动；建立IT安全控制框架；定期评估控制活动。

交流与沟通：创建信息需求清单；获取信息；通过数据治理提高信息质量；创建内外部沟通制度。

审查与监控：建立、识别和使用监控指标；聘请内部审计员来监控组织的运营；评估和报告内控缺陷；监控纠正措施。

【出题方向2】题干描述企业面临的数据安全方面的挑战，要求提供几项网络攻击检测和预防的方法。

解题思路：网络攻击检测和预防的方法主要有：

1. 渗透测试。组织授权顾问采用各种手段来攻击和破坏组织的系统，以此来发现现有系统中的弱点和漏洞。

2. 用户身份识别。身份识别的方法主要有三种：密码、身份识别卡和生物特征验证。其中生物特征验证是更严格安全的验证方式。

3. 防火墙。是检测和预防网络攻击的手段。是针对黑客攻击的一种被动的防御。

4. 入侵侦测系统（IDS）。通过从计算机网络或计算机的关键点收集信息并进行分析，从中发现网络或系统中是否有违反安全策略的行为和被攻击的迹象。IDS则是主动检测，寻找潜在的攻击者。

【出题方向3】题干描述企业在IT系统建设方面遇到的问题，要求说明如果采用云计算模式，优缺点分别是什么。

解题思路：云计算是基于网络映射技术的一种IT资源共享模式。用户通过访问本地的IP地址，可以连接到提供服务的公共网络的主机。公司将自己的计算机处理和数据存储业务外包给云计算服务商，并向云计算服务商定期支付费用。

云计算的优点：企业避免在IT系统（硬件和软件）上的频繁投资。企业可以避免技术和设备老化过时的风险。云计算服务可以使企业获得税收优惠。

云计算的风险：云计算服务商不能充分保证企业数据的安全。云计算服务商提供的服务不能达到企业的要求。

【出题方向 4】区块链与传统架构相比，有哪些优势。

解题思路：传统架构下，数据集中存储在一个中央数据库中。只需针对中央数据库的数据做少数几次修改，就能彻底改变数据内容。区块链中，数据被同时存放在很多个区块中，每个节点的存储内容可以互相印证，保持一致。数据和交易的处理也是在多个地点同时进行。在这种架构下，数据很难被篡改。

区块链的优点：

- 应用于虚拟货币交易
- 减少或消除中介成本，提高交易透明度
- 提供了一个可靠的分散架构的框架。这种框架可以用来检测逃税、减少腐败、追踪非法付款和洗钱防止侵吞资产。
- 消除交易过程中的大量文件，减少时间滞后的情况。

【出题方向 5】题干给出一组事件序列数据，分析数据展示出哪一种趋势，并预测未来某个时点可能出现的结果。

解题思路：根据数据判断出属于哪一种模式：趋势、季节性、周期性、不规则性。简要说明判断的理由。可以绘制简要的图形。

根据数据的模式，预测未来可能的变化趋势。在某一个时点，有可能出现什么情况。

【出题方向 6】题干描述企业需要进行怎样的分析，并给出具体的数据，要求回答应该使用哪种图表，简要绘制图表和进行分析。

解题思路：图表类型有比较、分布、地理位置、关联性和趋势。根据企业的具体要求给出合适的图表建议，并且说明图表的特点和局限性，以及选择的理由。

根据数据绘制图表，说明从图表中展示出什么样的趋势和结论。

历年经典试题回顾

一、单选题

【经典试题 1】 折旧计算后要和下面会计信息系统（AIS）中的哪个循环进行核对？

A. 不动产、厂房及设备（PPE）循环

B. 费用开支循环

C. 总账系统

D. 生产循环

【答案】 C

【解析】 选项 A 不正确。不动产、厂房及设备（PPE）科目记录的是初始置备成本，也是计算折旧的基础。折旧金额的核对不在这里进行。该科目是固定资产的一部分。

选项 B 不正确。折旧金额的计算和核对不在费用开支循环里进行。采购活动是费用开支循环的一部分。

选项 C 正确。编制财务报表之前，包括折旧金额在内的所有会计分录都要过账到总账（GL）系统里。所以，总账系统是核对折旧金额和相关科目最佳的地方，以确定金额是否正确准确、对应的科目是否准确。

选项 D 不正确。折旧金额的计算和核对不在生产循环里进行。生产控制和存货控制是生产循环的一部分。

【经典试题 2】 结构化查询语言（structured query language）和通过实例进行查询（QBE）在下面哪个数据库模式里被大量使用？

A. 网络数据库　　B. 关系型数据库

C. 对象型数据库　　D. 层级型数据库

【答案】 B

【解析】 选项 A 不正确。网络型数据库使用区隔和箭头来表示展现。一个区隔代表数据库的一个记录类型或一个实体。每个记录类型由 0、1，或更多的数据要素/标签或属性组成。一个连接起两个区隔的箭头展现出两个记录类型的关系。这样的网络数据库不会大量使用 SQL 和 QBE 作为查询工具。

选项 B 正确。SQL 是一种被大量使用在关系型数据库的数据处理语言。SQL 命令行用 SQL 脚本写成，不需要使用图形交互界面。SQL 被用来输入、修改、变更、查询数据库里的数据。类似地，QBE 是一种图形查询语言，被大量使用在关系型数据库中。作为中间步骤，QBE 被转换为 SQL 语言用来在后台最后执行用户查询。在 QBE 中，数据库以用户范例的方式显示出用户查询，以此来告诉系统什么是用户真正希望数据库做什么。这样，关系型数据库大量使用 SQL 和 QBE 作为查询工具。

选项 C 不正确。对象型数据库是结合了对象指向的编程语言特性和数据库管理系统特性而发展起来的。对象是有数据结构和运行的基本数据实体。这种模型并不大量使用 SQL 和 QBE 作为查询工具。

选项 D 不正确。层级型数据库和一个家的家谱概念类似，父母可以没有孩子，或只有一个孩子，或有多个孩子。这种模型并不大量使用 SQL 和 QBE 作为查询工具。

【经典试题 3】 以下哪项是实施企业资源计划（ERP）系统的主要优势？

Ⅰ. 消除废旧系统　　Ⅱ. 改进工作流程

Ⅲ. 方便获取数据　　Ⅳ. IT 基础设施的标准化

A. 只有Ⅱ　　B. 只有Ⅲ

C. Ⅱ和Ⅲ　　D. Ⅰ、Ⅱ、Ⅲ和Ⅳ

【答案】 D

【解析】 所有四种选择都是正确的。企业资源计划（ERP）系统的主要优点包括消除过时的系统、改进工作流程、获得更多用于决策的信息，以及信息技术（IT）的标准化基础设施（硬件、软件、操作系统和数据库）。

【经典试题 4】 数据库处理系统是使管理数据和信息成为一项主要的信息服务功能。由于一个组织的数据库用于许多不同的应用程序，它们由数据库管理员协调和控制。数据库管理员的功能是：

A. 数据输入准备、数据库设计和数据库操作

B. 数据库设计、数据库操作和数据库安全

C. 数据库设计、数据库操作和设备操作

D. 数据库设计、软件支持和数据库安全

【答案】 B

【解析】 选项 A 不正确。用户负责输入准备。

选项 B 正确。数据库管理员（DBA）是全面负责开发、设计、控制和维护数据库的人。DBA 管理所有数据库功能，包括设计和维护描述数据库结构的模式。DBA 还分配用户密码并建立其他安全措施。控制数据项和使用数据库的程序的更改是 DBA 的另一项责任。

选项 C 不正确。由 IT 部门经理负责设备（硬件）操作。

选项 D 不正确。系统编程组负责软件支持。

【经典试题 5】 支出分析是在下面会计信息系统（AIS）的哪个循环进行？

A. 收入到现金循环　　B. 费用开支循环

C. 生产循环　　D. 融资循环

【答案】B

【解析】选项 A 不正确。支出分析不在收入到现金循环进行。收入到现金循环包括发账单、应收账款、和现金收款等活动。

选项 B 正确。支出分析在费用开支循环进行，这个循环包括采购活动。支出分析是私营组织或公立组织采取的战略手段：分析组织的支出水平（采购规模），更准确地判断组织是如何将多少资源花在了制造和销售产品或服务。支出分析是原材料和服务采买过程中非常有用的技术，这是因为巨额资源被用来置备材料、招募人工以制造产品并向客户提供服务。

选项 C 不正确。支出分析不在生产循环进行，生产循环包括生产控制和存货控制等活动。

选项 D 不正确。支出分析不在融资循环进行，融资循环包括现金管理、债务管控、权益管理等活动。

【经典试题 6】从软件测试的角度来看，何时在系统开发项目中启动正式的变更控制机制？

A. 完成集成测试后　　B. 完成单元测试后

C. 完成系统测试后　　D. 完成验收测试后

【答案】A

【解析】选项 A 正确。集成测试是开发项目的截止点。在集成测试之后的测试记为后端测试。集成意味着系统的各种部件和组件被集成以形成整个软件产品。完成集成测试后，产品处于正式的变更控制之下。具体而言，在集成测试之后，软件的每次更改都必须具有特定原因，并且必须进行记录和跟踪。

选项 B 不正确。由于程序代码的不断变化，在单元测试期间建立正式的变更控制机制还为时过早。

选项 C 不正确。完成系统测试后建立正式的变更控制机制为时已晚。

选项 D 不正确。完成验收测试后建立正式的变更控制机制为时已晚。

【经典试题 7】哪个答案最能描述商业智能和流程自动化？

A. 商业智能整合数据并以可视方式呈现数据，使用户能够轻松地对大量数据进行排序和筛选。流程自动化利用商业智能来制定决策

B. 商业智能整合数据并以可视方式呈现数据，使用户能够轻松地对大量数据进行排序和筛选。流程自动化减少了用户花费在商业智能数据上的时间

C. 商业智能整合数据并以可视方式呈现数据，使用户能够轻松地对大量数据进行排序和筛选。流程自动化使组织能够消除或减少传统上手动的管理流程

D. 商业智能整合数据并以可视方式呈现数据，使用户能够轻松地对大量数据进行排序和筛选。流程自动化自动加密敏感信息

【答案】C

【解析】选项 A 不正确。流程自动化可以使用 BI 来做出决策；但是，这

不是自动化的主要功能。

选项 B 不正确。流程自动化不会减少在 BI 数据上的花费时间；流程自动化的功能是减少传统的手动过程。

选项 C 正确。准确地解释了 BI 和流程自动化。

选项 D 不正确。流程自动化没有自动加密的功能。

【经典试题 8】 以下所有是智能合约的特征，除了：

A. 自我验证 B. 自我实施 C. 第三方授权 D. 防篡改

【答案】 C

【解析】 选项 A 不正确。智能合约可以通过解释数据来自我验证合同中的条件。每个合同都在网络中的区块上运行，以保证合同按书面形式执行。

选项 B 不正确。智能合约是自我执行的计算机程序，对各参与方具有法律约束力。作为基于区块链架构的数字程序，它们在满足协议条款时自动执行。

选项 C 正确。区块链的特征之一是其作为分散网络的特点，在网络的所有各方之间共享，从而消除了中间人或第三方中介机构对区块链智能合同的授权。

选项 D 不正确。智能合约必须提供不能被篡改的保证，因此它是可靠的。

【经典试题 9】 云计算的按使用付费体现了以下哪项基本特征？

A. 按需自助服务 B. 快速灵活 C. 资源集中 D. 可计量的服务

【答案】 D

【解析】 选项 A 不正确。用户可以根据需要单方面获得云计算商的服务，不需要自助行为。

选项 B 不正确。根据用户的需求快速灵活地使用云计算的资源，服务使用的数量将不容易计量，无法实现按使用付费。

选项 C 不正确。资源集中不适用按使用付费的方式。资源池根据多个用户需求动态分配不同的物理和虚拟资源。

选项 D 正确。云计算提供商为用户和消费者提供计算资源。这些资源是按使用次数付费或按使用量付费。可以监视、控制和报告资源使用，提高透明性。

【经典试题 10】 风险建模、精算建模和投资决策建模都是：

A. 数据使用 B. 并行模拟 C. 数据分析 D. 丰富数据

【答案】 C

【解析】 选项 A 不正确。在使用适用的模型处理数据之后，将数据应用到企业的任务中。

选项 B 不正确。并行模拟将客户端数据提交给审核员创建的程序。目标是确定数据是否受到客户机声称应用程序执行的过程的约束。

选项 C 正确。数据分析可以定义为使用归纳逻辑创建数据值。它使用建模，如风险建模、精算建模和投资决策建模，通常涉及使用其他数据作为输入。

选项 D 不正确。数据的清理和丰富常常涉及数据维护。

【经典试题 11】 以下哪项准确定义了确定系数？

A. 确定系数提供回归分析中变量的线性相关程度

B. 确定系数提供回归分析中变量的非线性相关程度

C. 确定系数提供敏感度分析中变量的线性相关程度

D. 确定系数提供敏感度分析中变量的非线性相关程度

【答案】 A

【解析】 也称为 R^2，确定系数是数据与拟合回归线的接近程度的统计量度。R^2 越接近 1，回归方程的拟合程度越高，越有参考价值。

【经典试题 12】 一家企业决定利用大数据池，以下哪项技术可以让用户更轻松地解读数据？

A. 数据可视化　B. 流程自动化　C. 数据挖掘　D. 商业智能

【答案】 A

【解析】 选项 A 正确。数据可视化可以使用户很方便地发现数据的特点，了解数据的状况。

选项 B 不正确。流程自动化是将手动流程转化为自动化流程，与数据分析无关。

选项 C 不正确。数据挖掘是使用分析工具在大量数据中进行查询，发掘出关联和规律。

选项 D 不正确。商业智能是建立一个能够模仿人类洞察力的计算机程序，使计算机具备和人类一样的决策能力。

【经典试题 13】 家电和汽车制造商受时间序列数据中哪一种模式的影响最大？

A. 趋势　B. 周期性　C. 季节性　D. 不规则性

【答案】 B

【解析】 选项 A 不正确。所有行业、企业和公司都受到时间序列数据趋势的影响。

选项 B 正确。家用电器和汽车制造具有生命周期，受时间序列数据周期性因素的影响最大。

选项 C 不正确。季节性表示每年同一时间发生的时间序列中的变化。家用电器和汽车制造这方面的特点不明显。

选项 D 不正确。与趋势类似，几乎所有行业、企业和公司都受到不规则因素的影响。

【经典试题 14】 以下哪种数据可视化工具最能显示当前预算与之前预算之间的差距？

A. 柱状图　　B. 箱线图　　C. 热图　　D. 饼状图

【答案】 A

【解析】 选项 A 正确。柱状图可以比较不同类别的数据，或者同一类别不同时点的数据。

选项 B 不正确。箱线图通过五个标准衡量指标来展示数据的分布情况。

选项 C 不正确。热图是通过颜色强度的变化显示数据之间的关系。

选项 D 不正确。饼状图是比较不同类别数据的比重。

二、简答题

目前，在全球不同城市的医院，有 50 多种不同的电子医疗记录系统（eHR）在运转，通常在同一个城市中也会存在数十种不同的医疗应用系统。这些相互独立的系统不能互相调取数据，病人在各个医院的数据最终只能分散在不同的数据存储中心。医疗记录非常分散而且容易出错，不一致的数据处理流程会让医院和诊所经常被迫处理一些不正确或不完整的患者记录。

问题：

请分析，采用区块链技术如何解决目前医疗信息存在的问题？请列出三项理由。

【答案】

区块链，将数据存放在多个地点。数据处理也是在多个地点同时进行，每个地点存放的数据保持一致，每一次对数据的变动都需要加盖时间戳和留下唯一的加密签名。

区块链技术有以下优势：

（1）保护数据安全。传统的数据库结构中，数据集中存储在服务器里，很容易遭受攻击。采用区块链技术，数据多点存放，互相印证。而且，数据的修改要加盖时间戳和留下唯一的加密签名，这样很大程度保护数据的隐私，防止数据被篡改。

（2）区块链与智能合约的结合，智能合约可以自动执行，不需要任何中介的介入，降低时间延迟。病人的临床数据，可以迅速被调阅。

（3）采用区块链技术，达到数据的充分共享。病人临床相关的所有数据，无论地理边界如何都可以立即访问获取到这些数据。

同步测试题

一、单选题

1. 花费分析在以下哪个会计信息系统（AIS）的循环中进行？

A. 收入循环　　B. 支出循环

C. 生产循环　　D. 融资循环

2. 如何评估非财务系统会影响财务系统？

A. 非财务系统和财务系统在逻辑上没有相互分离

B. 非财务系统和财务系统在物理上没有相互分离

C. 非财务系统和财务系统在逻辑上相互分离，但用户需要特殊权限才能登录

D. 非财务系统和财务系统在逻辑上相互分离，但它们连接到同一个 ERP

3. 以下哪项是 ERP（企业资源计划）系统的优势？

A. 改进报告　　B. 降低实施和维护成本

C. 降低复杂性　　D. 成本负担得起

4. 以下选项都存储历史数据，有助于信息检索和数据分析，除了：

A. 数据集市　　B. 虚拟数据库

C. 分布式数据库　　D. 数据仓库

5. 以下哪个选项是数据库管理系统（DBMS）的特征？

A. 安全控制以防止未经授权的访问　　B. 隔离数据

C. 多个 DBMS 组成一个数据仓库　　D. 数据冗余

6. 以下哪一项是关系数据库系统的优点？

A. 数据以文本格式显示　　B. 数据以表格形式呈现

C. 数据以图形格式显示　　D. 数据以幻灯片格式显示

7. 数据生命周期的第一阶段是什么？

A. 数据发布　　B. 数据维护　　C. 数据采集　　D. 数据合成

8. 什么是 EPM？

A. 企业绩效管理（EPM）——把企业战略目标和营运目标联系起来，与管理层沟通，并使其与预算和企业计划保持一致

B. 企业薪资管理（EPM）——与 AIS 一起使岗位职责与工作绩效相一致

C. 企业生产和制造（EPM）——与 ERP 一起强化企业战略目标和营运目标，其中考虑了人力资源和岗位职责

D. 企业制造绩效（EPM）——是一种优化的制造流程，与 AIS 配合使用可以最大限度地提高生产率

9. 一位顾问正在分析 A 公司的裤子销售报告。顾问发现数据中有几种独特的模式。他注意到，有一批顾客一年内主要购买一到两种不同类型的裤子。这一客户群是最大的，而且还在不断增长。经过进一步分析，他发现每个顾客购买的裤子都有不同的尺码。更多的分析显示，这些顾客都是小型服装零售店。然后，这位顾问开始分析公司如何改善供应链管理和与这一特定客户群的业务关系，以提高盈利能力。分析问题的方法最好用

A. 蒙特卡洛模拟　　B. 回归分析

C. 敏感性分析　　D. 探索性数据分析

10. 为了检测和阻止网络攻击，以下哪项控制安全性最高？

A. 密码 + 个人识别码（PIN）

B. 生物特征验证

C. 密码 + 生物特征验证

D. 密码 + 个人识别码（PIN）+ 生物特征验证

11. 以下哪项最能描述渗透测试？

A. 由企业自己的 IT 团队检查防火墙的漏洞，不包含社会工程攻击

B. 修复在例行的网络和系统扫描中发现的漏洞，包括与电话系统有关的漏洞

C. 与外部公司签订合同，评估防火墙的当前状态，并提供其配置的详细摘要以及采取纠正措施的计划

D. 与外部公司签订合同，授权访问公司内的重要系统

12. 一家公司从县评估员办公室获得房产税报告，为开发商准备调查报告。从组织外部获取数据包括在数据生命周期的哪个阶段？

A. 数据采集　　B. 数据集

C. 数据发布　　D. 数据合成

13. 在系统开发生命周期的哪个阶段中，项目计划已经启动，项目工作开始执行？

A. 维护阶段　　B. 设计阶段

C. 实施阶段　　D. 分析阶段

14. 以下哪项描述了将手动财务管理活动转化为流程自动化？

A. 组织的财务总监和首席财务官会收到一个包含季度结果的仪表板

B. 用自动化机器人代替人工生成利润表，以分配和汇总要呈现的数据

C. 信用卡支付退款将根据月度销售报告自动调整

D. 客户数据表单在输入组织网站上时自动加密

15. 在区块链技术中，核心智能合约特点提供了下面哪项？

A. 所有网络节点都能确保得到执行

B. 敏感数据的私密性

C. 通过加密产生的保密性

D. 通过身份非中介化实现的匿名

16. 系统开发项目中应用软件测试的正确顺序是什么？

A. 集成测试，单元测试，系统测试，验收测试

B. 单元测试，系统测试，集成测试，验收测试

C. 验收测试，单元测试，集成测试，系统测试

D. 单元测试，集成测试，系统测试，验收测试

17. 侵入性和脆弱性扫描是下面哪种类型的控制？

A. 侦测型　　B. 预防型

C. 补偿型　　D. 更正型

18. 系统开发的生命周期方法的一个主要缺点是它不适合于：

A. 结构化项目　　B. 大型项目

C. 复杂项目　　D. 非结构化项目

19. 以下哪项描述了将应用软件托管给云服务商，并可以通过安全互联网连接访问？

A. 混合云　　B. 平台即服务（PaaS）

C. 私有云　　D. 软件即服务（SaaS）

20. 在区块链技术中，智能合约的核心特征是哪项？

A. 保证所有网络节点的执行结果

B. 敏感数据的保密

C. 通过加密进行保密
D. 通过取消身份识别实现匿名

21. 以下哪项定义了一个模型，可以实现对计算资源共享池的方便和按需访问?

A. 集群计算模型
B. 云计算模型
C. 客户端—服务器模型
D. 分布式计算模型

22. 在美国某州，桑德森作为埃明女士的数据分析师，他正在为埃明女士的州长竞选办公室工作。埃明女士要求桑德森采集全州选民的人口统计信息，并预测选民会投票支持哪个政党，或者不会投票给任何一方。该模型还应说明哪些特征最有可能影响选民投票给埃明女士，但是埃明女士并不关心模型的过度拟合。

桑德森正在使用一个选民数据集，每个记录有 34 个特征。他可能选择哪种分析模型来提供所要求的结果?

A. 聚类
B. 逻辑回归
C. 决策树
D. 线性回归

23. 下面都是时间序列分析的局限性，除了:

A. 框架效应
B. 过度规范
C. 依赖预测
D. 依赖推断

24. 在系统开发过程的哪个阶段生成一份报告，描述初步系统设计的内容、处理流程、资源需求和程序?

A. 文件和数据库设计
B. 概念系统设计
C. 物理系统设计
D. 程序设计

25. 以下哪些数据可视化工具可用作里程碑时间计划?

A. 饼状图
B. 折线图
C. 甘特图
D. 柱状图

二、简答题

某互联网新闻公司想要对全国读者的阅读偏好作一个调查。他们通过互联网随机抽取了 5 000 个调查对象，通过调查问卷收集到了大量的信息，包括性别、年龄、教育程度、所在城市、职业、家庭状况、收入状况、个人兴趣爱好、生活习惯，等等。将这些信息同网站记录的每个人以往的新闻点击记录结合起来，最终分析影响新闻阅读偏好的主要因素是什么。

问题：

1. 哪种分析工具（分析方法）适合公司采用，并说明原因。
2. 哪种图表适合展示分析结果，请举出两种。
3. 请分析这个调查中，有哪一点容易使调查结果发生偏差。

同步测试题答案及解析

一、单选题

1.【答案】 B

【解析】 选项 A 不正确。收入循环主要包括开发票、应收账款和现金收入。

选项 B 正确。支出分析在支出循环中进行，包括存货采购和服务采购活动。支出分析是一个分析组织的支出水平（购买水平）的战略方法，以便更好地了解制造和销售商品或服务所花费的金额。

选项 C 不正确。生产循环主要包括生产控制和库存控制活动。

选项 D 不正确。融资循环主要包括现金管理、债务管理和股权管理活动。

2.【答案】 A

【解析】 选项 A 正确。非财务系统和财务系统应该在网络系统里通过网络分区或防火墙控制从逻辑上被分隔开。

选项 B 不正确。逻辑控制能够有效地分离隔开不同的系统，而物理上被分隔开的系统也还是能够通过网络被访问。

选项 C 不正确。如果系统都从逻辑上被分隔开了，一个评估者能够推断出非财务对财务系统的影响程度应该是最低的。

选项 D 不正确。要想评估影响的程度，应该调查的是和 ERP 系统而不是和非财务系统的连通性。

3.【答案】 A

【解析】 选项 A 正确。实现了数据集成，多个部门的数据集中出具报告。

选项 B 不正确。ERP 系统复杂，实施和维护的成本较高。

选项 C 不正确。ERP 系统集成了许多功能，结构比较复杂。

选项 D 不正确。ERP 系统的成本较高。

4.【答案】 C

【解析】 选项 A 不正确。数据集市是数据仓库的子集，主要针对某个具体部门级的应用（即财务，制造和人力资源）。有针对性的业务信息被掌握在更多决策者手中。

选项 B 不正确。虚拟数据库便于信息检索和数据分析。它将来自不同数据库的信息集中在一起放置在一个地方，为一个特定的主题提供一个全面的了解。它是虚拟的，因为这样的数据库在物理上不存在，而是按需创建的。例如，工厂绩效的审核员可以使用虚拟数据库技术来查看多个工厂的关键运营和财务比率。

选项 C 正确。分布式数据库系统将数据存储在多个位置，而不是存储在中心位置。因此，它们无法使用信息检索和数据分析。

选项 D 不正确。数据仓库从不同数据库中收集信息，存放于一个地方的中心位置。数据仓库的基本目的是信息检索和数据分析。

5.【答案】A

【解析】选项 A 正确。DBMS 对数据进行集中式管理和控制。它允许不同用户从不同地点访问数据，每个用户被赋予不同的访问权限。

选项 B 不正确。隔离数据不是数据库管理系统的特征。DBMS 的优势是能够跨多个系统共享数据。

选项 C 不正确。数据仓库是 DBMS 的子集，其中 DBMS 可以容纳来自多个来源的多个数据库以组成数据仓库。DBMS 可以配置为数据仓库。

选项 D 不正确。数据仓库普遍存在数据冗余的情况。但是数据冗余在 DBMS 中受到控制。当 DBMS 被配置为数据仓库的时候，可能存在冗余以提高性能。

6.【答案】B

【解析】在关系数据库系统中，数据以包含行和列的表格格式呈现，用户可以轻松地理解、处理和可视化数据。

7.【答案】C

【解析】选项 A 不正确。数据发布是指将数据发送到组织外部的位置。它不是生命周期的第一阶段。

选项 B 不正确。数据生命周期的第二个阶段，即数据维护，通常涉及数据的清理和充实。

选项 C 正确。数据生命周期的第一个阶段是获取数据，即数据采集。它是创建组织内部尚不存在的信息的行为。可以通过从组织外部获取数据、通过在组织内创建的值或通过获取组织内控制系统已经创建的数据来捕获数据。

选项 D 不正确。数据合成是数据生命周期的第三个阶段，通常涉及使用其他数据作为输入。

8.【答案】A

【解析】选项 A 正确。企业绩效管理（EPM）的主要目的是使整个公司围绕战略目标和营运目标选项 B 不正确。不存在“企业薪资管理”。AIS（会计信息系统）在人力资源/薪酬管理中发挥作用，它们是价值链的一环。

选项 C 不正确。不存在“企业生产和制造”。ERP 不仅考虑了人力资源，还考虑了业务的其他方面，例如营销、库存管理、财务、产品交付和销售。

选项 D 不正确。不存在“企业制造绩效”。AIS（会计信息系统）在人力资源/薪酬管理/成本核算中发挥作用，它们是价值链的一环。

9.【答案】 D

【解析】 选项 A 不正确。蒙特卡洛模拟通常用于生成随机变量的单个值。定量模型在不确定性下的性能可以通过随机选择模型中每个变量的值（基于每个变量的概率分布），然后计算其数值来研究。这不是蒙特卡洛模拟的一个例子。

选项 B 不正确。推导回归方程的过程就是描述两个变量之间的线性关系。这不是回归分析的例子。

选项 C 不正确。敏感性分析使用试错法来确定变量或假设的变化对最终结果的影响。它有助于决定是否需要花费额外的资源来获得更好的预测。这不是敏感性分析的例子。

选项 D 正确。探索性数据分析是一种不同于传统建模和分析技术的数据分析方法，通过促进数据本身揭示其潜在结构，而不是过早地应用假设或统计方法。它力求最大限度地洞察数据集，揭示底层结构，识别重要变量，检查异常值和不规则性，测试潜在假设，开发简约模型，并确定最佳因素。这是一个探索性数据分析的例子。

10.【答案】 D

【解析】 选项 A 不正确。密码和个人识别码（PIN）会发生忘记、丢失和被盗的情况。

选项 B 不正确。尽管生物特征验证提供了强大的安全控制水平，但它们在存储的生物识别模板和实际测量之间存在不匹配误差。

选项 C 不正确。密码和生物特征验的结合提供了更强大的安全控制，但泄密密码的可能性始终存在。

选项 D 正确。密码、生物识别和个人识别码（PIN）的组合提供最强大的安全性。三重验证。

11.【答案】 D

【解析】 选项 A 不正确。渗透测试最好由外部实体进行，因为他是模仿外部恶意攻击者的入侵，找出系统的防护中的漏洞。此外，渗透测试不仅仅与防火墙有关，而社会工程攻击是大多数公司中最大的威胁。

选项 B 不正确。这是改正性控制。

选项 C 不正确。这是改正性控制。

选项 D 正确。渗透测试最好由一家对公司的网络和系统知之甚少的外部公司进行。企业授权顾问采用各种手段来攻击和破坏企业的系统，以此来发现现有系统中的弱点和漏洞。

12.【答案】A

【解析】选项 A 正确。获取数据的主要方法之一是从组织外部获取已经存在的数据。例如，组织可以从外部实体购买或以其他方式获取数据。

选项 B 不正确。数据集合称为数据集。示例包括数据库表或数据矩阵。

选项 C 不正确。数据发布是指将数据发送到组织之外的某个位置，而不是将数据引入组织。

选项 D 不正确。数据合成使用组织内的数据作为输入来创建数据。

13.【答案】C

【解析】选项 A 不正确。维护阶段涉及对现有的硬件、软件和文档进行更改以支持其操作有效性。它包括进行更改以改善系统性能，纠正问题，增强安全性或满足用户要求。

选项 B 不正确。在设计阶段，阐明了系统设计的业务组织、角色和过程。设计文档是设计阶段的交付成果。在设计阶段，必要时会修订前几个阶段的文件。

选项 C 正确。实施阶段涉及将项目计划付诸实施。在项目文件和项目计划中将明确规定完成交付成果所需的活动。

选项 D 不正确。分析阶段是将高级交付成果分解为更详细的业务需求的阶段。收集要求是分析阶段的主要目标。

14.【答案】B

【解析】选项 A 不正确。此活动描述了 BI 的功能。

选项 B 正确。通常，创建损益报告的过程一直是手动的，而机器人的使用可以使整个报告创建过程自动化。

选项 C 不正确。这种情况通常是通过银行发起的信用卡支付退款来执行，而不是从购买的商家退款。因此，该过程不是流程自动化。

选项 D 不正确。此方案描述了加密活动而不是流程自动化。

15.【答案】A

【解析】选项 A 正确。区块链的实施确保了智能合约在每个区块链的网络节点上都能得到一样的执行、产生一样的结果。

选项 B 不正确。智能合约并不提供数据隐私保护，除非合约特别约定要这样做。所有数据都自动可以被区块链上的所有用户查询。

选项 C 不正确。智能合约使用加密技术，但在大多数合约中并不这么做。使用智能合约可以将保密性融入合同中，但智能合约并不提供保密性。所有数据都自动可以被区块链上的所有用户查询。

选项 D 不正确。智能合约只涉及使用地址的区块链数据库，并不需要去中介化这个步骤，因为智能合约里并没有账户拥有者分身份这个叫法。

16.【答案】 D

【解析】 系统开发生命周期（SDLC）按顺序通过单元测试、集成测试、系统测试和验收测试。程序员执行单元测试和集成测试，而系统测试则在用户和程序员之间共同进行。最终用户（会计人员）和 IT 生产操作人员从他们自己的角度进行验收测试。如果在软件测试期间遵循此顺序，则增强基于计算机的应用程序系统的质量。

17.【答案】 B

【解析】 选项 A 不正确。侦测型是为了发现不需要或未授权的访问。

选项 B 正确。为了预防不需要或未授权的访问。

选项 C 不正确。补偿型是为了提高或巩固现有的控制。

选项 D 不正确。更正型是为了修正走偏的或没有起到效果的控制。

18.【答案】 D

【解析】 选项 A 不正确。生命周期方法更适合结构化项目。

选项 B 不正确。生命周期方法更适合大型项目。

选项 C 不正确。生命周期方法更适合于复杂的项目。

选项 D 正确。当系统是大型的、高度结构化的、用户了解信息系统要执行的任务以及开发人员在设计类似系统方面具有直接应用经验时，最好采用生命周期方法。在生命周期过程中，开发的每个阶段都是高度结构化的，并且需求是明确定义的。然而，当任务是非结构化的时，原型可能是更好的方法。

19.【答案】 D

【解析】 选项 A 不正确。混合云融合了公有云和私有云，它将公有云和私有云进行混合和匹配。公有云指服务商为用户提供的能够使用的云，公有云一般可通过安全互联网连接访问，可能是免费或成本低廉的，公有云的核心属性是共享资源服务。私有云是为一个客户单独使用而构建的。客户拥有基础设施，并可以控制在此基础设施上部署应用程序的方式。私有云可部署在企业数据中心的防火墙内，也可以将它们部署在一个安全的主机托管场所，私有云的核心属性是专有资源。

选项 B 不正确。平台即服务（PaaS）是指服务商提供基础结构和操作系统，客户可以在其上安装应用程序或系统软件。

选项 C 不正确。私有云是为一个客户单独使用而构建的。客户拥有基础设施，并可以控制在此基础设施上部署应用程序的方式。私有云可部署在企业数据中心的防火墙内，也可以将它们部署在一个安全的主机托管场所，私有云的核心属性是专有资源。

选项 D 正确。软件即服务（SaaS）是指软件托管在云计算服务商的服务器上，用户通过网络访问云计算服务器。

20.【答案】A

【解析】选项 A 正确。区块链保证智能合约在每个节点上以相同的方式执行，并在每个区块链网络节点上产生相同的输出。意味着每个节点都可以在本地验证所有事务是否有效。

选项 B 不正确。除非经过特殊编码，否则智能合约不提供任何数据隐私，所有可以访问区块链的用户都可以查看所有数据。

选项 C 不正确。智能合约可以对数据进行加密。加密是使用智能合约可以实现的功能，但不是必须提供的功能。通常所有可以访问区块链的用户都可以查看所有数据。

选项 D 不正确。智能合约使用地址来引用区块链数据，因为智能合约没有账户所有者身份的概念。

21.【答案】B

【解析】选项 A 不正确。集群计算模型是使用故障转移集群来提供高可用性的计算服务。故障转移意味着系统检测到硬件或软件故障，并立即在另一个系统上重新启动应用程序，而无须人工干预。

选项 B 正确。云计算模型可以通过网络方便灵活地访问配置好的共享计算资源。

选项 C 不正确。客户端—服务器模型是指用户可以访问分布式计算机系统上的服务器。访问通过远程通信。

选项 D 不正确。分布式系统由多个自治计算机或节点组成，这些计算机或节点通过计算机网络进行通信。

22.【答案】B

【解析】选项 A 不正确。聚类是通过分析，找出数据点中相似的特征，不预先定义分类的标准。

选项 B 正确。逻辑回归有预测功能，并且通常不易过度拟合。逻辑回归也可用于规范性数据分析，确定未来的行动。

选项 C 不正确。决策树支持基于已知类别的预测，但可能容易过度拟合。

选项 D 不正确。线性回归不是分类数据的分析方法；它需要输入连续的数据。

23.【答案】C

【解析】选项 A 不正确。框架效应是一个人思考方式的偏好，即人们倾向于基于事物能带来积极还是消极意义来做出决策。人们大都会在积极框架下避免风险而在消极框架下寻求风险。

选项 B 不正确。时间序列分析模型需要准确和可度量的因素，而过度估算有着众多因素的模型会导致并不精确的结果。这是该模型的一个缺点。

选项 C 正确。时间序列分析最大的优点是它既可以帮助人们理解过去，也能够帮助人们预测未来。

选项 D 不正确。基于标准数学曲线进行的推断或推论可能招致不恰当的估计，因为标准曲线会限制预测性分析的可能性范围大小。

24.【答案】B

【解析】答案 A 不正确。数据库设计是生成一个详细计划的过程，其中包含生成可用于创建数据库的数据定义语言所需的所有逻辑和物理设计选择以及物理存储参数。

答案 B 正确。系统开发生命周期从认识到需要一个新系统开始，了解情况以确定创建解决方案是否可行，并制订计划。新系统的正式提案将提交给 IT 指导委员会，描述对应用程序的需求以及它将影响的业务功能。可行性研究旨在确定：（1）新系统将需要的技术；（2）必须投入新系统的经济资源；（3）新系统将对当前运营产生的影响。

答案 C 不正确。物理系统设计包括规划新程序代码和数据元素与新系统将在其上运行的硬件平台（现有或计划购买）的具体互动。

答案 D 不正确。程序（或逻辑）设计包括映射将由新系统使用的数据元素的流向和存储，以及构成新系统的新程序模块。此步骤中通常使用数据流向图和结构化流程图。某些数据元素可能已经存储在现有数据库中。良好的逻辑设计确保它们不会被重复。

25.【答案】C

【解析】选项 A 不正确。饼状图是比较不同类别数据的比重。

选项 B 不正确。折线图可以显示时间上的变化趋势。

选项 C 正确。甘特图是时间规划的图形。它突出显示项目生命周期内的活动，可以快速了解项目在实际时间线和预计时间线方面的进展情况。甘特图用于里程碑计划，其中每个里程碑都有开始和完成日期。

选项 D 不正确。柱状图可以比较不同类别的数据，或者同一类别不同时点的数据。

二、简答题

【答案】

1. 哪种分析工具（分析方法）适合公司采用，并说明原因。

聚类和分类比较适合公司采用。

聚类就是在一个数据集中，将相似的数据点集合在一起。应用在市场调研中，企业通过聚类分析能够更好地理解不同客户分组的偏好。

分类是将分散的数据点划分为不同的类别。通过分组，找出每个群体的共同特征。

2. 哪种图表适合展示分析结果，请举出两种。

着色地图和直方图，可以帮助企业展示分析的结果。

着色地图可以展示不同城市和地区读者的阅读偏好

直方图可以展示不同分组中的数据分布情况

3. 请分析这个调查中，有哪一点容易使调查结果发生偏差。

样本的抽样是通过互联网的途径来进行的，途径单一，不能反映全国读者总体的特征。公司想要对全国的新闻读者进行调查，抽样的方式应该多样化，才能保证样本数据能够全面反映所有人群的特征。

附　录

附录一　公式汇总

第一章　外部财务报告决策

1. 直接法下经营活动现金流

现金流入：
收到顾客的现金（+）
应收票据的利息收入（+）
投资于股票的股息收入（+）
总的现金流入：
现金支出：
向供应商的支付（-）
向员工的支付（-）
利息支付（-）
税费支付（-）
营业费用的支付（-）
总的现金支出：
经营活动的净现金流：（总的现金流入-总的现金支出）

2. 间接法下经营活动现金流

净收益
将净收益调整为经营活动净现金流：
+折旧/折耗/摊销费用
+投资或者筹资活动的损失（往往是出售长期资产的损失）
-投资或者筹资活动的利得（出售长期资产的利得）
-除了现金以外的流动资产的增加
+除了现金以外的流动资产的减少
+流动负债的增加
-流动负债的减少
+应付债券的折价摊销
-应付债券的溢价摊销
+递延所得税资产的减少
-递延所得税资产的增加
+递延所得税负债的增加
-递延所得税负债的减少
=经营活动的净现金流

- 投资活动现金流

现金流入
出售财产、厂房和设备
出售其他实体的债务和权益性证券
收回对其他实体贷出的本金
现金流出
购买财产、厂房和设备
购买其他实体的债务和权益性证券
对其他实体发放贷款

- 筹资活动现金流

现金流入
出售权益性证券
发行债务（债券和票据）
现金流出
向股东发放现金股利
赎回长期债务或回购股本

3. 预期使用量（工作量法）

$$折旧额=\frac{折旧基础\times产品产出量或耗用的小时数}{产品总产量或有效使用寿命内的工作小时数}$$

4. 直线折旧法

$$每年的折旧额=\frac{折旧基础}{预期使用寿命}$$

5. 年数总和法

$$折旧率=\frac{剩余有效使用年限}{全部使用寿命的年数总和}$$

折旧费用＝折旧基础（成本减去残值）×逐年递减的折旧率

6. 余额递减法

$$折旧率=\frac{每项资产的直线折旧率求和}{资产成本总和}$$

折旧额＝折旧率×分组资产或混合资产成本总额

7. 存货的记录方式：

   永续盘存制：期初存货余额＋购入存货（净额）－产品销售成本＝期末存货余额

   定期盘存制：期初存货余额＋购入存货（净额）－期末存货余额＝产品销售成本

8. 产品销售成本的计算：期初成品库成本＋当期产成品制造成本（或者购入产品的成本）－期末成品库成本＝本年产品销售成本
9. 基本的每股收益＝(净利润－优先股股利)÷流通在外的加权平均普通股股数

10. 折价或溢价摊销额的计算可以表述如下：
    摊销额 =（债券期初账面价值 × 实际利率）-（面值 × 票面利率）
    在折价情况下，现金支付利息费用小于财务利息费用，两者差额提高债券账面价值。在溢价情况下，现金支付利息费用大于财务利息费用，两者差额降低账面价值。
11. 流通在外的加权平均普通股股数 = 在外流通的股数 ×（在外流通的月份 ÷ 12 个月）
12. 稀释的每股收益 = 基本的每股收益 + 可转换证券的影响 + 认股权证的影响

第二章 规划、预算和预测

13. 回归分析（线性回归）基本公式：$Y = a + b_1x_1 + b_2x_2 + b_3x_3 + \cdots + b_nx_n$
    公式：$Y = a + bx$
    其中：
    Y——因变量
    x——自变量
    a——截距，当 $x = 0$ 时，$Y = a$
    b——斜率/回归系数（变化系数），x 每变化 1 个单位，Y 变化 b 个单位
14. 期望值（EV） = $\sum X(Px)$
    其中：
    EV——期望值
    $\sum$ ——求和符号
    X——某种情景下的具体预测值
    Px——相应情景发生的概率
15. 生产预算产量 = 预算销售量 +（预期期末存货 - 期初存货）
16. 直接材料预算 = 单位成本 × 生产数量
17. 直接材料预算有两种：
    - 采购的直接材料（需要考虑库存）
    - 生产需求的直接材料（不需要考虑库存）

    生产量（材料采购的上游需求）
    × 每件产品需要的原材料数量（BoM）
    = 生产需求的原材料数量
    + 要求的期末原材料库存
    = 总的需求的原材料数量
    - 原材料的期初存货
    = 需要采购的原材料数量
18. 直接人工预算 = 所需的直接人工工时数 × 单位人工成本
19. 生产所需的直接人工工时数 = 预期产量 × 单位产品所需直接人工工时

第三章 绩效管理

20. 差异 = 实际收益 - 计划收益或者（实际成本 - 计划成本）
有利差异：
实际收益大于计划收益
实际成本低于计划成本
不利差异：
实际收益小于计划收益
实际成本高于计划成本
21. 直接材料差异：
价格差异 = 实际投入量 ×（实际价格 - 预算价格）
数量（效率）差异 = 预算价格 ×（实际投入 - 预算投入）
22. 直接人工差异：
价格差异 = 实际工时 ×（实际工资 - 预算工资）
效率差异 = 预算工资 ×（实际工时 - 预算工时）
23. 材料或者人工组合差异建立在实际生产数量上（AQ）
成本的组合包括：
各种直接材料或者直接人工建立在预算比例上的预算成本组合（WSPN）
各种直接材料或者直接人工建立在实际比例上的预算成本组合（ASPN）
组合差异为：
每种成本的组合差异为 $(ASPN - WSPN) \times AQ$
所有成本的组合差异为 $\sum (ASPN - WSPN) \times AQ$
24. 材料或者人工产出差异建立在各种材料或者人工的预算成本组合上（WSPN）
产出差异为：
每种成本的产出差异为 $(AQ - SQ) \times WSPN$
所有成本的组合差异为 $\sum (AQ - SQ) \times WSPN$
25. 变动间接费用开支（价格）差异 = 实际间接变动费用 - 成本动因实际数量 × 标准间接费用分摊率
26. 变动间接费用效率差异 = 成本动因实际数量 × 标准间接费用分摊率 - 成本动因标准数量 × 标准间接费用分摊率
27. 弹性预算差异 = 开支差异 + 效率差异
28. 固定间接费用差异公式：
固定间接费用总差异 = 固定间接费用实际值 - 分摊的固定间接费用
开支差异 = 固定间接费用实际值 - 预算固定间接费用
产量差异 = 预算固定间接费用 - 分摊的固定间接费用
29. 间接费用四差异法：
可变间接费用：开支差异 + 效率差异
固定间接费用：开支差异 + 产量差异

30. 间接费用三差异法：

开支差异：可变间接费用开支差异 + 固定间接费用开支差异

可变间接费用效率差异

固定间接费用产量差异

31. 销售收入弹性预算差异 = 销售收入价格差异 = 实际销售量 ×（实际价格 - 预算价格）

32. 销售量差异 = 预算价格 ×（实际销售量 - 预算销售量）

33. 销售组合差异：$(ASP - WSP) \times AQ$

其中：

ASP——加权平均实际组合预算销售价

WSP——加权平均预计组合预算销售价格

AQ——实际销量

SQ——预算销量

34. 销售数量差异：$(AQ - SQ) \times WSP$

其中：

WSP——加权平均预计组合预算销售价格

AQ——实际销量

SQ——预算销量

35. 多产品组合差异：$(ASPN - WSPN) \times AQ$

其中：

ASPN——各种产品的加权平均实际情况预算标准价格

WSPN——各种产品的加权平均预算情况预算标准价格

AQ——实际销量

SQ——预算销量

36. 多产品销售数量差异：$(AQ - SQ) \times WSPN$

其中：

WSPN——各种产品的加权平均预算标准价格

37. 净资产回报率/权益回报率/股东权益回报率/权益资本报酬率/普通股权益回报率/ROE =（净利润 - 优先股股利）÷（权益 - 优先股）= 销售利润率 × 资产周转率 × 权益乘数（财务杠杆率）

38. 投资回报率 = 业务部门的利润 ÷ 业务部门的资产

39. 剩余所得 = 业务部门的利润 - 业务部门的资产 × 必要报酬率

第四章　成本管理

40. 约束理论下的存货 = 直接材料、在制品和产成品存货中的材料成本 + 研发成本 + 设备与建筑成本

41. 约束理论下的营运费用 = 所有营运成本 - 直接材料成本

42. 约束理论下的产出贡献/产出边际 = 销售收入 - 直接材料成本

43. 净变现价值法（NRV）：NRV = 销售价值 - 额外加工成本

44. 实际间接成本分摊率 = 间接成本集库中的实际总成本 ÷ 成本动因的实际总数量
45. 总损耗 = 期初存货 + 投入数量 - 完工并结转至合格品的数量 - 期末存货
46. 分步成本法先进先出下的约当产量 = 期初在制品未做完的比例 + 期间生产完全完成的数额 + 期末在制品做完的比例。生产成本只与当期投放量有关。
47. 分步成本法加权平均下的约当产量 = 期初在制品所有 + 期间生产完全完成的数额 + 期末在制品做完的比例。生产成本等于期初在制品完成成本和当期投放成本之和
48. 变动间接成本分摊率 = 变动间接成本集库中的总成本 ÷ 分摊基础的总数量
49. 固定间接成本分摊率 = 固定间接成本集库中的总成本 ÷ 分摊基础的总数量
50. 直接分配法下，特定服务部门成本的分配 = 某生产部门耗用的成本动因数量/所有生产部门耗用的成本动因总数量 × 该服务部门的成本

第五章　内部控制

51. 风险 = 某项威胁发生的概率 × 控制无效的概率 × 该威胁造成的损失额
52. 可接受审计风险（AAR）= 固有风险 × 控制风险 × 检查风险

附录二 美国注册管理会计师（CMA）学习成果说明

Certified Management Accountant Learning Outcome Statements

(Content Specification Outline effective January 2020)

注册管理会计师学习成果公告

（内容大纲2020年1月生效）

Part 1 Financial Planning, Performance, and Analytics 第一部分 财务规划、绩效与分析

Section A External Financial Reporting Decisions (15%—Levels A, B, and C)

第A节 外部财务报告决策（15%——A级、B级和C级）

Part 1 Section A.1 Financial statements
第一部分 第A.1节 财务报表

For the balance sheet, income statement, statement of changes in equity, and the statement of cash flows, the candidate should be able to:

对资产负债表、利润表、所有者权益变动表和现金流量表，考生应能：

a. identify the users of these financial statements and their needs 识别这些财务报表的使用者及他们的需求

b. demonstrate an understanding of the purposes and uses of each statement 理解每一种财务报表的目的及用途

c. identify the major components and classifications of each statement 识别每一种财务报表的主要组成部分及分类

d. identify the limitations of each financial statement 识别每一种财务报表的局限性

e. identify how various financial transactions affect the elements of each of the financial statements and determine the proper classification of the transaction 识别不同财务交易事项如何影响每一种财务报表的各要素，确定对财务交易事项的正确分类

f. demonstrate an understanding of the relationship among the financial statements 理解财务报表之间的关系

g. demonstrate an understanding of how a balance sheet, an income statement, a statement of changes in equity, and a statement of cash flows (indirect method) are prepared 理解如何编制资产负债表、利润表、所有者权益变动表和现金流量表（间接法）

With respect to integrated reporting, the candidate should be able to:

关于综合报告，考生应能：

h. define integrated reporting (IR), integrated thinking, and the integrated report and demonstrate an understanding of the relationship between them 定义编制综合报告、整合思维和综合报告[①]，并理解它们之间的关系

i. identify the primary purpose of IR 识别综合报告的主要目的

j. explain the fundamental concepts of value creation, the six capitals, and the value creation process 解释综合报告中价值创造、六项资本和价值创造过程的基础概念

k. identify elements of an integrated report; i. e., organizational overview and external environment, governance, business model, risks and opportunities, strategy and resource allocation, performance, outlook, and basis of preparation and presentation 识别综合报告中的各项组成部分，如机构概述和外部环境，管控，商业模式，风险和机遇，战略和资源配置，绩效，前景展望，以及编制和列报基础

l. identify and explain the benefits and challenges of adopting IR 识别并解释采用综合报告的优点和挑战

Part 1 Section A. 2 Recognition, measurement, valuation, and disclosure
第一部分 第 A. 2 节 确认、计量、计价和披露

The candidate should be able to:

考生应能：

Asset valuation

资产计价

a. identify issues related to the valuation of accounts receivable, including timing of recognition and estimation of the allowance for credit losses 识别应收账款计价的相关问题，包括确认坏账的时间和对坏账准备的估计

b. distinguish between receivables sold (factoring) on a with-recourse basis and those sold on a without-recourse basis, and determine the effect on the balance

① 本书为区别综合报告（IR），在正文中使用了“综合叙述”（integrated report）的表述。

sheet 区分有追索权的方式销售（出让）应收账款和无追索权的方式销售应收账款，并确定其对资产负债表的影响

c. identify issues in inventory valuation, including which goods to include, what costs to include, and which cost assumption to use 识别存货计价的相关问题，包括哪些货物可记入存货、哪些成本可记入存货，及使用哪种成本假设

d. identify and compare cost flow assumptions used in accounting for inventories 识别与比较存货的成本流转假设

e. demonstrate an understanding of the lower of cost or market rule for LIFO and the retail inventory method and the lower of cost and net realizable value rule for all other inventory methods 理解在后进先出存货计价时使用成本与市价孰低法，并理解其他存货计价时使用零售价格法及成本与可变现净值孰低法

f. calculate the effect on income and on assets of using different inventory methods 计算使用不同存货计价方法对利润与资产的影响

g. analyze the effects of inventory errors 分析存货计价错误的影响

h. identify advantages and disadvantages of the different inventory methods 识别不同存货计价方法的利弊

i. recommend the inventory method and cost flow assumption that should be used for a firm given a set of facts 在给定条件下为公司推荐存货计价方法和存货的成本流转假设

j. demonstrate an understanding of the following debt security types: trading, available-for-sale, and held-to-maturity 理解以下债务性证券类型：交易证券、可供出售证券，以及持有至到期证券

k. demonstrate an understanding of the valuation of debt and equity securities 理解债券和权益证券的计价

l. determine the effect on the financial statements of using different depreciation methods 确定使用不同折旧方法对财务报表产生的影响

m. recommend a depreciation method for a given a set of data 在给定数据下推荐一种折旧方法

n. demonstrate an understanding of the accounting for impairment of long-term assets and intangible assets, including goodwill 理解对长期资产和无形资产减值的会计处理，包括商誉减值的会计处理方法

Valuation of liabilities

负债计价

o. identify the classification issues of short-term debt expected to be refinanced 识别短期负债再融资的分类问题

p. compare the effect on financial statements when using either the assurance warranty approach or the service warranty approach for accounting for warranties 比较使用保证担保计提法或服务担保计提法记录售后担保成本对财务报表的影响

Income taxes (applies to Assets and Liabilities subtopics)

所得税（适用于资产与负债的子课题）

q. demonstrate an understanding of interperiod tax allocation/deferred income taxes 理解所得税的跨期分摊/递延所得税

r. distinguish between deferred tax liabilities and deferred tax assets 区分递延所得税负债和递延所得税资产

s. differentiate between temporary differences and permanent differences and identify examples of each 区别暂时性差异和永久性差异，并分别举例

Leases (applies to Assets and Liabilities subtopics)

租赁（适用于资产与负债的子课题）

t. distinguish between operating and finance leases 区分经营性租赁和融资租赁

u. recognize the correct financial statement presentation of operating and finance leases 识别对经营性租赁和融资租赁的正确财务报表列报

Equity transactions

权益性交易

v. identify transactions that affect paid-in capital and those that affect retained earnings 识别影响实缴资本和留存收益的交易

w. determine the effect on shareholders' equity of large and small stock dividends, and stock splits 确认大额股票股利、小额股票股利以及股份分割对股东权益的影响

Revenue recognition

收入确认

x. apply revenue recognition principles to various types of transactions 将收入确认原则应用于各种类型的交易

y. demonstrate an understanding of revenue recognition for contracts with customers using the five steps required to recognize revenue 运用收入确认所要求的五个步骤，理解与客户合同的收入确认问题

z. demonstrate an understanding of the matching principle with respect to revenues and expenses and be able to apply it to a specific situation 理解收入与支出配比原则，并能根据特定情况运用这一原则

Income measurement

收益计量

aa. define gains and losses and indicate the proper financial statement presentation 定义利得与损失并说明其正确的财务报表列报

bb. demonstrate an understanding of the treatment of gain or loss on the disposal of fixed assets 理解处置固定资产损益的会计方法

cc. demonstrate an understanding of expense recognition practices 理解费用确认实例

dd. define and calculate comprehensive income 定义并计算综合收益

ee. identify the correct treatment of discontinued operations 识别正确处置终止经营的会计方法

GAAP - IFRS differences

美国公认会计原则与国际财务报告准则的差异

Major differences in reported financial results when using GAAP vs. IFRS and the impact on analysis 对比采用美国公认会计原则（GAAP）与采用国际财务报告准则（IFRS）对报告的财务结果带来的主要差别，以及分析带来的影响

ff. identify and describe the following differences between U. S. GAAP and IFRS：（ⅰ）expense recognition，with respect to share-based payments and employee benefits；（ⅱ）intangible assets，with respect to development costs and revaluation；（ⅲ）inventories，with respect to costing methods，valuation，and write-downs（e. g.，LIFO）；（ⅳ）leases，with respect to lessee operating and finance leases；（ⅴ）long-lived assets，with respect to revaluation，depreciation，and capitalization of borrowing costs；and（ⅵ）impairment of assets，with respect to determination，calculation，and reversal of loss 识别并描述美国 GAAP 与 IFRS 之间的下列差异：（ⅰ）以股份为基础支付和员工福利费用确认方面的差异；（ⅱ）与无形资产的开发成本和重新估价相关的差异；（ⅲ）存货的成本计算、计价和减记方法（例如后进先出）方面的差异；（ⅳ）经营性租赁和融资性租赁方面的差异；（ⅴ）长期资产的重新估价、折旧和借款成本资本化方面的差异；（ⅵ）资产减值的确定、计算和损失转回方面的差异

Section B　Planning，Budgeting and Forecasting (20%—Levels A，B，and C)

第 B 节　规划、预算和预测（20%——A 级、B 级和 C 级）

Part 1　Section B. 1　Strategic planning

第一部分　第 B. 1 节　战略规划

The candidate should be able to：

考生应能：

a. discuss how strategic planning determines the path an organization chooses for attaining its long-term goals，vision，and mission，and distinguish between vision and mission 讨论战略规划如何决定一个组织为达到其长期目标、愿景，及使命所选择的途径；区别愿景和使命

b. identify the time frame appropriate for a strategic plan 识别战略规划的适当时限

c. identify the external factors that should be analyzed during the strategic planning process and understand how this analysis leads to recognition of organizational opportunities, limitations, and threats 识别在战略规划制定过程中应分析的外部因素，理解这项分析如何有助于识别组织所面临的机会、局限以及威胁

d. identify the internal factors that should be analyzed during the strategic planning process and explain how this analysis leads to recognition of organizational strengths, weaknesses, and competitive advantages 识别在战略规划制定过程中应分析的内部因素，解释这项分析如何有助于识别组织的优势、劣势以及竞争优势

e. demonstrate an understanding of how the mission leads to the formulation of long-term business objectives such as business diversification, the addition or deletion of product lines, or the penetration of new markets 理解公司使命如何有助于长期业务目标的形成，例如多种经营，增加或终止产品线，或者渗透新市场

f. explain why short-term objectives, tactics for achieving these objectives, and operational planning (master budget) must be congruent with the strategic plan and contribute to the achievement of long-term strategic goals 解释为什么短期目标，达到这些目标所用的策略，以及经营性规划（总预算）必须与战略规划相符合，并有助于长期战略目标的实现

g. identify the characteristics of successful strategic plans 识别成功的战略规划的特点

h. describe Porter's generic strategies, including cost leadership, differentiation, and focus 描述波特的一般竞争战略，包括低成本战略、差异化战略和重点集中战略

i. demonstrate an understanding of the following planning tools and techniques: SWOT analysis, Porter's 5 forces, situational analysis, PEST analysis, scenario planning, competitive analysis, contingency planning, and the BCG Growth – Share Matrix 理解以下规划工具和技术：强弱危机分析（SWOT analysis），波特五力（Porter's 5 forces），形势分析，政治、经济、社会和技术（PEST）分析，情境规划，竞争力分析，应急计划以及波士顿咨询公司成长占有率矩阵（BCG Growth – Share Matrix）

Part 1　Section B. 2　Budgeting concepts
第一部分　第 B. 2 节　预算概念

The candidate should be able to:

考生应能：

a. describe the role that budgeting plays in the overall planning and performance evaluation process of an organization 描述一个组织的预算编制在整体规划和绩效

评价过程中的角色

b. explain the interrelationships between economic conditions, industry situation, and a firm's plans and budgets 解释经济情况、行业形势和企业规划及预算之间的相互关系

c. identify the role that budgeting plays in formulating short-term objectives and planning and controlling operations to meet those objectives 识别预算编制在制定短期目标和规划及控制营运状况以达到这些目标中所起的作用

d. demonstrate an understanding of the role that budgets play in measuring performance against established goals 理解预算在衡量绩效是否达标中所起的作用

e. identify the characteristics that define successful budgeting processes 识别成功的预算编制过程的特点

f. explain how the budgeting process facilitates communication among organizational units and enhances coordination of organizational activities 解释编制预算的流程如何促进组织的各单位之间相互沟通，并提高组织的各项作业之间的协调

g. describe the concept of a controllable cost as it relates to both budgeting and performance evaluation 描述可控成本的概念及其相关的预算编制和绩效评价

h. explain how the efficient allocation of organizational resources are planned during the budgeting process 解释在预算编制过程中，如何规划组织资源的有效分配

i. identify the appropriate time frame for various types of budgets 识别对不同种类的预算应如何确定其不同的时限

j. identify who should participate in the budgeting process for optimum success 识别谁应该参与预算的编制过程，以使预算达到最佳的结果

k. describe the role of top management in successful budgeting 描述在成功的预算编制中最高层所起的作用

l. demonstrate an understanding of the use of cost standards in budgeting 理解在编制预算中标准成本的运用

m. differentiate between ideal（theoretical）standards and currently attainable（practical）standards 区分理想（理论）标准和当前可以达到（可行）的标准

n. differentiate between authoritative standards and participative standards 区分主管决定的标准和群众参与制定的标准

o. identify the steps to be taken in developing standards for both direct material and direct labor 识别在制订直接材料和直接人工的标准时应该采取的步骤

p. demonstrate an understanding of the techniques that are used to develop standards such as activity analysis and the use of historical data 理解制定标准所采用的技术，诸如作业分析和采用历史数据

q. discuss the importance of a policy that allows budget revisions that accommodate the impact of significant changes in budget assumptions 讨论在原定预算假设发生重大变化时，为适应变化造成的影响，要对预算进行修改的重要性

r. explain the role of budgets in monitoring and controlling expenditures to meet strategic objectives 解释预算在监督和控制开支以达到战略目标中所起的作用

s. define budgetary slack and discuss its impact on goal congruence 定义预算松弛，并讨论它对目标一致性的影响

Part 1 Section B. 3 Forecasting techniques
第一部分 第 B. 3 节 预测技术

The candidate should be able to:

考生应能：

a. demonstrate an understanding of a simple regression equation 理解简单回归方程

b. define a multiple regression equation and recognize when multiple regression is an appropriate tool to use for forecasting 定义多元回归方程，并识别在何种情况下多元回归适用于预测

c. calculate the result of a simple regression equation 计算简单回归方程

d. demonstrate an understanding of learning curve analysis 理解学习曲线分析

e. calculate the results under a cumulative average-time learning model 用累积平均时间学习模式进行计算

f. list the benefits and shortcomings of regression analysis and learning curve analysis列示回归分析和学习曲线分析的优点与缺点

g. calculate the expected value of random variables 计算随机变量的期望值

h. identify the benefits and shortcomings of expected value techniques 识别期望值技术的优点与缺点

i. use probability values to estimate future cash flows 应用概率值对未来的现金流量作出估计

Part 1 Section B. 4 Budget methodologies
第一部分 第 B. 4 节 预算方法

For each of the budget systems identified (annual/master budgets, project budgeting, activity-based budgeting, zero-based budgeting, continuous (rolling) budgets, and flexible budgeting), the candidate should be able to:

对各项不同的预算（年度/总预算、项目预算编制、作业预算编制、零基预算编制、连续（滚动）预算和弹性预算编制），考生应能：

a. define its purpose, appropriate use, and time frame 定义其目的、适当的用途和时限

b. identify the budget components and explain the interrelationships among the components 识别预算的组成，并解释各组成部分的相互关系

c. demonstrate an understanding of how the budget is developed 理解如何制定预算

d. compare and contrast the benefits and limitations of the budget system 比较并对比预算制度的优点及局限性

e. evaluate a business situation and recommend the appropriate budget solution 评价企业的状况，并推荐适用的预算方法

f. prepare budgets on the basis of information presented 按所提供的信息编制各项预算

g. calculate the impact of incremental changes to budgets 计算预算发生增量变化的影响

Part 1 Section B. 5 Annual profit plan and supporting schedules
第一部分 第 B. 5 节 年度利润计划和附表

The candidate should be able to：

考生应能：

a. explain the role of the sales budget in the development of an annual profit plan 解释销售预算在制定年度利润计划中所起的作用

b. identify the factors that should be considered when preparing a sales forecast 识别在编制销售预算中应考虑的因素

c. identify the components of a sales budget and prepare a sales budget 识别销售预算的组成部分，并编制销售预算

d. explain the relationship between the sales budget and the production budget 解释销售预算和生产预算之间的关系

e. identify the role that inventory levels play in the preparation of a production budget and define other factors that should be considered when preparing a production budget 识别存货水平在编制生产预算中所起的作用，并定义在编制生产预算时应该考虑的其他因素

f. prepare a production budget 编制生产预算

g. demonstrate an understanding of the relationship between the direct materials budget, the direct labor budget, and the production budget 理解直接材料预算、直接人工预算和生产预算之间的关系

h. explain how inventory levels and procurement policies affect the direct materials budget 解释存货水平和采购政策如何影响直接材料预算

i. prepare direct materials and direct labor budgets based on relevant information and evaluate the feasibility of achieving production goals on the basis of these budgets 根据相关信息编制直接材料和直接人工预算，并根据这些预算对达成生产目标的可行性作出评价

j. demonstrate an understanding of the relationship between the overhead budget and the production budget 理解间接费用预算和生产预算之间的关系

k. separate costs into their fixed and variable components 把成本分离为固定和变动两个组成部分

l. prepare an overhead budget 编制间接费用预算

m. identify the components of the cost of goods sold budget and prepare a cost of goods sold budget 识别产品销售成本预算的组成部分，并编制产品销售成本预算

n. demonstrate an understanding of contribution margin per unit and total contribution margin, identify the appropriate use of these concepts, and calculate both unit and total contribution margin 理解单位边际贡献和边际贡献总额；识别对这些概念的适当应用，并计算单位边际贡献和边际贡献总额

o. identify the components of the selling and administrative expense budget 识别销售与管理费用预算的组成部分

p. explain how specific components of the selling and administrative expense budget may affect the contribution margin 解释销售与管理费用预算的一些特定的组成部分如何影响边际贡献

q. prepare an operational（operating）budget 编制业务（营业）预算

r. prepare a capital expenditure budget 编制资本支出预算

s. demonstrate an understanding of the relationship between the capital expenditure budget, the cash budget, and the pro forma financial statements 理解资本支出预算、现金预算和预计财务报表之间的关系

t. define the purposes of the cash budget and describe the relationship between the cash budget and all other budgets 定义现金预算的目的，并描述现金预算与其他各项预算之间的关系

u. demonstrate an understanding of the relationship between credit policies and purchasing（payables）policies and the cash budget 理解信贷政策和采购（应付账款）政策与现金预算之间的关系

v. prepare a cash budget 编制现金预算

Part 1　Section B. 6　Top-level planning and analysis
第一部分　第 B. 6 节　顶层规划与分析

The candidate should be able to:

考生应能：

a. define the purpose of a pro forma income statement, a pro forma balance sheet, and a pro forma statement of cash flows, and demonstrate an understanding of the relationship among these statements and all other budgets 定义预计利润表、预计资产负债表和预计现金流量表的目的；理解这些报表与其他预算之间的关系

b. prepare pro forma income statements based on several revenue and cost assumptions 根据若干项收入和成本的假设，编制预计利润表

c. evaluate whether a company has achieved strategic objectives based on pro forma income statements 根据预计利润表，评价一个公司是否达到其战略目标

d. use financial projections to prepare a pro forma balance sheet and a pro forma statement of cash flows 应用财务预测数据，编制预计资产负债表和预计现金流

量表

e. identify the factors required to prepare medium-and long-term cash forecasts 识别编制中期现金预测和长期现金预测所需的要素

f. use financial projections to determine required outside financing and dividend policy 应用财务预测数据，确定外部融资的需求额和股利政策

Section C Performance Management（20%—Levels A，B，and C）
第 C 节 绩效管理（20%——A 级、B 级和 C 级）

Part 1 Section C. 1 Cost and variance measures
第一部分 第 C. 1 节 成本与差异核算

The candidate should be able to：

考生应能：

a. analyze performance against operational goals using measures based on revenue，manufacturing costs，non-manufacturing costs，and profit depending on the type of center or unit being measured 根据所考核的责任中心或单位的类型，采用收入、制造成本、非制造成本和利润为衡量指标，分析其绩效是否达到经营目标

b. explain the reasons for variances within a performance monitoring system 在一个绩效监督体系中，解释造成差异的理由

c. prepare a performance analysis by comparing actual results to the master budget，calculate favorable and unfavorable variances from the budget，and provide explanations for variances 经由实际结果与总预算对比来编制绩效分析，计算有利和不利差异，并对差异作出说明

d. identify and describe the benefits and limitations of measuring performance by comparing actual results to the master budget 识别并描述把实际成果与总预算对比来衡量绩效的优点与局限性

e. analyze a flexible budget based on actual sales（output）volume 根据实际销售（产出）量分析弹性预算

f. calculate the sales-volume variance and the sales-price variance by comparing the flexible budget to the master（static）budget 比较弹性预算与总（静态）预算，计算销售数量差异和销售价格差异

g. calculate the flexible-budget variance by comparing actual results to the flexible budget 比较实际结果与弹性预算，计算弹性预算差异

h. investigate the flexible-budget variance to determine individual differences between actual and budgeted input prices and input quantities 分析弹性预算差异并确定实际与预算的投入价格的差异和投入数量的差异

i. explain how budget variance reporting is utilized in a management by exception environment 解释在按例外原则管理的情况下如何利用预算差异报告

j. define a standard cost system and identify the reasons for adopting a standard cost system 定义标准成本制度，并识别采用标准成本制度的理由

k. demonstrate an understanding of price （rate） variances and calculate the price variances related to direct material and direct labor inputs 理解价格（费率）差异，并计算直接材料价格差异和直接人工价格差异

l. demonstrate an understanding of efficiency （usage） variances and calculate the efficiency variances related to direct material and direct labor inputs 理解效率（用量）差异，并计算直接材料效率差异和直接人工效率差异

m. demonstrate an understanding of spending and efficiency variances as they relate to fixed and variable overhead 理解与固定和变动间接费用有关的开支差异和效率差异

n. calculate a sales-mix variance and explain its impact on revenue and contribution margin 计算销售组合差异，并解释它对收入和边际贡献的影响

o. calculate and explain a mix variance 计算并解释组合差异

p. calculate and explain a yield variance 计算并解释产出差异（实得差异）

q. demonstrate how price，efficiency，spending，and mix variances can be applied in service companies as well as manufacturing companies 说明价格、效率、开支和组合差异如何既可以用于制造业公司，也可以用于服务性公司

r. analyze factory overhead variances by calculating variable overhead spending variance，variable overhead efficiency variance，fixed overhead spending variance，and production volume variance 通过计算变动间接费用开支差异、变动间接费用效率差异、固定间接费用开支差异和产量差异，来分析工厂间接费用的各项差异

s. analyze variances，identify causes，and recommend corrective actions 分析各项差异，识别原因并提出改进措施

Part 1 Section C. 2 Responsibility centers and reporting segments
第一部分 第 C. 2 节 责任中心和报告部门

The candidate should be able to：

考生应能：

a. identify and explain the different types of responsibility centers 识别并解释不同类型的责任中心

b. recommend appropriate responsibility centers given a business scenario 给定某业务场景，推荐适用的责任中心制度

c. calculate a contribution margin 计算边际贡献

d. analyze a contribution margin report and evaluate performance 分析边际贡献报告并评估其绩效

e. identify segments that organizations evaluate，including product lines，geographical areas，or other meaningful segments 识别组织对其绩效进行评估的各个

分部，包括生产线、地理区域或依其他目的而划分的分部

f. explain why the allocation of common costs among segments can be an issue in performance evaluation 解释为什么共同成本在各个分部之间的分配可能成为绩效评估中的一个问题

g. identify methods for allocating common costs such as stand-alone cost allocation and incremental cost allocation 识别共同成本的各种分配方法，诸如独立成本分配法和增量成本分配法

h. define transfer pricing and identify the objectives of transfer pricing 定义转移价格定价，识别转移价格定价的目的

i. identify the methods for determining transfer prices and list and explain the advantages and disadvantages of each method 识别确定转移价格的各种方法，并列出和解释每一种方法的优缺点

j. identify and calculate transfer prices using variable cost, full cost, market price, negotiated price, and dual-rate pricing 采用变动成本、全部成本、市场价格、协商价格和双重定价法，识别和计算转移价格

k. explain how transfer pricing is affected by business issues such as the presence of outside suppliers and the opportunity costs associated with capacity usage 解释业务问题如何影响转移价格定价，例如外部供应商的存在和与产能利用相关的机会成本

l. describe how special issues such as tariffs, exchange rates, taxes, currency restrictions, expropriation risk, and the availability of materials and skills affect performance evaluation in multinational companies 描述跨国公司的一些特殊问题，诸如关税、汇率、税收、货币限制、征收风险和获得材料和技术的可能性对其绩效评估的影响

Part 1　Section C. 3　Performance measures
第一部分　第 C. 3 节　绩效考核

The candidate should be able to:

考生应能：

a. explain why performance evaluation measures should be directly related to strategic and operational goals and objectives; why timely feedback is critical; and why performance measures should be related to the factors that drive the element being measured, e. g., cost drivers and revenue drivers 解释为什么绩效评估考核应该与战略和经营目标直接相关；为什么及时反馈至关重要；以及为什么绩效考核应该与驱动因素相联系，例如成本动因和收入动因

b. explain the issues involved in determining product profitability, business unit profitability, and customer profitability, including cost measurement, cost allocation, investment measurement, and valuation 解释与确定产品获利能力、经营单位获利能力和顾客获利能力有关的各项问题，包括成本计量、成本分摊、投资

计量和计价

c. calculate product-line profitability, business unit profitability, and customer profitability 计算产品线的获利能力、经营单位获利能力和顾客获利能力

d. evaluate customers and products on the basis of profitability and recommend ways to improve profitability and/or drop unprofitable customers and products 根据获利能力评估顾客和产品，并对提高获利能力和/或终止不盈利的顾客和产品提出建议

e. define and calculate return on investment (ROI) 定义和计算投资回报率 (ROI)

f. analyze and interpret ROI calculations 分析并解释投资回报率的计算

g. define and calculate residual income (RI) 定义和计算剩余收益 (RI)

h. analyze and interpret RI calculations 分析并解释剩余收益的计算

i. compare and contrast the benefits and limitations of ROI and RI as measures of performance 比较和对比使用投资回报率和剩余收益来考核绩效的优点和局限性

j. explain how revenue and expense recognition policies may affect the measurement of income and reduce comparability among business units 解释收入与费用的确认政策如何可能影响收益的计量，并减少经营单位之间的可比性

k. explain how inventory measurement policies, joint asset sharing, and overall asset measurement policies may affect the measurement of investment and reduce comparability among business units 解释存货计量政策、产权共有和总体资产计量如何可能影响投资的计量，并减少经营单位之间的可比性

l. define key performance indicators (KPIs) and discuss the importance of these indicators in evaluating a firm 定义关键绩效指标，并讨论其对于评估公司的重要性

m. define the concept of a balanced scorecard and identify its components 定义平衡计分卡，并识别它的组成部分

n. identify and describe the perspectives of a balanced scorecard, including financial, customer, internal process, and learning and growth 识别并描述平衡计分卡的评估维度，包括财务、客户、内部流程以及学习和成长

o. identify and describe the characteristics of successful implementation and use of a balanced scorecard 识别并描述成功运用平衡计分卡所具备的特性

p. demonstrate an understanding of a strategy map and the role it plays 理解战略地图及其作用

q. analyze and interpret a balanced scorecard and evaluate performance on the basis of the analysis 分析并解释平衡计分卡，并在分析的基础上评估绩效

r. recommend performance measures and a periodic reporting methodology given operational goals and actual results 在给定经营目标和实际成果的情况下，推荐绩效考核指标和定期报告的方法

Section D　Cost Management（15%—Levels A，B，and C）
第D节　成本管理（15%——A级、B级和C级）

Part 1　Section D. 1　Measurement concepts
第一部分　第D. 1节　计量概念

The candidate should be able to:

考生应能：

a. calculate fixed，variable，and mixed costs and demonstrate an understanding of the behavior of each in the long and short term and how a change in assumptions regarding cost type or relevant range affects these costs 计算固定，变动，和混合成本并理解每种成本在长期和短期内的习性以及改变成本类型与相关范围的假设对这些成本的影响

b. identify cost objects and cost pools and assign costs to appropriate activities 识别成本对象和成本归集点，并把各项成本分配到适当的作业中去

c. demonstrate an understanding of the nature and types of cost drivers and the causal relationship that exists between cost drivers and costs incurred 理解成本动因的性质和类型，以及成本动因和发生的成本之间所存在的因果关系

d. demonstrate an understanding of the various methods for measuring costs and accumulating work-in-process and finished goods inventories 理解成本核算的各种方法以及累积在产品和产成品成本

e. identify and define cost measurement techniques such as actual costing，normal costing，and standard costing；calculate costs using each of these techniques；identify the appropriate use of each technique；and describe the benefits and limitations of each technique 识别并定义成本核算方法，诸如实际成本法、正常成本法和标准成本法；分别使用这些方法计算成本；识别每一种方法适当的用途；描述每一种方法的优点和局限性

f. demonstrate an understanding of variable（direct）costing and absorption（full）costing and the benefits and limitations of these measurement concepts 理解变动（直接）成本法和吸收（全部）成本法及其优点和局限性

g. calculate inventory costs，cost of goods sold，and operating profit using both variable costing and absorption costing 采用变动成本法和吸收成本法，计算存货成本、产品销售成本和营业利润

h. demonstrate an understanding of how the use of variable costing or absorption costing affects the value of inventory，cost of goods sold，and operating income 理解运用变动成本法或吸收成本法如何影响存货价值、产品销售成本和营业收益

i. prepare summary income statements using variable costing and absorption costing 采用变动成本法和吸收成本法编制利润简表

j. determine the appropriate use of joint product and by-product costing 确定联

产品和副产品成本计算法的恰当使用

k. demonstrate an understanding of concepts such as split-off point and separable costs 理解分离点和可分离成本的概念

l. determine the allocation of joint product and by-product costs using the physical measure method, the sales value at split-off method, constant gross profit (gross margin) method, and the net realizable value method; describe the benefits and limitations of each method 采用实物计量法、分离点的销售价值法、固定毛利（边际毛利）法和可实现净值法，确定对联产品和副产品成本的分摊额；描述每一种方法的优点和局限性

Part 1 Section D. 2 Costing systems
第一部分 第 D. 2 节 成本计算系统

For each cost accumulation system identified (job order costing, process costing, activity-based costing, life-cycle costing), the candidate should be able to:

对每一种成本累积制度（分批成本法、分步成本法、作业成本法、生命周期成本法），考生应能：

a. define the nature of the system, understand the cost flows of the system, and identify its appropriate use 定义该制度的性质、理解其成本流程并识别其恰当的用途

b. calculate inventory values and cost of goods sold 计算存货价值和产品销售成本

c. demonstrate an understanding of the proper accounting for normal and abnormal spoilage 理解正常和非正常损耗的适当会计处理

d. discuss the strategic value of cost information regarding products and services, pricing, overhead allocations, and other issues 讨论与产品和服务、定价、间接费用分摊和其他问题相关的成本信息的战略意义

e. identify and describe the benefits and limitations of each cost accumulation system 识别并描述每一种成本累积制度的优点和局限性

f. demonstrate an understanding of the concept of equivalent units in process costing and calculate the value of equivalent units 理解分步成本法中约当产量的概念，并计算约当产量的价值

g. define the elements of activity-based costing such as cost pool, cost driver, resource driver, activity driver, and value-added activity 定义作业成本法中的各项组成部分，诸如成本归集点、成本动因、资源动因、作业动因和增值作业

h. calculate product cost using an activity-based system and compare and analyze the results with costs calculated using a traditional system 采用作业成本法计算产品成本，并与采用传统制度计算出的成本相比较，分析其结果

i. explain how activity-based costing can be utilized in service firms 解释作业成本法如何应用于服务性企业

j. demonstrate an understanding of the concept of life-cycle costing and the strategic value of including upstream costs, manufacturing costs, and downstream costs 理解生命周期成本法概念和将上游成本、制造成本及下游成本都包括在成木内的战略意义

Part 1　Section D. 3　Overhead costs
第一部分　第 D. 3 节　间接成本

The candidate should be able to:

考生应能：

a. distinguish between fixed and variable overhead expenses 区分固定间接费用和变动间接费用

b. determine the appropriate time frame for classifying both variable and fixed overhead expenses 确定合适的时限来划分变动间接费用和固定间接费用

c. demonstrate an understanding of the different methods of determining overhead rates, e. g. , plant-wide rates, departmental rates, and individual cost driver rates 理解确定间接费用费率的不同方法，例如全厂费率、部门费率和个别成本动因费率

d. describe the benefits and limitations of each of the methods used to determine overhead rates 描述用于确定间接费用费率所采用的每一种方法的优点和局限性

e. identify the components of variable overhead expense 识别变动间接费用的组成部分

f. determine the appropriate allocation base for variable overhead expenses 确定变动间接费用所适用的分配基础

g. calculate the per unit variable overhead expense 计算单位变动间接费用

h. identify the components of fixed overhead expense 识别固定间接费用的组成部分

i. identify the appropriate allocation base for fixed overhead expense 识别固定间接费用所适用的分摊基础

j. calculate the fixed overhead application rate 计算固定间接费用分配率

k. describe how fixed overhead can be over or under applied and how this difference should be accounted for in the cost of goods sold, work-in-process, and finished goods accounts 描述固定间接费用可能会分配过多或分配不足的原因，以及这一差额应如何计入产品销售成本、在产品和产成品账户

l. compare and contrast traditional overhead allocation with activity-based overhead allocation 比较并对比传统的间接费用分摊方法与以作业为基础的间接费用分摊方法

m. calculate overhead expense in an activity-based costing setting 采用作业成本法计算间接费用

n. identify and describe the benefits derived from activity-based overhead allocation 识别并描述以作业为基础分摊间接费用的优点

o. explain why companies allocate the cost of service departments such as Human Resources or Information Technology to divisions, departments, or activities 解释为什么企业要把诸如人力资源部或信息技术部等服务部门的成本分摊给各个分部、部门或作业

p. calculate service or support department cost allocations using the direct method, the reciprocal method, the step-down method, and the dual allocation method 采用直接法、交叉分配法、阶梯分摊法和双重分摊法计算服务或辅助部门的成本分摊

q. estimate fixed costs using the high-low method and demonstrate an understanding of how regression can be used to estimate fixed costs 采用高低法估计固定成本，理解如何利用回归法估计固定成本

Part 1 Section D. 4 Supply chain management
第一部分 第 D. 4 节 供应链管理

The candidate should be able to:

考生应能：

a. explain supply chain management 解释供应链管理

b. define lean resource management techniques 定义精益资源管理技术

c. identify and describe the operational benefits of implementing lean resource management techniques 识别并描述实施精益资源管理技术的运营优势

d. define materials requirements planning (MRP) 定义材料需求计划

e. identify and describe the operational benefits of implementing a just-in-time (JIT) system 识别并描述采用适时系统的经营优势

f. identify and describe the operational benefits of enterprise resource planning (ERP) 识别并描述企业资源计划的经营优势

g. explain the concept of outsourcing and identify the benefits and limitations of choosing this option 解释外包的概念，并识别选用这一做法的优点和局限

h. demonstrate a general understanding of the Theory of Constraints 理解约束理论

i. identify the five steps involved in Theory of Constraints analysis 识别约束理论分析中的五个步骤

j. define throughput costing (super-variable costing) and calculate inventory costs using throughput costing 定义产量成本法（超可变成本法），并采用产量成本法计算存货成本

k. define and calculate throughput contribution 定义并计算产量贡献

l. describe how capacity level affects product costing, capacity management, pricing decisions, and financial statements 描述产能水平如何影响产品成本计算、产能管理、定价决策和财务报表

m. explain how using practical capacity as the denominator for the fixed costs allocation rate enhances capacity management 解释采用实际产能作为计算固定成本分摊费率的分母如何能提高对产能的管理

n. calculate the financial impact of implementing the above-mentioned methods 计算实施上述各种方法在财务上产生的影响

Part 1 D. 5 Business process improvement
第一部分 第 D. 5 节 业务流程改进

The candidate should be able to:

考生应能：

a. define value chain analysis 定义价值链分析

b. identify the steps in value chain analysis 识别价值链分析的各步骤

c. explain how value chain analysis is used to better understand a firm's competitive advantage 解释如何使用价值链分析以便更好地理解一个企业的竞争优势

d. define, identify and provide examples of a value-added activity and explain how the value-added concept is related to improving performance 定义和识别增值作业并举出实例，解释增值的概念如何与提高绩效有关

e. demonstrate an understanding of process analysis and business process reengineering, and calculate the resulting savings 理解流程分析和业务流程再造并计算相应的财务结余

f. define best practice analysis and discuss how it can be used by an organization to improve performance 定义最佳方法分析，讨论一个组织如何应用这项分析来提高绩效

g. demonstrate an understanding of benchmarking process performance 理解流程绩效标杆分析

h. identify the benefits of benchmarking in creating a competitive advantage 识别标杆分析对创造竞争优势带来的好处

i. apply activity-based management principles to recommend process performance improvements 应用作业管理原则提出改进流程绩效的建议

j. explain the relationship among continuous improvement techniques, activity-based management, and quality performance 解释持续改进的方法、作业管理和质量绩效之间的关系

k. explain the concept of continuous improvement and how it relates to implementing ideal standards and quality improvements 解释持续改进的概念，以及这个概念与实施理想标准和改进质量之间的关系

l. describe and identify the components of the costs of quality, commonly referred to as prevention costs, appraisal costs, internal failure costs, and external failure costs 描述并识别质量成本的构成项目，通常称为预防成本、鉴定成本、内部故障成本和外部故障成本

m. calculate the financial impact of implementing the above-mentioned processes 计算实施上述流程的财务影响

n. identify and discuss ways to make accounting operations more efficient, including process walk-throughs, process training, identification of waste and over capacity, identifying the root cause of errors, reducing the accounting close cycle (fast close), and shared services 识别并讨论提高会计运作效率的方法，包括流程穿行，流程培训，识别浪费和产能过剩，识别错误的根本原因，减少会计循环时间（加速关账），以及服务共享

Section E Internal Controls (15%—Levels A, B, and C)
第E节 内部控制（15%——A级、B级和C级）

Part 1 Section E.1 Governance, risk, and compliance
第一部分 第E.1节 治理、风险与法规遵守

The candidate should be able to:

考生应能：

a. demonstrate an understanding of internal control risk and the management of internal control risk 理解内控风险和内控风险管理

b. identify and describe internal control objectives 识别并描述内部控制的各项目的

c. explain how a company's organizational structure, policies, objectives, and goals, as well as its management philosophy and style, influence the scope and effectiveness of the control environment 解释一个公司的组织构架、政策、目的和目标，以及其管理理念和风格，如何影响其控制环境的范围和有效性

d. identify the board of directors' responsibilities with respect to ensuring that the company is operated in the best interest of shareholders 识别董事会所承担的有关确保公司的运作符合股东的最佳利益的各项责任

e. identify the hierarchy of corporate governance; i.e. articles of incorporation, bylaws, polices, and procedures 识别公司治理的等级，即公司的章程、法则、政策和程序

f. demonstrate an understanding of corporate governance, including rights and responsibilities of the CEO, the board of directors, the audit committee, managers and other stakeholders; and the procedures for making corporate decisions 理解公司治理，包括首席执行官、董事会、审计委员会、经理和其他利益相关人的权利和责任；理解制定公司决策的程序

g. describe how internal controls are designed to provide reasonable (but not absolute) assurance regarding achievement of an entity's objectives involving (i) effectiveness and efficiency of operations, (ii) reliability of financial reporting, and (iii) compliance with applicable laws and regulations 描述内部控制的设计如何为

达到一个实体的目标提供合理（但非绝对）保证包括（ⅰ）经营的效率和效果，（ⅱ）财务报表的可靠性，（ⅲ）对适用的法律法规的遵守

h. explain why personnel policies and procedures are integral to an efficient control environment 解释为什么人事政策和程序是有效控制环境的组成部分

i. define and give examples of segregation of duties 定义职责分离并举例

j. explain why the following four types of functional responsibilities should be performed by different departments or different people within the same function: （ⅰ） authority to execute transactions, （ⅱ） recording transactions, （ⅲ） custody of assets involved in the transactions, and （ⅳ） periodic reconciliations of the existing assets to recorded amounts 解释为什么下列四项职能应由不同部门或同一职能部门中不同人员来担任：（ⅰ）执行事项的权力，（ⅱ）记录该事项，（ⅲ）保管与该事项有关的资产，（ⅳ）定期核对现存的资产与记录的数额

k. demonstrate an understanding of the importance of independent checks and verification 理解独立核对和查证的重要性

l. identify examples of safeguarding controls 识别保护资产控制的实例

m. explain how the use of pre-numbered forms, as well as specific policies and procedures detailing who is authorized to receive specific documents, is a means of control 解释为什么应使用预先编号的表格，以及制定具体的政策和程序规定何人被授权接受某些文件都是一种控制手段

n. define inherent risk, control risk, and detection risk 定义固有风险，控制风险和检查风险

o. define and distinguish between preventive controls and detective controls 定义并区别预防性控制和检查性控制

p. describe the major internal control provisions of the Sarbanes - Oxley Act (Sections 201, 203, 204, 302, 404, and 407) 描述萨班斯 - 奥克斯利法案（第 201 节、第 203 节、第 204 节、第 302 节、第 404 节和第 407 节）对内部控制的主要规定

q. identify the role of the PCAOB in providing guidance on the auditing of internal controls 识别美国上市公司监督委员会（PCAOB）对审计内部控制所提供的指导作用

r. differentiate between a top-down (risk-based) approach and a bottom-up approach to auditing internal controls 区分内部控制审计中自上而下（以风险为基础）和自下而上的方式

s. identify the PCAOB preferred approach to auditing internal controls as outlined in Auditing Standard #5 识别在第 5 号审计准则中美国上市公司监督委员会所推荐的审计内部控制的方法

t. identify and describe the major internal control provisions of the Foreign Corrupt Practices Act 识别并描述美国《反海外腐败法》关于内部控制的主要规定

u. identify and describe the five major components of COSO's Internal Control

Integrated Framework (2013) 识别并描述发起组织委员会 (COSO) 内部控制整合框架 (2013 版) 的五项重要组成部分

v. assess the level of internal control risk within an organization and recommend risk mitigation strategies 评估组织的内控风险水平，并推荐降低风险的策略

demonstrate an understanding of external auditors responsibilities, including the types of audit opinions the external auditors issue 理解外部审计人员的责任，包括外部审计人员出具的审计意见类型

Part 1 Section E. 2 Systems controls and security measures
第一部分 第 E. 2 节 系统控制和安全措施

The candidate should be able to:

考生应能:

a. describe how the segregation of accounting duties can enhance systems security 描述会计工作的职责分离如何能提高系统的安全性

b. identify threats to information systems, including input manipulation, program alteration, direct file alteration, data theft, sabotage, viruses, Trojan horses, theft, and phishing 识别对信息系统的威胁，包括输入操纵、程序变更、直接文件变更、数据盗窃、蓄意破坏、病毒、特洛伊木马软件，盗窃和网络钓鱼

c. demonstrate an understanding of how systems development controls are used to enhance the accuracy, validity, safety, security, and adaptability of systems input, processing, output, and storage functions 理解如何通过系统开发控制提高系统输入、处理、输出和存储功能的正确性、有效性、安全性、保密性和适应性

d. identify procedures to limit access to physical hardware 识别对实体硬件设置访问权限的流程

e. identify means by which management can protect programs and databases from unauthorized use 识别管理层保护程序和数据库以免被越权使用所采取的方法

f. identify input controls, processing controls, and output controls and describe why each of these controls is necessary 识别输入控制、处理控制和输出控制，并描述为什么这些控制是必要的

g. identify and describe the types of storage controls and demonstrate an understanding of when and why they are used 识别并描述储存控制的类型，并理解何时以及为何采用这些控制

h. identify and describe the inherent risks of using the internet as compared to data transmissions over secured transmission lines 识别并描述使用互联网相较于使用安全传输线路来传输数据的固有风险

i. define data encryption and describe why there is a much greater need for data encryption methods when using the internet 定义数据加密，并描述为何在使用互联网时更有必要采用数据加密方法

j. identify a firewall and its uses 识别防火墙及其用途

k. demonstrate an understanding of how flowcharts of activities are used to assess controls 理解如何使用作业的流程图评估控制

l. explain the importance of backing up all program and data files regularly, and storing the backups at a secure remote site 解释将所有的程序和数据文件定期作备份并将备份储存于安全的偏远地区的重要性

m. define business continuity planning 定义业务连续性计划

n. define the objective of a disaster recovery plan and identify the components of such a plan including hot, warm, and cold sites 定义灾难恢复计划的目的，并识别该计划的组成部分，包括热站、温站和冷站

Section F　Technology and Analytics（15%—Levels A，B，and C）
第 F 节　科技与分析（15%——A、B 和 C 级）

As indicated in the Content Specification Outlines, candidates are assumed to have an understanding of basic statistics, including measures of central tendency and dispersion 正如考试内容大纲所示，考生应理解统计学的基本知识，包括集中趋势和离散趋势的衡量标准

Part 1　Section F. 1　Information systems
第一部分　第 F. 1 节　信息系统

The candidate should be able to:

考生应能：

a. identify the role of the accounting information system（AIS）in the value chain 识别会计信息系统在价值链中的角色

b. demonstrate an understanding of the accounting information system cycles, including revenue to cash, expenditures, production, human resources and payroll, financing, and property, plant, and equipment, as well as the general ledger（GL）and reporting system 理解会计信息系统循环，包括从收入到现金，支出，生产，人力资源和工资，融资，物业、厂房和设备，以及总账和记账系统

c. identify and explain the challenges of having separate financial and nonfinancial systems 识别并解释实施财务和非财务系统分离面临的挑战

d. define enterprise resource planning（ERP）and identify and explain the advantages and disadvantages of ERP 定义企业资源计划（ERP），识别并解释其优缺点

e. explain how ERP helps overcome the challenges of separate financial and nonfinancial systems, integrating all aspects of an organization's activities 解释企业资源计划如何帮助组织克服分离财务和非财务系统面临的挑战，并将其各个方

面的作业进行整合

f. define relational database and demonstrate an understanding of a database management system 定义关系数据库并理解数据库管理系统

g. define a data warehouse 定义数据仓库

h. define enterprise performance management (EPM) [also known as corporate performance management (CPM) or business performance management (BPM)] 定义企业绩效管理（EPM），即公司绩效管理（CPM）或业务绩效管理（BPM）

i. discuss how EPM can facilitate business planning and performance management 讨论企业绩效管理如何促进业务规划和绩效管理

Part 1 Section F. 2 Data governance
第一部分 第 F. 2 节 数据管控

The candidate should be able to:

考生应能：

a. define data governance; i. e. , managing the availability, usability, integrity, and security of data 定义数据管控，即管理数据的可用性、使用性、全面性和安全性

b. demonstrate a general understanding of data governance frameworks, COSO's Internal Control framework and ISACA's COBIT (Control Objectives for Information and Related Technologies) 理解数据管控框架，发起组织委员会（COSO）的内部控制框架和国际信息系统审计协会（ISACA）的 COBIT（信息及相关技术控制目标）

c. identify the stages of the data life cycle; i. e. , data capture, data maintenance, data synthesis, data usage, data analytics, data publication, data archival, and data purging 识别数据生命周期的各阶段，即数据捕捉、数据维护、数据合成、数据使用、数据分析、数据发布、数据存档和数据清除

d. discuss the importance of having a documented record retention (or records management) policy 讨论确立记录留存（或记录管理）政策的重要性

e. identify and explain controls and tools to detect and thwart cyberattacks, such as penetration and vulnerability testing, biometrics, advanced firewalls, and access controls 识别并解释用于发现并阻止网络攻击的控制方法和技术工具，如渗透性和脆弱性测试，生物识别技术，高级防火墙，以及访问控制

Part 1 Section F. 3 Technology-enabled finance transformation
第一部分 第 F. 3 节 技术支持的财务转型

The candidate should be able to:

考生应能：

a. define the systems development life cycle (SDLC), including systems analysis, conceptual design, physical design, implementation and conversion, and operations and maintenance 定义系统开发生命周期（SDLC），包括系统分析，概念设计，实体设计，实施和转换，以及运营和维护

b. explain the role of business process analysis in improving system performance 解释业务流程分析在提高系统绩效中的作用

c. define robotic process automation（RPA） and its benefits 定义机器人流程自动化（RPA）及其优势

d. evaluate where technologies can improve efficiency and effectiveness of processing accounting data and information [e. g. , artificial intelligence（AI）] 评估技术在哪些方面能提高会计数据和信息处理的效率和效果[如，人工智能（AI）]

e. define cloud computing and describe how it can improve efficiency 定义云计算并描述其如何提高效率

f. define software as a service（SaaS） and explain its advantages and disadvantages 定义软件即服务（SaaS）并解释其优缺点

g. recognize potential applications of blockchain, distributed ledger, and smart contracts 认识区块链，分布式账本和智能合约的潜在应用

Part 1　Section F. 4　Data analytics
第一部分　第 F. 4 节　数据分析

The candidate should be able to:

考生应能

Business intelligence

商业智能

a. define Big Data, explain the four Vs: volume, velocity, variety, and veracity, and describe the opportunities and challenges of leveraging insight from this data 定义大数据并解释其四个维度：体量、速度、多样性和准确性，描述从大数据中获取洞察力的机遇和挑战

b. explain how structured, semi-structured, and unstructured data is used by a business enterprise 解释企业如何使用结构化，半结构化和非结构化数据

c. describe the progression of data, from data to information to knowledge to insight to action 描述数据的进展，从数据到信息，到知识，到洞察，到行动

d. describe the opportunities and challenges of managing data analytics 描述管理数据分析的机遇和挑战

e. explain why data and data science capability are strategic assets 解释为什么数据和数据科学能力是战略资产

f. define business intelligence（BI）; i. e. , the collection of applications, tools, and best practices that transform data into actionable information in order to make better decisions and optimize performance 定义商业智能（BI）；如，将数据转换为可操作信息的应用程序，工具和最佳实践的集合，以便做出更好的决策

并优化绩效

Data mining

数据挖掘

g. define data mining 定义数据挖掘

h. describe the challenges of data mining 描述数据挖掘的挑战

i. explain why data mining is an iterative process and both an art and a science 解释为什么数据挖掘是一个迭代过程，既是艺术又是科学

j. explain how query tools [e. g. , Structured Query Language (SQL)] are used to retrieve information 解释如何使用查询工具［例如，结构化查询语言（SQL）］来检索信息

k. describe how an analyst would mine large data sets to reveal patterns and provide insights 描述分析师如何挖掘大数据集以揭示模式并提供见解

Analytic tools

分析工具

l. explain the challenge of fitting an analytic model to the data 解释将分析模型与数据契合的挑战

m. define the different types of data analytics, including descriptive, diagnostic, predictive, and prescriptive 定义数据分析的不同种类，包括描述型、诊断型、预测型和规范型

n. define the following analytic models: clustering, classification, and regression; determine when each would be the appropriate tool to use 定义以下分析模型：聚类，分类和回归；确定何时使用各模型

o. identify the elements of both simple and multiple regression equations 识别简单和多元回归方程的元素

p. calculate the result of regression equations as applied to a specific situation 根据特定情况计算回归方程的结果

q. demonstrate an understanding of the coefficient of determination (R squared) and the correlation coefficient (R) 理解决定系数（R 平方）和相关系数（R）

r. demonstrate an understanding of time series analyses, including trend, cyclical, seasonal, and irregular patterns 理解时间序列分析，包括趋势、周期性、季节性和不规则模式

s. identify and explain the benefits and limitations of regression analysis and time series analysis 识别并解释回归分析和时间序列分析的优点和局限性

t. define standard error of the estimate, goodness of fit, and confidence interval 定义估计标准误差，拟合优度和置信区间

u. explain how to use predictive analytic techniques to draw insights and make recommendations 解释如何使用预测分析技术形成见解并提出建议

v. describe exploratory data analysis and how it is used to reveal patterns and discover insights 描述探索性数据分析以及如何使用它来揭示模式和形成见解

w. define sensitivity analysis and identify when it would be the appropriate tool to use 定义敏感性分析并确定何时适用此分析

x. demonstrate an understanding of the uses of simulation models, including the Monte Carlo technique 理解模拟模型的运用，包括蒙特卡洛技术

y. identify the benefits and limitations of sensitivity analysis and simulation models 识别敏感性分析和模拟模型的优点和局限性

z. demonstrate an understanding of what-if（or goal-seeking）analysis 理解假设（或目标寻求）分析

aa. identify and explain the limitations of data analytics 识别并解释数据分析的局限性

Visualization

数据可视化

bb. utilize table and graph design best practices to avoid distortion in the communication of complex information 利用表格和图形设计的最佳实践来避免复杂信息沟通中的偏差

cc. evaluate data visualization options and select the best presentation approach (e. g. , histograms, boxplots, scatter plots, dot plots, tables, dashboards, bar charts, pie charts, line charts, bubble charts) 评估数据可视化选项并选择最佳表示方法（例如：直方图、箱线图、散点图、点状图、表格、指示板、条形图、饼状图、折线图、气泡图）

dd. understand the benefits and limitations of visualization techniques 理解可视化技术的优点和局限性

ee. determine the most effective channel to communicate results 确定沟通结果最有效的渠道

ff. communicate results, conclusions, and recommendations in an impactful manner using effective visualization techniques 使用有效的可视化技术以有影响力的方式沟通结果、结论和建议

附录三 终值系数表（$FVIF_{i,n}$）

利率为 $i\%$，期数为 n，$FVIF_{i,n}=(1+i)^n$

期数（n）	利率（i）						
	1%	2%	3%	4%	5%	6%	7%
1	1.0100	1.0200	1.0300	1.0400	1.0500	1.0600	1.0700
2	1.0201	1.0404	1.0609	1.0816	1.1025	1.1236	1.1449
3	1.0303	1.0612	1.0927	1.1249	1.1576	1.1910	1.2250
4	1.0406	1.0824	1.1255	1.1699	1.2155	1.2625	1.3108
5	1.0510	1.1041	1.1593	1.2167	1.2763	1.3382	1.4026
6	1.0615	1.1262	1.1941	1.2653	1.3401	1.4185	1.5007
7	1.0721	1.1487	1.2299	1.3159	1.4071	1.5036	1.6058
8	1.0829	1.1717	1.2668	1.3686	1.4775	1.5938	1.7182
9	1.0937	1.1951	1.3048	1.4233	1.5513	1.6895	1.8385
10	1.1046	1.2190	1.3439	1.4802	1.6289	1.7908	1.9672
11	1.1157	1.2434	1.3842	1.5395	1.7103	1.8983	2.1049
12	1.1268	1.2682	1.4258	1.6010	1.7959	2.0122	2.2522
13	1.1381	1.2936	1.4685	1.6651	1.8856	2.1329	2.4098
14	1.1495	1.3195	1.5126	1.7317	1.9799	2.2609	2.5785
15	1.1610	1.3459	1.5580	1.8009	2.0789	2.3966	2.7590
16	1.1726	1.3728	1.6047	1.8730	2.1829	2.5404	2.9522
17	1.1843	1.4002	1.6528	1.9479	2.2920	2.6928	3.1588
18	1.1961	1.4282	1.7024	2.0258	2.4066	2.8543	3.3799
19	1.2081	1.4568	1.7535	2.1068	2.5270	3.0256	3.6165
20	1.2202	1.4859	1.8061	2.1911	2.6533	3.2071	3.8697
21	1.2324	1.5157	1.8603	2.2788	2.7860	3.3996	4.1406
22	1.2447	1.5460	1.9161	2.3699	2.9253	3.6035	4.4304
23	1.2572	1.5769	1.9736	2.4647	3.0715	3.8197	4.7405
24	1.2697	1.6084	2.0328	2.5633	3.2251	4.0489	5.0724
25	1.2824	1.6406	2.0938	2.6658	3.3864	4.2919	5.4274
26	1.2953	1.6734	2.1566	2.7725	3.5557	4.5494	5.8074
27	1.3082	1.7069	2.2213	2.8834	3.7335	4.8223	6.2139
28	1.3213	1.7410	2.2879	2.9987	3.9201	5.1117	6.6488
29	1.3345	1.7758	2.3566	3.1187	4.1161	5.4184	7.1143
30	1.3478	1.8114	2.4273	3.2434	4.3219	5.7435	7.6123

8%	9%	10%	11%	12%	13%	14%	15%
1. 0800	1. 0900	1. 1000	1. 1100	1. 1200	1. 1300	1. 1400	1. 1500
1. 1664	1. 1881	1. 2100	1. 2321	1. 2544	1. 2769	1. 2996	1. 3225
1. 2597	1. 2950	1. 3310	1. 3676	1. 4049	1. 4429	1. 4815	1. 5209
1. 3605	1. 4116	1. 4641	1. 5181	1. 5735	1. 6305	1. 6890	1. 7490
1. 4693	1. 5386	1. 6105	1. 6851	1. 7623	1. 8424	1. 9254	2. 0114
1. 5869	1. 6771	1. 7716	1. 8704	1. 9738	2. 0820	2. 1950	2. 3131
1. 7138	1. 8280	1. 9487	2. 0762	2. 2107	2. 3526	2. 5023	2. 6600
1. 8509	1. 9926	2. 1436	2. 3045	2. 4760	2. 6584	2. 8526	3. 0590
1. 9990	2. 1719	2. 3579	2. 5580	2. 7731	3. 0040	3. 2519	3. 5179
2. 1589	2. 3674	2. 5937	2. 8394	3. 1058	3. 3946	3. 7072	4. 0456
2. 3316	2. 5804	2. 8531	3. 1518	3. 4786	3. 8359	4. 2262	4. 6524
2. 5182	2. 8127	3. 1384	3. 4985	3. 8960	4. 3345	4. 8179	5. 3503
2. 7196	3. 0658	3. 4523	3. 8833	4. 3635	4. 8980	5. 4924	6. 1528
2. 9372	3. 3417	3. 7975	4. 3104	4. 8871	5. 5348	6. 2613	7. 0757
3. 1722	3. 6425	4. 1772	4. 7846	5. 4736	6. 2543	7. 1379	8. 1371
3. 4259	3. 9703	4. 5950	5. 3109	6. 1304	7. 0673	8. 1372	9. 3576
3. 7000	4. 3276	5. 0545	5. 8951	6. 8660	7. 9861	9. 2765	10. 7613
3. 9960	4. 7171	5. 5599	6. 5436	7. 6900	9. 0243	10. 5752	12. 3755
4. 3157	5. 1417	6. 1159	7. 2633	8. 6128	10. 1974	12. 0557	14. 2318
4. 6610	5. 6044	6. 7275	8. 0623	9. 6463	11. 5231	13. 7435	16. 3665
5. 0338	6. 1088	7. 4002	8. 9492	10. 8038	13. 0211	15. 6676	18. 8215
5. 4365	6. 6586	8. 1403	9. 9336	12. 1003	14. 7138	17. 8610	21. 6447
5. 8715	7. 2579	8. 9543	11. 0263	13. 5523	16. 6266	20. 3616	24. 8915
6. 3412	7. 9111	9. 8497	12. 2392	15. 1786	18. 7881	23. 2122	28. 6252
6. 8485	8. 6231	10. 8347	13. 5855	17. 0001	21. 2305	26. 4619	32. 9190
7. 3964	9. 3992	11. 9182	15. 0799	19. 0401	23. 9905	30. 1666	37. 8568
7. 9881	10. 2451	13. 1100	16. 7387	21. 3249	27. 1093	34. 3899	43. 5353
8. 6271	11. 1671	14. 4210	18. 5799	23. 8839	30. 6335	39. 2045	50. 0656
9. 3173	12. 1722	15. 8631	20. 6237	26. 7499	34. 6158	44. 6931	57. 5755
10. 0627	13. 2677	17. 4494	22. 8923	29. 9599	39. 1159	50. 9502	66. 2118

期数（n）	利率（i）						
	16%	17%	18%	19%	20%	21%	22%
1	1.1600	1.1700	1.1800	1.1900	1.2000	1.2100	1.2200
2	1.3456	1.3689	1.3924	1.4161	1.4400	1.4641	1.4884
3	1.5609	1.6016	1.6430	1.6852	1.7280	1.7716	1.8158
4	1.8106	1.8739	1.9388	2.0053	2.0736	2.1436	2.2153
5	2.1003	2.1924	2.2878	2.3864	2.4883	2.5937	2.7027
6	2.4364	2.5652	2.6996	2.8398	2.9860	3.1384	3.2973
7	2.8262	3.0012	3.1855	3.3793	3.5832	3.7975	4.0227
8	3.2784	3.5115	3.7589	4.0214	4.2998	4.5950	4.9077
9	3.8030	4.1084	4.4355	4.7854	5.1598	5.5599	5.9874
10	4.4114	4.8068	5.2338	5.6947	6.1917	6.7275	7.3046
11	5.1173	5.6240	6.1759	6.7767	7.4301	8.1403	8.9117
12	5.9360	6.5801	7.2876	8.0642	8.9161	9.8497	10.8722
13	6.8858	7.6987	8.5994	9.5964	10.6993	11.9182	13.2641
14	7.9875	9.0075	10.1472	11.4198	12.8392	14.4210	16.1822
15	9.2655	10.5387	11.9737	13.5895	15.4070	17.4494	19.7423
16	10.7480	12.3303	14.1290	16.1715	18.4884	21.1138	24.0856
17	12.4677	14.4265	16.6722	19.2441	22.1861	25.5477	29.3844
18	14.4625	16.8790	19.6733	22.9005	26.6233	30.9127	35.8490
19	16.7765	19.7484	23.2144	27.2516	31.9480	37.4043	43.7358
20	19.4608	23.1056	27.3930	32.4294	38.3376	45.2593	53.3576
21	22.5745	27.0336	32.3238	38.5910	46.0051	54.7637	65.0963
22	26.1864	31.6293	38.1421	45.9233	55.2061	66.2641	79.4175
23	30.3762	37.0062	45.0076	54.6487	66.2474	80.1795	96.8894
24	35.2364	43.2973	53.1090	65.0320	79.4968	97.0172	118.2050
25	40.8742	50.6578	62.6686	77.3881	95.3962	117.3909	144.2101
26	47.4141	59.2697	73.9490	92.0918	114.4755	142.0429	175.9364
27	55.0004	69.3455	87.2598	109.5893	137.3706	171.8719	214.6424
28	63.8004	81.1342	102.9666	130.4112	164.8447	207.9651	261.8637
29	74.0085	94.9271	121.5005	155.1893	197.8136	251.6377	319.4737
30	85.8499	111.0647	143.3706	184.6753	237.3763	304.4816	389.7579

续表

23%	24%	25%	26%	27%	28%	29%	30%
1. 2300	1. 2400	1. 2500	1. 2600	1. 2700	1. 2800	1. 2900	1. 3000
1. 5129	1. 5376	1. 5625	1. 5876	1. 6129	1. 6384	1. 6641	1. 6900
1. 8609	1. 9066	1. 9531	2. 0004	2. 0484	2. 0972	2. 1467	2. 1970
2. 2889	2. 3642	2. 4414	2. 5205	2. 6014	2. 6844	2. 7692	2. 8561
2. 8153	2. 9316	3. 0518	3. 1758	3. 3038	3. 4360	3. 5723	3. 7129
3. 4628	3. 6352	3. 8147	4. 0015	4. 1959	4. 3980	4. 6083	4. 8268
4. 2593	4. 5077	4. 7684	5. 0419	5. 3288	5. 6295	5. 9447	6. 2749
5. 2389	5. 5895	5. 9605	6. 3528	6. 7675	7. 2058	7. 6686	8. 1573
6. 4439	6. 9310	7. 4506	8. 0045	8. 5948	9. 2234	9. 8925	10. 6045
7. 9259	8. 5944	9. 3132	10. 0857	10. 9153	11. 8059	12. 7614	13. 7858
9. 7489	10. 6571	11. 6415	12. 7080	13. 8625	15. 1116	16. 4622	17. 9216
11. 9912	13. 2148	14. 5519	16. 0120	17. 6053	19. 3428	21. 2362	23. 2981
14. 7491	16. 3863	18. 1899	20. 1752	22. 3588	24. 7588	27. 3947	30. 2875
18. 1414	20. 3191	22. 7374	25. 4207	28. 3957	31. 6913	35. 3391	39. 3738
22. 3140	25. 1956	28. 4217	32. 0301	36. 0625	40. 5648	45. 5875	51. 1859
27. 4462	31. 2426	35. 5271	40. 3579	45. 7994	51. 9230	58. 8079	66. 5417
33. 7588	38. 7408	44. 4089	50. 8510	58. 1652	66. 4614	75. 8621	86. 5042
41. 5233	48. 0386	55. 5112	64. 0722	73. 8698	85. 0706	97. 8622	112. 4554
51. 0737	59. 5679	69. 3889	80. 7310	93. 8147	108. 8904	126. 2422	146. 1920
62. 8206	73. 8641	86. 7362	101. 7211	119. 1446	139. 3797	162. 8524	190. 0496
77. 2694	91. 5915	108. 4202	128. 1685	151. 3137	178. 4060	210. 0796	247. 0645
95. 0413	113. 5735	135. 5253	161. 4924	192. 1683	228. 3596	271. 0027	321. 1839
116. 9008	140. 8312	169. 4066	203. 4804	244. 0538	292. 3003	349. 5935	417. 5391
143. 7880	174. 6306	211. 7582	256. 3853	309. 9483	374. 1444	450. 9756	542. 8008
176. 8593	216. 5420	264. 6978	323. 0454	393. 6344	478. 9049	581. 7585	705. 6410
217. 5369	268. 5121	330. 8722	407. 0373	499. 9157	612. 9982	750. 4685	917. 3333
267. 5704	332. 9550	413. 5903	512. 8670	634. 8929	784. 6377	968. 1044	1 192. 5333
329. 1115	412. 8642	516. 9879	646. 2124	806. 3140	1 004. 3363	1 248. 8546	1 550. 2933
404. 8072	511. 9516	646. 2349	814. 2276	1 024. 0187	1 285. 5504	1 611. 0225	2 015. 3813
497. 9129	634. 8199	807. 7936	1 025. 9267	1 300. 5038	1 645. 5046	2 078. 2190	2 619. 9956

附录四 现值系数表（$PVIF_{i,n}$）

利率为 $i\%$，期数为 n，$PVIF_{i,n}=1/(1+i)^n$

期数（n）	利率（i）						
	1%	2%	3%	4%	5%	6%	7%
1	0.9901	0.9804	0.9709	0.9615	0.9524	0.9434	0.9346
2	0.9803	0.9612	0.9426	0.9246	0.907	0.89	0.8734
3	0.9706	0.9423	0.9151	0.889	0.8638	0.8396	0.8163
4	0.961	0.9238	0.8885	0.8548	0.8227	0.7921	0.7629
5	0.9515	0.9057	0.8626	0.8219	0.7835	0.7473	0.713
6	0.942	0.888	0.8375	0.7903	0.7462	0.705	0.6663
7	0.9327	0.8706	0.8131	0.7599	0.7107	0.6651	0.6227
8	0.9235	0.8535	0.7894	0.7307	0.6768	0.6274	0.582
9	0.9143	0.8368	0.7664	0.7026	0.6446	0.5919	0.5439
10	0.9053	0.8203	0.7441	0.6756	0.6139	0.5584	0.5083
11	0.8963	0.8043	0.7224	0.6496	0.5847	0.5268	0.4751
12	0.8874	0.7885	0.7014	0.6246	0.5568	0.497	0.444
13	0.8787	0.773	0.681	0.6006	0.5303	0.4688	0.415
14	0.87	0.7579	0.6611	0.5775	0.5051	0.4423	0.3878
15	0.8613	0.743	0.6419	0.5553	0.481	0.4173	0.3624
16	0.8528	0.7284	0.6232	0.5339	0.4581	0.3936	0.3387
17	0.8444	0.7142	0.605	0.5134	0.4363	0.3714	0.3166
18	0.836	0.7002	0.5874	0.4936	0.4155	0.3503	0.2959
19	0.8277	0.6864	0.5703	0.4746	0.3957	0.3305	0.2765
20	0.8195	0.673	0.5537	0.4564	0.3769	0.3118	0.2584
21	0.8114	0.6598	0.5375	0.4388	0.3589	0.2942	0.2415
22	0.8034	0.6468	0.5219	0.422	0.3418	0.2775	0.2257
23	0.7954	0.6342	0.5067	0.4057	0.3256	0.2618	0.2109
24	0.7876	0.6217	0.4919	0.3901	0.3101	0.247	0.1971
25	0.7798	0.6095	0.4776	0.3751	0.2953	0.233	0.1842
26	0.772	0.5976	0.4637	0.3607	0.2812	0.2198	0.1722
27	0.7644	0.5859	0.4502	0.3468	0.2678	0.2074	0.1609
28	0.7568	0.5744	0.4371	0.3335	0.2551	0.1956	0.1504
29	0.7493	0.5631	0.4243	0.3207	0.2429	0.1846	0.1406
30	0.7419	0.5521	0.412	0.3083	0.2314	0.1741	0.1314

8%	9%	10%	11%	12%	13%	14%	15%
0.9259	0.9174	0.9091	0.9009	0.8929	0.885	0.8772	0.8696
0.8573	0.8417	0.8264	0.8116	0.7972	0.7831	0.7695	0.7561
0.7938	0.7722	0.7513	0.7312	0.7118	0.6931	0.675	0.6575
0.735	0.7084	0.683	0.6587	0.6355	0.6133	0.5921	0.5718
0.6806	0.6499	0.6209	0.5935	0.5674	0.5428	0.5194	0.4972
0.6302	0.5963	0.5645	0.5346	0.5066	0.4803	0.4556	0.4323
0.5835	0.547	0.5132	0.4817	0.4523	0.4251	0.3996	0.3759
0.5403	0.5019	0.4665	0.4339	0.4039	0.3762	0.3506	0.3269
0.5002	0.4604	0.4241	0.3909	0.3606	0.3329	0.3075	0.2843
0.4632	0.4224	0.3855	0.3522	0.322	0.2946	0.2697	0.2472
0.4289	0.3875	0.3505	0.3173	0.2875	0.2607	0.2366	0.2149
0.3971	0.3555	0.3186	0.2858	0.2567	0.2307	0.2076	0.1869
0.3677	0.3262	0.2897	0.2575	0.2292	0.2042	0.1821	0.1625
0.3405	0.2992	0.2633	0.232	0.2046	0.1807	0.1597	0.1413
0.3152	0.2745	0.2394	0.209	0.1827	0.1599	0.1401	0.1229
0.2919	0.2519	0.2176	0.1883	0.1631	0.1415	0.1229	0.1069
0.2703	0.2311	0.1978	0.1696	0.1456	0.1252	0.1078	0.0929
0.2502	0.212	0.1799	0.1528	0.13	0.1108	0.0946	0.0808
0.2317	0.1945	0.1635	0.1377	0.1161	0.0981	0.0829	0.0703
0.2145	0.1784	0.1486	0.124	0.1037	0.0868	0.0728	0.0611
0.1987	0.1637	0.1351	0.1117	0.0926	0.0768	0.0638	0.0531
0.1839	0.1502	0.1228	0.1007	0.0826	0.068	0.056	0.0462
0.1703	0.1378	0.1117	0.0907	0.0738	0.0601	0.0491	0.0402
0.1577	0.1264	0.1015	0.0817	0.0659	0.0532	0.0431	0.0349
0.146	0.116	0.0923	0.0736	0.0588	0.0471	0.0378	0.0304
0.1352	0.1064	0.0839	0.0663	0.0525	0.0417	0.0331	0.0264
0.1252	0.0976	0.0763	0.0597	0.0469	0.0369	0.0291	0.023
0.1159	0.0895	0.0693	0.0538	0.0419	0.0326	0.0255	0.02
0.1073	0.0822	0.063	0.0485	0.0374	0.0289	0.0224	0.0174
0.0994	0.0754	0.0573	0.0437	0.0334	0.0256	0.0196	0.0151

期数（n）	利率（i）						
	16%	17%	18%	19%	20%	21%	22%
1	0.8621	0.8547	0.8475	0.8403	0.8333	0.8264	0.8197
2	0.7432	0.7305	0.7182	0.7062	0.6944	0.683	0.6719
3	0.6407	0.6244	0.6086	0.5934	0.5787	0.5645	0.5507
4	0.5523	0.5337	0.5158	0.4987	0.4823	0.4665	0.4514
5	0.4761	0.4561	0.4371	0.419	0.4019	0.3855	0.37
6	0.4104	0.3898	0.3704	0.3521	0.3349	0.3186	0.3033
7	0.3538	0.3332	0.3139	0.2959	0.2791	0.2633	0.2486
8	0.305	0.2848	0.266	0.2487	0.2326	0.2176	0.2038
9	0.263	0.2434	0.2255	0.209	0.1938	0.1799	0.167
10	0.2267	0.208	0.1911	0.1756	0.1615	0.1486	0.1369
11	0.1954	0.1778	0.1619	0.1476	0.1346	0.1228	0.1122
12	0.1685	0.152	0.1372	0.124	0.1122	0.1015	0.092
13	0.1452	0.1299	0.1163	0.1042	0.0935	0.0839	0.0754
14	0.1252	0.111	0.0985	0.0876	0.0779	0.0693	0.0618
15	0.1079	0.0949	0.0835	0.0736	0.0649	0.0573	0.0507
16	0.093	0.0811	0.0708	0.0618	0.0541	0.0474	0.0415
17	0.0802	0.0693	0.06	0.052	0.0451	0.0391	0.034
18	0.0691	0.0592	0.0508	0.0437	0.0376	0.0323	0.0279
19	0.0596	0.0506	0.0431	0.0367	0.0313	0.0267	0.0229
20	0.0514	0.0433	0.0365	0.0308	0.0261	0.0221	0.0187
21	0.0443	0.037	0.0309	0.0259	0.0217	0.0183	0.0154
22	0.0382	0.0316	0.0262	0.0218	0.0181	0.0151	0.0126
23	0.0329	0.027	0.0222	0.0183	0.0151	0.0125	0.0103
24	0.0284	0.0231	0.0188	0.0154	0.0126	0.0103	0.0085
25	0.0245	0.0197	0.016	0.0129	0.0105	0.0085	0.0069
26	0.0211	0.0169	0.0135	0.0109	0.0087	0.007	0.0057
27	0.0182	0.0144	0.0115	0.0091	0.0073	0.0058	0.0047
28	0.0157	0.0123	0.0097	0.0077	0.0061	0.0048	0.0038
29	0.0135	0.0105	0.0082	0.0064	0.0051	0.004	0.0031
30	0.0116	0.009	0.007	0.0054	0.0042	0.0033	0.0026

续表

23%	24%	25%	26%	27%	28%	29%	30%
0. 813	0. 8065	0. 8	0. 7937	0. 7874	0. 7813	0. 7752	0. 7692
0. 661	0. 6504	0. 64	0. 6299	0. 62	0. 6104	0. 6009	0. 5917
0. 5374	0. 5245	0. 512	0. 4999	0. 4882	0. 4768	0. 4658	0. 4552
0. 4369	0. 423	0. 4096	0. 3968	0. 3844	0. 3725	0. 3611	0. 3501
0. 3552	0. 3411	0. 3277	0. 3149	0. 3027	0. 291	0. 2799	0. 2693
0. 2888	0. 2751	0. 2621	0. 2499	0. 2383	0. 2274	0. 217	0. 2072
0. 2348	0. 2218	0. 2097	0. 1983	0. 1877	0. 1776	0. 1682	0. 1594
0. 1909	0. 1789	0. 1678	0. 1574	0. 1478	0. 1388	0. 1304	0. 1226
0. 1552	0. 1443	0. 1342	0. 1249	0. 1164	0. 1084	0. 1011	0. 0943
0. 1262	0. 1164	0. 1074	0. 0992	0. 0916	0. 0847	0. 0784	0. 0725
0. 1026	0. 0938	0. 0859	0. 0787	0. 0721	0. 0662	0. 0607	0. 0558
0. 0834	0. 0757	0. 0687	0. 0625	0. 0568	0. 0517	0. 0471	0. 0429
0. 0678	0. 061	0. 055	0. 0496	0. 0447	0. 0404	0. 0365	0. 033
0. 0551	0. 0492	0. 044	0. 0393	0. 0352	0. 0316	0. 0283	0. 0254
0. 0448	0. 0397	0. 0352	0. 0312	0. 0277	0. 0247	0. 0219	0. 0195
0. 0364	0. 032	0. 0281	0. 0248	0. 0218	0. 0193	0. 017	0. 015
0. 0296	0. 0258	0. 0225	0. 0197	0. 0172	0. 015	0. 0132	0. 0116
0. 0241	0. 0208	0. 018	0. 0156	0. 0135	0. 0118	0. 0102	0. 0089
0. 0196	0. 0168	0. 0144	0. 0124	0. 0107	0. 0092	0. 0079	0. 0068
0. 0159	0. 0135	0. 0115	0. 0098	0. 0084	0. 0072	0. 0061	0. 0053
0. 0129	0. 0109	0. 0092	0. 0078	0. 0066	0. 0056	0. 0048	0. 004
0. 0105	0. 0088	0. 0074	0. 0062	0. 0052	0. 0044	0. 0037	0. 0031
0. 0086	0. 0071	0. 0059	0. 0049	0. 0041	0. 0034	0. 0029	0. 0024
0. 007	0. 0057	0. 0047	0. 0039	0. 0032	0. 0027	0. 0022	0. 0018
0. 0057	0. 0046	0. 0038	0. 0031	0. 0025	0. 0021	0. 0017	0. 0014
0. 0046	0. 0037	0. 003	0. 0025	0. 002	0. 0016	0. 0013	0. 0011
0. 0037	0. 003	0. 0024	0. 0019	0. 0016	0. 0013	0. 001	0. 0008
0. 003	0. 0024	0. 0019	0. 0015	0. 0012	0. 001	0. 0008	0. 0006
0. 0025	0. 002	0. 0015	0. 0012	0. 001	0. 0008	0. 0006	0. 0005
0. 002	0. 0016	0. 0012	0. 001	0. 0008	0. 0006	0. 0005	0. 0004

附录五　年金终值系数表（$FVIFA_{i,n}$）

利率为 $i\%$，期数为 n，$FVIFA_{i,n}=\sum_{t=1}^{n}(1+i)^{n-t}$

期数（n）	利率（i）						
	1%	2%	3%	4%	5%	6%	7%
1	1.0000	1.0200	1.0000	1.0000	1.0000	1.0000	1.0000
2	2.0100	2.0200	2.0300	2.0400	2.0500	2.0600	2.0700
3	3.0301	3.0604	3.0909	3.1216	3.1525	3.1836	3.2149
4	4.0604	4.1216	4.1836	4.2465	4.3101	4.3746	4.4399
5	5.1010	5.2040	5.3091	5.4163	5.5256	5.6371	5.7507
6	6.1520	6.3081	6.4684	6.6330	6.8019	6.9753	7.1533
7	7.2135	7.4343	7.6625	7.8983	8.1420	8.3938	8.6540
8	8.2857	8.5830	8.8923	9.2142	9.5491	9.8975	10.2598
9	9.3685	9.7546	10.1591	10.5828	11.0266	11.4913	11.9780
10	10.4622	10.9497	11.4639	12.0061	12.5779	13.1808	13.8164
11	11.5668	12.1687	12.8078	13.4864	14.2068	14.9716	15.7836
12	12.6825	13.4121	14.1920	15.0258	15.9171	16.8699	17.8885
13	13.8093	14.6803	15.6178	16.6268	17.7130	18.8821	20.1406
14	14.9474	15.9739	17.0863	18.2919	19.5986	21.0151	22.5505
15	16.0969	17.2934	18.5989	20.0236	21.5786	23.2760	25.1290
16	17.2579	18.6393	20.1569	21.8245	23.6575	25.6725	27.8881
17	18.4304	20.0121	21.7616	23.6975	25.8404	28.2129	30.8402
18	19.6147	21.4123	23.4144	25.6454	28.1324	30.9057	33.9990
19	20.8109	22.8406	25.1169	27.6712	30.5390	33.7600	37.3790
20	22.0190	24.2974	26.8704	29.7781	33.0660	36.7856	40.9955
21	23.2392	25.7833	28.6765	31.9692	35.7193	39.9927	44.8652
22	24.4716	27.2990	30.5368	34.2480	38.5052	43.3923	49.0057
23	25.7163	28.8450	32.4529	36.6179	41.4305	46.9958	53.4361
24	26.9735	30.4219	34.4265	39.0826	44.5020	50.8156	58.1767
25	28.2432	32.0303	36.4593	41.6459	47.7271	54.8645	63.2490
26	29.5256	33.6709	38.5530	44.3117	51.1135	59.1564	68.6765
27	30.8209	35.3443	40.7096	47.0842	54.6691	63.7058	74.4838
28	32.1291	37.0512	42.9309	49.9676	58.4026	68.5281	80.6977
29	33.4504	38.7922	45.2189	52.9663	62.3227	73.6398	87.3465
30	34.7849	40.5681	47.5754	56.0849	66.4388	79.0582	94.4608

8%	9%	10%	11%	12%	13%	14%	15%
1. 0000	1. 0000	1. 0000	1. 0000	1. 0000	1. 0000	1. 0000	1. 0000
2. 0800	2. 0900	2. 1000	2. 1100	2. 1200	2. 1300	2. 1400	2. 1500
3. 2464	3. 2781	3. 3100	3. 3421	3. 3744	3. 4069	3. 4396	3. 4725
4. 5061	4. 5731	4. 6410	4. 7097	4. 7793	4. 8498	4. 9211	4. 9934
5. 8666	5. 9847	6. 1051	6. 2278	6. 3528	6. 4803	6. 6101	6. 7424
7. 3359	7. 5233	7. 7156	7. 9129	8. 1152	8. 3227	8. 5355	8. 7537
8. 9228	9. 2004	9. 4872	9. 7833	10. 0890	10. 4047	10. 7305	11. 0668
10. 6366	11. 0285	11. 4359	11. 8594	12. 2997	12. 7573	13. 2328	13. 7268
12. 4876	13. 0210	13. 5795	14. 1640	14. 7757	15. 4157	16. 0853	16. 7858
14. 4866	15. 1929	15. 9374	16. 7220	17. 5487	18. 4197	19. 3373	20. 3037
16. 6455	17. 5603	18. 5312	19. 5614	20. 6546	21. 8143	23. 0445	24. 3493
18. 9771	20. 1407	21. 3843	22. 7132	24. 1331	25. 6502	27. 2707	29. 0017
21. 4953	22. 9534	24. 5227	26. 2116	28. 0291	29. 9847	32. 0887	34. 3519
24. 2149	26. 0192	27. 9750	30. 0949	32. 3926	34. 8827	37. 5811	40. 5047
27. 1521	29. 3609	31. 7725	34. 4054	37. 2797	40. 4175	43. 8424	47. 5804
30. 3243	33. 0034	35. 9497	39. 1899	42. 7533	46. 6717	50. 9804	55. 7175
33. 7502	36. 9737	40. 5447	44. 5008	48. 8837	53. 7391	59. 1176	65. 0751
37. 4502	41. 3013	45. 5992	50. 3959	55. 7497	61. 7251	68. 3941	75. 8364
41. 4463	46. 0185	51. 1591	56. 9395	63. 4397	70. 7494	78. 9692	88. 2118
45. 7620	51. 1601	57. 2750	64. 2028	72. 0524	80. 9468	91. 0249	102. 4436
50. 4229	56. 7645	64. 0025	72. 2651	81. 6987	92. 4699	104. 7684	118. 8101
55. 4568	62. 8733	71. 4027	81. 2143	92. 5026	105. 4910	120. 4360	137. 6316
60. 8933	69. 5319	79. 5430	91. 1479	104. 6029	120. 2048	138. 2970	159. 2764
66. 7648	76. 7898	88. 4973	102. 1742	118. 1552	136. 8315	158. 6586	184. 1678
73. 1059	84. 7009	98. 3471	114. 4133	133. 3339	155. 6196	181. 8708	212. 7930
79. 9544	93. 3240	109. 1818	127. 9988	150. 3339	176. 8501	208. 3327	245. 7120
87. 3508	102. 7231	121. 0999	143. 0786	169. 3740	200. 8406	238. 4993	283. 5688
95. 3388	112. 9682	134. 2099	159. 8173	190. 6989	227. 9499	272. 8892	327. 1041
103. 9659	124. 1354	148. 6309	178. 3972	214. 5828	258. 5834	312. 0937	377. 1697
113. 2832	136. 3075	164. 4940	199. 0209	241. 3327	293. 1992	356. 7868	434. 7451

期数（n）	利率（i）						
	16%	17%	18%	19%	20%	21%	22%
1	1.0000	1.0000	1.0000	1.0000	1.0000	1.0000	1.0000
2	2.1600	2.1700	2.1800	2.1900	2.2000	2.2100	2.2200
3	3.5056	3.5389	3.5724	3.6061	3.6400	3.6741	3.7084
4	5.0665	5.1405	5.2154	5.2913	5.3680	5.4457	5.5242
5	6.8771	7.0144	7.1542	7.2966	7.4416	7.5892	7.7396
6	8.9775	9.2068	9.4420	9.6830	9.9299	10.1830	10.4423
7	11.4139	11.7720	12.1415	12.5227	12.9159	13.3214	13.7396
8	14.2401	14.7733	15.3270	15.9020	16.4991	17.1189	17.7623
9	17.5185	18.2847	19.0859	19.9234	20.7989	21.7139	22.6700
10	21.3215	22.3931	23.5213	24.7089	25.9587	27.2738	28.6574
11	25.7329	27.1999	28.7551	30.4035	32.1504	34.0013	35.9620
12	30.8502	32.8239	34.9311	37.1802	39.5805	42.1416	44.8737
13	36.7862	39.4040	42.2187	45.2445	48.4966	51.9913	55.7459
14	43.6720	47.1027	50.8180	54.8409	59.1959	63.9095	69.0100
15	51.6595	56.1101	60.9653	66.2607	72.0351	78.3305	85.1922
16	60.9250	66.6488	72.9390	79.8502	87.4421	95.7799	104.9345
17	71.6730	78.9792	87.0680	96.0218	105.9306	116.8937	129.0201
18	84.1407	93.4056	103.7403	115.2659	128.1167	142.4413	158.4045
19	98.6032	110.2846	123.4135	138.1664	154.7400	173.3540	194.2535
20	115.3797	130.0329	146.6280	165.4180	186.6880	210.7584	237.9893
21	134.8405	153.1385	174.0210	197.8474	225.0256	256.0176	291.3469
22	157.4150	180.1721	206.3448	236.4385	271.0307	310.7813	356.4432
23	183.6014	211.8013	244.4868	282.3618	326.2369	377.0454	435.8607
24	213.9776	248.8076	289.4945	337.0105	392.4842	457.2249	532.7501
25	249.2140	292.1049	342.6035	402.0425	471.9811	554.2422	650.9551
26	290.0883	342.7627	405.2721	479.4306	567.3773	671.6330	795.1653
27	337.5024	402.0323	479.2211	571.5224	681.8528	813.6759	971.1016
28	392.5028	471.3778	566.4809	681.1116	819.2233	985.5479	1 185.7440
29	456.3032	552.5121	669.4475	811.5228	984.0680	1 193.5129	1 447.6077
30	530.3117	647.4391	790.9480	966.7122	1 181.8816	1 445.1507	1 767.0813

续表

23%	24%	25%	26%	27%	28%	29%	30%
1.0000	1.0000	1.0000	1.0000	1.0000	1.0000	1.0000	1.0000
2.2300	2.2400	2.2500	2.2600	2.2700	2.2800	2.2900	2.3000
3.7429	3.7776	3.8125	3.8476	3.8829	3.9184	3.9541	3.9900
5.6038	5.6842	5.7656	5.8480	5.9313	6.0156	6.1008	6.1870
7.8926	8.0484	8.2070	8.3684	8.5327	8.6999	8.8700	9.0431
10.7079	10.9801	11.2588	11.5442	11.8366	12.1359	12.4423	12.7560
14.1708	14.6153	15.0735	15.5458	16.0324	16.5339	17.0506	17.5828
18.4300	19.1229	19.8419	20.5876	21.3612	22.1634	22.9953	23.8577
23.6690	24.7125	25.8023	26.9404	28.1287	29.3692	30.6639	32.0150
30.1128	31.6434	33.2529	34.9449	36.7235	38.5926	40.5564	42.6195
38.0388	40.2379	42.5661	45.0306	47.6388	50.3985	53.3178	56.4053
47.7877	50.8950	54.2077	57.7386	61.5013	65.5100	69.7800	74.3270
59.7788	64.1097	68.7596	73.7506	79.1066	84.8529	91.0161	97.6250
74.5280	80.4961	86.9495	93.9258	101.4654	109.6117	118.4108	127.9125
92.6694	100.8151	109.6868	119.3465	129.8611	141.3029	153.7500	167.2863
114.9834	126.0108	138.1085	151.3766	165.9236	181.8677	199.3374	218.4722
142.4295	157.2534	173.6357	191.7345	211.7230	233.7907	258.1453	285.0139
176.1883	195.9942	218.0446	242.5855	269.8882	300.2521	334.0074	371.5180
217.7116	244.0328	273.5558	306.6577	343.7580	385.3227	431.8696	483.9734
268.7853	303.6006	342.9447	387.3887	437.5726	494.2131	558.1118	630.1655
331.6059	377.4648	429.6809	489.1098	556.7173	633.5927	720.9642	820.2151
408.8753	469.0563	538.1011	617.2783	708.0309	811.9987	931.0438	1 067.2796
503.9166	582.6298	673.6264	778.7707	900.1993	1 040.3583	1 202.0465	1 388.4635
620.8174	723.4610	843.0329	982.2511	1 144.2531	1 332.6586	1 551.6400	1 806.0026
764.6054	898.0916	1 054.7912	1 238.6363	1 454.2014	1 706.8031	2 002.6156	2 348.8033
941.4647	1 114.6336	1 319.4890	1 561.6818	1 847.8358	2 185.7079	2 584.3741	3 054.4443
1 159.0016	1 383.1457	1 650.3612	1 968.7191	2 347.7515	2 798.7061	3 334.8426	3 971.7776
1 426.5719	1 716.1007	2 063.9515	2 481.5860	2 982.6444	3 583.3438	4 302.9470	5 164.3109
1 755.6835	2 128.9648	2 580.9394	3 127.7984	3 788.9583	4 587.6801	5 551.8016	6 714.6042
2 160.4907	2 640.9164	3 227.1743	3 942.0260	4 812.9771	5 873.2306	7 162.8241	8 729.9855

附录六 年金现值系数表（$PVIFA_{i,n}$）

利率为 $i\%$，期数为 n，$PVIFA_{i,n} = \sum_{t=1}^{w} 1/(1+i)^t$

期数（n）	利率（i）						
	1%	2%	3%	4%	5%	6%	7%
1	0.9901	0.9804	0.9709	0.9615	0.9524	0.9434	0.9346
2	1.9704	1.9416	1.9135	1.8861	1.8594	1.8334	1.808
3	2.941	2.8839	2.8286	2.7751	2.7232	2.673	2.6243
4	3.902	3.8077	3.7171	3.6299	3.546	3.4651	3.3872
5	4.8534	4.7135	4.5797	4.4518	4.3295	4.2124	4.1002
6	5.7955	5.6014	5.4172	5.2421	5.0757	4.9173	4.7665
7	6.7282	6.472	6.2303	6.0021	5.7864	5.5824	5.3893
8	7.6517	7.3255	7.0197	6.7327	6.4632	6.2098	5.9713
9	8.566	8.1622	7.7861	7.4353	7.1078	6.8017	6.5152
10	9.4713	8.9826	8.5302	8.1109	7.7217	7.3601	7.0236
11	10.3676	9.7868	9.2526	8.7605	8.3064	7.8869	7.4987
12	11.2551	10.5753	9.954	9.3851	8.8633	8.3838	7.9427
13	12.1337	11.3484	10.635	9.9856	9.3936	8.8527	8.3577
14	13.0037	12.1062	11.2961	10.5631	9.8986	9.295	8.7455
15	13.8651	12.8493	11.9379	11.1184	10.3797	9.7122	9.1079
16	14.7179	13.5777	12.5611	11.6523	10.8378	10.1059	9.4466
17	15.5623	14.2919	13.1661	12.1657	11.2741	10.4773	9.7632
18	16.3983	14.992	13.7535	12.6593	11.6896	10.8276	10.0591
19	17.226	15.6785	14.3238	13.1339	12.0853	11.1581	10.3356
20	18.0456	16.3514	14.8775	13.5903	12.4622	11.4699	10.594
21	18.857	17.0112	15.415	14.0292	12.8212	11.7641	10.8355
22	19.6604	17.658	15.9369	14.4511	13.163	12.0416	11.0612
23	20.4558	18.2922	16.4436	14.8568	13.4886	12.3034	11.2722
24	21.2434	18.9139	16.9355	15.247	13.7986	12.5504	11.4693
25	22.0232	19.5235	17.4131	15.6221	14.0939	12.7834	11.6536
26	22.7952	20.121	17.8768	15.9828	14.3752	13.0032	11.8258
27	23.5596	20.7069	18.327	16.3296	14.643	13.2105	11.9867
28	24.3164	21.2813	18.7641	16.6631	14.8981	13.4062	12.1371
29	25.0658	21.8444	19.1885	16.9837	15.1411	13.5907	12.2777
30	25.8077	22.3965	19.6004	17.292	15.3725	13.7648	12.409

8%	9%	10%	11%	12%	13%	14%	15%
0. 9259	0. 9174	0. 9091	0. 9009	0. 8929	0. 885	0. 8772	0. 8696
1. 7833	1. 7591	1. 7355	1. 7125	1. 6901	1. 6681	1. 6467	1. 6257
2. 5771	2. 5313	2. 4869	2. 4437	2. 4018	2. 3612	2. 3216	2. 2832
3. 3121	3. 2397	3. 1699	3. 1024	3. 0373	2. 9745	2. 9137	2. 855
3. 9927	3. 8897	3. 7908	3. 6959	3. 6048	3. 5172	3. 4331	3. 3522
4. 6229	4. 4859	4. 3553	4. 2305	4. 1114	3. 9975	3. 8887	3. 7845
5. 2064	5. 033	4. 8684	4. 7122	4. 5638	4. 4226	4. 2883	4. 1604
5. 7466	5. 5348	5. 3349	5. 1461	4. 9676	4. 7988	4. 6389	4. 4873
6. 2469	5. 9952	5. 759	5. 537	5. 3282	5. 1317	4. 9464	4. 7716
6. 7101	6. 4177	6. 1446	5. 8892	5. 6502	5. 4262	5. 2161	5. 0188
7. 139	6. 8052	6. 4951	6. 2065	5. 9377	5. 6869	5. 4527	5. 2337
7. 5361	7. 1607	6. 8137	6. 4924	6. 1944	5. 9176	5. 6603	5. 4206
7. 9038	7. 4869	7. 1034	6. 7499	6. 4235	6. 1218	5. 8424	5. 5831
8. 2442	7. 7862	7. 3667	6. 9819	6. 6282	6. 3025	6. 0021	5. 7245
8. 5595	8. 0607	7. 6061	7. 1909	6. 8109	6. 4624	6. 1422	5. 8474
8. 8514	8. 3126	7. 8237	7. 3792	6. 974	6. 6039	6. 2651	5. 9542
9. 1216	8. 5436	8. 0216	7. 5488	7. 1196	6. 7291	6. 3729	6. 0472
9. 3719	8. 7556	8. 2014	7. 7016	7. 2497	6. 8399	6. 4674	6. 128
9. 6036	8. 9501	8. 3649	7. 8393	7. 3658	6. 938	6. 5504	6. 1982
9. 8181	9. 1285	8. 5136	7. 9633	7. 4694	7. 0248	6. 6231	6. 2593
10. 0168	9. 2922	8. 6487	8. 0751	7. 562	7. 1016	6. 687	6. 3125
10. 2007	9. 4424	8. 7715	8. 1757	7. 6446	7. 1695	6. 7429	6. 3587
10. 3711	9. 5802	8. 8832	8. 2664	7. 7184	7. 2297	6. 7921	6. 3988
10. 5288	9. 7066	8. 9847	8. 3481	7. 7843	7. 2829	6. 8351	6. 4338
10. 6748	9. 8226	9. 077	8. 4217	7. 8431	7. 33	6. 8729	6. 4641
10. 81	9. 929	9. 1609	8. 4881	7. 8957	7. 3717	6. 9061	6. 4906
10. 9352	10. 0266	9. 2372	8. 5478	7. 9426	7. 4086	6. 9352	6. 5135
11. 0511	10. 1161	9. 3066	8. 6016	7. 9844	7. 4412	6. 9607	6. 5335
11. 1584	10. 1983	9. 3696	8. 6501	8. 0218	7. 4701	6. 983	6. 5509
11. 2578	10. 2737	9. 4269	8. 6938	8. 0552	7. 4957	7. 0027	6. 566

期数（n）	利率（i）						
	16%	17%	18%	19%	20%	21%	22%
1	0. 8621	0. 8547	0. 8475	0. 8403	0. 8333	0. 8264	0. 8197
2	1. 6052	1. 5852	1. 5656	1. 5465	1. 5278	1. 5095	1. 4915
3	2. 2459	2. 2096	2. 1743	2. 1399	2. 1065	2. 0739	2. 0422
4	2. 7982	2. 7432	2. 6901	2. 6386	2. 5887	2. 5404	2. 4936
5	3. 2743	3. 1993	3. 1272	3. 0576	2. 9906	2. 926	2. 8636
6	3. 6847	3. 5892	3. 4976	3. 4098	3. 3255	3. 2446	3. 1669
7	4. 0386	3. 9224	3. 8115	3. 7057	3. 6046	3. 5079	3. 4155
8	4. 3436	4. 2072	4. 0776	3. 9544	3. 8372	3. 7256	3. 6193
9	4. 6065	4. 4506	4. 303	4. 1633	4. 031	3. 9054	3. 7863
10	4. 8332	4. 6586	4. 4941	4. 3389	4. 1925	4. 0541	3. 9232
11	5. 0286	4. 8364	4. 656	4. 4865	4. 3271	4. 1769	4. 0354
12	5. 1971	4. 9884	4. 7932	4. 6105	4. 4392	4. 2784	4. 1274
13	5. 3423	5. 1183	4. 9095	4. 7147	4. 5327	4. 3624	4. 2028
14	5. 4675	5. 2293	5. 0081	4. 8023	4. 6106	4. 4317	4. 2646
15	5. 5755	5. 3242	5. 0916	4. 8759	4. 6755	4. 489	4. 3152
16	5. 6685	5. 4053	5. 1624	4. 9377	4. 7296	4. 5364	4. 3567
17	5. 7487	5. 4746	5. 2223	4. 9897	4. 7746	4. 5755	4. 3908
18	5. 8178	5. 5339	5. 2732	5. 0333	4. 8122	4. 6079	4. 4187
19	5. 8775	5. 5845	5. 3162	5. 07	4. 8435	4. 6346	4. 4415
20	5. 9288	5. 6278	5. 3527	5. 1009	4. 8696	4. 6567	4. 4603
21	5. 9731	5. 6648	5. 3837	5. 1268	4. 8913	4. 675	4. 4756
22	6. 0113	5. 6964	5. 4099	5. 1486	4. 9094	4. 69	4. 4882
23	6. 0442	5. 7234	5. 4321	5. 1668	4. 9245	4. 7025	4. 4985
24	6. 0726	5. 7465	5. 4509	5. 1822	4. 9371	4. 7128	4. 507
25	6. 0971	5. 7662	5. 4669	5. 1951	4. 9476	4. 7213	4. 5139
26	6. 1182	5. 7831	5. 4804	5. 206	4. 9563	4. 7284	4. 5196
27	6. 1364	5. 7975	5. 4919	5. 2151	4. 9636	4. 7342	4. 5243
28	6. 152	5. 8099	5. 5016	5. 2228	4. 9697	4. 739	4. 5281
29	6. 1656	5. 8204	5. 5098	5. 2292	4. 9747	4. 743	4. 5312
30	6. 1772	5. 8294	5. 5168	5. 2347	4. 9789	4. 7463	4. 5338

续表

23%	24%	25%	26%	27%	28%	29%	30%
0.813	0.8065	0.8	0.7937	0.7874	0.7813	0.7752	0.7692
1.474	1.4568	1.44	1.4235	1.4074	1.3916	1.3761	1.3609
2.0114	1.9813	1.952	1.9234	1.8956	1.8684	1.842	1.8161
2.4483	2.4043	2.3616	2.3202	2.28	2.241	2.2031	2.1662
2.8035	2.7454	2.6893	2.6351	2.5827	2.532	2.483	2.4356
3.0923	3.0205	2.9514	2.885	2.821	2.7594	2.7	2.6427
3.327	3.2423	3.1611	3.0833	3.0087	2.937	2.8682	2.8021
3.5179	3.4212	3.3289	3.2407	3.1564	3.0758	2.9986	2.9247
3.6731	3.5655	3.4631	3.3657	3.2728	3.1842	3.0997	3.019
3.7993	3.6819	3.5705	3.4648	3.3644	3.2689	3.1781	3.0915
3.9018	3.7757	3.6564	3.5435	3.4365	3.3351	3.2388	3.1473
3.9852	3.8514	3.7251	3.6059	3.4933	3.3868	3.2859	3.1903
4.053	3.9124	3.7801	3.6555	3.5381	3.4272	3.3224	3.2233
4.1082	3.9616	3.8241	3.6949	3.5733	3.4587	3.3507	3.2487
4.153	4.0013	3.8593	3.7261	3.601	3.4834	3.3726	3.2682
4.1894	4.0333	3.8874	3.7509	3.6228	3.5026	3.3896	3.2832
4.219	4.0591	3.9099	3.7705	3.64	3.5177	3.4028	3.2948
4.2431	4.0799	3.9279	3.7861	3.6536	3.5294	3.413	3.3037
4.2627	4.0967	3.9424	3.7985	3.6642	3.5386	3.421	3.3105
4.2786	4.1103	3.9539	3.8083	3.6726	3.5458	3.4271	3.3158
4.2916	4.1212	3.9631	3.8161	3.6792	3.5514	3.4319	3.3198
4.3021	4.13	3.9705	3.8223	3.6844	3.5558	3.4356	3.323
4.3106	4.1371	3.9764	3.8273	3.6885	3.5592	3.4384	3.3254
4.3176	4.1428	3.9811	3.8312	3.6918	3.5619	3.4406	3.3272
4.3232	4.1474	3.9849	3.8342	3.6943	3.564	3.4423	3.3286
4.3278	4.1511	3.9879	3.8367	3.6963	3.5656	3.4437	3.3297
4.3316	4.1542	3.9903	3.8387	3.6979	3.5669	3.4447	3.3305
4.3346	4.1566	3.9923	3.8402	3.6991	3.5679	3.4455	3.3312
4.3371	4.1585	3.9938	3.8414	3.7001	3.5687	3.4461	3.3317
4.3391	4.1601	3.995	3.8424	3.7009	3.5693	3.4466	3.3321

参考文献

［1］曹惠芳．企业成本管理浅谈［J］．财会通讯，2009（1）．

［2］陈燕．萨班斯法案、内部控制与公司治理：基于中国赴美上市公司的实证检验［M］．北京：首都经济贸易大学出版社，2010.

［3］崔国萍．成本管理会计［M］．北京：机械工业出版社，2010.

［4］单喆敏，等．上市公司财务报表分析［M］．上海：复旦大学出版社，2008.

［5］付亚和，许玉林．绩效考核与绩效管理［M］．2版．北京：电子工业出版社，2009.

［6］付亚和．绩效管理［M］．上海：复旦大学出版社，2006.

［7］龚巧莉．全面预算管理：案例与实务指引［M］．北京：机械工业出版社，2012.

［8］郝福锦．新经济下的工业企业成本管理的策略研究［J］．科技和产业，2009（4）．

［9］何克飞．工业企业成本管理探析［J］．财经界，2010（11）．

［10］黄志奋．我国工业企业成本管理的现状和对策［J］．会计师，2009（1）．

［11］霍弗，等．现代系统分析与设计［M］．6版．尹秋菊，译．北京：中国人民大学出版社，2013.

［12］蒋建华．商业银行内部控制评价［M］．上海：复旦大学出版社，2012.

［13］肯尼斯·C. 劳顿，简·P. 劳顿．管理信息系统（原书第15版）［M］．黄丽华，俞东慧，译．北京：机械工业出版社，2018.

［14］柳絮，刘小清．企业内部会计控制［M］．广州：广东经济出版社，2002.

［15］龙敏，宋文光，许凤霞．财务管理学［M］．徐州：中国矿业大学出版社，2005.

［16］魔牛财经．盘点即将改变世界的10个区块链应用案例［EB/OL］．http：//www. moniu. com/.

［17］孙健．360度绩效考评［M］．北京：企业管理出版社，2003.

［18］王清刚，林小飞．内部控制与风险管理［M］．北京：北京大学出版社，2016.

［19］阎达五，杨有红．内部控制框架的构建［J］．会计研究，2001（2）．

［20］于增彪，等．现代企业内部控制：概念界定与设计思路［J］．会计

研究，2001（11）.

［21］张静，等．绩效评价的经济学分析［J］．中国人力资源开发，2002（4）.

［22］张鲜华．共享经济时代的企业信息披露：综合报告［M］．北京：经济科学出版社，2017.

［23］朱荣恩．建立和完善内部控制的思考［J］．会计研究，2001（1）.

［24］Bragg S M. Accounting Controls Guidebook：A Practical Guide Paperback［M］. 3 edition. Accounting Tools，2015.

［25］Bragg S M. Budgeting：A Comprehensive Guide［M］. 3 edition. Accounting Tools，2014.

［26］COSO. Internal Control—Integrated Framework［R］. 2004.

［27］COSO. Enterprise Risk Management—Integrated Framework Application Techniques［R］. 2004.

［28］COSO. Internal Control—Integrated Framework［R］. 2013.

［29］Eldenburg L G，et al. Cost Management：Measuring，Monitoring，and Motivating Performance［M］. 2 edition. Hoboken，New Jersey：John Wiley & Sons，Inc.，2012.

［30］Gleim I N，Flesher D L. CMA Review—Part 1—Financial Planning，Performance，and Analytics［M］. 2020 edition. University Station Gainesville，F L：Gleim Publications，Inc.，2019.

［31］Hitt M A，Ireland R D，Hoskisson R E. Strategic Management：Competitiveness and Globalization – Concepts and Cases［M］. 11 edition. South – Western College Pub，2014.

［32］IIRC. International < IR > Framework［EB/OL］. www. integratedreporting. org，2013.

［33］IMA. CMA Learning Outcome Statements［EB/OL］. 2020 edition. www. imachina. org. cn，2019.

［34］IMA. Content Specification Outlines CMA Examinations［EB/OL］. 2020 edition. www. imachina. org. cn，2019.

［35］IMA. Part 1 – Financial Planning，Performance，and Analytics［M］. 2020 edition. Hoboken，New Jersey：John Wiley & Sons，Inc.，2019.

［36］Kaplan R S. Balanced Scorecard：Translating Strategy into Action［M］. Harvard Business School Publishing，1996.

［37］Kimmel P D，Weygandt J J，Kieso D E. Financial Accounting：Tools for Business Decision – Making［M］. 6 edition. Hoboken，New Jersey：John Wiley & Sons，Inc.，2014.

［38］Maskell B H. Performance Measurement for World Class Manufacturing：A Model for American Companies（Corporate Leadership）［M］. Productivity Press，1991.

［39］Porter M E. Competitive Strategy［M］. New York：Free Press，2004.

优财－CMA管理会计培训专家简介

优财－CMA管理会计培训专家（简称“优财”）由知名企业行动学习专家、投资专家、战略定位专家、企业管理专家等上百人的管理会计团队发起成立。

优财专注CMA管理会计培训13年，坚持以学员为核心、以质量为本、以助推财务人价值创造为使命、以打造中国管理会计人才培养基地为愿景的经营理念，集合上百位业界管理会计名师，开设有中文CMA、英文CMA、CMA企业内训、管理会计实战课、管理会计实操课、管理会计专项训练营等六大类系统完整的管理会计课程体系，采取线上线下相结合的案例式教学模式，以其独特的“能考会用”的价值优势，助推中国企业管理会计的广泛应用，助推财务会计向管理会计转型。

自2009年至今，优财与全球影响力巨大的美国管理会计师协会（IMA）达成战略合作并成为国内首家授权机构。截至目前，已与清华大学、北京大学、香港大学、中央财经大学、亚太财务策划联会等展开相关合作，开展管理会计培训领域的合作研究以及课程研发，推动管理会计在中国的大幅应用和发展。为中国船舶集团、中国电子信息产业集团、中国航天科工集团、中国兵器装备集团、中国化工集团、中国农业发展银行、西安杨森、威高集团、浪潮集团、民族证券、东风汽车、海尔集团、万科集团等上百家知名企业提供了CMA中、英文企业内训及管理会计人才培养。助力每一个学员成为懂财务、会管理、精业务、能决策的价值创造者，从而推动企业效益提升、促进国家经济发展。

优财在北京、广州、上海、深圳、成都、南京等多地举办过数百场线下课程及大型活动，包括CMA面授班、管理会计公开课、实战沙龙、大型峰会论坛等。优财网校采用云端技术和国际化先进运营模式对传统教育模式进行创新改革的在线智能学习平台，集高清网课、直播课堂、智能题库、一键答疑、模考测评、考前冲刺、图书资料、社群圈子、终身后续教育于一体，不断带领行业升级。截至目前，优财培养出了占国内半数的CMA持证者，并为职场人士打造了一个管理会计证书考试培训、管理会计实操、社群圈子、图书资料、终身后续教育的学习生态闭环。

优财的愿景是让每一位会计都能成为管理会计。助推中国企业管理会计的广泛应用，推动更多的财务会计向管理会计转型，为中国从“会计大国”变成“会计强国”尽一分力量。